中国保险资产管理发展报告（2011）

本书编写组　编著

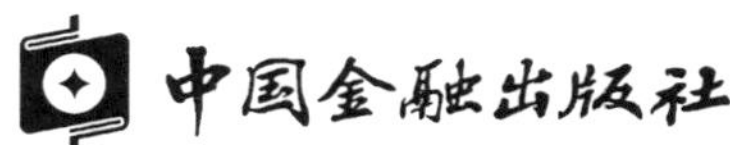

责任编辑：孔德蕴　王素娟
责任校对：孙　蕊
责任印制：丁淮宾

图书在版编目（CIP）数据

中国保险资产管理发展报告（2011）（Zhongguo Baoxian Zichan Guanli Fazhan Baogao. 2011）/本书编写组编著．—北京：中国金融出版社，2012. 2

ISBN 978－7－5049－6238－6

Ⅰ. ①中…　Ⅱ. ①本…　Ⅲ. ①保险公司—资产管理—研究报告—中国—2011　Ⅳ. ①F842. 3

中国版本图书馆 CIP 数据核字（2012）第 000533 号

出版
发行　中国金融出版社

社址　北京市丰台区益泽路 2 号
市场开发部　(010)63266347，63805472，63439533（传真）
网上书店　http：//www. chinafph. com
(010)63286832，63365686（传真）
读者服务部　(010)66070833，62568380
邮编　100071
经销　新华书店
印刷　北京松源印刷有限公司
装订　平阳装订厂
尺寸　169 毫米×239 毫米
印张　41. 25
字数　641 千
版次　2012 年 2 月第 1 版
印次　2012 年 2 月第 1 次印刷
定价　88. 00 元
ISBN 978－7－5049－6238－6/F. 5798

编写组成员名单

主　　任：

孙建勇

副 主 任：

曾于瑾　高　艳　邢　炜

委　　员（以姓氏笔画为序）：

万　放　汤大生　余　青　李　全　周立群　段国圣

淦克兴　谢一群　缪建民

编辑小组（以姓氏笔画为序）：

巩建岭　许　博　李　彬　李　斯　张争征　范媛媛

胡学勤　雷明国　翟金林　廖发达

特约编辑（以姓氏笔画为序）：

万喜乔　尹　嘉　王小卫　石　颖　刘　杨　朱　坤

侯媚娜　夏毓丰　徐小迅　崔　巍　黄　华　谢一飞

熊　英　魏　瑄

序 言

党的十六大以来，我国保险业进入新的发展时期，全行业以加快发展为主题，以防范风险为主线，以服务和谐社会建设为目标，不断深化改革，持续扩大开放，思想观念发生了新的变化，各项改革取得了新的突破，对外开放呈现出新的局面，保险业正以全新的姿态站在新的历史起点上。

近几年，保险业务的健康发展，为保险资产管理改革奠定了坚实的基础。中国保监会加强市场引导，完善政策措施，加快保险资产管理体制改革，创新机制建设，拓宽投资渠道，强化风险管控，促使保险资产管理从无到有、从小到大，推动保险业由传统保险向现代保险快速转变，深刻地改变了保险业的盈利模式和发展方式，有力地支持了保险市场的健康快速和可持续发展。保险资产管理机构已成为资本市场的重要机构投资者，并以多种方式和途径参与国民经济建设，为经济金融发展提供了长期稳定的资金支持。

保险资产管理并非一蹴而就，曾经面对诸多的历史问题和风险压力。短短八年时间，保险资产管理经历了两轮牛市和三轮熊市，监管和市场面临很大的挑战和冲击。2008 年国际金融危机给我们很多警示和启示，建立稳健运营的保险资产管理体系，构建与市场发展相适应的制度、体制和机制，完善高度透明并有序运行的发展模式，已经成为历史赋予我们的重要使命。这些年的实践证明，必须坚持制度先行的科学理念，不断加强管理制度建设，建立有效的投资决策和内部控制机制；必须坚持科学发展观，创新管理方式，走专业化发展道路，加快提升各类资产管理和运营的能力；必须坚持安全至上，加强风险管理，不断防范和化解风险，确保不发生大的失误和损失；必须坚持与时俱进，抓改革、促发展，审慎开放相关投资，走出一条符合保险规律的资产管理市场化之路。

这些年，保险资产管理取得明显进步，业内专家编写的《中国保险资产管理发展报告（2011）》，可谓全行业的第一份专业报告，系统回顾了保险资产管理的改革发展历程，真实描述了市场运作情况，客观再现了诸多历史事件，展示了很多精彩篇章，其内容丰富，数据翔实，可读性和可研性较强，具有重要的历史价值和现实意义。衷心希望此报告能够吸引更多有识之士，为中国保险业再创辉煌，为保险资产管理的创新发展贡献力量。

开卷之语

几年之前，就有编写这本书的念头。2011 年年初会商，才知诸位同仁都有迫切的愿望！

过去几年，可谓是中国金融保险发展的黄金之年。顺此大势，保险资产管理在毫无准备中探索，解放思想，与时俱进，初步打造了一个新的格局。我们用不到八年的时间，基本建立起政策法规体系、组织机构体系、技术支持体系和监督管理体系，实现了从无到有、从小到大、从弱到强的历史性飞跃，迈上了新的开创性征程。

点击搜索，保险资产管理已经取得保险业界和金融市场的认同，且信息越来越多，内容愈加丰富，构成了保险市场与资本市场特有的亮丽风景！有人执言，这些年我们广泛借鉴国内外成熟的经验，引入符合发展方向的主流政策和运作方式，研究并推广了切实可行、灵活多样的管理模式，有效地提高了市场竞争能力。有人认为，我们倡导的理念更新和制度创新，已经引发保险资产管理的体制创新、机制创新、技术创新和方法创新，推动保险资产管理进入了国际化、中国化、专业化、规范化和市场化的发展阶段。有人呼吁，我们已进入一个现代商业保险与金融市场和实体经济互动共赢的时代，应当面对新的形势、新的机遇和新的挑战，加快调整战略布局，抓紧完善配套法规，采用新的政策和市场措施，进一步改革管理体制和运作机制，务求在改革中发展，在创新中提高，以法制化促进管理系统化，以技术化带动管理专业化，以信息化推动管理现代化，不断开拓新的境界，完成新的使命。

毫无疑义，中国保险资产管理尚处在发展阶段，过去一段时间，我们不断开放投资渠道，减少行政审批，有效防范和控制风险，追求政策公平和市场透明，创造全新的认知环境。保险资产管理的变革和转化，应该是中国金融业的重大改革之一，对金融体系的改革创新，对保险行业的快速发展，对重新配置保险的经济和社会资源，对积极改善政府监管与市场发展的关系，具有重大的现实意义和深远的战略意义。回眸保险资产管理，完善体制，健全机制，创新市场，培育主体，提升能力，已经成为谋取进一步发展的重要基础和前提条件，具备这些基础条件，我们可以拓展“政策引导、市场运作、自主管理、政府监管”的崭新局面，发挥市场配置资产和资源的基础作用，进一步规范监管行为，改进监管的方式和方法，努力提高监管的质量和效率，建立监管的阳光工程。

为了不使思想的声音随风而逝，并让更多的人听到它、见到它，我们汇集这些年保险资产管理改革发展的成果，争取给参与改革者一个留念和一份补偿，给读者一个充满生机和活力的画面。这本书得来真不容易！如不是许多眼睛的默默关注，要不是各位同仁的鼓励支持，要不是一批有志者的热切期盼，我们无法在这么短的时间内结出硕果。这本书既是诸多专家的实践总结，也是共同探讨的学术精品，我们从参与编写的专家及学者身上，领悟了很多为人和治学的道理，他们以务实的作风和严谨的态度，做了大量扎实而有效的工作，希望读者朋友关注他们“传道”的思想和精神，留下他们不懈努力、探索追求的思考和足迹。本书所选文稿不能代表更不能涵括保险资产管理的全部内容，我们和编辑者所做的工作也显得微不足道，且还有很多遗憾，仅仅期待这些文字和记忆，能够唤起我们及同仁对理性和科学的激情与追求，更好地发扬真理，参与推进改革。

向所有热心和关注保险资产管理与监管的朋友致敬！愿此语与读者交流和共勉。

孙建勇

2011 年 10 月 18 日于月坛北桥

前言

2003 年，中国保监会设立保险资金运用监管部，开始推动保险资产管理发展。2004 年开启投资渠道开放之路，探索保险业务与资产管理业务双轮驱动模式。短短八年，市场大起大落，经过两轮牛市和三轮熊市的历练，全行业直面挑战与冲击，不断思考并解决持续发展问题，推动快速成长并走向强大，恰时找准保险资产管理在经济发展和金融竞争中的角色和位置。

2004 年，中国金融市场股债双熊，保险行业尚在起步阶段，全行业资产规模刚刚超过万亿元，呈现出明显的阶段性特征：一是规模较小，影响力弱，没有保险资产管理实体机构；二是投资渠道较窄，投资收益较低，保险资金主要投资存款和债券，受利率产品牵制和冲击很大；三是尚未建立决策体系和管理机制，保险公司总分机构都可运作资金，管理极其不规范。上述问题严重影响了保险资金的投资效率，抑制了保险行业的业务发展，同时也引发了推动保险资产管理改革创新的思考。

2005 年开始，保监会从行业发展出发，确立十余项研究课题，组织业内外专家及学者讨论，掀起了一场保险投资的思想解放运动，对保险资金管理模式、治理机制、资产配置等进行了深入研究，为全面推进保险资产管理改革做了充分的准备。大家还记得，保险资产风险管理研讨会确立了“风险至上、稳健安全”的理念，提出了“改革管理体制、健全风控机制”的目标。保险资产负债匹配管理研讨会引入了“承保、投资双轮驱动”的思路，提出了促进做大做强，实现又好又快的发展路径。保监会积极与国外知名机构合作，连续举办了六期大型国际研讨和培训会议，邀请国际一流机构的专家讲解，创造了一个交流思想、相互学习的平台，带来了保险资产管理的新思想，开启了资产负债管理、投资组合管理和全面风险管理的启蒙教育。保监会的诸多举措，引入了国际真经，打开了借鉴窗口，看到了保险资产管理的发展趋势，发现了问题和差距，形成了推动保险资产管理发展的共识，确立了保险资产管理改革的路径。在解放思想、更新观念的基础上，全体同仁一致认为，应当选择集中化、专业化、规范化、市场化的道路，逐步建立保险资产集约化管理、专业化运营、市场化操作和国际化合作的发展模式，努力实现建立新的管理体制、新的运行机制、新的增长方式和新的监管体系的目标，进一步加强资产管理的基础性、制度性、技术性和战略性建设，提升了资产管理的思想力、执行力、运作力和控制力，构建以资产管理公司为主、保险公司资金运用中心为辅的资产管理新格局。

保险资产管理发展之初，保险资金运用只能投资存款或债券等固定收益产品，收益率水平较低，且存在利率风险。随着保险业务的快速发展，保险行业面临“保费猛增、投资不足、配置艰难”的困局。保监会顺应市场需求，稳步开放投资渠道，增加投资工具，分散投资风险。2004 年，保监会支持投资商业银行次级定期债、可转换公司债券、直接投资股票和境外市场。2005 年，保监会支持金融市场发展，引导保险资金投资股票市场。2006 年，保监会支持间接投资基础设施渠道和未上市银行股权，创新债权、股权和物权投资，支持保险机构参与国家重点工程建设。2007 年，保监会支持保险资产管理公司创新另类投资产品，有力地支持了相关行业和地区经济发展。2009 年，保监会总结另类投资的经验和做法，发布创新投资产品的规则，为保险资产管理提供了多样化的投资工具，取得了良好的经济和社会效益。

2005 年，保险资产管理迎来了发展的春天，股票熊市渐被牛市取代。2006 年和 2007 年，各家保险机构投资所得盆满钵满。2008 年，发生国际金融危机时，保险资产管理虽然遭遇市场冲击，但未出现重大风险和隐患。保监会加强制度建设，严肃投资管理纪律，坚持“先定制度再行运作”，要求“制度不建、机制不全、资金不出”，用制度和机制约束投资行为，不断修订投资和监管政策，完善集约化、专业化、市场化的管理体制和运行机制，推行全面风险管理，培养风险管理文化，改善公司治理，强化董事责任，引入首席风险管理执行官制度，将风险管理责任完全交给公司，建立投资能力、偿付能力、投资比例和风险资本约束为一体的资产管理机制，有效地防范操作风险和道德风险。

短短几年，我国保险资产管理走过了国外半个世纪的历程，已逐步发展为资本市场上的重要机构投资者；这几年，保险机构积极参与各项金融改革，通过股票和股权投资、境外市场投资，支持商业银行改革，支持人民币汇率改革，支持资本市场改革，支持实体经济建设，为关系国计民生的重大项目和基础设施建设提供长期稳定资金，促进国民经济又快又好发展，确保没有发生大的问题和风险。当前，保险资产管理环境正在发生深刻变化，市场竞争纷繁复杂，风险传递显著增强，保险资产管理行业不时受到冲击，保持业绩与经营稳健面临巨大挑战，银、证、信、保产品的趋同性、投资业务的重叠性凸显。在急剧变动的金融市场中保持可持续发展能力，已成为保险资产管理亟待解决的问题。保险资产管理的前景怎样变化，如何提高自身能力，保持竞争优势，求得更好更快发展？保险资产管理如何创新求变，与时俱进，开辟新的领域和市场？这些都是现实的命题。有梦就有希望，我们有理由期待保险资产管理将创造更加辉煌的明天，在服务经济社会、支持保险业务发展、扩大金融市场影响力方面赢取更加美好的未来。

回顾中国保险资产管理的创业历程，记载中国保险资产管理发展的这段历史，不仅为了记忆的春天里放飞中国保险资产管理理想的人们，不仅为了罗列行业发展的事例，目的在于总结改革经验，引导未来发展。中国经济金融改革正在进入新的历史阶段，中国保险资产管理也将迎来新的发展机遇，创新与改革，竞争与合作，稳健与发展，必将成为新时期大家共同追求的主题，我们对中国保险行业与中国保险资产管理充满信心！

目　录

CONTENTS

中国保险资产管理发展报告　(2011)

ZHONGGUO BAOXIAN ZICHAN GUANLI FAZHAN BAOGAO

第一篇　改革篇 / 1

第一章　资金特性与资产管理 / 3

第二章　资产管理改革路径与选择 / 21

第三章　资产管理制度与机制 / 48

第四章　资产管理监管改革与发展 / 83

第五章　资产管理改革取得显著成效 / 89

第二篇　创新篇 / 101

第一章　增加投资工具 / 103

第二章　拓展投资市场 / 125

第三章　创新投资产品 / 147

第三篇　发展篇 / 169

第一章　保险资产管理公司成长 / 171

第二章　保险资产管理发展状况 / 199

第三章　保险资产管理贡献 / 221

第四篇　运作篇 / 237

第一章　行业发展环境与应对 / 239

第二章　固定收益投资运作 / 257

第三章　权益类投资运作 / 269

第四章　另类投资运作 / 288

第五章　境外投资运作 / 312

第五篇　风控篇 / 323

第一章　保险资产管理面临风险 / 325
第二章　建立全面风险管理体系 / 348

第六篇　展望篇 / 357

第一章　未来五年面临新的形势 / 359
第二章　资产管理新的战略目标 / 370
第三章　资产管理新的监管思路 / 375
第四章　加强资产管理改革创新 / 380

第七篇　公司篇 / 387

第一章　国寿资产 / 389
第二章　人保资产 / 422
第三章　平安资产 / 444
第四章　太平洋资产 / 465
第五章　泰康资产 / 484
第六章　新华资产 / 522
第七章　中再资产 / 536
第八章　华泰资产 / 549
第九章　太平资产 / 591

附录　中国保险资产管理大事记 / 622

第一部分：概览 / 622
第二部分：纪年 / 622

后记 / 635

图目录

图 1-1-1　保险机构的资产管理决策体系 …… 9
图 1-1-2　美国寿险公司资产分布结构与走势 …… 12
图 1-1-3　美国寿险公司一般账户资产分布结构（2009 年） …… 13
图 1-1-4　美国寿险公司独立账户资产分布结构（2009 年） …… 13
图 1-1-5　美国非寿险公司投资资产分布状况 …… 14
图 1-1-6　英国寿险公司资产分布结构与走势 …… 15
图 1-1-7　英国非寿险公司资产分布结构与走势 …… 15
图 1-1-8　日本寿险公司资产分布结构与走势 …… 16
图 1　中国人保资产管理资产规模 …… 59
图 1　京沪高速铁路股份有限公司股权结构图 …… 164
图 2　京沪高铁股权投资计划的交易结构图 …… 165
图 3-1-1　平安资产的组织架构 …… 176
图 3-2-1　保险业 2004—2010 年受托管理资产规模增长情况 …… 200
图 3-2-2　保险业 2004—2010 年资产配置的变化情况 …… 203
图 3-2-3　保险公司受托管理总资产收益率水平 …… 208
图 3-2-4　保险公司受托管理权益资产收益趋势图 …… 208
图 3-2-5　保险公司受托管理固定收益资产收益趋势图 …… 209
图 3-2-6　中国人保资产管理公司人员增长情况表 …… 211
图 1　人保资产核心投资管理系统设计思路 …… 216
图 2　统一数据平台的定位及对业务的支持 …… 217
图 3　统一数据平台总体数据流 …… 218
图 4　信息化建设与公司业务发展的关联 …… 219
图 4-1-1　1997—2010 年沪市走势图 …… 240
图 4-1-2　保险公司保费收入情况 …… 242
图 1　2003—2010 年平安资产固定收益规模 …… 247
图 2　平安资产固定收益投资操作精彩一瞥 …… 249

图3 PA80，LAG80 以及沪深 300 表现对比 …… 250
图4 PA80 实际投资组合与 PA80 策略绩效对比 …… 251
图4-2-1 2002—2010 年 CPI 与基准利率水平 …… 257
图1 债券市场走势与 CPI 走势图 …… 262
图1 2005 年封闭式基金的加权平均折价率 …… 279
图2 2006—2010 年股票市场各主要指数涨跌幅 …… 280
图3 2005 年 7 月 1 日至 2008 年 12 月 31 日表现最好的四只基金走势 …… 282
图4 封闭式基金历史平均折价率 …… 283
图4-5-1 全球贸易和 GDP 增速 …… 313
图1 2010 年平安资产对企业债市场内部评级分布 …… 336
图2 2010 年外部机构对企业债市场的评级分布 …… 336
图6-1-1 2009 年底主要机构投资者的资产持有量 …… 363
图6-1-2 全球资产管理规模渗透率和复合增长率 …… 367
图6-2-1 保险赔付促进社会稳定 …… 373
图7-1-1 2004—2010 年系统内委托资金的配置结构 …… 390
图7-1-2 2004—2010 年系统内委托资金投资品种的收益贡献度 …… 392
图7-1-3 2004—2010 年系统内委托资金投资品种的收益贡献度 …… 393
图7-1-4 中国人寿资产组织架构图 …… 394
图7-1-5 公司成立六年来员工队伍增长情况 …… 396
图7-1-6 公司员工学历结构 …… 397
图7-1-7 2005—2009 年股票投资规模 …… 403
图7-1-8 2005—2009 年股票投资实现收益 …… 404
图7-1-9 2006—2009 年股票投资收益情况 …… 404
图7-1-10 2006 年股票投资规模变化图 …… 405
图7-1-11 2010 年港股投资情况 …… 415
图7-2-1 人保资产 2004—2010 年受托资产余额变动情况 …… 423
图7-2-2 人保资产 2004—2010 年受托资产投资收益情况 …… 424
图7-2-3 人保资产 2004—2010 年各类投资品种收益贡献比例 …… 425
图7-2-4 人保资产主要价值链 …… 427
图7-2-5 人保资产组织架构 …… 428

图 7－2－6　人保资产近年人员规模发展 …… 429
图 7－2－7　人保资产股本结构 …… 438
图 7－2－8　研究在投资决策中发挥作用的途径 …… 439
图 7－2－9　人保资产投资决策流程 …… 440
图 7－2－10　人保资产投资管理价值链 …… 441
图 7－2－11　风险预算管理示例 …… 442
图 7－3－1　平安养老年金业绩波动情况 …… 448
图 7－3－2　平安资产专业分工的组织体系 …… 449
图 7－4－1　受托系统内资产 …… 473
图 7－4－2　受托第三方资产 …… 473
图 7－4－3　资产管理产品 …… 473
图 7－4－4　2006—2010 年太保投资收益额 …… 474
图 7－4－5　2006—2010 年太保与行业投资收益率比较 …… 475
图 7－4－6　太平洋资产组织架构 …… 475
图 7－5－1　泰康资产受托管理资产规模（1998—2010 年） …… 485
图 7－5－2　泰康人寿委托资产投资业绩（2001—2010 年） …… 487
图 7－5－3　泰康资产人力增长（2004—2010 年） …… 493
图 7－5－4　开泰—稳健增值投资产品累计份额净值增长率与同期业绩比较基准收益率的历史走势图（2007 年 10 月 26 日至 2010 年 12 月 31 日） …… 510
图 7－5－5　开泰—稳健增值投资产品份额和净资产规模走势图（2007 年 10 月 26 日至 2010 年 12 月 31 日） …… 511
图 1　泰康进取型账户历史最高净值 …… 518
图 7－6－1　投连产品世纪之约净值变动情况 …… 524
图 7－7－1　中再资产受托资产规模 …… 537
图 7－7－2　中再资产投资收益情况 …… 538
图 7－7－3　中再资产组织架构 …… 540
图 7－7－4　中再资产组织架构 …… 540
图 7－8－1　华泰资产管理有限公司 2005—2010 年受托资产规模状况图 …… 552

图7-8-2　华泰资产管理有限公司2005—2010年受托系统内资产配置结构图……553
图7-8-3　华泰资产管理有限公司2005—2010年受托系统内资产收益贡献图……554
图7-8-4　华泰资产管理公司组织架构图（2010年）……557
图7-8-5　公司组合管理业绩情况……565
图7-8-6　公司客户情况……567
图7-8-7　资产管理平台模式演变……571
图7-8-8　组合申购示意图……572
图7-9-1　太平资产组织架构图……593
图7-9-2　各类投资资产配置占比（2006—2010年）……601
图7-9-3　各类资产收益贡献度（2006—2010年）……602
图7-9-4　风险管理理念……616
图7-9-5　太平资产合规管理……617
图7-9-6　太平资产评级方法……618
图7-9-7　市场风险和流动性风险管理流程……619

表目录

表 1－1－1　主要机构投资者资产管理特征比较 …… 7
表 1－1－2　日本非寿险公司资产配置结构 …… 16
表 1－1－3　韩国寿险公司不同账户配置比较（2009 年） …… 17
表 1－1－4　韩国非寿险资产配置结构 …… 18
表 1－1－5　寿险和非寿险公司的投资策略比较 …… 19
表 1－3－1　2005 年中国保监会主办的保险资产管理系列国际研讨会 …… 50
表 1－3－2　2005 年保险资金运用系列研究课题方案 …… 51
表 1　保险资金运用形式 …… 78
表 2　保险资金投资类别 …… 79
表 2－1－1　保险机构资产投资比例规定 …… 116
表 1　国家“走出去”战略指引 …… 140
表 1　京沪高铁股权投资计划的出资比例 …… 166
表 3－1－1　保监会批准设立的保险资产管理公司一览表 …… 174
表 3－2－1　保险业 2004—2009 年受托管理资产 …… 199
表 3－2－2　保险受托管理资产总规模增长率与 GDP、国民收入增长率比较 …… 200
表 3－2－3　保险资产总规模增长率与银行资产、基金资产同比增长率 …… 200
表 3－2－4　保险资产管理公司受托管理资产规模与增长率 …… 201
表 3－2－5　不同类别资产管理资产的规模与增长率 …… 201
表 3－2－6　保险资金历年资产配置情况 …… 203
表 3－2－7　泰康资产 2005—2010 年大类资产配置 …… 204
表 1　中国平安集团投资资产配置表 …… 205
表 3－2－8　保险受托管理资产历年投资收益规模 …… 207
表 3－2－9　2004—2009 年保险各类资产投资收益 …… 209
表 3－2－10　华泰资产主要业务岗位人员构成 …… 212

表1 中国人寿参与工行、农行、中行、交行等国有商业银行战略投资的情况 …… 231
表3－3－1 保险资金在各个市场的投资规模 …… 233
表4－1－1 2003—2010年国内生产总值数据表 …… 239
表4－1－2 保险受托管理资产历年投资收益规模 …… 244
表4－1－3 2004—2010年保险投资渠道开放表 …… 245
表1 PA80量化策略历史验证 …… 250
表4－1－4 2003—2010年保险行业投资收益情况 …… 251
表1 2005年10月20日内部收益率超过8%的封闭式基金 …… 279
表2 相同假定下的各类型指数的到期收益率比较 …… 281
表4－4－1 2004—2010年保险行业基础设施及不动产投资计划一览 …… 296
表6－1－1 全球经济展望一览表 …… 360
表6－1－2 中信证券宏观经济预测中国主要经济指标 …… 361
表6－1－3 部分海外保险公司的第三方资产管理情况 …… 364
表6－2－1 保险和银行之间的区别 …… 372
表7－1－1 2004—2010年中国人寿资产管理公司受托管理资产规模 …… 389
表7－1－2 2004—2010年中国人寿资产受托系统内资金的投资收益情况 …… 391
表7－1－3 2004—2009年投资收益情况表 …… 402
表7－2－1 人保资产受托资产分类比例 …… 424
表7－2－2 人保资产职业水平及能力认证人数及占比 …… 430
表7－2－3 人保资产投研人员工作年限情况 …… 430
表7－2－4 人保资产及行业投资收益率对比 …… 436
表7－3－1 平安资产管理公司受托保险资产 …… 444
表7－3－2 债权计划每年投资规模 …… 445
表7－3－3 平安保险集团投资组合配置表 …… 446
表7－3－4 投资收益表 …… 446
表7－3－5 平安养老投资收益情况 …… 447
表7－3－6 平安年金年化风险波动性指标比较 …… 447
表7－4－1 太平洋资产配置结构 …… 474
表7－4－2 公司人员结构表 …… 477

表7－5－1　投连账户净值收益率与业绩排名 …… 488
表7－5－2　年金账户净值增长率及业绩排名 …… 489
表7－5－3　2005—2010年大类资产配置 …… 490
表7－5－4　2003—2010年泰康人寿一般账户总收益率 …… 507
表7－5－5　产品份额净值增长率与同期业绩比较基准收益率的比较 …… 511
表7－6－1　2004—2009年新华资产受托资产情况 …… 522
表7－6－2　2006—2009年新华资产公司资产配置情况 …… 523
表7－6－3　2010年非投连账户投资收益情况 …… 530
表7－7－1　中再资产股权结构 …… 537
表7－7－2　受托资产配置情况 …… 538
表7－8－1　2005—2010年受托资产规模表 …… 552
表7－8－2　2005—2010年受托系统内资产配置情况表 …… 552
表7－8－3　2005—2010年受托系统内资产净值增长情况表 …… 553
表7－8－4　华泰普保2005—2010年度投资业绩表现 …… 553
表7－8－5　2005—2010年受托系统内资产收益贡献情况表 …… 554
表7－8－6　2006—2010年主要受托产品账户投资收益情况表 …… 554
表7－8－7　2007—2010年受托企业年金投资收益情况表 …… 555
表7－8－8　2005—2010年公司离职率 …… 562
表7－8－9　主要业务岗位人员构成 …… 573
表7－8－10　华泰普保历年投资业绩表现 …… 574
表7－8－11　2005—2009年度投资策略 …… 575
表7－8－12　组合净值情况 …… 579
表7－9－1　太平资产管理有限公司受托资产规模 …… 600
表7－9－2　2006—2010年保险账户整体资金加权收益率 …… 601

第一篇　改革篇

[第一章]

资金特性与资产管理

一、保险资金特性与资产负债管理

（一）保险资金的负债特性

保险公司根据大数定理等保险原理，通过向投保人提供保险产品收取保险费，承诺对投保人的生命、财产提供风险转移和保险保障服务。这种提前收取的保险费在扣除一定成本费用之后，主要用于未来的保险赔付，形成保险公司负债项目中的责任准备金。责任准备金是保险公司可运用资金的最主要构成部分，一般占比 80% ~90% 以上。因而，保险资金特性主要是由责任准备金及其源头——保险产品的特点所决定的。保险产品可分为寿险和财产险两大类，一般而言，财产险大部分在当期就进行了赔付，累计留存相对较少。因而在各国保险可投资资金中，寿险资金是最主要部分，下面就以寿险为例对其资金特性进行分析。

1. 保险资金可投资期限较长

从保险产品的期限特征看，传统寿险是一种期限很长的保险产品，其期限通常在 15 年以上，部分产品期限甚至在 30 年以上。寿险分红险是一种期限中等的产品，其期限一般在 5 年以上，部分产品的期限也达到了 10 年甚至 20 年。万能险、投资连结险等投资型产品，投资期限通常短于传统寿险，且不同的投资型寿险，其期限差异很大，但寿险公司为弥补展业费用等经营成本，收取的初始费用通常较高，只有投保期限达到 5 年甚至 10 年以上，退保或提取账户价值的损失才很小，因而在实践中，这类寿险产品的实际资金滞留期限通常在 5 年以上。当然，公司整体负债期限不仅取决于公司的寿险产品结构，特别是传统险与投资型寿险的占比，而且取决于投保人的缴费方式。在相同条件下，趸缴比重越大，保费的可利用期限越长，相反则期限较短。国外成熟寿险公司趸缴比重通常在50%左右，但在我国则在70%以上。因此，总体而言，寿险公司的负债具有显著的长期性特征，综合平均负债期限通常在10年以上。

2. 保险资金通常有最低收益要求

在寿险负债中，形成投资型保单账户价值的分红险、万能险、投资连结险基本上都是浮动预定利率产品。分红寿险是一种固定保底加浮动分红的产品，在这种收益分配机制下，当寿险公司实际投资收益率超过固定预定利率时，寿险公司应将这部分余额的绝大部分以红利形式返还投保人。若投资收益率低于固定预定利率时，保险公司不能事后追加保费，自己承担全部风险。万能寿险是一种缴费灵活、固定保底、浮动收益型产品，寿险公司通常也向投保人承诺一个最低保证收益率，在保费流入之后，寿险公司每月公布实际结算利率且年结算利率必须在承诺的最低保证收益之上，若寿险公司实际投资收益率低于其承诺的最低年保证利率，寿险公司自己承担相应损失。投资连结险是一种寿险公司设立不同风格账户，投保人自己决定资产配置，自己承担风险、收益的保险产品。但为体现寿险产品特性，新的投资连结险通常附带了一定的风险保障。因此，除投资连结险外，寿险公司负债一般要求有最低的收益要求。

3. 保险资金对利率变动比较敏感

利率风险是寿险公司通常面临的最主要风险。当利率显著下降时，市场投资回报率下降，寿险公司面临“利差损”风险。同时，由于受投资品种少、可投资资产期限短于负债期限影响，在利率下降时资产升值幅度小于负债升值幅度，股东价值大幅缩水，甚至资不抵债。在市场利率大幅上升情况下，新保单预定利率也相应上升，当新保单预定利率与老保单预定利率的差值给保户带来的利益足以弥补退保费用时，还会触发大量退保。利率上升所引起的保单贷款和退保不仅会引起流动性风险，迫使寿险公司以缩水的价值支付退保费用和保单贷款，而且由于高成本保单比重增加，还会加大保险公司在投资收益方面的压力。

另外，大多数的寿险产品通常都赋予了投保人保单贷款等隐含期权，在利率变动特别是在利率上升时期，投保人保单贷款会显著增加。对于万能险等具有很强灵活性的新型保险产品，由于其缴费灵活，账户价值提取十分方便，其现金流对利率变动更为敏感。

（二）保险负债特性与资产负债管理

1. 可投资期限长与资产负债管理

保险公司负债资金的可投资期限长这一特性决定了保险投资的重要性和长期性，也决定了保险公司是显著区别于共同基金、银行、对冲基金等其他机构的投资者，是资本市场中长期、稳定的机构投资者。资金可投资长期性还对保险公司资产与负债的期限匹配提出了更高要求。若资产期限显著短于负债期限，当出现利率的持续下降时，保险公司将面临较大的再投资风险。相反，若资产的期限显著长于负债期限，当出现利率的持续上升或由于出现其他很好的投资机会时，则可能出现大量退保或保单贷款现象，此时，保险公司就将面临较大的流动性风险。

2. 最低收益要求与资产负债管理

保险经营的利润渠道有三：死差益、费差益、利差益。死差益是投保人实际死亡率与寿险精算假定的死亡率之差，费差益是寿险公司的实际经营费用与精算假定的费用率之差，利差益是准备金或投资账户余额等资金的实际投资收益率与精算假定之差。在寿险经营中，同一地区的不同公司一般都采用同一生命表；过高的费用率也会显著降低寿险产品的吸引力和竞争力，因而随着竞争的日益充分，死差益、费差益在寿险经营利润中的比重显著下降甚至为负。对于利差益，虽然寿险产品创新使预定利率逐步由完全固定转变为了浮动利率，但除投资连结险外，其他寿险产品仍具有最低保底收益。而在寿险投资的长期过程中，外部市场是很不确定的，寿险资金未来能获得的实际投资收益率也是很不确定的。若未来实际投资收益率高于该最低保证收益，寿险公司可获得利差益。但若未来实际收益率达不到最低保证收益，寿险公司将承担风险。因此，保险负债的最低收益要求使保险公司极为必要进行资产负债的协调管理，在产品设计上，根据未来经济金融运行趋势确定最低保证利率，同时增加负债灵活性，在投资管理上采取资产与负债匹配，以固定收益资产投资为主的保本型投资策略。

3. 利率敏感性与资产负债管理

保险负债期限长和对利率的敏感性使保险公司经常面临较大的利率风险。在资产和负债不匹配的情况下，利率的变动会给资产价值和负债价值带来不同程度的影响，造成保险公司权益价值的剧烈波动，并有可能引发偿付能力危机，甚至导致保险公司破产。因此，保险负债的利率敏感性对保险公司的利率风险管理提出了客观要求。利率期货、利率互换等金融衍生工具和免疫技术等是进行利率风险管理的有效手段，也是保险公司资产负债管理的重要内容。因此，利用表内、表外技术，动态地调整、管理资产与负债，可以有效地降低保险公司的经营风险。

（三）保险资产管理的基本特征

保险资金的负债特性决定了保险公司是显著有别于共同基金、商业银行、养老基金的特殊机构投资者。其资产管理具有如下特征：

1. 投资目标

与共同基金等其他机构投资者追求相对收益、关注相对业绩排名的投资目标显著不同的是，保险负债的最低收益要求决定了保险公司的投资目标是：以追求绝对回报为主，而不是追求相对收益和相对排名。

2. 基本原则

保险负债的最低收益要求和对利率的敏感性决定了保险公司资产管理的基本原则是：资产负债匹配管理，以中长期固定收益类资产为主。

3. 风险收益偏好

保险负债的最低收益要求还决定了保险机构是资本市场中的下跌风险厌恶型的绝对收益型投资者。

4. 风险收益确定模式

与其他机构先决定收益目标再确定风险的决策模式显著不同的是，寿险公司的风险收益确定模式是先确定风险再确定收益，其追求的是“无风险利率＋最大可承担风险下的投资回报”。

表 1-1-1　　主要机构投资者资产管理特征比较

项目	寿险公司	财险公司	养老基金	共同基金	商业银行
期限特征	长期	短期	长期	短期	短期
收益要求	最低收益保证	满足精算要求，有一定保证性	满足未来支付要求	无收益保证	有一定的收益保证性
利率敏感性	强	不强	强	不强	强
投资收益目标	满足负债要求，追求绝对收益	满足赔付要求	对付通货膨胀，保持购买力	追求相对收益和行业排名	追求绝对收益
风险态度	下跌风险厌恶型	中性	中性	中性	风险厌恶型
流动性要求	不高	高	不高	高	高
资产负债管理要求	强	一般	较强	不强	强

二、资产负债管理与资产配置决策

（一）资产负债管理的基本含义

资产负债管理（Asset and Liability Management，ALM）是现代保险经营管理的重要内容，也是保险企业区别于其他企业的重要特征。

1. 狭义的 ALM 是指利率风险管理

从精算角度看，保险公司面临四类风险，分别为：C1 风险——资产风险，C2 风险——产品定价风险，C3 风险——利率风险，C4 风险——其他风险，在这四种风险中，利率风险是现代保险企业通常面临的最主要风险，这是因为：一是利率变动对保险公司权益价值影响很大。在资产负债表中，“权益 = 资产 - 负债”，当利率发生变动时，无论利率上升还是下降，只要相应的资产与负债变动的方向和幅度不完全一致，保险公司就可能面临权益下降的风险。如在利率上升中，利率的上升通常会导致资产价值和负债价值同时下降，若资产价值下降的幅度大于负债下降的幅度，二者之差会直接影响权益。二是利率变动对现金流影响较大。由于保险投资是中长期投资，投资组合的调整通常比较缓慢，从而导致保险投资收益变动通常滞后于市场利率变动。

在利率上升时期，市场投资回报率上升，但保险投资回报难以同步提升，此时，投保人就有可能转移资金进行其他投资，若公司流动性资产不足，则将不得不以下跌的价格抛售资产以应付投保人的现金流需求，若这种非预期的现金流出过大，保险公司甚至可能面临现金流支付危机。相反，在利率下降时期，保险公司所投资的可赎回债券或抵押贷款更有可能被提前赎回或偿付，而投保人投保积极性却显著增加，保险公司将面临较大的再投资压力。随着竞争的不断加剧和保险产品的不断创新，万能险、变额寿险、变动年金等利率敏感性产品不断推出，保险公司的现金流对利率变动比以往更加敏感。三是利率变动对保险公司利润影响大。在目前的中国保险经营中，除投资连结险外，无论是传统险还是分红险、万能险都有一个2.5%的最低保证利率，当市场利率低于该预定利率，从而致使保险投资的收益率低于了该预定利率，保险公司将面临亏损。

自布雷顿森林体系崩溃以来，随着汇率的大幅度波动和通货膨胀，世界各国利率变动的频率和幅度显著加大。资产负债管理就是在20世纪70年代之后，随着西方金融市场利率波动性不断增大，利率风险日益增大背景下，银行业和保险业为管理利率风险而进行的一种管理实践。因此，狭义的资产负债管理通常指的是利率风险管理。

2. 广义的ALM是资产与负债的动态协调管理

对于资产负债管理，在不同阶段有不同的理解。

传统ALM理论认为，保险企业是一个以销售保险产品为主的负债型企业，而企业负债结构是由市场需求所决定的，因而ALM的关键是调整和控制资产，其目标就是通过利率风险管理，实现公司的财务稳定性。

并行ALM理论认为，ALM不应只强调资产或负债单方面，而应强调保险负债和资产投资之间的动态交互作用。ALM的目标不仅是为满足偿付要求，而且应包括有关成本和收益的目标，即不仅应从安全性、流动性方面追求财务的稳定性，而且应追求收益的最大化。随着全面集成化风险管理理论和基于价值管理的ALM的提出，ALM的内涵进一步丰富。

全面集成化风险管理理论将资产负债的观念从财务上追求稳定性和收益性转移到保险企业整体的风险控制上，将ALM职能与保险企业其他职能结合起来，综合考虑企业的整体风险和收益。

基于价值的ALM理论认为，ALM必须从整体上把握与保险企业相关的各类风险以及这些风险之间的相互关系。这些风险不仅包括精算风险和市场风险，而且还包括企业内部运作中的制度风险、流程风险以及人员操作风险。其目标是通过对保险负债和资产投资组合的优化组合，实现保险公司所有者权益的市场价值最大化。

因此，广义的资产负债管理是资产与负债的动态协调管理。北美精算师协会对此进行了很好的概括："资产负债管理是一种用来协调资产与负债决策的企业管理实践。资产负债管理是在一定的风险承受能力和约束条件下为实现一定的财务目标而进行的有关资产与负债决策的计划、执行、监督以及调整的一系列连续过程……资产负债管理是一种对于任何以投资平衡负债的机构而言，重要的财务管理手段"。

（二）保险公司的资产管理决策体系

虽然各保险公司在投资机构的设置模式上存在显著差异，但在投资管理过程上大致相似，主要分为两大层次，一是资产负债管理决策过程，二是资产配置决策过程，具体为：

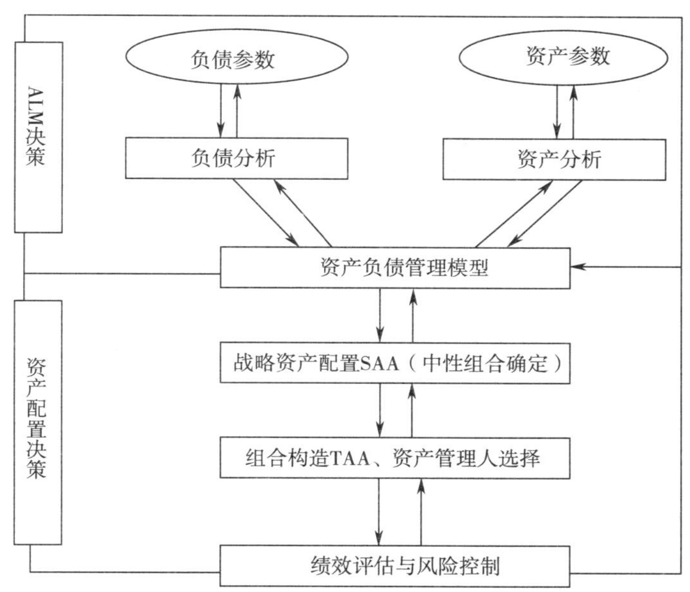

图 1-1-1　保险机构的资产管理决策体系

1. 资产负债管理决策过程

（1）负债分析

负债分析的目标是：通过计算负债的现金流分布，得出负债的久期、凸性及市场价值，并将其与保单预定利率、保单隐含期权等负债假定一起作为资产负债管理模型的输入参数，用于资产负债管理模型模拟计算。负债模型是由各个产品模块组合而成的，其设计步骤是：

①根据每个保险产品的保单责任、精算假设设计该类产品的程序模块。

②将该产品精算假设或保单数据输入该程序模块，运行得出该产品的现金流分布。

③将同类产品的程序模块汇总组成大类产品负债模型，运行得出该类产品的现金流分布。

④对该现金流进行分析可以得出该类负债的久期、凸性及市场价值。

若要进行的是公司层面的资产负债管理，则需将公司各类保险产品汇总，得出公司整体负债现金流分布、久期、凸性及市场价值。

（2）资产分析

资产分析的目标是：计算出市场上可投资资产的现金流分布、市场价值、预期收益、风险及相关性，并将其作为参数输入到资产负债管理模型中用于模拟与预测。在保险业中，应用比较广泛的模型是 Wilkie 随机资产模型，该模型是 Wilkie 在收集英国、美国、加拿大等国 1920 年以后 70 多年市场资料基础上，利用时间序列模型整理出的最能表达市场各种投资资产报酬率及市场利率的随机模型，该模型对中长期金融、经济变化及整体投资环境具有良好预测效果。Wilkie 模型的主要变量有通货膨胀率、资本市场股利率、长期利率、短期利率、工资增长率等。

（3）资产负债管理模型

资产负债管理的目标是：选择恰当的资产负债管理模型，以负债模型和资产模型的计算结果为输入变量，分析、得出某一产品或公司整体现有的偿付能力及资产负债盈余价值的现状和未来变化，并在此基础上得出下一阶段产品或公司资产负债管理的调整建议，供资产负债管理委员会决策参考。

资产负债管理的技术模型主要分为利用金融衍生工具进行风险管理的表外技术和对表内项目进行管理的表内技术。其中，表外技术包括利率互换、利率期货、金融期权等，表内技术主要包括现金流匹配模型、久期匹配模型、情景分析与压力测试、多阶段、动态 ALM 模型等。情景分析与压力测试更多地体现为一种资产负债管理的检测技术。动态 ALM 模型主要包括多阶段随机规划 ALM 模型、决策规则模型、随机控制 ALM 模型和资本增长 ALM 等，这几种模型都十分复杂，决策变量非常多，通常达到上万个，从而导致大规模的优化问题。

2. 资产配置决策过程

（1）战略性资产配置

战略性资产配置的过程就是在 ALM 基础上构建“中性”资产组合的过程，其目标是在资产负债管理框架下，根据负债决定的投资目标、风险收益偏好、流动性要求决定的投资所要达到的收益要求。与此同时，为保证公司整体财务的稳定性和充足的偿付能力，需要根据负债特性进行总体风险预算，确定每个账户及公司整体的最大可接受风险范围，包括利率风险、现金匹配风险、资产的市场价值变动风险等，使账户及公司的资产管理在可控风险范围内进行。在此框架下构建的资产组合通常被称为“中性组合”，其是由中长期的负债特性和资产特性共同决定的，因而是一种中长期资产负债基本匹配的大类资产组合，其是保险机构投资者实际投资组合构建和风险管理的“基准”。

（2）实际资产组合构造或资产管理人选择

在 SAA 基础上，投资者还需要构建实际的投资组合。这是因为：一是在一定发展阶段的不同时间段内，由于宏观经济变化、利率汇率变动，各类资产的中短期风险、收益可能会显著偏离其长期特性。二是即使大类资产风险收益状况是基本稳定的，大类资产中的各小类资产的相对吸引力也是动态变化的。因此，保险公司的资产管理不仅需要进行战略资产配置，还需要在此基础上，根据对未来一段时间如半年、1 年各类资产的风险、收益预测构建一个中短期的实际投资组合。此外，若保险公司不是自己进行投资就存在一个投资管理人的选择问题，在投资管理筛选中，被筛选机构的投资团队、股东背景、过往业绩等都是重要的考量指标。

（3）绩效评估与风险控制

根据参照系的不同，绩效评估可以分为相对绩效评估和绝对绩效评估两类。其中，同业比较法和市场基准法为比较常用的方法。同业比较法是通过对行业内不同管理人投资业绩的比较和排名分析来评价投资管理人的业绩表现和水平高低的。市场基准法选取某一市场指数或在市场指数的基础上构造一个考核指数，将投资管理人的业绩与考核指数回报相比较，以判断投资绩效的优劣。绝对绩效评估方法是一种以事先确定的绝对收益目标进行考核的评估方法，总体投资回报法是比较常用的方法。相对绩效评估法简单、直观，能在很大程度上反映投资管理人在行业、市场中的相对投资能力。在国内外的保险投资管理中，以绝对收益为主、相对收益为辅，同时兼顾短期与长期、风险与收益的综合评估方法是大型保险机构比较恰当的绩效评估方法。

在投资管理过程中，风险管理部门应对公司或账户的风险进行分解分析，找出主要的风险点及需要重点监控的检测点。其风险控制的方法有两个：一是制度手段，通过风险控制的组织、制度建设，建立职责明确、分权制衡的风险控制组织制度体系，形成完善的事前、事中、事后风险管理体系。二是技术手段，通过组合管理、技术指标监控等方式进行。其中，组合管理是分散资产风险的重要途径。

三、保险资产管理的国际比较与启示

（一）各国保险资产配置结构

1. 美国保险公司的资产配置

（1）寿险配置结构

如图 1－1－2 所示，债券一直是其最主要的投资品种，占比基本在 50%

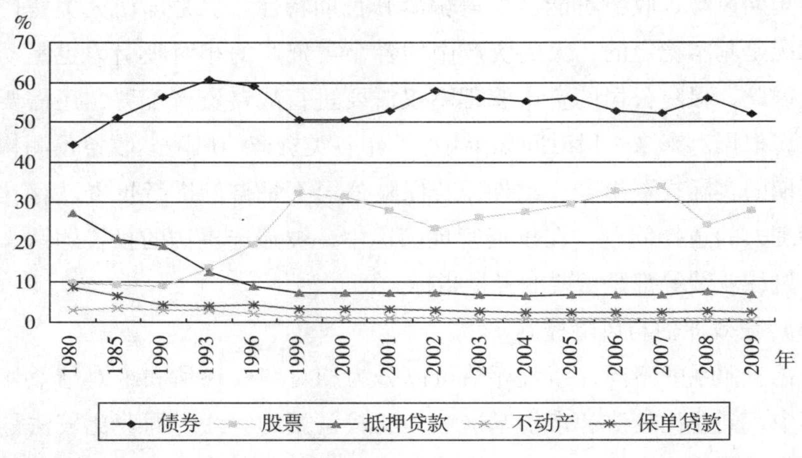

资料来源：American Council of Life Insurers，2009，2010。

图 1－1－2　美国寿险公司资产分布结构与走势

以上，股票比例从20世纪90年代开始逐步上升，并一跃超过了抵押贷款成为第二大投资品种；抵押贷款投资比例则相应从接近30%的水平一路下滑，目前占比不到10%。

此外，寿险一般账户与独立账户的配置结构显著不同，一般账户中，股票占比2.3%，债券比例为71%。而独立账户则与之相反，债券比重13.5%，股票比重高达80%。分析可发现：自20世纪90年代以来，美国寿险公司整体股票配置比重大幅上升，其主要原因是独立账户在寿险公司中比重大幅度上升。

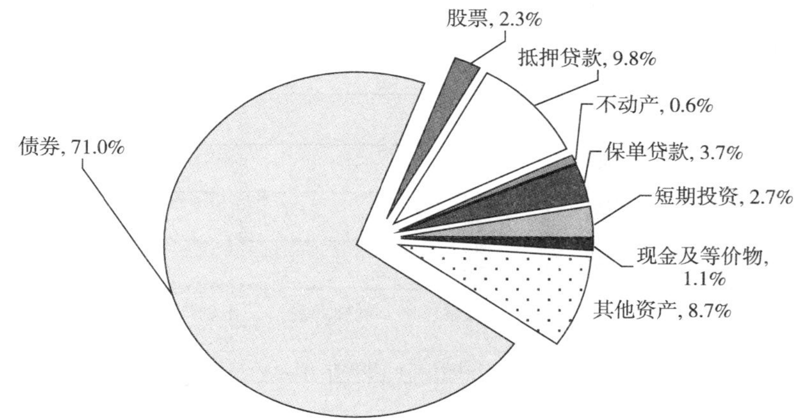

资料来源：American Council of Life Insurers，2010。

图1-1-3 美国寿险公司一般账户资产分布结构（2009年）

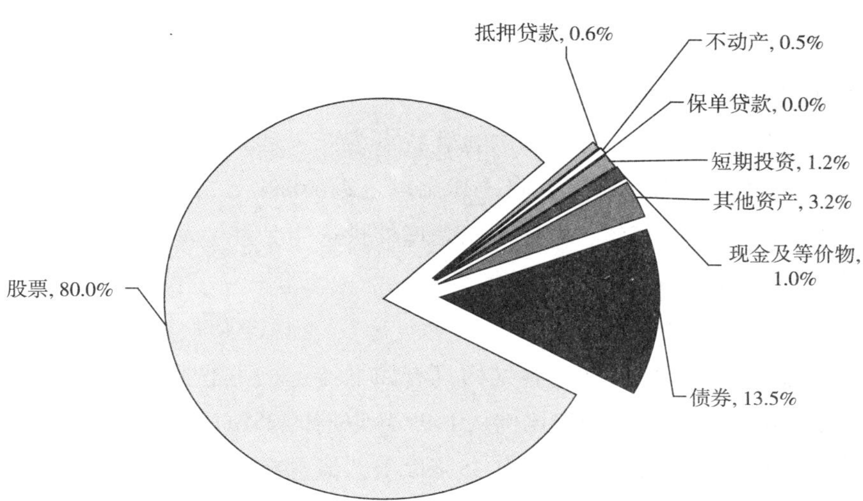

资料来源：American Council of Life Insurers，2010。

图1-1-4 美国寿险公司独立账户资产分布结构（2009年）

（2）非寿险配置结构

2009 年，美国非寿险资产规模占美国保险业的 20%，其配置结构与寿险公司相同点在于：债券是最主要配置品种，占比近 70%。差别主要在于：一是股票比重较高，占比近 20%，远高于寿险一般账户的权益比重。二是现金比重较高，达 7% 左右，显示出较强的流动性管理特征。

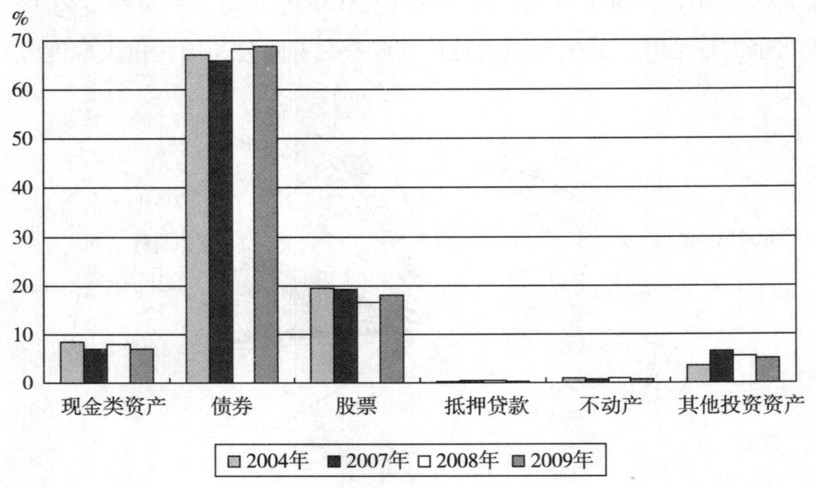

资料来源：Insurance Information Institute，Insurance Fact book，2010，2011。

图 1－1－5　美国非寿险公司投资资产分布状况

2. 英国保险公司配置结构

（1）寿险配置结构

英国寿险公司资产配置结构的显著特点为：一是股票比重很高，一度曾达 50%，即使近年来有显著下降，其比重也近 30%。二是政府债券投资稳定，占比基本保持在 15% ~ 18%。三是境外投资的品种丰富，比重较高且稳步上升，目前已达 22.2%。

（2）非寿险配置结构

英国非寿险公司的资产配置结构具有如下特点：一是股票和政府债券的投资占比逐年下降。股票投资比例从 1999 年以前的 25% 快速下降到了近年的 12% 左右。政府债券占比虽高，在 35% 以上，但也有明显下滑。二是其他公司证券和现金类短期资产占比显著上升。其他公司证券在 1997 年时仅为 10% 左右，目前已快速上升到了 26% 以上。现金类资产比例一直保持在较高水平。

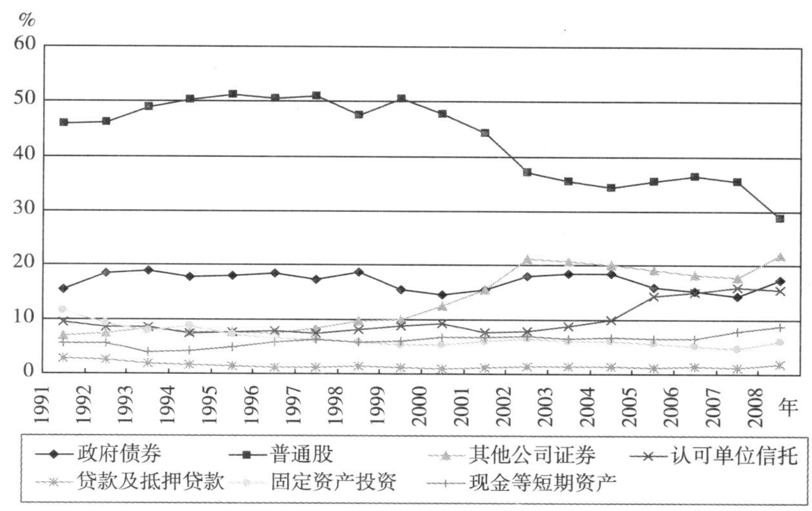

资料来源：英国国家统计局（http：//www. statistics. gov. uk）。

图 1－1－6 英国寿险公司资产分布结构与走势

三是境外投资比重也较高，2008 年底达 26.7%，但与寿险主力投资普通股不同的是，非寿险境外投资的最主要品种是债券，其次为其他公司证券。

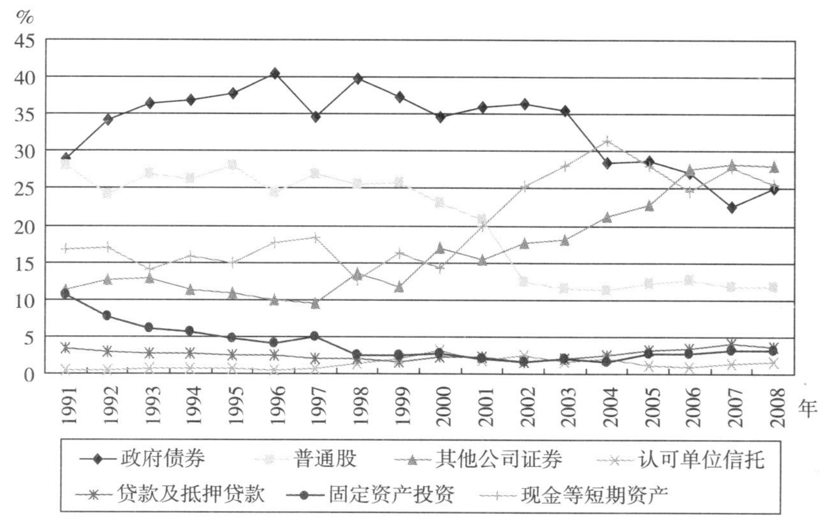

资料来源：英国国家统计局（http：//www. statistics. gov. uk）。

图 1－1－7 英国非寿险公司资产分布结构与走势

3. 日本保险公司配置结构

（1）寿险配置结构

日本寿险配置结构具有如下特点：一是配置结构证券化程度不断提高，占比从20世纪70年代的20%左右快速上升到了目前的70%左右。二是贷款比重快速下降，从80年代的60%左右快速下降到了目前的16%左右。三是境外证券投资比例上升。1970年日本寿险公司境外证券投资占比不足3%，目前已达15%左右，品种主要集中于债券类资产。

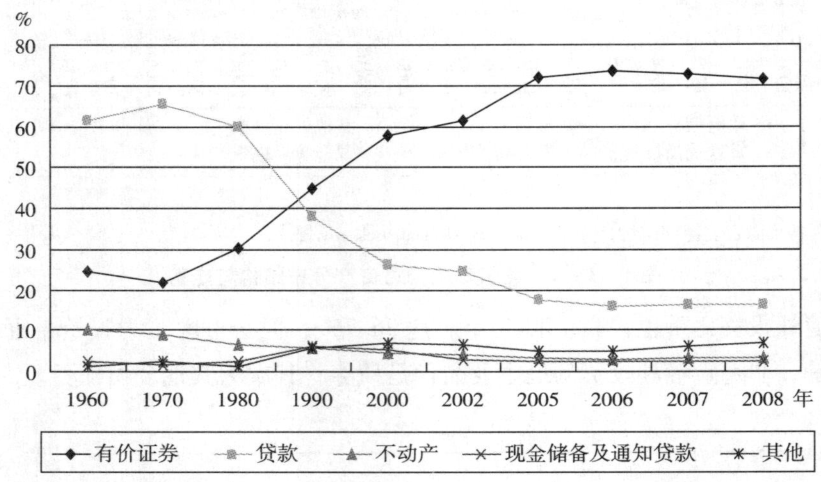

图1-1-8　日本寿险公司资产分布结构与走势

（2）非寿险配置结构

日本非寿险配置结构的特点如下：一是股票在其资产组合中占25%左右，境外投资比重也不断提升，目前占比17%。二是短期投资品种较为丰富，包括了通知贷款、转售协议应收账款、货币债券和货币信托，合计占比6%左右。三是贷款占比则在8%左右。

表1-1-2　　　　日本非寿险公司资产配置结构

项目	2006年	2007年	2008年	2009年
存款	2.7%	2.8%	3.4%	3.3%
通知贷款	1.7%	1.8%	2.2%	1.2%
货币债权	3.8%	5.2%	1.5%	4.5%
证券	80.2%	77.6%	77.2%	77.7%

续表

项目	2006 年	2007 年	2008 年	2009 年
（本国政府债券）	12.9%	14.5%	16.6%	17.3%
（地方政府债券）	2.0%	2.2%	2.5%	2.1%
（公司债券）	11.8%	13.1%	14.8%	13.3%
（股票）	36.6%	29.4%	23.2%	26.1%
（境外证券）	14.4%	16.3%	18.4%	17.4%
（其他证券）	2.5%	2.1%	1.8%	1.5%
贷款	7.5%	8.2%	9.6%	8.3%
不动产	3.3%	3.5%	4.2%	3.8%

资料来源：日本普通保险协会网站（http：//www.sonpo.or.jp/en/）。

4. 韩国保险公司配置结构

（1）寿险配置结构

寿险公司普通账户债权占比 44.6%，贷款 24%，而股票占比 6.2%；独立账户中债券占比 34%，股票占比 22.66%，受益凭证 22.67%，现金和存款较高，达 11.68%。

表 1－1－3　　韩国寿险公司不同账户配置比较（2009 年）

资产类别	普通账户	独立账户
现金和存款	3.8%	11.68%
股票	6.2%	22.66%
债券	44.6%	33.99%
受益凭证	4.6%	22.67%
海外投资	7.9%	2.07%
贷款	24.0%	6.49%
不动产	4.3%	0%

资料来源：韩国金融监督管理委员会网站（http：//www.fsc.go.kr/eng）。

（2）非寿险配置结构

截至 2009 年底，非寿险资产总规模为 66 万亿韩元，其中，有价证券投资占比 63.1%，主要包括股票 7.2%，债券 33.1%，境外投资 5.7%，受益凭证 6.6%；贷款和不动产占比则分别达到了 22.6% 和 7.6%，证券化程度相对较低。

表1-1-4　　韩国非寿险资产配置结构

资产类别	2006年	2007年	2008年	2009年
现金和存款	5.5%	7.0%	8.4%	6.7%
证券	65.3%	63.8%	61.5%	63.1%
股票	9.0%	8.9%	6.2%	7.2%
政府和公共债券	11.1%	9.6%	7.4%	9.5%
特殊目的债券	21.2%	20.6%	23.1%	14.6%
公司债券	11.3%	10.5%	11.2%	9.0%
受益凭证	4.5%	5.8%	5.8%	6.6%
境外证券	3.6%	4.0%	3.5%	5.7%
贷款	21.2%	21.8%	23.0%	22.6%
不动产	8.0%	7.4%	7.1%	7.6%

资料来源：韩国金融监督管理委员会网站（http：//www.fsc.go.kr/eng）。

（二）保险资产配置国际比较的启示

各国保险公司资产配置对中国保险业的资产管理具有一定的借鉴和启示意义。

1. 科学的保险资产配置需要以“资产负债管理”思想为指导，对不同性质的保险资金来源采取不同的投资策略

保险公司与其他机构投资者的差异主要在于其负债的特殊性，不同类型的保险公司也具有不同的保险资金来源性质。由于不同的负债特性具有不同的“风险—收益”要求和现金流特征，从而在资金运用的收益目标设定和投资策略上都存在显著差异。如寿险和财产险、单独账户和一般账户，由于其资金性质不同，一般都需要采取显著不同的资产配置策略。只有这样，才能有效地防范投资风险，保证长期、稳定的收益。

在这方面，美国和日本的保险公司形成鲜明对比。1980年以前，日本寿险资金运用中一般贷款高达60%以上，而证券比重不到30%，但随着20世纪80年代泡沫经济的发展，日本股市、楼市大幅飙升，日本寿险业无视自己的负债特性，大举进入股市、楼市，有价证券比重也快速上升到了41.5%左右。同时，大量投资房地产，而一般贷款中不少资金也投向了楼市。但随着泡沫经济破灭后，日本股市、楼市一路下跌，日本寿险业很快就陷入了困境。而美国寿险公司对不同的负债来源采取了严格的账户分类管理，并对于寿险一般账户采

取了严格的资产负债管理，将绝大多数资金投资于固定收益类资产，而对权益类投资则进行严格的比例控制，即使在20世纪90年代的10年大牛市中，其股票比重反而从1992年时的5.02%进一步降到了2002年时的3.52%。

中国保险业的资产管理才处于起步阶段，中国保险业在进行资产管理时应充分借鉴国际保险企业的经验和教训，加快树立“资产负债管理”理念，努力塑造保险资产负债管理文化，在对不同账户的资金性质、风险—收益要求、投资期限的深入分析的基础上确定不同保险负债的资产配置策略，在严格控制风险的前提下，通过理性、稳健投资，获取长期、稳定的回报。

表1-1-5　　寿险和非寿险公司的投资策略比较

投资策略	寿险公司	非寿险公司
久期管理目标	制定较为严格的久期管理区间	一般不要求做久期匹配管理
投资的期限管理	长期投资的管理模式	短期投资的管理模式
现金流策略	现金流匹配管理	流动性管理
管理目标	收益率导向，重视账面收入	总回报导向，重视组合价值，兼顾偿付能力
风险承担能力	相对较弱	相对较强

资料来源：保险资产管理国际研讨会，2005年，内部整理。

2. 保险公司的资产配置需要借鉴国际经验，更需要以本国经济、金融现实为基础

如前所析，各国保险资产配置结构存在很大差异，并没有一个统一的规律，这主要是由于影响保险资金运用的因素是多方面的，既有金融体制、保险投资法律限制原因，又有金融市场结构、会计制度、保险产品结构及其他方面的原因，而各个国家在上述各方面的情况又是千差万别的。上述美国和英国、日本和韩国的对比就是很好的例证。

中国是一个经济发展迅速、市场巨大、正处于经济转轨和从封闭不断走向开放的国家，中国的产业经济发展阶段、金融市场状况、法律社会制度、保险业发展的阶段等都与发达国家存在显著差异。作为中国经济、金融的重要组成部分，中国保险公司的资产配置不仅应借鉴发达国家保险资金运用的经验、教训而且应充分考虑中国经济、金融现实（包括经济发展阶段、金融市场条件、法律法规约束等），以本国经济、金融现实及发展趋势为基础，而不是脱离中国经济、金融现实，盲目照搬外国经验。只有这样，中国保险业才有可能在服务经济社会的同时获得长远的发展。

3. 根据经济、金融结构变化适时调整资产配置结构是保险公司服务社会经济，获取良好、稳定收益的重要条件

随着社会经济、金融结构的变迁，各类资产类别的风险—收益特性会发生显著改变。只有通过深入研究，根据社会经济、金融结构变动趋势适时调整资产配置结构才有可能最大限度地降低投资的风险、适度提高投资的收益。相反，则可能面临很大损失。一个世纪以来美国铁路债券的兴衰（在20世纪初，铁路是美国的经济支柱，铁路债券被认为是没有任何风险的投资，但到1971年时债券价格只值面值的5%）、20世纪80年代以来日本股票市场的起伏都是很好的例证。

如前所析，美国寿险公司在其资产配置上，虽然其固定收益类证券一直保持在80%以上，但其结构发生了显著变化，首先是其根据抵押贷款与债券收益的相对收益变化在进行流动性风险调整之后不断调整其配置比重。其次是在债券特别是公司债的行业配置上，根据国民经济的结构变迁适时调整了公司债的行业资产配置，从而在控制风险的前提下适当提高了收益。在1985年以来的17年间，美国寿险公司获得了8.29%的年均收益率，比美国10年期国债收益率高出了124BP。

伴随着经济、金融结构的深刻变革，各种资产类别的风险收益特征在不断发生着变化。因此，保险公司只有通过系统性、前瞻性研究，在经济、金融结构变迁中适时调整资产配置结构，才可能在服务社会经济的同时为保户提供具有竞争力的收益。另外，随着经济全球化，中国经济金融日益深入地融入到了世界经济的潮流之中，金融经济及资产管理的竞争也正趋向于全球化，因此，中国保险机构在新的历史阶段需要树立全球化的观念，进行全球视角的资产配置，在世界产业结构变迁和各类资产类别风险—收益的变化中适时调整资产配置结构。

[第二章]

资产管理改革路径与选择

一、改革初期保险资产管理状况

（一）保险资金运用收益偏低

长期以来，我国保险业的发展格局一直是“量”的迅猛、“质”的困惑。保险资金运用余额快速增长，但收益率较低，2001—2003 年，我国保险资金运用的综合收益率分别为4.3%、3.14%、2.68%。当时，中国保险资金运用收益率偏低的主要原因是：

1. 资金运用结构不合理

《保险法》颁布以前，资金运用方式极不规范，保险资金运用包罗万象，包括固定投资和贷款、流动资金贷款、技改贷款、寿险保单抵押贷款、资金拆借、政府债券、金融债券、股票、房地产开发、实业投资等，形成大量不良资产。《保险法》颁布后，对保险资金运用进行了规范和整顿，严格限制了资金运用形式，有效地遏制了资产风险无序膨胀的负面势头。然而从保险资金运用状况看，资金运用结构极不合理：一是现金和银行存款比重过高。二是寿险资金存在着非收益性运用比重过大的问题，最为典型的是办公用汽车、房屋、移动电话等固定资产比重偏高，中国主要保险公司 1992—1999 年固定资产占总资产的比重均超过 10%，占用了大量资金，影响了保险公司资金的周转和资金运用的效益，削弱了公司的偿付能力。三是证券化的比例过低，投资品种单一，系统性风险相对较大。

2. 投资环境不成熟

保险公司资金运用渠道很大程度上依赖于资本市场的发育完善，而中国的债券市场品种少，期限短，市场容量小，股票市场起步晚，市场容量有限，市场机制尚未完全成熟，风险较大。在这种情况下，尽管投资渠道拓宽了，但往往是“有行无市”，仅是保险资金运用工具的一个“摆设”，导致资金运用压力增大，巨额资金找不到出路。数据表明，2002 年除了协议存款、债券、基金等投资品种外，保险业未得到有效利用的资金高达 1 641 亿元，占可运用资金余额的 28. 3% 。这种状况严重影响了保险资金的良性循环和资金运用效果，造成资金运用收益率过低，进而严重影响到保险公司的竞争力和进一步发展。

3. 资金运用潜在风险不断积累

一是资产组合的利率风险较高。由于银行存款、债券及回购在总资产中的占比高达 90% ，这些固定利率产品利率敏感度很高，受货币政策和利率走势的影响十分明显。二是资产负债失配现象严重，资产与负债在期限匹配、成本与收益、资金运用规模上失配现象十分严重，存在较大的再投资风险。三是系统性风险集中放大。由于投资渠道受限，保险资金运用集中在几个有限的品种上，单一品种在保险资金组合中的占比过高或占市场规模比例过大，系统性风险呈上升趋势，一旦发生市场波动，保险投资的安全和收益将受到严重影响。

4. 资金运用管理体制不健全

当时整个行业的状态是：一是保险资金没有集中到法人机构，保险资产管理处于粗放管理状态。大量资金分散在各保险公司的分支机构管理运作，“跑冒滴漏”严重，乱投资现象普遍，产生大量不良资产，形成沉重的历史包袱。二是没有投资文化、没有资产负债匹配管理、没有风控概念，形成保险业内盲目的投资热，保险总公司、分公司以及支公司都成为投资的主体，投资的对象五花八门，应有尽有。三是由于投资混乱，缺乏专业管理人才，形成大量不良资产。据统计，1992—1993 年，保险投资形成的不良资产高达 110 亿元，占当时总投资的 90% 以上。

（二）重保费增长，轻资金运用

长期以来，保险业重承保、轻资金运用。保费收入年均增长 30% 以上，可运用资金规模不断扩大，但保险投资渠道过于狭窄、资金运用收益偏低。2002 年底，保险业可运用资金余额 5 799. 3 亿元，但在这部分资金中，50%

是银行存款，19%是政府债券，二者之和约占70%，保险公司的盈利水平基本上取决于银行利率的高低，不仅无法填平以往的“利差损”，反而使资产负债包袱越来越大。

根据国际经验，保险公司的综合盈利水平主要取决于资金运用收益率水平，承保业务几乎不能带来收益，主要起到吸纳资金的作用。承保业务的高速发展与资金运用效益不足的矛盾日益突出，这一“瓶颈式”的畸形发展已直接影响到保险公司的偿付能力和经营的稳定性，关系到我国保险业的健康和可持续发展。特别是中国寿险公司的巨额利差损问题，严重威胁寿险业的偿付能力，进而影响到中国的金融安全。

造成我国保险业特别是寿险业的高速发展与资金运用不足之间矛盾的主要原因有两个方面：一是当时历史背景条件下的监管政策对保险资金运用的限制和保险投资领域狭窄；二是保险公司在以承保业务为主导的情况下，投资能力和专业化水平亟待提高。

二、资产管理行业的体制与机制问题

进入20世纪90年代中后期，尽管保险行业已经认识到保险资金运用的重要性，但是为何直到21世纪初，保险资金运用收益仍然处于低水平呢？一个重要的原因在于保险资产管理领域的体制机制不健全，不适应新的社会经济形势下的保险资产管理的需求。随着保险资金运用方式的逐步增加，行业基础管理的压力开始显现，在资金压力不断增大、市场风险不断凸显的情况下，保险公司在资金运用中的管理体制、运作机制、投资决策、风险控制、人才队伍以及信息技术系统等方面都面临挑战，保险公司的资金运作体系在市场反应能力、风险控制、管理效率等方面也受到严峻考验，主要原因如下：

（一）保险公司的经营体制问题

从更深层次看，保险公司经营体制上的问题日益暴露。以中国寿险业利差损问题为例，寿险保证金的计提办法是由当年的保费收入减去当年的赔付支出和费用开支，即作为寿险准备金，而国际惯例的做法是按保单计提，二者的差别是明显的。在计划经济高度集中的模式下，银行、保险与国家财政是连接一体的，就资金的本质而言，只不过是这个钱袋子和那个钱袋子的关系，保险的盈亏最终都由政府承担，利税也同样都要上缴国家财政。但是，在计划经济向市场经济转轨过程中，原来一体式的利益关系被打破，保险企业的利益关系形成三角之势，即股权所有人（就国有保险公司而言，所有人即由政府代表）、经理人（保险公司的管理者，代表所有者管理保险公司）、债权人（保险合同受益人，即保险公司客户）。而这种寿险准备金的计提方法，显然对经理人有利，因为它掩盖了寿险公司经营中经理人的无作为或不作为的问题。只要寿险公司保费收入大于偿付支持，经营就不会暴露出问题。由于经理人的任期有限，而寿险合同期限较长，偿付是未来的事情。大多数寿险公司实行的是一级法人合算体制，对分支公司的考核多以单一的保费为主，经理人的“业绩表现”与利益实现主要体现在保费收入的增加上，公司的盈利或亏损与经理人没有直接的责任和利益关系，因此，在利益驱动下，不计效益，以规模论英雄。只要保费收入大量增加，按比例计提的费用就多，为自己或小集团谋取的相关利益就大。这就不难理解，为什么每一次银行利率下调，必然会出现利差损，但在每一次保单预订利率下调之前会出现保单的突击销售和购买现象，归根结底是保险公司片面追求保费收入所致。在这种“费用是我的，亏损是法人的”经营体制下，企业经营的实际亏损就被这种经营体制掩盖起来，承保业务的积极性被充分调动起来，而投资业务却委靡不振。

因此，有理由认为，寿险业利差损的形成不仅仅是利率下调所致，它与国有寿险公司的经营体制密切相关，它在很大程度上体现了在计划经济思维模式掩盖下的经理人利益集团的利益法则；同时，也因此导致保险业投资业务开展严重不足，因为在该体制下，重视和强调投资业务、寻求高水准资产管理业务的开展，不符合经理人利益集团的利益。要推进金融保险体制的改革，就必须克服既得利益集团的阻力。当然，这种改革必须是渐进的，需要在探索中前进，而不能不顾中国的国情，全盘照搬西方的运营管理模式。

（二）保险资产管理业务呈散兵游勇状态

直到21世纪初期，保险行业资产管理在组织架构方面还没有实体机构，没有设立独立的资产管理中心或专门机构负责公司资金运用相关业务，相应的只有保险公司的财务部门可以与之发生联系，保险资金在当时只能纳入财务管理的范畴。曾在很长时期内，大部分闲散资金以存款形式存放在银行，属于被动式财务管理；即使在逐步增加投资渠道的过程中，也是被动式管理。当时保险企业的投资部门只是负责对“过剩”资金的运用，与公司其他部门之间没有内在联系，不考虑资金来源在总量、期限结构、收益率结构等方面的匹配。保险公司或者自己将资金投资于国家规定的资金运用渠道，或者将资金直接交给证券公司、基金管理公司等投资部门，由别人代为理财。由此，资金运用的风险较大，收益极不稳定，严重时甚至殃及公司的正常经营。最为明显的事实是，2004 年，中国人寿与当时的人保财险相继因为“问题券商”的问题而身陷泥潭。由于受托证券公司——闽发证券、汉唐证券相继出现违规经营而被托管经营，造成保险巨头几亿元的巨额资金面临重大风险。

概括而言，在相当长一个时期内，整个保险行业资产管理呈现“四无”状态：一无健全的资金运用决策管理体系和资金运用机制，二无按照保险资金特点进行全方位研究形成投资方案、运用现代投资技术进行保险资产管理的实体机构，三无专业的资产管理队伍和人才，四无规范的资金运用风险监控机制、评价考核制度等内部管理体系。总之，保险资金的运用完全没有建立健全规范、专业的资产管理体系，更遑论构建现代意义上的保险资产管理行业。

如果不从体制机制上深化改革，改革资产管理体制，提高保险经营效率；如果不能为保险资金运用创造更为宽松的政策环境；如果保险公司不能在尽可能短的时期内提高资金运用的效率和效益，那么，保险资金规模不断增长与低效运用之间的矛盾会越来越突出，就有可能演化成保险业最大的经营风险，进而危及保险业的健康发展甚至社会稳定。

三、对发展路径的思考

保险业在西方国家具有悠久历史，经济的发达和金融市场的成熟使西方发达国家的保险业发展比较成熟，其走过的保险业发展道路可以提供诸多经验，考察西方国家的保险业经验，可以为我国保险业深化改革提供参考和借鉴。

（一）主要发达国家保险资金运用的经验

1. 美国

美国保险资金运用的特点是：

（1）对保险投资的监管独特而严格

美国的保险监管有州政府而非联邦政府主要负责，各州都设有保险监管部门。美国在保险资金运用的比例限制方面比较严格。如纽约州保险法规定保险公司在普通股、合伙股份等股权方面的投资占其可运用资产的比例不能超过20%，投资于不动产的比例不能高于25%。从20世纪80年代开始，美国丧失偿付能力的保险公司数量显著上升，每年大约有1%的保险公司倒闭，这使保险监管机构逐步将监管重点放到了偿付能力上，美国的保险监管政策经历了一个从严到松的过程，从费率、保单内容、保险资金运用较严格的限制和监管，转向对偿付能力的监管和保险基金的管理。但这种放松并非绝对标准的放松，而是监管方式的转化。目前，美国保险监督官协会在信息交换、最低偿付能力要求、财务评价制度、技术和法律援助及在跨州监管协调等方面正发挥着日益重要的作用。

（2）投资方式灵活，资金运用渠道广泛

美国保险资产主要投向四个方面：政府和企业债券、股票、抵押贷款和不动产、保单贷款。证券投资是美国保险资金运用的主要组成部分，其中，公司债券和政府债券占有最大比重。例如，1999年，有价证券所占比重为82.76%，为1917年以来占比最高，其中公司债和政府债分别为38.75%和11.78%，股票占比为32.23%，其他投向了抵押贷款、不动产和其他短期投资。

（3）投资效率高并具有很高的稳定性

除了2008年金融危机冲击下的一些个例以外，美国的保险公司一般具有完善的投资管理体系，投资策略比较积极，兼顾了保险资金运用的收益性、安全性和流动性原则，其保险资金运用的效果主要表现为两个方面：一是保险资金运用的效率，二是保险资金运用的稳定性。美国金融体系是以直接融资为主导的市场型金融体系，证券市场十分发达，效率很高。美国在保险资金运用上的证券化趋势主要是大量持有各种债券，由于风险控制技术成熟，投资回报率也较高。股票在资产中所占的份额并不是很高，这是因为美国债券市场极其发达，债券的收益性、流动性和风险性的组合比较适合保险资金运用的要求。总体来说，美国保险资金运用模式的效率比较高且具有很高的稳定性。

2. 英国

英国的保险资金运用具有鲜明特色，主要如下；

（1）行业自律与监管市场化

英国一向以保险业严格自律、监管温和宽松而形成成熟的保险市场著称。英国保险法规对保险资金运用的渠道与比例均没有进行细致的规定，由保险公司自主决定。应该说，从市场经济的角度而言，这是一种理想的模式，它保证了保险公司能够根据市场变化进行及时、动态的调整，从而实现风险和收益的平衡。但是，这种模式必须有一个基础或前提，那就是保险公司本身必须是完全的市场主体，能够完整地为自己的投资行为负责。

（2）保险资金运用高度集中于证券

英国的保险资金运用高度集中于证券，包括公共部门证券和公司证券，与英国拥有一个高度发达的金融市场相关。一个具有广度、深度和厚度的完善金融市场是保险公司投资的前提，而同时，保险公司作为金融市场重要的机构投资者，也能够很好地促进金融市场的发展。英国保险公司的投资具有较强的风险偏好，政府证券和公司证券是英国保险公司投资的主要品种。一般而言，政府证券收益较低、风险也相对较低，公司证券则相对是一种高风险高收益的投资工具。英国的保险公司尤其是长期保险公司更倾向于投资公司证券。例如，长期保险公司对股票的投资在最高时曾占比达51%，超过一半。这在国际上是很少见的，很多国家监管当局都对保险公司投资股票的比例进行了限制，英国在股票投资上的这种高比例同其宽松的法律环境有关。这一方面使其有可能获得较高收益，同时也带来较高风险，使长期保险公司的收益具有很强的波动性。

（3）政府证券给英国保险公司带来了比较稳定的收益

英国保险公司投资于政府债券带来的利息收入一直比较稳定，每年都给保险公司创造稳定的收益。这部分收益使得保险公司的投资具有一个稳定的收益基础，这点对面临偿付风险可能的保险公司至关重要。

（4）英国保险公司的资金运用是多样化投资

英国保险资金能够在分散风险的基础上实现多样化，其中还包括海外投资，海外投资进一步分散了国家风险，分享了其他国家高速增长的收益，在分散风险的基础上给保险公司带来较稳定的收益，确保保险公司的偿付能力。

（5）英国的保险资金运用贡献了保险公司利润的大部分

保险资金运用对英国保险公司意义重大，它不仅是保险公司收入的重要来源，同时也为保险公司贡献了大部分的利润。

3. 德国

德国保险公司的资金运用特色如下：

（1）对共同基金的投资占有相当高的比例

2002 年，德国保险公司对共同基金的投资占到了总投资的 21.6%，比 5 年前上升了 5 个百分点。这说明保险公司对共同基金的投资给予了更强的偏好，共同基金在保险投资组合中的重要性日益突出。而非寿险公司对共同基金投资所占比例更从 1998 年的 19.3% 上升到 2002 年的 27%，为非寿险公司的最大投资品种。而且，通过对基金的投资，保险公司间接达到了国际投资的目标，因为这些基金虽然设立在德国和欧洲，但其所投资的股票中有 20% 左右是外国股票。

（2）贷款占德国保险资金运用组合较大比例

不仅贷款占比大，而且贷款的形式也很多，包括对附属企业的贷款、抵押贷款、政策性贷款和其他贷款等多种形式。2002 年，德国保险公司对贷款的投资占总投资比例高达 30.1%，这在其他欧洲国家从来都没有出现过，这和德国的金融体系结构是分不开的。德国是一个银行主导型的金融体系，银行在整个金融资源的配置中起着重要作用，而金融市场相对不发达。这就导致两个结果：其一，保险公司的投资具有银行主导的思维，倾向于发放贷款；其二，金融市场的不发达导致保险公司无法在金融市场上找到合适的工具，推动保险公司投资于贷款。

（3）德国对附属企业和关联企业的投资也占很大比例

2002 年，德国保险公司对附属企业和关联企业的投资（包括股权投资和贷款）占到总投资的 17%。尤其是非寿险公司对附属企业的股权投资规模占比也相当高，2002 年底，非寿险公司对附属企业的股权投资占总投资的 15.6%，为非寿险公司的第三大投资品种。

4. 日本

日本是世界上保险业最发达的国家之一，除了国民储蓄习惯的社会传统因素外，最重要的原因之一就是其保险资金运用的高效率。保险业在资金运用上的特征是：

（1）日本保险业的总资产出现下降趋势

进入21世纪以来，保险业总资产出现下降趋势的根本原因是日本经济在过去相当长时间内表现不景气。同时，由于经济预期看淡，日本股市大幅度下跌，仅2002年一年日经指数降幅达28%，这使得以日本国内股市为重要投资对象的日本保险业损失惨重，资产出现连续下降趋势。

（2）日本保险业投资结构的变动趋势

由于日本国内利率持续降低，为了追逐收益，日本保险业逐步减少了对贷款的投资比例，日本寿险业2000—2002年对贷款投资的占比分别为26.1%、25.5%、24.7%；相应地，在有价证券上的投资比例出现增长，尤其是收益相对较高且稳定的政府债券和公司债券乃至国外债券的投资大幅增长，而在国内和国外的股市投资收缩降低。总体而言，日本保险业投资的主要对象还是有价证券、贷款和房地产，对贷款的投资略有下降趋势。

（3）投资收入下降，费用上升

出现这种情况也主要是与日本股票市场持续走低有关。日本股市的萧条，使得日本保险业在利息和红利上的收入减少，更糟糕的是，证券贬值损失巨大，从而使得投资总收入减少，总费用增加，损失惨重。

（二）国际经验的中国化

我国保险业资产管理的深化改革是大势所趋，但为少走弯路、降低改革成本，应注重吸收国际经验。各国国情的差异及社会经济发展阶段的不同，决定了我国保险业学习国际经验不能实行简单的“拿来主义”，不能忽略我国社会经济发展阶段的个性化特点，简单地类比保险资产管理情况或照搬国外现成的微观策略，必须坚持在正视我国社会经济发展阶段和客观现实条件的基础上，灵活地借鉴现国际经验，使国际经验能够真正“落地”，使之中国化。总体而言，国际经验对我国保险资产管理改革路径的启示有三点：

1. 逐步建立专业化、规范化的保险资产管理组织模式

纵观国际上保险业的资产管理，均以专业化组织模式运行，其模式大体可分为三种：一是保险公司内设专门的投资部门，二是由保险公司同属一集团或控股公司的专业化资产管理公司进行管理，三是外部委托投资方式，即委托外部专业性资产管理机构进行保险资产的管理。全球500强前5家保险

公司中，法国安盛集团、德国安联集团、伯克希尔·哈撒韦公司、意大利忠利保险、美国国际集团都有自己专业化的资产管理（或投资管理）机构，并通过并购扩张、模块管理、全球化配置、创新产品、强化管控等措施，有效地建立健全了资产管理功能，提升了保险集团综合经营的能力。

我国保险业资产管理也必须尊重保险资产管理业务自身的专业化发展规律，深化保险资金运用管理体制改革，推行保险资金集中化和专业化的运作模式，建立保险资产管理专业化队伍，这既是保险公司稳健经营的客观内在要求，也是防范投资风险的现实需要，更是国际保险业资产管理的通行做法。

进入21世纪以来，我国保监会一直致力于推动保险资金集中化、专业化运作机制的建设工作。截至2004年底，保险公司已基本实现了资金集中化管理，由总部对保险资金进行统一运用和配置，而且大部分保险公司都建立了专门的资金运用部门和专业投资队伍，同时，保监会积极推动一批主要保险公司纷纷筹备设立资产管理公司，明确保险资产管理向法人化、实体化发展的方向，为建立我国专业化的保险资产管理行业逐步奠定基础。

2. 进一步拓宽保险资金运用渠道，使之与资本市场良性互动

美国和英国由于拥有发达的资本市场，因而其保险资金运用以债券和股票为主。其中，美国的债券市场尤其发达，是美国储蓄资金向投资转化的主渠道，因而美国保险公司的资金运用以债券投资为主，在2002年其债券投资比例达到61%，是美国国内债券市场最大的机构投资者。相对于美国而言，英国的债券市场发达程度不够，但英国拥有较大规模的股票市场，因而英国的保险公司资金运用以股票投资为主，在2002年，股票投资比例达到43%。德国和日本由于以银行体系的间接融资为主，因而保险公司在股票市场和债券市场的投资比例都不是很高，但保险公司直接发放的贷款和海外投资规模较大，日本这两项投资的合计达到47%。

我国现阶段的金融市场表现出类似于日本的以银行融资为主的金融体系特征，金融机构各项贷款规模始终占据中国金融市场融资规模的绝大部分。由于我国资本市场还相对欠发达，要拓宽保险资金运用渠道，构建合理的保险投资结构，不论是增加资本市场间接投资工具还是保险资金直接入市，现阶段股票投资还不可能占到我国保险资产管理的主要比例，固定收益仍将占到重要投资构成，并且在基础设施等领域的融资性投资工具也需要以合适的方式予以保险资金投资，此后推出的基础设施债权计划就是国际经验中国化

的具体实践成果之一。同时，积极扩大我国保险资金对中国资本市场的参与度，逐步成为重要的资本市场机构投资者，这也将有利于我国资本市场的成熟和发展，实现保险资金与资本市场的良性互动。

伴随着我国经济发展和金融市场的完善，保险资产管理的投资渠道必将不断放开，依靠承保与投资双轮驱动、并驾齐驱，中国保险资产管理行业走向专业、规范和成熟是必然的趋势，这就是尊重国情、国际经验中国化的思维方式和具体路径。

3. 适时调整监管模式以适应行业动态发展的需要

各主要发达或新兴工业国家（地区）的保险业监管模式并不相同，我国监管部门吸取国际经验不是仅看某一国的政策或者某一项政策，而是综合看全球发展性趋势，综合借鉴吸收各国经验。但不管各国监管模式有何差异，保险监管的目标都是监管工作的出发点和归宿。

由于各国监管理念不同、市场特点不同、经济状况和法律制度的不同，各国监管者对监管目标的表述也不尽相同，但基本上都包括三个主要方面的内容：一是保护被保险人的合法权益；二是维护保险市场公平竞争的市场秩序；三是维护保险体系的安全与稳定，促进保险业发展。

例如，美国各州保险法虽未明文规定保险监管目标，但其监管是以确保保险公司的偿付能力、保护投保人利益和促进保险业合理经营、公平竞争为内容的。法国保险监管的基本理念是保护投保人。日本近年来建立新的保险体制，其保险监管的重点为保险人偿付能力。当然，保险资产管理的目标自然也体现为上述三个方面。

根据我国的现实发展条件，即行业发展还不够成熟，行业自律不足，金融市场的监督体系也不够完善健全，因此，英国那种以自律管理为传统重心的监管模式就不适应我国国情，监管部门主要吸纳美国的保险监管模式，采取了“积极审慎”的监管趋向和政策原则。“积极”就是不断拓展投资渠道，并坚持制度先行，照章办事，逐步减少个案审批；“审慎”是指各项法规制度中对高风险资产的比例设置以稳妥安全为主，动态调整。吸收国际经验，关键在于要敢于打破固化的思维，将改革监管模式和设计具体政策看做是一个适应我国宏观经济发展趋势、适应保险行业不断扩张发展之需要的长期、动态的过程。

总之，保险资产管理领域深化改革的过程就是国际经验中国化的过程。

四、国际经验借鉴

（一）引入“真经”，拓宽视野

改革历来是艰难的，而非一蹴而就。面对改革初期的保险业现状、体制陈旧、风险积累，更艰难的是保险业多年形成的思想固化，对改革保险资产管理业务是一个严重的观念障碍。同时，中国加入世界贸易组织以后，在全球化背景下，中国的保险业也需要赶上国际同业水平。因此，面对新一轮改革的难度，监管部门意识到，积极引入国际保险业的现代理念，拓宽国内行业视野，打破固定思维的束缚，“挟外制中”，不失为一个明智的切入点。只有思想得到充分的解放，正视行业面临的问题和症结，才能达成共识，形成正确的监管政策导向，引领保险资产管理的改革和发展。

2004 年，在保监会的推动和组织下，举办了“国际保险业风险管理会议”；此后，保监会又积极与多家国外著名金融机构合作，连续举办了六期大型国际保险资产管理培训会议。当时参与合办或主讲的全部是来自国际知名机构、顶级保险企业的著名国外保险投资专家，多家机构与保监会合作，共同创造了一个学习平台。国外著名机构看到了在中国内地未来潜在的商机，纷纷积极响应和参与，带来了保险资产管理行业的“马克思主义”。当时参与受益的有国内保险行业的各个企业，保险理论界的学者、其他相关金融机构同行等，而保监会相关领导身体力行，带头积极参与听讲。今天我国保险资产管理行业所注重的 ALM、投资管理、基金精选、全面风险管理等等，都是从那时开始得到“启蒙”，引领风气之先的。

该系列化的国际保险业培训会议在业内引起了巨大反响。通过引入国际“真经”，对国内保险投资界及理论界是一个深刻触动，打开了国际保险业窗口，看到了现代保险理论和实践的发展，以及国内保险业与之的差距。此后，保监会相关部门又牵头组织系列化的保险资产管理课题研究，重要课题多达十几项，对深化保险资产管理改革、推进现代资产管理行业起到了重要的推进作用。

通过大型国际会议、专家培训、课题研究、国际考察等方式，在业内掀起了一场保险资产管理的思想解放运动。一个基本共识是：在深刻分析国际国内经济金融形势、准确把握国际金融行业演变格局、正确认识保险资产管理自身发展规律的基础上，重新确定我国保险资产管理发展的战略定位，是维护保险业长远健康发展目标的根本。

（二）解放思想，引领发展

对于保险资产究竟应该在保险业中是个什么定位，业内并非没有思想碰撞或争议。一方面，长期以来保险业一直是以承保业务为主导；另一方面，过往的投资教训所带来的阴影对开放投资渠道有较大思想阻碍，而关于投资类保险产品回归保障功能的呼声也很高，因此，当时的保险投资界和理论界需要解决某些固化思维。

1. 行业的保障功能和资产管理功能是否是对立的两面

强调扩大保险投资渠道、注重保险资产管理的发展是否就意味着否定了保险产品的保障功能？保障功能与资产管理功能是否是对立的两面？国际经验和我国保险业走过的历程，都说明了只有具有积极有效的保险资产管理的效益和效率，才能抵御利率风险和经营风险，保障保险业的利润来源，使保险资产与负债达到匹配，从而真正为保险业的保障功能提供了长期保障，这两者是相辅相成、并行不悖的关系。因此，凡提加强保险资产管理，即以呼吁保险产品回归保障功能的呼声回应，则存在着一种隐含前提，即保险资产管理功能与保险业的保障功能是对立的两面，是非此即彼的关系，这显然是片面的理解。保险资金投资渠道狭窄的根本原因与中国资本市场发育不够完善有关，同时，金融方面某些政策失误或偏差，也与不同利益集团的博弈有关。一些学术和实务观点的争论，往外包含着不同利益集团的需求或诉求，对资本市场的开放也不例外。

2. 关注和改革保险资产管理业务怎样从更高的立意来理解

诚然，我国保险资金运用效率的低下，已经是不争的事实，严重影响着保险业的可持续发展，迫切需要进一步放宽保险投资渠道，提高保险投资的收益和对保险业盈利的贡献度；然而，更重要的是，我们不能就保险论保险，就投资论投资，要从大形势、大经济、大金融、大市场的角度，关注、分析和把握国内外经济金融发展、宏观经济政策的趋势，了解未来经济金融发展格局，将改革与发展、现实与前瞻结合起来。从这个角度而言，我们拓宽投资渠道、提高保险资金运用效率，不仅仅是保险业健康发展的内在需要，更是着眼于中国目前宏观经济发展的客观实际，如何使保险资金成为一种重要的社会投资资本，使它能够最终有效地流入社会经济的生产领域，转变为一种实业资本，促进社会生产力的发展，而不是永远停留和闲置在社会经济生产领域之外，成为一种闲置和无效的社会资本。

3. 拓宽投资渠道如何与控制投资风险达到辩证统一

拓宽保险投资渠道，必然对保险资金的风险控制提出了更高的要求，尤其是围绕着保险资金是否允许直接入市的问题，各种担忧风险的呼声较多。但是停留在强调风险的论点上并不能解决问题，还是要从廓清保险资金入市、拓宽保险投资渠道的本质意义上来分析问题。

（1）走出对保险资金入市认识上的两大误区

对保险资金入市有两个方面的认识误区：一是业界有观点认为，保险资金只要能入市、能投资，资金运用不足的问题就解决了，这是机械照搬国外经验的结果，忽略了不同国家发展阶段不同、解决方案也不可能简单趋同的问题；二是有观点认为，保险资金入市将不啻是股市“救世主”，希望通过保险资金入市注入大量资金，把股市托起来，作为机构投资者，保险资金可以解决股市的大起大落，保持股市的稳定。这都是对保险资金入市作用的片面高估。其一，保险资金入市不是万能的，其实无论保险资金入市也好，开拓其他投资工具也好，都是负债风险与资产风险的关系，本质上是这两个机会成本边际的比较。靠投资来解决负债风险，那么投资又怎能保证没有风险呢？其二，我国资本市场还不够成熟和规范，“政策市”、“投机市”的状况短时期内难以改变，保险资金和其他资金一样，收益是硬道理，不可能靠那点分红来对股票进行长期投资，更多的也是依赖波动差价。因此，保险资金入市，风险性投资的比重会更大，短时期内不会成为促使股市更加稳健的长期机构投资者，保险资金入市对资本市场的作用不应寄予不切实际的期望。

（2）认清保险资金入市的意义是把握防范投资风险政策趋向的基础

不夸大保险资金入市的作用，客观务实地认清保险资金入市的意义，对防范投资风险具有重要意义。其一，保险资金进入股市或进入其他投资领域，并不只是单纯地解决保险公司的资金运用不足问题，也不只是规避保险资金收益风险的问题，而更重要的是解决保险投资市场更加完整、更加健全的整体性问题。从健全市场体系、健全市场竞争、完善保险公司经营模式，使投资更加多元化、投资主体多元化的角度而言，是值得保险行业去积极努力的。其二，保险资金入市，不只是入股市，而是入资本市场，乃至非资本市场，使投资多元化，从而促使保险资产管理逐步市场化、规范化、体系化。投资多元化的实质是投资组合合理化、风险分散化、收益来源多样化，因此，投资多元化不仅仅是股票投资多元化，还包括各类债券品种乃至非上市股票、非上市股权等等，国际经验告诉我们，后者对保险资产管理更为重要。在此共识下，才能够正确把握保险资金入市以及进入其他投资渠道的方向和程度，而如何控制好投资风险的基本政策手段也就不难把握了。在建立保险资产管理准入制度、建立第三方托管制度、放宽投资渠道的同时严格制定投资比例及配套政策等等，就是处理和把握好拓宽保险投资渠道与控制投资风险辩证关系的成果。

（三）保险资产管理要在发展中规范

拓宽保险投资渠道、发展我国保险资产管理行业，是发展壮大我国保险业的大事。发展是硬道理，规范的目的是为了发展，因此，保险资产管理行业应该在发展中规范，“摸着石头过河”是对中国经济金融体系改革的一个形象比喻，也同样适用于保险业在发展中规范的改革思路。有关所谓在规范中发展的观点，往往是用西方发达国家的既定模式来套改中国的金融实际，这是典型的洋教条主义思想。

在学习国际经验的基础上，保监会从保险业发展处于初级阶段的实际出发，结合长远发展战略需要，在总结借鉴国际经验的基础上，对怎样发展保险资产管理的问题进行了深入思考和积极探索，提出“两个轮子协调发展”观点，统一了全行业的思想认识，确立了保险资产管理深化改革的路径：走集中化、专业化、规范化的道路，确立现代化、国际化的保险资产管理行业发展战略目标。在这一路径下，设立专业管理机构、构建专业管理模式、走专业化管理道路的基本思路最先得到了付诸实施。

2003 年以来，以设立保险资产管理公司为标志，保险资产管理开创了自主管理、开放融合的发展道路，选择了集中化管理、专业化运作、市场化操作和国际化合作的发展模式，确立了建立新的管理体制、新的运行机制、新的增长方式和新的监管体系的发展目标，明确了加强基础性、制度性、技术性和战略性建设，强化思想力、执行力、运作力、控制力的发展任务。保险业初步形成以保险资产管理公司为主，保险公司资金运用中心为辅的资产管理运作新格局，到 2010 年底，保险资产管理行业形成了“9 +1”（9 家专业保险资产管理公司和1家资产管理中心）的良好局面。

在“政策引领、制度先行”的原则下，保监会坚持监管部门是监管而非主管的定位，颁布了一系列扩大保险投资渠道、规范保险资产管理的制度文件，从改革初期的个案突破到如今改革深化阶段的照章办事，坚决减少行政审批，建章立制，按规执行；与此同时，保险资产总规模获得了空前的发展，2010年保险资产管理行业总资产突破了5万亿元，成为中国资本市场和非资本市场的重要投资生力军，并且为保险业的盈利提供了稳定的支持和保障。中国保险资产管理已经形成了一个具有高度市场价值的机构投资者业态，而保险资产管理行业从无到有、从小到大、从弱到较强的形成，完全是得益于选择了一条正确的发展道路。

领导讲话1－2－1

深化体制改革　健全风险防范机制
努力开创保险资金运用工作新局面

——吴定富主席在全国保险资金运用工作座谈会上的讲话

2004年9月9日

这次会议是保监会成立以来第一次专门针对保险资金运用召开的会议。近年来，特别是十六大以来，随着我国保险业的快速发展，保险资金运用的重要性日益突出，实际工作中也出现了一些新情况、新问题。在这种新的形势下，我们召开这次会议，主要目的是总结改革开放以来保险资金运用工作的经验教训，分析当前面临的形势，树立和落实科学发展观，进一步深化改革，切实防范风险，不断提高保险资金运用工作水平，促进保险业持续快速协调健康发展。下面，我讲四点意见，供大家讨论。

一、充分认识做好保险资金运用的重要性

保险资金运用是保险经营活动的重要内容，是实现资金融通功能的基本手段，和承保业务一道被喻为保险业发展的“两个轮子”，事关保险业发展的全局。随着保险业的发展壮大和保险功能在现代经济社会中的不断演变，保险资金运用具有越来越重要的意义。

（一）做好保险资金运用是做大做强保险业的基本要求

十六大以来，保险业从自身发展实际和经济社会对保险的需求出发，提出了做大做强的长远战略目标，这是新的历史时期保险业发展的总要求。实现做大做强的目标，必须把资金运用工作做好。首先，资金运用收益是保险公司重要的利润来源，在提高保险公司盈利水平方面发挥着重要作用。其次，做好保险资金运用，有利于降低保险费率，支持保险产品开发，促进承保业务发展。再次，做好资金运用工作，提高资金运用收益水平，是解决利差损和不良资产等历史遗留问题的重要途径。最后，调整产品结构，拓宽服务领域，扩大保险覆盖面，也要以良好的资金运用为基础。前几年推出的投资连结和分红等新型产品，就与资金运用密切相关。今后，要做到“低费率、广覆盖”，推出更多适合老百姓购买，有社会认同度的保险产品，更需要资金运用的支持。因此，做好保险资金运用，不只是提高资金运用收益的问题，而且关系到保险业能否抓住极为难得的战略机遇期，发展得更好、更快、更健康的问题，关系到能否实现做大做强保险业战略目标的问题。

（二）做好保险资金运用是保险业支持国民经济建设的重要途径

随着保险业的快速发展，保险通过发挥资金融通功能，在支持国民经济建设、稳定资本市场等方面发挥着越来越重要的作用。截至今年7月末，保险资金运用余额9 839亿元，以多种方式和途径投资于国民经济建设的各个领域，为经济发展提供了长期稳定的资金支持。一是通过认购国债、企业债支持政府和企业发展生产，促进经济增长。保险业持有的国债、企业债券余额分别占其发行余额的7.2%和46%。二是通过认购政策性金融债和协议存款支持银行发放长期信贷，加强基础设施建设。保险业持有的政策性金融债、协议存款余额分别占政策性金融债发行余额和银行协议存款余额的7.4%和77%。其中，协议存款占银行五年期以上长期资金来源的1/4，成为银行长期贷款业务的重要资金来源。三是通过认购银行次级债和证券投资基金支持金融改革和资本市场发展。保险公司持有的银行次级债和证券投资基金分别占其发行总量的1/2和1/4，为提高银行资本充足率，改善资本市场结构，推动金融改革提供了有力支持。四是通过增加外汇投资渠道，参与国际资本市场投资，在促进外汇资本有序流动，减轻人民币升值压力方面发挥了积极作用。随着投资体制改革的深化，保险还将在更广领域，通过更多途径发挥其资金融通功能，更为主动、更加有力地支持国民经济建设。

（三）做好保险资金运用是提升保险业竞争力的重要手段

随着科学技术的进步和经济社会的发展，保险的角色和功能发生着深刻变化。传统保险的定位主要是风险损失补偿。在现代社会中，人们的保险需求不断升级，越来越多的人把保险作为一种理财手段，通过保险来解决养老、健康、教育等方面的问题。在这种背景下，保险在个人金融资产安排中的地位日益重要，正朝着风险管理和资产管理的双重角色发展，投保人对保险投资回报的需求逐渐增加，保险产品与其他金融产品的差异性逐渐减少。因此，保险业的竞争力越来越多地依赖保险资产的运营与管理能力。

（四）做好保险资金运用是防范化解保险经营风险的关键环节

保险经营面临各种各样的风险，资金运用是其中的重要风险环节。首先，保险资金运用量比较大，风险比较集中。往往一笔投资的风险没控制住，就会给公司带来很大的损失，甚至导致公司破产。其次，保险是负债经营，具有很强的社会性，如果资金运用出现大的问题，不仅影响保险公司自身发展，还会影响到广大被保险人的切身利益。最后，保险资金运用是联系保险市场和货币市场、资本市场的桥梁和纽带，保险资金运用出现风险，可能会波及其他金融行业，给金融稳定带来影响。因此，做好保险资金运用不仅是防范化解保险经营风险的内在需要，而且有利于维护金融市场的稳定，防范和化解系统性风险。

二、认真总结保险资金运用的经验教训

我国的保险资金运用走过了一条曲折的道路，有成功的经验，也有失败的教训。以《保险法》出台为标志，大致可分为两个阶段。

第一阶段是在《保险法》出台之前，保险资金运用较为混乱。20世纪80年代末，保险公司在资金运用方面进行了一些初步探索。但由于经验不足，缺乏有效监管，出现了很多问题。一是指导思想不明确，片面强调“以贷促保”，忽视了资产的保值增值。二是投资领域过多过杂，投资范围包括股票、信托、房地产、汽车修理厂等许多领域。三是投资权限分

散，从总公司到分公司、从财会部到工会都能运用资金。四是管理跟不上，没有科学的决策机制，也没有有效的监督和制约，一张白条就能将上百万元借出去。五是没有专业的投资队伍，今天还在卖保单，明天就去放贷款。这一时期，保险资金运用产生了很大风险，不良资产大量增加。据不完全统计，仅1992年和1993年两年形成的不良资产就达200多亿元，占当时保险业总资产的1/3。

第二阶段是在《保险法》出台以后，保险资金运用逐步走向规范。针对当时保险资金运用存在的问题，1995年颁布实施的《保险法》对资金运用渠道作了严格规定，保险资金运用的混乱局面从根本上得以扭转，为保险资金运用的规范发展打下了良好基础。随着保险业务的发展和保险资金的大量增加，根据形势的需要，国务院开始逐步放开保险资金运用渠道。同时，保险公司加强了对资金运用的管理，采取了资金集中上划、设立专业投资部门、聘请专业人才等措施，保险资金运用开始逐步向专业化方向发展。

回顾改革开放以来的保险资金运用历程，有四个方面的经验教训值得我们认真吸取。

第一，必须坚持以风险控制为前提。保险资金运用要遵循安全性、流动性、收益性协调统一的基本原则。这其中，安全性是第一位的。也就是说，保险资金运用必须始终以风险控制为前提；必须坚持价值投资、长期投资和追求稳定回报的投资理念，形成持续的投资能力和稳定的收益率；必须建立严格的内控和科学决策机制，切实防范风险。

第二，必须坚持专业化运作。保险资金运用是一项专业性非常强的工作，对从业人员的专业知识、技能、经验、责任心等方面的要求都比较高。做好保险资金运用工作，必须要有一支专业人才队伍，设立专门的投资部门，建立科学的管理制度。

第三，必须坚持科学投资决策。保险资金运用对公司的经营和发展至关重要，如果出现重大决策失误，将给公司带来很大损失。因此，保险资产的战略配置和重大投资决策不能由一个部门或者一两个人说了算，必须进行科学的评估和论证，按照规定的权限和程序进行决策。

第四，必须坚持资金运用与业务发展有机结合。保险产品的开发、销售同保险资金运用密切相关，只有坚持承保业务与资金运用的有机结合，才能实现资产负债的匹配管理，使“两个轮子”协调运转，实现保险业的健康平稳发展。

三、认真研究和深刻把握当前保险资金运用形势

当前，保险资金运用总的形势是好的，做好保险资金运用工作的有利条件很多。

（一）国民经济持续快速发展是做好保险资金运用工作的根本保证

改革开放三十多年来，我国经济保持了持续快速发展的良好势头，国内生产总值年均增长超过9%，是世界上发展最快的国家之一。2003年，我国人均国内生产总值首次突破1 000美元大关，支撑经济增长的物质和技术基础不断增强。到2020年，经济总量将比2000年翻两番，这意味着我国经济在今后的十几年中将保持年均7.2%的增长速度。党的十六大指出，21世纪头二十年对我国来说是一个必须紧紧抓住并且可以大有作为的重要战略机遇期，并提出了全面建设小康社会的奋斗目标。十六届三中全会又提出建立完善的社会主义市场经济体制。这些都为我国经济社会发展描绘了宏伟蓝图。特别是随着科学发展观的深入贯彻落实，我国经济社会将实现全面、协调、可持续发展。

去年下半年以来，党中央、国务院针对经济运行中出现的一些不稳定、不健康的因素，见微知著，果断决策，陆续采取了一系列宏观调控措施，保证了国民经济平稳较快发展。今年上半年，国内生产总值增长9.7%，比去年同期提高0.9个百分点。

国民经济的持续快速发展，为保险资金提供了大量投资机会。保险资金在支持国家经济建设的同时，也将会分享到我国经济社会发展的成果，获得应有的投资回报。

（二）金融体制改革逐步深入为保险资金运用创造了有利条件

近年来，我国国有金融企业改革稳步推进，金融调控机制逐步完善，金融市场对外开放日益扩大，金融监管不断加强，货币市场、资本市场、保险市场的有机结合和协调发展机制逐步建立。随着金融体制改革的不断推进，我国金融业的市场化水平不断提高，市场投资品种和投资工具日益丰富。这些都为保险公司改善资产负债匹配状况，有效分散风险，提高资金运用收益创造了条件。

（三）保险资金运用的政策导向日益明确

近年来，随着投融资体制改革的不断深入，保险资金运用面临的政策

环境越来越好。特别是今年以来，国务院和有关部门出台了一系列有利于保险资金运用的政策措施。一是年初出台的《关于推进资本市场改革开放和稳定发展的若干意见》，明确提出支持保险资金以多种方式直接投资资本市场。二是最近发布的《国务院关于投资体制改革的决定》，明确提出鼓励和促进保险资金间接投资基础设施和重点建设工程项目，为保险资金开辟新的投资领域创造了条件。三是经国务院批准，保监会会同人民银行联合发布了《保险外汇资金境外运用管理暂行办法》，允许符合条件的保险公司将外汇资金存入境外银行，投资境外债券以及银行票据等货币市场产品，为保险外汇资金运用增加了新的投资渠道。

（四）保险资金运用的基础不断加强

经过这些年的发展，保险资金运用已经具备了一定基础。在思想观念方面，对保险资金的特点、性质有了更深入的认识，保险公司越来越重视资金运用工作，重视资金运用的内控建设和风险防范。在体制和机制方面，资金运用管理体制改革不断推进，保险资金集中管理和专业化的运作模式初步形成，同时不断学习借鉴国外的先进技术和管理手段，积累了一些经验。在人才方面，大部分保险公司加快了专业人才的培养和引进，队伍素质有了较大提高；在监管方面，出台了《保险资产管理公司管理暂行规定》和《保险资金运用风险控制指引（试行）》等规章，保险资金运用的监管制度不断健全。

同时，我们也必须清醒地认识到，当前保险资金运用还面临许多困难和挑战。从外部看，整个市场环境还不理想，给保险资金运用带来较大压力。特别是随着金融服务一体化的发展和金融创新的不断涌现，各种金融风险相互传递，形成系统性风险的可能性加大，对防范保险资金运用风险提出了更高的要求。对此，我们宁可把困难估计得更多一些，把问题想得复杂一点，冷静思考、主动应对，绝不可掉以轻心。

更为重要的是，从自身看，我们的基础还十分薄弱，存在许多问题。一是观念和认识存在偏差。虽然许多公司的领导也意识到风险控制的重要性，但在具体工作中往往还是重投资，轻管理。有的同志把保险资金运用存在的问题都归结为渠道不多，而对自身存在的问题和差距认识不足，没有把主要精力放在如何扎扎实实练好内功、提高自身素质上。二是一些公司的治理结构不完善。董事会的作用没有得到有效发挥，存在少数股东控制和内部人控制等问题，投资决策的随意性较大。三是机制不完善，制度不落实。许多公司没有建立起关于资金运用的科学决策和有效制衡机制；在内控建设方面，有的是制度不健全，更多的是有了制度不能很好地执行，使制度流于形式。四是法制意识淡薄。有的违规搞委托理财变相进行股票和房地产投资，有的将资产存放到风险较高的金融机构，有的甚至为了谋取私利，进行内幕交易，搞冒险投资、人情投资。近期，在资金运用方面出现的一些问题，都与违规投资直接相关。五是资金运用监管还不适应。监管的基础比较薄弱，监管制度不健全，技术手段落后，经验不足，对许多风险点的监管不到位。这些问题必须引起我们的高度重视，在今后的工作中切实加以解决。

四、树立和落实科学发展观，切实做好保险资金运用工作

科学发展观是保险业必须长期坚持的指导思想。树立和落实科学发展观，是做好保险资金运用的根本保证。当前和今后一个时期，保险资金运用必须按照全面、协调、可持续发展的要求，坚持两手抓，一手抓改革和发展，不断提高资金运用管理水平，一手抓监管和防风险，切实保证保险资金运用安全。具体来说，要做好四个方面的工作：

（一）深化保险资金运用体制改革

从根本上解决保险资金运用存在的障碍和问题，必须从改革入手，不断完善保险资金运用管理体制和运行机制。

第一，要完善资金运用管理组织体系。一是完善公司治理结构。要按照《保险资金运用风险控制指引（试行）》的要求，在董事会下设立专门的投资决策委员会，对公司的资金运用战略和重大投资事项进行决策。二是强化资产的战略配置。有条件的公司要设立专门的资金运用战略配置部门，负责保险资金运用战略配置管理的日常事务和战略配置计划执行情况的监督检查。三是合理确定投资操作模式。从目前来看，我国保险公司的投资操作主要有内设部门和成立资产管理公司两种模式。具体采取哪种模式，要综合考虑公司的资产规模、管理能力、人才储备等实际情况。不管采取哪种模式，都要按照公司资产战略配置的要求进行投资操作。

第二，要健全保险资金集中管理机制。集中管理表现在两个方面：一是资金集中上划总公司，二是总公司对资金进行统一配置和集中调度。实践证明，集中管理有利于发挥总公司在资源、技术和人才等方面的优势；

有利于资产的战略配置，控制投资风险；有利于形成规模效应，降低管理成本，提高资金运用效率。从目前情况看，保险资金的集中化管理水平有所提高，基本上实现了资金的集中上划。但个别保险公司仍然存在资金分散管理的问题，没有做到资金的统一配置和集中调度，仍然存在资金运用部门管一块，计划财务部门留一快，老总手里捏一块的现象。今后，各公司必须加强资金的集中管理和统一配置。

第三，处理好保险公司与保险资产管理公司的关系。成立保险资产管理公司是我国保险资金运用管理体制改革的重要举措。通过资产管理公司运用保险资金，有利于整合资源，发挥专业化优势，增强资金运用的相对独立性。在保险资产管理公司发展初期，应当给予积极支持。已成立保险资产管理公司的，原则上要尽量将资金委托给资产管理公司运用。

保险公司作为委托人，一方面，不能把资金委托出去就万事大吉，必须以资产负债匹配管理和流动性管理为重点，抓好保险资产的战略配置工作，并对资产管理公司执行战略配置的情况进行监督，对委托资产的投资绩效进行考核。另一方面，要充分发挥保险资产管理公司专业运作和贴近市场的优势，尊重其在资产战术配置上的独立性和主动性。

保险资产管理公司作为受托人，要以对受托资产高度负责的精神，按照委托人对资产负债战略配置的总体要求，以资产的战术配置和组合管理为重点，在保证资金安全的前提下进行科学高效的投资操作，用好保险资金。如果达不到考核要求或者出现大的问题，要承担相应责任。同时，我们要认识到，成立保险资产管理公司不是对原有资金运用部门的简单翻牌，是有深刻内涵的。保险资产管理公司要按照现代企业制度的要求，建立规范的法人治理结构，健全内控机制，坚持高起点、高标准，走规范化、市场化的发展道路。要在保险资产管理方面多思考、多实践、多创新，为完善保险资金运用管理体制和机制作出有益探索。要努力成为合格的机构投资者，逐步拓展参与金融市场的广度和深度。

（二）努力提高保险资金运用管理水平

当前，保险资金运用的整体水平还不高，必须把提高保险资金运用水平作为一项长期的基础性工作来抓。

首先，要提高分析和把握宏观经济金融形势的能力。保险资金运用与国家宏观经济金融形势密切相关，经济运行中的一些细微变化都可能会对保险资金运用产生比较大的影响。比如，去年以来出现的通货膨胀压力和利率上升预期等因素，对保险资金运用产生了明显的影响。一方面促使银行提高协议存款利率，有助于保险公司提高利息收入；另一方面导致债券和基金价格下跌，使得占保险公司总资产40%以上的债券和基金资产缩水。因此，做好保险资金运用工作，必须把握好宏观经济金融形势和国家的各项方针政策，认真分析这些形势对保险资金运用的影响，趋利避害，否则就有可能犯大的错误。在这方面，利差损是一个深刻的教训。

其次，要制定科学的保险资金运用绩效评估体系。过去，各保险公司主要采用收益率作为衡量资金运用水平的重要指标。但实践证明，只看这一个指标是不够的。如果高收益率对应的是高风险，对应的是高成本负债，不能说明高收益率是好的，特别是那种不顾资产负债匹配，追求短期高收益率的做法，更是不可取的。因此，对保险资金运用的绩效考核一定要科学合理。一是设置全面的考核指标。既要有长期收益考核，又要有短期收益考核；既要有动态收益考核，又要有收益稳定性考核；既要有效益指标考核，又要有风险指标考核。二是确定合理的目标收益率。要结合经济金融环境制定相应的投资回报要求，不能制定不切实际的目标收益率。三是制定科学的投资基准。要对不同的投资结构和投资组合确定不同的投资基准，提高绩效考核的客观准确性。

最后，要处理好保险资金运用与业务发展的关系。目前，我国的保险产品开发采用的是负债主导型模式，即由产品开发来决定投资，保险业务部门开发销售保险产品后，再由资金运用部门配置资产。这种模式容易导致保险产品开发与资金运用相脱节。保险产品的开发和销售，资金运用部门不知道；资金运用部门的实际投资状况，产品开发部门也不知道。这种情况在实践中产生了很多问题。如一些公司开发和销售新型寿险产品时不考虑资金运用的实际收益，一旦出现实际收益率达不到预期目标，容易导致退保率上升等一系列问题。目前，许多国家特别是发展中国家针对金融市场和保险市场欠发达的实际情况，采用了负债主导与资产主导相结合的混合模式。这为我们提供了有益的借鉴。产品开发部门要加强与资金运用部门的沟通，根据金融市场条件和资金运用收益情况进行产品开发。资金运用部门要利用资产管理专长和熟悉金融市场的优势，积极支持并主动参与保险产品开发工作，帮助产品开发部门向市场提供更多适销对路的产品。

需要强调的是，提高保险资金运用管理水平，关键在人才。当前，我们在保险资金运用方面的专业人才还比较缺乏，与保险资金运用工作的要求还不相适应。希望各公司高度重视人才工作，加强对人才的培养和引进，尽快建立一支高素质的投资管理人才队伍。

（三）建立保险资金运用风险防范的长效机制

防范风险、确保资金安全始终是保险资金运用工作的重中之重。防范资金运用风险，必须坚持标本兼治，重在治本，切实建立起保险资金运用风险防范的长效机制。

第一，建立保险资金运用风险控制的制衡机制。在保险资金运用中，如果缺乏正常的决策程序，没有相应的监督和制约，甚至一两个人说了算，容易出现决策失误和权力滥用，造成大的风险。在这方面我们是有深刻教训的。要避免这些问题，必须对保险资金运用所涉及的人员、岗位、权限进行有效的约束和监督。关键是要做到“三分开”，即前台操作和后台管理分开，投资运作与风险管理分开，投资决策与投资操作分开。

第二，建立保险资金托管机制。托管是国际上进行资产管理普遍采用的一种制度。实践证明，建立托管制度，通过引入第三方独立监控，实现交易与清算分离，是保护投资者财产安全、防范风险的有效措施。目前我国一些保险公司已经引入了资金托管制度，运行时间虽然不长，但效果非常明显，为实行保险资金托管积累了一定的经验。同时，我国银行业的托管服务已经较为成熟，实行保险资金托管的条件基本具备。今后，要逐步在保险资金运用中推行托管制度。目前应当在风险比较集中的几个投资领域尽快实现资金托管。同时，要抓紧对保险资金的集中统一托管等问题进行研究，进一步完善保险资金托管制度。

第三，完善保险资金运用信息披露制度。充分进行信息披露是防止内幕交易和违规行为的最有力武器。过去，由于信息披露不健全，保险资金运用缺乏有效的外部监督，给违规行为以可乘之机。因此，必须大力加强保险资金运用信息披露制度建设，使保险公司更及时、准确地披露资金运用信息。保监会将制定保险资金运用信息披露办法，对信息披露的内容、时间和频率等作出具体规定。保险公司要对所披露信息的真实性负责，不得有重大遗漏，不得对客户进行欺骗、误导和故意隐瞒。专业中介机构为保险公司公开披露信息出具审计报告、法律意见书等文件的，要对相关内容的真实合法承担相应责任。

（四）加强和改进保险资金运用监管

有效的监管是防范资金运用风险的有力手段。在保险监管中，要把资金运用监管摆在更加突出的位置，不断提高保险资金运用监管的效率和水平。

第一，加强资金运用监管的信息基础建设。数据的真实性、时效性和准确性，是实行有效监管的必要前提。保险资金运用是一项十分复杂的工作，涵盖了银行、证券、基金、信托等多种业务，涉及交易、清算、结算、登记、托管等多个环节。因此，资金运用信息统计的难度很大。长期以来，数据来源少、准确度低、时效性差等问题在很大程度上影响了资金运用监管效果。针对这种情况，当前要着重抓好以下四项工作。一是建立标准化的数据口径和报表体系，把保险资金全部纳入监测范围。二是建立资金运用数据库，并纳入保监会的中央数据系统。三是逐步建立保险资金动态监管模式，及时了解资金运用情况，做到眼睛要明、耳朵要灵。四是建立保险资金运用风险预警体系，充分利用现代信息技术设置风险预警的量化指标体系，做到对风险早知道，早化解。

第二，实行资金运用的分类监管。目前，保险公司的资产规模、偿付能力、治理结构、经营状况差异很大。在今后的监管实践中，要根据不同监管对象的具体情况，制定有针对性的监管措施，实行分类监管。对法人治理结构有缺陷、管理薄弱、风险控制能力差、经常出现违规行为的公司实施重点监控，组织力量进行不定期的专项检查。要把资金运用新渠道的市场准入与保险公司的风险控制能力挂起钩来，风险管控能力差的，不能进入新的投资领域特别是风险较高的领域。对内控制度健全、风险控制较好的公司在投资的比例和范围等方面适当放宽限制。

第三，加强对保险资金运用的调控和指引。一是针对金融市场的结构特点和发展趋势，按照分散风险的原则，确定保险资产的配置方向和重点。在当前和今后一个时期，保险资产配置在资本市场仍将以债券投资为主，逐步放开股票以及其他证券化产品的投资；在其他金融市场以协议存款为主，逐步放宽间接投资基础设施项目。要积极利用海外投资渠道，逐步放开外汇投资工具。二是根据金融市场的变化和宏观调控政策，科学设定保险投资范围和投资比例。要根据产寿险业务性质、经营管理水平和风险控制能力，研究设定不同的投资比例和投资范围，并根据市场变化情况进行调整。同时，要按照投资渠道的风险性确定资产的认可比例，提高偿付能力监管的科学性。三是根据未来发展的需要，研究新的投资品种或工具，研究保险资金间接参与国家重点基础设施建设的具体方式，研究开展个人住房按揭贷款业务的可行性，研究保险资金投资衍生金融产品的可行性。

在这里我特别强调一点，要处理好放开资金运用渠道与控制风险的关系。虽然新的渠道可以带来新的投资机会，有利于分散投资风险，但如果没有建立完善的风险控制机制，没有从根本上提高资产管理水平，新渠道可能会带来更大的风险。今后，在拓宽保险资金运用渠道方面要做到制度先行、循序渐进。每放开一个新渠道，都要首先制定好游戏规则，规则没定好，渠道就不能放开。

第四，加大对重大违规行为的处罚力度。一是狠抓监管制度的贯彻落实。严禁有令不行、有禁不止、大事化小、小事化了的现象。二是强化责任追究。凡是出现违规投资行为的，对有关责任人一定要严肃处理，绝不姑息。涉嫌犯罪的，要坚决移交司法机关处理。三是加强资金运用的日常监管。保监会将根据需要，授权派出机构对辖区内保险公司的资金运用情况进行检查。四是要借助行业协会和社会中介力量，加强对保险资金运用的行业自律和外部监督。

同志们，保险资金运用工作任务艰巨、责任重大。我们要在党中央、国务院的领导下，高举邓小平理论和“三个代表”重要思想的伟大旗帜，树立和落实科学发展观，统一思想，振奋精神，开拓创新，扎实工作，努力开创保险资金运用工作新局面，促进保险业持续快速协调健康发展，为全面建设小康社会作出新的更大贡献！

［第三章］

资产管理制度与机制

一、健全资产管理制度

2003年1月，中国保监会主席吴定富在全国保险工作会议上提出，要把保险资金运用与保险业务发展放到同等重要的位置上，加以高度重视。2003年11月，保监会设立了保险资金运用监管部，专门行使保险资金运用渠道管理和风险监管工作。2004年9月，在保险资产管理的起步阶段和关键时刻，保监会召开了第一次保险资产管理工作座谈会，要求保险资产管理树立“风险至上、稳健安全”的理念，提出“深化管理体制改革、健全风险防范机制、努力开创保险资金运用工作新局面”的目标、思路和措施。同时，提出保险行业“承保、投资双轮驱动”的重要思想，促进行业做大做强、又好又快的发展。

健全的制度是保险资金安全运作、保值增值的根本保证。数年来，保监会资金运用监管部着力探索一条符合中国保险实际的发展道路，构建了符合我国现状和行业特点的现代保险资金运用监管的基本框架和政策法规体系。保险资金运用制度改革建立在坚实的研究基础之上。保监会自2004年起，共确立了13项研究课题，意在制定13项规则制度，对国际保险资金监管政策、管理模式、组织架构、治理机制、资产配置等内容进行了深入系统的研究，为推进保险资产管理的制度建设、运行机制设计、资产配置要求等提供了丰实的研究支持。从监管之初，保监会资金运用监管部就明确“先定制度再运作”的基本思路，坚持制度先行的原则，“制度不建、机制不全、资金不出”，用制度和机制约束行业的资金管理行为，为保险资产管理的起步打下了扎实的基础。数年来，保监会确立了以《保险法》为基石的保险资产管理制度的基本框架，蕴涵的主要政策导向是推动建立集中化、专业化、规范化的资金运用体系，构建既相互独立又相互制衡的体制机制，适应市场需要逐步放宽投资范围和投资工具，注重风险防范，确保资金安全，拓展未来发展的制度空间。

保监会资金运用监管部根据保险资金运用特点，从基础建设、投资渠道、风险管理、监督管理等方面入手，共颁布了《保险资产管理公司管理暂行规定》、《保险资金运用管理暂行办法》等50多项规章和规范性文件，从制度上确立了集中化和专业化的运作模式与以渠道管理和比例控制为重要手段的监管模式，建立了相关投资领域的专项管理制度，并规范了全面风险管理制度，初步形成了较为完善的政策法规体系框架：从深化管理体制改革的角度发布《保险资产管理公司管理暂行规定》，确立专业化资产管理格局；发布《保险资金运用管理暂行办法》，明确委托人、受托人和托管人的职责和定位，巩固"三方协作制衡"的资产管理体制。从健全风险防范机制的角度搭建保险资产管理的风险管理政策框架，推行全面风险管理。2004年4月，保监会下发了《保险资金运用风险控制指引》，2006年10月下发了《关于加强保险资金风险管理的意见》，2007年5月下发了《保险资产管理重大突发事件应急管理指引》，6月下发了《保险机构投资者交易对手风险管理指引》，对保险资产管理过程中的风险识别、评估、管理和控制的组织结构、制度安排和措施方法提出全面要求。抓住保险资金直接入市机会，制定《保险公司股票资产托管指引》，引入资金托管机制。拟定《保险资产托管管理办法》，推行托管制度，提高运作透明度。从稳步拓宽投资渠道的角度，发布了《保险外汇资金境外运用管理暂行办法》、《保险机构投资者股票投资管理暂行办法》、《保险机构债券投资管理办法》、《保险资金间接投资基础设施项目试点管理办法》、《关于保险机构投资商业银行股权的通知》、《保险资金投资基础设施债权投资计划指引》、《保险资金投资股权暂行办法》和《保险资金投资不动产暂行办法》等。

近年来，保险行业的发展突飞猛进，保费收入和保险资产快速增长，保险资金第一个1万亿元用了24年时间，第二个1万亿元用了3年时间，第三个1万亿元仅用了1年多时间，保险资产管理面临"保费猛增、工具不足、配置困难"的局面，对增加投资渠道、分散投资风险提出了强烈的现实需求。

1995年6月颁布的《保险法》规定保险资金运用形式限于银行存款、国债、金融债和国务院规定的其他资金运用方式，无法满足行业需要配置的巨大资金规模。为此，保监会资金运用监管部根据宏观经济与金融市场发展需求，既借鉴国际经验，又充分考虑国内保险资产行业的发展状况，既积极开放，又控制风险，按照稳妥有序的原则，逐步拓宽保险投资渠道，调整保险投资政策，促进保险资金运用的投资多元化和风险分散，拓展了保险资金运用空间。

2004年保险资金运用政策开始突破。2004年3月，保监会允许保险公司投资银行次级定期债务，6月允许投资银行次级债券，7月允许投资可转换公司债券，8月允许保险外汇资金境外使用，10月允许保险公司直接投资股市。2006年3月，允许保险资金间接投资基础设施建设，投资方式包括债权、股权和物权投资。2006年10月，保监会又进一步放开保险公司股权投资非上市银行业务，甚至投资资金不仅包括资本金，也可以包括保险资金。2009年2月，《保险法》修订。2009年4月，保监会正式公布了《基础设施债权投资计划产品设立指引》、《关于增加保险机构债券投资品种的通知》、《关于保险资金投资基础设施债权投资计划的通知》和《关于规范保险机构股票投资业务的通知》。2010年8月，保监会又发布《保险资金运用管理暂行办法》，针对新《保险法》中放开的不动产投资和股权投资两大渠道，首次明确了投资比例上限。8月11日，保监会发布《关于调整保险资金投资政策有关问题的通知》，制定了相配套的投资政策细则。9月3日，保监会同时发布《保险资金投资不动产暂行办法》和《保险资金投资股权暂行办法》，明确表示“允许保险资金投资不动产和未上市企业股权”。目前，保险资金运用渠道已基本全面放开，趋于国际水平，保险资产管理公司已经成为金融行业中投资领域最为广阔的金融机构。

表1-3-1 2005年中国保监会主办的保险资产管理系列国际研讨会

时间	主办方及合作方	会议主题	时间	地点
2005年1月26日至27日	中国—欧盟金融服务合作项目	保险资金运用国际研讨会	2天	北京
2005年5月16日至17日	中国保监会，汇丰保险	保险资产管理技术国际研讨会	2天	北京

续表

时间	主办方及合作方	会议主题	时间	地点
2005年7月14日至15日	中国保监会，法国安盛集团	保险资产管理制度国际研讨会	2天	北京
2005年8月30日至31日	中国保监会，ING集团	保险资产管理运作机制国际研讨会	2天	北京
2005年10月	中国保监会，美林集团	保险资产产品创新国际研讨会	2天	上海

表1-3-2　　2005年保险资金运用系列研究课题方案

课题名称	目的	研究内容	牵头公司	参与公司	目标
一、保险资金治理问题	规范保险资金管理流程，建立科学高效的资金管理体制。	借鉴国际经验，研究保险资金特点，分析存在的问题，理顺管理流程，明确委托、受托、托管三方的管理职责、权利和义务，起草《保险资金管理办法》，对保险资金实行全程监管。	人寿股份、人保财险	人保、人寿、华泰资产公司，平安、泰康公司，中国银行、建设银行、工商银行、交通银行四家银行。	以主席令方式下发《保险资金管理办法》
二、保险资产管理公司治理问题	引导保险资产管理公司建立科学高效的治理结构，增强内部约束，从内控上防范风险。	借鉴国际、国内经验，针对保险资产管理公司治理结构存在的问题，提出优化保险资产管理公司治理结构的基本要求，起草《保险资产管理公司治理结构指引》。	人寿资产	所有已成立或拟成立的保险资产管理公司。	以会发文方式下发《保险资产管理公司治理结构指引》
三、保险投资从业人员治理问题	规范保险投资高管人员和保险投资从业人员的管理，推动建设高素质的保险投资队伍。	结合国际、国内经验和现实条件，制定保险投资高管人员和从业人员的资格条件、日常管理、培训考试、考核程序、违规处罚等规则，起草《保险资金运用从业人员认证管理办法》。	人保资产	人寿资产，平安、泰康公司，人大证券研究所。	以主席令方式下发《保险资金运用从业人员资格认证管理办法》

续表

课题名称	目的	研究内容	牵头公司	参与公司	目标
四、保险机构投资者交易对手信用风险规避问题	通过制定制度，规避金融市场交易信用风险，防止其他行业风险向保险业转移。	分析金融市场风险特点，研究保险投资涉及的交易对手和金融产品的行业现状、风险程度、发展前景、规避措施等，在市场原则的框架下，制定《保险机构投资者交易对手选择标准》。	平安、太保	中再资产、太保公司，部分商业银行、证券公司、基金公司等。	以会发文方式下发《保险机构投资者交易对手选择标准》
五、保险资产管理模式问题	旨在研究保险资产管理模式，提高保险资产管理效能。	借鉴国际经验，研究保险资产管理的模式，提出适应保险业发展需要的保险资产管理模式。	太保	人保、人寿资产，人保财险、人寿股份。	完成研究报告
六、保险资产管理公司业务流程问题	健全并规范保险资产管理业务流程，提高运作效率。	借鉴国际经验，构建保险资产管理业务流程，健全管理制度，明晰管理环节，完善授权制度，起草《保险资产管理业务流程指引》。	平安、泰康	各已成立的或拟成立的保险资产管理公司。	初步形成指导性文件
七、保险资金管理内控机制问题	旨在完善保险资金管理内控机制，从内部管理上防范资金运用风险，维护保险资金安全。	借鉴国际经验，按照《保险资金运用风险控制指引》的要求研究保险资产管理内控机制的内容、原则、环节、授权、部门设置、人员配备等，起草《保险资金运用内控机制评估标准》。	华泰·	其他保险公司和资产管理公司。	初步形成《保险资金运用内控机制评估标准》
八、保险资金运用监管信息系统（非现场检查系统）	针对保险资金运用数据信息少、不及时、不准确的问题，结合保监会信息化建设进程，设计保险资金运用监管信息系统（非现场检查系统），实现风险预警，提高监管效能。	在考察、借鉴国际惯例和经验的基础上，提出建立保险资金运用监管信息系统（非现场检查系统）的业务需求，设计运行方案，为系统开发奠定基础。	太保、泰康	各主要保险公司、保险资产管理公司，有关软件开发公司等。	完成业务需求和设计草案

续表

课题名称	目的	研究内容	牵头公司	参与公司	目标
九、保险资金运用的会计核算制度问题	制定符合国际惯例和保险投资特点的会计核算制度。	借鉴国际惯例，结合国内金融企业会计制度，针对保险投资现状和未来发展的特点和现实需要，分析现行会计核算制度的缺陷和不适应性，研究设计具有国际性、前瞻性、实用性的保险投资会计核算制度。	新华	各主要保险公司、保险资产管理公司，财会部和财政部有关人员。	研究设计基本框架，提出修改建议
十、保险资金运用和绩效考核标准	统一保险资产估值标准，明确各种指标的计算口径，为保险资金运用监管信息化建设奠定基础。	在考察、借鉴国际惯例和经验的基础上，结合国内金融企业会计核算制度和金融市场特点，制定保险资产评估标准。	中再、太平、友邦	各保险公司、保险资产管理公司，财会部和财政部有关人员。	研究设计基本框架，提出修改建议
十一、保险资产管理公司的产品创新问题	推动保险资产管理公司产品创新，旨在扩大保险资产管理公司受托资产范围，为未来发展拓展空间。	研究保险资产管理公司拓展发展空间的途径、方式及管理法规。	人保资产	人寿资产、泰康、华泰、平安。	完成研究报告，争取试点
十二、保险资金运用信息披露问题	旨在通过信息披露，强化市场对保险公司资金运用行为的约束力，推行“阳光政策”，防范投资风险。	研究国内外各类金融机构信息披露的做法和经验，结合保险投资的特点，明确保险投资信息披露的指标、范围、频率、法律责任等，起草《保险资金运用信息披露指引》。	人寿资产	人保财险、平安、泰康、新华。	以会发文方式下发《保险资金运用信息披露指引》
十三、保险资金运用渠道问题	旨在促进保险资产结构多元化，促进保险新型盈利模式的形成。	借鉴国际经验，结合国内现实条件，研究保险资金投资于资产证券化产品、产业基金、住房贷款、不动产等领域的可行性。	泰康、平安	人寿资产、太保、太平、人寿集团、人保财险，中信证券公司，部分独立研究机构。	完成可行性研究报告，为拓展保险资金运用渠道做前期准备

领导专访1－3－1

不断拓宽保险资金运用渠道

——专访中国保监会副主席吴小平

（摘自：2004年12月21日中证网）

随着保险市场加速发展和对外开放，我国保险资金规模不断扩大，对增加投资渠道、分散投资风险、优化投资结构提出了现实需要。中国保监会重视保险资金运用工作，不断拓宽保险资金运用渠道，构建多元化保险投资结构。根据实际情况逐步调整保险外汇资金海外投资工具或品种。

我国截至2004年10月末，保险业总资产已跨越一万亿元大关，保险总资产11 464亿元，同比增长37.8%，保险资金运用余额已达10 300亿元，同比增长32.5%。资金运用结构多元化趋势明显，其中银行存款占48.9%；国债占23.4%；金融债券占10.9%；证券投资基金占7.1%；其他投资占9.7%。

针对保险资金运用中存在的问题，中国保监会采取综合措施，深化改革，健全机制，保险资金运用步入规范发展阶段，并取得长足进步，主要表现在以下四个方面：

第一，拓宽保险资金运用渠道，构建合理的保险投资结构。1995年6月颁布的《保险法》规定保险资金运用限于银行存款、国债、金融债和国务院规定的其他资金运用方式。但随着保险市场的加速发展和保险业改革的深入，保险资金规模不断扩大，对增加投资渠道，分散投资风险提出现实需要。为此，中国保监会加大了拓宽保险资金运用渠道的力度。1999年，允许保险资金进入同业拆借市场、投资企业债券、投资证券投资基金和同商业银行办理大额协议存款；2003年7月，允许保险资金投资中央银行票据；2004年3月，允许保险资金投资银行次级定期债务，6月允许保险资金投资银行次级债券，7月允许保险资金投资可转换公司债券，8月允许保险外汇资金境外运用，10月允许保险资金直接投资股票市场。目前，间接投资基础设施项目和其他运用渠道也在研究过程中。保险资金运用渠道的拓宽，为保险资金运用分散投资风险，增加投资机会，提高投资能力，构建合理的投资结构，培育新的盈利模式创造了有利条件。

第二，强化投资风险意识，健全保险资金运用风险管理机制。确保资金安全是保险资金运用的首要任务，在有效控制风险的前提下管好用好资金是保险资金运用的根本原则。为此，近年来，中国保监会不断加大改革力度，通过优化保险公司法人治理结构和加强风险管控机制建设，有效防范保险资金运用风险。2004年4月，中国保监会下发了《保险资金运用风险控制指引》，对保险公司资金运用过程中的风险识别、评估、管理和控制的组织结构、制度安排和措施方法提出全面要求，督促各保险公司建立风险防范制度，加强风险内控机制建设，有效防范和化解金融风险。此外，我们还结合保险资金直接入市作了托管制度安排，引入第三方独立托管制度。这些措施，对提高保险资金运用安全性，防范不良资产的发生发挥了重要作用。

第三，深化保险资金运用管理体制改革，推行保险资金集中化和专业化的运作模式。建立保险资金集中化、专业化的运作模式，是保险公司稳健经营的客观内在要求，也是防范投资风险的现实需要，更是国际保险业资产管理的通行做法。近几年来，中国保监会一直致力于推动保险资金集中化、专业化运作机制的建设工作。目前，保险公司已基本实现了资金集中化管理，由总部对保险资金进行统一运用和配置，而且大部分保险公司都建立了专门的资金运用部门和专业投资队伍。目前，除人保、人寿外，还有5家公司提出设立资产管理公司的申请，其中2家已获准筹建，我国保险资金运用专业化运用水平将不断提高。

第四，建立健全监管法规，加强保险资金运用有效监管。外部监管是确保保险资金安全，防范和化解保险资金运用风险的重要保证。近年来，中国保监会十分重视保险资金运用监管工作，在放开企业债券、基金、银行次级债券、境外投资、直接入市等渠道的同时，制定相应的管理办法，做到制度先行，严格监管，加强调控，逐步放宽。

近年来，随着我国保险市场的快速发展和对外开放的不断扩大，保险外汇资金增长较快。截至2004年10月底，保险业外汇资金已达100亿美元。但保险外汇资金运用中国内外币投资工具少，保险外汇资金难以得到充分有效的运用，除少量同业拆借和购买境内外币债券外，主要存放在境内商业银行，没有其他投资渠道。而国际金融市场投资品种丰富，保险公司无法利用国际金融市场分散投资风险。为了有效解决当前保险外汇资金运用渠道少、收益低的问题，2004年8月，中国保监会出台了《保险外汇资金运用管理暂行办法》，允许保险自有外汇资金在境外投资。今后保监会还将根据实际情况逐步调整保险外汇资金海外投资工具或品种。允许和鼓励保险外汇资金海外投资，有以下三个方面的正面作用：

首先，有利于保险公司拓宽资金运用渠道、提高收益和更好地分散投资风险。过去，由于保险外汇资金投资渠道狭窄，基本上只有银行协议存款一项，不利于保险公司实现资产负债匹配、提高收益。发达国家金融市场比较成熟，市场容量大，流动性强，各类投资工具齐全，投资品种和期限结构比较合理，符合保险资金特性，能够有效解决保险公司资产负债匹配问题。因此，允许保险外汇资金境外运用，使得保险公司能够进入到国际金融市场中寻求更优的资产配置，对于保险公司经营保险外汇业务也将起到积极的促进作用。

其次，有利于促进保险公司走出国门参与国际竞争。保险公司在境外运用外汇资金可使国内保险公司尤其是中资保险公司逐步熟悉国际金融市场，充分借鉴和学习国际成熟资本市场的经验，掌握科学的投资管理理念和先进的投资技术，积累投资管理经验，从而增强实力，提高竞争能力。

最后，有利于促进我国国际收支平衡，缓解人民币升值压力，维护人民币汇率稳定。目前，我国国际收支持续顺差，外汇储备充足。截至2004年9月底，国家外汇储备5 145亿美元，比年初增长1 112亿美元。允许保险外汇资金境外运用，将为中央银行实施货币政策创造有利环境。

对于《保险外汇资金运用管理暂行办法》规定以外的具体的投资工具或品种，随着保险公司对海外金融市场的熟悉、投资管理经验的丰富以及风险控制机制的完善，中国保监会将本着“既要积极，又要稳妥”的原则，根据实际情况逐步调整。

二、改革资产管理体制

保险资产管理改革的核心是体制改革，系统地推进了保险资金运用的集中化、专业化、规范化运作，建立了以委托人、受托人和托管人为主体的现代保险资产管理模式。

（一）集中化：实行法人监管

在保险资产管理行业发展初期，保险资金没有集中到法人机构，保险资产管理处于粗放管理状态，大量资金分散在各保险公司的分支机构管理运作，跑冒滴漏严重，乱投资现象普遍，产生大量不良资产，给行业造成了沉重的历史包袱。自 2004 年起，保监会推进资金集中管理，要求保险公司法人机构对保险资金进行统一调度、统一划拨、统一运作，禁止保险公司分支机构运用资金，并督促保险公司法人机构加强董事会建设，完善决策和执行程序，积极推动保险资产管理体制改革。2005 年，大部分公司都要求分支机构将资金逐级上划总部，由总部统一调度、配置和运作，在管理上采取了内设资金运用部和设立资产管理公司两种模式，保险资金集中化、专业化管理工作取得初步进展。目前，全行业资金集中度已达 90% 以上。集中化改革了保险业多年积弊，降低了投资和操作风险，切实发挥了在资源、技术和人才等方面的规模效应，提高了运用效率，节省了监管资源。

（二）专业化：设立资产管理公司

保险资金的本质上是投资资金，而非单纯的财务资金。保监会不断推动保险资金从单一财务性的资金运用向综合性金融资产管理转变，强调保险资金的专业化管理，要求保险机构将投资资金与财务资金分开管理，培育专业的保险资金运用主体和合格的机构投资者。成立保险资产管理公司成为保险资金管理体制改革的突围方向。2003 年保监会鼓励、支持符合条件的保险公司成立保险资产管理公司，此举是对业界呼吁多年的改革原有保险资金运用体制的实质性推动。2003 年 7 月，中国人保资产管理公司成立，标志着我国保险资产管理专业化建设进入了新阶段。2003 年 11 月，中国人寿资产管理公司注册成立。

2004 年 4 月，保监会公布《保险资产管理公司管理暂行规定》，明确了保险资产管理业务的法律地位和市场定位，使保险公司搭建资金管理运用平台有章可循。《规定》确定了保险资产管理公司与保险公司之间的权利义务关系以及受托管理保险资金应遵循的一些基本规则，并为保险资产管理公司今后拓宽业务范围留下了法律空间。2005 年之后，华泰资产管理公司、中再资产管理公司、平安资产管理公司、泰康资产管理公司、太平洋资产管理公司、新华资产管理公司、太平资产管理公司及友邦中国资产管理中心陆续成立，不到两年时间形成“9 +1”格局。批准 14 家中小公司委托资产管理公司开展股票投资，鼓励资产外包模式，提升管理专业化水平。保险资产管理公司受托运作保险资金成为资产管理的主要方式，涵盖了国内主要保险公司，管理总资产已超过国内保险业总资产规模的 85%。

同时，保险资金的集中专业运用，在业界形成了以资产负债匹配管理为基础、注重风险控制、崇尚稳健审慎、追求长期价值投资的理念和文化，建立起保险资产管理的专业团队。行业中资金运用专业人员由 2004 年的 200 多人增加到目前的 2 000 多人，7 年间规模增加了 10 倍，保险资产管理的专业管理能力、风险防范能力和投资运作能力稳步提升。保险资产管理公司不仅成为中国保险业的一支重要队伍，也已成为中国资本市场成熟的机构投资者、促进中国经济领域发展的重要力量。

案例 1－3－1 国内第一家保险资产管理公司——中国人保资产管理股份有限公司的设立

经国务院同意、中国保监会批准，由中国人民保险集团公司（以下简称“人保集团”）独家发起设立的国内首家保险资产管理公司——中国人保资产管理股份有限公司于2003 年 7 月 16 日成立，这不仅开创了我国保险资金专业化运作的先例，更预示着保险资产管理作为一支独立的力量在中国金融资产管理业中的崛起。

2006 年 7 月 25 日，中国人民保险集团股份有限公司、中国人民财产保险股份有限公司、德国慕尼黑再保险资产管理公司、中国人民健康保险股份有限公司、中国人民人寿保险股份有限公司共同签署增资扩股协议，公司由原中国人民保险集团股份有限公司的全资子公司变成有外资参股的股份有限公司，股东由中国人民保险集团股份有限公司1家变更为5家，注册资本由原1亿元变更为8亿元。其中，中国人民保险集团股份有限公司持股41%，中国人民财产保险股份有限公司持股20%，德国慕尼黑再保险资产管理公司持股19%，中国人民健康保险股份有限公司持股10%，中国人民人寿保险股份有限公司持股10%。

2009年3月，经国务院有关部门批准，中国人民保险集团股份有限公司收购了中国人民财产保险股份有限公司、中国人民健康保险股份有限公司、中国人民人寿保险股份有限公司分别持有的中国人保资产的股权。股权变更后，中国人保资产股东变更为中国人保集团和德国慕尼黑再保险资产管理公司两家，持有股权比重分别为81%和19%。

自公司成立以来，人保资产委托管理资产规模快速增长。截至2010年12月31日，公司委托管理资产规模达2 703.91亿元，6年增长近8倍（如图1所示），平均增速高达44.57%，特别是2007年以来，受托资产规模平均年增速为55.71%。公司近5年资产管理规模稳居保险业前5位，与同期基金公司相比居前3位，是国内资本市场中主要的机构投资者之一。

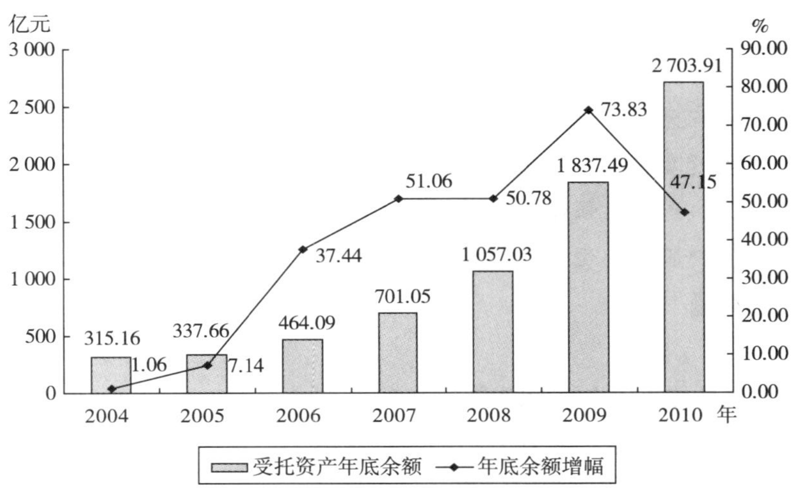

图1　中国人保资产管理资产规模

2007年以来，人保资产大力开发系统外客户资源、扩大受托资产来源。公司通过纯市场机制获取受托资产，客户范围从集团内拓展到集团外。2007年6月19日，公司与永诚财产保险股份有限公司签署股票委托投资协议；10月，与生命人寿保险股份有限公司签署投资协议，实现了向人保集团外第三方受托的突破。

公司通过发行面向保险机构投资者的集合型投资产品，获取受托资产的方式从"一对一"私募拓展到"准公募"。2007年8月8日，公司与人保寿险共同开发并发行了"优中选金产品"；11月21日，"安心收益"产品募集成功和正式设立，实现了以发行产品形式开拓第三方业务的突破。

公司通过投资运作企业年金，将受托资金从单纯的保险资金拓展到企业年金。2008年下半年，公司建立了人保系统内年金业务联合展业机制，与部分企业达成合作意向，实现了中国人保企业年金签约零的突破。截至2010年12月31日，人保资产委托人18家，受托第三方资产6.36亿元，管理资产产品68.16亿元，分别占公司管理资产总规模的0.24%和2.52%。截至2010年12月31日，公司签约、中标或达成合作意向的企业年金客户180家，企业年金规模达65亿元，已经进入投资运作的企业年金组合数10个。年金客户涵盖银行、铁路、保险、烟草、新闻出版、交通运输、建筑工程、煤炭化工等多个行业。

人保资产自成立以来，始终秉承"诚信铸就品牌，专业创造价值"的经营理念，实行专业化、规范化、市场化的科学运作。经过7年多努力，公司克服了没有国内先例可循等困难，在资金专业领域进行了大量探索，逐步建立了适合各类资金特点的专业运作管理模式。人保资产将继续恪守科学精神，保持发展活力，进一步强化委托人和客户为中心的理念，坚持提高投资研究、风险管理、客户服务、运营保障等关键能力，争取以更加优异的成绩服务委托人和客户发展。

（三）规范化：建立托管制度

保监会积极推动资产管理公司的内部规范化建设，推进由分散交易改为集中交易，由集中运作改为前中后台分工协作，投资、决策、风控、交易走向专业化，较好地促进了保险资金运用的安全性、流动性、收益性的统一。

通过建立保险资金运用风险控制的制衡机制，引导保险公司和保险资产管理公司加强内控建设，提高内控执行力，主要体现在：（1）资金集中管理、统一使用。下属部门按核定限额留足周转金后备，其余资金应全部上划到公司，做到集中管理、统一使用，减少风险产生的环节，实现资金的专业化运作，提高资金使用效率。（2）严格授权、顺序递进、权责统一。在投资管理过程中，严格按额度大小，明确决策和使用权限。决策自上而下、计划和执行自下而上，权责清晰、责任明确，每一层级对权限内的决策和使用结果负责。（3）分工配合、互相制约。强化对保险资金运用人员、岗位、权限的约束和监督，严格界定投资业务前台、中台、后台的岗位职责，实现投资决策、交易、风控的相互分离，并通过切实可行的互相制衡措施来消除内部控制中的盲点，形成有机的整体。（4）建立健全各项业务管理制度。制度的缺位必然带来实际操作中的问题，进而滋生风险。因此，建立各项业务管理制度，如资金划拨管理制度、集中交易管理制度、账户管理制度、会计核算管理制度等，使各环节的操作程序化、规范化。

通过加强资产监督检查，使保险资产管理风险处于可控范围。保监会抓住风险管理和制度执行等主要环节，针对保险机构股票投资、债券回购、基础设施投资等重点业务，每年组织不同类型的现场检查和专项检查，要求公司加强全面风险管理，排查信用风险、市场风险、外汇风险和投资性产品风险，逐步化解现实风险，遏制潜在风险。2004—2005 年，国内金融市场出现问题，相关行业发生一些危机，证券公司风险集中暴露，牵连保险资产受损，保监会积极协调证监会等有关部门，并督促公司采取措施保全资产；2005 年，根据国务院要求，保监会排查保险资产管理风险，排查委托券商理财和中小银行存款问题，了解封闭式基金管理问题，加强交易对手风险管理；排查存款、债券、基金、股票资产及资产配置情况，加强资产错配风险管理；2007 年，新华人寿公司治理失效，出现严重违规挪用资金问题，保监会迅速成立专项检查组，历经一年半时间，查清问题，收回资金，维护投保人利益；2008 年，面对百年不遇的全球金融危机，保监会组织全面风险排查，摸清资产风险底数，持续分析境外投资风险，紧急应对东亚银行支付危机、中信泰富经营危机等突发事件，配合商务部、外交部稳妥处置平安投资富通问题，减少损失，化解风险，维护了国家利益和行业利益。

同时，对保险资金运用的风险状况进行量化分析，加强窗口指导，及时提示风险，做到对资金运用风险的早发现、早预警、早处置。加强投资产品和工具风险管理，包括股票市场风险管理、境外投资、衍生产品投资问题等；研究股权及基础设施投资案例，加强道德风险管理；研究信贷资产证券化产品等无担保债券投资问题，加强信用风险管理。

这些措施取得了相当成效，保险资金经受住了经济周期变化和国际金融危机的考验，在其他金融行业风险不断暴露的情况下，没有出现大的风险和问题，保险资产质量优良，不良资产比率维持在1%以内。

案例1－3－2 人寿资产组合管理体制的设立

2007年2月8日是一个值得铭记的日子，国寿资产公司将账户管理中心正式更名为组合管理部，公司组合管理的新篇章由此开启。

按照职责规定，组合管理部的主要职责是进行资产负债管理、依照委托方《投资指引》和公司投决会决议提出账户资产配置建议、进行流动性管理和账户组合分析、牵头组织资产负债互动工作的职能部门。其中，新增加的职责是研究并提出账户资产的一级资产配置策略建议，协调各品种部门落实完成投决会决议，评估账户投资组合的收益率及风险水平等。

随着组合管理部的成立，公司开始尝试建立新的组合管理体制，不断提高账户管理质量，资产负债管理的有效性逐渐提升。

一、完善数据基础及组合分析框架

组合管理部成立之初，恰好面临新旧准则转换、旧系统停用、缺乏数据等一系列严峻挑战。在这种困境之下，公司克服困难，组建团队，夯实数据基础，稳步推进组合分析体系建设。2007年，组合管理经历了数据集中、数据修正、逻辑梳理三个艰苦阶段，获得了显著的成效，形成账户总览、资产变动分析、组合特征、配置执行、收益分析、配置建议等6组20余张标准化报表。不过，这些虽然提高了决策支持信息的质量，但因高度依赖财务数据，且只能反映账户存量和静态的整体情况，并存在时间滞后的问题。2008年组合跟踪分析工作取得了长足进步。充分熟悉账户是当年工作布局的重中之重，组合管理从全面的梳理清晰起步，数据涵盖了三个内部系统，两个外部系统，多个业务台账和过去多年的历史资料。通过一年的艰苦工作，组合分析基本达到了从存量到流量，从变动影响再到存量的闭环。看账户的维度在静态方面向结构、分布特征细化；在动态方面从流水跟踪向策略跟踪和影响评估延伸；前瞻把握方面在丰富收益率分析情景的基础上继续向配置策略层面扩展。随后推进组合动态分析框架的搭建，逐步形成账户动态跟踪分析模板和系统内受托资产组合报告两个报表体系。

二、资产配置与账户管理的水平和质量稳步提升

资产配置是资产管理的核心竞争力，也是加强资产负债管理的关键。四年来，组合管理从各种基础工作做起，学习保险资金资产负债管理经验，总结账户共性与特性，强化周期研究与趋势跟踪，深入研究组合构建技术，建立起基于资产负债管理的账户预警体系，并着手搭建账户中值模型，有效提升了资产配置建议和账户管理的质量。

2008 年，受益于组合跟踪分析体系的建立和负债传导效率的提高，组合管理启动了资产配置决策依据的基础性框架研究与趋势性框架研究工作；并从账户特性研究出发，总结不同类型账户的共性与特性，从大类资产和资产负债角度提出资产配置策略建议。同时，着眼于全球视野、系统识别的目标，力求从全球看中国、从周期看账户，搭建了趋势性变化跟踪体系，并完成涉及多个经济体的 18 个危机周期的案例研究。这些工作使得对经济周期及市场趋势变化的敏感性明显提升。为更好地提供决策支持，组合管理从点到面，由小及大，从周期案例分析起步，逐步建立起自上而下的周期趋势跟踪框架以及自下而上的中微观跟踪体系，两者互为印证。

公司积极学习借鉴资产配置理论，深入研究组合构建技术，逐步建立起基于资产负债管理的账户预警体系，整套体系以提示账户的安全边际为核心，警示既定策略下账户距离安全边际的距离和所面临风险，从而使投资策略的制定始终建立在风险收益平衡的基础上，为策略建议提供基础依据。在此基础上，着手搭建账户中值模型，立足资金的负债特性，定位当前账户短中长期的风险收益的最优状态，通过展示不同市场情景下，账户执行不同操作策略的风险收益特征，为不断优化账户风险调整后的收益，提供多维的策略参考。流动性管理工作是账户管理的重要职能，也是账户管理的风险高发地带，流动性管理无小事。组合管理始终把确保流动性安全作为首要任务。通过制定流动性安全管理标准，严格排查流程死角；针对可能突发的风险，制定流动性应急预案；加大人力投入，通过双岗复核等手段，从容把握，稳妥布局，严控流动性风险。

三、逐步完善以账户为主线的矩阵式管理模式

公司实行以账户为主线的矩阵式管理模式，成效显著。矩阵式管理，指的是专业化的账户管理和专业化的品种投资有机结合，各投资账户的资产负债要求和各品种投资部门的投资策略有机结合，各投资账户的投资策略同各投资品种的特性有机结合的管理方式。矩阵式的管理保证了每个账户都有各专业部门针对账户的操作策略，而每个投资品种都根据不同账户的特点进行操作。

近年来，随着负债特征及账户特性差异的逐渐增加，账户在投资管理中的重要性明显提升。品种投资需更多地考虑不同账户的特性及负债特征，采取更加个性化的投资策略。为提高不同账户中品种投资的针对性，公司在矩阵式管理中突出了账户的重要性，强化了“以账户为主线的矩阵式管理模式”。

为了加强矩阵式管理中横向（品种投资部门）和纵向（组合管理部门与委托方）之间信息的有效沟通传导，2009 年制定了《中国人寿资产管理有限公司账户定期会研试行办法》，账户会研制度由此全面展开。按照试行办法，每周账户经理召集投资经理对账户负债信息变动、资产组合、品种投资、未来投资策略等进行会研。月度会研的参与人员扩大至风控及投研人员，对宏观策略、账户运行及风险控制情况进行更加深入的会商研究。除定期会研外，如遇重大突发事件，账户经理可召集临时性会议，商讨应对方案。

从近两年来的运行情况看，账户会研有效地增进了各账户投资管理人员对账户资产负债整体情况及品种投资的把握，提高了账户运行效率和配置策略建议的科学性，在系统内各账户的实践中取得很好的效果：集团账户采用固息产品覆盖未来十年的现金流需求，通过较多地配置权益类资产获取超额收益；寿险公司账户因具有资金规模大、现金流充裕的特点，选择以固定收益产品匹配负债，以资产减负债的净值配置权益产品，由此获取稳定收益并防范流动性风险。财产险账户、养老险账户及国寿投资账户也均按其现金流特点，确定合适的资产配置比例，以获取较好的收益水平。

四、资产负债良性互动机制逐渐形成

在资产负债互动方面，组合管理一直致力于建立委托方与受托方之间、公司前、中、后台各部门各岗位之间的多层面、多形式的立体互动动态管理机制，始终坚持良性和谐互动，谋求互信理解。在积极总结既往委托方服务

相关经验的基础上，大胆提出以信息双向互动为主线及全方位精准信息传导的新思路，制定了《委托方联席会议管理暂行办法》、《委托方业务会议交流管理规范》、《委托方资产负债互动工作管理暂行办法》等一系列制度性文件，打造资产负债信息沟通与传递的重要平台，全面推进委托方服务工作的规范化、标准化、专业化。

除落实定期的资负会研与不定期的双向沟通机制外，还更多地尝试通过邀请委托方参加账户会研、委托方培训等方式，使委托方对市场形势、同业业绩及账户资产配置等情况有更深入的了解和认识。同时，资负互动的交流规格和沟通深度也有明显提高，逐步建立委托方与受托方之间、公司前、中、后台各部门各岗位之间的多层面、多形式的立体互动动态管理机制。

资负互动工作取得了明显的效果。在保监会发布《关于人身保险预定利率有关事项的通知》后，组合管理人员立即赴委托方诸多部门进行调研，与各部门负责人员沟通，结合账户的资产特征，对政策变化可能带来的影响撰写了深度资负研究报告。在保监会公布《保险资金运用管理暂行办法》的前后，分析了新办法出台的影响以及和投资指引的差异，及时向各委托方进行信息传递，得到了委托方的积极响应，按照监管要求对投资指引进行相应修改，为此后投资工作的顺利开展铺平了道路。

2010 年 1 月，吴定富主席来公司调研时提出，要加强保险资产负债管理，坚持创新，要从资产管理的角度考虑负债业务的结构调整，加强负债方和资产方的统筹协调。公司认真学习并积极贯彻落实吴主席讲话精神，多次赴委托方进行调研，并进行了多次专题研究及讨论。大家逐渐认识到，积极有效的资产负债管理需要考虑如何在资产风险和负债风险之间达到一种平衡，资产组合和负债组合实现互动是切合当今资本市场和保险行业发展实际的保险产品开发和销售模式。未来公司将继续加强与委托方的互动，以公司在资产管理方面的专业优势，为推动负债业务的结构调整与优化作出更大贡献。

三、完善资产管理机制

监管的效能依靠机制的制约。保监会运用透明、规范的机制约束行业的投资行为，防范风险。通过发布《保险资金运用管理暂行办法》，明确委托人、受托人和托管人的职责和定位，巩固“三方协作制衡”的资产管理机制，建立科学的保险资金治理结构，保障保险资金运用安全高效。通过建立保险资金托管机制，推动保险公司开展全托管试点，提高保险资金运用的透明度，初步形成了以托管机制为重点、内部控制与外部监督相结合的风险控制机制。

随着保险市场快速发展，投资渠道不断拓宽，风险因素逐渐增加。由于保险资产管理是新兴业务，基础薄弱，经验不足，部分机构风险意识不强，内控管理薄弱。在资本市场风险集中爆发的形势下，部分保险机构在证券公司的托管资产被挪用，遭受很大损失，其中有证券市场制度设计缺陷、保险公司投资经验不足、交易对手选择缺乏规范等外部因素，但资产安全保管机制缺失，让违法者有机可乘，也是造成资产损失的主要原因之一。为此，保监会借鉴国际通行做法和国内其他行业经验，引入并逐步推行保险资产托管制度，建立起维护保险资产安全的长效机制。在国际上，托管是一种比较成熟的做法，是各金融行业财产管理业务普遍的制度安排。国内外实践证明，托管是有效隔离风险、保护好金融消费者利益的有效机制，能够对监管发挥重要的辅助作用，有利于改进监管质量和效率，有利于加强公司自控。

2005 年初，保险机构从股票投资开始，制定《保险公司股票资产托管指引》，引入和推行资产托管制度。同年，根据国务院领导对保监会《关于防范和化解风险工作方案汇总报告》的重要批示，保监会对保险资金第三方独立托管机制进行了认真研究，召开保险资金全托管工作座谈会，初步搭建了保险资金全托管的运作框架，制定了分类指导、分布推进和分别措施三大原则。通过委任资信良好、实力雄厚的国有商业银行，作为独立第三方托管机构，保险资产管理初步实现资金管理和投资操作分离，建立起协作制衡、相互监督的运作机制，逐步提高了公开性和透明性，阻挡了违规挪用资金和投资操作的风险，维护了保险资金安全。保险业在股票实行托管的试点基础上，逐步扩大托管范围，并拟定了《保险资产托管管理办法》，进一步落实托管制度。一方面，在新渠道、新品种投资的有关法规中明确必须实行资金托管，如《保险机构投资者股票投资管理暂行办法》、《保险资金间接投资基础设施项目试点管理办法》、《保险资金境外投资管理暂行办法》等；另一方面，在《保险资金运用管理暂行办法》明确托管的定位和法律地位，解决了体制机制问题。五年多来，托管制度稳步推进，成效明显。随着全行业对托管制度认识的逐步加深，引入托管的保险机构数量及托管资产的规模和种类不断扩大。目前，全行业近90家保险公司建立了托管机制，保险资产托管规模超过2万亿元，托管资产种类由股票扩大到债券、存款、基础设施、股权等资产。

领导专访1-3-2

建立有序规范市场环境 推进保险资产管理工作

——中国保险监督管理委员会副主席李克穆

（摘自：2006年11月29日《上海证券报》）

一、资产管理者要懂政治和心理学

记者：在我的印象中，所谓资产管理就是替人理财和代人生钱。客户把钱托付进来，经过一段时间的打理，客户获得一定的收益。因此，受托人需要把握更多的技术和技巧显得十分重要。在您眼里，保险资产管理是项什么样的工作？

李克穆：保险资产管理是对保险资金进行有效配置的过程。资产配置的效率不仅取决于资产管理机构的运营，也取决于国际国内经济形势和市场环境。做资金工作，如果对国内外经济形势、金融形势，对资本市场缺乏必要的了解，在各自岗位上是难以胜任的。因此，深入了解国际国内形势，包括金融形势，对保险业的所有从业人员，从一线人员到高管都具有十分重要的意义。

最近几年，我国保险资产管理业务得到了一定的发展，对资金运用的监管不断加强，投资风险防范体系初步建立，投资收益有所提升，但是在不断变化的新的形势和新的市场环境下，这项工作也面临着一系列的问题和挑战，所以我们要认真分析国内外形势，交流防范风险、加强制度建设的经验，促使我们不断提高保险资产管理的水平和能力。

记者：您是分管保险资金运用工作的，听说您有句名言是："要在经营上取得成功，我们的管理者就要懂政治"。您是如何分析当今的经济形势的？

李克穆：应该做到广泛又有重点地了解国内外经济形势。在观察国际经济金融形势时，既要从经济角度也要从政治角度。当今经济形势的一个非常明显的特征是，政治和经济之间的关系越来越紧密，政治和经济交织在一起，一项国际性的重大的政治决策往往要受经济因素制约，一项国际性的经济政策的出台也会受到政治因素的制约。

20 世纪 80 年代之后，国际经济出现了全球化的趋势。全球资本市场出现了很多变化，我们做资产管理工作的都要及时地关注，从中得出一些结论。

如在金融方面，主要表现为美、欧、日之间在利率、汇率变动方面对国际金融市场、国际资本流动产生的影响日益增大。再比如，日本长期执行的数量宽松（Quantitative Easing）货币政策导致了"日元利差交易"的发展（也就是投资者借入日元，为持有收益率更高的资产提供融资），从而在一定程度上推动了全球资产价格的持续上涨。

我国加入世界贸易组织以来，经济开放的步伐明显加快，外贸依存度从 2001 年的 45% 上升到 70% 以上。外汇储备现在已经达到全球第一。我们国家的人民币资本项下虽然没有实现自由兑换，但国际金融市场的利率、汇率变动，国际资本流动将不可避免地波及国内债券市场、股票市场、货币市场。我国的外贸进出口在世界上现在排在第四位左右，对于世界经济的影响也与日俱增，美国在这方面最近也和我们进行了多次激烈的交锋。

总之，国际经济与政治的相互影响、相互制约，对资产管理者也提出了新的、更高的要求。我们要在经营上取得成功，我们的管理者就要懂政治，就要了解国际政治与经济的关系，要善于从政治和经济相互作用的角度审视市场，对经营策略和方式做出我们自己的选择和判断。

记者：您立足于全球，综观政治和经济，有重点地选择分析问题的方法，对我们是很受启发的。那么，具体到资产管理工作，应该以什么为切入点？

李克穆：从我们工作实际出发，可重点以资本市场为切入点，研究国内外资本市场，对市场进行跟踪研究。

首先这项研究涉及整个宏观经济，研究整个宏观经济一定要有整体有局部。有的人总喜欢讲资本市场比较低迷或者看好资本市场，这样讲相当笼统，要做深入具体分析。在任何状况下，机遇和挑战，成长和风险都是并存的。

我们当前要研究银行、证券、保险在金融中的位置和相互影响，这个题目目前是保监会研究的重中之重。目前，综合经营趋势比较明显，这是依据经济运行的情况来确定的。

我们还要研究资本市场的系统性风险，风险的传导机制，股市和债市的关系，利率、汇率对市场的近期、中长期影响。

保监会资金运用监管部承担了一个重要的课题，叫宏观经济波动对市场的影响，目前已经初步取得成果。

有针对性地关注宏观经济问题，可以使我们少走弯路。

记者：听说您还有个说法，资产管理者应学点心理学？

李克穆：是的，我建议我们资产管理者应学点心理学。简言之，各种预期，这里面就包含了心理学的因素。在国外，心理学是经济学科中的重要组成部分，前几年的一次诺贝尔经济学奖就授予德国心理学家，因为他把心理学引进经济中，对经济改革产生了重大影响。在当前这种多变的经济社会中，如何捕捉、把握消费者的投资心理，把握消费者的消费预期，这里面有心理学的因素。

二、应敏锐把握金融市场动态信息

记者：改革和创新是当今世界的主旋律。保险资产管理工作在以资本市场为切入点后，怎样把改革和创新贯彻到工作始终？

李克穆：我们应该清醒地意识到，近年来，国内金融改革、创新的步伐明显加快。比如，银行金融体制改革方面，2003 年底，国有银行的战略重组、股份制改革启动，目前建行、中行、工行已完成上市。

在利率汇率方面，2005 年来，央行先后推出了降低超额准备金利率，允许企业发行短期融资券等一系列措施，货币市场与实体经济之间的联系逐步打通，包括货币市场和实体经济在内的更广泛的市场利率结构也有望逐步形成。

在资本市场改革方面，2005 年 4 月 29 日，股权分置改革正式启动，预计到2006 年底基本完成。作为资本市场的一项全局性、根本性的制度变革，股权分置改革将使资本市场发展的制度环境明显改善。

而在金融创新方面，内容更是丰富多彩：建行、国开行进行了资产证券化试点；光大银行与国开行进行了利率互换试点；国家发展改革委即将试点发行无担保的企业债，债券市场将有望进入信用债时代。股票市场制度性改革基本完成之后，指数期货、股指期权等金融创新将大量涌现，基金产品也将不断丰富和多样化。

我想在这也和大家提一句，对于资产证券化，大家要高度关注，如何从保险业的角度运用资产证券化来推进我们的资产管理工作。

对于这些金融市场中出现的一系列重要的动态信息，我们应当敏锐地加以把握。

记者：您能否对在改革和创新过程中国内金融已经出现了哪些新的趋势作一分析？

李克穆：金融改革与金融创新使国内金融呈现出了许多新的趋势：

一是金融业的综合经营、交叉竞争格局正在形成。商业银行正在打造综合金融服务集团，银行系基金管理公司的成立深刻地改变了我国基金业的运行模式和竞争格局。商业银行企业年金业务的发展使银行、保险、基金之间在养老金领域的业务交叉、相互竞争的格局逐步形成。而中国银行、交通银行等国内银行正积极准备进军寿险业。与此同时，国际保险企业、商业银行、资产管理机构及综合性金融服务集团正陆续进入中国，国内外金融机构之间、不同类型机构之间交叉竞争的格局正在逐步形成。

二是银行资产负债结构调整对金融市场影响日益明显。在资产方面，受银行改革和资本充足率监管约束，银行放缓了贷款的增速，加大了债券投资力度，2005 年下半年银行债券新增投资规模达 9 706 亿元，占债券市场增量的 90%，成为债券市场的主导。商业银行债券投资力度的加大显著增大了债券市场的资金供给，债券收益率曲线不断下移，给包括保险公司在内的机构投资者债券投资收益提高形成很大压力。在负债方面，通过大量发行金融债等新的方式，银行显著增强了负债管理的主动性、灵活性，银行运营成本显著降低。与此相应，银行协议存款需求明显下降，可接受的协议存款利率不断降低，这对保险资产运用也带来挑战。

三是金融风险管理难度明显加大。证券公司、信托公司的破产、清算可能直接影响保险资产的安全性。另外，资产证券化产品、无担保企业债等金融创新产品的复杂性、风险性显著高于传统产品，从而对风险衡量、信用利差分析和投资风险管理提出了更高要求。

三、首先要用好已有渠道和政策

记者：保险资金运用渠道的拓宽，一直是市场各方关注的重点。您是怎样看待这一问题的？

李克穆：我国金融市场正处于发展阶段，投资工具较少，制度不健全，收益率不高。如何突破渠道政策，拓宽投资领域，优化资产结构，改善资产负债匹配状况，提高投资收益，始终是保险业界重点关注的问题。

近两年来，保监会在拓宽渠道方面力度较大，经国务院批准，先后出台了一系列政策，对于优化资产结构、分散投资风险、提高投资收益、改善资产负债匹配状况发挥了重要作用，也引起热烈反响和社会关注。

打个比方，拓展投资渠道，就好像保监会在不断打开一扇扇门，使我们的各家公司有了进入这扇门的机会，但是进不进，纯属企业行为。中国保监会不会告诉我们的企业，哪扇门比较好，更不可能说哪个项目比较好，不会有任何的投资引导。

我们会在打开这扇门的同时，辅之以一系列的防范风险的制度，我们要尽监管者的职责，要建立一个有序的、规范的市场环境，使得大家能更好地推进资产管理工作。

从目前看，保监会认为，首先要用好已有的渠道、用好已有的政策。如果把已有的渠道和政策用足用好，我想，我们的局面可以大为改观，我们可以上一个新的台阶。

记者：今年保险资金投资收益明显比去年高，您如何看待这个现象？

李克穆：在防范资金运用的风险的前提下投资收益率高当然是好事。

但应该注意的是，我们不可拍脑袋地下达投资收益指标的高低规定，也就是说，下达收益率指标不能靠主观臆断，更不能过分地跟政绩挂在一起，要从实际出发，要建立在现实可能的基础上，要兼顾当前的收益和长期的收益。如果高收益率对应的是高风险，对应的是高成本负债，就不能说这个高收益率是合理的，特别是那种不顾资产负债匹配，追求短期高收益率的做法，问题更明显。

对于保险投资人来说，我们面对的是变化不定的金融市场，要树立科学的投资理念，在坚持资产负债匹配管理基础上优化投资组合，在积极有效管理投资风险的前提下提高收益。作为金融企业，显然要以利润最大化为经营目标。这也是对投保人、投资人和股东的应尽之职，希望大家利用我们长期以来积累的经验、技术、智慧和悟性，把握好机会，努力提高投资收益率。

四、人的自觉性是有限的，要靠铁的规则

记者：我有种直觉，目前保险监管部门在加强资产管理工作时，风险监管是摆在最重要的位置的，这种说法对吗？

李克穆：监管部门一直是把风险提示放在很重要的位置上。

实践证明，金融风险具有隐蔽性和突发性等特点，如果不保持一种高度的、长期的警惕，我们就无法正常从事资产管理工作，我们也不可能具备相应的能力。应当说在防范风险方面，方方面面已经有许多教训，其中有些教训是十分惨痛的。

我感觉，有些资产管理人员对这个领域不是很清楚，或者说严重一点不是很称职。但我想，不要紧。昨天不称职，今天加强学习还来得及。如果不愿意努力提高自身的素质，你也就不配留在这个岗位上。

我们保险业有一批投资方面的人才，但总体实力仍然比较薄弱。我们大家要加把劲，保持高水平，要充分发挥我们的后发优势，不要犯前人犯过的错误，这点非常重要。

我们要清醒地认识到，我国保险资产管理起步较晚，发展基础比较薄弱，专业队伍亟待加强，与其他金融行业相比，整体能力差距较为明显，加强人才队伍建设十分重要，而且十分紧迫。我们要用发展的眼光，从战略的高度，考虑未来的人才规划，以积极开放的心态，按照市场化原则，广纳贤才，进一步引进专业人员，调整人才结构，完善用人机制，充分调动大家的积极性和创造性，不断增强核心竞争力。

记者：风险提示都涉及哪些方面？近年保险资金运用方面所出现的问题，是否与相关人员个人素质不高有关？

李克穆：我们现在风险提示的问题牵涉方方面面：

一是相关行业综合治理尚未结束，新生风险时有发生，如证券公司重组。

二是信用产品的担保机制发生了重大变化，国家对金融机构处置和投资者补偿政策将朝着市场化的方向调整。公司债券发行将进入“无担保时代”，信用风险、交易对手风险将显著增大。

三是道德风险是金融领域的重要风险之一。许多案例证明，道德风险控制不好，将给金融机构带来灾难性问题，产生极为严重的影响。目前国际经济学界流行的一种观点认为，金融危机的发生与道德风险有着密切的关系。国外一些金融机构顷刻之间垮掉，主要问题是道德风险失控。

近些年保险资产管理出现的问题，很大程度上也是我们自身的问题，是我们一些人高度的无知加随意性造成的。

四是金融新产品风险，特别是金融衍生产品风险。过去讲到金融衍生产品，不是期权（OPTION）就是期货（FUTURE），后来金融衍生产品发展得五花八门。虽然金融衍生产品制造了很多罪恶的东西，但是我们依然不能否认金融衍生产品，而且你还要承认金融衍生产品是一种创新，相当大地推动了金融市场的发展。所以这是一个矛盾，这也是金融行业的复杂性所在。

记者：由此看来，基础制度建设方面还需要进行完善？

李克穆：我多次强调要制定铁的规则，就是要把握住自己，要靠规则，不能靠自觉性和毅力，人的自觉性是有限的，靠毅力难以经受住许许多多的诱惑。

近年来，在规则方面，从保监会的角度我们做了一些事情：发布了债券投资、基金投资、股票投资、外汇资金境外运用、基础设施项目投资等管理办法及相关配套文件；出台了《保险资产管理公司管理暂行规定》、《保险资金运用风险控制指引》；下发了《关于开展保险资金托管工作的通知》；发挥行业力量，组织了13个课题组。在人员治理、交易对手风险管理、信息披露等方面，出台了一些文件等等。这些工作是保监会资金部做的一些基础工作，是十分重要的。

这些规则出台以后，希望我们的公司能够很好地执行。在执行过程当中，大家有什么建议，也可以随时提出。我们将根据新的要求，不断建立和完善各种制度规则。

五、资产管理监管要围绕防范风险和提高收益

记者：能否具体谈谈下一步保险资产管理监管工作的主要思路？

李克穆：今年，保险资产管理监管工作要按照“全保会”精神和部署，在把握宏观经济金融发展趋势、了解金融市场和保险市场变化规律、立足资产管理发展现实需要的基础上，围绕防范风险、提高收益，做好以下工作，包括：搞好风险排查，摸清保险资产风险底数；加快金融创新，拓展保险业发展空间；稳步推进托管，建立资产管理风险控制机制；加强信息披露，逐步统一绩效评估标准；发挥行业优势，搞好基础实施投资试点；研究国际经验，改进资产管理监管方式。

上述方面工作还将在新的一年延续下去。

记者：在制度建设和信息披露等规则建设上，具体将会推出哪些政策措施？

李克穆：为进一步加强资产管理风险控制，去年下半年，保监会在总结托管制度经验，解决技术和成本问题的基础上，结合保险监管和防范风险需要，按照市场化的自主自愿原则，稳步推行保险资金托管制度。

保监会还将下发《关于加强保险资金风险管理的意见》、《保险资金投资交易对手风险管理指引》和《保险资金投资工具信用风险评估指引》等法规制度，推行全面风险管理，督促保险机构不断完善管理架构，规范运作流程，强化信息披露，及时准确地识别、评估、控制和监测资产管理风险，构建全面覆盖、全员参与、全程管理的新型风险管理体系。

如何对保险资产管理活动实行规范的信息披露一直是保监会关注和研究的重要问题。去年，保监会成立了由业内外有关专家组成的课题小组，用了一年的时间，深入研究国内外信息披露制度的经验、做法和特点，起草了《保险资产管理信息披露指引》。

今年，保监会将组织业内外力量，继续深入研究，结合监管需要，完善规章制度，力争早日建立起保险资产管理信息披露制度，增强市场约束力，促使公司规范投资操作行为。

近年来，保险投资领域不断拓宽，基本覆盖了国内所有金融市场和所有金融产品。今年，保监会将准备在已有基础上，在鼓励投资产品创新、开展第三方资产委托试点、支持资产管理公司引进战略投资者等方面制定新措施，进一步推进资产管理的集中化、专业化、规范化和市场化建设。这些政策的出台，将对保险业长远发展和提高市场竞争力产生深远影响。

如何统一保险投资绩效评估标准也是一个重要的现实问题。目前，由于缺乏专门的保险投资会计核算制度，各公司计算收益指标的口径不一致，高低落差很大，不能真实反映公司的投资业绩，也为社会公众判断公司质量带来难度。

保监会从去年开始研究统一保险投资绩效评估标准问题，起草了《保险资金投资绩效评估指引》。但考虑到，这项工作技术性强，影响面大，较为敏感，按照稳妥审慎科学实用的原则，今年仍会继续深入研究，认真听取业内外人士意见，在适宜时机可以先试行一段时间，成熟后再下发管理制度。

目前，保监会针对保险机构在资产规模、治理结构、业务特点、经营效益等方面差异较大的现实，对分类监管进行了有益探索。在保险资产管理监管上，结合新渠道的准入，逐步引入分类监管的理念。比如股票投资、境外投资和基础设施投资，就针对不同性质和不同资质的保险机构实行了不同的准入标准和监管要求。

目前，在起草中的《保险资金投资管理办法》和《保险资产管理公司治理结构指引》中，也将更大力度地体现分类监管的政策意图。这将是保险资产管理监管体制的重大变革，将促进监管理念、监管方式、监管效能的改革和提高，希望大家多多献计献策，共同推动分类监管工作。

四、加强能力建设

在保险资产管理行业发展的同时，银行、证券、基金等行业也快速发展，资产管理领域的竞争日趋激烈。保监会资金运用部逐步实施分类监管，以制度、系统、人力和资本约束机制，推动行业公司的能力建设，提升公司竞争力，促进行业发展。保监会明确提高投资管理能力是行业开展创新业务和防范资金运用风险的重要基础，本着“能力先行、试点先行”的发展原则，制定保险机构资产管理能力评估、风险评估、绩效评估的规则和指标，以投资能力和风控能力为主要内容，支持符合条件、具备能力的保险机构先行一步，开展新的投资业务，运用新的投资工具，限制不符合条件、能力不足的保险机构投资高风险领域，逐步形成扶优限劣、区别对待的机制，在试点的基础上审慎推进相关领域保险投资。

加强业务资格管理，发布产品创新、信用风险评估、股票投资和市场服务能力评估标准。2009 年，保监会下发《关于保险资产管理能力建设的通知》，明确保险公司投资股票和无担保债的能力标准。目前，根据规定标准允许 4 家保险公司直接投资股票、评估 4 家资产管理公司的基础设施投资能力和 8 家资产管理公司的债券信用风险管理能力，其中 4 家获得备案，将支持其开展相关投资业务。推进保险资产管理综合能力建设，加强保险公司资产管理高管人员任职管理和教育培训，提升专业能力，不断提高保险资产管理业的投资管理能力、自主盈利能力和抵御风险能力。

培育保险资产管理机构的自主创新能力。保险资产管理面临难得的历史机遇，资本市场改革、商业银行改革、汇率机制改革、产业结构调整，都蕴藏着丰富的投资机会。如何充分利用改革带来的新机遇，顺应综合经营的新趋势，融入金融格局的新调整，实现加快发展的新突破是对保险资产管理的重要考验。保监会鼓励行业加快机构改革和产品创新，依据新的载体，建立新的运行机制和风控机制，尽快形成新的竞争优势。

提高行业在资本市场和国民经济中的影响力和渗透力。发挥保险资金长期性和稳定性的优势，科学性地整合行业资源，提高保险资产服务社会的能力，在社会发展的同时提升自身的发展。稳步推进另类投资试点，重点关注关系国计民生的具有良好社会效益和经济效益的项目；稳步推进对银行等金融机构的股权投资，推动保险业积极参与综合经营；稳步扩大保险资金境外投资业务，充分利用两个市场、两种资源分散风险，提高收益；提高保险资金参与金融市场的深度和广度，促进保险市场与货币市场、资本市场有机结合、互动发展，增加保险业的金融渗透力。

专题 1－3－1 《保险资金运用管理暂行办法》解读

一、办法出台背景

2010 年 8 月 5 日，中国保监会正式颁布《保险资金运用管理暂行办法》（以下简称《办法》）。该《办法》是《保险法》修订实施后，中国保监会发布的关于保险资金运用的重要基础性规章，以促进保险资金运用实现集约化、专业化、规范化和市场化。未来保监会出台的各类资金运用管理政策将以此《办法》为基础，现有的资金运用管理具体制度也将随即根据《办法》进行整合与修订。

《办法》明确拓宽了保险资金投资渠道，增加了资产配置弹性，推动保险资金管理的专业化与规范化。值得注意的是，《办法》积极鼓励资产管理公司拓宽投资渠道，鼓励发行保险资产管理产品，允许保险资金使用衍生工具等，将极大地促进保险资金运用领域在体制、产品、方式手段和业务模式等方面的创新。

二、办法要点

《办法》共6章70条，明确了保险资金运用的原则、目的、运作模式、风险管控和监督管理。

（一）深化保险资金运用改革，确立三方协作的保险资金运用管理模式，健全公司治理

1. 确立了委托人、受托人和托管人三方协作制衡的保险资金运用管理模式，确定了三方的基本职责和法律关系。委托人履行制定资产战略配置指引、选择受托人、监督受托人执行情况、评估受托人投资绩效等职责。受托人执行委托人资产配置指引，根据保险资金特性构建投资组合，公平对待不同资金。规定保险投资性资产实施第三方托管，确定托管资产的独立地位，充分发挥第三方监督作用。

2. 明确了董事会和经营管理层的各自职责，构建了决策、执行、监督有效分离的风控机制。《办法》强调了保险公司董事会在风险管理方面承担的责任。保险公司董事会应当对资产配置和投资政策、风险控制、合规管理承担最终责任。董事会应当设立资产负债管理委员会（投资决策委员会）和风险管理委员会。重大保险资金运用事项，应当经董事会审议通过。

（二）细化保险资金投资渠道，整合投资比例

1. 投资大类渠道全部打开，基本与国际接轨

《办法》允许保险资金投资无担保债、不动产、未上市企业股权等新的投资领域，今后保险资金运用的形式包括货币市场产品、固定收益产品、权益类产品、衍生品、不动产等另类投资品，基本涵盖所有投资大类渠道，与国际上保险机构的投资范围基本一致。

表1　　保险资金运用形式

资金运用形式	说明
银行存款	禁止存款于非银行金融机构；商业银行须符合一定条件。
债券	包括政府债券、金融债券、企业（公司）债券、非金融企业债务融资工具以及符合规定的其他债券。
股票	禁止买入被交易所实行“特别处理”、“警示存在终止上市风险的特别处理”的股票。投资创业板上市公司股票和以外币认购及交易的股票由中国保监会另行规定。
证券投资基金份额	基金管理人须符合一定条件。
不动产	包括不动产、不动产相关金融产品。禁止直接从事房地产开发建设。禁止投资不具有稳定现金流回报预期或者资产增值价值、高污染等不符合国家产业政策项目的不动产。
未上市企业股权	包括未上市企业股权、未上市企业股权相关金融产品。禁止从事创业投资。禁止投资不具有稳定现金流回报预期或者资产增值价值、高污染等不符合国家产业政策项目的企业股权。
衍生品	目前开放利率互换，未来可能放开股指期货等。

2. 整合并简化了保险资金投资比例，进一步扩大了保险资产配置的弹性和空间

保监会取消了原来对各类投资资产的严格比例控制，仅对流动性资产、固定收益类投资、权益类投资、另类投资（包括股权、不动产、债权投资计划）设定了大类配置的比例上限，由公司自行对投资工具、单一品种、单一交易对手、关联企业以及集团内各公司投资同一标的等比例进行控制。

此外，投资连结保险和非寿险非预定收益投资型保险产品的投资比例根据契约规定，不受《办法》中投资比例的限制，体现了分类管理的原则。

表 2　　保险资金投资类别

投资类型	投资品种	合计账面余额占公司上季度末总资产	新旧政策对比
权益类资产	股票	不高于 20%	整合投资上限。原有政策规定股票不超过上季度末总资产的 10%，基金（含股票型基金、债券型基金、货币市场基金）不超过上月末总资产的 15%。
	股票型基金		
易变现资产	货币市场基金	不低于 5%	新增政策。
	政府债券		
	中央银行票据		
	政策性银行债券		
	银行活期存款		
无担保的固定收益产品	无担保企业（公司）债券	不高于 20%	整合投资上限。原有政策规定无担保债券不超过上季度末总资产的 15%，短期融资券不超过上季度末总资产的 10%。
	非金融企业债务融资工具		
股权	未上市企业股权及相关金融产品	不高于 5%（同时，未上市企业股权不高于 5%，相关金融产品不高于 4%，两项合计不超过 5%）	新增政策。原有政策规定投资未上市商业银行股权必须符合以下比例规定：一般投资和参股类重大投资余额合计，不超过该机构上年底总资产的 3%；一般投资单一银行股权的余额，不超过该机构上年底总资产的 1%。
	实现控股的股权投资	累计投资成本不得超过公司净资产	新增政策。
债权	债权投资计划	不高于 10%	提高投资上限。原有政策分别规定寿险不超过 6%，产险不超过 4%，新政策统一各家的投资上限并提高到 10%。
不动产	不动产及相关金融产品	不动产不高于 10%，相关金融产品不高于 3%，两项合计不超过 10%	新增政策。

注：以上比例仅限于传统保险产品的投资。投资连结保险和非寿险非预定收益投资型保险产品的投资从其契约规定。

3. 股权不动产是重点

（1） 首次明确保险资金可以投资不动产

《办法》首次明确保险资金可以投资不动产，包括不动产相关金融产品。保监会限制保险资金直接从事房地产开发和投资不符合国家产业政策项目的不动产。这表明保监会希望保险资金投资能产生长期稳定租金回报的商业物业，而不是获取短期的房地产开发利润。

保监会规定，不得使用各项准备金购置自用不动产。这意味着保险公司只能用自有资金购置自用不动产。各项保险准备金可用于不动产投资和购买不动产相关金融产品，以获得投资收益、覆盖保险资金成本为主要目的。

《办法》对不动产相关金融产品的定义，是指保险资产管理机构依法在中国境内发起设立或者发行的以不动产为基础资产的投资计划或者投资基金等。这意味着将来可能会要求设立专门的不动产投资子公司，面向保险资金发起设立不动产相关金融产品。保监会也可能会允许保险行业之外的合格资产管理机构向保险资金募集资金，引入市场竞争机制。

《办法》还提到，具体办法由中国保监会制定。这表明保险资金在不动产领域的实质性投资还需要等待保监会进一步出台相关规定。

（2） 扩大了保险资金股权投资的行业范围，并明确了投资比例

在《办法》出台前，保监会只出台了《关于保险机构投资商业银行股权的通知》，开放了保险资金对未上市商业银行的股权投资。京沪高铁之类的股权投资计划属于特批项目。此次出台的《办法》对保险资金股权投资的行业范围做了相当大幅度的放宽，只是限制投资不符合国家产业政策的企业股权和创业投资。这显示了保监会对股权投资在保险资金资产组合中的重要性有了非常正面的态度，也鼓励保险资金更多更深更广地参与实体经济，争取成为中国国内股权投资领域的主要资金来源之一。

《办法》规定，控股性股权投资限于保险类企业、非保险类金融企业和与保险业务相关的企业。同时，《办法》规定不得使用各项准备金从事对其他企业实现控股的股权投资，累计投资成本不得超过净资产。这表明保监会并不希望保险机构过多涉足与保险主业无关的实体性企业投资，而是专注于保险主业。

（3） 大幅提高了债权投资计划的额度比例

《办法》大幅提高了保险资金在债权投资计划方面的投资额度。与不动产投资、股权投资相比，债权投资计划已经有了较为完整的监管法规，本身也

是目前保险资金在项目投资领域的主要投资方式。这表明，保监会对债权投资计划这项产品的认可程度很高，希望进一步扩大保险资金在该领域的配置，在支持重大基础设施建设的同时，使保险资金获得长期稳定的投资收益，拉长保险资产投资期限，降低投资收益的波动性。

（三）减少行政审批，强调能力建设

在《办法》中保监会只保留对重大股权投资的审批。保险资产管理机构发行或者发起设立的保险资产管理产品，实行初次申报核准，同类产品事后报告。对于其他业务开展，保监会均实行备案制，体现了监管思路的转变。

在大步放开投资渠道的同时，《办法》提出了前提条件。只有偿付能力达到标准的公司，保险集团（控股）公司才能向非保险类金融企业投资；只有能力建设达到保监会标准的保险公司，才允许涉足所有的投资渠道，才允许开展创新业务。继 2009 年推出的股票投资管理能力标准和信用风险管理能力标准之后，保监会未来还将推出配置能力的标准和境外投资能力标准。

（四）规范运用风险管理工具

《办法》严格限制保险资金参与衍生品交易，强化保险资金运用风险管控，表明了保监会对于衍生品交易的长期态度。《办法》规定衍生产品交易，仅限于对冲风险，不得用于投机和放大交易，具体办法由中国保监会制定。同时，要求保险公司管理和控制资产负债错配风险、流动性风险、市场风险、信用风险等。

三、对保险资产管理公司的影响

（一）合规比例放开，公司内部风险管理压力加大

一方面，《办法》取消了原来保监会对于投资范围、投资品种细类、大类资产投资比例、单一投资品种等方面的严格规定，拓宽了投资特别是另类资产的投资渠道，撤掉了“监管保护墙”，提高了公司自主决策的自由度；另一方面，保监会从昔日的微观监管转变为宏观审慎监管，由审批变为备案，同时，要求保险资产管理公司加强风险管理能力建设，主动开展风险限额管理。这样的政策变化对保险公司的内部风险管控能力提出了更高的要求。在开放的市场与工具面前，一旦公司风险管控不力，将自行承担所有的损失。

（二）另类投资走上快速发展通道

1. 对债权投资计划的影响

《办法》增加了保险资金的可投资额度，对提高保险资金投资收益率、延长投资久期，降低投资收益波动率有积极的影响。

公司将结合保监会对债权投资计划设立标准的变化，积极寻找符合要求的优质项目，扩大债权投资计划的投资金额，保持行业领先地位。

2. 对股权投资的影响

之前，保险资金只有在投资未上市商业银行方面有明确的法规。《办法》在股权投资的对象方面做了较大的调整，只是明确限制投资不符合国家产业政策的企业股权和创业投资。

《办法》要求，对控股性股权投资的对象限于：（1）保险类企业；（2）非保险类金融企业；（3）与保险业务相关的企业。对控股性股权投资不得使用各项准备金。

股权投资领域的放开，有助于保险机构提高投资收益率，同时也为保险资金提供了更多样化的投资方式。

3. 对不动产投资的影响

《办法》首次明确了保险资金可以投资不动产，并对投资方式、投资额度做了较为详细的规定。但《办法》也提到，具体办法由保监会制定。

在具体办法出台前，保险机构可以充分熟悉市场，并寻找符合保险资金的不动产投资项目，为具体办法出台后的实质推进做好准备。

（三）积极推动保险资产管理公司的市场化与创新

《办法》规定，保险资产管理机构应当根据受托资产规模、资产类别、产品风险特征、投资业绩等因素，按照市场化原则，以合同方式与委托或者投资机构约定管理费收入计提标准和支付方式。

《办法》还允许保险资产管理公司发行或发起设立保险资产管理产品，并鼓励保险公司投资股权投资管理机构发行的未上市企业股权相关金融产品、不动产投资管理机构发行的相关金融产品，这将极大地促进保险资产管理公司进行产品创新以及专业化管理体制的建立。根据《办法》中关于股权和不动产投资的比例测算，未来保险公司将成为私募股权市场和商业地产市场上的重要机构投资者，将极大地推动上述两个市场在中国的发展。

除了重大股权投资之外，保险资产管理机构发行或者发起设立的保险资产管理产品，实行初次申报核准，同类产品事后报告。中国保监会按照有关规定对上述事项进行合规性、程序性审核。这对保险资金的运用提供了更加灵活的施展空间，可以加快资产管理产品推出的速度。但保险机构在推出相关产品时，要更加市场化操作，而不是仅仅依赖保监会的审批核准。

[第四章]

资产管理监管改革与发展

外部监管是确保保险资金安全、防范和化解保险资产管理风险的重要保证。保监会自成立以来，始终高度重视保险资产监管工作，夯实监管基础，提高保险资金运用监管效能，构建科学高效的监管机制，主要体现在监管“理念、方式、手段、效率”四个方面。

一、转变监管理念

中国金融业的发展体现了监管的竞争和行业的博弈。金融监管在行业的发展中起到重要的引领和导向作用，可以说，行业的兴衰在很大程度上取决于监管层的思想、智慧和胆识。

保险业的资产管理，相对于证券、基金等其他资产管理行业，起步较晚，基础薄弱。但同时，保险资产规模庞大，投资操作难度大，对投资收益的要求较高。因此，如何管理好如此规模的保险资产、在竞争激烈的投资市场产生合适的收益，是考验监管层的巨大挑战。

转型中的监管政策有支持型、规范型、控制型三种。保监会资金运用部从成立之初，基于保险资产管理行业的现状基础和对保险行业盈利性的重要意义，即明确了“支持型”的监管理念和“促发展”的监管核心。通过思想、制度、体制、机制的改革，以制度和政策引领、促进行业发展，提升行业竞争力。同时，将市场运作与政策引导有机结合起来，根据宏观调控政策和金融市场的变化，适时拓展投资渠道，灵活调整投资政策，加强对保险资金运用的调控和指引。

数年来，保监会资金运用部一直对保险资产管理行业发挥着“发展委员会”的作用，坚持改革创新和与时俱进，协助和促进行业实现了历史性的进步。保险资产管理业虽然发展历史短暂，但无论其发展速度、程度和金融创新度均在国内金融业领先。在短短的5年内，保险资产的投资渠道全方位开放，与国际接轨，成为现代金融的“桥头堡”。保险资产管理公司成为国内资本市场上举足轻重的机构投资者，行业取得了相当的地位和话语权。对此，监管政策的作用功不可没。

二、完善监管方式

保监会妥善处理监管与市场、监管与发展、监管与风险的关系，促进保险资产管理全面协调和可持续发展。

（一）厘清监管的责任和定位，重在制度建设，维护市场环境

保监会资金运用部始终坚持监管者并非企业的主管者和管理者，不应代行市场职责、干预市场行为。因此，在监管方式上，始终把制定规则、监测风险、检查行为、教育市场作为监管的核心内容，以政策、体制、机制引领、支持行业发展，厘清监管与市场的责任边界。职能上以防范政策风险和行业系统性风险为主，支持保险资产管理机构自主决策、自行投资、自担风险，自行承担防范市场风险、信用风险和操作风险的最终责任。

坚持市场原则，减少行政审批，规范审核流程，改进备案管理。目前，在保险资金运用领域，只保留了重大股权投资、资产管理产品和高管任职资格等少量行政许可事项，更加注重发挥市场机制的作用。

维护市场公平秩序，保护投资者利益，统一市场标准，坚持公平公正对待，确保规则适用于各类公司。

（二）建立“4+1”监管机制，坚持科学、有效监管

“4”是：（1）能力约束，坚持“渠道开放、能力优先”，制定各项能力标准，实施能力评估，支持符合能力标准的公司开展创新业务；（2）比例约束，推行大类资产配置比例监管，减少具体投资品种的比例限制，扩大公司资产配置空间和弹性；（3）偿付能力约束，落实偿付能力监管要求，开放风险较高的新投资渠道，主要针对具有较高偿付能力的公司；（4）托管约束，

投资资产实行托管制度。以上四个方面属于事先监管。“1”是指强化资本约束，完善资产认可标准，引入风险因子和新的资产评估方法，针对不同类别资产制定认可比例，发挥资本约束风险的作用，加强事后监管。

“4 +1”的监管机制改变了过去事后检查和被动处置的局面，推动保险资产管理监管按照功能监管原则，实现监管流程前移，实施以过程监管、动态监管为主要特征的持续监管，进一步提高监管的科学性和有效性。

（三）实行稳健、有序政策开放，保证政策的前瞻性和时效性

保险资产管理的理念、机制和能力，不是一蹴而就的。保监会充分认识到这一点，考虑到我国资本市场的不规范、不成熟，保险公司的投资经验比较缺乏，从降低投资风险、保证资金安全性的目的出发，在审时度势、对环境深入研判、评估行业能力的基础上，逐步放开投资渠道，循序渐进。但同时，监管层也充分识大势、谋大局，对某时段某类别资产的风险收益进行深入判断，适时放开投资政策，增强保险资产管理获取重大机会和重要资源的能力。

2005 年，中国股票市场持续低迷，上证指数在 1 000 点左右徘徊。监管层适时打开另类资产的投资空间，于 2006 年 3 月颁布了《保险资金间接投资基础设施项目试点管理办法》，允许保险机构将保险资金委托给受托人，采取债权、股权等方式间接投资国家级重点基础设施项目。2008 年金融危机后，国家实行 4 万亿元的经济刺激政策，保险资金不仅大力支持了国家经济的重振和发展，同时也通过另类投资渠道，为稳定、长期的投资收益奠定了基础。

股票市场逐渐回升。为应对市场变化，监管层考虑调高保险资金投资股票的比例，但在当时的市场环境中，决策非常困难。2006 年 1 月，股票指数上涨至 2 800 点，形势十分迫切。资金运用监管部组织业界在杭州开会，讨论进入股市，并随后起草文件向保监会吴定富主席汇报。3 个月后，主席批准，保险资产管理公司得以加大规模入市。随后股市从 3 200 点上涨到 6 000 点，保险资金在此轮牛市中获益匪浅。保监会资金运用部主任孙建勇力推此次的比例上调：“比例调了，放开了空间，是否加大对股票的投资是各公司对市场的判断和选择；但如果比例不调，公司没有空间操作，监管层应该承担政策责任。”事实证明，保险资产管理公司受益良多。

2007 年，保监会资金运用部开始推进行业内部的信用评级能力建设。经

过行业两年的能力建设，监管层于2009年4月下发了《关于增加保险机构债券投资品种的通知》，12月下发了《关于保险机构投资无担保企业债券有关事宜的通知》。泰康资产管理公司投资总监表示，在2010年股市低迷的环境下，最好的监管政策就是债券政策。2008—2009年，全球遭遇金融危机，在国家4万亿元经济刺激政策和扩大内需、经济面临转型的大背景下，一方面为支持国家实体经济的发展，另一方面也更加扩大保险资金的运用渠道，监管层提出加大债权、股权、不动产等另类投资的政策放宽。2010年9月，保监会发布《保险资金投资股权暂行办法》和《保险资金投资不动产暂行办法》，鼓励保险资金投资养老、医疗等相关实体行业，打造不动产投资团队。保监会发布的股权投资管理办法，是国内该领域的第一个管理办法。政策放开后，可投资股权的保险资金达到2 500亿元，且逐年增长，保险资金将成为中国股权投资市场上重要的机构投资者，保险资金在支持中国实体经济增长的同时也将分享经济发展的成果。

金融危机后，我国已进入下一个经济周期，在“顺周期”环境中，监管引领行业实行“积极”的投资策略。2010年8月，保监会颁布《保险资金运用管理暂行办法》及《关于调整保险资金投资政策有关问题的通知》规定，保险资金投资股票和基金的分别占比从10%提高到股票和股票型基金的共同占比上限为20%，打通了保险资金投资股票和基金的比例空间，开放无担保债投资品种，投资无担保企业（公司）债券和非金融企业债务融资工具的比例上限提高为20%，提高基础设施投资比例，促进保险资产提高收益，加强资本市场话语权。另类投资品种的放开，也在资产价格的上升周期中为保险资金收益提升提供了机遇。

三、丰富监管手段

随着行业发展的日渐成熟和监管能力和效率的提升，保监会对保险资产管理的监管手段逐渐转向放松管制、加强监管、减少审批、尊重市场的形式，实现“五个转变”：

（一）监管重点由市场准入转向能力评估

保监会对资金运用的监管实行牌照化管理，在监管控制风险的前提下，在行业能力建设的基础上，监管手段由事项审批改为备案管理，逐步放松管制，放权于市场主体，提升公司的自主性。同时，保监会逐步将行业投资能力监管的标准刚性化，坚持能力优先，给市场一个明确的政策取向。

从2006年开始，保监会资金运用部坚决推行监管重点的改革，由审批制转向合规性和程序性审核。例如，平安投资富通事件，保监会采取程序性、合规性的审核和备案方式，同时报送国务院、外汇管理局、商务部等相关机构。根据程序、合规审核，保监会对此项投资事项不持异议，把投资决策权交付予企业，但同时提示风险，确保监管机构合理、充分的监管。并且，保监会积极推动保险资产管理公司和天津金融资产交易所等交易机构的合作，促进保险投资产品的交易，推进保险资金投资的市场化。

（二）监管形式由单一比例约束转向弹性比例约束与资本约束

在行业发展初期，保监会对保险资金投资实行的是严格的单一比例监管。随着行业的成熟和投资能力的提升，保监会逐渐推行大类资产配置的比例监管，减少具体投资品种的比例限制，简化投资比例体系，扩大公司的资产配置空间和弹性，并同时强化保险机构的风险控制责任。比如，取消了几十项保险资金的债券投资的比例规定，只保留有担保债券和无担保债券两大类，其中，无担保债券只保留一个规定比例。

（三）监管流程由事后监管转向全程持续监管

保监会资金运用部推动将监管端口前移，强化交易行为监测和风险预警，加强全过程监管，落实全面风险管理，加强窗口指导，及时提示风险。在金融危机期间，保监会多次召开保险机构座谈会、务虚会、政策研讨会，分析市场形势，研究监管思路，改进投资方式，要求保险机构保持头脑清醒，加强内控管理，明确风险责任，维护资产安全。2010年10月，保监会召开保险资金运用监管工作会议，总结历史经验，讲解部分政策，要求保险机构加强能力建设，防范风险，审慎运作。

（四）监管手段由现场检查为主转向加强非现场检查

保监会在加大现场检查力度的同时，加快开发资产管理监管信息系统，完善保险资金运用监管指标体系和报表体系，引入先进的风险分析、识别、计量和管理技术，提高非现场分析水平，逐步做到实时监管，切实规范公司运作行为。

（五）监管方式由行政性监管转向行政性与技术性监管并举

保监会资金运用部加快监管信息化建设，引入先进方法和手段，提高风险识别能力，逐步加强实时监管，防范关联交易和操作等道德风险。

四、提高监管效率

几年来，保险资产规模不断增长，从2004年的1万亿元发展到现在的5万亿元，保险机构数量不断增加，而保险资产的监管团队从2004年的10人发展到现在的20人左右。无论是与银行、证券等金融监管机构相比，还是与保险业内的承保业务监管相比，保险资产的监管力量都明显不足。在此状况下，保监会资金运用部着力提升监管能力，推进监管的专业化和技术化，提高监管效率和质量，稳步实施标准化、数量化和技术化监管。

（一）积极开发监管系统

推动保险资产管理监管信息系统的建设，促进全行业各公司及时报送数据，纳入系统监测，实现业务系统和监管系统的无缝对接，统一监管和市场规则，以系统带动监管效率的提升。

（二）实行监管流程再造

取消大部分审批流程，建立报告制度和框架；推行报告的“标准化、规范化、程序化、透明化”，规范要件、要素，实行会签制度，以实现监管的透明和限制监管者的随意性，不断追求公正、公平。

（三）提升监管人员能力

提出监管人员“技术性、专业性”的发展道路，促进监管能力的提高。保险资产管理监管是属于专业性和技术性很强的监管业务，要求监管人员必须了解经济金融，熟悉国际国内规则，因此，保监会积极推进建立具有较高专业水准、较高技术手段和前瞻意识的资产管理监管专业团队。

[第五章]

资产管理改革取得显著成效

一、体制机制改革稳步推进

(一) 确立了保险资产管理体制

保监会从保险业发展处于初级阶段的实际出发，结合长远发展战略需要，在总结借鉴国际经验的基础上，对怎样发展保险资产管理的问题进行了深入思考和积极探索，提出“两个轮子协调发展”观点，统一了全行业的思想认识，确立了走专业化管理道路的基本思路。自 2003 年以来，以设立保险资产管理公司为标志，保险资产管理开创了自主管理、开放融合的发展道路，不断推动单一财务性的资金运用，向综合金融性的资产管理转变，基本形成委托、受托和托管三方协作制衡运作模式，建立起以资产管理公司受托投资为主、保险公司自主投资为辅的资产管理体系。截至 2010 年底，已设立 9 家保险资产管理公司，管理着全行业近 80% 的资产，保险资产管理中心超过 10 家，专业化运作框架形成。

(二) 建立了资产风控长效机制

有效防范风险始终是保险资产管理的首要任务。从这一指导思想出发，保监会坚持“安全第一、风控至上”的监管理念，推动全行业不断加强风险管理，建立防范风险的长效机制。以着力推进保险资产托管为核心，建立投资研究、决策、交易相互分离的三方制衡的运行机制，提高资产管理透明度；引入全面风险管理，推行全程风险监控，加强资产管理基础建设，建立投资能力、偿付能力、比例管理和资本约束为一体的资产管理监管机制，以开展多种形式的专项检查为手段，严肃投资管理纪律，强化政策执行力；推动公司健全治理，加强公司风险管控，强化公司董事会的风险责任，引入首席风险管理执行官制度，将风险责任交给公司，培养风险管理文化，防范职业和道德风险。

（三）明确了资产管理社会定位

作为保险业发挥资金融通功能的主要通道，保险资产管理如何在经济金融建设中发挥作用，体现保险业顾大局、做实事、心系群众、支持经济社会发展的理念，是关系着行业定位、社会影响和发展目标的大问题。几年来，全行业努力探索，以资产管理为平台，在积极参与金融改革、支持经济建设、维护金融市场稳定方面发挥了积极作用，社会地位日益显现。目前，保险业已逐步成长为资本市场上的重要机构投资者，在存款市场、债券市场、股票市场和基金市场都有不俗的表现，影响力和话语权稳步提高；积极参与和支持各项金融改革，通过股权投资、境外投资、资本市场投资等方式，支持商业银行改革、支持人民币汇率改革、支持资本市场改革；积极参与实体经济建设，通过投资关系国计民生的重大项目，为基础设施建设提供长期稳定资金，支持国民经济又好又快发展。

（四）提升了保险资产管理能力

有效控制投资管理风险，关键是提升管理能力。产寿险业务发展需要偿付能力支持，资产管理业务发展需要投资能力支持。保监会坚持有条件的开放新渠道，有什么投资能力，投什么渠道和工具，坚持“能力优先”原则，强化能力标准监管，提升专业能力。通过政策引导，制定投资管理和风险管理能力标准体系，加强资产管理公司和保险公司资产管理高管人员任职管理和教育培训，初步打造多门类、高素质、初具规模的保险资产专业管理队伍，专业管理团队意识新、懂金融、有经验，全方位提升了专业管理能力。

（五）培育了现代保险投资文化

保险业既面临良好的发展机遇，又面对各类金融机构的竞争压力。这种竞争，不仅是市场的竞争、资金的竞争，更重要的是金融服务的竞争，人才素质的竞争，这就要求保险资产管理机构通过“文化力”的激发，形成现实的生产力。近年来，通过加强投资者教育和风险管理教育，保险资产管理逐步形成符合保险资金特性的投资文化，保险机构逐步树立稳健审慎、风控至上、安全第一的投资原则，强调资产负债匹配，追求价值投资，维护投资收益长期稳定。广大保险投资管理人员和从业人员也开始逐渐认同行业文化和行业发展的愿景。

（六）发展了保险资产管理监管

这几年，保险资产管理监管得到长足发展，对维护行业安全、保护投保人利益，发挥了重要积极作用。监管目标、监管定位和监管职责日益明确，主要是保护被保护人利益，重在制度建设，维护市场环境，防范政策风险和系统性风险，保险机构自主决策、自行投资、自担风险，承担防范市场风险、信用风险和操作风险的最终责任。监管理念、监管手段和监管方式不断更新，坚持市场原则，统一市场标准，坚持公平公正对待，坚持依法监管、科学监管和有效监管，减少行政审批，规范审核流程，改进备案管理。监管制度、监管体系和监管机制逐步确立，形成新的流程和监管框架，控制了投资风险，促进了稳健运营，支持了行业发展。

二、资产管理效能明显提高

过去的六年是保险业快速增长的六年，是保险资产管理改革发展的六年，也是保险资金参与金融改革、发挥重要作用的六年。

（一）资产规模取得持续性增长

全行业齐心努力，抓住机遇，加快改革发展。截至2010年底，保险公司资金运用余额达到46 046.62亿元，行业资金实力和市场影响不断增强。

（二）风险管理取得阶段性成果

初步树立了全面风险管理的理念和意识，形成了内部控制与外部监督相结合的风险管理体系，经受住了经济周期变化和国际金融危机的考验，在其他金融行业风险不断暴露的情况下，没有出现大的风险和问题，保险资产质量优良，不良资产比率维持在1%以内。

（三）投资渠道取得突破性进展

基础设施、境外投资、未上市企业股权、不动产等渠道先后放开，从公募领域到私募领域，从传统产品到另类工具，从境内市场到境外市场，从实体经济到虚拟经济拓展，保险机构投资由金融市场拓展到产业市场和国际市场，成为金融业投资领域最为广阔的金融机构，资产配置结构不断优化。

（四）投资效益取得稳健性增长

2004 年以来，保险业在大部分年份承保亏损的情况下，资产管理对行业的盈利发挥了重要作用，投资收益水平高于传统产品成本，基本满足了负债匹配管理要求，提高了行业盈利能力，增强偿付能力水平，支持行业快速发展，促进保险产品创新，支持行业又好又快发展。

（五）制度建设取得历史性成果

坚持“先定制度，再行运作”的基本原则，将基础制度建设作为重中之重，先后发布 50 余项政策法规，涵盖债券投资、股票投资、基础设施投资、境外投资、股权投资、不动产投资、衍生产品交易、风险控制、能力建设等各方面，建立了保险资产管理政策法规体系，初步形成包括基础性、工具性、风控性、技术性和监管性等多门类，部门规章、行政规定、操作指引、规范性文件等多层级的法规制度体系，政策更加科学、更加有效、更加协调，政策调控能力和水平显著提高。

（六）基础建设发生根本性变化

以委托人、受托人和托管人为主体的资产管理模式确立，以托管机制为重点的内部控制与外部监督相结合的风险管理体系形成，资产负债匹配基础上的投资文化已现雏形。专业团队初步建立，专业人员数量已由 2004 年的 200 多人增加到目前的 2 000 人，而且门类齐全，覆盖各个投资领域，尤其是在固定收益投资等领域，已经形成为资本市场广泛认可的核心竞争优势。

保险资产管理的发展强有力地支持了整个保险行业的发展：（1）弥补承保亏损。保险业在发展的早期是以承保利润作为主要利润来源的，但随着市场竞争的加剧，费率不断降低，赔付不断增加，承保利润逐渐减少，承保业务已进入微利和无利时代。国际保险业都经历了由承保利润为主向承保利润与投资收益并重过渡，再逐步转向投资收益为主的发展阶段。2005 年至 2009 年 9 月底，保险业承保持续亏损合计 1 471 亿元，投资收益达到 6 316. 6 亿元。保险业盈利结构和盈利模式出现新的转变。（2）改善偿付能力。国寿集团、太保人寿、新华人寿等公司，大幅提升偿付能力。如 2007 年底，国寿集团偿付能力达到 550 亿元，比 2006 年底增加 213 亿元，增幅达到 63%。（3）支持产品创新。近两年，保险收入和业务收入增加，投资型产品贡献较大，如 2007 年投资型产品占保费收入的 25%，比 2006 年提高 16. 9 个百分点，资产管理给予很大支持。（4）提升公司价值。国寿、人保、平安、太保等上市公司，具有良好的投资收益和盈利水平，获得投资者认同，成为金融板块的重要指标股，树立了保险业的市场形象。（5）化解历史包袱。如 2006 年和 2007 年，国寿集团投资收益率达到 7. 99% 和 12. 77%，有效化解了当年的利差损。

三、积极支持经济金融发展

（一）保险资产管理成为保险业融入经济社会、参与金融改革、提高贡献度的重要渠道

随着保险业的快速发展，保险通过发挥资金融通功能，在支持经济发展、民生改善等方面发挥着越来越重要的作用。保险资产管理正以多种方式和途径投资于国民经济建设的各个领域，为经济发展提供了长期稳定的资金支持。

1. 保险资产管理是经济建设的重要资金来源

我国保险业通过投资债券、存款、基金、股票，以及关系国计民生的重大基础设施项目、未上市企业股权和不动产等资产和领域，为国家经济建设提供的资金已超过 4 万亿元，其中大部分为长期稳定资金，对国民经济建设的参与度和贡献度稳步提高，对实体经济的影响力和对战略资产的控制力不断增强。

2. 保险资产管理是宏观调控的重要传导环节

这几年，保险资产管理作为国家经济金融体系的重要组成部分，在传导宏观调控信号和影响宏观调控效果方面，作用日益凸显。从货币政策看，保险资产管理与货币政策的联动关系不断增强。大规模的保险资金在不同金融市场和金融资产之间的快速转换，对货币政策中介目标的可测性和可控性，

对市场利率和市场行情的走势产生影响，最终体现在调节投资需求、引导市场预期、提高金融市场运行效率、带动直接融资发展等各个方面。目前，保险机构已成为金融市场的重要机构投资者和中央银行公开市场业务一级交易商，在股票、基金、货币等市场的影响力不断提高，传导货币政策信号的作用越来越大。从产业政策看，保险资金介入国家鼓励和支持的基础设施行业，对调整产业结构，转变经济增长方式，促进经济均衡发展发挥了重要作用。

3. 保险资产管理是金融体制改革的重要推动力

作为金融三大支柱之一，保险资金积极参与金融业整体改革，发挥了重要支持作用。保险资金投资银行股权、股票和次级债，支持了商业银行改革；在资本市场关键时刻入市，稳定了资本市场，支持了股权分置改革和新股发行改革；投资境外金融市场，引导外汇流出，支持了国家汇率体制改革。这几年，保险业通过资产管理平台，支持金融体制改革的力度不断加强，推动金融市场发展的作用越来越明显，对金融体系的渗透力越来越强，社会影响也越来越大。

（二）保险资产管理成为促进保险市场与货币市场、资本市场协调均衡发展的重要手段

保险、银行、证券是金融体系的三大支柱。保险市场作为金融调控机制的有机组成部分，在金融体系中的地位和作用越来越重要。保险资产管理作为保险市场的重要组成部分，是保险业参与金融市场的重要通道，是保险市场与货币市场、资本市场联系的纽带和桥梁。

1. 保险资产管理是金融市场的重要机构投资者

作为长期、稳定、较大规模资金的提供者，保险机构在金融市场上具有举足轻重的地位。目前，这种趋势在我国也得到充分体现，保险机构已成为协议存款市场和基金市场的最大机构投资者、债券市场的第二大机构投资者，持有企业债券和银行次级债券的规模已占到市场发行额的60%和40%。在股票市场上，保险机构也成为不容忽视的重要机构投资者。这不仅展现了保险行业的实力，也树立了良好的市场形象，提高了市场话语权和影响力。

2. 保险资产管理是金融市场建设的重要参与者

在金融市场建设中，保险资产管理机构发挥作用的大小，是市场介入深

度的重要标志。近年来，我国金融市场的产品、机制、制度和效率都有所改善，保险资产管理的贡献功不可没。保险资金通过投资证券基金，培育和扶植了基金市场；通过参与银行间市场交易，调节了社会资金供求；通过投资债券，促进了债券市场健康发展；通过协议存款，支撑了银行中长期信贷业务；通过严格债券评级，逐步引导评级业务走向规范；通过投资各类金融产品，支持了金融市场创新不断深化。

领导专访1-5-1

保险资金运用监管取得明显成效

——访中国保险监督管理委员会主席吴定富

（摘自：中新网2010年9月27日）

中国保监会主席吴定富在保险资金运用监管工作会议上指出，近年来我国保险资金运用监管工作取得明显成效，初步探索出一条符合保险业实际的发展路子，构建了符合我国实际和行业特点的现代保险资金运用监管框架，较好地促进了保险资金运用的安全稳健运行，有力地支撑了行业又好又快发展，为保险业又好又快发展和保护被保险人利益作出了积极的贡献。

吴定富主席指出，保险资金运用监管已初步构建了监管框架，系统推进了保险资金运用的集中化、专业化、规范化运作，较好地促进了保险资金运用的安全性、流动性、收益性的统一。

一是推进体制改革，完善保险资金运用管理机制。推进集中管理，禁止保险公司分支机构运用资金，由法人机构实行集中管理，统一调度、统一划拨、统一运作，防止保险资金的“跑冒滴漏”。目前，全行业资金集中度已达90%以上。推进专业运用，要求保险机构将投资与财务分开管理，统一配置保险资金，支持符合条件的保险公司设立保险资产管理公司，通过培育专业的保险资金运用主体和合格的机构投资者，推动单一财务性的资金运用向综合金融性的资产管理转变。目前，9家保险资产管理公司管理着全行业80%以上的资产，超过70%的保险公司设立了独立的资产管理部门，其中有10多家公司采取资产管理中心模式，专业化管理水平明显提高。规范操作，建立科学的保险资金治理结构，推动保险公司实行委托、受托、托管三方治理模式，建立协作制衡、相互监督机制，保障保险资金运用安全高效。同时，保险资金的集中专业运用，锻炼和培养了一支专业人才队伍，资金运用专业人员由2004年的200多人增加到目前的2 000多人。

二是加强制度建设，构建保险资金运用政策法规体系。建立保险资金运用基础制度框架。根据保险资金运用特点，颁布保险资产管理公司管理暂行规定、保险资金运用管理暂行办法等规章，从制度上确立了集中化和专业化的运作模式与以渠道管理和比例控制为重要手段的监管模式。建立相关投资领域的专项管理制度。适应保险资金运用渠道放宽的需要，按照"渠道放开、制度先行"的原则，先后制定了保险资金投资债券、股票、基础设施与不动产、企业股权和境外市场等方面的管理制度，规范投资行为，防范投资风险，探索了适合保险资金长期投资的资金运作模式和业务流程，改善了资产配置结构和运作效能。建立全面风险管理制度。针对保险资金运用的关键环节和风险特点，制定了保险资金风险控制与管理、保险机构债券投资信用评级、保险机构交易对手风险管理等方面的制度规则，树立全面风险管理理念，培育风险管理文化，基本建立了全面覆盖、全程管理、全员参与的全面风险管理体系。

三是坚持安全审慎，健全多层次的保险资金运用风险防范机制。建立保险资金托管机制，推动保险公司开展全托管试点，提高保险资金运用的透明度，初步形成了以托管机制为重点、内部控制与外部监督相结合的风险控制机制。目前，近90家保险公司建立了托管机制，保险资产托管规模超过2万亿元，托管资产种类由股票扩大到债券、存款、基础设施、股权等资产。建立保险资金运用风险控制的制衡机制，引导保险公司和保险资产管理公司加强内控建设，提高内控执行力，强化对保险资金运用人员、岗位、权限的约束和监督，严格界定投资业务前、中、后台的岗位职责，实现投资决策、交易、风控的相互分离。建立保险资金运用风险排查机制，采取压力测试、跟踪分析等手段开展风险排查，对保险资金运用的风险状况进行量化分析，加强窗口指导，及时提示风险，做到对资金运用风险的早发现、早预警、早处置。

四是扩大投资渠道，拓展保险资金运用空间。根据宏观经济与金融市场发展需要，按照稳妥有序的原则，稳步拓宽保险投资渠道，增加保险投资品种，调整保险投资政策，既积极开放，又控制风险，促进保险资金运用的投资多元化和风险分散。目前，保险资金运用渠道已基本全面放开，保险资产管理公司已经成为金融业中投资领域最为广阔的金融机构。

五是夯实监管基础，提高保险资金运用监管效能。将资金运用监管的重点明确为定规则、定标准、抓教育、搞检查，切实维护市场稳定。坚持公平公正和市场原则，减少行政审批，规范审核流程，改进备案管理。目前，在保险资金运用领域，只保留了重大股权投资、资产管理产品和高管任职资格等少量行政许可事项，更加注重发挥市场机制的作用。引导保险机构加强投资能力建设，制定保险机构投资能力评估标准，对保险机构的信用风险管理能力、股票和基础设施投资能力开展评估，督促保险机构提高投资和风险控制能力。加强非现场监管，完善保险资金运用监管指标体系和报表体系，推进保险资金运用监管信息系统开发，提高非现场分析水平，推行资金运用的分类监管，加强对保险资金运用的调控和指引。开展多种形式的保险资金运用专项检查，加大对保险资金运用违规行为的处罚力度，严肃投资管理纪律，强化政策执行力。2004 年以来，共对 30 家保险机构开展了资金运用检查，对 12 家保险机构进行了处罚。

近年来，保险资金运用监管取得明显成效。一是资金运用风险得到有效防范。在保险资产规模快速增长和投资渠道不断拓宽的情况下，及时处置资金运用中的苗头性、倾向性问题，保险资金运用没有出现大的风险。目前，保险资产质量优良，存款主要在大中型银行，债券以国债、政策性金融债为主，企业债券有担保抵押，股票、基金投资还有一定浮盈，债权投资都有大型银行担保，境外投资主要是香港 H 股，全行业不良资产比例低于 1%。总的来看，保险资金运用初步经受住了金融市场震荡和国际金融危机的考验。二是资金运用结构不断优化。近年来，保险资产规模快速增长，截至 2010 年 8 月末，保险资金运用余额达到 4.3 万亿元，是 2003 年的 5 倍。适应保险市场高速增长，根据保险负债的期限和结构，保监会通过投资政策引导公司调整资产结构，化解配置压力。2004 年以前，保险资产配置以存款为主，最高占比超过80%；2005年第一季度，债券占比首次超过存款，上升至50%以上，存款占比降至30%以下，同时基金、股票投资占比上升；2006年以后，保险资金运用分散化、多元化趋势明显，逐步扩展到境外投资、基础设施投资、股权投资等。截至今年8月末，银行存款占29.7%，债券投资占50.5%，权益类资产占16.9%，其他投资占2.9%，保险资产配置不断优化，应对市场波动的能力和抗风险能力逐步增强。三是资金运用收益稳健增长。2004年至2010年8月，保险机构共实现投资收益8 859.9亿元，年均投资收益率超过5%。保险投资收益基本满足了资产负债匹配的需要。保险投资收益的提高，有力支持了保险产品创新，促进了投资型产品和分红产品的快速发展。同时，投资收益提高对改善偿付能力、化解历史利差损等发挥了积极作用。四是资产管理创新取得积极进展。保险资产管理公司充分利用投资渠道多的政策优势和专业团队强的业务优势，不断加大资产管理业务创新力度。目前，有7家资产管理公司发起设立了23项基础设施债权投资计划、6项股权投资计划和8只资产管理产品，累计募集资金954.5亿元。同时，保险资产管理公司积极拓展企业年金资产管理业务和中小保险公司委托业务，目前管理的企业年金资产达到834.6亿元，成为市场占有率最高的资产管理机构，接受80家保险公司委托投资股票，资产规模达到2 711.5亿元。保险资产管理产品创新，推动了资产管理的市场化进程，由被动投资向主动投资转变，由投资者向产品发行者转变，提升了市场竞争力和影响力。五是资金运用的服务能力逐步提高。保险业的资金融通功能和市场影响不断增强，在经济社会发展中的渗透率和贡献度不断提高。作为债券市场的第二大机构投资者和股票市场的重要机构投资者，保险机构坚持长期投资和价值投资，投资大盘蓝筹股，提振了市场信心，支持资本市场改革发展。作为国有商业银行改制上市过程中重要的战略和财务投资者，支持国有商业银行改革，认购银行发行的次级债，投资规模达到发行规模的40%以上。此外，积极参与基础设施建设，先后投资京沪高铁、上海世博会、南水北调和南方电网等关系国计民生的重要项目。

近年来保险资金运用的发展实践，使监管部门对做好保险资金运用监管工作有了更加深刻的体会。一是必须始终坚持把防范风险放在首要位置。保险资金运用是保险业加强风险管理的重要内容和关键环节，关系到广大被保险人根本利益和金融稳定大局。只有始终把防范风险放在首要位置，处理好加快发展和防范风险的关系，切实防范化解风险，才能实现保险资金安全性、流动性和收益性的有机统一，不断拓展资金运用的发展空间。二是必须始终坚持走专业化管理的发展道路。保险资金运用作为专业性较强的业务领域，只有坚持专业化、市场化运作，坚持价值投资、长期投资的理念，坚持科学的投资决策和严格的内部控制，才能保证持续的投资能力和稳定的收益率，确保资金运用始终沿着正确的方向发展。三是必须始终坚持制度先行、能力先行、试点先行。健全的制度是保险资金安全运作、保值增值的根本保证。提高投资管理能力是开展创新业务和防范资金运用风险的重要基础。正是因为不断加强保险资金运用的制度建设，不断引导保险机构提升资金运用管理能力，在试点的基础上审慎推进相关领域保险投资，才确保近年来保险资金运用没有出现大的失误，没有给保险行业带来大的损失。四是必须始终坚持改革创新和与时俱进。这些年保险资金运用之所以有今天的发展局面，之所以能够分享到我国经济金融发展的成果，很大程度上得益于始终坚持以改革促发展、以创新促发展，不断适应形势的发展变化。同时，将市场运作与政策引导有机结合起来，根据宏观调控政策和金融市场的变化，适时拓展投资渠道，灵活调整投资政策，加强对保险资金运用的调控和指引。

第二篇　创新篇

第二篇 面试篇

[第一章]

增加投资工具

随着中国加入世界贸易组织后经济、金融的不断开放，国内经济与国际经济联系日益紧密，国内金融市场与国际金融市场之间的联动性明显增强，国际经济、金融市场的剧烈波动直接影响国内经济和金融市场，如美国网络股泡沫、次贷危机和2008年全球金融危机。与此同时，随着中国经济市场化进程的不断迈进，中国经济、金融环境呈现出显著的周期性变化，风险性和收益性高的金融产品频繁更迭，保险资产管理行业的机遇和挑战并存。面对复杂多变的宏观经济环境和风险收益并存的金融市场环境，保监会始终坚持“积极审慎，稳步开放，有保有压，控制风险”的策略，积极引导市场主体，在有效控制投资风险的前提下，稳步开放渠道，逐步扩大投资品种。

一、稳步开放渠道

开放投资渠道可以丰富保险资金运用的投资品种，增加投资工具，但也意味着更大的风险暴露。因此，如何既有限控制风险，又有效促进行业发展，需要充分、深入的前瞻性研究。如何开放，什么条件开放，什么时机开放都是保险行业需要在实践中不断探索的课题。在开放过程中，既要追求监管的科学性，也要实现监管的质量和发展的持续性。在监管政策的推进方面，保监会的监管思路和监管政策是随着时代的进步得到发展的，也是经过反复探索和系统的学习借鉴，才取得了宝贵经验和巨大进步。虽然有国外成熟市场作为镜子，但是国情、行业发展现状又有所不同。因此，创新的过程既有“摸着石头过河”的感觉，更有着一番历经艰辛之后的成就感。为了避免盲目化、走弯路，在改革之初，保监会就为改革设计了一个框架原则，即以对国际保险监管经验的借鉴为出发点，以对国内经济金融市场的深入分析为基础，确定了“有保有压，稳步开放”的基本原则，开放何种渠道、不开放何种渠道，要以研究为依据，结合当时保险资产管理发展状况，稳步推进改革开放。

在 1995 年《保险法》施行前，保险公司可以自主进行任何形式的资金运用。《保险法》颁布后，保险监管部门对保险公司的资金运用进行了严格监管，其范围逐渐被约束在《保险法》所限定的框架之内。当时的《保险法》规定：保险公司的资金运用，限于银行存款、买卖政府债券、金融债券和国务院规定的其他资金运用形式。这种严格的限定有效地约束了保险公司此前不规范投资的现象，规避了资本市场动荡的风险和经营管理中的风险问题，使得保险公司能够将主要精力用于发展承保市场，保险业发展开始逐步走向规范化。

1998 年 10 月，保险公司获准参与银行间债券市场，当年财政部向保险企业定向发行了 60 亿元人民币的定向国债。1999 年，保险公司获准进入银行间同业债券市场办理国债回购。随后，在保险资金运用方面，保监会又逐步拓宽资金运用渠道，1999 年 10 月，批准保险资金间接进入证券市场的规模为保险公司资产的 5%，2000 年又批准证券投资基金比例提高到 10%，2002 年新修订的《保险法》还对保险资金的禁止性规定作了适当修改，从而为保险资金的运用留下了一定的空间。根据新《保险法》和加入世界贸易组织时保险业对外开放的承诺，我国在保险资金运用方面取得了许多重大突破，但投资范围仍停留在以国债等为主的固定收益品种方面。

2004 年，随着保费收入的快速增长，保险资金运用余额已经达到 1 万亿元，保险业总资产开始进入万亿元时代，成为中国金融市场中有相当影响力的重要力量。但是，在当时保险资金运用渠道的严格限制下，如此大规模的保险资金的投资渠道却主要限于存款、债券，资产形式的固定收益化使其在利率急剧变化的情况下存在利率风险冲击的可能，同时在中国股票市场快速成长壮大的情况下却不能获得权益投资市场的机会与收益。那个时期保险资产结构的畸形化、投资低收益率化，不仅带来了资产的保值增值问题，也约束了保险主业的发展，严重影响了保险资产的投资效率，滞后了保险业务的发展。在这样的内外在压力下，行业内外都认识到，此前保险资金只能以存款或购买固定收益类产品等非权益类资产实现投资回报，投资收益率虽然稳定，但收益水平较低，且存在利率风险问题。此外，承保成本居高不下，保险公司盈利水平欠佳，形成了承保和投资两个轮子相互制约的局面。因此，只有在防范风险的同时不断拓宽保险资金投资范围，才能够实现保险行业的健康发展。基于此，保监会从2004年开始进行保险投资渠道拓展等方面的改革工作，以推动我国的保险资金运用渠道的有序拓展。

2004年10月24日，中国保监会和中国证监会联合发布《保险机构投资者股票投资管理暂行办法》，保险资金直接入市获准，标志着保险资金可以投资权益资产。2005年2月出台了《保监会证监会关于保险机构投资者股票交易通知》、《保险公司股票资产托管指引（试行）》、《中国保监会关于保险资金股票投资有关问题的通知》和《保险机构投资者股票投资登记结算业务指南》等法规性文件，从交易席位、证券托管、登记结算等方面对保险资金入市进行规范，以规范的运作来应对未来的股票市场投资风险，并为保险资金直接进入股票市场做好了制度方面的准备工作。

2005年，在国内股市持续低迷、股权分置改革的关键时期，保监会顺应政府发展资本市场的指示，从支持金融市场稳健发展的大局着手，及时放开股票投资市场渠道，积极支持保险资金果断入市，保险资金在获取较好投资回报的同时也起到了“市场稳定器”的作用。这一年里，一方面，股票市场的低迷状况及持续几年的累积风险逐渐显现，一些证券公司甚至到了倒闭的边缘，市场中大部分投资者损失惨重，市场有效资金供给越来越少，政府发展证券市场的良好愿望受到市场多重因素的制约；同时，股权分置改革还必须要继续推进以克服发展中的痼疾，因此，资本市场中必须引入有实力的长期投资者，以增强其稳定性和活力。另一方面，保险资产管理渠道的狭窄性又严重地制约了保险业的发展。一些保险公司委托理财问题的产生暴露出保险自身需要突破渠道狭窄的问题，保险业需要变被动为主动，解决发展中的“瓶颈”问题。在此背景下，在国务院召开的有关金融改革会议上，保险资产管理渠道的进一步拓展问题得到广泛认同，保险资金可以直接进入股市，保险资金可以成为股市稳健发展的重要力量。应这种发展的需要，2005年4月29日，中国证监会发布《关于上市公司股权分置改革试点有关问题的通知》，宣布启动股权分置改革试点工作，开放了股票投资渠道，允许保险资金直接投资中国股票市场，允许保险资金直接参与关系国计民生的重大经济建设项目的股权投资。自此，中国保险资金进入了渠道迅速开放的快速发展时期。

2006年，随着股票市场指数的不断上涨，保险机构在能力得到提高的基础上，逐步提高股票投资比例，扩大股票直接投资规模。当年，中国保监会调整了重点保险公司的股票直接投资比例，从《关于保险资金股票投资有关问题的通知》等文件暂定的保险资金入市比例的1%提高到3%，此后又提高到5%，使得保险机构的股票直接投资规模逐步提升。通过参与工商银行、中国银行、大秦铁路等战略配售，投资招商银行、民生银行等大盘蓝筹股，保险业对股权分置改革形成较好支持的同时，自身也获得了可观的投资收益。以股权投资渠道的开放为契机，2008年保监会又再度扩大了债权投资空间。在投资渠道的开放过程中，保监会不仅积极响应国务院的号召支持股权分置改革，同时立足于长远发展，立足于防范风险，从制度层面对保险机构投资行为进行约束和规范，提高了保险机构的风险管控能力，降低了保险资金直接进入股市的风险。

在拓宽渠道过程中，保监会对保险资金运用并非一味的“保”。比如2008年初，一些蓝筹上市公司筹划推出“巨量”再融资计划，在当时国内外金融市场岌岌可危的情况下，这类只管自己发展，不管股市承接能力的做法，动摇了原本脆弱的高估值的股票市场基础，股市在年初就呈现疲态。加之中央为抑制通货膨胀，中国十年来首次实施从紧的货币政策，随着政策效果的显现，2007年下半年以来由流动性过剩催生的资产泡沫宣告破灭。再加之美国次贷危机引发的全球性金融危机开始蔓延到实体经济领域，中国经济持续高速增长的势头受到遏制。针对这种形势的变化及股票市场的潜在风险，保监会及时进行窗口指导。2008年初，保监会严格管控股票投资，通过窗口指导降低股票投资比例。2008年底，全行业资产中，股票（股权）和证券投资基金占13.3%，较2007年下降13.82个百分点。而银行存款和债券占比分别较2007年上升2.08个百分点和13.9个百分点。“保债”、“压股”的窗口指导使得在2008年上证指数下跌65%的环境下，保险行业投资仍取得正收益，当年资金运用平均收益率达1.91%，有效控制了市场大幅波动带来的风险。此外，早在2008年之前股票市场的牛市氛围中，保监会就开始研究另类投资，逐步出台相关细则，以引导保险资产管理机构的分散化投资，降低投入股市的风险度。在2008年金融危机中，另类投资为稳定保险投资业绩作出了很大贡献。

2010年，保监会发布了《保险资金运用管理暂行办法》，明确了保险资金投资的各类资产的比例限制，使得保险资金管理更加有据可循，保险资金运用的新的监管框架基本成型。随后，保监会又发布《关于调整保险资金投资政策有关问题的通知》。《保险资金运用管理暂行办法》将股票和股票型基金的投资比例设置为合计不高于20%，未上市公司股权及相关金融产品的投资比例不超过5%，不动产及相关金融产品的投资比例不高于10%，基础设施等债券投资计划不高于10%，对其他企业实现控股的股权投资的累计投资成本不得超过其净资产，保险资金运用的比例限制更加明确。截至2010年底，保险资金投资于股票及股票型基金的上限已经提升至20%，保险公司拥有了更大的投资自主权。此外，保监会继续稳步拓宽债券投资品种，目前已覆盖金融债、企业债等大部分种类。这有利于保险机构更加灵活、更有效率地配置资金，提升长期收益水平。

目前，保险资产中固定收益资产主要是投向国债、金融债、银行存款与高等级信用债，风险较低，权益资产相对占比较低，且各家机构根据市场发展情况严控投资比例，使得权益类资产风险得到一定程度释放，另类投资标的发展前景良好，境外投资没有涉及“两房”债券和衍生工具等高风险品种，房地产投资主要购买办公和经营用房，总额较小。整体来讲，在“有保有压”的政策指导下，保险行业资产风险可控，收益稳定良好。

专题2-1-1　入市第一步——股票投资渠道开放过程

2004年的中国股市，在两年多的低迷之后，却依然处在一片愁云惨雾之中。年初，国务院发布了《国务院关于推进资本市场改革开放和稳定发展的若干意见》（以下简称《意见》），其中明确提出，要鼓励合规资金入市，支持保险资金以多种方式直接投资资本市场，逐步提高社会保障基金、企业补充养老基金、商业保险资金等投入资本市场的资金比例。要培养一批诚信、守法、专业的机构投资者，使基金管理公司和保险公司为主的机构投资者成为资本市场的主导力量。

国务院的《意见》似乎成了低迷市场中的一线曙光，股指也在之后的一个多月里出现了一波上涨，但是随之而来的却是政策的一片静默，中国股市的寒冬仍在继续。

表面平静之下，其实酝酿着滚滚洪流。自1999年起，保险资金就开始通过封闭式基金间接投资股市，已持续了5年多的时间。但投资基金毕竟还是间接入市，无论从配置还是从绩效看都受制于人。这期间保险业内对保险资金要不要直接投资股市、如何投资股市的讨论也一直没有停止过。只是这一次，国务院的《意见》为保险资金的直接入市扫清了政策障碍。

从保监会的角度来说，2004年初，保险资金运用余额已经接近1万亿元，标志着保险业总资产即将进入万亿元时代。但如此大规模的资产，投资渠道却极其狭窄，50%以上的资产还是以存款为主，严重影响了保险资产的投资效率。

对于众多的保险公司而言，更是期盼着能够尽早开放保险资金直接投资股票市场。业界认为无论首次开放的投资比例是多少，对保险公司而言都是一个跨越式的发展。国际上保险机构和公募基金都是资本市场的最大机构投资者，然而在中国，保险机构的人才储备却已经比公募基金晚了整整6年。很多保险公司坦言，如果没有渠道的开放，根本不可能有人才加盟，人才储备也就无从谈起。

虽然保险资金直接入市的必要性不言而喻，但风险却仍是监管层不得不考虑的问题。保险资金毕竟不同于公募基金，对于风险的厌恶程度要高得多。几年来，中国股市的低迷，使得投资于基金的保险资金累积了不少亏损。而投资人才匮乏的保险业面对着高达万亿元的保险资产，是否能够有效地防范风险呢？

在市场翘首等待保险资金入市的具体政策的时候，2004年4月，保监会首先发布了《保险资产管理公司管理暂行规定》（以下简称《规定》），要求保险公司搭建专业的资金管理运用平台。《规定》确定了保险资产管理公司与保险公司之间的权利义务关系以及受托管理保险资金应遵循的一些基本规则，同时也为保险资产管理公司今后拓宽业务范围留下了法律空间。这个政策可以看做是保监会为保险资金直接入市所做的组织准备，将保险资金的投资管理与保险业务经营分隔，成为更加专业化的机构投资者。另一方面，也为保险业吸引投资人才，培养投资人才提供更加完善的平台。事实上，今后的很多年里，只有保险资产管理公司具备直接投资股市的资格，而保险公司的直投资格则要等到2010年以后，晚了5年之久。

2004年5月，保监会再次出台《保险资金运用风险控制指引（试行）》。要求保险资产管理公司和保险公司建立运营规范、管理高效的保险资金运用风险控制体系，制定完善的保险资金运用风险控制制度。时至今日，这个《指引》依然是保险资金投资过程中制定风险控制标准的准则，也是后来保险资金进一步拓宽投资运用渠道的前提。

在为保险资金入市做好了组织上和制度上的准备后，2004 年 6 月 28 日，保监会吴定富主席在首届中国保险资产管理战略论坛暨中国人寿资产管理有限公司揭牌仪式上首次明确表示，《国务院关于推进资本市场改革开放和稳定发展的若干意见》为保险资金直接入市指明了方向，保监会正会同有关部门加紧研究制定相关规定，一待规定出台，保险资金直接入市将指日可待。

终于，在保险业界企盼了多年后，保险资金直接投资股市的大幕正在徐徐拉开。其后，则是具体投资细则的制定，以及保险业各界根据细则要求所做的充分准备。

2004 年 7 月 23 日，中国保监会首先颁布了《关于保险公司投资可转换公司债券有关事项的通知》(保监发［2004］94 号)。可转换债券投资作为企业债券投资的一种，纳入投资额度管理。可转换债券具有一定的权益类资产属性，投资可转换债券成为保险资金直接入市前的最后一块试金石。

2004 年 10 月 24 日，中国保监会和中国证监会以两会联合发文的形式颁布了《保险机构投资者股票投资管理暂行办法》(保监会令［2004］12 号)，正式宣布保险资金在符合一定条件的前提下可以直接从事或委托从事股票投资业务。

其后，保监会又会同证监会、银监会颁布了多个关于投资管理具体问题的细则。《关于保险机构投资者股票投资交易有关问题的通知》(保监发［2005］13 号)，明确了保险资金直接投资股票市场涉及的证券账户、交易席位、资金结算、投资比例等问题。《保险公司股票资产托管指引（试行)》(保监发［2005］16 号)，明确了保险资金直接投资股市涉及的资产托管、投资比例、风险监控等问题。

一系列文件的出台，扫清了保险资金入市的技术障碍。保险资产管理公司可以拥有独立的交易席位，保险机构可以开设分产品的证券账户，网下申购新股比例不受限制等等。回过头来看，当初的一系列政策给处在襁褓中的保险资金直接股票投资以充分的保护。

根据这些规定，各家保险机构都在做着最后的准备。2005 年 2 月 17 日，开业仅一个月的华泰资产管理公司取得保险资金入市第一单。

2005 年 2 月 17 日，春节长假后的第二天，保监会和银监会的联合发文才正式颁布。当天上午股市刚刚开盘，华泰资产完成了保险资金直接进入股市的首笔交易。之后，中国人寿、中国人保、中国平安保险、太平洋保险相继开始股票直接投资。

2010年全国保险监管工作会议上，保监会吴定富主席总结了“十一五”期间保险资金运用所取得的成就。5年来，保险机构共实现投资收益7 201.2亿元，年均投资收益率超过6%。截至2010年底，保险总资产达到4.9万亿元，仅股票和股票型基金一项的投资比例就达到20%，即1.0万亿元。保险机构已经成为中国资本市场上重要的机构投资者。

专题2－1－2 《保险机构投资者债券投资管理暂行办法》的出台

2005年12月23日，为加强保险机构债券投资管理，保监会发布了《保险机构投资者债券投资管理暂行办法》（以下简称《办法》），该政策整合了当时实行的债券投资政策，并根据我国债券品种的创新，增加了短期融资券等新的投资品种；明确了保险机构可以投资的债券品种，并对债券发行人的资质作出要求。《办法》还对保险机构进行债券投资进行了系统性制度性的规范。由此，保险机构进行债券投资有了明确的制度框架。可以说，《办法》的出台是推动保险机构债券投资的重要举措，对保险资产管理行业的发展，尤其是对保险机构债券投资的发展，具有里程碑式的意义。

一、《办法》适应了我国金融市场发展以及保险资金运用的客观需求

随着我国金融市场发展的不断深化，社会直接融资比例逐步提高，尤其是债券融资，已经成为政府和企业筹集资金的重要方式。以银行间市场为主体的债券市场迅速发展，交易规模大幅扩大，交易主体逐步增多，产品创新加快，这为包括保险机构在内的广大投资者提供了更多的投资机会。拥有较大规模长期稳定资金的保险机构已经成为债券市场上仅次于商业银行的机构投资者。从国际经验来看，债券市场也是保险机构投资的主要领域，各主要国家保险业的固定收益债券市场投资比例高达60%～70%。债券投资被称为是保险机构投资收益的“定盘之星”。在我国，保险资金债券投资的比例一直很高，仅2005年初，保险资金债券投资占保险资金运用余额比例高达48.6%，首次超过银行存款，成为保险资金最大的投资品种。2005年12月颁

布的《办法》，更加强化了保险资金投资的“定盘之星”这种制度安排在引导保险机构防范风险的前提下，为扩大债券投资、提高资产质量、获得长期稳定回报奠定了良好的基础。

二、《办法》的出台有利于改善保险资产结构及促进保险本业发展

随着保费收入的逐步增加，保险机构资金运用压力日益增加，保险机构对拓宽投资渠道、丰富投资工具的要求也日益迫切。保监会顺应保险业发展的需求，及时出台《办法》，通过增加债券可投资品种，扩大信用类债券投资比例，鼓励保险机构进行积极投资，不仅优化了保险机构资产结构，提高了保险资金获取更高投资收益率的概率，也间接或直接支持了保险本业的发展。

三、《办法》的出台为保险债券投资与管理提供了有力的制度保障

一是区分了债券发行主体。《办法》按照发行主体将保险资金可投资债券分为政府债券、金融债券、企业（公司）债券及有关部门批准发行的其他债券四大类，强调了发行主体的信用等级，将无风险的发行主体与有风险的发行主体进行区分，既便于保险机构的风险管理，也便于监管部门的监管。

二是明确了保险机构可投资信用品种的等级。《办法》首次从发行人的信用记录、清偿能力等多方面对保险机构可投资债券的资质条件作出详细规定。尤其是对企业（公司）债券的发行人，既有对净资产规模、待偿债券额度、盈利能力等经营指标的要求，也有对信息披露能力、披露内容和担保人资信等方面的要求。这充分考虑了当前我国债券市场发行主体的实际情况，有利于保险机构对发行人进行有效区别，有利于防范债券投资的信用风险。在此基础上，《办法》强调了担保和评级对信用类债券投资的重要性，明确规定保险可投资债券的担保人评级不低于发行人，有担保债券的投资政策优于无担保债券。

三是对投资比例与信用等级关联。《办法》调整了过去对债券投资采用单一比例控制的做法，采取根据信用等级的不同实行不同的控制比例。高品质债券的单项投资比例提高，品质较差债券的单项投资比例降低。信用等级与投资比例的关联在各类债券投资中得以充分体现。投资比例与信用等级关联的控制方式，有利于促进保险机构根据风险承受能力配置债券资产，从整体上控制信用违约风险。

四是《办法》明确提出保险机构需要加强债券投资的风险管理能力建设。《办法》明确要求保险机构要建立债券投资风险管理制度，建立债券发行人及其所发行债券的风险评估系统，对信用状况进行持续跟踪评估，并根据信用状况的变化及时调整投资比例。这些措施有利于提高保险机构风险管理手段和能力，对有效防范、控制和化解投资风险尤其信用违约风险发挥积极作用。

五是明确提出了保险机构债券投资应进行第三方托管。在制度安排上，《办法》首次在债券投资中引进第三方独立托管制度，要求保险机构债券投资按规定实行债券资产独立托管。保险资金债券投资的登记、交割、清算和托管将全部委托托管人办理，防止出现债券资产被挪用的风险。同时，利用托管人掌握保险机构债券的详细信息的优势，服务于监管部门实施监管，提高债券投资的透明度。

《办法》的出台，对优化保险资产结构、提高保险机构竞争力发挥了重要作用。《办法》的出台，推动了债券市场信用评级和担保规范化，促进了债券市场健康发展。这种制度上的安排，也扩大了保险机构的债券投资范围，强化了保险债券投资的风险管控，提高了保险机构获取风险可控基础上的高债券投资收益率提供了机制保障。

二、从基础工具到复杂工具

保险资金运用渠道的开放，是沿着存款—债券—基金—股票—基础设施和不动产—衍生产品的路径发展的，是从基础工具逐步扩展到复杂工具、从低风险产品向高风险产品、从国内投资向境外投资不断拓展的过程。通过近年来的不断发展，保险投资工具丰富化程度越来越高，保险资金驾驭市场、分散投资风险、取得良好投资收益的能力越来越强。

自2004年以来，保险监管部门顺应行业发展需要，相继打开股权、基础设施和不动产等多个投资渠道，推动了保险资金投资工具的市场化、多元化、国际化，优化了保险资产结构，分散了投资风险。

第一，增加固定收益投资工具，扩大固定收益投资的范围。从2004年开始，保险投资坚持以固定收益产品为主体，稳步放开传统的固定收益投资工具，保险资金债券投资从最初只能投资于国债、政策性金融债、中央企业债到目前的国债、金融债、多类型企业债，从开始的仅投资有担保债券直到现在的信用债券投资。

2004年、2005年，中国固定收益市场遇到了经济过热问题，法定利率和准备金率上调速度加快，保险固定收益投资原先的低利率环境发生改变，与此同时，央行、证监会也开始进入企业债市场，尝试发行无担保固定收益品种。在这样的情况下，保监会资金部和行业专家意识到，保险固定收益投资市场环境正面临急剧变化，新的固定收益投资工具将对保险固定收益投资的“未来”产生影响，需要着手解决可投资债券品种有限的“瓶颈”约束及无担保债必然到来的冲击问题。2004 年 4 月，保监会下发了《保险资金运用风险控制指引》，随后发布了《保险机构投资者交易对手风险管理指引》和《保险机构债券投资管理办法》等涉及固定收益投资的规范性文件，在这些制度支持下，将固定收益投资范围逐步扩大至银行次级债、保险公司次级债以及企业短期融资券和可转换公司债；2009 年，无担保企业债券被正式列入了保险资金可投资品种。信用债占固定收益类产品的投资比例稳步提升，促进了保险投资收益的提高。

第二，突入股票直接投资领地，形成权益直接与间接投资并进的态势。随着 2004 年 10 月 24 日中国保监会和中国证监会联合发文颁布《保险机构投资者股票投资管理暂行办法》（保监会令［2004］12 号），保险资金可以在法律许可的情况下直接从事或委托从事股票投资业务，这标志着保险资金投资开始从传统的固定收益投资工具、间接的股票基金投资向复杂的股票直接投资工具的全新突进。从 2005 年 2 月开始，在原有的投资工具基础之上，保险资金开始直接投资中国股票市场，告别了只能通过证券基金间接投资于国内资本市场的时代，带来了保险投资工具的全新突破。这种权益投资工具的引进，不仅改变了保险资产管理的生存发展状态，使保险资金直接进入中国资本市场的最前沿市场，也给中国资本市场带来了勃勃生机。2005 年保险资金的参与救市及 2005—2007 年的大牛市，皆能看到保险资金推动中国股市快速发展的印迹。此后，保监会又根据中国资本市场的发展现状和保险资产管理机构的现实需要，适时稳步、有度地提高股票投资比例，推动了保险资产管理机构直接参与到资本市场的市场化竞争之列，更是促进了保险资产管理行业的快速发展，使行业竞争能力迅速提升，带来了保险传统主业和保险资产管理新业务的双翼并驾齐驱的新发展模式。近年来，在投资领域中，保险资金使用的灵活度进一步加大，虽然投资工具的复杂度有所提高，但这也为提高收益率与有效控制风险奠定了基础。

第三，通过开发债权投资计划，从被动投资金融工具到自主开发金融工具。近年来，面对低迷的股市和平淡的债市，保险资产管理亟须更多元、新颖的投资工具，以改善投资业绩并提高抗单一市场风险的能力。2006 年 3 月，因应行业发展需要及改变保险资产管理的生存状态，保监会推出《保险资金间接投资基础设施项目试点管理办法》，首次打开基础设施投资渠道，正式启动间接投资基础设施项目试点，中国平安、泰康人寿、中国国寿、太平洋资产管理等保险专业资产管理公司成为首批试点单位。

与基础性投资工具不同，基础设施、不动产及其衍生产品等较为复杂的投资工具投资涉及的市场主体之间关系错综复杂，其资金募集机制、产品期限设计、增信结构等方面有其独特之处，并且其风险控制难度也大大高于传统工具。经过不断的探索实践，我国保险资产管理在这些方面已经积累了不少宝贵经验。

2007 年 3 月，保险资产管理行业推出首个基础设施债权计划——泰康开泰铁路债权计划，该计划创造性地以凭证方式发行受益权份额，既明确了不同受益人的权利，又便于进一步流通转让，成为日后债权投资计划操作范例。2008 年 6 月，京沪高铁股权投资计划——保险行业内首个基础设施股权计划宣告成立，这项股权投资计划被誉为中国最大的私募股权计划，是创新型投资工具的又一力作。2010 年 9 月，保险行业迄今为止最为重大的基础设施投资项目——南水北调债权计划由太平洋资产发起设立，开创了中央财政与保险业合作的先河。此后一个又一个成功的投资案例为保险资金投资于复杂工具走向“制度化”奠定了坚实基础。2009 年 3 月，保监会推出了《基础设施债权投资计划产品设立指引》、《关于保险资金投资基础设施债权投资计划的通知》。这些办法的出台标志着监管机构已开始着手从制度层面对复杂投资工具进行规范，逐步实现从投资项目的审批向投资能力审核的转变。这不仅为保险业公平竞争、规范监管创造了有利条件，也为复杂投资工具最终演化成为标准、规范的市场化产品提供了制度性依据。为顺应行业发展需要，2009 年，监管机构在新《保险法》中首次将不动产投资纳入保险资金投资渠道之中；2010 年，保监会正式出台《保险资金投资不动产暂行办法》，该办法规定，保险资金可以投资基础设施类不动产、非基础设施类不动产及不动产相关金融产品，投资不动产及不动产相关金融产品的账面余额，合计不高于本公司上季度末总资产的 10%。事实上，早在 2006 年，监管机构就已经开始采取有选择性的“开闸”策略，多家保险公司可以直接购置、自建和间接投资等多种形式涉足非基础设施类不动产领域。

近年来，保险行业开始逐步认识到，涉足不动产领域不仅可以使保险资金获取丰厚的投资回报，也有助于解决我国人口老龄化、保障房供应等现实社会问题，发挥其“社会稳定器”的作用并树立良好的行业形象。2009 年 11 月，酝酿多时的养老社区投资试点——泰康养老社区应运而生，首次实现了保险业和养老产业的有机结合；2011 年 3 月，太平洋资产发起设立的“太平洋—上海公共租赁房项目债权投资计划”通过了保监会备案，为今后保险资金解决保障房供应问题提供了路径。因收益稳定、安全性好且符合保险资金期限配置需求，基础设施领域一直受到保险资金青睐。几年下来，保险资金更加深入地参与到我国交通运输、水利建设、养老社区等多个惠民工程建设，在提升保险资金投资收益水平的同时，促进了社会经济的协调发展。

第四，利用境内外两个市场、两种资源，推进保险资产全球化配置。近年来，我国保险资金境外投资从无到有，可投资品种不断增加。为了顺应国家“走出去”的战略，实现由原先单纯资本输入向资本输入和输出两个方面的转变，保险业充分利用境内外两个市场、两种资源，推进保险资产全球化配置。2005 年 6 月，保监会发布《关于保险外汇资金投资境外股票有关问题的通知》，允许保险外汇资金投资境外股票，但当时投资范围仅限于中国企业在境外发行的股票，且按成本计算不超过国家外汇管理局核准投资付汇额度的 10%。当时境外投资品种基本以红筹股为主，既规避了汇率风险，享受到人民币升值带来的收益，又支持了香港资本市场的健康发展。2007 年，保监会又发布《保险资金境外投资管理暂行办法》，将境外投资品种扩大至商业票据、大额可转让存单、回购与逆回购协议、货币市场基金等货币市场产品以及股票、股票型基金、股权、股权型产品等权益类产品。2010 年 8 月，保监会再度下发《关于调整保险资金投资政策有关问题的通知》将投资境外市场的范围调整为境外资本市场公开发行的债券和证券投资基金，以及公开发行并上市的股票；投资香港市场股票品种调整为公开发行并在主板上市的股票，债券品种调整为主板市场上市公司以及大型国有企业在港公开发行的债券，同时还将境外投资余额上限上调为总资产的 15%。与国内相比，境外市场环境、产品、规则更加复杂，各类风险更加难以控制，境外投资对保险机构的能力也提出了更高的要求。在国内保险资金的全球化配置过程中，保监会一贯坚持把握好开发的步骤和时机，在全球范围内寻找最为优质的资产进行投资，稳步扩大可投资工具种类。目前，境外投资主要是香港 H 股和少量债券。通过投资品种的管理和相关制度的规范约束，保险境外投资风险可控。

表 2-1-1　　保险机构资产投资比例规定

<table>
<tr><th></th><th>同一法人主体合计余额占公司上季度末总资产</th><th colspan="2">合计余额占公司上季度末总资产</th><th>投资同一发行人占公司上年底净资产</th><th colspan="2">同一期单品种占发行规模</th><th colspan="2">同一期单品种占公司上季度末总资产</th><th>同一期单品种占公司可投资该品种资产</th></tr>
<tr><td>银行活期存款、中央银行票据、政府债券、政策性银行债券和货币市场基金等资产的余额</td><td rowspan="8">20%（该主体上年底净资产 50%）</td><td colspan="2">不低于5%</td><td>—</td><td colspan="2">—</td><td colspan="2">—</td><td>—</td></tr>
<tr><td>基金</td><td rowspan="2">25%（其中，股票和股票型基金不超过20%）</td><td>15%</td><td>—</td><td colspan="2">10%（封闭式基金）</td><td colspan="2">3%</td><td>—</td></tr>
<tr><td>股票</td><td>—</td><td>—</td><td colspan="2">10%（总股本）（超过5%的报保监会备案）</td><td colspan="2">—</td><td>—</td></tr>
<tr><td>有担保的企业债券、公司债券、可转债、证券公司债券</td><td colspan="2" rowspan="4">—</td><td rowspan="5">20%（投资关联企业发行的债券）
20%（发行人上年底净资产）</td><td rowspan="4">—</td><td rowspan="5">60%（同一保险集团）</td><td rowspan="5">20%</td><td rowspan="4">—</td><td rowspan="5">—</td></tr>
<tr><td>商业银行金融债券和次级债券</td></tr>
<tr><td>商业银行次级债务</td></tr>
<tr><td>国际开发机构人民币债券</td></tr>
<tr><td>保险公司次级债务</td><td colspan="2">20%（上季度末净资产）</td><td>4%（上季度末）</td><td>1%（上季度末净资产）</td></tr>
</table>

续表

<table>
<tr><th></th><th>同一法人主体合计余额占公司上季度末总资产</th><th>合计余额占公司上季度末总资产</th><th>投资同一发行人占公司上年底净资产</th><th colspan="2">同一期单品种占发行规模</th><th colspan="2">同一期单品种占公司上季度末总资产</th><th>同一期单品种占公司可投资该品种资产</th></tr>
<tr><td>无担保企业债券</td><td rowspan="7">20%（该主体上年底净资产 50%）</td><td rowspan="3">20%</td><td rowspan="3">20%（投资关联企业发行的债券）
20%（发行人上年底净资产）</td><td rowspan="3">—</td><td rowspan="3"></td><td rowspan="3">10%</td><td rowspan="3">—</td><td rowspan="3"></td></tr>
<tr><td>非金融企业债务融资工具</td></tr>
<tr><td>商业银行发行的无担保可转债</td></tr>
<tr><td rowspan="2">债权投资计划</td><td>10%（产险、寿险）</td><td rowspan="2">—</td><td colspan="2" rowspan="2">60%（同一集团的保险公司，投资具有关联关系专业管理机构发行）</td><td>50%（A 类或者 B 类增级方式）</td><td rowspan="2">—</td><td rowspan="2">40%</td></tr>
<tr><td>5%（资产管理公司，自有资金）</td><td>40%（C 类增级方式）</td></tr>
<tr><td>未上市企业股权及相关金融产品</td><td>—</td><td>—</td><td colspan="2">—</td><td colspan="2">5%（其中未上市企业股权 5%，相关金融资产 4%）</td><td>—</td></tr>
<tr><td>不动产及相关金融产品</td><td>—</td><td>—</td><td colspan="2">—</td><td colspan="2">10%（其中不动产 10%，相关金融资产 3%）</td><td>—</td></tr>
<tr><td rowspan="2">回购</td><td rowspan="2">—</td><td>融入 20%（偿付能力达标）</td><td rowspan="2">融出 20%（上季度末净资产），且不超过交易对手上年底净资产的 20%</td><td colspan="2" rowspan="2">—</td><td colspan="2" rowspan="2">—</td><td rowspan="2">—</td></tr>
<tr><td>融入 10%（偿付能力未达标）</td></tr>
</table>

注：集团、产险、寿险和资产管理公司分别适用。

资料来源：中国保监会资金部。

总的来看，随着保险资金投资工具由传统到另类、由国内到国际，其涉及的领域更加宽泛，投资工具的分散化和多元化趋势越加明显，应对市场波动的能力逐步增强。目前，我国保险业权益类和固定收益类资产配置基本符合国际通行的配置比例，具体投资品种的选择上也充分借鉴了国际经验，我国保险资产管理水平正在向国际化标准迈进。

专题2－1－3　基础设施投资细则出台：百尺竿头更进一步

（作者：田辉，国务院发展研究中心金融所，摘自《中国保险报》）

如何为基础设施建设提供高效稳定的资金支持，对每个国家或地区的社会经济发展而言都是一个至关重要的课题。尽管早在2006年3月，保监会颁布的《保险资金间接投资基础设施项目试点管理办法》已经允许保险机构将保险资金委托给受托人，采取债权、股权等方式间接投资国家级重点基础设施项目，其后的债权投资计划试行指引也涉及了一些具体规定，但3年来的投资实践始终局限于“一事一批”的试点状态。2009年，保监会再度颁布了两个相关文件《关于保险资金投资基础设施债权投资计划的通知》和《基础设施债权投资计划产品设立指引》（以下简称基建债权投资细则），表明保险公司投资基础设施将结束试点状态，而正式走向实施运营阶段。此后，使用保险资金支持国家基础建设将成为常态。

保险公司基建债权投资细则此时的出台有其深刻的时代背景。自20世纪90年代以来，由于基础设施建设的旺盛需求与政府资金支持之间普遍存在着巨大的缺口，全球范围内基础设施融资结构出现了新的发展趋势，即养老基金、保险公司等非政府部门的机构投资者越来越多地参与到基础设施建设当中。2007年爆发的国际金融危机对这一趋势将产生推波助澜的作用。以美国为例，在奥巴马政府的重建计划中，基础设施投资是恢复经济活力的关键环节。有预测表明，美国国内基础设施的维护修理投资预计高达1.6万亿美元。在加税和发债空间有限的情况下，单纯依靠政府资金显然无法支持庞大的基建投资，而民间资本正可以弥补这一缺口。正因为如此，市场普遍预测，未来几年美国私人资本投资基础设施的机会将比以前要多得多。

中国2008年以来由于受到国际金融危机的巨大冲击，国内宏观经济形势十分严峻。中央政府期望通过加大对基础设施的投资力度，拉动经济增长，在这一过程中也面临资金如何有效筹措的问题。在国务院出台的一系列政策措施中，对保险业的“投融资”功能进行了前所未有的突出和强调，期待保险业能在满足基建项目的资金需求方面下大力气。例如，2008年底《国务院办公厅关于当前金融促进经济发展的若干意见》指出，“发挥保险公司机构投资者作用和保险资金投融资功能……引导保险公司以债权等方式投资交通、通信、能源等基础设施项目和农村基础设施项目。”

除了国内外宏观经济背景提供了适宜的时机之外，保险公司投资基础设施也有其自身经济逻辑。从保险公司角度看，基础设施是良好的投资工具，主要优点在于：(1) 期限较长，有利于资产负债匹配；(2) 有利于对冲通货膨胀的影响；(3) 与证券市场投资关联度很低，有利于分散风险。比如，2008年，中国人寿单单一项“国寿资产—天津城投债权投资计划”，全年实现投资收益人民币2.21亿元，较2007年的0.19亿元增加了2.02亿元，增长1 063.16%。在股票、债券投资收益显著缩水的情况下，债权投资计划的收益增长态势令人印象深刻。从被投资方角度看，与银行信贷资金相比，保险资金作为基础设施的资金来源有明显的优势，包括能提供持续稳定的长期资金支持、不易受到国家宏观调控政策的影响等。当然，缺点同样明显，最突出表现为保险公司与被投资方的关系不如银行与贷款户那样密切，缺乏系统的信用风险管控手段和能力。

由于保险公司投资基础设施的风险也比较突出，相应地，在基建债权投资细则中也反映出有松有紧的监管特征。松的方面主要表现为两点：一是投资主体扩大。之前仅允许中国人寿资产管理公司等四家公司进行试点投资，细则将之扩大为所有符合条件的机构，即“符合管理办法和管理指引规定的保险资产管理公司、信托公司等专业管理机构”，均可以作为发起人和管理人，依据信托原理，发起设立债权投资计划，募集资金投资基础设施项目。二是投资比例提高。之前人寿保险公司投资的余额，按成本价格计算不得超过该公司上季度末总资产的5%；财产保险公司投资的余额，按成本价格计算不得超过该公司上季度末总资产的2%。细则将寿险公司和产险公司的可投资比例分别提高到上季度末总资产的6%和4%。紧的方面主要表现为四点：一是规定了偿付能力约束条件。最近两个年度偿付能力充足率保持在120%以上者，才能进行基建投资。二是增加了投资项目的资格条件，包括属于国家鼓励发展的产业或行业、财务内部收益率不低于债权投资计划预期收益率、具有稳定或可预测的现金流、符合环保要求等。三是规定保险公司须建立专业管理体制，包括设立子公司或专门的事业部，配备一定数量的专业人员等。四是应当确定独立的信用增级方式。

总体来看，保险公司基建债权投资细则的监管要求还是偏紧的。在正式运营的初期，考虑到保险公司自身风险管理能力仍然偏弱，只能以外在强制方式介入来控制风险，这种严格也是题中应有之义。在保险公司间接投资基础设施的各种有效方式中，债权计划细则领先股权计划细则出台，也体现了监管层谨慎的态度。因为相比股权投资，债权投资计划属于较为简单的投资途径，风险较低，管理起来也相对容易。然而，需要指出的是，保险公司投资基础设施的路径多种多样，既不局限于债权类型，也不局限于信托方式。在2006年初到2007年中，全球共新发了72只新基础设施投资基金，筹资1 200亿美元，其中大约一半新筹资金是依据PE模式从保险公司、养老基金等机构投资者那里获得的，其他方式则包括保险公司/养老基金单独投资等。从这个角度看，基建债权投资细则的推出只是保险资金基础设施投资所需要的庞大法律法规和政策指引支持的第一步。不同投资路径所蕴涵的风险/收益特征不同，对应保险公司不同的风险偏好和负债结构，只有给予保险公司更多的选择权，满足投资者不同的需要，保险业支持国家经济建设才能真正实现双赢的局面。

案例2-1-1　平安资产第三方业务发展状况

平安资产管理有限责任公司（以下简称平安资产）秉承平安集团简单务实、锐意进取的开拓精神，平安资产成立之初就非常重视第三方业务的发展，在公司总经理万放的带领下，主动参与外部市场竞争，致力于向最广泛的客户提供最全面的资产管理服务。

一、立足本业，做好中小保险公司受托业务

中小保险公司受托投资管理业务是保险资产管理公司的“主业”，平安资

产长期以来坚持专业成就价值的理念，为每一个委托人提供量身定制的服务。平安资产与十余家中小保险公司建立合作关系，合作客户数及管理规模业内领先；成功打造了全委托的模式，开创了业内的先河。

二、锐意进取，开拓第三方投资理财市场

今年来国内理财市场发展迅猛，各类需求不断涌现，平安资产把握机遇，积极参与市场竞争，创新性地开展了第三方投资理财业务，凭借自身优异的投资管理能力与多家信托公司展开合作，并逐步建立、丰富了产品线，在证券投资理财市场树立了投资品牌。

三、稳扎稳打，成立事业部长足发展

通过坚持不懈的努力，平安资产第三方业务在投资能力、产品研发及管理能力、销售及客服能力方面有了很大的提升，并以稳定、优异的业绩获得了合作渠道的认可，管理资产规模300亿元，在业内树立了专业投资的形象。基于第三方日趋成熟的运作模式及健全的管理制度流程，为进一步提高市场竞争力，助力集团实现综合金融的目标，平安资产于2011年9月设立了第三方资产管理业务部，从组织架构、考核机制及人员储备等各方面为第三方业务的长足发展做好了准备。

三、从负债驱动到资产驱动

从国际经验看，保险资产管理业发展从起步到成熟，其不同阶段的特点可以描述为负债驱动型、资产负债共同驱动型和资产驱动型。国内保险资金渠道的不断开放，支持了保险资产管理业的产品创新，推动保险资产管理从负债驱动型向资产驱动型转变。在费率自由化之前，通过由负债向资产驱动型工具的创新及投资渠道的放开，保险资产配置的结构得到改善。

在保险资金管理的初始阶段，保险公司主要以开发新型保险产品为主要任务，以期获得稳定的承保利润，即在整个保险经营过程中以承保为重点，对保险资金运用重视不够。以负债主导产品开发，保险公司需要先确定负债组合，也就是先根据保险市场需求或社会需要，设计、确定保险产品组合和销售策略，然后再确定资产组合，使之与负债组合相匹配。这种模式的优点是负债组合能贴近保险需求，扩大保险公司规模和市场份额，但不足之处在于，当负债承诺已经确定，能否找到合适的资产与负债匹配具有不确定性，尤其是可能存在利差损风险。但是，片面强调负债规模一方面造成了保险公司盲目扩张，对资金成本与投资收益的关注不足，使得保险公司经营风险加大。1995—1999年，央行连续降息，由于保险公司的资产大量以银行存款的形式存在，而形成了大量的利差损保单，影响了保险公司的发展。另一方面，随着国内保险市场竞争的日趋激烈，保险业的承保利润越来越低，银行存款利率长期低于保险利率，单纯依靠银行存款的利息收入将难以满足保险公司生存的要求。相比之下，以资产主导产品开发，则需要先了解市场可提供的资产组合，再根据可投资的资产设计、确定负债组合，即先已知收益、风险，再作出负债承诺。对于保险公司来说，这一模式的优点在于风险较小，缺点在于受制于金融市场和金融工具的发展程度以及保险公司提供的负债组合与保险市场需求可能存在偏差，对保险资金的投资管理能力提出了更高的要求。

近年来，我国金融创新产品层出不穷，加快产品创新成为保险行业最紧迫的任务，保险产品不仅要满足保险保障的基本需求，还要提供一定的收益水平增强行业吸引力和竞争力。目前，我国保险市场上已成功推出万能、投连、分红产品，这些产品具有鲜明的投资属性，对保险公司投资能力有较高要求。各家保险资产管理公司或投资部门所提供的收益稳定、类型多样的投资组合为上述保险产品的成功运作提供了基础，而保险资金运用渠道的放开则是提高投资组合收益水平的大前提。在与其他金融产品的市场竞争中，保险产品费率市场化是大势所趋。2010年7月，保监会就放开传统人身险预定利率向业内征求意见，迈出了费率市场化的第一步。而在此之前，保险投资渠道从银行存款、基金、股票、债券等金融资产到股权、基础设施建设和不动产等实业投资，使保险公司资产配置结构更加合理，从而保证了费率市场化的顺利推行。此外，在市场化的竞争环境中，投资能力较强的保险企业将成为投资渠道放开的最大受益者，从而彻底改变以往保险行业鱼龙混杂、恶性竞争的局面。

案例2－1－2 阳光保险富安居产品：从负债驱动到资产驱动的尝试

长期以来，保险业基本实行的是负债驱动的业务模式，行业内一直存在追求高保费的负债扩张冲动。而由于其资产方匹配能力较弱，资产和负债的错配的风险较高。从2005年开始，保监会资金运用监管部门积极推动各保险公司实行资产负债管理，拟建立总体的资产负债管理机制，推动保险业从单纯的负债驱动模式转向资产驱动模式和负债驱动模式相辅相成的发展方向。阳光财产保险股份有限公司的富安居投资理财产品就是公司在保监会指导思想下，结合公司发展战略开发、设计的一只资产驱动型的保险理财产品。

2007年5月，刚刚成立两年的阳光财产保险股份有限公司召开了一次不同寻常的会议，参会的领导包括公司总裁室全部成员，主题就是讨论“公司健康快速发展需要有特色有竞争力的阳光保险产品”，会议从战略上部署、从战术上落实，确定了阳光的保险产品开发设计必须有资产管理部门的充分参与和支持，特别是保险投资类产品从设计开发到销售宣传必须由资产管理部门牵头主导的运作管理模式，把公司的保险产品实质上转变为了资产驱动型。时任阳光保险副总裁的王德晓先生召集资产管理中心和产险银保部的业务骨干，根据当时保监会要求的资产负债匹配管理要求，指示产品的形态、结构、费率以及保户的收益分配与资产方结合起来，开发设计及运作管理上资产方要与负债方密切合作。他指出，阳光保险的新产品就是要在资产负债管理的理念下，设计出一只“让客户放心、让银行安心、让公司省心”的“三心”产品，“富安居”这个名称就是在这次会议上大家结合当时宏观经济和外界对房地产的热点关注而碰撞出来的。为了更好地体现资产负债匹配管理的特点，在设计中，该产品考虑实行独立的账户管理，制定差异化的账户投资策略以适应不同账户下负债资金的风险收益特征，并针对当时处于利率可能会调整的宏观环境，为了提高产品的吸引力，可以采取浮动的一年定期存款利率的定价模式。

在资产管理中心和产险银保部的努力下，在精算部、法律合规部、意健险部等部门的大力配合下，2007年8月，富安居产品成功出炉，产品的期限结构、综合成本、预期收益在当时的市场上较为突出，具有一定竞争力。正是由于对资本市场形势的正确分析，加上产品设计得合理，以及正确合理的销售策略，富安居一经推出，立刻受到社会大众的广泛欢迎，短短6个月的时间里，富安居保费销售达到200亿元人民币，成立不到2年的阳光保险创造了销售奇迹。进入2008年，由于资本市场的震荡调整，市场上部分保险产品经历了退保风波，很多投保人都对保险理财产品产生了质疑。在这危急关头，公司领导一方面安排资产管理部门人员定期向销售部门提交产品管理情况，解答保户的疑问，另一方面严格执行产品的既定投资管理策略，正是由于富安居账户采取了资产负债匹配管理，产品从设计到投资管理是一个完整的系统及坚定的贯彻执行，在百年一遇的金融危机下，在基金行业全行业亏损的情况下，资产驱动型的富安居保险产品不仅没有产生亏损，而且产品的年均收益达到了8.54%，给公司、保户连续几年带来了可观的收益。

正是基于富安居产品的成功，阳光保险公司体会到了资产驱动型保险产品带来的优势，也更加确立了保险产品不能只停留在负债驱动一端，而是要利用资产方的优势，同时推进资产驱动型保险产品的开发设计及管理，坚持资产负债匹配管理的理念。阳光保险不仅在富安居产品上，在分红、万能险产品上也采取了相同的运作与管理模式，而且在分红、万能险产品方面同样取得了良好的效果。负债业务与资产业务的良好互动，支持了保险业务又好又快发展。

[第二章]

拓展投资市场

从国际保险业发展的历史看，保险产品经历了由保障型到储蓄型、再到投资型的转变，其发展进程是基于保险投资市场的拓展和投资工具的丰富化。我国保险业的发展也大致经历了上述过程。在我国金融行业执行严格分业的经营阶段，保险资产的运用仅仅局限于银行间市场和债券市场，随着经济发展和改革开放的深入，我国金融市场的类型趋于多样化，市场的边界得到扩展。应这种变化及保险业自身发展的需要，保险资产管理的市场范围也逐步扩大，开始从传统金融市场发展到现代金融领域，从资本市场进入到实体的产业市场，从国内市场扩展到国际市场。中国保险资产管理业进入多样化市场、多类型品种的时期。

一、从传统金融到现代金融

以 1995 年 10 月我国第一部《保险法》的出台和实施为标志，我国保险公司的资金运用进入了严格管制和分业管理并举的阶段。这个时期政府总结了前一阶段保险投资出现风险的经验教训，强调投资的安全性原则，将保险资金运用的市场限定于银行间与证券交易所的货币市场与债券市场，存款、国债和金融债这三个安全性高、收益率较低的品种是仅有的投资品种，而房地产市场、产权市场、股票市场、期货市场等高风险市场则严格禁入。当时尽管预留了“国务院规定的其他资金运用形式”的灵活调整余地，但是在 1997 年亚洲金融危机的影响下，保险资金几乎没有开辟新的投资市场。

保险业资产管理市场的收缩，使保险资产投资只局限于存款、国债、金融债和拆借业务等储蓄类品种。这种单一的储蓄类品种市场，看似低风险，但随着金融市场的定价锚——利率价格发生变化，保险资金运用的局限性和风险性就暴露出来。在1996年5月至1999年6月的3年内，人民币存贷款利率连续下调7次，存款利率与债券收益率不断下降，例如5年期的定期存款从1996年的12.06%一直下降到1999年的2.88%。在长期限品种的供给数量稀少、其他投资渠道匮乏的情况下，大量保险资金处于闲置或低收益状态。同时，保单预定利率的滞后调整带来了保费收入的爆发性增长（1996—1999年寿险保费收入的年复合增长率达到了创纪录的41%，而保单预定利率主要集中在6%～8%），由市场波动及投资品种稀缺引起的风险集聚使中国保险行业出现了严重的利差损。这种利差损风险随着银行利率的下调越来越严重，日益成为发展的痼疾。保险公司经营面临的困难越来越大，拓宽保险资金运用市场、扩大投资品种的呼声日渐强烈，监管部门也意识到改革的必要性。

1999—2000年，保监会将保险资产管理的市场间接扩大到股票市场，即通过投资证券投资基金间接投资中国股市，同时也扩大了原先的货币市场与债券市场边界，允许保险资金投资银行协议存款和企业债券，从而使保险开始从传统储蓄类市场间接向现代金融市场转化。在这种投资管理模式中，保险资产管理对于权益投资的深度和广度还很不足，对外界（基金管理公司）的依赖很大，投资业绩不仅看市场，还得看管理人的水平，自己的队伍也得不到全面的锻炼，往往对市场及行业的认识仅涉及浅表层。

2003年1月1日，新《保险法》正式实施。新法对原有的禁止性规定作了适当修改，并预留了市场拓展与工具创新的窗口，规定“在法律规定的范围内，经过国务院批准，保险资金可以用于其他的投资方式。”这为监管部门日后根据市场发展灵活调整政策留下了很大空间。为进一步加强保险资产管理，发挥资产管理对保险业的支持作用，从单一的保险业务发展向保险业务与资产管理业务双轮驱动转化，中国保监会于2003年11月设立了保险资金运用监管部，专门行使保险资金运用的渠道管理和风险监管职能，标志着保险资产管理监管规范化、常态化的开始。由于监管部门资产管理监管职能的到位，保险投资市场的投资边界随之扩大，保险资金开始从传统金融向现代金融转化，保险资产管理作为一支重要的力量逐渐成为中国金融市场的生力军，成为保险双轮驱动之一。

2005年，保险资金运用监管部认识到，保险资产管理业的发展不仅是风险的监管，还要将风险监管和促进行业做强做大并重，才能起到促进保险业发展的根本作用。在这种监管思路引导下，保监会有意识地稳步开拓保险资金运用渠道，引进市场化竞争机制，开发市场化程度高的投资工具，增强保险资产运用的市场范围，以提高资产管理收益的稳定性及抗风险能力，改变保险资产管理行业在金融业中的生存态势，增强保险业在国民经济建设中的影响力和渗透力。其发展思路是，拓宽保险资金投资渠道，增加投资和融资工具，逐步改变保险资金对利率化产品的过度依赖，化解投资品种和组合风险，减轻保险资金在单一市场的投资压力，增强资产管理的市场竞争力。产生这一变化的指导思想就是要改变保险资产管理在传统金融领域经营而不敢突破现实的现状，改变保险行业单一收保费业务支撑业务发展的单轮驱动模式。改革的方向是集中化、专业化、规范化和市场化，目标是建立一支与保险主业双翼并驱的资产管理业，实现双轮驱动，双翼发展，建立一支有市场竞争力、专业化运作管理的保险资产管理队伍，促使保险业在现代金融市场上有实力、有竞争力、有活力。围绕着这样的目标，在此后的数年间，保险资产管理开始突破传统封闭的资产管理形式，开始了保险行业向现代金融领域，尤其是资产管理领域迈进的新篇章。2004—2010 年，保险资产管理市场已经直接扩展到主要金融市场，在固定收益市场方面，保险开始从担保型债券投资向无担保信用债券方向发展，主要资产管理公司开始在内部建立独立的信用评估部并建立起信用评估的专业化队伍，保险可投资的债券品种也开始变得多样化，在权益市场方面，保险开始进入深水区，从间接投资股票向直接投资股票突进，在外汇投资方面，保险资金开始了国际市场投资的试点工作，中国平安资产管理公司和中国人寿资产管理公司成为第一批进入国际市场投资的保险机构投资者。此后，其他保险资产管理公司相继进入国际市场投资，开始用现代投资理念及国际视野来看待金融投资管理。保险资产管理可投资的品种在储蓄型产品的基础上，扩展到投资型产品，资产管理可驾驭的金融工具趋向丰富，对有效弥补承保利润亏损、促进行业扭亏为盈发挥了关键作用。2005—2009 年，保险主业亏损，保险承保持续亏损合计 1 471 亿元，但同期保险投资收益达到 6 316.6 亿元，从而大大弥补了承保亏损，利润贡献度达 700%，实现了保险盈利结构和盈利模式的新转变。这预示着保险利润结构多元化时代的开始，更预示着保险资产管理作为金融业的一个子行业的崛起。当然，保险资产管理实现从传统金融向现代金融的转变并不仅仅是投资领域的扩展和投资工具的丰富化，更主要的是具有现代管理模式的专业化资产管理行业的形成，是保险资产管理集中化、专业化、规范化和市场化的全面实施，是保险业稳健发展的双轮驱动模式的形成。

案例2-2-1 平安控股平安银行、深圳发展银行

一、入股深圳商业银行，壮大银行板块第一步

2006年7月28日，深圳市威尼斯酒店，中国平安与原深圳市商业银行（以下简称深商行）签署协议，将投资49亿元人民币获得深商行89.24%的股份。这标志着深圳金融业改革重组取得了重大进展，同时也标志着中国平安综合金融的战略版图上“银行板块”的迅速放大。

当时，了解入股过程的深圳市有关负责人曾对此给出这样的评价：由平安主导重组深商行，将带来多赢的结果；本地金融企业的资源互补与共同发展将促进深圳金融业的持续繁荣与发展，并进一步提升深圳作为区域金融中心的战略地位与影响力。

而这对两家公司又何尝不是重要的发展契机？此时的中国平安，保险业务发展日趋壮大，寿险保费收入已占到国内寿险业市场份额第二。雄心勃勃的马明哲董事长和他的管理团队正决心描绘更为宏伟的综合金融版图，搜寻合适的银行收购目标以扩大相对薄弱的银行板块……

而同在深圳地区的深商行，有着深圳市政府的股东背景，在深圳经营打拼多年，是深圳老字号的地方性银行，在深圳金融界占据重要一席。但在多年非市场化运营管理机制下，此时的深商行已经是资不抵债、坏账累累，缺乏进一步发展的资本金。对深商行进行重组改革、市场化改制已成为深圳金融业当时的重要课题，而由谁来主导深商行的重组也影响着未来深商行乃至深圳地区金融平稳发展。

深商行的原股东承认，选择平安不仅是因为平安所给出的价格具有吸引力，更是因为看中了平安的公司治理、管理机制和销售网络，他们相信平安的实力，认为“在平安的支持下深商行的发展规模、质量、效益和业务品质将得到全面的提升”。而作为上市公司的平安，在选择投资对象时也十分谨

慎，平安以重组深商行为契机，在综合金融服务集团的征程中迈出了坚实的一步。

在平安入主深商行的几年中，深商行的公司治理得到完善，专业化的董事会与管理团队得以建立。中国平安狠抓操作风险管理，在组织流程、监控和合规文化三大关键方面实施改善措施；持续推进历史遗留不良资产的清收工作，重新建立和完善信用风险的制度、程序和方法；制定流动性压力测试、推广并深化 FTP 价格的应用；大力推进 IT 系统开发，统一基础架构标准，改变了以往技术混杂的局面。

更重要的改革在于重新确立了以市场为导向的战略业务发展重点，即中小企业业务（SME 业务）、信用卡业务、机构拓展。此外，平安在平安银行建立起专业经营文化和绩效管理文化，将平安的市场化思想带入新的深商行，以这些代表未来发展能力的战略点帮助曾经坏账累累、经营不佳的深商行一步一步走向优秀银行之列。到 2009 年，平安银行已发展到在上海、杭州等 9 个东南沿海城市，不良贷款率从 6.5% 大幅下降至 0.5%，监管评级从最差的“五级”到深圳地区最好的“二级”，信用卡业务由“零”发卡到新发卡量跃居股份制银行第二。

在 2010 年平安将平安银行注入深发展之际，平安银行价值已增值约 170 亿元。而平安也依靠平安银行平台，开始了“一个客户，一个账户，多个产品，一站式服务”的“一账通”试点，综合金融有了真切的实践开始，深圳金融界曾经面临的银行不良风险也已经化解。2006 年曾被预言的“多赢局面”俨然已经得到验证。

二、接棒新桥，成为深发展第一大股东

时光转到 2009 年，另一家同在深圳地区的全国性银行走进平安综合金融开拓者们的视野，它就是深圳发展银行。深圳发展银行是国内最早登陆资本市场的银行之一，其第一大股东 NEWBRIDGE ASIA AIV III，L. P.（新桥）作为一家以财务投资为目的的私募股权投资基金，持有深圳发展银行股权已长达 5 年，而 2009 年正是“新桥”公司准备退出之时。

平安认为这是再次扩大银行版图的千载难逢之机。然而，深发展毕竟不同于平安银行，资产是平安银行的 4 倍，估值也高出很多，投资深发展对平安来说，代价将颇为不菲。如何向董事会、股东大会论证这项大手笔的投资会为股东们带来更高的回报？平安内部如此描绘这个投资故事：从战略角度来看，急需快速提升平安银行业务规模，以完善综合金融的核心平台。而仅仅依靠平安银行自然的内生发展，要从当前的9个城市成为拥有全国网点的全国性平台仍需数年，收购无疑是短期内迅速扩大银行板块的良策。细数国内全国性银行，其他所有银行都已经有了强有力的控股股东，且未见其控股股东出让控股权的迹象，深发展是最后一家可获得控制权的全国性股份制商业银行。深发展与平安同属于改革开放的前沿阵地深圳，双方文化十分契合，预计整合将比其他银行有更少的摩擦。深发展具有独立融资的能力，其上市地位对平安具有巨大的价值，而深发展的经营状况也正处于成立以来的最佳状态，同时拥有全国性网络，通过收购深发展，可令平安银行业务五年计划的实施进一步到位。此外，更为重要的是，收购深发展能够让平安的每股收益、股票的投资回报率以及内部回报率都有所提升，平安股东将获得良好的财务回报。

内部决策论证周密而果断，外部的谈判随之悄然展开。从2009年5月中旬平安和新桥开始接触，经过3周多的日夜艰辛谈判，双方的谈判代表就协议的条款细节进行了反复的磋商和讨论。最终经过谈判确定的交易架构分为两个部分：一部分为平安子公司平安寿险认购深发展新增股份，数量在3.70~5.85亿股；另一部分为平安认购新桥所持有的5.2亿股老股，占深发展当时总股本的16.76%。

2010年6月底该次投资完成。平安寿险最终认购了3.7亿股深发展股份，加上平安认购新桥的老股，平安当前合计持有深发展29.99%的股权。

依托于深发展的全国性网络资源，平安的综合金融终于可以大展拳脚。

三、注入平安银行，取得深发展控股权

但是，平安对深发展的投资并未就此结束。由于平安尚持有平安银行90.75%的控股权，将与深发展形成潜在同业竞争，平安主动承诺将尽快采取合适方式解决潜在的同业竞争问题。之后，银监会也对此提出了明确要求。2010年9月2日，平安公告拟将持有的平安银行股权注入深发展，最终实现对深发展的控股。

目前，这一交易已经完成，如今摆在平安、深发展面前的将是如何整合两家银行。深发展的新任行长理查德先生公开表态，深发展将贯彻绩效导向的薪酬机制，每年会根据业务绩效考核给予优秀的员工不同幅度的加薪；未来两行整合过程中，会坚持“不裁员、不降级”的核心原则，确保平稳过渡。

在深发展与平安如何处理关联交易的问题上，平安也表示将继续严格遵循“集团管控、分业经营、分业监管、整体上市”的“防火墙”原则，充分尊重银行经营自主权，确保银行建立科学议事决策机制及制衡机制，在规范的关联交易下开展双方交叉销售。

未来两行整合将如何演绎？平安综合金融版图将展现怎样的图景？让我们拭目以待。

二、从资本市场到实体经济

如果说从传统金融向现代金融的迈进是保险资产管理发展进程中的重要一步，那么从资本市场到实体经济的发展则是保险资产管理的一个新飞跃。这种发展路径选择符合我国一贯的循序渐进、探索式改革开放思路，反映在保险资产管理的发展方面，就是在确保安全和稳定的前提下，逐步扩大保险资金投资的范围，确保保险资产管理有一个稳定的发展，也为保险公司提供了一个新的利润增长点。为此，在第一阶段改革中，时间节点主要是在2004—2006年，在探索保险资产管理的发展思路上，保险资金运用监管部门和行业共同探讨，谋求保险资产管理的增长模式，主要着眼点是推动保险资产管理从负债主导向资产主导的转化，实现由外延型向内涵型、粗放型向集约型、规模型向效益型、内部管理型向市场竞争型的根本性转变，逐步建立承保利润与投资利润并重的保险盈利模式。其主导思想还是试图通过拓展保险金融投资渠道，增加金融投资工具，实现保险资金的多渠道管理，实现多种金融工具上的盈利，因此，在此阶段，保监会在制度上建立了一系列关于风险管理、股票投资、债券投资的相关文件，通过制度保障，开启了保险资产管理金融投资渠道的大拓展，实现了保险在权益投资、固定收益投资上的范围、工具等内容的深化，实现了国内金融资源与国际金融资源的双向管理，实现了保险资产管理机构与银行理财、证券与基金投资管理、信托投资管理的深度竞争与合作。

2006年6月26日，国务院发布《国务院关于保险业改革发展的若干意见》（简称“国十条”），该法规中规定“允许符合条件的保险资产管理公司逐步扩大资产管理范围。探索保险资金独立托管机制。在风险可控的前提下，鼓励保险资金直接或间接投资资本市场，逐步提高投资比例，稳步扩大保险资金投资资产证券化产品的规模和品种，开展保险资金投资不动产和创业投资企业试点。支持保险资金参股商业银行。支持保险资金境外投资。根据国民经济发展的需求，不断拓宽保险资金运用的渠道和范围，充分发挥保险资金长期性和稳定性的优势，为国民经济建设提供资金支持。”显然，政策的开放为保险资产管理行业带来了又一个发展的新时期，实现了风险可控条件下的又一次大的跨越。但这种路径的选择还是基于金融投资领域，只是在投资边界、投资工具及制度设计等方面迈开了大步，不再满足于原先的低利率市场环境下的固定收益投资和有限的间接型权益投资，如协议存款和国债、金融债、有担保企业债的投资，如占总资产5%比例的基金投资，而是适应变化了的金融市场环境，从固定利率品种到浮动利率品种，从有担保债券到无担保的信用债券，甚至资产抵押债券、可转换债券及更复杂的CDO类，从股票基金的投资扩展到直接的股票投资，从国内市场走向国际市场。

案例2-2-2　中国人寿入股渤海基金

2005年10月，党的十六届五中全会通过的《“十一五”规划建议》明确指出“继续发挥经济特区、上海浦东新区的作用，推进天津滨海新区等条件较好地区的开发开放，带动区域经济发展”。2005年12月，作为国内首只人民币产业基金试点，国务院正式批准渤海产业投资基金设立。渤海基金批准规模200亿元，首期基金规模60亿元，并规定“允许保险公司认购渤海产业基金股份”。保监会吴定富主席在2006年1月13日的全保会上讲话中也指出，“保险公司投资渤海产业基金已经获得国务院批准”。

2006年1月中旬，中国人寿资产管理有限公司收到渤海基金筹备组的致函，邀请中国人寿参与渤海基金的筹备。3月，天津市政府致函人寿集团，再次邀请中国人寿参与渤海基金筹备工作。

经过深入研究后，公司认为，渤海基金的设立，不仅在大局上与国家宏观战略一致，也是投融资体制改革的重要尝试，对于完善中国资本市场结构有一定意义，因此，中国人寿集团决定，在参与基金管理公司投决会，并要求基金管理公司大股东在基金中出资不低于中国人寿的原则下，与基金筹备组协商，参与基金和基金管理公司的组建工作。

尽管当时国内外已经有一些私募股权投资基金，但产业投资基金还是个新生事物，与其他私募股权投资基金有何不同，没有人知道。渤海基金作为国内第一只人民币产业投资基金，在监管审批的框架内，如何能够在尊重市场规律，满足投资人要求的情况下成功设立，成了一个巨大的课题。

在此期间，公司先后与国内外多只私募股权投资基金进行了交流，了解、熟悉基金的运作，学习国内外先进的经验。同时，与全国社保基金理事会、国家开发银行和中国邮政储蓄银行等一起与基金管理公司大股东中银国际和泰达控股进行了历时一年的谈判。最终从中国人寿整体利益出发，签署了投资协议，由中国人寿集团、中国人寿股份公司分别出资5亿元人民币参与首期渤海基金，合计占首期60亿基金份额的16.67%；各出资500万元，参与基金管理公司，合计占基金管理公司总股本的5%。

作为第一只人民币产业投资基金，公司一直密切关注基金的发展，高度重视渤海基金后期管理工作。一方面通过参加董事会、基金持有人大会、投资咨询委员会等会议，提出了合理建议，另一方面，也通过派员专职参与基金管理公司，向基金推荐项目，支持基金实际工作。

通过参与基金的设立及投资后的后期管理工作，公司加强了与其他私募股权投资机构的沟通，借此拓展了业务能力，树立了中国人寿在股权投资领域的形象，深入参与了基金运作的各个流程，探索建立了挑选股权投资基金的系统。这对于中国人寿乃至保险业未来投资和设立股权投资基金，进入股权投资基金管理领域有着重要的参考意义。

案例2－2－3　泰康积极拓展企业年金业务

一、战略布局

对于整个泰康来说，发展企业年金是集团层面的发展大事，不仅与泰康深耕寿险的业务战略一致，也与国家政策和社会经济的发展方向基调一致，实属顺势而为。

泰康人寿董事长陈东升曾经在政府部门长期从事经济研究工作，对国家政策的动向尤其敏感。20世纪90年代初期出台的关于补充养老保险的系列法律规定，让陈东升敏锐地嗅出商机。自1996年成功创立泰康后，陈东升明确提出公司必须大力发展以企业补充养老保险业务为核心的团险业务。2000年，当国务院发布通知将补充养老保险正式更名为企业年金，泰康人寿迅速行动，立即成立了专门的企业年金研究机构，展开政策研究。

泰康人寿的努力获得了成功，公司多年来积累了一大批具有影响力的、中外大型企业的优质养老金客户，例如铁路局、招商银行等。在此基础上，2005年初泰康人寿成立了企业年金中心，并于11月正式获批第一批企业年金基金账户管理人资格。泰康资产前身——资产管理中心也较早地介入了养老金性质的受托资金管理业务，积累了丰富的养老金管理经验，为泰康资产日后进军企业年金市场奠定了基础。2007年8月22日，企业年金管理机构扩容工作终于启动。在陈东升董事长的亲自领导下，泰康资产从强手如林的竞争对手中突围，顺利取得投资管理人资格。

二、倾力投入

企业年金是典型的机构市场，其显著特征是：早期市场份额不大，赢者通吃普遍，因此投资管理人的投资业绩的好坏非常重要。在取得年金业务资格后，泰康人寿董事长陈东升向泰康资产CEO段国圣提出明确要求，“不惜重金也要把企业年金业务做好”。在集团的支持下，泰康资产将企业年金列入公司战略发展的优先级项目，从整个公司层面给予年金业务的绿色发展通道。

1. 投入重量级资源配置

通过3年的实践，泰康资产在公司内部已建立起完善的年金业务模式。泰康资产不仅设立了年金投资部专门负责企业年金的投资运作，在涉及风险管理、合规监控、法律审核、投资运营支持、客户服务等全价值业务链上也配备了专业人员，制定了各个部门协作参与的年金管理制度与流程，并协同泰康养老共同服务于年金业务客户，最大限度地保障年金组合稳健运作。

2009年，泰康资产设立了年金投资部（原委托资产投资部）作为专事企业年金基金投资的管理部门，目前部门现有员工14人，投资经理9人，投资助理4人，业务助理1人。其中，该部门负责人曾连续三年获得基金业金牛奖，管理的一只基金摘得晨星中国1年期、2年期、3年期基金五星评级。从资源投入角度看，如此重量的人力配置，为业界领先。

此外，围绕企业年金业务，泰康资产还在委托资产业务部、客户服务部、风险管理部、合规控制部、运营管理部、信息技术管理部设置了年金专岗人员。截至2010年底，泰康资产累计从事企业年金业务人员超过50人。

2. 高管挂帅，攻克战略客户，以点带面促品牌

由于泰康资产是第二批中选的企业年金基金投资管理人，直到2008年才正式开展企业年金业务，错过了2006年、2007年资本市场的快速上涨行情和大型央企设立企业年金基金的机会，在管理规模、业绩经验和年金品牌方面与第一批企业年金基金投资管理人确实存在较大差距。

泰康资产的管理层同样意识到这一点。2008年起，以CEO段国圣为首的泰康资产高管成员，在与战略客户的沟通交流中，事必躬亲，轮番助力企业年金业务开拓工作，亲自出现在战略客户的谈判桌上。如2008年春节前夕，全国最大的社保移交——长江养老发起的上海市企业年金过渡计划开始公开选聘投资管理人。段国圣紧急动员召集公司所有核心成员，亲自带队设计方案，连夜乘火车奔赴上海。在现场，段国圣本人亲自述标，各业务板块负责人也沉着回应了招标方长江养老的各项细节问题，并在事后尽力配合了招标方的尽职调查工作。最终，强势竞争中胜出，中标该计划债券组合的外部投资管理人。值得一提的是，在11家机构中，泰康资产是除了计划发起人长江养老之外唯一入选的第二批企业年金基金投资管理人。此外，2008年8月铁道部逾200亿元的年金份额招标，2010年底中石油第二轮投资管理人选聘工作，泰康资产负责人和年金管理团队都是亲历亲为，最终从多家管理人中顺利突围，成为投资管理人之一。

三、业绩显著

3年来，泰康资产始终坚持投资为本、为客户创造长期持续价值的理念，公司上下齐心协力，令企业年金基金管理规模取得了快速发展，为金融、电力、能源、铁路等行业的众多企业提供了年金投资管理服务。截至2010年12月31日，泰康资产企业年金中标规模逾120亿元，服务单一客户逾90家，新增业务规模2009年、2010年连续两年进入市场前三甲，在第二批6家取得企业年金投资管理资格的机构中名列第一位。

泰康资产自2008年启动企业年金的投资运作，虽然经历了2008年、2009年和2010年上半年的资本市场大幅震荡，期间仍为委托人实现了优秀的投资业绩。截至2010年12月31日，泰康资产管理的单一企业年金计划有70个，规模为93.77亿元。2008年、2009年、2010年公司所管理年金基金按照资产加权年平均收益率15.03%。

正是因为泰康资产为企业年金客户持续带来了良好收益，客户对于泰康

资产好评不断，除了在其新增规模上给予泰康资产更多份额的同时，也通过口碑相传，向行业内其他设立企业年金的相关企业主动宣传和推介泰康资产的投资能力，提升了公司在企业年金市场中的地位和影响力。

制度的变化、市场的拓展、产品的丰富，给保险资产管理带来机会的同时，也带来了风险隐患。2004 年和 2005 年的经济过热，央行调整存款准备金率和法定利率，给保险固定收益投资带来冲击，2008 年全球金融危机对股市的冲击更给保险资产管理带来严峻的挑战。此外，保险资金委托与受托对象之间的集团与子公司之间的关系也制约着保险资产管理的市场化程度，由于这种非市场化的委托代理形式在资金的集中化管理、投资管理的激励约束、定价、产品创新和服务等诸多方面都不完善，因此，保险资产管理人自己也思考着如何塑造保险资产管理的核心竞争力，这种核心竞争力不仅仅是有能力管理好委托人的资金，还要有能力开发保险资产管理自己的金融产品，形成与基金、信托或银行相类似的自我造血功能，形成对保险传统业务的强有力支撑。基于这样一些思考，保监会开始在行业内引导资产管理公司面向行业内的中小公司开发理财产品或受托管理中小保险公司的资产，也引导保险公司从资产端着手设计保险产品。同时，保监会资金部与保险资产管理行业一起，寻求保险资金投资管理的新形式，其突破形式是保险基础设施投资，因为，“从保险公司角度看，基础设施是良好的投资工具，主要优点在于：（1）期限较长，有利于资产负债匹配；（2）有利于对冲通货膨胀的影响；（3）与证券市场投资关联度很低，有利于分散风险”，而且地方与国家也看重保险资金的投资功能与社会效益。在这种真实的供需状况下，保险资金开始从资本市场向实体经济迈进。考虑到实体经济的投资风险问题，保险资产管理人进行了一系列的制度设计与产品创新，将保险资本与产业需求有机地结合起来，形成了保险资产管理独特的金融理财产品形式——“保险资金间接投资基础设施债权投资计划”，不仅实现了保险资金的直接实体投资，形成了保险资产管理公司自己的产品与市场，也为国家经济建设作出了重要的贡献。

为了实现保险资产管理从资本市场到实体经济的突破，在 2006 年和 2007 年，保监会密集下发了相关的法规，如《保险资金间接投资基础设施项目试点管理办法》（保监会令［2006］1 号）、《保险资金间接投资基础设施债权投资计划管理指引（试行）》（保监发［2007］53 号）等等。这些法律法规进一步扩大了保险资金的投资市场范围，将保险资金可投资的金融市场边界进一步扩大，同时也将保险资产管理的范围从金融市场向产业市场转移，实现了保险资金从金融市场向产业市场的转化。保险可投资工具从原来的银行存款、债券、基金和股票拓展到基础设施建设、相关的股权投资和境外投资等。此后，保险资金获准投资未上市企业股权，从而更进一步拓宽了保险业的投资范围。

在 2008 年金融危机期间，中国股票市场波动加剧，保险投资受损，为使保险投资收益稳定，保障投保人利益，保险机构按照国家宏观调控方向，参与了国家急需的交通、能源、环保等关系国计民生的重要基础设施项目，如世博会项目，北京、上海等城市地铁项目、中国高铁建设项目等等，不仅取得了投资市场的转化，创造了新的利润来源，也为经济稳定发展提供了有力保证。这使得保险资产管理业在优化配置、稳定收益，促进保险行业稳定发展的同时，也支持了国家经济发展，展现了保险行业发展的实力。

三、从境内市场到全球市场

从国际保险资产管理市场看，在成熟市场国家，保险资产管理市场可以是多层次、多维度的。其保险资金运用区域是全球化的，保险公司的投资活动遍布全球，目前保险公司管理着全球 40% 的投资资产，是国际与国内金融市场中的重要组成成分；其资金运用工具是多维的，投资范围包括购买股票、国债、金融债券、企业债券，设立投资基金，投资股权、地产、期货、外汇等。多层次市场与多样化工具的投资布局，推动了这些国家的保险资产管理的专业化、国际化运作能力。借鉴国际经验，我国近年来也开始加强多层次、多维度的保险资产管理市场的建设，实施“走出去”战略，使中国保险资产管理业的市场体系更加丰富多样。

继我国保险投资的传统市场范围的显著变化和保险投资市场的边界大幅拓展，保险投资由传统金融市场向现代金融市场发展，向实体经济的直接投资转化，保险业实施“走出去”战略，开始有序地参与到国际金融市场的投资方面。

在 2004—2006 年，为配合我国汇率体制改革的进展情况，充分利用国务院批准的境外投资政策，主动融入经济全球化、金融一体化的格局当中，保险资产管理业试图充分利用两个国内与国际市场两种资源，积极扩大国际合作，借鉴国际经验，试点保险资金境外投资的试点工作。2004 年，保险机构开展自有外汇境外投资，为保险境外投资的初步尝试。2006 年 9 月，《保险外汇资金境外运用管理暂行办法实施细则》出台，允许保险自有外汇资金在境外投资，币种与人民币汇率参考的一篮子货币相同。这一措施开启了保险业走向国际市场的新篇章，在国际金融市场产生了积极影响，有力地支持了我国汇率形成机制的改革，促进了我国国际收支平衡，缓解人民币升值压力，维护人民币汇率稳定，为中央银行实施货币政策创造了有利的环境。2006 年当年，少数保险资产管理公司开始试点实施购汇境外投资，平安保险集团获准成立香港资产管理公司，负责平安集团所有境外投资及管理业务，实现在全球范围进行资产配置，以及境外投资产品和第三方资产管理等业务。

国际金融市场的高波动性和复杂性，决定着我国保险资产管理业国际化的进程是曲折的。在迈向国际化之初，还只是局部的试点，只限于保险自有外汇资金的国际市场“配置”，对受托管理外汇资产的保险资产管理公司的外汇资金运用采取逐笔申报、逐笔放行的原则进行，其实质是保险外汇投资的过程。

考虑到国际金融市场的复杂性及多变性，也考虑到保险资产管理行业中具有国际投资视野的人才缺乏，在开放国际市场的策略上，采取了渐进的原则，即中国保险资产管理业以香港为桥头堡，先通过香港这个国际金融市场，参与到国际股票市场的投资中。在投资方向上，先购买红筹公司及在 H 股上市的国内公司股票，尤其是参与国内在港上市的公司的新股发售，因为国内的投资经理们对国内公司的认知程度比较高，投资相关公司的风险较小。

此后，当国内资产管理公司对国际市场的运行规则、市场载体与工具有较深刻的认识后，才逐步扩大进入国际市场的投资主体，允许更多的保险资产管理机构参与国际市场的投资，在这个阶段，大多数保险资产管理公司都具备了投资国际市场的能力，也拥有了相应的投资资格。

与此同时，监管部门视保险资产管理公司投资能力及人才储备情况，有序地逐步放宽保险资金投资范围，从一般性的股票投资过渡到股权投资，甚至是复杂的金融工具投资，如含股权合作关系的可转债投资等，使保险公司通过相关的国际股权投资，参与到国际金融市场合作中，促进保险投资的国内市场和国际市场协同发展，逐步尝试保险资金的全球化配置资产，试图利用国际金融市场丰富的资源、产品和服务，分散资产配置的地域风险，提高投资收益。

2007 年，落实国务院“走出去”战略，中国平安、中国人寿保险资产管理等公司开始参与国际并购。投资的过程本来就是一个跌宕起伏的过程，更何况参与国际市场的投资和并购。2008 年，当国际金融危机愈演愈烈，我国保险资产管理业在国际市场的投资资产也大幅缩水，尤其是平安投资富通银行事件成为当年国内保险机构投资国际市场的最大风险事件。2007 年 11 月，平安斥资 18.1 亿欧元，买入富通集团股权 9 501 万股，占其总股本的 4.18%，成为富通第一大股东。2008 年 3 月，平安通过二级市场进一步增持富通股权，持股比例达到 4.99%，总初始投资金额约合人民币 238 亿元。当年 4 月，平安与富通集团达成协议，拟以 21.5 亿欧元收购其旗下的富通资产管理公司 50% 的股权，并“将借此机会快速建立全球资产管理及 QDII（合格境内机构投资者）的业务平台”。但是，在 2008 年，随着富通集团资产减计的增加和偿付能力恶化问题的加剧，其股价深幅下挫。2008 年 10 月 30 日富通收盘价 0.83 欧元/股，与 2007 年 11 月初相比的累计跌幅超过 90% 左右。10 月 2 日，平安发布公告，称已放弃出资 21.5 亿欧元收购富通集团旗下资产管理公司 50% 股份的计划。10 月 3 日，荷兰政府以 168 亿欧元收购包括原荷兰银行在内的富通全部在荷兰业务。10 月 5 日，比利时政府也与巴黎银行达成一项股权互换协议，使得富通在比利时和卢森堡的业务也被完全剥离。在这种情况下，平安宣布在第三季报中将截至 9 月 30 日的 157 亿元亏损计提，并放弃了成立合资资产管理公司的初衷。2008 年 12 月 19 日，富通股价收于 1.08 欧元，以最新的市价计算，平安持有富通的股票市值为 1.3 亿欧元。2008 年 12 月 25 日，欧元兑人民币中间价为人民币 9.5678 元，按这个汇率计算，平安当初的投资金额还剩余 12.44 亿元人民币。至此，平安这笔海外投资当年亏损了 226 亿元人民币。

在“平安富通事件”之后，保险资产管理的国际化进程有所放缓，不仅平安反思富通事件的投资过程，其他公司也放慢了海外拓展的节奏，监管层也开始从制度层面完善防范国际金融市场投资风险的长效机制，建立更稳健、更可控和有战略意义的国际化投资的保障体系。在相关的制度保障到位的情况下，目前的保险资产管理业国际化进程重新步入快车道，一是国际市场的投资边界在扩大，投资品种在增加；二是制度保障之下的风控机制、投资决策机制趋向于科学化、合理化；三是国际化的运作模式公司化，数家保险资产管理公司在港设立子公司，进一步提高了投资国际市场的专业化管理能力。现在，国内保险资产管理行业“走出去”的步伐越来越坚实，其国际管理资产规模在增长，投资形式多样化、投资工具极大丰富，顺应了我国从资本输入到资本输出的发展趋势。

案例2-2-4　平安投资富通集团——保险资金海外投资探索

一、平安入股富通集团，率先探索保险资金海外投资

为了积极响应国家关于“走出去”的宏观战略方针，同时积极探索通过加大境外直接投资缓解外汇储备增长压力，有条件的中国金融企业纷纷按照国际通行准则开展了对外投资和跨国经营。

中国平安保险（集团）股份有限公司在国家“走出去”战略的指引下，按照保险资金资产负债匹配和风险分散的投资原则，成为国内率先探索保险资金海外投资的先行者，稳步落实“走出去”战略。

表1　　国家“走出去”战略指引

时间	文件	建议
2000年10月	十五届五中全会——《中共中央关于制定国民经济和社会发展第十个五年规划的建议》	首次明确提出“走出去”战略
2005年10月	十六届五中全会——《中共中央关于制定国民经济和社会发展第十一个五年规划的建议》	支持有条件的企业“走出去”
2006年6月	国务院——《关于保险业改革发展的若干意见》	表示“支持保险资金境外投资”
2006年12月	中央经济工作会议	再次强调我国还要继续实施“走出去”战略
2007年初	全国金融工作会议	温家宝总理提出：“支持有条件的国内金融企业‘走出去’，拓宽对外投资渠道”

在整个“走出去”战略的实施过程中，我们用了超过一年的时间分析全球各主要市场的潜在投资对象。2007 年美国的次贷危机在美国本土已经开始有所暴露，我们在对外投资的地区初选中进行风险规避首先剔除了北美，而选择了当时一直非常稳定的欧洲。从政治风险考虑，中国与欧盟国家的关系一直良好，荷比卢作为有历史传统的中立国家，与中国发生任何种类的政治摩擦的可能性都是微乎其微。因此，当时的欧洲尤其是荷比卢地区从经济、政治、金融等各方面比较成为投资的首选地区。

当时的富通集团，于 1990 年由三家荷兰及比利时的保险公司和银行合并而成，经过近 20 年的发展，对不同金融行业以及各个经济周期拥有丰富的金融服务经验及多文化工作环境，成为低地三国（Benelux）最大的金融机构之一，业务也扩展至全世界，顺理成章地成为了平安“走出去”战略的重点关注对象。

锁定富通为重点关注对象后，我们联合国际一流的第三方机构、国际律师事务所、战略顾问麦肯锡，对富通进行了持续深入的研究。通过深入充分的尽职调查，我们对投资富通的价值与入股价格，及其可能存在的经营风险、外汇风险、市场风险和监管风险进行了审慎评估和反复论证，研究制定了相应的应对方案。

按照公司治理程序，在 2007 年 10 月 25 日举行的平安集团第七届董事会第十五次会议上，各位董事听取了关于投资富通集团项目的报告，就该项投资有了全面深入的了解，会议认为：这个投资属于公司正常的投资，是与《保险公司海外投资管理办法》的精神一致的，董事会同意。2007 年 11 月 21 日召开的平安人寿第二届董事会第二十三次会议审议，平安人寿董事会全体 11 名董事经过审慎、认真地调研和分析，一致通过了《关于投资富通金融集团的议案》，决定投资富通金融集团，投资总金额不超过 26 亿欧元。

2007 年 7 月 25 日《保险资金境外投资管理暂行办法》颁布实施后，我公司投资富通当时属于首例中国境内保险公司对国际大型金融机构的投资项目，公司乃至保险行业以及外部监管机关都希望从中能够积累丰富的海外投资实践经验。公司提前与保监会进行了多轮沟通，得到了监管机关的大力支持。保监会在征求财政部、人民银行等五部委意见，并上报国务院同意后，于 2007 年 11 月 9 日下发了《关于中国平安保险（集团）股份有限公司投资比利时富通集团的审核意见》。国家外汇管理局 2007 年 11 月 14 日下发了《关于中国平安保险（集团）股份有限公司增加境外证券投资额度的批复》，同意公司增加不超过等值30亿欧元的境外证券投资额度，并以平安人寿名义购汇进行境外证券投资。

2007年11月29日我公司在上海证券交易所及香港联交所同步发出了临时公告，宣布平安人寿已通过二级市场购入富通股份，此外公司亦与富通签订谅解备忘录，平安有权向富通集团董事会提名一名非执行董事。此项投资公布后曾获得市场的高度评价，国内外舆论普遍认为，平安集团此次投资是中国金融保险企业改革开放和国际化探索的有益尝试，双方公司的战略性合作，在中国和欧盟国家良好政治、经济关系的背景下拥有广阔的前景。交易公告后，资本市场对有关交易也给予了充分的肯定，我公司H股和富通股价和当天分别上涨6.73%和1.93%。

二、金融风暴席卷全球，覆巢之下焉有完卵

金融危机发生前，富通是欧洲著名、全球领先的跨国金融集团，位居《财富》全球500强第14位，总资产超过10 000亿美元，业务和机构遍布50多个国家，在欧洲拥有超过2 500个零售网点及145家商业中心，资产管理公司及私人银行所管理资产总额高达5 000亿欧元。富通在1990—2006年的连续17年财务表现稳定，每股盈利年复合增长11%，每股分红年复合增长也在15%。

2007年2月，美国抵押贷款风险浮出水面，掀开了这场全球金融风暴的序幕。起初是新世纪金融公司破产、美国房屋销量大跌，导致全球股市大幅震荡。进入2008年，全球主要金融机构相继报出巨亏，一大批历史悠久、规模庞大的金融机构相继破产、被拆分或国有化，引致金融及资本市场的剧烈动荡。这场风暴迅速蔓延到整个欧洲大陆，大批金融机构相继倒闭、被拆分、变卖或政府接管。

随着美国金融危机愈演愈烈并波及欧洲，富通不可避免地受到2008年全球金融危机巨大冲击，形势不断发展和恶化，2008年9月29日，比利时、荷兰、卢森堡三国政府紧急商议公布三国政府联合出资112亿欧元，持有富通集团下属富通银行在三地的49%股权，以增强富通的资本实力，三国政府同时为富通集团内各银行提供流动性支持和保证。出乎整个市场意料的是，就在联合注资方案宣布之后的短短数天内，情况突然发生变化。2008年10月3日，荷兰政府单方面解除三国协议，在未取得任何股东同意的情况下，以其

财政负担过大与来自议会和纳税人的不满为由，宣布富通在荷兰的全部业务完全国有化。之后，2008 年 10 月 6 日，比利时政府在未经富通股东同意的情况下宣布，先以低价国有化富通比利时银行，然后将 75% 股权溢价转售给法国巴黎银行（BNP Paribas）。同时，比利时政府擅自代替富通股东，将富通比利时保险业务直接转让给了法国巴黎银行。卢森堡政府也直接效仿了这一做法。这样，一个世界 500 强排名第 14 位、拥有百年历史的富通集团，被三国政府瓜分蚕食，仅剩下国际保险业务和 104 亿欧元资产。2008 年 10 月 14 日，富通在停牌 6 个交易日后重新开始交易，其股价一开盘就大跌近 70%，当日收市价较停牌前价格跌幅近 80%。

作为富通的第一大股东，我公司对上述有关富通的重大决策和资产处置，无论在事前还是事中，都未曾得到比利时政府方面及时、充分的告知和资料，我们仅是在事后才从公开媒体获知若干重要事项。由于决策和实施过程完全绕过公司治理程序，即使是我公司派出的董事，也未能在事前及时、充分获知足够的关于富通国有化和资产出售的任何相关资料。比利时政府公布的排斥外国股东的不平等补偿计划，将会把外国股东推向更加不利的境地，完全无视和侵害了外国投资者的权益。

我们认为，比利时政府的做法严重侵害了我们作为外国投资者的权益，存在如下三个重大问题：

一是政府征收单方面国有化富通，严重违背国际商业公约精神和公司法规定。

二是政府通过贱价国有化富通后，溢价转手谋取利益，严重侵害了股东权益。

三是不公平补偿措施是对非欧盟国家股东权益的严重歧视政策。

比利时政府的上述做法，对包括我公司在内的广大股东的利益造成了严重损害，由于比利时政府的不当处理，最终导致富通被分拆解体，其主要的银行业务被强制分拆，股东价值受到严重损失，富通 2008 年全年亏损 280 亿欧元，富通股价也从危机前的每股约 20 欧元，到 2008 年 12 月 31 日下跌到每股 0.93 欧元。

富通事件发生后，平安高度重视，密切关注形势发展。依据中国与比利时签署的双边投资保护协议，平安向比利时政府提出赔偿要求。2008 年 11 月 20 日，平安集团董事长马明哲一行专程赴比利时，和比利时政府首相赖特姆进行了会谈，就我公司提出的索偿要求，赖特姆首相表示愿意与我公司商议补偿方案。会后，我公司立即向保监会、商务部、外交部作了汇报，得到三部委的高度重视和大力支持。根据国务院专题会议精神，2008 年 11 月 28 日，包括商务部、外交部、保监会组成的中国政府代表团（平安董事长马明哲也参与其中），在布鲁塞尔与比利时政府进行会谈，取得积极成果。但由于赖特姆首相下台，拒不承认上届政府的承诺，明确表示不再与我公司就赔偿事宜进行谈判。

尽管未能达成合理的补偿方案，但在国务院和保监会、商务部、外交部三部委的高度重视和大力支持下，平安开展了积极有效的维权行动，迫使比利时政府改变了最初具歧视性、排他性的股东补偿方案，并在后来的修订方案中将近 25 亿欧元的有毒资产剥离出富通集团，保留了富通集团主要的保险业务，现在富通集团的价值较之前已有大幅上升，我公司作为股东的利益也得到明显提升。

在维护股东权益的同时，平安本着“把困难想得充分一点、复杂一点，措施做得充分一点”的指导思想，千方百计采取各种措施降低事件对公司的影响，做好各项应急预案的统一部署，确保客户权益不受损害，促进公司在此次全球金融风暴中实现平稳过渡。在这个过程中，集团和各子公司向保监会和政府有关部门定期上报公司情况及市场信息，发现任何重大市场动态或异常情况，都第一时间向保监会、各地保监局及当地政府汇报沟通，得到了有力的指导和支持。

同时，我们也积极做好计提减值工作，为未来的业务发展果断切断风险源。由于我们在 2008 年已经对富通投资的损失做了充分、足额的减值拨备，未来富通发生任何变化，对我公司都不会再有任何负面的财务影响。从 2008 年金融危机爆发到目前，国内各项主营业务发展均保持健康、良好的增长势头，未受任何影响，公司已经彻底放下投资富通的历史包袱，轻装上阵，按照既定的战略规划，稳步推进公司各项业务健康发展。

三、深刻总结经验教训，积极实现稳步发展

投资富通的根本出发点是通过全球化资产配置，一是规避单一经济体周期风险，二是规避单一资本市场过度波动的风险。经过反复研究和筛选，我们将部分投资 A 股的资金，转投到一直波动较小的荷比卢市场。整个投资决策及执行过程是理性、严谨的，此项投资当时获得市场的肯定。我们在投资时，重点研究了富通及其所在行业、所在区域及周边市场的风险，但遇上百年不遇的全球金融风暴，也是我们未曾预料到的，我们未能预计到金融危机是全球性、系统性的风险，富通集团在全球性金融危机影响下，股价大幅下跌，最终令我们失去了当初投资富通预期的价值回报和协同效应。总结和反思整个过程，主要有如下三点经验教训。

（一）对金融风暴带来的全球系统性风险始料未及

我们深刻认识到，虽然我们在投资富通的决策过程中做了充分、审慎的调查；在投资管理过程中对各项风险高度关注，通过富通董事会进行及时干预；但此次百年一遇、席卷全球的金融风暴，演变之快、范围之广、程度之深、影响之大，都出乎所有人的意料。经历这次金融风暴，我们对全球的系统性风险有了直接体验与深刻认识，这种系统性风险可以在很短的时间内击垮一个富可敌国的百年金融机构，这对于我们防范系统性风险、完善风险管理值得引以为戒。

（二）低估了国家地区的经济风险和法律风险

我们深刻认识到，境外投资所在国家和地区的经济风险日益复杂，其经济总量、经济发展水平、政府的财政政策、宏观经济调控能力、应对全球系统性金融危机的能力及处置手段等等，均对我们境外投资的成败起到至关重要的作用。

（三）低估了西方发达国家的政治风险和法律风险

我们深刻认识到，西方发达国家一直以来对外标榜公平、法制，尊重和维护基本的商业原则，追求高标准的公司治理，但在最关键的时刻，所有这些原则和标准都可以被肆意抛弃、公然践踏。

富通事件发端后，我公司管理层多次开会、反复检讨，力求从中总结经验教训。投资富通带来股东巨额损失，使我们对大型金融机构所面临风险的复杂性、广泛性和深入性，对西方发达资本主义国家政治经济体系，有了全面的、清醒的认识；在大型金融企业应承担的社会和公众责任等方面，有了更深的体会，得到了深刻的教训；同时也将促使我们进一步坚持并强化“稳健经营”的理念。这些都是我们今后持续发展道路上的宝贵财富。

创新，是先行者走前人没有走过的道路，必然会承受一些创新过程中的风险。这次投资富通的损失，首先是我公司的损失，同时也是中国金融行业为未来更大的发展而付出的代价。

从富通事件中，我们学到了很多经验，这些都是我们今后持续发展道路上的宝贵财富。下一步，我们将在保监会的正确领导下，苦练内功，夯实基础，努力实现又好又快发展，为我国金融业发展和保险业综合金融创新作出应有的贡献。

[第三章]

创新投资产品

“十一五”期间，保险公司投资渠道逐步放开，股票和基金投资比例提高，基础设施投资、海外投资、未上市股权投资、不动产投资等投资渠道先后打开，对提高保险资金投资收益率，增加保单吸引力和保险行业盈利能力具有全局性和战略性的意义。借着政策的春风，保险资产管理公司充分利用投资渠道多的政策优势和专业团队强的业务优势，不断加大资产管理业务创新力度。

一、证券型产品

证券型产品是保险资金的主要投资渠道，也是创新频出的领域。1995 年 6 月颁布的《保险法》规定保险资金运用仅限于银行存款、国债、金融债。1998 年保监会成立以后，采取综合措施，深化改革，健全机制，保险资金运用步入规范发展阶段，证券型产品投资渠道逐渐拓宽。

1999 年，保险资金被允许进入同业拆借市场、投资企业债券、投资证券投资基金和同商业银行办理大额协议存款；2003 年 7 月，允许保险资金投资中央银行票据；2004 年 3 月，允许保险资金投资银行次级定期债务，6 月允许保险资金投资银行次级债券，7 月允许保险资金投资可转换公司债券；2007 年 6 月，允许保险资金从事境外投资；2009 年 11 月，允许保险资金投资无担保企业债券。

2010 年，面临复杂形势和不利局面，保险资产管理监管紧紧围绕“抓监管、防风险、促发展”工作思路，坚持宏观审慎原则，采取积极措施，应对市场变化，有效防范风险，先后发布《保险资金运用管理暂行办法》、《关于调整保险资金投资政策有关问题的通知》、《关于保险机构开展利率互换业务的通知》等法规，不仅放行非上市公司股权、利率互换业务投资，还整合股票基金投资政策，进一步调整了各证券类产品投资限制，对市场发挥了明显的支持作用。

自2004年第一家保险资产管理公司——人保资产管理公司成立以来，中国保险资产管理业仅走过了7个年头。对于这个年轻的行业，保监会灵活运用政策手段、有保有压，在保护行业免于过度暴露风险的情况下，适时放开投资渠道，使其跟随中国资本市场的发展共同成熟壮大。

截至2010年12月，保险资金运用余额中，银行存款占比30.5%；债券类资产占比51.8%，其中，国债9.5%，金融债19.9%，企业债15.7%，权益类资产占比15.1%，股票10.1%，股票型基金5.2%，未上市股权2.4%。

保险资产配置的灵活性增强对保险资金运用能力提出了更高要求。在挑战面前，保险资产管理行业积极应对，改变过去的单一受托管理模式，以市场需求为导向，积极开发资产管理产品试点。考虑到保险资金特点，现有资产管理产品以安全性为基础、兼顾盈利性，并通过投资范围差异化产品的风险和收益特征。目前，保险资产管理公司共发行了人保资产安心收益产品、华泰增值投资产品等8只资产管理产品，丰富的标准化产品满足了投资机构不同的风险偏好。例如，人保安心收益产品以中短期债券和风险较低的新股申购为投资收益主要来源，追求产品资产在低风险条件下的稳定增值；华泰策略投资产品的特征为股票型基金加新股申购。

产品化趋势将是未来保险资产管理业的重要发展方向，一方面丰富的产品类型有利于客户灵活选择资产配置，另一方面标准化的投资产品将有望向保险系统外客户扩展。保险资产管理产品创新，推动了资产管理的市场化进程，由被动投资向主动投资转变，由投资者向产品发行者转变，提升了市场竞争力和影响力。

目前，保监会正在研究运用资产证券化方式，积极寻求保险资产管理产品的交易流通机制，这将有利于保险不动产项目投资、长期股权投资的流动性。层出不穷的证券化产品创新尝试将对丰富我国金融市场产品、促进金融市场多元化发展发挥重大作用。

案例2-3-1　华泰资产证券投资组合产品创新试点

2005年1月4日，当华泰人还在为华泰资产成为中国保监会批准设立的第一家保险资产管理公司欢呼雀跃的时候，保险业的监管机构却早已思索其更深层次的问题：资产管理公司如何不同于以往单纯受托系统内资金的投资管理中心，如何提升资产管理公司的专业能力及市场生命力。华泰资产的成立，让答案变得更加现实而迫切。母公司华泰财险的业务特性决定了保费增速非常有限，使得华泰资产受托管理系统内资金的规模远低于其他资产管理公司。受托母公司资金只是解决了公司的生存问题，而发展方向、发展模式成为困扰成立之初的华泰资产的核心问题。

一、序幕：资产管理产品创新国际研讨会

2005年10月27日的上海陆家嘴，在坐拥外滩及黄浦江美景的香格里拉酒店，由保监会主办的保险资产管理产品创新国际研讨会，正式拉开了酝酿已久的保险资产管理产品创新序幕。

会上，时任保监会副主席的吴小平做了主题发言，深刻分析了资产管理公司进行产品创新管理的政治意义与经济价值，高调动员全行业一起推动资产管理产品的创新工作。在会议的专题讨论会上，保监会资金运用部主任孙建勇认为："做产品的意义，小平主席已经说了很多，要我看来，不做产品，资产管理公司就做不大，你的管理规模要受限于母公司，你的收入规模更可能收支两条线。那资产公司怎么做产品？我认为就是卖投资组合，把以前保险公司做投资的专业优势都可以囊括进组合。产品一定要配置优秀的投资经理来管理，同时要建立托管机制，用制度让投资机构对你放心。如华泰资产的试点，可以考虑先由华泰财险和人寿来认购，等产品作出业绩、内部管理理顺后，再推向整个行业。"

今天来看，那两天的研讨会，深入分析借鉴国际经验，全面探讨产品创新机制与手段，不仅对促进保险资产管理健康发展发挥了积极作用，更是让甫一出生就内含市场与创新基因的华泰资产找准了方向。华泰资产准备两条腿走路了。

二、华泰理财一号：非寿险投资型保险产品的第一步

研讨会刚结束，11月8日，华泰财险就向中国保监会申请销售"华泰理

财一号人身交通意外保险”投资型保险产品。而在2006年5月30日正式销售之前，由华泰资产主导，华泰保险和工商银行上海分行专门就该产品共同开发了保险产品代销平台，实现了保险公司和银行信息系统对接。银保信息系统对接，是保险销售模式的实质性突破，极大地提高了销售效率，降低了经营风险，成为华泰一号成功发售的支柱之一。

当然，成功背后更重要的是战略和模式。正是受到监管部门的启发，华泰资产综合分析自身及母公司华泰财险的经营特点及已有优势后，决定以固定收益类投资上形成的核心竞争力，结合市场时机和自身比较优势，借助华泰保险开发投资型保险产品，探索销售渠道的创新，以投资型保险产品+受托+银行渠道的方式拓展市场。

从此，以华泰保险为依托，在华泰保险经营非寿险投资型保险产品多年经验的基础上，以华泰资产为投资管理人的针对银行渠道和个人客户的华泰理财产品系列不断衍生。从体现绝对收益投资能力的预定收益型产品到体现相对收益投资能力的非预定收益型产品；从居安、居益，到一号、二号、三号、稳健，再到居祥等等，产品准确地把握了投资市场的周期与产品需求周期，发售平台也从当初的工行分行系统转移到工行全行理财销售系统上来，为非寿险投资型保险产品的创新和发展奠定了基础。

三、华泰增值：资产管理公司产品创新

针对保险公司特定需求，开展保险资产管理公司产品创新，华泰资产则倾注了更多的努力与关注。

最初的思路，是基于公司长期在债券管理方面的优势，借鉴基金公司的管理模式，开发一个债券投资组合的系列产品。但是，当就这一方案与市场上的潜在机构投资者一一沟通，却发现反响平平，需求不强。2006年，股市行情开始启动，新股的收益率一路走高。保险业内，大公司能够做股票、打新股，而更多的中小公司却因为不具备资质条件，被挡在了交易所的大门之外。如何得到监管部门的支持，通过资产管理公司的平台与资质，帮助中小公司参与股市投资并控制投资风险，分享股市的成长与超额收益，华泰资产又琢磨起来。

在经过反复思考、探讨之后，2006年6月6日，公司时任副总经理淦克兴建议华泰尽快设计出投资于债券及新股申购的投资组合方案。市场需求就在眼前，如果说担心，更多的是担心这个产品是不是太简单，缺乏技术含量。

6月6日，又是一个不眠之夜。《中小保险公司债券组合及IPO管理方案》连夜出台，方案中就投资组合的市场需求、政策合规、专业投资等问题进行了深入分析。也是以这个方案为基础，华泰资产才有了后来产品创新试点资格的获批及华泰增值、中短债、中意等一系列产品的成功发行。

2006年6月，针对股票投资办法的调整和银行股权投资的政策，保监会召开了专项会议，征求各保险公司和资产管理公司的意见。会议上，监管部门领导提出中小保险公司要解放思想，借助保险资产管理公司的力量，提高收益，控制风险。同时，资产管理公司要有竞争能力、服务能力、市场化服务的意识。这次会议上，华泰资产淦克兴提出以专项理财投资产品和IPO集合投资产品的形式，为中小保险公司提供新股申购服务的建议，得到了监管部门领导的认可。

12日，华泰资产随即向保监会提交了《关于报批华泰资产管理公司投资产品的请示》，6月19日，保监会正式批复华泰资产开展资产管理产品创新试点。这一纸批文，正式拉开了华泰资产乃至整个保险资产管理行业证券投资组合产品创新的帷幕。

2006年6月22日，华泰资产正式面向保险机构发行华泰增值投资产品，首日有效累计申购11.5亿份。6月23日，华泰增值投资产品成功申购中国银行A股7 237 000股；7月5日，中国银行上市首日，华泰增值投资产品将申购的中国银行A股全部卖出，产品单位净值1.005元。至此，保险行业第一个投资产品创新试点成功，获得了中小保险机构的广泛认同。现在回过头来分析华泰增值成功的原因，一是市场定位准确，作为一个债券组合产品而非股票组合产品，以新股的IPO作为收益增强，且其债券组合为一年期以下品种，风险很小，非常适合中小保险公司投资风险收益的要求；二是准确把握时机，在专项会议召开至中国银行IPO之间不到半个月的时间内，成功通过监管部门审批、产品募集设立、IPO申购三道大关，体现出华泰强劲的团队作战能力、服务协调能力及专业投资能力。

两周后，中信证券推出了类似的“债券+新股申购”的集合投资产品，随后信托公司和基金公司跟上，陆续推出了更多的新股申购产品。同类产品的出现，意味着华泰的尝试获得了市场的认同。简单，有效，是产品设计的最高原则。

自此以后，华泰资产的产品创新越来越多，越来越好，其市场化程度高，用心为中小保险机构服务，逐渐成为了业内的共识，得到了监管部门的积极扶持。产品创新做得好，一是指华泰资产发行的产品种类多，简单、透明、效率高；二是指华泰资产的产品收益好，契合市场投资时间，满足中小保险机构客户的风险收益需要。

四、透明、简单、有效：资产管理产品创新的原则

五年后的今天，华泰在自身内部的业务发展总结及向监管机构的创新发展汇报等不同场合下，均将“做得好”的原因归纳提炼为了五点：一要实质领会监管精神，二要积极开拓投资渠道，三要及时把握投资机会，四要准确定位市场需求，五要始终遵守六字原则，即“透明、简单、有效”。这五点，如今的华泰人，依然还在产品创新市场中灵活运用，在实践中不断升华。

二、基础设施类产品

2006 年 3 月 14 日，保监会颁布《保险资金间接投资基础设施项目试点管理办法》，泰康、平安、国寿、太平洋获准成为首批 4 家试点单位，该办法的颁布预示着保险资金在投资基础设施上的重大进展，是保险投资渠道的新拓展，对于保险行业投资格局的转变具有历史性的意义，为保险公司资产负债管理提供了一条有别于传统投资方式的重要渠道。

基础设施类投资产品可以采取债权、股权、物权等其他可行方式。其中，债权投资计划是指保险资产管理机构等专业管理机构根据有关规定，发行投资计划受益凭证、向保险公司等委托人募集资金、投资基础设施项目等，按照约定支付本金和预期收益的金融工具；股权投资计划则是以产权为投资标的。根据《保险资金运用管理暂行办法》，投资于基础设施等债权投资计划的账面余额不高于本公司上季度末总资产的 10% 。

基础设施建设资金规模需求大、期限长，与保险资金具有天然的契合性。保监会的政策推动有效满足了保险资金的配置需求，该举措也切实落实了 2008 年国务院出台的金融促进经济发展的九条政策措施——保险业要加强资金融通的功能，支持关系国计民生的重点领域。

对于基础设施类产品，保监会不仅设置了严格的准入机制、能力要求和决策流程，也对所投资的重点领域、项目和区域选择给出相关指引。目前，国内保险公司所投资的基础设施类产品主要呈现以下特点：投资领域包括能源、资源、交通领域等垄断性稀缺资源；重点项目通常是由政府主导、商业运作、受经济周期影响小的关系国计民生的优质资产，因为这部分项目有政府信用作担保、安全性高、风险相对可控；投资区域着重为长三角地区、珠三角地区、东部沿海地区等经济发达地区。2009年以来，保监会审时度势，先后出台《保险资金间接投资基础设施债权投资计划管理指引（试行）》、《关于保险资金投资基础设施债权投资计划的通知》、《保险资金运用管理暂行办法》等法律法规，进一步改进和细化了保险机构投资于基础设施类产品的相关规定。

截至2010年12月底，有7家资产管理公司发起设立了23项基础设施债权投资计划。基础设施投资10个项目，包括6个股权投资项目，主要是高速公路、京沪高铁和水务，符合国家产业政策和环保政策，发展前景较好，其他5个债权项目都由大型商业银行提供担保。

案例2-3-2 力拔头筹，泰康—开泰铁路债权投资计划

2006年3月，保监会颁布了《保险资金间接投资基础设施项目试点管理办法》（以下简称《试点管理办法》）。政策开闸之后，业内首个基础设施债权计划“泰康—开泰铁路债权计划”在这一年年底基本成型，并得到保监会的肯定和支持。

一、应运而生精准定位

《试点管理办法》出台不久，恰逢中国债券市场连续下跌。伴随着2006年第一季度金融运行数据的出炉，4月初开始债券市场出现了7个交易日的持续下跌；至第二季度末，债市跌势绵延不止，期间央行更是连续出台加息和上调存款准备金率等紧缩政策。在这种背景下，保监会批准开启基础设施投资让行业看到了希望。在保监会资金运用管理部孙建勇主任、曾于瑾副主任的大力推动下，主要的资产管理公司兵分两路，一个项目组负责债权投资计划试点，另一个项目组负责保险资金入股京沪高铁股权投资谈判。

当时，债权性资金市场以银行贷款和少量券商承销、信托产品和贷款为主，对保险机构来说是全新的领域，未知的风险和困难重重。短期之内，各

家公司的债权投资试点项目一筹莫展，无从下手。与此同时，保险资金投资京沪高铁的股权项目谈判却进展得十分顺利，不仅得到了保监会吴定富主席和铁道部主要领导的支持，也获得国务院书面批准。在多轮沟通中，保险业对铁道部高铁建设情况有了充分的了解，泰康资产与铁道部方面负责人员也形成了良好的互动。

偶然的机会，项目可行性谈判阶段工作小组负责人、泰康资产 CEO 段国圣突然想到：借着东风，能否与铁道部合作推出基础设施债权投资计划呢？能否把保险资金投资京沪高铁项目的方式拓展到债权投资呢？这个想法，得到了保监会资金运用部孙、曾两位主任的支持。

一方面，在国家高铁大发展的总体规划下，铁道部有现实的资金缺口和融资需求。京沪高铁及与此相关的高速机车购置，综合来看，无论在项目的安全性、融资规模以及社会影响力等各方面，都是保险资金参与的理想标的。另一方面，由于京沪高铁投资规模庞大，项目进度较难把控，受制于铁道部与沿线区域谈判进度等不可控因素，整个股权投资项目的收益风险和退出机制也存在不确定，短期内难以落地。因此，以短期债权投资形式参与京沪高铁项目，不仅易操作、收益也有保障，可以降低保险资金风险，也可以作为保险业参与京沪高铁投资的阶段性成果，产生良好的社会经济效应。

正是有了准确的市场定位，泰康—开泰铁路债权计划顺势而生，获得了良好的起点和明确的方向，为成功推出奠定了基础。

二、紧张高效的方案设计和商务谈判

2006 年 9 月，为了尽快落实高铁债权投资计划试点，泰康资产开始了紧张的尽职调查、方案设计、可行性研究、合同谈判等技术工作。其中，最重要的是收益率谈判以及担保架构的实现，也意味着多重挑战。

一是债权计划涉及主体很多，必须对产品的期限结构、定价方法、计费标准、增信结构、服务提供等进行综合权衡。既要锱铢必较，又要求同存异。既要与合作方形成共同的利益点，还要保证投资计划的良好收益性和高效率。

二是技术文件种类繁多庞杂。不仅涉及项目的可行性论证和投资计划可行性研究，又涵盖了委托人、受托人、托管人、项目方、独立监督人等一系列主体之间多重法律关系和权利义务的界定和合同，还包括投资计划募集等一系列的机制与文件。

在巨大的工作热情激励下，初稿一鼓作气提交到保监会。阅毕，保监会孙建勇主任提出了一条新的建议，“能否以发行受益凭证的方式来操作债权计划，明确份额，便于受益人未来实现债权的转让和流通。”这让泰康资产深受启发。

在第二次提交的方案中，泰康资产将100亿元“泰康—开泰”铁路债权设为1亿份，每份投资计划受益权面额单位为人民币100元，并规定受益权份额可以在委托人之间依法转让或向银行进行质押，由泰康资产提供登记。这种做法，也成为日后行业所有债权投资计划的蓝本。

经过反复锤炼和完善，泰康资产保证了投资计划方案、文件、合同等材料的准确、一致、稳妥。

三、成功的行业推广

按保监会的要求，试点阶段的基础设施投资计划必须为全行业服务，在业内进行销售，以使试点的效益最大化。为此，泰康资产广泛联系保险行业几十家保险公司，并兵分两路，针对北京、上海有基本意向的机构进行了现场路演推介。在公司领导的指导帮助下，经过扎实细致的推广工作，募集工作完美收官，中国太保、中国人保等在内的十二家公司同意参与该计划的发起与设立。

2007年3月“泰康—开泰铁路债权计划”正式获得保监会批准。该投资计划由泰康资产作为受托人发起，向保险行业募集100亿元资金，全部用于铁道部京沪高速铁路项目机车车辆购置及铁道部机车车辆购置借款项目，托管人为工商银行，独立监督人为人保资产，并在其后分两次顺利完成共计100亿元的提款。

本次债权计划在行业内的募集过程，真正考验了投资计划的设计能力和各方面技术方案的完整和完善性。不仅是各保险公司对泰康的认可和鼓励，更是对于基础设施投资这一新生产物的呵护和支持，真正实现了保险行业以集合方式参与关乎国计民生的重大基础设施项目建设。这单投资计划的成功推出，也使得决策层关于保险资金投资基础设施业务这一创新性的重大构想正式落地生根，并为保监会《保险资金间接投资基础设施债权投资计划管理指引》等相关细则的出台提供了良好的实践基础和技术支持。

案例2-3-3 太平资产—京投地铁项目债权计划

2009年9月初，太平资产管理有限公司（以下简称太平资产）发起设立的“太平资产—京投地铁项目债权计划”获得保监会备案。

该计划是北京市第一个获准的保险债权投资计划，也是保监会《基础设施债权投资计划产品设立指引》和《保险资金投资基础设施债权投资计划的通知》下发后，第一个上报保监会并获准的债权投资计划。

一、项目背景

为发挥保险资金优势，支持国家基础设施建设，同时拓宽保险资金的运用渠道，获取长期稳定的投资收益，2009年，太平资产与北京市基础设施投资有限公司（以下简称北京京投）进行了长达数月的接触与沟通，并就保险资金以债权方式投资于北京市地铁十号线建设项目达成了协议。

北京京投是受北京市政府授权对轨道交通行业进行投融资管理、资产保值增值的特大型国有独资公司，是北京市轨道交通唯一的投融资平台。根据北京市政府制定的《城市快速轨道交通建设规划（2004—2015）》，轨道交通建设是未来一段时期内北京市基础设施建设的重点，为此，北京市政府建立了轨道交通专项资金，明确了轨道交通项目建设资本金和贷款还本付息的资金来源。北京京投的实力以及资质在基础设施行业内位于前列，与北京京投就地铁项目建设合作保险资金债权计划，不仅将稳定实现保险资金的保值增值，更将落实保险资金服务于国家基础设施建设的历史使命。

二、项目的经济与社会效益

该债权投资计划总规模30亿元，投资期限为7年，募集资金用于北京市地铁十号线一期（含奥运支线）和二期工程的建设开发，这是北京市目前最重要、投资最大的地铁项目。

地铁十号线是继地铁二号线之后的北京地铁交通的又一条环线，位于三环与四环之间，一期工程2004年经国务院批准，连接北京东部和北部，连通中关村地区、奥林匹克中心区、亚运村和北京商务中心区（CBD）等重点功能区，已于2008年7月19日完工并通车试运营，二期工程计划连接北京西部和南部，计划2012年底与一期工程贯通，形成环线。

项目具有可靠的还款来源，能够保障债权人的利益，投资风险低。地铁工程是基础设施项目，其投资大、建设期长、运营成本高。同时，地铁项目属于社会公益性项目，其票价一般实行政府指导价，大多需要政府财政补贴，但是项目的社会效益良好，该投资项目的社会效益在于：

1. 形成地铁的网络效应

地铁十号线是北京市地铁第二环线，是线网中的骨架线路。十号线全线共与17条轨道交通线路衔接，共形成24个换乘节点；是线网中的连接线，可形成线网的互连互通。它的建成，将充分发挥北京市地铁的网络效应，极大地改善地铁的覆盖区域，形成各地铁终端快速、便捷的通达网络。

2. 为沿线居民提供了低成本、无拥堵的出行选择

地铁十号线在北京市道路三环与四环线之间建成一条快速直通交通走廊，串联了沿线多个性质不同的功能区，将大大改善北京市三环、四环道路之间的交通条件，既为北京市中心地带迅速膨胀的居住人口与工作岗位提供出行方便，又可以截流主城区外围组团及卫星城镇之间的出行客流，缓解中心区的交通压力。

3. 有利于促进沿线的城市改造

地铁十号线位距老城中心约7～10公里，由于其优越的区位，在东城、西城、崇文、宣武四个中心城区的旧城改造、外迁居住人口中，是首选居住地。十号线工程的建设，将大大改善沿线的交通条件，有效提升该地区的吸引力，带动沿线土地开发，促进旧城改造，促进该地区城市建设的发展。同时轨道交通大容量的优势将促进沿线城市土地的集约化使用。

正是由于地铁十号线工程对发挥北京轨道交通线网作用，缓解地面交通压力、方便沿线居民的出行，促进沿线土地的升级改造均具有重要作用和现实意义，国务院于2004年即批准了该工程的建设，而保险资金也为能参与国家重要经济项目的建设而感到光荣和自豪。

三、不动产类产品

长期以来，由于国内缺乏符合保险公司资金配置的长期债券，而不动产拥有稳定且可观的长期租金回报，保险公司尤其寿险公司要求放行保险资金投资不动产的呼声甚高。然而，由于涉及实体经济中的核心领域，不仅保险

监管机构对该类产品采取较为谨慎的态度，相关部委在这个渠道的开放上也极为审慎，由此就决定了保险不动产投资不仅是一个创新的过程，更是一个曲折的过程。

从2005年开始，保险业就委托国开行间接投资基础设施，但因为某些自我行业保护意识，当时没有允许保险的这种间接投资形式。在这种情况下，保险业开始转变思路，转过来做基础设施信托计划，通过投资方式的改变来实现投资渠道的拓展，其投资不动产的方式由此也从委托模式走到信托模式。经过层层讨论、协调，终于取得了发改委、银监会等部委的同意，监管部门为了防范渠道开放过程中的风险，并促进行业健康发展，在试点开始时制度先行，制定了《保险资金投资基础设施的办法》，在这样的监管机制下，开始了保险资产管理行业120亿元不动产投资试点工作。120亿元是平安申请到的，经过协商，平安的投资额度为100亿元，其他四家公司各5亿元，由此开始了保险的不动产投资过程。一年后扩大试点，拟定了15%的投资比例，但在申报过程中，遇到2007年的中央经济工作会议，定调是防通货膨胀、防经济过热，由于此比例迟迟无法获批，半年以后获得有限通过，不动产投资比例从15%降低到8%（5%债权和3%股权）。直到《保险资金运用管理办法》出台后，这个比例才上调为10%。2010年4月，国务院发布了《关于坚决遏制部分城市房价过快上涨的通知》，明确实行差别化住房信贷政策、加强房地产开发企业购地融资监管等措施。时隔5个月，保监会出台《保险资金投资不动产暂行办法》，允许保险资金投资不动产及相关金融产品，投资上限为季度末总资产的10%。在整个房地产行业调控的背景下，保险资金被允许进入不动产市场有利于缓冲政策效应，减少对房地产市场的冲击。

由不动产投资开始，保险资产管理业实现了一个大转变和新的创新模式，即由单纯的发起设立投资项目转变为发起设立金融产品。截至2011年第一季度，行业共发起设立数十只不动产方面的产品，规模近千亿元。在此创新过程中，保险资产管理行业突破了银行的利率管制，利用基础设施产品绕开管制，确定了产品定价权。

不动产相关金融产品是指不动产投资管理机构依法在中国境内发起设立或者发行的以不动产为基础资产的投资计划或者投资基金，目前主要是指房地产投资信托基金（REITs）。它是一种以发行收益凭证的方式汇集特定多数投资者的资金，由专门投资机构进行房地产投资经营管理，并将投资综合收益按比例分配给投资者的一种信托基金。REITs 具有其他投资产品所不具有的独特优势，主要包括：第一，REITs 的长期收益由其所投资的房地产价值决定，与其他金融资产的相关度较低，有相对较低的波动性和在通货膨胀时期所具有的保值功能；第二，REITs 按规定必须将 90% 的收入作为红利分配，投资者可以获得比较稳定的即期收入；第三，由于 REITs 股份基本上都在各大证券交易所上市，与传统的以所有权为目的的房地产投资相比，具有相当高的流动性。

从本质上看，REITs 属于资产证券化的一种方式，而且一般以写字楼、商场等现金流较稳定的商业地产为投资标的。从 REITs 的国际发展经验看，几乎所有 REITs 的经营模式都是收购已有商业地产并出租，靠租金回报投资者，极少有进行开发性投资的 REITs 存在。因此，REITs 并不同于一般意义上的房地产项目融资。长期来看，当保险公司在本身拥有优质物业或丰富的行业运作经验情况下，不动产类产品是较好的投资标的。

由于国内保险资金投资不动产刚刚起步，行业内暂时没有不动产类产品，目前仍以直接购买不动产为主。根据《保险资金投资不动产暂行办法》，保险资金采用债权、股权或者物权方式投资的不动产，仅限于商业不动产、办公不动产、与保险业务相关的养老、医疗、汽车服务等不动产及自用性不动产，不得投资于商业住宅，不得直接从事房地产开发建设（包括一级土地开发）。以上规定一方面限制了保险资金流入住宅市场；另一方面为处于成长期的商业地产、养老地产等不动产领域提供了资金来源，并满足了保险公司的资金配置需求。

就目前的《保险资金投资不动产暂行办法》及政策的实施情况来看，保险资产管理业不仅仅是开启了一个投资的窗口，其重要的意义在于保险投资形式的产品化，可以让全行业所有保险公司能够享受到产品的收益，参与到另类产品的投资过程中，可以参与商业地产、养老社区、仓储管理等实体经济，从而从虚拟市场走向实体经济，并通过金融创新类的证券化产品，参与到国计民生的大项目建设中，抓住我国经济发展的有利时机，投资优质资产，实现战略发展，进而增强保险业在宏观经济中的影响力和渗透力。

案例 2－3－4　南水北调债权计划

2010 年 9 月，由太平资产管理有限公司（以下简称太平资产）发起设立的南水北调工程债权投资计划于获得中国保监会备案核准。太平资产将募集资金以债权投资方式为国务院南水北调工程建设委员会办公室（以下简称南水北调办）提供融资，作为南水北调工程过渡性资金的一部分，用于南水北调工程东、中线一期建设。作为保险行业迄今为止最为重大的基础设施投资项目，南水北调债权计划开创了保险资金投资国家重大基础民生工程并由国家专项基金和中央财政收入还款的先例，开创了中央财政与金融业尤其是中央财政与保险业合作的新局面，并在融资模式上实现了多重创新。

一、南水北调债权计划背景介绍

南水北调工程是缓解我国北方水资源严重短缺局面的重大战略性基础设施项目，是党中央、国务院根据我国经济社会发展需要作出的重大决策，对全面建设小康社会和实现社会经济现代化具有重要意义。

南水北调工程规划东线、中线和西线三条调水线路，通过三条调水线路与长江、黄河、淮河和海河四大江河的联系，逐步构成以“四横三纵”为主体的水网布局，基本覆盖黄淮海流域、胶东地区和西北内陆部分地区，可以实现我国水资源南北调配、东西互济的合理配置格局。

南水北调工程的构思和前期工作开始于 20 世纪 50 年代初，21 世纪后进入实质性操作。2002 年 12 月国务院批准《南水北调工程总体规划》，确定南水北调东、中线一期工程静态投资为 1 240 亿元。由于南水北调工程从规划到实施的周期较长，2002 年后国内经济形势发生了较大变化，征地成本、物价和银行利率等因素都发生了较大改变。2008 年 10 月国务院批准《南水北调工程中、东线一期工程总体可行性研究报告》，确定工程总投资为 2 320 亿元，比规划阶段静态投资增加 1 080 亿元，资金出现缺口。

对大幅增加的投资，地方投资（南水北调工程基金）、银团贷款等都无法按规划阶段确定的出资比例增加投资，中央财政也暂时难以安排全部资金。为弥补资金“缺口”，按时保质保量完成工程任务，经国务院同意，征收国家重大水利工程建设基金（以下简称重大水利基金），以中央资本金的方式注入工程，统筹解决南水北调工程可研阶段增加的投资。由于重大水利基金从

2010年开始征收，到2019年才能完成南水北调工程所需全部资金的筹集，工程建设高峰期（2010—2013年）内仍有资金缺口，因此需要先利用不同的融资渠道筹集一定规模的过渡性资金，待工程建成后用征收的重大水利基金偿还建设资金本息，这就是南水北调工程过渡性融资的背景情况。

由于南水北调工程社会效益和经济效益突出，融资规模大，信用等级高，全国各主要金融机构竞相参与。太平资产在保监会和集团领导的支持下，经过精心准备、周密安排，设计的债权计划方案获得财政部、南水北调办的一致认可，为保险资金在南水北调过渡性融资中争得了一席之地。

二、南水北调债权计划创新

南水北调债权计划在参与国家民生工程建设、参与中央财政融资的过程中实现了多重创新：

1. 融资主体创新

南水北调工程是准公益性项目，因此工程的投资、经营、管理主要应该由政府来承担。从南水北调过渡性资金融资的起因来看，工程投资缺口需由中央政府承担，而中央财政又暂时无法落实，唯一的方法是政府直接从资本市场融资。美国、日本、印度等国家皆有政府主导水利投资，并通过资本市场融资的成功案例。国外成功的水利工程融资经验，对面临资金短缺的南水北调工程具有特别重要的借鉴意义。

南水北调办是代表中央实施南水北调工程行政管理职能的机关，兼有协调、落实和监督南水北调工程建设资金筹措、管理和使用的职责，是合适的过渡性融资主体。因此，中央有关文件明确，“经国务院同意，南水北调办作为南水北调工程过渡性融资主体，负责融资和偿还贷款本息等资金的统贷统还工作”。

国务院同意南水北调办作为南水北调工程过渡性融资主体，同时也是债权计划偿债主体，是债权计划融资主体的重要创新。

2. 最高信用等级融资

南水北调债权计划有关法律文件明确，债权计划的还款来源为重大水利基金等中央财政预算内收入，而中央财政预算由全国人民代表大会审议通过，从根本上保障了债权计划还款来源的合法性及其毋庸置疑的偿付能力。

南水北调债权计划项下的偿债主体得到国务院同意，还款来源经全国人大批准纳入中央财政预算，这些决定了本债权计划为国内最高信用等级融资。

国家专项基金及中央财政预算收入作为还款来源，相当于以国家信用作为担保，为南水北调债权计划提供了最高层级和最大能力的保障。这不仅在已发行的保险资金债权计划中是绝无仅有的，在整个金融市场上也是仅次于国债的最高级别的债权（债券）金融产品。

3. 有选择的期限结构

南水北调债权计划的融资期限为6~10年，南水北调办有一定的选择权。这样设计的原因有两个：首先，国家规定重大水利基金的征收期为10年，因此，安排最长10年的融资期限，为保险资金的长期配置提供了条件。其次，考虑到南水北调工程东线一期工程计划于2013年通水、中线一期工程计划于2014年通水。通水后，重大水利基金可以全部用于过渡性融资还本付息，从节约国家财政负担的角度考虑，并结合保险资金配置需要、利率水平等因素，设定6年基本年限，并给予南水北调办于6年期满后可以提前还款的选择权，符合双方的期望和需求。这种带选择性的融资期限结构是保险基础设施债权计划的首创。

4. 资金保障措施

为保障南水北调工程所需保险资金的稳定供应，确保债权计划成功发行，南水北调债权计划率先引入资金供应保障措施，即在债权计划募集不及、募集不足或个别委托人未能按受托合同约定缴付出资等情况下，太平资产作为受托人可以与委托人协商为债权计划代垫出资或增加委托人认购额度。

同时，为保证“保障措施”的可控性与可操作性，太平资产与太平人寿商定，并经中国保监会同意，当需要启动保障措施时，无论其他委托人是否愿意增加认购额度，太平人寿同意为债权计划提供全额资金。

三、南水北调项目的重大意义

保险资金以债权计划的形式参与南水北调工程，与保险业、保险资金投资的特点、作用、优势相吻合，能够充分满足保险资金投资安全性、收益性、流动性和资产负债匹配的要求；符合国务院关于“充分发挥保险资金长期性和稳定性的优势，为国民经济建设提供资金支持”的指示精神，有助于更好地实践保险业促进改革、保障经济、稳定社会、造福人民的重要使命。保险企业在南水北调债权计划基础上设计和开发相应的保险产品，可以使全社会共享国家财政收益，更好地实现保险企业的社会效益和经济效益。

案例2－3－5　京沪高速铁路股权投资计划

当前，高铁的快速崛起已成为中国自主创新的国家名片。中国高铁正引领低碳交运，加速交运变革；中国高铁正加速区域“融城”，各区域的经济联系与社会文化合作正在被高铁时代重新定位，中国区域经济的版图也正被改写。

作为京沪高铁的重要投资者和参与者之一，2011年，京沪高铁股权投资计划已进入京沪高铁项目投资的第四个年度，保险行业团队的160亿元资金已在2010年全部投资完毕。

京沪高铁股权计划是由平安资产管理公司牵头，整合保险团队、银行团队、法律服务等中介团队，开创保险资金新型投资模式，属于典型的金融创新，被社会上广泛称为亚洲最大的私募股权投资。

同时，在保监会的统一指导下，京沪计划也是保险机构首次组成投资团队，整体一致对外的全新投资模式；京沪计划是唯一参与国家重大铁路基础设施项目的社会资本，为建设项目提供了雄厚的资金支持和强大高效的资金运作平台；京沪计划有助于争取铁道部系统优质资源与保险资金的优化配置，充分发挥保险资金在中国经济增长方式转型和金融创新中的作用；京沪计划将建立保险资金长期稳定的收益机制，有利于发挥保险资金的融通功能，改善保险业资产负债匹配状况，分散投资风险。

一、京沪高铁股权投资计划的基本概要

（一）京沪高速铁路股份有限公司

京沪高铁股权投资计划投资的目标公司为京沪高速铁路股份有限公司。京沪高铁是国内在建的第一条具有世界先进水平的高速铁路，是“十一五”规划工程中投资规模最大、技术含量最高的工程项目，全长超过1 318公里，总投资预算为2 300亿元，规划建设工期4.5年，调试与试运营期0.5年，为永续经营。

建成后的京沪高铁将成为我国铁路网络中的骨架和脊梁，是既能解决我国南北运输、东西运输“瓶颈”的重要战略举措，又能联系南北经济中心、

有力推动北京上海两个经济中心的合作和发展的大动脉。京沪高铁横跨我国经济发达的东部沿海4个省和3个直辖市，它的建成势必推动铁路沿线的区域经济发展和产业结构优化升级，对我国国民经济全面协调发展具有非常重大的社会意义和经济意义。

京沪高速铁路股份有限公司是由中国铁路建设投资公司、平安资产管理有限责任公司（代表保险团队）、全国社会保障基金理事会，以及8家地方政府共同出资发起设立的（图1）。

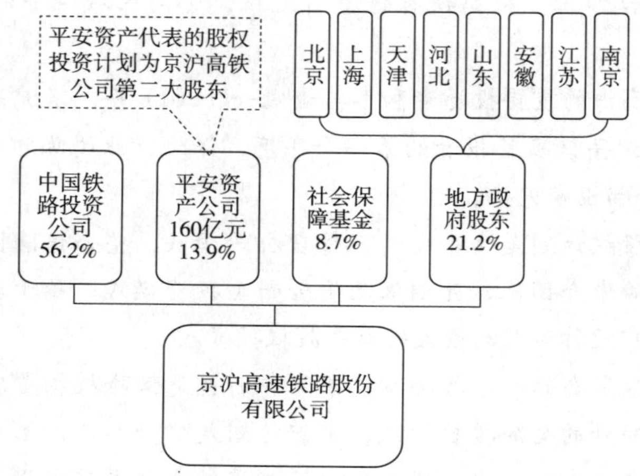

注：8家地方政府出资代表分别为：北京市基础设施投资有限公司、上海申铁投资有限公司、天津城市基础设施建设投资集团有限公司、江苏交通控股有限公司、南京铁路建设投资有限责任公司、山东省高速公路集团有限公司、河北建投交通投资公司、安徽省投资集团有限公司。

图1　京沪高速铁路股份有限公司股权结构图

（二）京沪高铁股权投资计划

京沪高铁股权投资计划是指由牵头发起人、共同发起人、参与认购人就投资计划的发起设立和共同委托平安资产管理公司作为受托管理人协商一致，共同约定受托管理人以其自己公司的名义，按照投资计划资产承担盈亏的原则，为受益人的利益，依照发起设立协议和投资契约的约定，对目标公司进行股权投资，并将投资计划投资所取得的分配收益足额及时分配给受益人，由独立监督人对受托管理人、目标公司和托管人进行运营监督、取得监管部门审核批准的金融产品。

京沪高铁股权投资计划交易结构如图2所示。平安资产管理公司是股权计划的牵头发起人，太平洋资产管理公司、泰康资产管理公司、太平资产管理公司为共同发起人，中国再保险、中国人保公司、中意人寿保险有限公司为参与认购人。受托管理人为平安资产管理公司，托管人为中国建设银行，独立监督人为国家开发银行，法律顾问为上海华益律师事务所。

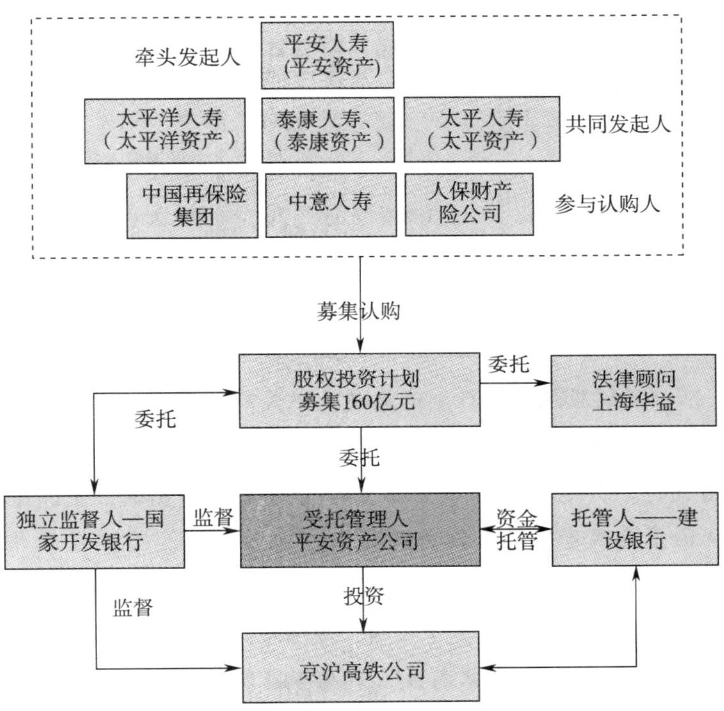

图2 京沪高铁股权投资计划的交易结构图

股权投资计划募集金额160亿元人民币。牵头发起人、共同发起人、参与认购人的具体出资金额，占股权计划比例，以及京沪计划的实际受益人名称如表1所示。

表1　　京沪高铁股权投资计划的出资比例

主体类型	公司名称	份额（%）	金额（亿元）	受益人名称
牵头发起人	平安资产管理有限责任公司	39.375	63	中国平安人寿保险股份有限公司
共同发起人	太平洋资产管理有限责任公司	25.000	40	中国太平洋人寿保险股份有限公司
	泰康资产管理有限责任公司	18.750	30	泰康人寿保险股份有限公司
	太平资产管理有限公司	12.500	20	太平人寿保险有限公司
参与认购人	中再保险（集团）股份有限公司	1.875	3	中再保险（集团）股份有限公司
	中意人寿保险有限公司	1.250	2	中意人寿保险有限公司
	中国人民财产保险股份有限公司	1.250	2	中国人民财产保险股份有限公司
合计	7家	100	160	7家

（三）京沪高铁股权投资计划的意义

第一，拓宽了保险资金的投资渠道，该计划的社会效益及其对国家重点项目的战略支持，引起了政府和全社会的高度关注和重视，促进保险法的修改及其对保险资金投资不动产的明确规定。

第二，优化和改良了保险业的发展环境，变保险业的恶性竞争为“竞争中的合作与合作中的竞争”。平安资产牵头、四家保险资金共同发起、七家保险资金一起参与投资京沪高铁，既累积了资金，扩大了投资规模，促进了政府投融资体制的改革和风险管控模式，又变保险公司的单打独斗、恶性竞争为合作竞争，并以此为契机，带动了保险资金投资不动产的系列金融创新。

二、京沪高铁股权投资计划的投资

在中国保监会的领导和大力支持下，从2006年初开始，平安及保险团队就开始启动京沪高铁项目的论证，进行了大量工作。为有效推动项目进展，平安专门设立了京沪项目领导小组与执行小组。集团领导、投管会主要委员和资产公司班子组成领导小组，就重大问题进行专题决策、确定整体投资方案、安排重大事项等。

同时，平安资产管理公司聘请专业机构对该项目进行严格的审查和评估，包括资产评估、交通流量预测、工程质量评估、财务和法律方面的尽职调查等。结果显示，京沪高铁投资估值评价是中性偏正，评估结论认为该项目不仅是一个简单的商业项目，而是一个具有特许经营权牌照、国家垄断、IPO潜力很大、资本增值前景良好的投资机会。在当时的投资条件下，经测算，京沪高铁项目全部投资的内部收益率（IRR）为12.08%，股利IRR为13.09%，净现值（NPV）为1 837.85亿元，投资回收期为17年，项目平均年投资收益率（ROE）可达25.10%。

在平安和保险团队的共同努力下，2008年6月17日，京沪计划正式获得保监会批复。

三、京沪高铁股权投资计划投资后受托管理

京沪计划批准后，平安资产管理公司高度重视受托管理工作，设立京沪高铁股权投资计划管理办公室，按照国际标准建立股权投资计划的标准化运营管理体系，严格实施项目管理，达成预期投资及管理目标。同时，平安也一直认真履行职责，积极探索受托管理工作的有效工作机制，保险团队的联合投资已赢得了京沪公司的高度尊重和理解，也获得了铁道部、社保基金理事会和其他地方股东的尊重：

第一，平安资产依托业已建立的科学、规范的股权投资计划运营管理体系，对股权计划进行有效管理，密切跟踪关注项目公司工程进展和预算执行情况，认真履行积极的股东角色。

第二，经过三年的合作，受托管理人与独立监督人、法律顾问、托管人的工作协同与配合机制更加顺畅。过去几年的工作中，受托管理工作也得到了京沪计划长期法律顾问、独立监督人及托管人的大力支持和配合，他们及时发现了京沪公司在信息披露质量等方面所存在的问题，充分体现了专业精神和专业能力，为受托管理工作提供了有力的支持。

第三，京沪计划所委派的董、监事与受托管理人之间建立良好的工作机制，配合默契，为维护全体受益人的利益发挥了积极作用。作为京沪计划与目标公司间的沟通桥梁，京沪计划委派的各董、监事恪尽职守，积极参与了京沪公司组织的年度及临时董监事会议，并且与受托管理人配合默契，根据事先研究确定的议案答复意见，在董、监事会议上为维护股权计划全体受益人的利益发挥了积极作用，赢得了目标公司的高度尊重和理解。

第四，从过去几年的投资运作情况看，京沪计划的投资管理能力经受住

了大型投资项目复杂环境与多变情况的考验。同时，保险团队的工作有力促进了目标企业的公司治理完善和经营管理规范，赢得了目标企业的高度尊重和理解。

第三篇　发展篇

[第一章]

保险资产管理公司成长

改革开放以来，我国的保险资产管理经历了从无到有、从小到大的发展阶段。随着我国资本市场的不断发展，保险业得到了长足的进步，保险业资产规模不断扩大，截至 2010 年年底，我国保险业的资产规模已经达到了 50 543.5亿元。通过资产管理获得的收益已经成为保险公司承保利润之外的另一大利润来源，保险资产管理已经成为了支撑保险业发展的重要支柱之一。

然而，这一巨大成绩的获得并不是一帆风顺的，中间充满着坎坷和反复。在 20 世纪 80 年代初我国资本市场尚未建立之时，保险资产的“管理”只是简单的银行存款，随着我国国民经济的发展，特别是资本市场的发展，保险资产的投资领域也从简单的银行存款逐步进入到债券、基金、股票，以及现在可以进入基础设施建设投资和海外投资。

随着保险资产管理的投资渠道不断拓宽，我国保险资产也取得了重要的成就。在我国资本市场成立的二十多年中，我国保险机构走过了国外要经历半个世纪才能走完的发展道路：（1）成为金融市场的重要机构投资者。（2）完善了我国的资本市场。（3）是政府宏观调控的重要参与者。（4）为我国国民经济的发展发挥了巨大的推动作用。

保险资产管理取得上述重大的成就，与自身的成长是分不开的。近年来，保险资产管理在深化管理体制改革、改进运作模式、完善风险管理机制、拓宽投资渠道等方面取得了一系列显著的成果，加之近年来我国良好的经济发展形势，使得我国保险业步入历史上难得的战略机遇期。但是，次贷危机所引发的全球金融危机以及可能导致的实体经济下滑，又对我国保险资产管理带来巨大的挑战。正如吴定富主席2007 年8 月14 日在偿付能力监管标准委员会成立仪式上的讲话中所说：“我国保险业的发展正处在一个关键的历史阶段，既是难得的战略机遇期，也是严峻的矛盾凸显期。经济和社会的发展对保险业提出了更高的要求，党和政府也对保险业寄予了厚望。”

一、保险资产管理模式“工业化”

工业化是相比于传统农业的生产经营的社会化、商品化活动，其典型特征是生产活动的规模化、集约化和市场化。在工业化阶段，社会是以市场经济为导向，以利益机制为联结，以企业发展为根本的生产过程。工业化通过实现生产经营的规模化、专业化、区域化，降低公共成本和外部成本，提高生产活动的效益和竞争力。在我国保险资产管理业的发展过程中，也存在着这种类“工业化”的发展过程。

在1980—2003年，我国保险资产管理处于摸索阶段，取得了一些成就，也走了一些弯路，其专业化程度、市场化程度都不足，更妄谈保险资产管理的规模化和现代化运作。保险业在这个时期中不断地积累经验，培养了投资意识，为以后的“工业化”发展打下了良好的基础。

在改革开放的最初十年中，中国保险业总体规模仍然不大。在我国证券市场尚未建成的情况下，原本规模不是很大的保险资金没有形成专业化投资的独立队伍和投资管理的广阔空间，而在管理模式上也往往隶属于公司财务部，其主要职能是公司内部的资金往来、资金分配，一般以银行存款为其主要管理形式。在80年代后期，我国经济改革步伐加快、证券市场正式启动并得以快速发展，同时随着非国有保险公司的纷纷成立，保险行业的竞争格局也在逐步形成。在这样的大背景下，保险公司为防范通货膨胀风险、提高保险资金营运管理效率，逐步开展了保险资金的投资与运营活动。然而，在这一阶段中，有一个关键性问题未解决，即保险资金运用的定位问题，其实质是保险资产的管理问题：第一，当时保险界对于资金运用是否应该独立于一般的财务功能尚无清晰的观点；第二，保险资金运用是总分式（总公司与分公司）各自运用还是集中管理；第三，我国没有一部法律明确规定保险公司应该投资什么和不应该投资什么，即保险资金的运用范围缺少规范。在这种背景下，现在大家所理解的保险资产管理的规范运作模式在当时几乎没有，只是傻钱多（大量的保费收入产生），于是保险公司在风险控制能力和投资能力水平较低的情况下开展项目投资、不动产投资、购买股票等业务，随之而来的是保险公司资产质量出现不同程度的恶化，严重影响到保险公司的可持续发展和广大保户的切身利益。

1995 年，《保险法》的颁布与实施，标志着我国保险业进入到有法可依、依法管理的新阶段。以《保险法》的出台为标志，国内保险公司的资金运用渠道进入了严格管制和规范发展并重的阶段，我国保险公司的投资风险控制情况得到了很大的改善，1998 年保监会成立，使得对保险行业进行专业监管成为可能。在保监会成立之后，保险业改革走上了加速发展的道路。保监会在后来保险资产管理体制改革、保险资金的风险管理机制、保险资金的监管和投资渠道的拓宽等方面均起到了主要的推进和监管作用，为保险业的发展提供了强大的动力。

2003 年以后，中国保监会发布了关于重新修订《保险公司投资证券投资基金管理暂行办法》的通知，打开了保险业直接投资资本市场的大门。同时，为了加强对保险资金的监管和防范投资风险，同年 11 月，保监会设立了保险资金运用监管部。而第一家以法人形式出现的资产管理公司——中国人保资产管理股份有限公司在 2003 年成立，标志着我国资产管理进入了一个新的时代，这一系列的重大事件使得 2003 年在我国保险业的发展历史上留下浓重的一笔，保险资产管理开始步入“工业化”的年代。

从 2003 年开始，我国的保险资产管理迎来了飞速发展阶段，在 2004 年，我国保险业资产管理规模在 11 985. 8 亿元①，而 2010 年年底已达到 50 543. 5 亿元，年均增长 45. 96%。从改革开放至保险资产管理规模突破 1 万亿元，花了 26 年时间；从 1 万亿元至 2 万亿元，花了 4 年时间；而从 2 万亿元至 3 万亿元，仅仅花了 1 年时间；从 3 万亿元至 4 万亿元，花了不足 1 年时间。这一阶段，保险资产管理最突出的特点是：

（一）保险资产管理专业化模式的建立

保险资产管理专业化管理模式的形成是保险资产管理的必然路径选择，也是近几年中国保监会着力引导发展的丰硕成果。

保险资产管理公司是保险资产管理的一种相当成熟的组织模式。作为一家独立运营的公司，资产管理公司设立股东会、董事会，以及在其授权下开展工作的高管层等，并设置一系列公司内部治理机制，降低代理成本，实现

① 数据来源：中国保监会统计信息部。

公司经营目标。同时，为实现保险资产管理公司的经营目标，也会建立一套内部投资管理和决策的机制体系，并与各投资市场运行以及品种投资部门的运行模式有机结合。资产管理公司的管理职能、风控职能以及辅助的品种投资部门、账户管理以及后勤资金核算清算体系的具体执行部门职能的相互融合、相互支撑，即形成资产管理公司组织模式的基本框架。

大型的保险公司通常以全资子公司的形式设立保险资产管理公司，负责保险资产的投资管理。如2002年全球最大的34家股份制保险公司中，就有80%以上采用保险资产管理公司的模式。保险资产与养老金具有诸多相似的性质，比如注重安全性、强调期限匹配等，投资范围也同样广泛。保险资产管理公司的业务不仅限于保险资产的管理，也同时管理共同基金、面向私人客户提供全套金融服务等。保险资产管理的资产规模与共同基金接近，是资本市场上最重要的机构投资者之一。

在我国，保险资产管理的模式发展是渐进的，在早先是公司财务部下属的一个管理小组或者是专司资金划拨往来的几个财务人员，在中国保监会成立后，保险公司内设独立的资金运用部，此后进一步演变为更多功能的利润中心——资金运用管理中心（或公司内设投资部），到了2003年以后，集团下设具有独立法人资格的资产管理公司开始成为中大型保险公司与保险集团的主要资产管理模式，与之协同的是大量委托第三方资产管理等模式的形成。经过近些年的发展，目前我国保险资产管理公司行业群体已经形成，并成为中国金融市场中的一支重要力量，是中国的金融资产管理业发展的重要推动力量。

表3-1-1　　保监会批准设立的保险资产管理公司一览表

公司名称	设立时间	所在城市
中国人保资产管理股份有限公司	2003年7月	上海
中国人寿资产管理有限公司	2003年11月	北京
华泰资产管理有限公司	2005年1月	上海
中再资产管理股份有限公司	2005年2月	北京
平安资产管理有限责任公司	2005年5月	上海
泰康资产管理有限责任公司	2006年1月	北京
太平洋资产管理有限责任公司	2006年5月	上海
新华资产管理股份有限公司	2006年5月	北京
太平资产管理有限公司	2006年8月	上海
友邦中国资产管理中心	2006年1月	上海
安邦资产管理有限公司	2011年5月	北京
生命保险资产管理有限公司	2011年7月	深圳

注：截至2011年9月30日。

（二）保险资产管理范围的拓展

保险资产管理的专业化运行模式在我国还是近几年的事，虽处幼年，但因为充分借鉴了国内外保险资产管理行业的发展经验，凭借这种后发优势，以及行业内外的竞争态势及压力促进，行业发展总体呈现快速发展态势。仅仅几年时间，保险资产管理业在内部机制建立、制度形成及人才队伍募集后，就开始积极向业内外拓展，一些保险资产管理公司在受托管理集团内资产的基础上，开始管理保险行业内中小保险公司的资产，以及受托管理企业年金及其他行业资产，管理的规模及范围虽不及券商、基金、信托与银行，也呈现出良好的发展态势。

出现这种委托第三方管理的趋势，其主要原因在于：一是随着保险公司资金运用规模的不断加大，保险公司资产管理人员提供固定回报、分散化投资以及防范投资和运营风险的压力增大。二是投资环境更加严峻，股票与债券市场波动性加大，证券投资回报降低。三是外部监督的压力加大。保险公司通过第三方资产管理公司管理资产，以求更好地遵守行业规范，从而增加他们在外部机构投资者、监管机构心目中的可信度。四是不断增长的专业化分工。由于新型金融工具的不断推出，专业化分工越来越细，对外部专业技术的需求也增加了。五是保险资产负债管理要求较高且专业性强，中小型保险公司难以做到，需要委托第三方予以实施。一些资金量较小的财险公司和小型寿险公司倾向委托投资运作模式（第三方资产管理模式），以缓解经营压力、分散投资风险和提高投资收益。

（三）保险资产管理机构内部功能的完善

在保险资产管理方面，从最初的财务部附属投资人员到投资部，从保险资产管理中心到保险资产管理公司，资产管理的内部功能是逐渐充实的。在此过程中，保险资产管理人对设置什么样的内部机构，是从简单模仿国内外资产管理企业到逐步形成保险自己的资产管理风格，是从模糊的、简单的仿制性的前、中、后台建立，到清晰地设置内部的管理架构，从线性管理发展到矩阵化扁平式管理。在2004年，中国保监会发布《保险资金运用风险管理控制指引（试行）》文件，从保险资金运用风险管理原则和目标、运行机制和风险管理的主要内容等几个方面，对保险公司和保险资产管理公司建立全面风险控制机制和内部控制约束进行了比较明确的指导。这个纲领性的文件立足于保险公司和保险资产管理公司的风险管理，全面提升行业的风险管理能力，但该文件的另一大功能是为保险资产管理行业的内部机构设置指明了方向，全面推动了保险资产管理行业内部功能的建设。

从内部机构设置的状况看，其基本的思路是按照现代企业制度流程，按照企业市场化管理原则，按照内部机制建立与推动企业运行效率、提高竞争力的要求，按照内部机制建立促进企业风险管理的需要，建立逐步完善的前、中、后台管理体系，建立专业的投资投资团队，建立内控体系健全的资产管理机构。一般情况下，保险资产管理机构的前、中、后台的设置状况大致分为前台的投资管理、中台的风险管理及后台的综合、人力资源管理三大部分，具体到各公司，其内部设置不尽相同。目前一些公司不仅仅追求简单的功能完善，而且还将内部资源模块进行重新划分，力求内部资源的有效整合与配置，并使管理的条块性划分向矩阵式方向发展，如中国平安资产管理公司内部机构设置分为投资、研究、配置、销售、运营和共同资源六大平台，力图最大限度发挥公司的资源与综合竞争优势，提高投资管理的效率（见图3-1-1）。

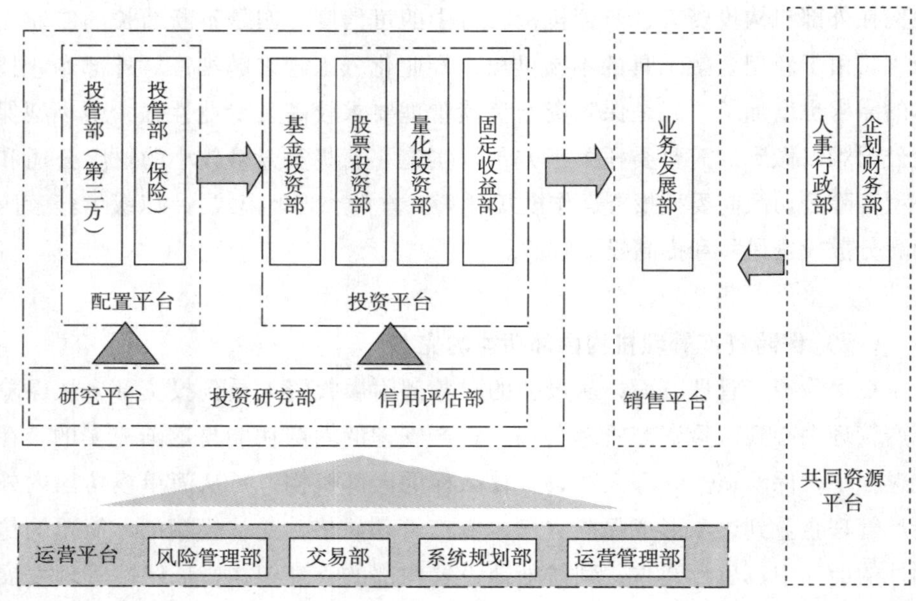

注：这一阶段的主要特点是保险资产管理获得了飞速的发展，短短几年时间取得的成就比过去二十几年还多。保险资产管理规模不断扩大，监管制度不断完善，保险业自身的能力也获得了很大的提高，为以后在更大范围内参与国民经济发展，进行全球化部署奠定了坚实的基础。

图3-1-1 平安资产的组织架构

二、保险资产管理能力的“专业化”

保险资产管理“专业化”的发展，既是中国改革开放的成果，也是在政府大力支持和引导下才得以不断提高的。近年来，随着中国经济的大发展和改革开放的深化，保险资产管理迎来了发展机遇期，一是经济与社会的进步，为保险业大发展带来了大市场，随着居民收入水平的提高，全社会保险意识的增强，保费收入逐年高速增长，保险受托管理的资产规模快速增长；二是社会进步与国民收入的快速增长，国民资产管理的意识空前提高，中国金融资产管理业迎来了一个快速发展期；三是保险资产管理业经过几年的摸爬滚打的探索后，开始向专业化、规范化和市场化方向迈进。

（一）管理体制的完善

我国保险资产管理体制，从最初的财会部，到投资部，到后来的投资管理中心以及目前的资产管理公司，走过了一条不断完善的道路。资产管理公司的成立是我国保险资产管理革命性的变化，也代表了目前国际上最先进的管理体制水平。在最初保险资产只是做银行存款投资的时代，保险资产管理相对来说很简单，也没有什么专门的投资机构，该项职能只是当时保险公司内部财会部的一部分，并由财会部负责办理。后来随着保险资金增量的扩大，特别是我国资本市场的成立，使得保险资金的投资收益对保险公司整体的利润贡献加大，此时，保险公司就迫切需要相关专业人士来负责保险资产的管理，资产管理公司的初步模式——投资部应运而生。投资部的成立标志着保险资产管理从一个简单的存款行为变成专业化的投资决策，投资权限也随之从财会部中剥离出来。

随着我国资本市场的快速发展，以及资产负债匹配管理为基础的投资理念的不断深入，为了整合业务和控制投资风险，1999 年 8 月，保险行业首家投资管理中心在平安公司成立。投资管理中心把保险公司内部各个子公司的投资权限集中在一起，对其固定收益投资、权益投资进行一个整体的规划，此外，投资的风险控制、前后台等各个部门也在投资管理中心设立，形成了独立的资产管理公司的雏形。

2003 年，第一家保险资产管理公司成立。以独立法人形式出现的资产管理公司标志着保险资产管理进入了一个新的时代。专业资产管理公司的成立体现了时代的进步，也是保险公司内部风险控制、业务规模扩大以及第三方业务迅速发展的需求。

在专业化保险资产管理机构模式下，保险资产管理的组织形式上升到独立的企业法人阶段，建立较为完善的法人治理结构，设立股东会、董事会、监事会。外有股东会行使股东的基本职责，内有董事会及完整的经营管理架构，负责公司的资产管理（我国保险资产管理公司内设监事会）。在董事会中，独立董事占1/3以上。董事会拟下设专门委员会，如战略规划委员会、内部稽核委员会、资格审查委员会和薪酬管理委员会，每个委员会均有独立董事参与，以充分发挥独立董事的作用。公司实行董事会领导下的总经理负责制，下设几个委员会及若干个职能部门：分别是投资决策委员会和基金投资部、研究发展部、运作保障部、监察稽核部、风险控制小组、市场拓展部及综合管理部。按照现代保险资产管理的管理格局，专业化保险资产管理机构还按照专业化分工原则，建立起权益投资、固定收益投资、衍生品投资、投资研究、风险管理、产品开发与客户服务等具体的投资职能部门。专业化保险资产管理机构具有一般性投资管理公司的投资职能，具有一般性资产管理公司的委托与受托职能，还具有保险资产管理机构的其他一些职能，如配合保险公司（委托人）进行资产负债匹配管理与产品设计等。

在专业化保险资产管理模式下，一方面，保险资产管理机构不仅仅要满足内部资产保值、增值的目的，还要成为保险公司保费收入之外的另一大利润中心和产品定价的锚，这就使得保险资产管理从原来的一个附属业务变成为保险公司的一个主要业务，成为与保险公司一样重要的现代金融机构；另一方面，保险资产管理机构还承担着保险市场化竞争的主体，与银行理财、与券商、基金及信托在资产管理业务上形成全面合作与竞争的关系。

（二）运作模式的改进

保险资产管理的运作模式的改进也是从粗放到集约，从不规范到规范，从无序到有序的过程。在2004年之前，保险资产管理仅仅限于运用层次，简单地说是“钱多人傻”的阶段。委托与受托关系不清，委托人直接入市场做“运动员”，而受托人也未能行使好代理服务的职能；全市场对保险资金的集中管理与专业化管理认识不清，总公司、分公司对资金的运用管理各有说辞，皆有能力，从而使单一保险公司的资产在总、分、支公司之间严重分割，为后来的资产管理带来很多的风险隐患。在经受过市场的教训后，尤其是2003—2005年券商、信托等风险事件①，各方对保险资产管理的规范运营开始有了新的认识，在这样的背景下，保监会资金部从风险管理入手，引导保险资产管理的规范化、集约化和专业化运作。2004年，中国保监会颁布《保险资金运用风险控制指引（试行）》文件，该文件第十一条规定，保险资金应实行集中管理、专业化运作，保险资金的战略配置与战术配置、投资决策与投资交易职能应相互分离。同时第十二条明确规定保险公司应该根据信用状况、清算能力、账户管理能力、风险管理能力和绩效评估能力等指标，建立第三方托管机制。这些规定填补了原先的监管空白，防范了保险公司内部的道德风险和利益冲突，奠定了目前我国保险资产管理的运作模式的基础。在2005年，保监发［2005］16号：关于印发《保险公司股票资产托管指引（试行）》的通知，更进一步对保险资产管理的运作模式进行了规范，其基本的核心概念就是资金集中，统一运作，三方制衡。所谓三方就是指保险公司、资产管理公司以及托管机构互相合作、互相制衡，确保运作的稳定和资金的安全。实际操作就是指保险公司把其总部所获得的资金集中，全额交由第三方托管机构管理，托管机构根据各个资金类别的不同为保险公司分别设置不同的账号，并根据资产管理公司的指令进行统一的投资运作和进行利益分配。保险公司、资产管理公司以及托管机构每一方权责明确，有所为有所不为，确保资金运作的稳定和安全。在这样的指导思想下，保险资产管理的运作模式开始趋于正规化、规范化、集约化和专业化，保险资产管理机构的市场化程度开始提升。

（三）风控机制的健全

我国保险资产管理的风控机制也是随着保险资产管理整体水平的发展而逐步完善，从最开始的松散到后来的制度约束以及相关方面的制衡，无不体现了我国保险资产管理风险控制水平的建设是个逐步提高的过程。我国最先较为完整的保险资产管理风险控制的法规是保监会于2004年下发的《保险资金运用风险控制指引（试行）》，在这部法规中，明确规定保险公司必须建立

---

① 由于股市、债市持续低迷，南方证券、闽发证券、汉唐证券等等公司相继倒闭，给保险公司带来了一些间接冲击，如委托理财资产的大损失等。

比较健全的风控机制和内部控制约束，同时还引入了托管机构来进一步降低保险公司资产管理制度缺陷所带来的风险。在这部法规第十条明确规定，保险公司和保险资产管理公司的高级管理人员不能同时负责投资决策、投资交易和风险控制部门的管理，应维护风险控制部门职能的独立性。第十一条规定，项目评审、投资决策、交易执行、资金清算、会计核算、风险控制等部门和岗位之间应相互独立。

到了 2005 年，随着保险渠道拓展的需要，尤其是保险股票投资从间接向直接投资的发展，在上面法规的基础上，保监会又于 2005 年下达了《保险公司股票资产托管指引（试行）》的通知，在这部法规中，进一步明确了保险资产托管机构的行为规范，以及相应的托管协议。这些措施进一步巩固了三方制衡的功能以及提高了保险资金的安全系数，促进了保险资产管理的发展。

随着我国资本市场的发展和金融创新产品的不断出现，保险资金所面临的风险越来越大，因此，保监会又及时地在 2006 年 10 月下发了《关于加强保险资金风险管理的意见》，在这部法规中，很大的创新就是规定保险资产管理公司要设立首席风险管理执行官，定期向董事会报告有关情况，及时防范和化解重大风险。2007 年 5 月下发了《保险资产管理重大突发事件应急管理指引》，6 月下发了《保险机构投资者交易对手风险管理指引》，要求保险公司进一步完善内部控制制度，细化应急制度等。这些动作表明保监会把保险资产的风险控制放在了首位，保险资金的运作和投资首先要在风险可控的范围之内。

在资产管理公司内部，尤为注重风险的控制。在部门设置方面，逐步形成了一套集中管理，前、中、后台分离，防范风险的公司架构体系。经营方面，也建立了权限分明的资产配置和投资体制；管理方面，有着严密高效的组织架构体系、严格的资金控制流程和资金管理制度、严谨的投资风险控制体系、独立于投资以外的稽核审计体系以及明确的权责问责制等，形成了良好的风险管控能力。

案例3-1-1　国寿资产全面风险管理体系的建设

风险管理是保险资产管理的生命线。中国人寿资产管理有限公司自成立以来，始终高度重视风险管理工作，着力构建全面风险管理体系。

2004年公司成立之初，对COSO内部控制框架和《巴塞尔新资本协议》进行全面、深入的研究，提出了构建保险资产管理公司全面风险管理体系的思路，树立了“全面覆盖、全员参与、全程管理”的风险管理文化。2005年初在公司年度工作会议上正式明确了建设全面风险管理体系的架构设想和实施方案。在方案实施过程中，为进一步提高风险管理的针对性和有效性，提出了分类风险管理的思路，将风险细分为市场风险、信用风险、法律合规风险和操作风险等进行分类管理。2005年底，提出用信息技术手段全面系统的支持风险管理和内部审计，陆续引进、开发了风险管理和内部审计四大信息系统，即衡泰风险管理信息系统、恒生交易系统风险管理模块、合规测试系统和审计信息系统。2006年之后，公司不断丰富风险管理的方法手段，建立了风险督导员制度，健全了问责机制，强化了审计监督。并在之后的时间，逐步建立健全全面风险管理体系，提高全面风险管理体系的运行水平。

一、加强公司治理

在过去的五年里，公司补充了资本金，增强了资本实力；修订公司章程，加强董事会建设，设立董事会秘书，完善董事会专业委员会制度；健全监事会构成，发挥监事会作用；坚持民主科学决策，坚持走群众路线；规范管理层运作，设立财务负责人、首席风险管理执行官、首席投资分析师；通过企业文化建设倡导公司治理的理念，积极推进企业文化建设。

二、加强全面风险管理体系建设

公司以2007年合规教育与承诺机制的建立为起点，持续开展风险管理培训和教育，建立合规承诺机制，每位员工每年都要签订合规承诺书。每年开展1~2次全体员工合规测试和新员工合规培训及测试。举办“风险提示语”征集活动，促使全体员工在思考提示语的过程中增强和深化风险意识。同时，有针对性地开展投资人员廉洁从业、依法合规专项活动，强化投资人员职业操守和法纪观念，坚决杜绝“老鼠仓”等利益输送行为，维护公司和委托方利益。通过风险管理培训教育，“全面覆盖、全员参与、全程管理”的风险管理文化已经深入人心，风险管理已成为公司核心竞争力之一。

三、健全风险管理组织架构

公司建立了以董事会为最高决策机构，以监事会为监督机构，以风险控制委员会为日常管理机构，以风险管理及合规部、监审部为主办部门，其他部门全面参与、形成“高层决策、专业负责、部门联动、全员参与”的风险管理组织体系，初步形成职责明确、分级授权、内控严密、相互监督的风险管理运行机制，建立了事前防范、事中控制、事后检查的防范风险三道防线，建立风险督导制度，把风险控制从后台移至前台，从非现场移到现场。

四、加强分类风险管理

（一）防范市场风险

在市场风险管理方面，第一，公司加强对市场形势的研究判断，科学、合理进行资产配置，根据经济周期和市场趋势性变化，积极调整资产配置策略，抢抓了短期市场机会的同时很好地防范了中长期风险。第二，建立了市场风险评估指标体系，引进开发专业的风险管理信息系统，对市场风险进行有效评估和日常监测。第三，公司在风险管理系统的基础上进行了绩效评估系统的开发，加大了对品种投资经理的绩效归因和风险调整后收益分析，使投资经理能够综合分析和平衡收益和风险，也使公司对投资经理的投资绩效考核更好地落到实处，并能够评估投资经理是否为获得超额收益而过多承担风险。第四，不断完善账户为主线的矩阵式管理模式，建立账户会研机制，风险管理及合规部和投资研究中心派人参加，加强与组合管理部、品种投资部门和投资研究中心的沟通，将市场风险评估放到事前。第五，做好新业务开展前的风险评估工作，规范了公司开展新业务前的评估评审流程，有效地防范了新业务风险。

（二）控制信用风险

在信用风险管理方面，公司成立了信用评估部，完善了信用评估管理制度流程体系，健全了信用评估评审机制，推进了信用评估信息系统建设，加强了对存量资产的跟踪评估和管理，建立了短期信用风险评估模型，完善了信用评估方法，培养了专业的信用评估队伍，提高了信用评估的专业化水平。而且，公司制定了信用风险应急处理方案，加强了信用风险敞口统计分析，分品种、分评级定期统计金融类和非金融债权的信用风险敞口，并向监管机构报送。

（三）规避运营风险

在运营风险管理方面，第一，公司梳理投资授权体系和操作流程，已建立了一套比较完善的投资管理制度和流程，所有的业务都有章可循，有章可依。五年来，公司共制定了293项制度，修订废止了81项制度。第二，率先建立风险督导员制度，进一步明确了按产品线延伸的风险督导形式，并推进了风险督导员轮岗机制。第三，通过设立清算部专职负责投资交易数据维护和公共数据的管理，提高了数据的及时性和准确性。第四，实行集中交易制度，加强交易审核。第五，搭建公司身份认证平台，引进先进的后台财务信息系统，加强了财务估值核算的自动化程度，提高了投资和财务数据的准确性。第六，在信息安全风险自我评估的基础上，聘请外部专业安全机构开展信息安全风险评估，进一步提高公司信息系统的安全运营能力，降低IT安全风险。

（四）排查合规风险

在合规风险管理方面，第一，公司全面梳理排查合规风险隐患，对恒生和DG等系统的使用权限进行定期检查梳理，提高了系统使用权限设置的准确性和及时性。第二，扩大监控覆盖面，加强合规风险预警和提示，增加监控指标，并根据监管政策变化、投资指引变化和公司制度的变化，结合市场形势的变化，及时调整系统监控指标，提高风险控制指标的合理性，最大限度地将合规风险控制措施嵌入信息技术系统。第三，全面梳理法律法规和委托投资合同中涉及公司业务的约束性、服务性条款，加强法律审查，并做好公司各项业务的法律支持、重大投资的信息披露和报备和关联交易管理工作。第四，对集中采购情况进行审核与监督，风险管理及合规部法律事务人员全年参与所有重大集中采购项目的合同谈判，且由监审部、风险管理及合规部组成的采购监督小组对所有集中采购项目全年实施监督。

五、加强内部审计与内部控制评估

公司结合404的实施，制订内控评估操作手册和日常化管理办法，定期开展内部控制评估培训，在全公司范围内开展内部审计和专项审查。

首先，从监事会及监审部的监督检查职责来说，公司监事列席或参加了所有的董事会及其下设专业委员会会议以及所有的公司行政办公会等重要会议，并开展对高级管理人员执行董事会决议情况和执行职责情况的监督，加强对全面风险管理体系建设的监督，加强关联交易和信息披露管理，实施对财务工作情况和财务信息准确性的监督，从各个方面切实履行监事会监督检查的职责。

其次，从内部审计来说，公司着力提升内部审计能力，开展常规审计和专项审计，审计对象涉及公司各部门以及香港资产公司，业务范围涵盖各类业务。特别是，为了强化投资纪律，保证各项决策的落实，开展了投资决策执行效能监察。

最后，在各部门绩效合同中增设风险控制指标，加大了风控事件问责处置力度。风险控制的绩效指标权重占10%（其中风控措施实施情况和风险事故发生情况各占5%）。

六、加强风险管理与内部控制的信息化

五年来，公司非常重视信息系统建设，不断加大投资力度。在风险管理和内部控制体系下，首先，在投资层面，公司确定了选用国际资产管理行业广泛使用的先进前台组管理系统CRD，提高了系统自动控制合规指标的覆盖面和合规控制效率，目前通过CRD实现了81%的合规指标的自动控制，比原来恒生和DG系统的48%提高了33%。同时，场外投资业务的合规监控也被纳入到DG系统的自动控制范围，有效提高了合规监控的及时性、全面性和准确性。其次，在风险评估和绩效考核层面，公司完成了绩效评估系统建设，一方面，增强了风险指标的准确性，提高了风险评估的量化水平，另一方面，绩效评估模块日益完善，有利于投资经理业绩考核，提高了投资经理投资操作的主动性。然后，在审计层面，开发上线了审计信息管理系统，实现了流程管理、决策支持及自动化处理三项重要功能，进一步提高了审计工作的效率和质量，防范了审计风险。最后，在合规测试层面，公司开发了合规知识测试系统模块，从题库中系统随机生成试卷，测试情况作为其绩效考核和职级调整的参考依据之一。

经过几年的信息化建设，公司在投资、研究、风险、财务等各个领域已初步建立了具有国际水准、国内领先的资产管理核心业务系统（前中后台一体化的投资管理系统），系统建设取得阶段性成果。

总体而言，过去几年，公司坚持全面风险管理的理念，始终坚持把风险管理作为公司生存和发展的生命线，在发挥董事会在风险管理中的核心作用下，积极发挥监事会监督作用，加强公司治理，完善组织架构，增强风险意

识，强化审计监督，健全问责机制，深化分类风险管理，加快系统建设，丰富方法手段，提高全面风险管理体系运行水平，扎实有效地推进全面风险管理体系建设，进一步提高了公司的风险管理能力和水平。

（四）投资渠道的拓宽

我国资本市场的发展也促进了保险资产投资渠道的拓宽。在最初资本市场形成之前，由于缺乏相应的投资渠道，保险资产只能进行银行存款，1995年《保险法》颁布后，对保险资金运用的范围和形式等作了严格的规定，保险公司的资金运用限于在银行存款、政府债券、金融债券和国务院规定的其他资金运用形式，并不得用于设立证券经营机构和向企业投资。

随着保险市场的加速发展和改革的深入，保险业的规模不断扩大，原有的政策已经不适合新的时代发展要求。为此，保监会根据保险业和我国资本市场的实情，不断拓宽保险资产的投资渠道。1999 年，保险资产可以进入了同业拆借市场；2003 年，保险资金可以投资中央银行票据；2004 年，保监会陆续出台了《保险资产管理公司管理暂行规定》、《保险机构投资者股票投资管理暂行办法》、《关于印发〈保险资金运用风险控制指引（试行）〉的通知》等相关法规，这些法规为保险公司进入基金股票市场扫清了障碍，并提供了制度保障。在 2006 年和 2007 年两年，保监会又密集下发了相关的法规，如保监会令［2006］1 号：《保险资金间接投资基础设施项目试点管理办法》，保监发［2007］53 号：关于印发《保险资金间接投资基础设施债权投资计划管理指引（试行）》的通知，保监会令［2007］2 号：《保险资金境外投资管理暂行办法》等等，这些法律法规又进一步扩大了保险资金的投资渠道，从原来的银行存款、债券、基金和股票，又拓展到基础设施建设投资、未上市银行股权投资和境外投资，例如平安牵头组织保险团队参与京沪高速铁路的投资就是其中的典型代表。进入 2008 年，保险资金又获准投资未上市企业股权，从而更进一步拓宽了保险业的投资渠道。

保险公司投资渠道的发展之路符合我国一贯的改革开放思路，即在确保安全和稳定的前提下，逐步扩大保险资金投资的范围，确保保险资产管理有一个稳定的发展，也为保险公司提供了一个新的利润增长点。

案例3-1-2 中国人寿入股兴业银行

2005年股权分置改革正式实施后，全年发行股票企业仅22家，上证指数下跌104.84点，跌幅超过8%，即使年底市场出现了一波上涨行情，但是对于未来证券市场的认识，还存在一定的分歧。因此，寻找证券市场以外的投资机会，成为保险公司和保险资产管理公司倍加关注的一个课题。

自2005年年底开始，国寿资产初步了解到神华集团下属企业国华能源投资有限公司有意转让手中持有的全部7 000万股兴业银行股权，公司敏锐地感觉到这是一个提高投资收益的良好机会，立即采取措施，与转让方进行了多次接触。同时，公司也与兴业银行高层进行了沟通，并对兴业银行进行跟踪研究。

在研究中，公司发现，兴业银行主要财务指标增长速度丝毫不亚于上市银行，在资产质量方面，贷款行业比较分散，资产质量较好，风险控制能力较强；在盈利能力方面，尽管利润率水平低于上市公司，但是利润有较大的提升空间；同时，兴业银行每年一直保持了较高的分红率。

然而当时没有保险企业投资未上市银行，甚至未上市股权的先例。但是，监管部门已经在多个场合，要求保险资产管理业要进行金融创新和投资渠道创新。而投资未上市的银行股权，这本身就是一种创新。于是，公司将通过共管基金投资兴业银行的意向报告了中国保监会和财政部，并先后获得了同意和批复。

同时，公司也开始与转让方国华能源开展了接触。由于国华能源属于国资委系统企业，其转让资产的行为需其母公司神华集团内部审批后在产权交易所挂牌。由于国华能源内部工作程序，2006年4月神华集团批准了国华能源的转让申请，4月底，兴业银行的股权在北京产权交易所进行了挂牌，计划以拍卖的形式进行。然而，一方面，随着证券市场的转好，上证指数从年初的1 163点一路上行至4月底的1 440点，资本市场的火热和股权分置改革的进行带动了国内的法人股转让市场；另一方面，随着兴业银行股权转让消息的扩散，大量的投资人蜂拥而至，此笔股权转让的行情大大看涨。

根据追踪的兴业银行的情况，公司重新对兴业银行的投资价值进行了分析，考虑到兴业银行在股份制商业银行中发展速度处于前列，考虑到资产质量、利润的增长和股权分置改革后的上市可能性等原因，认真评估了兴业银行的股权价值，也考虑到即使兴业银行在相当长一段时间内难以上市，但根据过往的分红水平以及这些年的经营业绩，其长期投资的分红收益率也将高于一般的固定收益品种。因此，公司力争竞购这7 000万股股权。

拍卖前，公司与兴业银行及北京产权交易所多次沟通，了解到：第一，参与竞买机构从5家增加到10家，较多实力较强的机构加入，竞争相当激烈；第二，从兴业银行方面跟踪了解到，截至2006年5月底，兴业银行实现净利润24亿元，每股净资产达3.625元，预计全年实现净利润35亿元，同比增长43%；第三，兴业银行上市情况进展顺利。

6月13日下午，兴业银行股权拍卖会正式开始，包括中国人寿、泰康资产、上海国有资产经营有限公司、厦门国际信托投资公司、华宝信托投资公司以及多家民营企业等10家机构参加了最终的拍卖。兴业银行股权以22 400万元（3.2元/股，1倍PB值）起价拍卖，拍卖现场非常火暴，经过多家机构194轮竞价。最终国寿资产以39 250万元（约5.61元/股，1.75倍PB值）的总价，为人寿集团拍得7 000万股兴业银行股权，每股价格仅高出竞争对手1分钱。

在中国保监会的大力支持下，仅用了5个工作日时间，人寿集团就获得了监管部门的正式批复，支付了投资款项，并于7月20日正式办理完成股权登记变更手续，成为兴业银行第15大股东。

2007年兴业银行的上市最终证明了公司决定的正确。2007年2月5日，兴业银行以15.98元/股的发行价在上海证券交易所实现A股上市，股票代码601166，成为2007年度第一家在A股IPO的公司，同时也是继中国银行、工商银行之后，登陆沪深股市的第8只银行股。当日兴业银行收盘价22.18元/股，人寿集团账户账面浮赢11.6亿元，短短8个月时间，投资收益高达295%。截至2010年底，兴业银行已给公司实现累计分红10 710万元，分红收益率已超过27%，平均年分红收益率远远超过中长期企业债利率，成为人寿集团账户稳定的现金回报“金牛”。

兴业银行股权投资，具有重要的意义，这是自1999年《保险法》颁布后监管部门批准的保险资金首例非上市股权投资，也是首例保险资金非上市银行股权投资，为保险资产管理行业新投资领域的探索走出了一条新的路径。

（五）监管建设的推进

改革开放以来，随着保险资产规模和保险资金投资渠道的快速发展，保险资产管理的监管也取得了巨大进步，监管发展的方向是围绕着解决保险资产管理发展的路径选择、保险资金经营规律和保护消费者利益三个问题展开，通过加强监管制度建设达到监管与发展的和谐。2003 年，保险资金运用监管部成立，该部的设立是保监会在保险资产管理监管思路上的重大突破，其目的不仅是控制行业风险，同时也立足于行业的发展，试图通过保险与保险资产管理两条腿走路的形式，突破保险负债业务的单一发展模式。在资产管理监管建设上，保监会一方面注重对现有制度进行全面梳理，抓住关键环节，逐步建立和完善监管制度体系，通过有效、规范的制度来约束行业风险、促进行业发展；另一方面，保监会引导保险资产管理走专业化、集约化与市场化的发展道路，通过市场化的监管思路来引导行业发展。中国保监会还进一步强化制度的执行力，在部门建设、制度建设、人员建设、体制建设、手段建设等多方面开展了一系列卓有成效的举措，显著提高了监管的权威性和有效性。此后，随着我国保险资产管理机构的壮大，行业发展中的问题与监管中的问题逐渐暴露，中国保监会进一步改善了监管方式，突出了保险资产管理监管的工作重点，加快推进了从机构监管向职能监管制度的建设，在充分考虑了国内外市场环境、我国相关政策法规的基础上，根据公司的偿付能力、内控建设、盈利水平等指标，完善市场准入、产品审批、资金运用等分类监管措施，提高监管的针对性和有效性。

在中国保监会资金运用监管部的不懈努力下，保险业和保险资金运用虽然面临了国际国内经济金融形势变化的诸多挑战，但是仍然保持了稳健有序运行的态势。保险资金运用监管部将坚持以科学发展观为指导，加强监管，防范风险，促进保险资产管理又好又快发展，也将进一步解放思想，树立科学的监管理念，加强监管能力建设，不断提高保险监管效率。

（六）专业队伍的建设

在经过多年的发展后，中国的保险资产管理公司从最初的保险公司内部单一投资部门，发展成为包括研究、投资、配置、运营等平台在内的多部门协同工作的统一体。随着保险资产管理机构群体的壮大和各公司机构设置的完备和投资管理功能的齐整，保险资产管理人才的培养、汇集也初具规模，保险资产管理人才的市场化程度显著提高。最典型的是一开始，保险资产管理机构的人才观是学历观，是有多少个学士、硕士、博士和“海归”们，后来的人才观是拥有多少个金融、保险、资产评估、风险控制、项目投资、房地产投资和其他类型的专业性人才，再后来是公司的人才从业经历、实战经历如何如何，突出了实用性和有效性。现在，保险资产管理的人才观不唯有多少高学历、长经验和专业资历，更看重的是内外部的人力资源整合和有效配置，追求的是公司对有能力的人才的吸引力，重视对现有人才的培训和价值塑造，凸显出市场化机制下人才管理的市场观，打造资产管理企业极富价值的核心竞争力——人才，为其健康、快速发展打下坚实的基础。

（七）文化理念的成熟

保险资产管理的发展离不开文化理念的指引，甚至在某种程度上说文化理念应该先于实际行动。中国保险资产管理发展至今，我们在实际中不断探索、学习，逐渐形成了比较成熟、区别于其他金融资产管理机构的文化理念，主要包括：

1. 坚持以资产负债匹配管理为基础

保险资产管理在任何时候都不应忘记资产负债匹配的原则，这是保险公司的立命之所在。在世界保险业的历史上，不乏因为资产负债不匹配而导致保险公司破产的案例。近期 AIG 因为次贷危机而被政府接管，这也证明了坚持这一原则的重要性。目前，国际金融危机对我国保险业的影响有可能进一步放大，这一点引起了保监会的高度重视。吴定富主席在保险市场形势分析会上着重指出，保险公司要注重保险资金运用风险和偿付能力不足风险，对此要保持高度的警惕，居安思危，充分认识保险业防范风险任务的重要性和艰巨性。

2. 坚持价值投资和长期投资理念

保险资产管理要具有价值投资和长期投资理念，这个是保险资产投资的一个原则。价值投资是指保险资产要投资那些增长稳定，或者能够为保险公司带来稳定收入的领域或者公司，而不能仅凭着市场的热点进行投资，在资本市场过热的时候保险公司更要保持冷静的头脑。长期投资理念是指保险公司资产管理不能仅仅看到未来较短时期内的发展和追求较短时期的利润，更应该看重未来十年二十年市场的变化。这两个理念不仅仅对保险公司自身意义重大，同样也对我国的资本市场具有重要意义。2006 年颁布的《国务院关于保险业改革发展的若干意见》中，明确要求保险资产管理公司要树立长期投资理念，按照安全性、流动性和收益性相统一的要求，切实管好保险资产。

3. 追求投资收益长期稳定

保险公司追求长期稳定的投资收益是由其自身的性质所决定的。其资产负债理念和长达几十年的负债迫使保险公司必须以一种超长期的眼光来看待其投资收益的稳定性，保险资产管理需要秉承这种理念并在日常的工作中贯彻执行。保险公司追求长期稳定的投资收益不仅仅是其自身的要求，也是国家相关机构和资本市场其他各方共同的需求。鉴于保险资产在市场上的重要地位，一旦保险资产投资变动频繁，将给资本市场带来极大的震动，加大了资本市场的风险。因此，维护资本市场的稳定，追求投资收益长期稳定是保险公司的需求，也是其责任。

4. 实施固定收益为主体的多元化配置

目前保险资产实施以固定收益为主体的多元化配置，在 2006—2007 年的行情中，很多保险公司加大了权益类资产的配置，现在又加大了项目投资中的股权投资，而从整体收益和长期稳健的需要上看，固定收益类资产仍然在保险公司投资资产中占据主体位置。在这一前提下，保险资产可以灵活的根据市场的变化对其投资组合进行调整。保险公司的性质以及其追求长期稳定的投资收益特点决定了保险资产管理必须以固定收益为主，这是我们目前以及将来所必须坚持的原则。

5. 风险可控与资产安全至上

在我们前面的描述中我们也曾经提到过保险资产取得投资收益是以风险可控为前提的。由于保险资产承担着保户的利益，一旦保险公司破产，不仅对公司股东造成重大损失，也将给社会造成巨大的伤害。任何投资收益都必须建立在风险可控的基础上，如果不能确定其风险大小，或者风险太大，即使是有着潜在的重大收益也是为保险资产管理所不允许的。2007—2008 年在美国爆发的金融危机导致了日本大和生命保险的破产，就是因为其追求高风险的投资收益而忽略了风险控制所造成的后果。市场上这些教训提醒着我们，风险、安全是保险资产管理首先要考虑的问题。

保监会吴定富主席在 2008 年 10 月 23 日在关于保险市场形势分析会上的讲话中，花了很大的篇幅提醒保险公司要关注风险，特别是要对三个方面做好防范：（1）警惕退保的风险；（2）警惕保险资金运用的风险；（3）警惕偿付能力不足的风险。

（八）市场地位的加强

由于保险业自身庞大的资产规模，使其在国内外的资本市场中，均占有非常重要的地位。

1. 金融市场的重要机构投资者。保险资产管理公司手握着巨大的资金，人寿、平安、太保三家资产管理公司的资金管理规模比任何一家基金公司都大。保险资金的一举一动都会对市场产生重大的影响。

2. 金融体制改革的参与者。我国在银行体制改革，银行间拆借市场、资本市场、外汇市场的改革上，总是能看到保险公司的影子。例如保险公司参股银行，进入银行拆借市场，再比如保险公司投资股票、基金、外汇、期货等。可以说，保险公司的参与极大地促进了我国金融体制的改革和金融市场的发展。

3. 宏观调控的重要参与者。保险公司凭借着其市场地位参与国家的宏观调控，利用其一级交易商和在市场的地位，能够配合国家进行整体的战略规划并发挥着巨大的影响力。

4. 社会经济发展的促进者。目前我国保险资产除了能进行资本市场投资外，还能够进入基础设施建设领域、不动产投资领域，以及股权投资，这些都对我国的经济发展有着深远影响。

三、保险资产管理竞争力“市场化”

我国保险资产管理在自身发展的道路上取得了相当瞩目的成绩，也收获了不少的经验教训。总结经验教训并不断的研究，将能够使保险资产管理得到又好又快的发展。在总结过去近三十年的发展历程中，我们得到了以下几项基本经验。

（一）走专业化道路

尽管保险业务和保险资金运用业务同属风险管理业务，但二者所面对的风险的性质是完全不同的，因此，在管理模式上具有不同的要求。由于历史原因，我国保险公司的管理模式及资源配置基本上都是按照保险业务的管理要求建立的，导致其管理风格及运作模式并不完全适合现代保险资金运作的要求，这种管理模式的冲突必然会极大地削弱保险投资的运作效率和对投资风险的有效管控。在保险业发展初期建立的内设投资部门的管理形式已不能适应保险资金规模的日益扩大、投资业务量和投资品种快速增长的需要。

2004 年全国保险工作会议提出，要推进资金运用管理体制改革，逐步把保险业务和资金运用业务彻底分离，允许有条件的公司成立保险资产管理公司。为保证保险资产管理公司规范健康发展，促进保险资金的专业化运作，确保保险资金运用的安全与有效，保监会经过广泛调研和多方协调，制定出台了《保险资产管理公司管理暂行规定》。这是我国保险资金运用领域的一件大事，它标志着保险资金的运用又进一步专业化、规范化，并将为进一步提高保险资金运用能力打下更为坚实的基础，这将极大地有利于专业化投资队伍的建设、有利于培育保险资金运用的核心竞争力、有利于增强保险公司的风险管控能力并且有利于提高保险资产管理的监管水平。

（二）实行集中化运作

在中国保监会大力推动保险资金运用专业化管理的同时，实行集中化运作也在同时展开。实际上，尽管由于各保险公司的发展状况不同，而呈现出各公司保险资金运用集中化管理模式及水平的不同，但集中化管理作为一种标准的管理手段，已经逐渐被各保险公司采用。实践证明，集中化管理有助于保险资金降低运营成本，加强管控，并且合理地配置一些公司内部的专业稀缺资源。

（三）坚持规范化经营

坚持保险资产管理的规范化经营，能促进保险业更好更快地做大做强。中国保险业与外来保险业在保险资金运用方面竞争最锐利、最长效的武器就是规范化经营。在监管部门和各保险公司的自觉努力下，及早地抓好规范化经营，得以在我国日新月异的资本市场竞争和发展中，与其他金融机构抗衡并夺取主动权。而且，保险资金运用的规范化经营，也是顺应世界保险业发展潮流的必然选择。

(四) 坚持风险至上原则

加强保险资金运用风险管理，提高保险资产风险管理能力，是完善保险资产管理公司治理结构，不断优化投资配置，改善公司治理结构，健全风险管理和内控机制的关键环节。同时，也要加强外部监督和评价，加大信息披露力度，努力形成良好的外部约束机制。要加强以风险管理为基础的动态偿付能力监管和保险集团的偿付能力监管，建立完善的保险公司风险控制机制，加强对保险资产管理公司各类投资行为的风险防范和监督管理，建立科学分工、相互配合、协调一致的监管机制。

(五) 坚持价值投资和长期投资理念

与银行、基金公司等专业金融机构不同，保险资金的投资具有长期性的特点。因此，保险机构要坚持长期投资、价值投资，充分发挥保险资产管理公司在资产负债匹配方面的优势，并发挥保险机构投资者的作用，稳健操作，支持资本市场稳步发展。只有保险机构按市场化原则，坚持价值投资和长期投资，保险监管机构依法依规进行监管，我国保险业才能得到长期稳健的发展。

(六) 正确处理发展和监管的关系

保险监管与保险公司发展的最终目标是一致的，都是不断提高保险公司的经济效益和社会效益，维护保险公司和被保险人的经济利益。所以，由于最终目标的一致性，它们之间必然存在互相依存的关系。因此，保险公司须经营管理依法进行，遵守国家的方针政策，适应保险监管的要求，而保险监管标准的高低、监管力度的强弱也需要依据公司的经营状况来确定。只有在这样互相制约、共同发展的状态下，才能实现公司发展和保险监管的目标。

(七) 正确处理保险和投资的关系

随着保险业的迅猛发展，和近年来中国资本市场日益兴隆，为了更多地抢占市场份额，提高结算利率、比拼银保渠道，保险业出现一种非良性竞争态势。虽然保险资金具有保守性，保险产品的主要功能是提供风险保障，但是在过去的一段时间里，有些保险公司偏离了自身发展方向，在盈利模式上轻视承包业务，只追求投资收益。保险资产管理的本质就是风险管理，在经营过程中要在业务和投资、规模和效益之间寻求平衡。保险产品不是融资工具，保险资产管理公司的职能不能和银行、信托重叠，正确平衡保险和投资的关系才是趋势。保险资产管理有其自身的发展规律，违背发展规律就会受到惩罚，不仅会对公司的持续稳定经营带来较大风险，甚至会影响到整个行业的健康发展。保险资产管理公司要深入研究行业发展的客观规律，特别是盈利周期规律，增强盈利能力，走全面协调可持续的科学发展道路。

（八）正确处理市场与调控的关系

保险业作为一个特殊的经营风险的行业，具有很强的社会性，其发展质量问题尤其是行业整体效益问题，关系千家万户的风险保障，影响经济社会的稳定大局。目前，保险资金已经成为我国金融结构中极具影响的重要力量，保险资产管理公司已经成为资本市场中不可或缺的机构投资者，把市场影响和调控因素结合起来，才能保证保险业成为我国金融乃至社会稳定的基石。

案例3－1－3　华泰资产“配置＋组合”投资管理模式创新实践

两年酝酿，五易其稿，华泰资产管理有限公司的“配置＋组合”专业化投资管理模式，终于克服账户设置、架构调整、人员配置的难题，在2010年春节过后上线实施，以专业化、规模化、可扩展的新的资产管理模式，支持公司的市场化发展，为资产管理创新提供了坚实的基础平台。

一、缘起

华泰资产从2005年成立以来，集合投资产品和专项委托投资两类业务模式齐头并进，2008年4月时已受托管理9家公司的24个委托账户和5个集合产品，投资范围覆盖境内外股票、基金和债券市场，管理规模超过400亿元。

与此同时，投研人员增加至近30人。但即便如此，新增委托账户或者新设投资产品时，投资经理的安排始终有些捉襟见肘的感觉。每增加一个账户，都需要安排投资经理，尤其是几千万元甚至几百万元规模的年金账户，如何安排？我们的投研人员人均管理规模仅13亿元，无论是与基金公司还是保险同行相比，都未达到一个专业资产管理机构应有的管理效率。此时的情况是，一个投资经理管理多个账户，一方面要应对不同的配置要求，包括与客户的充分沟通，另一方面还要做好行业或久期配置、个股与个券选择，自上而下完成从配置到组合的全部工作。投资经理沉浸于日常的烦琐工作中，埋头于各自的账户中，和同事的沟通自然就少了。往往是事后才发现，自己和别人做了同样的重复劳动。

与此同时，随着客户数量的增加，如何公平对待不同类型客户，也成了市场推广过程中，我们的销售人员被保险公司和年金客户问及到最多的问题。客户担心我们把最优秀的力量都投入在华泰自己的账户上，甚至提出“我们要求不高，就做到和华泰一样好了”的要求。这个要求，说起来很正当，但执行起来，总是免不了有时候会顾此失彼。

不仅如此，公司新产品的设计和推进也受到阻力。每开发一个新产品，就意味着需要申请股票账户。在账户资源有限时，如何进行有效组合，推出新产品，满足不同资金和客户需求，也成为公司需要解决的另一个重要问题。

二、推进

2008 年 4 月，华泰资产在内部会议上，第一次提出了“核心组合”概念，即按照投资标的与风险收益特征，设立债券类、基金类和股票类“核心组合”，作为集合产品和专项委托账户进行资产配置的对象，也是未来新产品设计的基础，投研人员专业分工，进行模块化管理，并为市场拓展和产品创新提供基础。

会后，投研部门与交易、运营、风控、IT 等部门开始商讨实施方案。交易室提出如何进行公平交易的问题，运营部门提出财务报表如何列示、偿付能力如何计算的问题，风控部门提出投资比例合规的问题，还有证券账户开不开，开几个，怎么申请，是否能获批等一系列问题。几次讨论下来，各部门几乎都走到了同一个结论上：这是好事，是方向，但无法在当前条件下实施。“核心组合”方案陷入了僵局，认可资产比例、证券账户开立是现实问题，而且一时没有更好的解决办法。事后回想起来，那时也许还有些畏难情绪，也没有打开思路，去寻找更可行的实施方案。

时间一晃就已经到了 2009 年底，“核心组合”概念也逐渐演变成为“账户管理与标准核心组合说明书（第五稿）”，随着恒生交易系统正式上线并稳定运行，“核心组合”方案再次被投资管理委员会提上了议事日程。

2010年1月5日，公司向保监会资金运用部进行资产管理公司产品创新的正式汇报，汇报标题即为“设立标准投资组合，推进资产管理创新”，争取获得监管部门的理解和支持。在公司内部，华泰提出“虚拟标准组合”的方案来替代原有的“标准组合”概念。“虚拟”，意在不需要开立新的股东账户，组合经理只是利用升级后交易系统的“批量下单”模式，按照配置经理增加或减少组合金额的指令，批量调整各资金账户下的虚拟标准组合。也就是说，虚拟标准组合只是作为投资管理上的一种工具，最终交易环节是通过批量下单的方式，由交易室在原有各资金账户上实施，最终持股也记在原有资金账户之下，但不同资金账户下的同一虚拟组合，持有的个股和持股比例是完全相同的，差别只在于配置比例不同、实际持股金额不同而已。而虚拟标准组合为纯股票组合，不持有现金，完全由股票构成。

举例来说，A账户股票市值10亿元，B账户股票市值1亿元，其中，消费医药核心组合的市值分别为3亿元和3 000万元。配置经理决定提高消费医药组合配置比例到40%时，向系统中下达A账户“申购”消费医药组合1亿元，B账户“申购”消费医药组合1 000万元。组合经理收到消费医药组合增加1.1亿元现金的指令，决定全部买入X股票，在交易系统中下达“消费医药组合”买入X股票1.1亿元市值的指令，系统自动按10:1的比例，拆分指令到A/B两账户中，而交易室在执行交易指令时，系统也按照10:1的比例自动拆分每一笔下往交易所的交易指令，最终成交回报将体现为A和B账户分别买入X股票1亿元和1 000万元。

“虚拟标准组合”和“标准组合”相比，可以同样达到区分资产配置与投资组合环节，实现投资管理的专业化分工和公平对待客户资金的目的，但虚拟标准组合方式更适应现实业务环境需要，不用新增股票账户，不涉及认可资产比例问题，投资比例监管要求不变，信息披露不变。

十几个问题一一确认下来，终于离标准组合的实施更进了一步。在此之前，2009年新进入的企业年金账户已经开始小试牛刀，按照初始资产配置规模，合同规定的70%债券直接买入华泰增值投资产品，由债券经理进行投资运作。年金投资经理则负责资产配置和其他30%资产的股票选择。2009年效益初显，也获得了年金客户的认可。但这次尝试，仍然没有解决股票部分的投资问题。“配置+组合”两级投资管理模式的实施，已经迫在眉睫。

三、实施

2010年是华泰资产“十二五”计划的开局之年。承接公司年度工作报告中提出的“基础+X”的公司架构调整方向，坚持原有投资管理委员会领导下的投资经理负责制原则，“配置+组合”的虚拟标准组合模式终于开始实施。虎年春节后的第一周，系统测试。第二周到第三周，内部非投连账户上线。第四周到第五周，内部投连账户上线，同时进行外部客户沟通。第六周，外部全部账户上线。

组织架构上，原投资管理部和研究部调整为新设的证券投资管理中心，下设宏观研究与资产配置部、权益组合管理部、固定收益组合管理部等三个部门，分别负责宏观和策略研究与资产配置、权益投资组合的构建与维护、固定收益投资组合的构建与维护。其中权益组合管理部下设金融地产、消费医药、周期、信息与先进制造、封闭式基金共五个组合，固定收益组合管理部下设货币类、中短期、中长期三个组合。决策机制上，进一步明确投资管理委员会负责审定战术资产配置、权益组合行业配置、固定收益组合的久期及类属配置，以及投资管理相关规则和业绩评价。配置经理负责提出账户资产配置建议，并在授权范围内下达账户的加仓或减仓指令，同时负责与客户的日常沟通。权益组合经理负责行业与重点上市公司的研究与投资，按照配置指令，采用“组合下单”的方式，增加或减少单个标准投资组合的实质，并保证调整后的账户市值构成比例与调整前一致。固定收益组合经理负责按照配置指令，构建并维护固定收益投资组合。

人员配置上，一方面调整现有人员职能和分工，另一方面通过猎头和同业推荐的方式，以开放的投资管理平台和明确的职业发展路径，吸引证券公司研究员、基金管理公司投资经理等业内资深人员充实到华泰资产的投研团队中。尽管在短期内增加了人力成本，并在管理规模没有大幅增长时并未体现出新模式的优势，甚至在某些环节上增加了一定的工作量，但新模式所奠定的基础，为后续规模扩张、账户增加、产品设立都打下了基础，摆脱“规模不大、人数不少”但仍然人手不足的局面。

四、提升

2010年资本市场波动性加大，不确定性增加，各种因素相互交织，投资经历了极其艰难的一年。沪深300指数下跌12.51%，1~3年中债国债指数下跌2.53%，华泰资产管理的投资运作日趋成熟，投资风格更趋审慎。公司管理的各类产品和投资账户均取得了较好的投资收益，普遍大幅超越基准，有力地支持了公司管理规模的大幅扩张。其中权益投资组合的业绩表现更为突出，平均超越行业市场基准21.37个百分点，其中信息与先进制造行业超额更高达35.58%，为客户创造了较好的投资收益。

考核体系的调整，是“配置+组合”两级资产管理体系的必要组成部分。“衡量什么，就得到什么”，这是人力资源管理的基本原则。在“配置+组合”投资管理模式改革的基础上，华泰对投研团队的绩效考核体系也进行了相应调整。按照投资管理委员会的要求，9月20日第一次提出调整后的考核方案。此后，又是一次次的闭门会议、视频会议、电话沟通、邮件往来，要取得投研部门对账户、指标、权重、计算方式的认可，要与人力资源部门的公司整体政策相衔接一致，要运营部门确认数据计算。11月初第一次计算结果出炉。12月，两次上投管会。终于在12月30日的临时投管会上，投管会审议通过投研体系考核体系与2010年投研考核方案，正式提交公司实施。

会上通过的投研考核体系以定量为主，定性为辅，其中定量指标包括投资业绩超越基准及同类基金产品业绩排名两项，分部门考核时则明确各部门的考核账户归属以及考核基准，配置部门关注账户整体业绩超越基准程度，组合部门则关注超越对应组合基准的程度，按管理账户和规模加权计算最终的绩效指标。年终考核时，证券投资管理中心的整体业绩指标超过160%，权益组合管理部还荣获公司年度优秀部门称号。

运行一年后，华泰仍然孜孜不倦地追求投资管理模式的改善和提升。一方面目前的虚拟组合模式仍然存在着工作量加大、系统压力大、未实现绝对公平等不足，投资上也存在决策进一步上移、风险进一步集中、压力进一步上交的潜在风险，另一方面也在探讨是否及如何开设新的虚拟投资组合，引入适度竞争机制，以及细化投研考核体系，争取开立公共证券账户、解决认可资产比例等问题。

2010年6月23日下午，保监会307会议室，各资产管理公司就账户等问题进行交流。类似的想法，早在几年前，不少公司就提出过，也尝试过，但似乎都没有真正实施。华泰并不是第一个思考这一问题的公司，但从概念到方案，从想法到实施，从“不行”到“上线”，华泰已经向着更专业的证券投资管理平台迈出了新的、坚实的一步。

[第二章]

保险资产管理发展状况

一、资产管理规模的增长情况

随着保险行业的发展壮大以及保险资金投资收益的不断提高，保险受托管理资产总规模快速增长，目前已经成为金融资产管理行业中排名居于前三位的行业。就2004—2009年底保险受托管理的资产状况来看（见表3－2－1），2009年整个保险行业受托管理资产总规模达到37 417亿元，是2004年10 779亿元的3.47倍，年复合增长率达到23%，呈现出持续稳定的高速增长。

表3－2－1　　保险业2004—2009年受托管理资产　　单位：亿元

资产项目	资产类别	2004年		2005年		2006年		2007年		2008年		2009年	
		金额	占比（%）	金额	占比（%）	金额	占比（%）	金额	占比（%）	金额	占比（%）	金额	占比（%）
固定收益资产	银行存款	5 071	47	5 166	37	5 989	34	6 503	24	8 087	26	10 520	28
	债券	4 827	45	7 421	53	9 451	53	11 706	44	17 684	58	19 067	51
	小计	9 898	92	12 586	89	15 441	87	18 210	68	25 772	84	29 586	79
权益资产	股票（股权）	5	0	159	1	929	5	4 712	18	2 425	8	4 200	11
	基金	666	6	1 107	8	912	5	2 519	9	1 646	5	2 759	7
	小计	671	6	1 266	9	1 841	10	7 231	27	4 072	13	6 958	19
其他资产		210	2	241	2	504	3	1 207	5	709	2	873	2

比较同时期的GDP、国民收入等国内经济指标的增长率，保险受托管理资产总规模持续两位数的增长率远远超过GDP与国民收入指标的增长（见表3－2－2），在2007年，受经济增长的良好态势与股市牛市等因素影响，保险

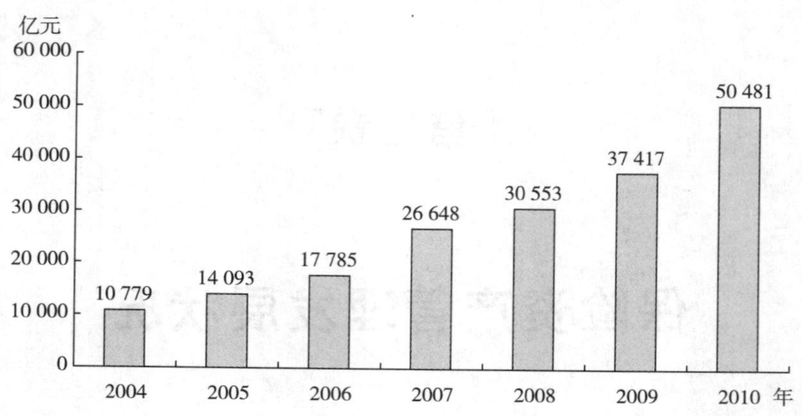

图 3－2－1　保险业 2004—2010 年受托管理资产规模增长情况

受托管理资产规模的增速是 GDP 增速的 3.5 倍，而在全球金融危机的 2008 年，保险受托管理资产规模的增速几乎达到 GDP 增速的 1.5 倍。这不仅表示保险受托管理的资产规模增长快于经济增速，也间接预示着国民财富管理中的资产分配中，保险保障资金或理财资金开始占据一定比例。

表 3－2－2　保险受托管理资产总规模增长率与 GDP、国民收入增长率比较

单位：%

年份	2004	2005	2006	2007	2008	2009	2010
保险受托规模增长率	—	30.75	26.20	50.25	14.34	22.47	23.06
GDP 增长率	9.5	9.9	12.7	14.2	9.6	9.2	10.3
国民收入增长率	7.25	7.9	8.9	10.85	8.2	9.15	9.35
保险资产增长率		27.57	29.03	46.99	15.22	21.59	24.38

数据来源：国家统计局。

与银行资产、基金资产等其他受托投资资产相比，保险资产总规模增长率也毫不逊色。与银行相比，除 2008 年、2009 年，保险资产增速均高于银行的资产增速，与基金相比，保险资产增速的稳定性好，不存在大起大落，而基金资产增速受市场的影响比较大。

表 3－2－3　保险资产总规模增长率与银行资产、基金资产同比增长率

单位：%

年份	2004	2005	2006	2007	2008	2009	2010
保险资产	29.93	28.45	29.59	46.99	15.22	21.59	24.23
银行资产	14.5	12.98	15.07	16.10	18.76	31.74	19.9
基金资产管理	91.86	45.41	82.47	282.46	－40.81	37.69	－6.45

数据来源：根据 Wind 数据整理。

保险公司保费收入的快速增长及保险公司资产总规模不断增长，是保险受托管理资产快速增长的主要源泉，而保险资产管理公司专业化、集中化、市场化管理能力的不断提高，是保险资产管理公司受托管理资产的规模逐年高速增长的内在动力。随着保险公司与保险资产管理公司的委托代理关系进一步清晰，随着保险资产的委托、托管管理发展要求的进一步强化，随着保险资产管理机构市场化程度的提高、风控机制及投资决策管理机制的顺畅，保险资产管理机构受托资产规模将会保持持续快速增长的势头，将要或已成为中国金融市场上一支重要的力量。

表3-2-4　保险资产管理公司受托管理资产规模与增长率

年份	2004	2005	2006	2007	2008	2009	2010
受托资产规模（亿元）	10 778.6	14 092.6	17 785.3	26 721.9	30 552.7	37 417.1	46 046.7
受托管理资产增长率（%）	—	30.75	26.20	50.25	14.34	22.47	23.06

表3-2-5　不同类别资产管理资产的规模与增长率　单位：亿元、%

资产项目		固定收益资产			权益资产			其他资产	合计
资产类别		银行存款	债券	小计	股票（股权）	基金	小计		
2004年	金额	5 071	4 827	9 898	5	666	671	210	10 779
	占比	47	45	92	0	6	6	2	100
2005年	金额	5 166	7 421	12 586	159	1 107	1 266	241	14 093
	占比	37	53	89	1	8	9	2	100
2006年	金额	5 989	9 451	15 441	929	912	1 841	504	17 785
	占比	34	53	87	5	5	10	3	100
2007年	金额	6 503	11 706	18 210	4 712	2 519	7 231	1 207	26 648
	占比	24	44	68	18	9	27	5	100
2008年	金额	8 087	17 684	25 772	2 425	1 646	4 072	709	30 553
	占比	26	58	84	8	5	13	2	100
2009年	金额	10 520	19 067	29 586	4 200	2 759	6 958	873	37 417
	占比	28	51	79	11	7	19	2	100

截至2010年底，保险资产管理公司受托资产规模达到了46 046.79亿元，是2004年的4.27倍，年均增长27.84%。随着保险资金运用的规范，保险资

金运用集中度的逐年增长，2009年保险资金集中度为92.1%（保险资金的集中度是指保险受托管理资产与保险总资产的比例），2010年为91.2%。保险资金集中度的提高既体现出保监会要求保险公司加强保险资产管理风险控制的要求，强化保险公司的风险意识，控制保险资产管理的风险程度，也反映出保险资产管理专业化、市场化的必然要求，促进了保险资产管理的专业化进程，也推动了保险资产管理向现代金融管理迈进的步伐。

二、资产配置结构的优化

（一）投资渠道有序放开对资产配置结构的影响

投资渠道的变化对保险资金资产配置有着重要的影响，这种影响不仅仅是投资方向与投资比重的变化，其更深层的意义在于带来了保险资产管理观念、行为方式的变化，推动了保险资产管理集中化、市场化、专业化的进程。在放开股票直接投资渠道之前，保险资金只能重点投资与定存或者债券等固定收益类产品，权益类资产只能投资基金，因此，保险权益投资的深度与广度与市场中的基金公司和证券公司无法比，所能分享股票市场的收益也相对较小，一旦开放后，为了适应新政下的新的渠道，就必须在内部组织架构、人才队伍建设、投资管理相关制度建设上下工夫，就必须向长期滚打在股票市场中的基金公司、证券公司和信托公司看齐，与他们竞争合作。同样，在债券投资从有担保向无担保的拓展过程中，保险资产管理公司就必须建立独立的、专业的、内部的信用评估组织体系，培养内部的专业信用分析专家，建立起相应的规章制度，只有在这些基础设施与人才到位的情况下，保险资产管理业才敢涉足深水区的无担保债券投资市场。在另类投资、外汇投资等方面皆如此。这些渠道开放的进程就意味着保险资产配置方式的变化，保险资产的结构变化，最终是保险企业顺应市场发展需要的投资行为方式的深刻变化。

（二）资产配置结构的主要变化

保险公司资产资产配置在很大程度上受到保险渠道开放的影响，因此，历年来保险受托管理资产配置结构的变化，不仅反映了当年市场的整体情况，也反映了投资渠道的开放对保险资金资产配置的影响。

在2005年放开股票投资之前，保险业股票（股权）投资占比极少。2004年，股票（股权）资产占比几乎为0，在2005年为1%，而到了2007年，则达到惊人的18%，经过2008年、2009年两年的调整，截至2009年底，保险资金股票（股权）资产占比为11%，整体权益占比为19%（见图3－2－2与表3－2－6）。从固定收益类资产来看，剔除2007年极端情况，呈现逐年下降的趋势，截至2009年底，固定收益类资产比例为79%，其中，存款类由债券与股票投资渠道大拓展之前的50%以上，逐渐下降到2009年的28%。

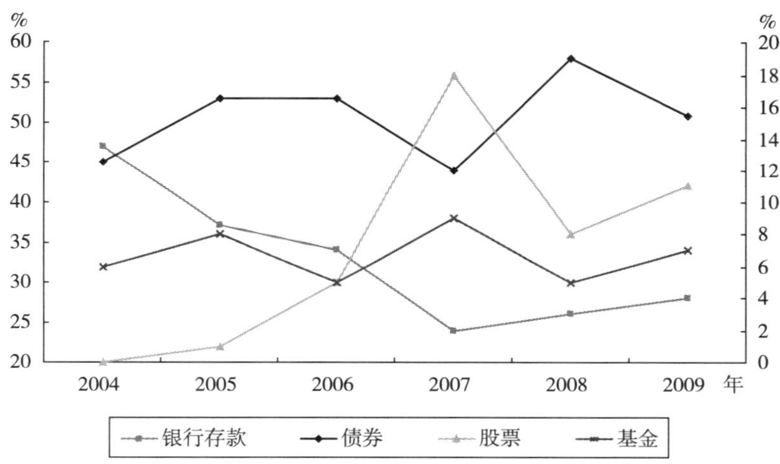

图3－2－2 保险业2004—2010年资产配置的变化情况

表3－2－6 **保险资金历年资产配置情况** 单位：亿元、%

资产项目	资产类别	2004年		2005年		2006年		2007年		2008年		2009年	
		金额	占比	金额	占比	金额	占比	金额	占比	金额	占比	金额	占比
固定收益资产	银行存款	5 071	47	5 166	37	5 989	34	6 503	24	8 087	26	10 520	28
	债券	4 827	45	7 421	53	9 451	53	11 706	44	17 684	58	19 067	51
	小计	9 898	92	12 586	89	15 441	87	18 210	68	25 772	84	29 586	79
权益资产	股票(股权)	5	0	159	1	929	5	4 712	18	2 425	8	4 200	11
	基金	666	6	1 107	8	912	5	2 519	9	1 646	5	2 759	7
	小计	671	6	1 266	9	1 841	10	7 231	27	4 072	13	6 958	19
其他资产		210	2	241	2	504	3	1 207	5	709	2	873	2
合计		10 779	100	14 093	100	17 785	100	26 648	100	30 553	100	37 417	100

保险资产管理公司资产结构的变化同时也受到市场的影响，如泰康资产在2007年股票牛市中的权益资产是2006年4倍以上（见表3-2-7），固定收益资产只比2006年增加了25%，但到了2008年，这种资产配置的状况发生了巨大的变化：一是权益类资产迅速从2007年的305亿元缩减到2008年的75亿元，2008年权益资产只及2007年的24.5%；二是2008年的债券资产几乎达到2007年的1倍。显然，面对市场环境的急剧变化，泰康资产进行了资产配置方向及比重上的重大调整，这样因应市场环境变化的资产配置在其他资产管理公司上也能得到明显的体现。

表3-2-7　　泰康资产2005—2010年大类资产配置　　单位：亿元

	2005年	2006年	2007年	2008年	2009年	2010年
货币及准货币	20.82	132.17	99.73	91.77	69.83	46.90
存款	89.32	164.68	159.51	208.53	193.10	554.81
债券投资	387.96	442.63	542.99	1 012.15	1 084.05	1 570.43
国债	144.53	141.25	189.36	177.26	174.67	314.35
金融债	67.35	47.09	52.04	218.11	249.07	285.69
企业债	140.18	195.02	254.12	383.73	559.06	766.68
次级债	30.59	32.53	32.68	43.21	95.20	177.37
其他	5.30	26.74	14.78	189.84	6.05	26.33
权益投资	26.55	66.03	305.77	75.62	206.40	305.15
基金	17.57	25.16	72.37	32.02	73.12	104.03
可转债	1.47	1.30	1.69	0.40	0.05	17.74
股票	3.53	39.57	230.91	42.97	133.22	183.37
其他	3.99	0.00	0.80	0.24	—	—
基础设施债权	—	—	97.20	97.20	115.20	46.60
非上市股权	—	—	—	2.10	2.10	2.10
基础设施股权	—	—	—	11.58	28.89	31.00
其他	—	—	35.81	49.33	57.40	73.31
资产合计	524.65	805.51	1 241.02	1 548.29	1 756.96	2 630.30
融入资金	70.07	-211.32	198.80	393.54	111.75	355.64
委托净资产	454.58	594.19	1 042.22	1 154.75	1 645.21	2 274.66

案例 3-2-1 现金为王对抗 2008 年金融风暴

2006 年、2007 年是资本市场疯狂的两年，中国股市走出了波澜壮阔的大幅上涨行情，凭借 130.4% 和 96.6% 的涨幅勇夺全球主流资本市场涨幅第一桂冠，在短短的两年中，中国股市创出了资本市场建立以来的最高点 6 124 点。

随着股市的大幅上涨，财富效应日益显著，场外资金加速入市，股民、基民日益增多，股市再度成为让人们狂热追寻的地方，伴随着市场的狂热，资产价格的上涨，股票的价格开始严重偏离价值，市场的风险也在不断积聚。

一、精心储备过冬粮草

人无远虑，必有近忧，迈入 2007 年平安资产管理公司的管理层就已经意识到了资本市场大泡沫后的风险以及可能的机会，为了控制风险捕捉机会，从 2007 年开始配置部门，一方面争取保留部分新增资金提高现金比例，同时锁定权益盈利留存，扩大现金比例，在权益暴涨、债券利率不断上涨、投资机会多多的 2007 年，现金配置比例的持续上升使得配置部门压力倍增，然而在资产管理公司董事长 CEO 陈德贤的坚定支持下，配置部门抗拒诱惑，顶住压力，本着早做准备抵御寒冬的考虑，通过 1 年多艰苦努力，配置做了一个非常大的手笔，在管理的 4 413.08 亿元的投资性资产中准备了 1 080.97 亿元的现金及现金等价，现金等价占比达到了 24.7%（见表 1）。

表 1　　中国平安集团投资资产配置表　　单位：百万元、%

项目	2008 年 12 月 31 日		2008 年 6 月 30 日		2007 年 12 月 31 日	
	金额	比例	金额	比例	金额	比例
定期存款	84 412	18.5	49 622	11.2	33 189	7.6
债券	286 791	63.0	235 184	53.2	188 888	43.2
权益	36 372	8.0	70 170	15.9	107 334	24.5
现金及等价	47 856	10.5	86 999	19.7	108 097	24.7
合计	455 431	100.0	441 975	100.0	437 508	100.0

数据来源：2008 年中报、年报，未包括贷款、物业、基建等投资。

二、亮剑小试牛刀

2008 年开始上证综合指数再也无力创出反弹新高，疲态尽现，即使没有美国的金融危机，2008 年国内股市也不会有好的表现，再加上叠加金融危机，整个 2008 年股市呈现自由落体式下跌，上证综指年内最大跌幅达 69.9%，收盘跌幅为 65.39%。

2008 年债券市场也是跌宕起伏，第一季度在美国次贷危机、雪灾事件、通货膨胀等影响下，债券市场对经济下滑的担心强于对通胀的关注，债券市场小幅上涨；第二季度债券市场则由于油价的屡创新高，对通胀的担忧加重，债券市场小幅下挫。随着 2008 年 7 月全球总需求放缓，原油价格创出 146 美元/桶新高之后，一路下行，并带动大宗商品价格下行，一定程度舒缓了生产资料价格走高对 CPI 传导的通货膨胀压力。8 月中旬，央行加强金融调控的灵活性与针对性，要求商业银行加大对中小企业贷款力度。9 月 15 日，央行宣布下调“两率”，即下调一年期人民币贷款基准利率 0.27%；下调存款类金融机构（工行、农行、中行、建行、交行和邮政储蓄银行除外）人民币存款准备金率 1%。在经济增速放缓、通货膨胀压力趋缓的背景下，特别是央行“两率”下调政策出台后，债券市场收益率快速下行。

通过对通胀的分析，考虑到政府对通胀的有效调控以及下半年经济可能快速下滑的判断，从 2 月份开始配置部门就小试牛刀，开始加大固定收益配置，上半年就增持固定收益 627.29 亿元，其中债券 462.96 亿元，存款 164.33 亿元。

三、全力以赴完美收官

8 月央行发出明显放松信号，当时兼任平安资产管理公司（香港）董事长的陈德贤，特地从香港打电话回上海，连夜召开特别紧急电话会议，提出全力以赴加快固定收益配置的决策。

时间稍纵即逝，配置部门在董事长陈德贤的带领下，第三季度开始全力冲击固定收益配置。8 月底招行次级债券发行，竞争对手仍坚守 6% 的收益率保持观望，平安资产的配置部门和固定收益部果断联手出击，一举买入总量 70 亿元，占据发行总量 320 亿元的 21.8%。

在市场还没有反应过来的时候，配置部门又瞄准了协议存款和法定存款。利用在债券收益率下滑而协议存款利率、法定存款还没有快速下滑的有利时机，董事长陈德贤再度提出急行军连夜突袭，8 月和 9 月一举完成 203 亿元协议存款，平均利率 5.8%。11 月安排法定存款 322.7 亿元，平均利率 5.26%，在 11 月 27 日央行宣布大幅下调存款利率 100 个基点之前（1 年期定期存款利率从3.60%下调至2.52%）完美实现现金配置向固定收益配置的转换。

债券配置金额从年初1 888.8亿元上升至2 867.9亿元，增长了约979.1亿元，定期存款从年初331.8亿元上升至844.1亿元，增长了约512.3亿元，固定收益合计增长了1 504.4亿元，配置比例从2007年的50.9%上升至80.7%。在2008年权益市场非常困难的一年中，正是这不容易积攒的1 080亿元的现金准备给平安资产一个非常好机会，通过现金准确配置债券，平稳度过了2008年的寒冬。

三、投资收益的增长情况

从保险受托管理资产的投资收益结果看，2004—2007年保险投资收益无论是规模增长还是增长率都是非常之高，几乎年年呈倍翻之状，这一方面是在我国经济快速发展的时期，保险资产管理也分享到经济增长的成果，另一方面也是行业改革创新带来的新气象，如资产管理专业机构群体的崛起、投资渠道的迅速拓展，专业化的团队和市场化的机制，在经济与金融景气极度高涨的时期，结出了丰硕的成果。但是“天有不测风云”，在2008年全球金融危机的冲击下，保险资产管理公司们虽然战胜了危机的冲击，同时也使投资收益大幅缩水。在2009年，保险资产管理机构迎来又一个丰年，一洗金融危机的阴霾。

表3-2-8　　保险受托管理资产历年投资收益规模　　单位：亿元、%

保险资金	2004	2005	2006	2007	2008	2009	2010
规模	296.47	464.62	955.32	2 791.73	529.87	2 141.67	2 014.58
增长率	—	56.71	105.61	192.22	-81.02	304.18	-5.93

可以说，保险资金历年的总资产投资收益水平与市场及政策息息相关，以历史最高值2007年为例，这一年我国股票市场迎来了百年一遇的大行情，上证指数当年大涨96.66%，最高点达到了6 124.04点，保险资金抓住了这个历史性的机遇，权益资产投资比例达到27%的历史新高，权益资产获得2 057亿元的投资收益，占当年总收益2 804亿元的73.4%，远远超过其他资产收益。

从类别资产上看，权益投资收益受政策及市场影响大，在股票直接投资政策出台之前，权益类资产的收益很少，在组合中的收益占比少，但当政策开放后，加上市场正处于牛市时期，权益投资收益急剧上升，此后，收益状

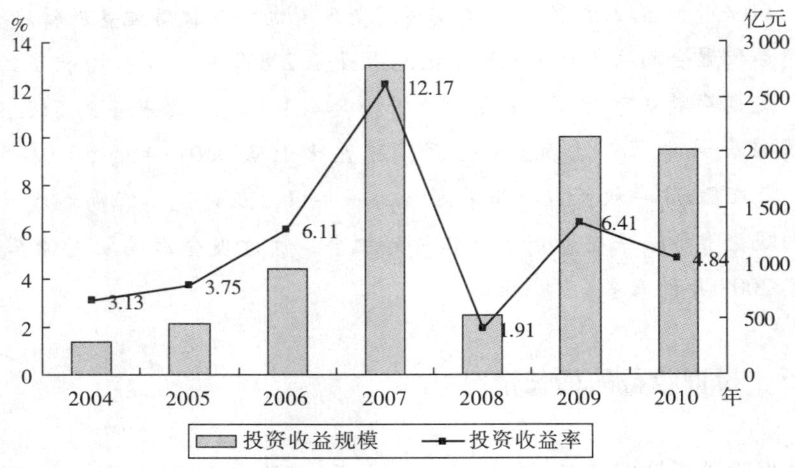

图 3-2-3　保险公司受托管理总资产收益率水平

况与市场行情状况高度相关。在 2008 年，当市场急剧走熊时，因为权益投资配置比例较大，权益投资的收益大幅下跌，并形成显著浮亏，2009 年后，权益投资的收益得到改观。

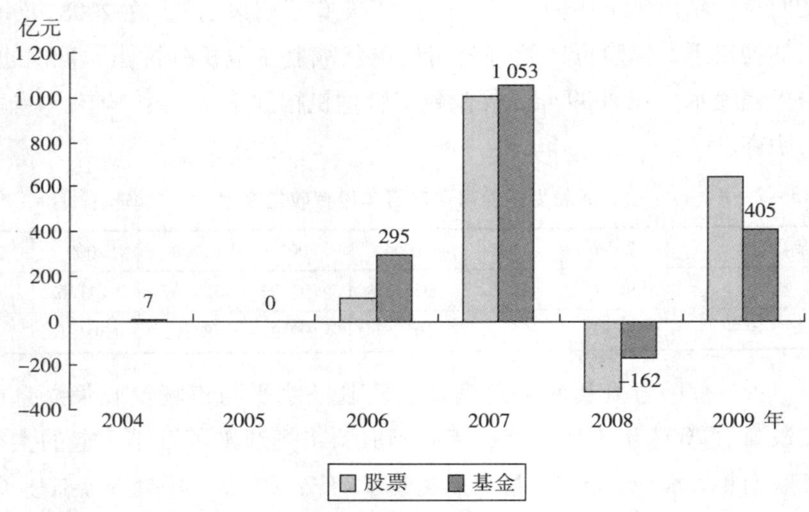

图 3-2-4　保险公司受托管理权益资产收益趋势图

在固定收益投资方面，保险固定收益资产的配置力度一直较大，虽然固定收益资产总体占比增速在各类资产中呈下降态势，但其总体配置比重占比在 70% 以上，随着保费收入的增加，高占比也带来了高配置量，而固定收益投资收益率相对稳定，在绝对量年年增加的情况下，固定收益投资的收益也是逐年增加，且受市场周期的波动相对较小（不似权益资产收益的波动性，这也是保险资产管理加强固定收益资产配置的主要原因之一）。分品种来看，存款类受到配置量的相对稳定性影响，投资收益水平相对平稳，而债券类资产受投资规模的逐年增加影响，年投资收益逐年增加，且增速较大。

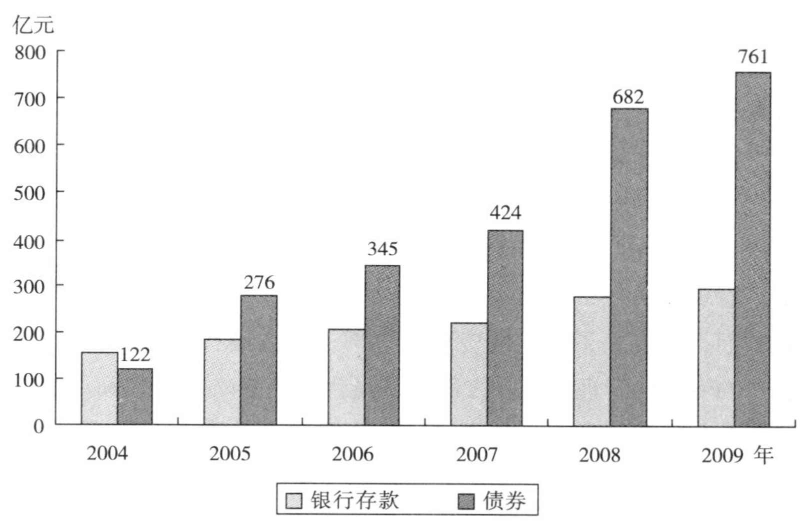

图 3－2－5　保险公司受托管理固定收益资产收益趋势图

表 3－2－9　　2004—2009 年保险各类资产投资收益　　单位：亿元

资产项目	资产类别	2004 年		2005 年		2006 年		2007 年		2008 年		2009 年	
		金额	收益	金额	收益	金额	收益	金额	收益	金额	收益	金额	收益
固定收益资产	银行存款	5 071	158	5 166	185	5 989	207	6 503	220	8 087	277	10 520	294
	债券	4 827	122	7 421	276	9 451	345	11 706	424	17 684	682	19 067	761
	小计	9 898	280	12 586	461	15 441	552	18 210	644	25 772	960	29 586	1 055
权益资产	股票（股权）	5	0	159	0	929	97	4 712	1 004	2 425	－316	4 200	641
	基金	666	7	1 107	0	912	295	2 519	1 053	1 646	－162	2 759	405
	小计	671	7	1 266	0	1 841	392	7 231	2 057	4 072	－478	6 958	1 047
其他资产		210	9	241	3	504	12	1 207	103	709	43	873	40
合计		10 779	296	14 093	465	17 785	955	26 648	2 804	30 553	525	37 417	2 142

四、基础设施的建设

（一）市场主体建设

在2004—2009年，在保监会的引导和推动下，中国保险资产管理公司相继发起设立，初步形成了“9+1”的保险资产管理投资主体，其受托管理资产占保险行业受托管理总资产的90%，它们不仅成为保险业的另一翼，形成了保险双翼齐飞的良好态势，也为中国金融市场塑造了一支主体力量，有力地促进了中国股票市场、债券市场的发展，也促进了国民经济的健康、快速发展。与此同时，一批中小型保险公司相继设立了独立运营的资金运用管理中心或资产管理中心，形成了保险资产管理的集中化、专业化管理运作模式，增强了资产管理方面的市场化运作能力。此外，在成立保险资产管理公司的保险公司方面，也成立了独立的资产管理部，一方面行使委托人的职权，加强保险资产的专业化管理，另一方面也是强化资产战略性管理和功能性管理，服务于公司业务发展的全局，如资产负债匹配管理、产品开发与定价的指导等等。

围绕着市场主体的建设，保监会立足于制度先行，通过制度创新，为行业发展提供有力的政策与制度保障，推进了行业健康、快速地发展。在2004—2009年，保险资产管理行业在保监会的引导与督促下，开始实施全面风险管理，在吸收和学习相关的法律法规基础上，从内控机制建设入手，在保险资产管理公司的前、中、后台建立了完善的管理制度体系，建立了相应的组织机构，形成了相互制约又顺畅运行的保险资产管理机制。如在组织架构上，在原先单一的前台权益投资、固定收益投资、外汇投资、另类投资，中台风险管理与组合管理，后台人力资源、财务清算与IT等基础上，增加了专业化的信用评估体系与队伍，增加了与一线投资风险分界清晰的投资研究、集中交易等等独立的部门。有的公司实行扁平化管理①，在公司内部实施功能区与平台管理，形成战略划分与功能业务模块分野清晰的管理模式，使其更能适应市场发展的专业化竞争的需要。

---

① 可参考“公司篇”各公司的相关资料。

（二）保险资产管理机构的人员数量

随着保险资产管理专业化运作进程的加速，保险资产管理机构人员数量呈高速增长态势，人员素质显著提高，企业人才队伍的专业化能力、市场化竞争能力显著提升。

在人员数量方面，近6年来，保险资产管理公司人员快速增加，各家人数均呈倍数增长态势。产生这种状况的主要原因既有行业发展、行业政策开放带来的投资渠道放宽、受托管理资产增加的原因，也是各公司投资管理功能与服务功能增加或调整的结果，同时也有各公司主动增强某一方面投资管理与服务管理的需要而导致的人员激增。以中国人寿为例，截至2010年底，公司共有员工299人（含养老金及机构业务部26人），其2004—2010年，员工队伍以年均23.7%的增速不断得以充实。中国人保资产管理公司从2004—2010年短短6年间，人员数量增加了2.9倍，年均增长达到19.4%。泰康资产公司从筹建之初的2006年底，只有40名员工。经过四年多的逐步壮大发展，已形成一支具有一定投资专业能力和分工合理、基本满足公司现阶段发展要求的人才队伍，截至2010年12月底，公司在编员工124人，人员规模年均增长33%。

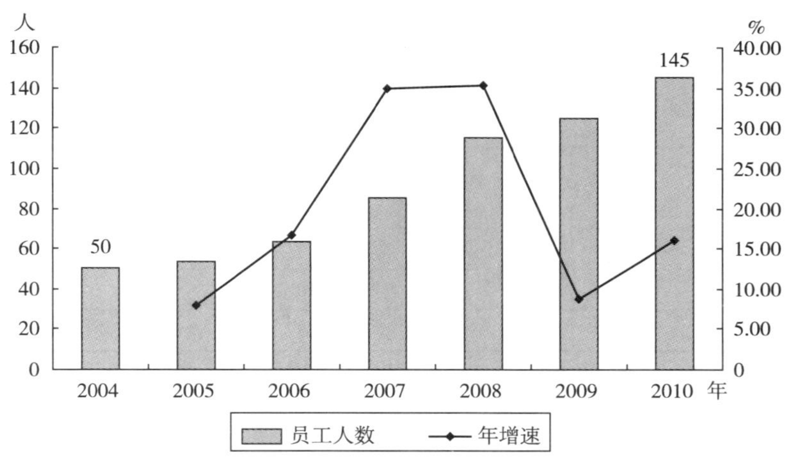

图3-2-6 中国人保资产管理公司人员增长情况表

在人员规模快速增长的同时，保险资产管理机构人员结构也发生了重大变化，各家公司由原先注重按部门配置人员，按学历、资历及海外背景选聘人员，发展至能力素质、功能发展与竞争力增强并重的人才观，注重人才的综合素质，注重功能区专才的培养，注重人才的培养、选聘与公司业务发展的需要相匹配，尤其是注重专业化发展。如平安资产的用人理念是视优秀人才为“核心资产”，围绕“全球性视野，本土化经营”的理念，广募精英。公司的投资管理团队中西合璧，汇集了国内外多位具有丰富金融管理和证券投资经验的专家，核心投资团队近50%员工拥有CFA、FRM等专业资格证书，从事项目投资的团队人员达到了48名，投资人员平均从业年限达到10年以上。

（三）保险资产管理机构的前、中、后台组成构建

在前中后台人员安排上，各家公司虽然采取了截然不同的布局形式，但大多是前台人员占据较大比重，前、中、后台人员合理配置，以满足业务发展的需要。如平安资产管理公司229名员工中，前台员工占56%，中台员工占34%，后台员工占10%（人员学历本科以上学历占全员的98.3%，硕士以上学历占全员的65.6%）。在泰康资产的228人中，前、中、后台部门人员占比分别为：47%、12%和41%（硕士和博士以上学历占比78%，本科学历占比19%，本科以下学历占比3%）。如不是简单地分析前、中、后台人员的分布情况，保险资产管理企业内部人员的布局主要还是以业务条块进行合理配置的，以华泰资产管理公司为例，其市场营销人员的增加是随着保险资产管理理财产品的业务发展而扩大的，其项目投资队伍的建设也是因另类投资业务发展而得到推动的。

表3－2－10　　华泰资产主要业务岗位人员构成

<table>
<tr><th>时间</th><th>投资研究</th><th>投资交易</th><th>风险管理</th><th>运营保障</th><th>市场营销</th><th>项目投资</th><th>总计</th></tr>
<tr><td>2005年初</td><td>6</td><td>2</td><td colspan="2">12</td><td>2</td><td>0</td><td>23</td></tr>
<tr><td>2008年底</td><td>29</td><td>4</td><td>6</td><td>16</td><td>3</td><td>0</td><td>67</td></tr>
<tr><td>2010年底</td><td>21</td><td>5</td><td>11</td><td>28</td><td>8</td><td>23</td><td>102</td></tr>
</table>

案例3－2－2　博士后工作站——人才战略与发展战略的结合

博士后工作站，一个陌生的机构名称，在2010年初列入华泰资产管理公

司的工作计划之中。虽小有波折，但仍在年底顺利获批，成为保险资产管理行业内第一家博士后工作站。这一尝试，既是华泰资产管理公司人才战略的体现，代表公司对引进人才、培养人才的重视，也是公司发展战略的组成部分，从行业发展与公司改革的战略前瞻研究方面，推动公司“十二五”发展计划的实施。

一、背景与目的

保险资产管理作为金融业的一个组成部分，最近几年取得了长足发展，并且发挥着越来越重要的作用。但是保险资产管理行业的短暂发展历史及中国保险业自身的特殊性，使得整个行业的发展始终是在探索中前行。

华泰资产管理公司自成立以来，在监管部门的支持下，经历了从小到大、从弱到强的一个快速发展时期。但我们也清醒地认识到，公司的未来发展仍然面临着巨大的挑战。而以博士后科研工作站为平台，吸引、培养和使用高层次优秀人才，充分利用其社会资源，加强对保险资产管理行业及公司改革发展领域的基础性、战略性、前瞻性问题的研究，推动公司可持续的价值增长，是公司应对挑战的一个重要战略举措之一。

二、艰难的申办

2010 年 1 月，经公司总办会研究，决定成立博士后工作站筹备组。当时，整个保险资产管理行业并没有博士后工作站的先例，有关政府的审批部门对保险资产管理公司也缺乏足够的了解和重视。国家对博士后工作站的申报和审批是两年一次，而 2010 年上报材料的申报截止日期为 3 月 31 日。

针对这种情况，筹备组开始了紧张的工作。在不到一个月的时间内，先后走访了多家银行、信托等其他金融机构，了解工作站的申报、设立流程，并学习后续管理经验。

3 月初，筹备组拜访了上海市博士后管理办公室，介绍保险资产管理行业发展现状、公司的基本情况，以及设立博士后工作站的设想，并得到了上海博管办的理解和支持。在申报过程中，博管办就申报表格的填写以及申报工作给予了多次的指导。在之后的半个多月，筹备组按国家人社部《关于做好第九批博士后科研工作站申报工作的通知》要求，高质量地完成了报批表的填报工作，并在 3 月底截止期限前，提交了《申请设立博士后科研工作站报批表》。

2010 年第二季度，国家人社部开始了 2010 年博士后站的遴选、审批工作。公司筹备组了解到，由于国家经济的快速发展，全社会对创新以及人才培养、建设重视程度也在不断提高，越来越多的单位重视博士后工作站的建设。全国博士后工作站的申请单位由2008年的700多家增加到2010年的1 000多家。而人社部对于申请单位也有着严格的审核程序和审批标准，在数量上只能是有限的增加。面对这种激烈的竞争，筹备组先后五次拜访了人社部的负责审批的相关领导，重点阐述了保险业在社会发展中的重要地位，保险资产管理在金融业中的重要性和特殊作用，以及博士后站的设立对于行业发展的重要意义，并表达了华泰资产管理公司对于办好博士后工作站的信心和决心。

经过八个多月的不懈努力，2010年8月30日，人社部发布［2010］60号文，正式批准包括华泰资产公司在内的489家公司设立博士后科研工作站。华泰资产公司博士后工作站的审批通过，标志着保险资产管理行业第一家博士后工作站的正式成立。同时，我们也相信，随着博士后站的建设不断完善和深入，对未来保险资产管理的研究将逐步系统和深入，也必将为华泰公司以及整个行业的发展作出应有的贡献。

三、博士后工作站的建设

公司取得了同意设站的批复后，开始了博士后工作站的设站工作。

1. 基本规划

公司先后两次在总办会上讨论博士后科研工作站的建设情况，并作出部署：博士后科研工作站的建设和发展，必须立足于公司的现状，研究公司发展的前瞻性和方向性问题，另一方面又着眼于行业的未来发展，进行深入的研究和探讨。总办会要求工作小组在短期内完成相关业务制度的建设和人员招聘。在2010年底，进站博士不少于2人；在未来3年内，进站博士保持在3~5人。

2. 制度建设

博士后科研工作站作为国家人才战略的一个重要组成部分，其建设有着严格具体的要求。为此，公司在2010年10月设立博士后科研工作站管理委员会，负责工作站的领导工作。并在管委会下设博士后管理办公室，负责博士后的日常管理工作。同时，公司正式颁布实施《博士后科研工作站管理办法》、《博士后研究人员招收及进站流程》、《博士后研究人员出站或退站流程》与《博士后工作专项经费管理办法》等项制度，从制度上规范博士后管理机构、招收与进站流程、在职管理、出站管理、研究成果归属等项工作。

3. 课题确定

目前，华泰资产博士后科研工作站8个初选研究选题为：保险资产负债管理在我国金融环境下的应用研究，保险资金私募股权投资及其他另类投资配置研究，保险资金投资基础设施的风险及其控制，结构化保险投资产品的设计、定价及风险管理研究，保险资金股指期货套保机制与应用研究，保险资产管理产品的定价与交易流通机制研究，中国养老产业的发展与保险资金运用的机遇与挑战，保险资产管理公司管理模式与发展战略。

4. 人员招聘

公司在网站和十多所重点大学发布了招聘信息，并与多家高校建立进站博士后的招聘联系。2010年底来自北大、清华、上财、中财、南开等知名院校的近30位博士前来公司应聘，经过3轮面试，目前公司已确定2位2011届博士进站。

5. 外部合作

根据国家博士后站建设的相关要求，科研工作站必须与大学的博士后流动站建立固定的合作关系，进行联合培养。目前，公司已经与北京大学、对外经济贸易大学就有关博士后站的建设达成了合作意向。同时，公司着手聘请国家具有较高学术水平和一定影响力的专家、学者担任公司博士后科研工作站的顾问。

四、未来发展规划

博士后工作站是公司持续创新、吸引高层次人才和人才梯队建设的重要载体。华泰资产博士后工作站将始终把博士后的培养和使用作为一项重要工作。一是要进一步充实博士后指导专家的队伍，引进实际工作领域的专家，为每个博士后量身定制培养计划，切实做好博士后的培养工作。二是把博士后工作站的研究课题与公司的实际工作紧密结合起来，支持公司的产品创新、业务发展，做到以理论研究促进实际工作，以实际工作推动理论研究；实现在培养中使用人才，在使用中培养人才。三是引入奖励机制，鼓励博士后多出成果，快出成果，使其迅速成为公司核心竞争力的主要力量，真正发挥博士后科研工作站的作用，为公司创建一支团队、树立一种精神；研发一批产品，带出一批人才。

案例3-2-3 人保资产IT系统的建设

人保资产管理公司信息技术部从2008年成立部门至今，经历了快速发展的三年：部门人员从2人，发展到目前的11人；从各业务系统分散、独立的运作，发展到目前的集中、统一的业务操作、数据分析平台，成为公司的运行保障的核心中枢部门。

一、统一数据平台系统建设

从2009年5月起，人保资产信息技术部通过推动公司资产管理统一数据平台大规模的运用，通过自动化的技术手段和建立专业的数据处理团队，对公司核心投资业务环节展开了专业化和信息化的支持。在借鉴外方股东慕尼黑再保险资产管理公司成熟系统建设经验的基础上，在建设组合管理、交易、风控、财务等统一共享数据管理平台的过程中，始终贯彻“数据统一、系统集成、提升业务支持”的核心思想。由于公司业务部门对前、中、后台数据准确性、一致性要求很高，所以通过统一数据平台，逐步实现前台集中交易、前后台对账、及时风险合规控制、灵活的绩效归因模型和数据报送体系等，来满足对资产管理及管控等多种维度的目的和需求。统一数据平台的设计思路可见图1。

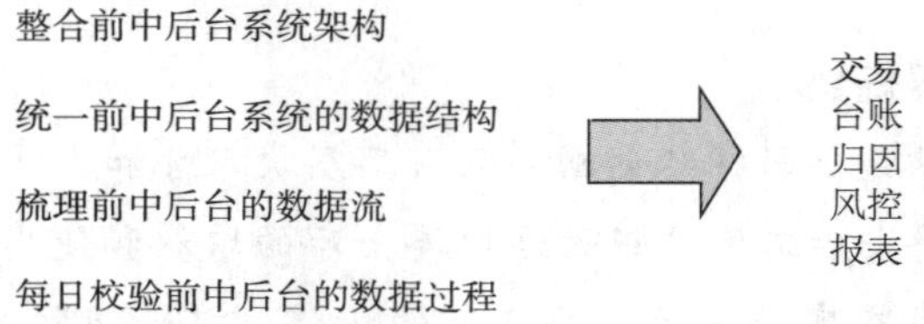

整合前中后台系统架构

统一前中后台系统的数据结构

梳理前中后台的数据流

每日校验前中后台的数据过程

→

交易
台账
归因
风控
报表

图1 人保资产核心投资管理系统设计思路

通过近两年的开发和实践，充分证明了采用由后台向前台延伸并选取一家供应商实施核心系统数据统一平台项目的模式是合理的。在这种模式下，系统可以把从第一级的资产配置到第二级专业化的资金配置，以及之后的下单、成交清算、组合分析（包括现金流、风险指标、内部的绩效归因）等各个工作节点无缝地衔接在一起，使数据直通式的从前台传递到中、后台，并从中、后台及时地反馈到前台，为未来达到了高效、高自动化的处理模式奠定基础。

人保资产组织开发了统一数据平台，在每日接收、清理由恒生交易系统和彭博交易系统及时传递过来的交易数据的基础上统一了每日的所有交易流水和台账，并通过每日与后台的对账保证了交易系统数据的一致性和完整性。在此基础上，公司的业务流程和业务分析能力得到了很大的提高。统一数据平台的定位及对业务的支持示意图可见图2。

公司统一数据平台的定位就是
为了支持业务直通式模式的
统一的前、中、后台并及时清理的数据池

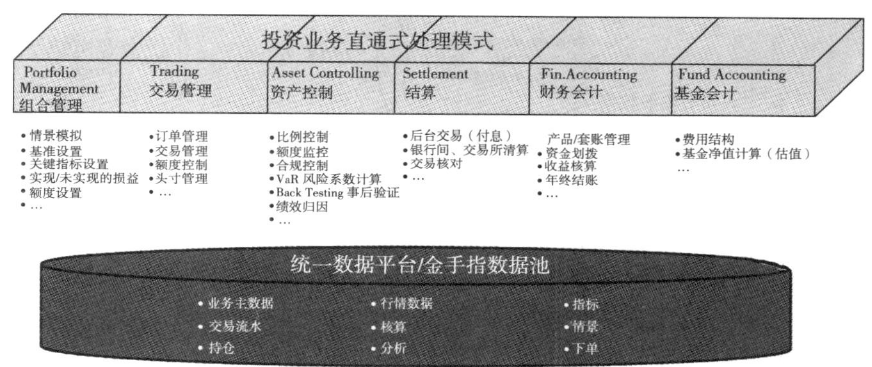

图2 统一数据平台的定位及对业务的支持

目前，人保资产统一数据平台主要取得了以下重大成果：

1. 风控与合规标准在系统中自动控制能力得到了改进，事中的审批、额度、合规检查提高了投资部门的工作效率。

2. 实现了固定收益品种的前台交易功能。每日接收、清理由场内交易系统和境外交易系统传递过来的权益类交易数据，并在此基础上统一了每日的所有交易流水，并通过每日与后台的对账保证了各交易系统数据的一致性和完整性，保证了资金运作的高效与安全。

3. 实现了投资前的全资产配置和事后各类组合绩效的及时分析。

4. 通过直通式的数据处理提高估值、风险计算的时效性。

5. 满足委托人与监管机构对资产运作情况的各种报表要求。

二、人保资产数据岗工作建设

因人保资产管理公司的业务涉及权益、固定收益、银行外汇、基金、年金等等，对于系统建设的要求也是越来越复杂。随着系统的高效建设，数据源、数据处理也越来越复杂。以统一数据平台为例，系统总体数据流可见

图3。

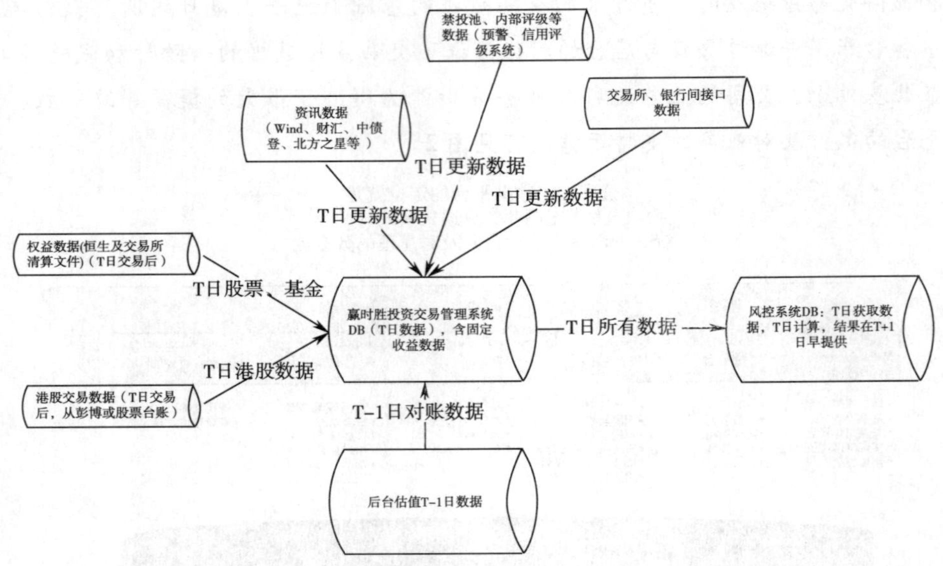

图3 统一数据平台总体数据流

系统之间的关联性也越来越紧密，对于数据处理、数据加工、数据挖掘的要求也是越来越高、越来越紧迫。因此，与系统建设配套的运营支持方面，IT部门创新的设立了人保资产数据岗位，主要负责全公司的业务数据的综合处理。目前数据岗主要负责交易支持、对账调账、清算结算、台账报表、产品维护、风控条目配置、风控检查、绩效评估、内外网数据同步等每日重要数据工作。其中，涉及的系统为前台交易系统：统一数据平台、恒生、彭博系统，中台系统：统一数据平台、衡泰系统，后台系统：中台委托人报表系统、财务后台估值系统。

从操作流程方面来看，数据岗负责日初前台各个交易系统的虚拟头寸初始化和日中头寸录入过程；日初各个系统资讯数据同步导入工作以及禁投池、债券评级、后台估值资产等风控数据维护检查工作；日中及时监控响应交易过程的各类问题，确保投资交易过程顺利进行，同时数据岗负责前台各个交易系统的前后台对账调整工作，监控各个交易系统的风控检查结果及核对；日终，数据岗负责各个系统的清算、初始化、风控检查工作。其中，对于统一数据平台新系统的操作，数据岗的工作显得更为重要，包括每日日中和日终两次的前后台持仓、资金、流水等数据的核对，以及日终导入恒生、彭博、固定电子交易平台、大宗交易平台等交易，核对各个交易系统的风控检查结果，为统一数据平台系统建立一个全资产、全交易、全风控的综合数据平台打下了坚实的基础，为中台绩效归因分析和业务报表提供了基础数据保证。经过 IT 人保数据岗流程化的长期操作管理，数据岗的每日工作已经逐渐渗透到投资交易、业务支持、风险控制、运营保障的人保资产管理业务运作流程中。

三、统一数据平台建设的未来目标

公司核心系统的建设将继续围绕着统一数据平台的思路开展。人保资产在核心业务系统建设方面虽然取得了一些成绩，但是随着业务的不断发展和要求，信息技术部在不断地接受挑战和磨炼。完善的信息化建设不是单一的系统建设，而是一个由公司战略、业务计划、人员能力、组织架构和系统建设最佳配置的组合。公司的战略直接主导信息化建设的战略和工作计划，信息化建设的战略直接决定了信息技术团队的组织架构和与公司整体架构的关联关系和业务流程的匹配密度和深度（见图 4）。

公司核心竞争力组合给公司信息化建设指定了方向

信息化建设应该与公司发展高度匹配

- 投资管理
  - 股指期货、利率互换、外汇投资等
  - 集中、安全的账户头寸管理
  - 多账户管理，年金账户批量处理
- 风险管理
  - 外汇产品、衍生产品的计量分析
  - 事前合规、额度管理，压力测试
- 产品研发：集团外产品管理
- 投资部门的考核
  - 固定收益投资的考核
  - 外汇投资的考核
- 投资决策机制
  - 战术配置
  - 交易配置
  - 投研流程的系统支持

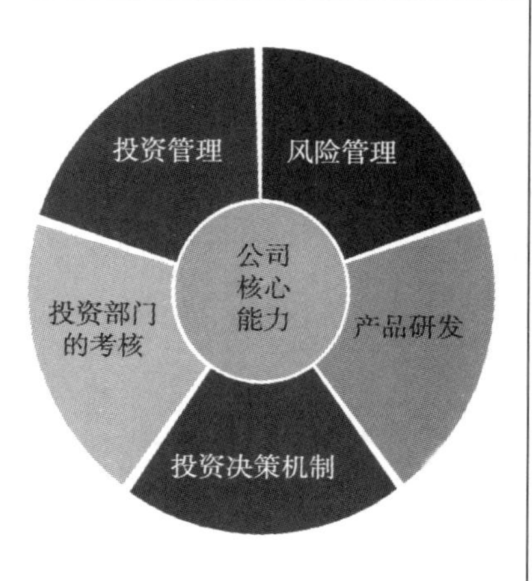

图 4 信息化建设与公司业务发展的关联

公司在以往的 3 年里建立了信息技术部，统一了各业务部门的子系统，设置了数据岗，统一规划开发了近 20 个业务功能。在未来的 3 ~ 5 年内公司还将继续保持对信息化建设的投入，增加系统开发支持和数据质量保证人员。

1. 继续完善交易管理功能，实现场内债券业务、存款业务、债券计划、利率互换等其他场外业务的统一指令审批以及风险合规管理等功能；

2. 继续完善与恒生交易系统的对接，实现实时的数据传递保证在交易头寸、额度检查等方面得到及时的控制；

3. 加大对推动统一数据平台场内 A 股交易功能的测试，结合测试结果制定如何取代恒生交易系统的方案；

4. 加大对头寸管理需求的分析，与流动性岗和基金会计小组研究公司整体头寸管理的系统化方案；

5. 继续在统一数据平台的基础上完善公司内部的各类交易分析报表和台账，取代目前手工的交易日报，开发业务部门在报表和数据查询方面的需求；

6. 继续完善绩效归因的功能，实现与久期相匹配的固定收益类资产的 BRINSON 归因；

7. 支持研究部、股票部在投资研究方面的系统需求调研和模拟组合分析平台的开发；

8. 支持风控部开发投资合规条目的管理平台等。

[第三章]

保险资产管理贡献

面对着经济金融一体化的国际背景，经济发展步入新阶段的宏观形势，社会改革不断深入的总体趋势和金融业务快速发展的竞争格局，保险资产管理行业在监管部门的引导下，积极探索，在体制改革、机制建设、投资渠道、战略规划、风险防范、队伍打造等多方面取得显著成效，保险资产管理行业从无到有、从小到大、从萌芽逐步走向成熟，体制机制得以初步确立，发展基础得到夯实，成为中国金融市场的重要力量，成为中国经济建设的有力支持者。

一、参与经济运行

保险资产管理业以资产管理为平台，在积极参与金融改革、支持经济建设，维护金融市场稳定发挥了积极作用，社会地位日益显现。

（一）支持经济建设

随着我国经济改革的深入，保险资金进入的实体经济领域的广泛性逐渐体现，保险资金成为参与重大国计民生行业建设的关键力量，通过投资关系国计民生的重大项目，为基础设施建设提供长期稳定资金，支持国民经济又好又快发展。

改革开放以来，随着我国保险市场快速发展和投资渠道稳步放开，保险资金规模扩大，资产配置领域拓宽，保险业通过投资债券、存款、股票等金融工具，为经济建设直接与间接提供的资金达到数万亿元，其中，大部分为长期稳定资金。在国务院批准保险资金投资基础设施项目以后，保险资金通过债权与股权等多种方式进入实体经济，如投资了京沪高速铁路等国家重点项目试点、参与了世博会建设、主要城市地铁项目及一大批国家重大的产业项目建设等等。

从当前保险资产管理的发展态势上看，保险资金对国民经济建设的参与度和贡献度将稳步提高，对实体经济的影响力和对战略资产的控制力将不断增强。同时，经济社会的发展和进步，也给保险业特别是保险资产管理创造了好的环境，提供了有利的条件和难得的机遇。

案例3－3－1 平安股权投资控股许继集团，参股云南白药

除了资本市场外，平安不断地拓宽保险资金投资渠道和范围，控股许继电气和参股云南白药就是两个典型的案例。

作为中国第一家以保险为核心的综合金融服务集团，中国平安管理着庞大的保险资金，平安有责任有义务不断推进保险资金增值保值，促进保险资金分享中国经济高速发展的果实。因此，平安近年来也在不断地积极推进非资本市场领域的投资业务。在此战略下，中国平安尤其重视与先进装备制造业和医药业等新兴产业的龙头企业的合作。

一、许继电气

平安一直认为中国电力设备行业存在很好的战略投资机会。未来十年电力需求都将保持10%以上的增长，电力投资重点将从发电转向电网建设，尤其是跨区联网、特高压和直流输电将是电网建设投资的重点。通过认真分析，平安集团认为许继集团具备独特的核心竞争优势——完整产业链＋核心技术＋龙头产品，这也是平安集团投资许继的根本原因。

1. 完整的产业链：经过近四十年的积累，许继集团已发展成为产品完整覆盖电力系统发电、输变电、配电和用电环节的一次、二次电力装备领域，拥有多项业务排名第一位，国内最大的综合性电力装备制造企业和电力装备系统集成企业。

2. 综合成套优势：许继在高压装备和继电保护及自动化综合成套、交流

输电及直流输电综合成套、直流输电领域换流阀及控制保护综合成套、装备硬件制造与电力信息及工业控制软件开发的综合成套等方面，在国内已经形成了独特的优势，掌握完全的自主知识产权，全部达到国际当代先进或领先水平。

3. 核心技术：许继目前具有信息化及自动化的软件、大功率电力电子和变压器及开关一次设备等三大核心技术，并形成十项关键成果。

4. 龙头产品：许继作为国内直流输电市场的双寡头之一，是国内唯一同时拥有直流保护和换流阀技术的企业；电厂保护领域，仅次于国电南自，市场占有率处于第二位。而快速增长的高端细分市场的龙头地位，为获得高于市场平均水平的增长及收益水平奠定了坚实的基础。

经过平安内部各职能部门紧张而充分的讨论研究，项目团队对可能出现的风险设计了完整的风险防范措施与体系，平安决策层最终批准了项目团队执行许继集团100%股权收购工作。2008年2月18日，许继项目组抵达许昌并向许昌产权交易所递交了受让材料；3月20日上午，许继集团100%股权转让公开拍卖顺利举行，平安信托最终以9.6亿元战略投资许继集团，并于2008年3月21日正式签署股权转让协议。该交易最终获得国务院国资委审批通过。

平安集团高度认可许继集团的管理团队、业务技术和发展能力，倾全力协助许继集团做大做强：

1. 平安重金聘请国际知名战略咨询专家麦肯锡公司为许继集团量身打造“转型”方案。麦肯锡项目小组在四个月内通过大量的市场分析和访谈，提出许继集团的战略规划和组织变革建议，明确提出许继当前迫切需要推进“变革”，以变革来扬弃传统，以变革来突破组织架构调整，以变革来推动许继人传统奋斗精神，同时也向许继指出部分速赢策略，以迅速改善盈利情况。

2. 平安推行百日计划帮助许继集团实现价值提升。平安在战略调整和投资计划、组织结构和公司治理、运营管理和业务发展、增值服务和价值提升等多方面为许继集团出谋划策，持续不断推行百日计划的执行并跟踪进展情况。

3. 平安组织各部门与许继交流，实现管理提升。平安集团组织以王利平为领队、集财务企划中心、人力资源中心、IT资源系统中心等部门20余人的一线管理干部团队与许继集团对口部门进行经验分享与交流，推动许继集团管理水平提升。

此外，平安集团作为许继集团的战略投资人，为许继所带来的不仅仅是资金，还在资本运作和资产管理、完善公司治理结构、引进外部合作企业及协助进行产业链整合、专业工业园区等多方面予以许继全面的综合金融服务支持。平安极力协助许继集团实现发展规划，力求打造出一家具有规模影响力和核心竞争力的现代化企业。

经过一年的努力，许继集团各项业务均取得良好成绩，从濒临亏损到2009年实现近60亿元的营业收入和8亿多元净利润。继电保护及变电站自动化的营业收入增长36%、换流阀的营业收入增长365%、配电自动化营业收入增长34%、电源的营业收入增长46%、环网配电柜及开关的营业收入增长17%，各业务市场占有率都有所提高，其中，换流阀的市场占有率高达50%，配电自动化的达到35%。

二、云南白药

云南白药集团股份有限公司（股票代码000538），其前身是成立于1971年的云南白药厂，1993年改制为云南白药实业股份有限公司，在深交所挂牌上市，1996年组建云南白药集团股份有限公司。其主导产品云南白药创制于1902年，拥有百年历史。

云南白药拥有我国三大中药绝密配方中的两个，具有稀缺性和唯一性的特点，是一只具有长期投资价值的中医药蓝筹股。自1998—2008年的10年期间，云南白药股价增幅达1 950.40%，年复合增长率为35.58%；在2002—2007年的5年内，股价增幅627.87%，年复合增长率44.4%。截至2007年12月31日，云南白药资产总额28.6亿元，净资产13.5亿元。2007年实现营业收入41.16亿元，比上年同期增长28.44%；实现营业利润3.93亿元，比上年同期增长18.07%；实现净利润3.38亿元，比上年同期增长21.02%。

平安资产管理有限公司的投资团队，通过研究和跟踪，发现公司在维持了长达10年的高速增长后，公司产能出现瓶颈，导致后续持续增长乏力，2007年公司增长率只有21.02%。2008年，云南白药公司决定通过定向增发募集资金，用于公司整体搬迁，扩张产能。该公司共有八大投资亮点：

一是公司处于快速增长的行业中，医药行业年增长率可达20%以上，同时公司进军快速消费品行业，呈现良好的增长态势。

二是公司处于西南“植物王国”的独特地理位置，为中药产业做大做强奠定了基础。

三是具有公司拥有稀缺性资源和垄断性品牌，云南白药产品为独家医药品种，市场没有替代产品。

四是公司管理团队专业稳定，对医药行业有很深刻的理解，策略具有前瞻性，是公司得以在医药行业脱颖而出并取得领先地位的主要原因，也是未来公司快速发展的保障。

五是公司具有强大的研发实力、创新能力和市场开拓能力，在依托“云南白药”传统中药产品的基础上，开发了以云南白药创可贴和云南白药牙膏等创新产品。其中，云南白药创可贴击败了创可贴第一品牌“邦迪”，迅速成为中国创可贴市场占有率第一的产品；云南白药牙膏，仅用三年时间，销售收入即达到2007年度的2.5亿元，当年销售增长率高达51%。

六是公司价值正处于恰逢时机的买入点。因产能受限，公司在2007—2008年增长速度受到影响，但公司在此期间加大市场开发和研发投入，为公司的新产品储备和推广打下基础。随着搬迁工程的启动，公司将从2009年开始将逐步进入快速成长期，2010年公司业绩将全面爆发。云南白药股票长期呈现慢牛态势，在2008年股市低迷、经济危机来临前期，该股票具有良好的防御性，可对冲宏观经济的系统性风险。

七是合适的买入价格。2008年初，中国A股市场自历史最高点开始一路下滑，云南白药公司股价也从历史最高点下跌到30元以下，增发前市盈率仅35.7倍，而同期医药类股票平均市盈率在45倍左右。

八是与平安具有高度的协同效应。如云南白药的急救包产品、白药牙膏产品，可以和平安的寿险、产险业务合作，也可以通过平安的万里通平台进行销售和推广；平安的养老险可为企业提供年金管理服务；平安银行可为企业提供银行业务服务。云南白药长期采用现金和股权结合的利润分配方式，可获得持续稳定的现金收入，是符合保险资金长期配置的优质资产。

2008年7月29日，云南白药与平安投资团队开始洽谈定向增发事宜，最终确定由中国平安人寿保险股份有限公司以13.935亿元认购其定向增发的5 000万新股，占其增发后总股份的9.36%，认购价27.87元。认购后，平安集团及下属子公司持有云南白药的股份总数将达51 321 849股，占发行后云南白药总股份的9.61%，成为云南白药第三大股东，该投资于2008年底获得中国证监会批准。

平安参股云南白药后，通过投资管理专业团队，为云南白药提供了大量的增值服务，如平安证券为企业定向增发提供财务顾问服务、为企业引荐独立董事、建议企业聘请麦肯锡进行战略管理咨询、引入平安1号店与云南白药非药类产品的合作、平安银行为企业提供企业管理服务、平安产险和养老金为云南白药提供相应的保险产品服务。平安以及平安提名的董事在股东大会和董事会中提出了大量合理化建议，进一步提高了公司治理水平，提升公司价值。

截止到2010年底，公司公告2010年预计净利润在90 558万~102 632万元，同比预增50%~70%。2010年12月31日云南白药收盘价60.4元，复权股价为78.52元，股价上涨了282%，浮盈25.325亿元，取得现金分红2 500万元，而同期深证成指涨幅仅为27%，其间还取得现金分红2 500万元。

案例3-3-2　太平洋资产在投资安居工程方面的成功尝试

一、响应国家号召，抓住政策机遇，投资有关国计民生的重大项目

2010年1月，国务院办公厅发布《关于促进房地产市场平稳健康发展的通知》，要求“要加快建设限价商品住房、公共租赁住房，解决中等偏下收入家庭的住房困难”。2010年6月8日，住建部、发改委、财政部、国土资源部、人民银行、国家税务总局、银监会7部门联合发布《关于加快发展公共租赁住房的指导意见》，对公共租赁房的基本原则、租赁管理、房源筹集、政策支持、监督管理等方面作出了明确的规定。

太平洋资产从支持安居工程大局出发，自2010年下半年开始，着手发起设立“太平洋—上海公共租赁房项目债权投资计划”，为上海地产集团的公共租赁房建设提供40亿元的资金，为上海安居工程项目的顺利开展作出了重要贡献。同时，该项目也是保监会《保险资金投资不动产暂行办法》出台后的第一单不动产债权投资计划，有利于保险资金拓宽投资渠道，并获得合理的投资回报。

二、精选投资项目、妥善安排交易结构，确保投资的安全性

保险资金投资公共租赁房具有重大的社会意义，但也需要加强投资安全性，不可能选择风险程度偏高的项目。由于太保集团总部位于上海，对本地企业的情况比较熟悉，在深入分析了相关政策和市场主体之后，决定以债权形式投资上海地产集团投资建设的公共租赁房，并精心选择了较好的投资项目、资质良好的偿债主体和实力雄厚的担保方。

（一）精心选择优质的投资项目

太保集团选择了以债权形式投资上海地产集团负责的首批公共租赁房项目，包括徐汇区铁路南站地区公共租赁住房项目、徐汇区华泾地块公共租赁住房项目及普陀区上粮二库部分地块公共租赁住房项目。上述公共租赁房项目的地理位置优越，均位于上海的外环线以内，其中，徐汇区华泾地块公共租赁住房项目靠近上海植物园；徐汇区铁路南站地区公共租赁住房项目靠近铁路南站和地铁 1 号线、3 号线；普陀区上粮二库部分地块公共租赁住房项目位于苏州河北岸，靠近地铁 2 号线。上述 3 个公共租赁房项目的总投资额超过 70 亿元人民币，总建筑面积约为 50 万平方米，以平均每套公共租赁房的面积 50 ~ 60 平方米推算，项目建成后应可提供 8 000 ~ 10 000 套公共租赁房，将能有效缓解本市青年职工、引进人才和来沪务工人员及其他常住人口的阶段性居住困难。

（二）选择大型国有企业集团作为偿债主体

为了加强投资安全性，我们选择由上海地产集团而不是旗下的项目公司作为本项目的偿债主体，强化了偿债主体的安全性。上海地产集团是上海市国资委下属的全资子公司，是上海市政府土地储备前期开发、旧区改造、重大工程配套商品房和经济适用房建设等的重要载体。该集团是上海最大的国有房地产企业集团，注册资本 42 亿元，旗下拥有中华企业、金丰投资两家主板上市公司，以及中星集团、上海房地（集团）公司等一批在上海及江浙地区有市场影响力的房地产企业，在商品房和保障性住房开发方面拥有丰富的经验。该集团财务及信用状况非常良好，截至 2009 年底，集团总资产超过 650 亿元，净资产超过 200 亿元。

（三）引入独立的大型国有企业提供担保

为了进一步控制投资风险，经与相关各方多次协调，在太保集团及资产管理公司高层领导的亲自过问下，引入上海市城市建设投资开发总公司（即

上海城投）为本项目提供担保。上海城投也是上海市国资委的全资子公司，是经上海市人民政府授权从事城市基础设施投资、建设和运营的大型专业投资产业集团公司。上海城投是资产值最大的上海市属国有企业集团之一，2009年底的净资产接近1 000亿元。该公司多年来的主体信用评级均为AAA级，且对外担保余额较小，拥有较强的担保实力。上海城投和上海地产集团属于独立经营的法人实体，相比集团担保项目公司的传统方式，信用增级程度更高。

三、抓住有利时机，获得领导支持，有效提高了保险资金的投资收益

由于公共租赁房项目属于保障性住房，项目本身的社会效益高于其经济效益。因此，在与项目方商谈投资收益率的过程可谓是一波三折。经过相关各方的多轮谈判，保监会领导也给予了充分的重视及支持，最终为保险资金获得了较为有利的投资收益条件，仅比同期限的银行贷款基准利率下浮12%，与最优惠贷款利率水平较为接近，而且设计了具有保底收益、不设封顶收益的浮动利率机制，进一步提升了保险资金的投资收益空间。目前项目的起始毛投资收益率超过5.9%（年化），对保险资金具有较为合理的收益性。

该项目是保监会《保险资金投资不动产暂行办法》颁布后保险资金投资不动产债权投资计划的第一单，具有较好的示范效应，为未来类似产品的推出进行了有益的尝试，有助于扩大保险资金的投资领域。该项目的投资收益率水平设置合理，且具有保底条款，再加上良好的宣传效应，对保险机构等各类合格机构投资者具有相当的吸引力，可以增加资产管理公司的产品类型，为第三方委托业务拓展打好基础。

（二）宏观调控的有效传导路径

作为经济金融生活的组成部分，资产规模的扩大，市场影响力的提高，使保险机构逐渐具备了影响宏观调控政策的方式、渠道和能力。保险资产管理在传导宏观调控信号和影响宏观调控效果方面，正逐步显现出越来越重要的作用。从货币政策看，保险资产管理与货币政策的联动关系不断增强。较大规模保险资金在不同金融市场和金融资产之间的快速转换，不可避免地引起金融资产价格和货币供应量的变化，对货币政策中介目标的可测性和可控性，对市场利率和市场行情的走势产生影响，最终体现在强化利率、收益率等指标的信号作用，调节投资需求，引导市场预期，提高金融运行效率，促进企业改善质量，带动直接融资发展等各个方面。近几年来，保险资产管理机构已成为金融市场的重要机构投资者和中央银行公开市场业务一级交易商，市场的定价权和影响力不断提高，传导货币政策信号的责任越来越大。在国务院批准保险资金购汇投资境外市场政策出台后，保险资产管理公司开始采取“走出去”战略，积极主动地参与国际市场投资，不仅为引导外汇合理流出，缓解货币投放压力，增强货币政策调控效果发挥了积极作用，也为中国金融资本在国际市场上进行金融投资与股权投资进行了有益准备。近几年来，保险资金积极参与国家重大基础设施与战略设施建设，介入国家鼓励和支持的基础设施行业，对调整产业结构，促进经济均衡发展具有重要意义。目前，国家有关部门已经注意到保险资产管理对宏观调控政策的影响。今后，如何加强货币政策与保险资金运用政策的协调配合，发挥保险资产管理对改善宏观调控效果的积极作用，既是货币政策面对的新课题，也是保险业面对的新课题。

（三）支持金融改革

保险资金通过资产管理公司对非上市银行股权的投资，直接支持了银行业股权分置改革，提高了银行资产充足率。通过认购银行次级债，改善银行资产负债结构，提高银行核心资本充足率，为金融改革作出了有力贡献。目前，保险资产管理机构投资银行次级债的比例逐步提高，其持有的商业银行次级债券占其发行余额的53.8%。同时，给予商业银行对保险资金进行托管的资格，商业银行拓展中间业务，提高盈利能力，顺利推进股份制改革创造了有利条件。

案例3－3－3　国寿资产大力支持国有银行改制上市

金融是现代经济的核心，我国银行业在金融体系中居于主导地位，在发挥金融核心作用中担负着十分重要的角色。随着银行体系不断健全、整体实力和风险防范能力不断增强，其在经济社会发展中发挥着越来越重要的作用。

从我国主要商业银行的发展历程看：1949年至20世纪70年代，银行实施的是计划经济体制下“大一统”的银行体制；自20世纪70年代后期开始，随着我国经济体制改革的推进，银行业经历了重大变革，工行、农行、中行、建行等银行逐步成为独立运营机构；随着1994年三大政策性银行的成立以及1995年《商业银行法》和《中国人民银行法》的颁布，商业银行原有的政策性业务逐步剥离，业务范围得到了清晰的界定；1998年财政部发行2 700亿元特别国债，补充四大国有银行资本金；1999年成立华融、长城、信达、东方四大资产管理公司，接收了四大行及国家开发银行剥离的13 939亿元不良资产；2001年随着中国正式加入世界贸易组织，中国银行业开始逐步向外资金融机构开放，同时也开始了以股份制改革为特征的新一轮改革。汇金公司和财政部逐步向工行、农行、中行、建行、交行等国有大型商业银行注资，启动股份制改革：2003年汇金公司向中国银行和建设银行分别注资225亿美元，2004年汇金公司和财政部向交通银行注资80亿元人民币，2005年汇金公司向工商银行注资150亿美元，2008年汇金公司向农业银行注资190亿美元。完成不良资产剥离和注资后，上述银行先后引进国内外战略投资者，并在上交所和港交所完成上市。其中，中国银行首次实践了我国商业银行A+H股的上市模式、工商银行开创了我国银行业境内外同步上市的先河、农业银行实现了2010年全球最大的IPO融资规模，国家注资、战略投资者和保险资金等机构投资者在支持国有商业银行改制上市中发挥重要作用的同时，也实现了资本的保值增值。

随着金融业改革开放的深入推进，我国银行业在加强公司治理建设、转变经营理念和发展方式、提升业务创新能力、优化收入结构等方面都取得了重要进展，资本充足率、资产质量、盈利能力等指标显著改进，净资产收益率和总资产收益率等已达到或接近国际先进水平。从统计数据看，截至2009年底，我国银行业金融机构共包括政策性银行3家、国有商业银行5家，股份制商业银行12家、城市商业银行143家、城市信用社11家、农村合作银行196家、农村信用社3 056家等。银行业金融机构营业网点达到19.3万个，从业人员284.5万人。总体呈现以下特点：（1）资产规模继续扩大：截至2009年底资产总额达到78.8万亿元，同比增长26.3%；负债总额为74.3万亿元，同比增长26.8%。五家大型商业银行资产规模仍占据绝对的主导地位，达到40.1万亿元，占全行业总资产规模的50.9%，同比增长25.9%。（2）

存贷款规模稳步上升：截至2009年底金融机构各项存贷款余额分别为61.2万亿元、42.6万亿元，分别同比增长27.7%、33%。(3) 商业银行资本充足率全部达标：加权平均资本充足率为11.4%。(4) 资产质量大幅提高、抗风险能力进一步增强：截至2009年底商业银行贷款五级分类不良余额为4 973亿元，不良率1.58%，同比下降0.84个百分点；拨备覆盖率155%，比年初提高38.6个百分点。(5) 盈利水平稳步提高：截至2009年底银行业金融机构实现税后利润6 684亿元，ROE、ROA分别达到16.2%和0.9%。银行业的长期稳定增长、较高的股息率、低估值特征，使其具备较高的投资价值。

“十一五”时期我国保险业保持了快速增长的态势，2010年保费收入达到14 528亿元，保险业资产规模突破5万亿元。保险资金尤其是寿险资金具有的长期性特征使其更为注重长期投资回报，因此更适合参与对银行业的战略投资。中国人寿作为我国最大的寿险企业，一直积极参与银行业的战略投资，大力支持国有银行改制上市的战略部署，并成为国有商业银行上市时最大的保险机构投资者，并与各大商业银行保持着良好的业务合作关系，业务合作涉及保险代理、资金结算、协议存款、认购基金等，特别是在银行保险业务方面，大型商业银行一直是主要的代理渠道。

从2006年国有商业银行大规模上市以来，中国人寿主要参与了包括工行、农行、中行、交行等国有银行的战略投资，上述四家银行认购金额总计达到了86.52亿元。

表1　中国人寿参与工行、农行、中行、交行等国有商业银行战略投资的情况

上市银行	认购主体	认购股数	认购金额（亿元）	占发行时股份比例（%）
中国银行	中国人寿保险（集团）公司	97 402 000	2.99	1.49
	中国人寿保险股份有限公司	123 376 000	3.79	1.89
工商银行	中国人寿保险（集团）公司	641 025 000	19.99	4.93
	中国人寿保险股份有限公司	641 025 000	19.99	4.93
交通银行	中国人寿保险（集团）公司	100 000 000	7.9	3.13
农业银行	中国人寿保险股份有限公司	1 188 757 000	31.86	5.34
合计			86.52	

中国人寿目前持有大多数已上市银行股权，个别银行持股比例较高。从资产负债匹配出发，将以长期持有为主。从近几年的战略投资情况看，长期

持有的上市银行基本上取得了较好的投资回报。截至2011年2月9日，持有期平均回报率达到了23.15%。其中：工商银行IPO上市时战略投资近40亿元人民币，持有期间投资回报水平高达53.2%。不但实现了保险资金的保值增值，还分享了国有上市银行的业绩高增长、高分红，取得了良好的投资收益。

二、促进市场繁荣

保险资产管理是促进保险市场与货币市场、资本市场协调发展的重要手段。保险、银行、证券是金融体系和金融市场的三大支柱。十六届三中全会《中共中央关于完善社会主义市场经济体制若干问题的决定》提出“建立健全货币市场、资本市场和保险市场有机结合、协调发展的机制，维护金融运行和金融市场的整体稳定”，把保险市场作为金融调控机制的有机组成部分，凸显了保险市场在金融体系中的重要地位和作用。保险资产管理是保险市场的重要组成部分，是保险业参与金融运行和金融市场的重要通道，是保险市场与货币市场、资本市场联系的纽带和桥梁。

（一）金融市场的重要机构投资者

保险资产管理是金融市场的重要机构投资者。一是保险资产管理行业已逐步成长为资本市场上的重要机构投资者，在存款市场、债券市场、股票市场、基金市场都有不俗的表现，影响力和话语权稳步提高，维护了金融市场的稳定，成为防范金融系统性风险的最重要力量。坚决贯彻国务院关于保持股票市场稳定发展的精神，在防范风险的基础上，积极、主动地投资股票市场。于2月××日适时允许保险资金投资股票进入操作阶段，并引导保险公司积极、有序地进入股市，不仅为资本市场提供了新的资金来源，增强了投资者信心，而且有利于从制度建设上完善资本市场结构，对于股市在今年“两会”期间的止跌回稳以及确保1 000点关键点位，起到了重要的支撑作用。目前，按照5%的投资比例，有××亿元保险资金随时可以投资股票市场，是稳定股市的重要力量。同时，积极参与股权分置改革的工作，有力地支持了资本市场的改革。据不完全统计，目前保险资产管理机构已成为协议存款市场和基金市场的最大机构投资者，债券市场的第二大机构投资者，持有企业债券和银行次级债券的规模已占到市场发行额的30%以上，在股票市场上也有卓越的表现，目前是中国股票市场最主要的长期投资者，是市场稳健发展的最重要支持力量之一。二是积极参与和支持各项金融改革，通过股权投资、境外投资、资本市场投资等方式，支持商业银行改革、支持人民币汇率改革、支持资本市场改革。

表3－3－1　保险资金在各个市场的投资规模　单位：亿元、%

资产项目	资产类别	2004年		2005年		2006年		2007年		2008年		2009年	
		金额	占比	金额	占比	金额	占比	金额	占比	金额	占比	金额	占比
固定收益资产	银行存款	5 071	47	5 166	37	5 989	34	6 503	24	8 087	26	10 520	28
	债券	4 827	45	7 421	53	9 451	53	11 706	44	17 684	58	19 067	51
	小计	9 898	92	12 586	89	15 441	87	18 210	68	25 772	84	29 586	79
权益资产	股票（股权）	5	0	159	1	929	5	4 712	18	2 425	8	4 200	11
	基金	666	6	1 107	8	912	5	2 519	9	1 646	5	2 759	7
	小计	671	6	1 266	9	1 841	10	7 231	27	4 072	13	6 958	19
其他资产		210	2	241	2	504	3	1 207	5	709	2	873	2
合计		10 779	100	14 093	100	17 785	100	26 648	100	30 553	100	37 417	100

（二）金融市场建设的重要参与者

金融市场发展一靠制度建设，二靠主体参与，三靠现代技术。保险资产管理机构在金融市场建设中发挥作用的大小，是介入市场深度的重要标志。近几年来，我国金融市场发展迅速，产品、机制、法规、效率都有所改善，保险资产管理的贡献功不可没。保险资金通过投资证券基金，培育和支持了基金市场；通过参与银行间市场交易，调节了社会资金供求；通过投资债券，支持债券市场健康发展；通过协议存款，支撑了银行中长期信贷业务；通过严格债券评级，引导评级业务走向规范；通过投资各类金融产品，支持金融市场创新。同时，保险资产管理机构还开展了资产管理产品试点，研究运用资产证券化方式，这将对丰富市场产品发挥积极作用。当然，保险资产管理机构在深入参与金融市场建设的同时，也利用市场提供的平台壮大自身，加快发展。保险资金与金融市场已形成相互依托、相互推动、共同发展的关系。

（三）金融市场风险的重要防线

保险资产管理机构的风险管理是金融风险控制的重要组成部分，在近几年金融市场巨大震荡期间，保险资金在抗击金融风险方面作出了贡献，保险资产管理已成为金融市场风险的重要防线。作为联系保险市场、资本市场和货币市场的桥梁，保险资产管理在防范金融风险，维护金融体系稳定方面也发挥着重要作用。在2005年股票市场维稳工作上，中国保险业坚决贯彻国务院关于保持股票市场稳定发展的精神，在防范风险的基础上，积极、主动地投资股票市场。在2005年年初股市低迷期间积极、有序地进入股市，不仅为资本市场提供了新的资金来源，增强了投资者信心，而且从制度建设上完善了资本市场结构，对于股市在当年“两会”期间的止跌回稳以及确保1 000点关键点位，起到了重要的支撑作用。在2008年全球性金融危机冲击面前，当年全球股市暴跌，中国股市也不能幸免（以2007年10月19日高点到2008年11月29日计算，跌幅达到超纪录的70%），2008年全年股市几乎是处在下跌过程中，投资者损失惨重，在这样巨大风险冲击下，保险权益投资也遭受到重大损失，但是就在这样严峻的形势下，当年绝大多数保险资产管理机构依靠有效的资产配置取得了正收益，全年没有一家保险机构产生严重风险问题，行业不存在系统性风险，同时还通过债券投资支持企业发展，通过协议存款支持了银行的稳定性，直接或间接地支持了中国金融体系成功地抗击了百年一遇的重大金融风险。

三、推动行业发展

（一）推动保险业务健康发展

资产管理与承保业务是保险业务的两个方面，是相辅相成、不可分割的整体，保险业务是保险资产管理的基础，而资产管理业务是保险业务的延伸和发展，是保险参与金融竞争合作的重要平台，其业务有序发展将推动保险业务的健康发展。国内外理论和实践证明，保险本质上是金融资产管理业务，其金融特性主要体现为以金融产品为媒介集聚社会资金，实现资金保值增值，并以此为投保人提供风险保障。保险资产管理是保险业务的重要组成部分，是对保险资金实行专业化管理的手段，是保险业务在金融业务领域、金融市场投资和实体经济运行中的延伸和体现，是保险业务健康发展的重要推动力。

(二) 实现保险盈利模式的转换

保险业在发展的早期是以承保利润作为主要利润来源的，但随着市场竞争的加剧，费率不断降低，赔付不断增加，承保利润逐渐减少。在欧美发达国家，保险赔付率几乎都在100%以上，有的超过130%，承保业务已进入无利时代。从统计数据看，近10年来，世界500强中的著名保险公司，承保业务几乎都处于亏损状态，主要依靠投资收益弥补承保亏损实现整体盈利。保险盈利模式转换是保险业务发展的客观要求，国际保险业都经历了由承保利润为主向承保利润与投资收益并重过渡，再逐步转向投资收益为主的轨迹。当然，现代金融业飞速发展，金融市场不断完善，金融产品不断增多，配置效率不断提高也为此创造了有利条件。保险盈利模式的转换，标志着保险业发展进入一个专业运作、分工明晰、利润多元的更高阶段，是保险业与现代经济金融业快速融合的必然结果。值得一提的是，近年来，我国保险业在盈利模式转换上取得进步。依靠保险资产管理，保险行业从2005年始就扭转了长期亏损局面，其中投资收益是最重要的贡献。这对有效弥补承保利润亏损，促进行业扭亏为盈发挥了关键作用。目前，保险资产管理业务正成为保险两翼发展的不可或缺的一翼。

(三) 加快资产规模的扩张平台

我国已快速融入全球经济金融一体化大潮中，并成为国际经济金融发展的重要一环。这有利于拓展金融企业的生存发展空间，使实现规模经济成为可能，但也使金融企业面临全球范围内的激烈竞争，原有的市场份额和垄断格局将不可避免地受到挑战。20世纪90年代以来，全球金融企业掀起了一场前所未有的并购风潮，银行、保险、证券都涉及其中。并购浪潮改变了世界金融业的区域和业务格局，对未来金融业的发展方向产生重大而又深远的影响。保险作为金融体系的重要组成部分，始终是金融业务和金融市场的竞争焦点，保险资产管理已成为保险业参与全球金融竞争、实现快速扩张、增强竞争实力的重要手段。我国保险业虽处于发展初期，但随着改革开放的不断扩大和金融改革的引向深入，保险业也在融入全球金融一体化、金融综合经营和金融市场竞争的格局当中。金融产品与服务的多功能、深层次、复合型趋势正在改变着金融企业的组织形式，引领金融企业通过综合性经营，向客户提供保险、信贷、证券、租赁、资产管理、基金投资、财务咨询等一揽子服务，建立金融控股集团成为必然趋势。国际上许多金融机构通过资本运作，快速扩张为国际大型金融企业，给我们提供了可借鉴模式和经验。目前，保险业虽然面临着规模小、起步晚、底子薄、任务重等困难，但只要把握好局势，利用时机，实现做大做强、跨越发展的目标完全有可能。保险资产管理机构作为资本市场的重要机构投资者，在利用资产管理平台，通过股权投资和兼并重组提高保险业对金融体系的渗透度和影响力方面，保险资产管理业愈益显示出实力，为推动保险业快速扩张资产规模，拓展综合经营空间的目标，建立良好的平台体系。

第四篇　运作篇

[第一章]

行业发展环境与应对

一、保险行业的发展环境

（一）宏观经济与金融市场波动

2003—2010 年，我国整体上保持了国民经济平稳较快的发展势头，国内生产总值至 2010 年底接近 40 万亿元。其间，国民经济过热与趋冷的快速更替，导致国民经济增速振幅过大，进而传导到金融市场，造成金融市场出现了较为强烈的震荡。

表 4-1-1　　2003—2010 年国内生产总值数据表　　单位：万亿元、%

年份	2003	2004	2005	2006	2007	2008	2009	2010
国内生产总值	13.55	15.55	15.45	21.55	85.55	31.40	24.09	19.80
国内生产总值同比增长	10.00	10.00	11.00	11.00	14.00	9.90	9.00	10.00

随着国内宏观调控政策重心的变化，高利率周期与低利率周期的更迭速度加快，资本市场也出现了大幅的震荡，如 2004—2007 年持续加息，到 2008 年又进入减息通道，至 2010 年底重新开始加息，而 2007 年前所未见的大牛市将沪指推高至 6 000 点以上，之后受金融危机等因素的影响又逐步下探到 2010 年底的 2 800 点水平。

总体上，国力的不断增强、国民收入的持续性增长、全民理财时代的到来等利好因素，为保险资产管理行业提供了巨大的历史发展机遇，但是受宏观经济的反复、调控政策的变化、利率周期的更迭、资本市场的震荡等等因素的影响，致使国内经济发展的不确定性大大增加，给保险资产管理带来严峻挑战。

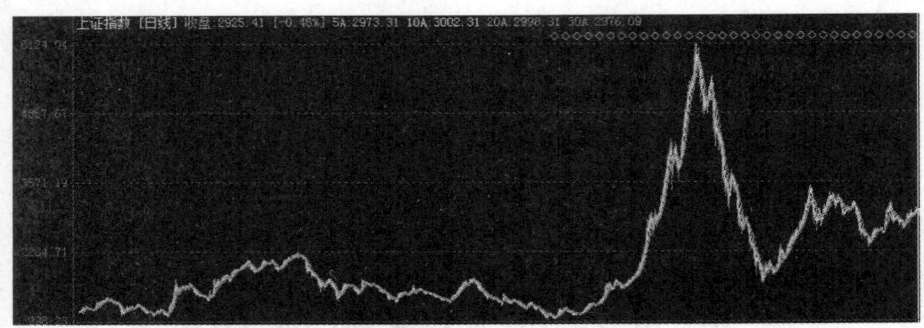

数据来源：Wind 资讯。

图 4-1-1　1997—2010 年沪市走势图

从业内来看，诚信缺失、内控不严、创新缺乏、管理滞后、人才不足等现实问题，已成为困扰保险资产管理业持续发展的风险隐患。从业外分析，利率上升、人民币升值、资产价格波动、金融风险跨行业传递等不确定因素，将挑战保险资产管理业整体的风险管控和防范能力。

（二）金融改革与创新不断发展

2004 年以来，金融市场、金融主体与金融体制都大力地推进改革进程、开拓创新思路，取得了令人瞩目的成就。

金融市场方面，随着股权分置改革的分步成功实施，上市公司业绩大幅提升，沪深市场出现了持续上涨，2007 年 8 月，我国内地股票市场总市值首次超过 GDP 总量，我国资产证券化率首度超过 100%[①]；我国期货市场发生重大变化，商品期货市场新品种以前所未有的速度在增加，设立了中国金融期货交易所，并推出了股指期货产品，期望有效地加强资本市场信息传导机制，使投资主体更加多元化、投资策略更加多样化，寄望能够起到稳定股票市场的积极作用，推动证券、期货行业的健康发展；开展了融资融券业务，增加股市流通性和交易活跃性，力图降低资本市场的流动性风险，助力于完善股价形成机制，对市场波动起着市场缓冲器作用；从有担保的债券走向无担保的信用债时期，债券市场发行量大幅增加，债券品种与结构得到持续优化，积极推动着我国债券市场的发展；以基础设施投资、非上市股权投资为代表的另类投资方兴未艾，前景广阔，呈现出勃勃生机。在这样迅速创新发展的

① 数据信息摘自《中国证券报》2008 年第 113 期。

市场环境中，金融市场的规模、结构、业务模式发生着巨大变化，货币、外汇、保险、证券、期货不同市场之间的分工与融合程度提高，多样化、多维度的金融市场正在成为现实。

金融主体方面，金融行业正进行着巨大的、深层次的变革，随着股权分置改革顺利完成，主要商业银行、保险公司、证券公司纷纷在境内外交易所上市，不仅充实了资本，更重要的是借助证券市场建立了现代企业制度，提升了自身治理水平与抗风险能力。一如银行业，其中的“工农中建”四大行经过改制与上市，极大地推进了国有企业体制的变革，在经受了全球金融危机的洗礼后，仍然能够保持良好的增长态势，同时在监管要求约束与自身的风险控制下，已经能够普遍满足国际资本充足率监管要求；二如证券业，2004 年以来中国证监会进行了针对证券公司的综合治理，规范其业务范围、停止挪用保证金以及进行高风险证券公司处置，这一卓有成效的改革措施大大地推进了证券行业的稳健发展；三如基金行业，自 1992 年 11 月“淄博乡镇企业投资基金”成立算起，至今不过十几年的时间，但基金业已经快速成长为 A 股市场的主要投资者，截至 2010 年 9 月底，偏股型基金的总市值已达到 2. 32 万亿元，已占到同期的 A 股流通股总市值的 28%，达到历史最高水平①。这些变化深刻地反映了金融主体改革与创新所经历的变革历程，客观地反映了改革与创新所取得的成果。

金融体制方面，2004 年 1 月 31 日国务院发布《关于推进资本市场改革开放和稳定发展的若干意见》，明确提出“积极稳妥解决股权分置问题”，随着股权分置改革的顺利推进，中小板、创业板等证券市场逐步建立，有效地完善了资本市场的结构，使资本市场优化资源配置的功能日益突出；从有效防范化解金融风险的角度出发，强化市场约束，加强金融监管，逐渐形成了银行、证券与保险等分业监管机构与宏观调控部门共同组成的金融稳定协调机制，保障了金融体制改革的顺利推进；健全了金融调控机制，加快实现了以数量调节为主要特征的货币信贷调控向价格调节方式的转变，按照“主动性、可控性和渐进性”的原则积极稳妥推进汇率制度改革，包括推进国有商业银行的改革和外汇市场基础设施的建设，如推行人民币的做市商和询价制度、人民币远期交易、货币互换、人民币跨境贸易结算等都可看做是汇率机制改

① 数据信息摘自《时事资料手册》2011 年第 1 期——《中国资本市场 20 年》。

革的深化。金融体制改革与创新进程的推进，有力地维护了金融市场的稳健发展。

（三）保险行业发展与要求

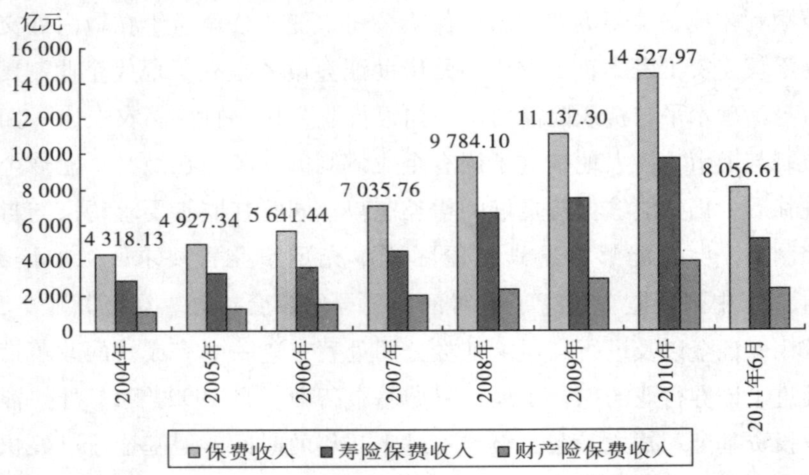

图4－1－2　保险公司保费收入情况

在金融业整体的稳健发展中，保险行业实现了快速的增长，2004 年以来，原保费收入逐年以两位数的速度递增，且增速有加快的趋势，但随着保险行业资金流入的持续增加，受制于保险资金运用范围的限制，保险资金配置压力与投资压力逐年加大，为切实保护保险客户的切身利益与多样化的产品理财需求，促进保险业又好又快发展，保险行业迫切需要保障行业资金运用的安全与稳健、提升行业资金运用的水平与能力。

二、保险资产管理行业的应对策略

在宏观经济形势和金融市场不断变化的情况下，我国的保险资产管理工作始终坚持以下发展思路：以支持保险行业为根本目标，加快创新为重要动力，判断宏观大势、顺势而为为基本思想，防范风险、促进稳定为基本任务。

（一）以支持保险行业为根本目标

在目前的市场环境及相关政策约束下，保险资产管理的主要资产构成是保险资金，这决定了“支持保险行业规模做大做强、发展又好又快”是保险资产管理行业的根本目标。

2004年以来，保险资金运用体制改革推动保险业从传统单一负债管理走向现代资产负债管理。保险资产管理公司的设立及改革发展不仅推动了保险资金运作的专业化、规范化、制度化、市场化和国际化，也扩大了保险行业资产规模和资本市场影响力，对于提升保险公司的偿付能力，化解保险公司历史利差损，以及加快发展产品创新业务都起到了重要的作用。

过去保险业盈利主要依赖承保业务，而中国乃至国际保险业当前一个突出特点是承保业务的盈利能力在不断弱化（承保利润减少甚至亏损），利润主要依赖投资收益，导致风险收益关系的失衡。“从国际上通用的偿付能力理论和实践标准来看，责任要求理论、风险资本要求理论和加强管制风险评估框架理论等最终都要求保险公司的资产市场价值大于负债，此外还需有足够的流动资产以履行所有因债务而导致的财务责任。因此单纯靠保险主营业务使保险公司在保单持有人得到充分保障和保险业运营成本较低这两个因素的权衡中达到均衡的做法是不完整的，保险公司在完善储备金、偿付能力保证金等财务制度的基础上，还要进一步强调投资的主导性。”

事实上，面对日趋激烈的市场争夺战，保险机构纷纷开发具有投资功能的新型保险产品等措施，增强竞争优势，投资业务逐渐成为与承保业务并驾齐驱的保险公司支柱要素。一方面，在当代保险业承保能力过剩的格局下，费率竞争成为保险公司拓展业务的重要手段，致使作为其传统利润支柱的承保业务盈利能力不断下降、需要通过获取较好投资收益予以弥补；加之综合性保险组织通过旗下资产管理机构获取的管理费收入，投资业务对保险的利润贡献度不断提高，成为保险业最重要的盈利来源和增长点。另一方面，新型保险产品的开发和销售离不开强大的投资能力作为支持，随着投资型保险产品占比的不断攀升，投资业务业成为保险公司扩大竞争优势、提高市场份额的制胜法宝。

2004—2010年，全行业共实现投资收益9 194.26亿元，是保险公司的最主要利润来源。仅以2007年为例，当年保险资金运用余额2.7万亿元，资金运用收益达到2 791.7亿元，而全行业传统业务利润总额不足700亿元，保险投资收益对保险公司的利润贡献率达到80%。也正是在这一年开始，全行业保费收入突飞猛进、同比增长25%，达到7 035.8亿元，更在2008年实现

9 784.1亿元，同比增长39.1%，达到2002年以来增速峰值。

表4－1－2　　保险受托管理资产历年投资收益规模　　单位：亿元、%

保险资金	2004年	2005年	2006年	2007年	2008年	2009年	2010年
规模	296.47	464.62	955.32	2 791.73	529.87	2 141.67	2 014.58
增长率	—	56.71	105.61	192.22	-81.02	304.18	-5.93

（二）以加快创新为重要动力

保险公司投资渠道的发展之路符合我国一贯的改革开放思路，即在确保安全和稳定的前提下，逐步扩大保险资金投资的范围，确保保险资产管理有一个稳定的发展，也为保险公司提供了一个新的利润增长点。目前，保险资产配置效能稳步提高，呈现出资产结构多元化、盈利来源多样化、投资工具创新化、市场范围国际化的特征。在资产投资方面，展现出以下主要特点：

一是资产结构多元化。保险资金的投资范围覆盖了目前国内固定收益类的绝大多数品种，如国债、金融债、企业债、次级债、可转换债券、存款等，还包括了主要的权益类产品，如股票、基金、股权等。另外，在基础设施投资、境外投资、衍生工具交易等方面取得突破，横跨国际与国内、金融与实体、传统与另类多个领域。

二是盈利来源多样化。综合经营的发展和投资渠道的多元，保险资产管理公司的资产盈利来源也呈现出多元化的趋势，不仅包括投资收益，也包括了投资咨询服务收益。在投资收益中不仅包括债券、股票投资等的收益，也包括了项目投资和衍生品投资的收益。

三是投资工具创新化。保险资产管理公司始终是国内资本市场的创新工具的设计者和参与者，成为国内产业基金、可分离转债、公司债等创新工具的最早的投资机构之一。

四是市场范围国际化。随着保险资产管理行业投资渠道的拓展，国内保险资产管理公司开始投资于内地以外的市场，境外投资资产规模比前期有了显著上升，业务逐步呈现出国际化特点。

五是产品开发互动化。现行主流模式下，保险公司是以负债主导产品开发，先确定负债组合，再确定资产组合。其优点是负债组合能贴近保险需求，扩大保险公司规模和市场份额。但不足在于，资产与负债匹配具有不确定性，可能存在利差损。而今后，保险公司将投资反馈于产品设计和定价，在资产匹配的产品创新模式下，“投资约束负债，需求引导创新”，将产品的设计、定价、销售等业务环节形成一个有机的系统。

表 4－1－3　　2004—2010 年保险投资渠道开放表

时间	保险资金运用渠道
2004 年 10 月	股票、可转换债公司债券
2006 年 3 月	国家级重点基础设施项目
2006 年 9 月	未上市商业银行股权
2007 年 7 月	境外货币市场产品、固定收益产品、权益类产品
2009 年 3 月	基础设施债权计划、无担保债
2010 年 9 月	股权投资、不动产投资

（三）以判断宏观大势、顺势而为为基本思想

保险资产管理工作要求从业者要加强对宏观经济形势、金融市场和保险业发展的前瞻性研究，提高认识和把握经济运行规律的能力，把握好中长期趋势，从全球的视野、经济周期的变化进一步完善资产配置方法，提高投资决策与操作水平。同时，还应顺应金融市场发展趋势，推动保险资金运用模式由账户化向产品化转变，进一步理顺委托人、受托人的法律关系，提高保险资金运用的透明度和规范化。

在 2010 年举办的北大赛瑟论坛上，中国保监会主席吴定富在论坛上发言时指出，保险业发展必须要充分估计经济周期波动带来的挑战，在制定行业、公司发展战略时要充分考虑经济周期的因素。与承保业务相比，保险资金运用受宏观经济环境、资本市场的影响更大。资本与货币市场的主要变量如利率、汇率、股价等，对保险公司资产有重要影响。当宏观经济周期性波动时，保险公司资产项目不可避免地出现强顺周期性，加息周期超配权益性资产、降息周期超配债券都是顺势做法。

以债券投资为例。宏观经济是债券市场走势的基础，而短期利率的走势直接决定债券收益。目前，保险资金是中国债券市场第二大机构投资主体，债券品种占到保险资产配置的 50% 以上，因此，“在周期转折的过程中，认清利率的变化，对于了解全球金融市场的走向，防范保险经营管理风险有重要的意义。”为此，保险业内普遍的做法是，必须坚持以宏观研究为核心，重点

跟踪宏观经济指标、CPI、大宗商品价格变化、货币供应结构变化和微观企业利润指标，结合财政政策和货币政策判断基准利率走势，同时加强对宏观经济中长期运行趋势和中长期利率趋势的预测。

（四）以防范风险、促进稳定为基本任务

收益与风险是相伴相生的兄弟。在保险资金的运用中，面临着各种各样的风险，这些风险不仅包括有一般性资金运用的风险和公司治理风险，还包括有基于保险资金自身特殊属性而产生的区别于其他资金运用的风险。在具体配置资产时，保险公司既要充分考虑保险资金的负债性质和期限结构因素、各类投资品种是否符合保险资金流动性、安全性和盈利性管理的要求，还要考虑监管层对最低偿付能力的要求。以寿险资金运作为例，除投资连结保险产品外，其他寿险产品的负债久期大都超过 10 年，有的长达 20 年、30 年。目前，我国久期较长的投资品种非常少，造成保险资产的久期配置基本为“错配”。

由于保险资金运用的来源为负债性质保费收入，对资金绝对收益要求较高，存在投资收益率过低和市场波动下投资收益率大幅变动，导致整个保险行业出现较大的支付风险。专家指出：3%的投资收益率是目前我国保险资金的保本线，保险公司投资收益率要达到7%才能够得到良性发展。目前，发达国家保险资金的投资年均收益率一般稳定在 8% ~12%，而我国保险资金年平均收益率还低于这一水平，截至目前仅有 2007 年、2009 年投资收益率达到 12.17%、6.41%，其余年份均在 6% 以下。2008 年，受全球金融危机影响和股票单边市场下跌影响，中国保险行业年投资收益率仅有 1.9%，同比上年度的 12.17% 出现较大跌幅，这一水平甚至低于寿险保单的预定利率，对行业的长远发展极为不利。也是在这一年，我国发生大面积冰冻灾害和汶川地震等自然灾害，导致该年度保险赔付较上年增长 31.2%。双重拖累之下，保险行业全年利润出现降幅较大，少数公司甚至出现偿付能力不足。

鉴于以上，整个保险资金运用系统必须将风险管理列为发展的头等大事，通过拓宽多元化投资渠道和投资品种解决资产负债“错配”风险，稳步提高投资收益率水平。此外，保险资产管理公司也需要下大力气完善风险防范机制、加快推进资产托管制度、加强风险控制、规范投资操作流程、定期检查与评估内控制度执行情况、提高风险管理信息化水平以及建立完整的问责制度和责任追究机制等。

案例 4－1－1 平安资产投资业务精彩一瞥

一、固定收益投资——大象也能跳舞

说到平安资产的固定收益，圈内人都会竖起“大拇指”，市场给予了“黄埔军校”的美誉，这个美誉既是对平安人才的赞美，也是对平安固定收益卓越投资管理能力和出色投资业绩的肯定。平安资产固定收益的成就，不是简单追求“背水一战，扳回一城”的小胜，而是十年如一日，合规、专注、稳健、坚持，不断演绎着“大象也能跳舞”的精彩。

【大象篇】众所周知，保险公司接近80%的资产投在固定收益领域，而平安资产管理的固定收益资产规模绝对称得上“大象”。据最新数据，截至2010年底平安资产固定收益投资规模突破了5 700亿元，连续多年固定收益资产管理规模的快速增长也见证着平安资产固定收益团队的不断成长和投资管理能力的持续提升。

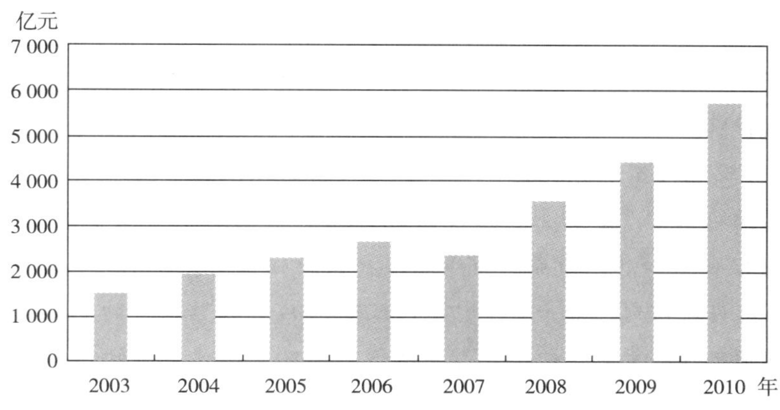

图 1 2003—2010 年平安资产固定收益规模

【跳舞篇】在一般人的逻辑里，大象意味着笨重，缺乏灵活，但平安资产固定收益却是这个规律的“黑天鹅”。尽管平安资产管理的固定收益规模庞大，但与市场拼杀起来一点也不含糊，显得是那么的灵巧和娴熟，持续演绎着“抄底逃顶”、“大象也能跳舞”的神奇故事，演绎着市场的传说：

——2004年，“非理性”大崩溃下债券市场的“拯救者”：2004年注定是中国债券市场年历表上大家不能忘却的“记忆”，当年伴随CPI的走高，紧缩政策的持续，10年期国债创出了5.40%的历史高度（这么多年至今未被超越），当时市场“哀鸿遍野”，恐慌与绝望交织，用“大崩溃”来形容当时的债券市场一点都不显夸张。可就是在这样的绝望市场氛围里，经过对债券价值的冷静分析和对自身资产负债匹配投资理念的坚守，平安的固定收益团队克服内心的恐惧，就像“超人”一样，果断出手，一举拿下04国债04（7年期）和05国债01（10年期）两期国债的标王，分别认购了49亿元和77亿元，为脆弱的市场注入了强行针，也为绝望的债券市场燃烧了走向光明的希望，更为2005年债券大牛市的到来做足了准备，让平安在这轮历史罕见的债券大牛市中赚足了收益（在这轮牛市中，10年期国债收益率由高点的5.40%下降到2.90%，其间债券收益超20%，这样的债券盛况至今没有再现）。

——2006年，债券收益率持续上行前的“胜利大逃亡”：2006年债券市场走势整体上波澜不惊，看起来比较平静，但作为债券江湖的“一等高手”，平安资产固定收益先知先觉了这种平静下背后的巨大风险，于是经过慎重决策，克服了“钝刀割肉”的麻痹思想和习惯，于年底果断减持债券80亿元，在市场的顶部锁定了收益，逃过了2007年的债券熊市（2007年10年期国债收益率从3%这个平台一直持续上行到4.50%）。

——2008年，王者再现：2008年，中国经济经历了跌宕起伏的变化，在猪肉等多种农副产品价格轮番上涨推动下，居民消费价格屡创新高，2月份CPI同比涨幅达到8.7%，创下1996年以来的新高，整个上半年居民消费物价同比涨幅均位于7%以上。在经济过热形势和通货膨胀压力下，央行自2007年连续6次加息，债券收益率出现持续大幅回升，市场恐慌情绪蔓延，而正是在这样的时刻，平安资产固定收益在2004年操作经验的基础上，克服恐惧，准确把握次贷危机的恶化趋势和深远影响，认为当时的债券收益率水平进入保险、银行等长期资金的配置区间，于2008年6~9月，果断出手率先大量增持20年期金融债（08国开09和08国开11）和20年期国债（08国债13），并抢在央行大幅降息前大举完成协议存款300亿元，为坐享2008年第四季度以及后续的牛市做足了功课。

——2010年，历史不是简单重复，但成功可以复制：相比于历史上若干年份债券市场受到单因素（要么是经济增长驱动，要么是通货膨胀驱动）主导驱动而言，2010 年债券市场所受到的驱动力较为复杂，典型的是受到了双驱动影响。经济增长因素和通货膨胀因素在 2010 年均发挥了驱动作用，市场焦点在上述两个因素中来回摇摆，也让很多债券投资者“左右为难”。但平安的固定收益团队，化繁为简，在复杂的市场中慢慢找出主线，认为 2009 年 4 万亿元的刺激经济计划迟早会在 CPI 上有所反映，于是在 2010 年 9 月市场收益率的阶段低点果断减持债券超 100 亿元，锁定了收益，这样的大手笔不仅为公司当年取得骄人业绩奠定了基础，也逃过了当年第四季度的市场大跌，避免了市场大多人所经历的“乐极生悲”（2010 年 1～9 月市场持续涨，第四季度大跌回到负收益）。尽管当年主导市场的因素与 2006 年不一样，但这种“逃顶”的大手笔操作与 2006 年如出一辙。

展望未来，成功不会止步，平安资产固定收益的目标是：让他们的行为一直成为市场的风向标。平安资产固定收益没有沉浸在历史的荣誉里，而是不断追求创新和探索新的交易模式。2009 年，在保险行业内率先大力发展第三方资产管理（投顾）业务，第三方固定收益业务规模在 2010 年超过 200 亿元。2010 年，为了更好地为委托人创造价值和提升投资专业能力，为应对市场长远发展培育人才，探索对财产保险账户的债券投资实行与基金一样的市值管理，采取绝对收益率考核，在下跌的市场环境下，第一年的绝对收益率超 5.20%，这个收益率不仅远远超越市场指数，在当年的纯债基金中都名列前茅，实现了美好开局。

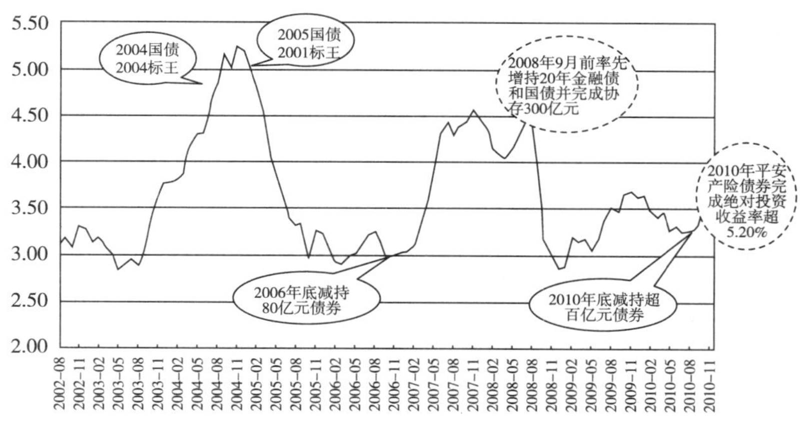

注：市场走势以 10 年期国债收益率示意。

图 2　平安资产固定收益投资操作精彩一瞥

二、权益股票投资 —— 量化投资策略分享

PA80 量化投资策略，是平安资产公司以严格后验的量化模型为基础，选择评分最前的前 80 只股票进行投资，目标是超越沪深 300 全收益指数。

（一）PA80 量化投资策略的历史验证

验证起点是 2004 年 4 月，我们把量化模型评分最前的 80 只股票构成 PA80 策略，把量化评分最后的 80 只股票，构成 LAG80 策略。理论上来说，如果模型能够准确地辨别股票的投资价值，那么长期看，PA80 策略应该超越基准指数，而 LAG80 应该落后指数。我们的验证结果如表 1 所示。

表 1　　PA80 量化策略历史验证

累计收益	PA80 策略	LAG80 策略	沪深 300 全收益
过去三个月	-15.98%	-13.65%	-14.95%
年初以来	-12.03%	-24.32%	-16.43%
过去一年	-9.48%	-24.25%	-10.95%
2004 年 4 月以来	428.26%	47.87%	109.54%

从表 1 中可以看出，PA80 策略显著超越沪深 300 指数，而 LAG80 策略显著落后沪深 300 指数。从图 3 中更可以明显地看到这一点。图 3 中显示 PA80 策略业绩遥遥领先。

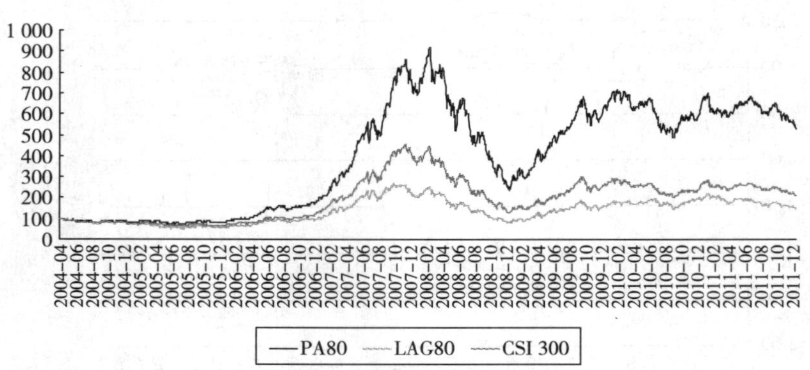

图 3　PA80，LAG80 以及沪深 300 表现对比

（二）PA80 策略在实际投资中的应用

PA80 策略不仅仅体现在实验室中，在 2006 年就逐步应用在实际投资中。

经过一年的磨合并不断的修正，使之适应保险资金的投资特点。并与2007年10月，启动5亿元资金对该策略进行持续追踪。经过多年的检验，模型经历了完整的牛熊市的考验，依然保持较好的效果。由于策略设计时充分考虑了流动性问题，因此在投资中，实际组合并没有显著落后PA80策略，见图4。

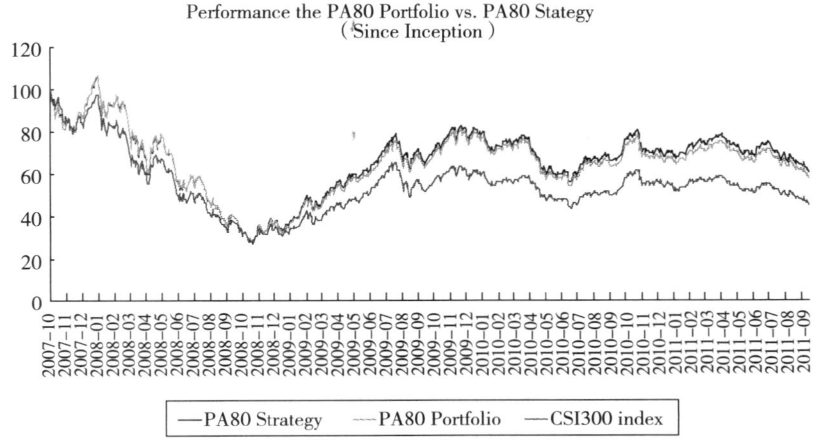

图4　PA80实际投资组合与PA80策略绩效对比

由于PA80策略股票流动性好，进出方便，已经成为公司进行战术配置的有效工具。截至2011年10月，跟踪该量化策略的保险资金已经逾80亿元。

三、2010年保险资产管理行业的挑战与应对

截至2010年12月底，保险资产整体质量优良，全行业不良资产比例低于1%，经受住了金融市场震荡和国际金融危机的考验，保险受托管理资产规模达到4.6万亿元，保险资产配置不断优化，应对市场波动的能力和抗风险能力逐步增强。

表4-1-4　　2003—2010年保险行业投资收益情况　　单位：%

年份	2003	2004	2005	2006	2007	2008	2009	2010
保险行业平均投资收益率	2.65	2.67	5.60	5.80	12.17	1.91	6.41	4.84

数据来源：中国保险监督管理委员会。

在取得成绩的同时，我们也面临着更为艰巨的挑战，2010年是机遇与挑战并存的一年，全行业抓住机遇、直面挑战，较好地形成了促进保险业整体

又好又快发展的良好势头。

2010 年，保险资产管理行业经历了前所未有的业务低谷，全年受宏观经济、调控政策等因素的影响，股市、债市呈现出“双低”的市场态势，持续低迷，投资压力明显加大。同时，处在长期低利率环境中的保险资产管理机构，在保费连年创出新高的情况下，不仅在资产配置期限上，而且在成本收益率方面均面临着资产负债错配的巨大风险，资金配置难度较往年也大大增加。

2010 年内，由中国保监会制定的《保险资金运用管理暂行办法》出台，从制度上确立了以渠道管理和比例控制为重要手段的监管模式，按照“渠道放开、制度先行”的原则，先后制定了保险资金投资债券、股票、基础设施与不动产、企业股权和境外市场等方面的管理制度，规范投资行为，防范投资风险，探索了适合保险资金长期投资的资金运作模式和业务流程，改善了资产配置结构和运作效能。此举是投资比例上的“松绑”，缓解了资产负债匹配的巨大压力，可看做是对投资品种范围上的有效“创新”，降低了保险资金对资本市场的依赖性，拓宽了保险资金的收益范围。

随着监管新政的放开，保险机构战略上有序介入商业不动产，加大了对企业年金等第三方受托资产的开拓力度，积极投资于基础设施债券/股权计划、非上市股权等另类投资领域，较好地发挥了储备优良战略资产、提升资产负债匹配程度、平滑投资收益的作用，并且尝试涉足公募基金领域，随着受托资产来源的多元化，保险资产管理机构逐渐从单一的保险资金运用管理机构向综合性资产管理机构进行转变，为自身的发展拓宽了新的蓝海；投资战术上，保险资产管理机构充分利用监管政策的利好，积极把握宏观经济态势，调整投资比例，灵活资产配置，关注市场行情，注重行业挖掘，取得了较好的投资收益水平，为保险业整体做大做强发挥了积极的作用。

（一）股债双低——2010 年行业遭遇前所未有困境

2010 年，保险资产管理行业遭遇前所未有的挑战，股票市场、债券市场双双低迷，对较快增长的保费投资收益需求来说压力明显，而低利率环境造成的资产负债错配风险也是保险资金的最大风险所在。

对股票市场而言，2010 年总体在经济回升、政策退出的大背景下呈现震荡回调态势，上证综指全年下跌 14.3%，增幅位列全球倒数第三，仅好于深陷主权债务危机的希腊与西班牙。上半年市场在房地产紧缩政策调控下最大下跌幅度接近30%，下半年出现了阶段性反弹，但通胀快速回升及高房价挤占了政策宽松的时间与空间，并缩短了经济周期的进程，市场并没有在阶段性宽松中走出趋势性行情，年底重现震荡回调。全年来看结构分化明显，中小股票在结构调整政策推动下呈现结构性小牛市，而保险资金主要投向的大盘蓝筹股表现震荡下跌，沪深300指数全年震荡调整12.5%。而且，在以往稳赚不赔的新股发行市场，同样也是屡屡“破发”。

债券市场同样如此，9月份前，由于政策紧缩调控下经济增速回落，通货膨胀及加息预期的减弱，市场资金供给较为充分（资金配置需求加大），债券市场收益率呈现震荡下行态势，10年期国债、金融债、AAA级企业债到期收益率分别较年初下降43个、54个、85个BP。9月份后，由于通胀快速回升、加息预期提升，债券市场收益率小幅震荡上行，在10月20日央行加息后，收益率快速上扬，收益率曲线平坦化特征明显。全年由于长期债券收益率较长时间保持较低水平，债券市场投资收益压力同样较大。

持续的低利率环境、负利率状况以及收益率曲线平坦化，对占保险可投资资产逾八成的固定收益类资产，尤其是新增资产构成负面冲击。同时，期限结构的供需矛盾使得保险资金资产负债错配的风险现实存在，能够为保险资金带来稳定、安全、持久收益的券种严重不足。以国债投资为例，多为五年期左右的投资品种，十年期以上的产品并不多，二十年期的则更为罕见，而交费期长达20年以上的寿险保单愈来愈多，这对保险企业如何在负债期内找到与之相对应的资产进行匹配构成难题。

（二）放松投资监管，创新投资渠道——行业应对之策

为应对股债双低的困难处境，监管层及时进行窗口指导，并从政策层面持续放宽对债券、股票、基金投资的一些严格限制，不断创新开拓商业地产、私募股权投资等新投资渠道，稳定提升保险资产投资收益率并降低收益波动性风险，成功应对了2010年行业遭遇的困难与挑战。

放宽监管限制首先体现在大类资产投资比例上。作为金融体系的一部分，保险业顺周期性机制的形成来源于承保、资产管理到财务管理、偿付能力等各个方面。在宏观经济景气时期，资本市场价格往往出现持续上涨，行业往往能获得较好的收益。从这个角度出发，债券、股票以及基金投资的比例监

管政策的适度放开，有利于在股债双杀、低利率背景下对冲收益率下降风险。

2010年中期，保监会相继发布《保险资金运用管理暂行办法》、《关于调整保险资金投资政策有关问题的通知》，对保险资金运用进行系统性规范及放宽上限，保险资金投资股票和股票型基金的账面余额，合计不高于公司上季度末总资产的20%；投资无担保债券和非金融企业债务融资工具的账面余额，合计不高于公司上季度末总资产的20%。

此外，开拓新的投资渠道，减少对股债市场的依赖性是提升保险资金投资收益降低波动性又一途径。在继保险资金运用管理办法出台后，相继出台《保险资金投资股权管理办法》、《保险资金投资不动产管理办法》，开拓了商业地产、私募股权投资等新领域，以及基础设施投资由试行走向发展等，相对于传统股债市场也都各具优势。

不动产投资相对于债券来说，具有较强的抗通胀能力，对于改善整个风险组合收益方面作用非常明显。按照国际经验来看，放开不动产投资特别是商业地产投资领域，与保险资金的资金来源、回报需求、风险控制需求和长期性特点较为匹配，而优质商业不动产的年收益率能够达到10%～12%，显著高于我国保险平均收益率水平。

股权投资同样如此。同等条件下保险资金投资未上市公司股权，收益率回报要高于二级市场投资，更远高于固定收益市场，对保险资产配置既增加了可选择范围，又提升了收益率水平。另外，保险资金数量庞大、投资周期长等特性，与股权投资一般5～7年的投资周期以及相对较低流动性的特点也相适应。从全球保险业配置未上市股权资产比例来看，日本为30%，德国为10%，美国为5%。

相比原来的资金运用渠道，投资基础设施也有多方面的优点，既有利于保险公司提高盈利能力，也有利于推动国家基础设施的建设。保险公司作为重要的机构投资者，其持有的保险资金天生具有长期性、稳定性的特点，是基础设施建设理想的资金来源。因此，保险基金投资基础设施建设不仅是自身利益的需要，也是整个国家和社会的需要。

（三）行业困境中，公司资产管理战略战术

1. 坚持保险资产负债匹配管理，战略为重

保险资产配置依据的一个重要理论基础是资产负债管理理论，它要求保

险公司以期限对称和利率对称的要求来不断调整其资产结构和负债结构，以满足经营上风险最小化和收益最大化。保险资金具有负债期限长、成本约束硬、利率敏感、现金流强、存量资金规模大等特点，因此，在资产管理上要充分考虑到保险负债的特点，在匹配负债的基础上，进行稳健的资产配置，坚持长期价值投资。原则上，用固定收益等低风险组合匹配保险负债，实行久期和收益率上的匹配；用权益投资为主的风险性资产，匹配保险公司的权益资本，在保证偿付能力的基础上，为股东创造价值。根据可投资的大类资产在不同经济周期和利率周期下的风险收益特征，构建资产配置的组合，并随着市场的趋势性变化进行动态调整。

同时，随着在全球金融市场一体化进程不断加快的情况下，我们从全球资产配置的角度来看待投资领域的拓宽与深化，保险资产管理机构积极进行全球化资产配置，有利于改善资产配置结构，分散投资风险，逐步参与国际金融市场，提高投资管理能力，与境外金融机构开展深度交流合作，增强综合竞争力。

2. 准确把握宏观经济及周期，动态调整大类资产配置

保险资产配置比例即各种大类资产的配置比重是决定保险公司风险收益的核心。对于保险资产管理公司而言，把握好经济周期就能把握住企业盈利变化和信用风险的变化，把握好金融市场的周期就能把握住金融资产的估值，把经济周期和市场周期结合起来研究，就能把握住大类资产的风险收益特性，从而优化资产配置的比例。另外，权益投资的管理水平是决定保险公司超额收益的关键，关键在于权益投资业绩的优劣，关键在于对经济周期和市场周期的深刻把握。

正是基于保险资产管理业对2010年宏观经济及周期变化包括政策调整的相对准确的把握，才使得行业在困境之际获得相对稳定的投资收益。如在2010年第三季度末，保险资金各项投资资产的投资比例，银行存款占比29.49%，债券占比50%，证券投资基金占比6.21%，股票（含股权）占比10.76%，与前期相比银行存款、债券占比下降，分别下降1.01个、1.8个百分点，权益类投资比第二季度末时增加1.87个百分点，准确地反映了宏观经济、政策及市场的变化。

3. 长期投资与波段操作结合，战术灵活

回顾2010年保险资金投资操作，不难看出：保险资金严格遵循波段操作

投资策略，根据市场形势的变化及时调整和优化自身的投资策略，与大盘走势高度一致，灵活调整债券、股票、基金等资产的相互比例，保险资金收益率提升显著。

对于2011年，保险资产管理机构综合分析债券、股市的投资收益率变化，适时调整和搭配好投资组合，积极把握战略性投资机会。

第一，把握加息机会，适当加大对固定收益债券的配置比例。这主要是当时考虑到2011年上半年会有新的加息可能，加息对保险投资的影响主要表现在债券和银行存款方面，对现有债券有不利影响，对新增债券、银行存款会产生利好作用。

第二，做好权益类资产的波段操作。积极把握国家战略性新兴产业的投资机会，合理把握和配置能源、农业、消费类及成长性强的企业的股票的投资机会，不断提升投资收益。

第三，寻求资产的战略性配置机会。积极把握保险资金投资渠道放开的机遇，逐步开展股权投资和不动产投资，实现资产负债在更长期间内的匹配。

4. 灵活配置资产，开拓多元化投资，创新投资方式

2010年在股债双低的背景下，保监会相继颁布法规，允许保险资金投资无担保债、不动产、未上市股权等新的投资领域，扩大了保险资金投资范围及比例，提升了保险资产配置的弹性与空间，改善了资产负债匹配状况，进而提升了保险资金的投资收益并降低由于期限结构不匹配带来的系统性风险。具体投资呈现以下特征：一是债券投资向企业债、无担保债等收益率更高的品种倾斜。二是积极开展基础设施债券投资计划、股权投资计划，参与银行股权投资等，改善资产负债及期限结构匹配状况，并提升投资收益水平。三是积极参与商业地产、养老地产、私募股权投资领域，丰富投资渠道、提升收益率水平。四是在多元化的投资策略下，从战略和产业的高度审视“转变经济发展方式”主题下中国市场的投资机会，高度关注战略性新兴产业、大消费、城镇化等投资领域。

[第二章]

固定收益投资运作

一、固定收益市场的环境变化

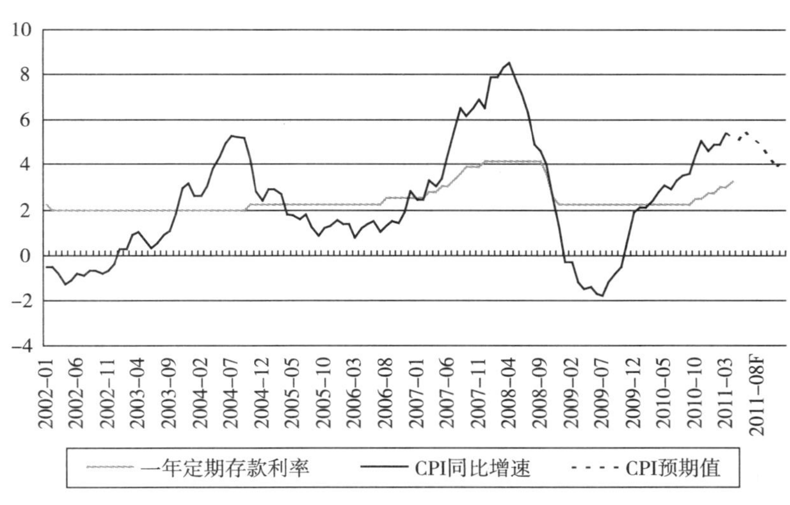

图 4-2-1　2002—2010 年 CPI 与基准利率水平

二、2004—2009 年固定收益投资操作

从保险机构 2004 年以来的固定收益投资操作来看，保险机构较好地把握了宏观经济走势以及货币政策的变化，在固定收益投资上取得了良好的投资收益，同时投资中较好地执行了资产负债匹配原则，防范了资产组合的错配

风险。总体上看，固定收益投资已经成为保险机构投资收益的基本保证和主要来源，特别是在权益市场暴跌时稳定了整体投资收益，而在低利率时代，保险机构通过各种固定收益组合交易方式，扩大交易类资产比例，获取了较好的资本利得收益，防范了利差损。保险机构 2004—2009 年固定收益投资操作总体情况如下：

2004 年债券市场出现较大幅度下跌，中债综合净价指数累计下跌 3.24%，收益率曲线总体上升 80bp 左右，区间最大波动幅度为 200bp 以上。保险机构在 2004 年固定收益投资操作总体表现可以归结为上半年有效规避市场风险，下半年部分机构较好地进行了战略建仓。具体来看，2004 年上半年较好地判断了宏观经济形势和政策的变化，调整了资产组合配置计划，一些保险公司甚至暂停了固定收益配置，有效地规避了 2004 年 1～4 月债券市场大幅下跌的风险；在经历了 2004 年 4 月近 5% 的暴跌后，部分品种配置价值开始显现，5 月起保险机构根据保费流入情况开始逐步恢复配置，缩小欠配力度，较好地参与了 5 月至 10 月市场小幅震荡上涨行情；在 2004 年 10 月加息后，债券市场快速下跌后出现了很好的投资买点，保险机构较好地把握了该转折点，部分保险机构开始积极配置中长期利率和信用债等投资价值较高的品种，为后期市场上涨提供了良好的储备。

2005 年债券市场总体体现为单边大幅上涨，中债综合净价指数累计上涨 6.35%，收益率曲线总体平均下降 100bp 以上。保险机构 2005 年固定收益操作表现基本可以归结为杠杆超配、坚定做多，较好地分享了 2005 年的大牛市行情。具体来看，在年初克服保费较低增长制约的同时，运用杠杆，进行超配做多，买入了一些投资价值较好的中长期债券，特别是高资质信用债券；同时在 2005 年全年部分保险机构还通过各种形式风险收益较好、安全性高的短投和套利操作，有效增加了保险资产的固定收益投资业绩。

2006 年债券市场总体表现较为平淡，中债综合净价指数累计上涨 -0.08%，收益率曲线总体变化不大，曲线形态体现为中短期上升的扁平化，全年最大波动幅度在 40bp 左右。保险机构在 2006 年市场相对高位，并且较为平淡的阶段，基本上采取了较为稳妥的操作策略。具体来看，在全年市场相对高位时期，保险机构基本维持了平配操作策略，同时精选品种、谨慎投资，部分中小保险机构还通过资产置换、或者在回购成本低位可控时期，通过货币基金、央行票据、创新类固定收益产品等，进行套利操作以增加组合收益。

2007 年债券市场出现较大幅度单边下跌，中债综合净价指数累计下跌 4.07%，收益率曲线总体上升近 150bp。在宏观经济显现过热迹象，通胀大幅上行，宏观调控政策陆续出台和央行将持续加息的判断，保险机构在 2007 年固定收益投资操作上总体上进行了较好的战略防御，特别是上半年执行欠配甚至暂停配置操作策略，有效规避了债券市场大幅下跌风险。同时，部分保险公司还加大了市场抗跌品种，如浮息债券和浮息协议存款配置，在规避市场下跌风险的同时有效地分享了央行大幅加息的收益。

2008 年债券市场出现大幅上涨，主要是在 2008 年第四季度，全年中债综合净价指数累计上涨 7.67%，收益率曲线总体平均下行近 200bp。基于宏观基本面、政策面和市场面的较为准确的判断，2008 年上半年债券市场投资时点开始逐步显现，保险机构在 2008 年上半年对债券投资策略进行稳步调整，开始逐步增加配置，部分保险公司还进行了适度超配，在收益率高位区间主要配置了投资价值较高的中长期债券，同时在短投和交易型账户上开始稳步加仓内含价值较高的中期信用产品和 3 年央票等。从 2008 年初至 2008 年第四季度初债券市场开始上涨时期，保险机构债券杠杆率大幅上升，全行业在 2008 年债券托管量急剧上升至 13 951 亿元，全年累计增加 4 604 亿元，较 2007 年同比增加 2 069 亿元。同时在第四季度，保险机构继续坚决做多，很好地参与了该阶段债券市场暴涨的行情。总体来看，2008 年基于对债券市场运行趋势相对准确的把握，保险机构运用杠杠执行非常积极的超配策略，提前的战略储备和坚决做多策略，使得保险机构在 2008 年第四季度市场罕见的暴涨行情中收获了巨额投资收益，从而在权益市场出现大幅下跌的情况下，为保险行业当年取得良好的投资收益作出了极大的贡献。

2009 年债券市场出现较大幅度下跌，中债综合净价指数全年累计下跌 3.82%，收益率曲线总体平均上行近 80bp。基于国内外市场最新发展情况，特别是美国量化宽松政策和国内天量信贷投放等政策刺激推出后，债券市场在上半年出现了快速、大幅的下跌，保险机构在上半年总体都进行了不同程度减仓，对 2008 年的杠杆进行了较好的收益兑现，新增现金流配置上大幅提高了欠配力度，相对有效地规避了市场大幅下跌的风险；在下半年收益率回升时，保险机构开始逐步加大配置，特别是加大了债券资产中投资价值较好的高收益信用资产的配置力度，有效缩小了前期的欠配规模，为后期操作打下了良好的基础。

案例 4－2－1 保险资产公司 2004—2010 年的债券投资

利率周期与经济周期密切相关，因此，加强对经济周期波动研判，提高对宏观经济和政策以及利率走势的判断，是保险机构在债券投资上取得较好投资收益的基本保证。

对保险机构而言，除把握宏观经济走势以及利率周期外，还需要坚持资产负债相匹配的债券投资原则，防范错配风险。从保险机构近几年的债券投资操作来看，保险机构在债券投资中，坚持资产负债匹配的原则，较好地把握宏观经济走势以及货币政策的变化，获取了较好的债券投资收益，债券投资已经成为保险机构投资收益的主要来源，是保险机构投资收益的“定盘之星”。

总结 2004 年以来保险机构的债券投资操作，可以吸取债券投资失误教训，总结成功经验。分年份来看：

在 2004 年债券市场大幅下跌行情中，保险机构固定收益投资操作总体表现可以归结为上半年有效规避市场风险，下半年部分机构较好地进行了战略建仓。在 2004 年上半年保险机构较好地判断了宏观经济形势和政策的变化，调整了资产组合配置计划，有效地规避了 2004 年 1～4 月债券市场大幅下跌的风险。在经历了 2004 年 4 月近 5% 的暴跌后，部分品种配置价值开始显现，5 月起保险机构根据保费流入情况开始逐步恢复配置，缩小欠配力度，较好地参与了 5 月至 10 月市场小幅震荡上涨行情；在 2004 年 10 月加息后，债券市场快速下跌后出现了很好的投资买点，保险机构较好地把握了该转折点，部分保险机构开始积极配置中长期利率和信用债等投资价值较高的品种，为后期市场上涨提供了良好的储备。

2005 年债券市场单边大幅上涨，2006 年基本保持在市场高位小幅震荡。保险机构在 2005 年债券投资上坚定做多，同时运用杠杆，进行了较大幅度超配，较好地分享了 2005 年的大牛市行情。同时综合运用各种方式，回购套利、创新品种投资等，积极给组合增加收益。在 2006 年债券市场高位、收益率低位期间，保险机构基本采取了较为稳妥的平配操作策略，同时精选品种、谨慎投资，部分中小保险机构还通过资产置换、或者在回购成本低位可控时期，通过货币基金、央行票据、创新类固定收益产品等，进行套利操作以增加组合收益。

进入2007年以来，宏观经济显现过热迹象，通胀大幅上行，债券市场出现大跌，保险机构在2007年固定收益投资操作上总体上进行了较好的战略防御，特别是上半年执行欠配甚至暂停配置操作策略，有效规避了债券市场大幅下跌风险。同时，部分保险公司还加大了市场抗跌品种，如浮息债券和浮息协议存款配置，在规避市场下跌风险的同时有效地分享了央行大幅加息的收益。

经历了2007年债券市场的大幅下跌后，2008年债券市场投资时点开始显现。基于最新的宏观基本面、政策面和市场面判断，保险机构在2008年上半年对债券投资策略进行稳步调整，开始逐步增加配置，部分保险公司还进行了适度超配。同时在第四季度，保险机构继续坚决做多，很好地参与了该阶段债券市场暴涨的行情。2008年保险机构债券杠杆大幅上升，全行业在2008年债券托管量急剧上升至13 951亿元，全年累计增加4 604亿元，较2007年同比增加2 069亿元。总体上看，2008年基于对债券市场运行趋势相对准确的把握，保险机构运用杠杠执行非常积极的超配策略，提前的战略储备和坚决做多策略，使得保险机构在2008年第四季度市场罕见的暴涨行情中收获了巨额投资收益。

在金融危机全面爆发后，基于国内外市场最新发展情况，特别是美国量化宽松政策和国内天量信贷投放等政策刺激推出后，债券市场在2009年上半年出现了快速、大幅的下跌，保险机构在上半年总体都进行了不同程度减仓，对2008年的杠杆进行了较好的收益兑现，新增现金流配置上大幅提高了欠配力度，相对有效地规避了市场大幅下跌的风险；在下半年收益率回升时，保险机构开始逐步加大配置，特别是加大了债券资产中投资价值较好的高收益信用资产的配置力度，有效缩小了前期的欠配规模。

2010年上半年，在市场流动性总体宽松和主流机构配置需求较为强烈的市场环境下，债券市场出现了较大幅度的反弹行情，二级市场收益率大幅下行，特别是供给较少的高资质信用产品供给走势更好。在上半年保险机构通过大力投资收益较高的信用债和中长期利率产品，以及在债券市场收益率接近历史底部区间，控制债券投资规模，主要投资价值更高的协议存款。在坚持资产负债匹配原则基础上，以上投资措施不仅在量上大幅缩小了固定收益组合的欠配情况，充分分享了债券市场在1~7月的上涨行情，而且在中后期有效控制了债券市场投资的利率风险。在2010年10月人民银行提高存贷款基准利率后，债券市场收益率出现了较大幅度的上行，10年期国债收益率从5月份3.20%左右的低点大幅上行到年底的3.88%，较低点大幅上行68bp，较年初上行20bp。保险机构通过预判宏观经济以及货币政策走势，较好地把握住了债券市场的上涨和下跌的转折时点，全年行业平均债券投资收益4.45%，在权益市场大幅下跌14%左右的情况下，有效稳定了投资收益，支持了保险本业的发展。

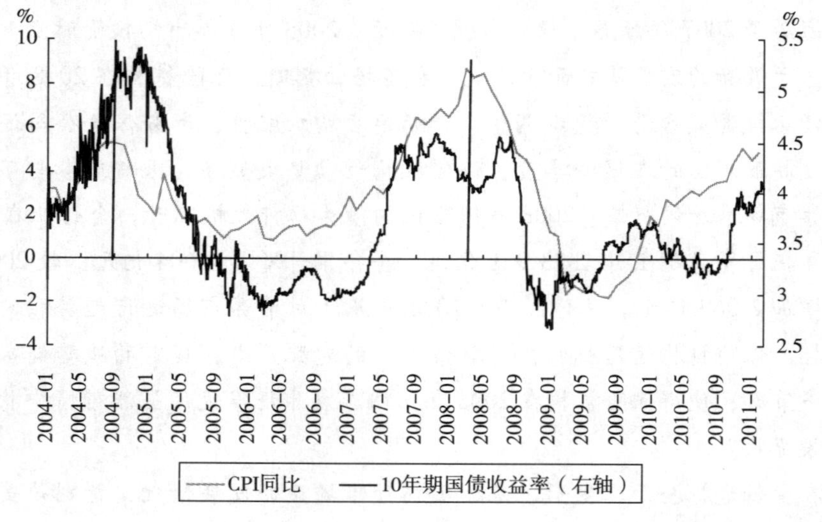

数据来源：Wind。

图1　债券市场走势与CPI走势图

纵观保险行业近几年来的债券投资历程，可以总结出以下几点经验：

一是坚持资产负债相匹配的债券投资原则

保险公司的资产负债管理是指力求资产和负债经营决策相互协调的管理行为，资产负债管理是在既定的风险约束和风险承受能力的前提下，对与资产和负债有关的投资决策进行制定、实施、监控和修改的过程。

资产负债匹配原则，体现在债券投资中，主要是债券投资的期限（久期）要与保险公司的负债期限（久期）相一致，以及债券投资的收益基本匹配与负债的成本。

二是加强对宏观经济和利率走势的研判

债券市场收益率的走势取决于宏观经济以及货币政策走势，因此，加大对宏观经济以及利率走势的研判，对于提高保险机构债券投资的择时能力，保障债券投资收益具有重要意义。

三是要提高风险管理能力，尤其是信用风险管理能力

提高风险管理能力，尤其是信用风险管理能力，是提高保险机构债券投资收益的重要保证。随着债券市场的发展，市场筹融资主体也向多元化发展，因此，较好地甄别发债企业的信用资质，根据不同信用资质进行正确定价，对于保险机构防范信用违约风险，提高债券投资收益具有重要意义。

四是扩大投资品种，提高投资收益

目前，保险机构的债券投资范围包括国债、政策性金融债、商业银行金融债、央行票据、短期融资券、企业（公司）债券、中期票据等不同发行主体、不同信用等级的基本上囊括目前我国债券市场所有债券品种。从保险机构债券投资的历史来看，对债券投资品种实行逐步放开的策略，既防范了风险，又提高了组合投资收益。

五是维持投资团队稳定，提高投资收益

由于国内债券市场起步较晚，具有丰富债券市场投资经验的人员相对缺乏，债券市场的快速成长和近年金融行业的快速发展，加大了对优秀债券投资人员的需求。维持稳定的债券投资团队，是保险机构债券投资持续取得良好业绩回报的根本保证。

三、2010年固定收益投资操作

2010年上半年，在通胀和加息预期不绝于耳的时候，信贷规模的严格受限却点燃了债券市场的激情，而2010年下半年，随着央行连续两次加息，投资者却犹如被当头一棒，市场热情迅速熄灭。总体来看，债券市场收益率在2010年上半年呈下行趋势，下半年则呈大幅上行态势，全年来看收益率曲线呈平坦化上行态势，全年中债综合净价指数累计下跌1.34%，收益率曲线平均上行近60bp，属于比较典型的小熊市行情。

2010年债券市场整体的行情大致可以分为以下几个阶段：第一阶段，时间段是从1月中旬到3月初，债券收益率下行的主要原因是流动性的支撑与通胀预期的修正；第二阶段，时间段是从3月初到4月中旬，这段时间收益率总体上行，上行的主要原因是经济增长加快背景下的加息预期增强；第三阶段，时间段是4月中旬到5月下旬，这段时间收益率总体下行，下行的主要原因是房地产调控政策使经济过热以及高通胀的预期减弱；第四阶段，时间段是5月下旬到10月下旬，这个阶段收益率先升后降，但背后的原因都是相同的，动因都是流动性，流动性的先紧后松导致了收益率的先升后降；第五阶段，时间段从10月下旬到年底。这个阶段收益率大幅上升，主要原因在于CPI超预期以及央行10月20日宣布加息出乎市场普遍预期之外，使得市场恐慌情绪增加，并进而导致市场出现了恐慌性的抛盘。

从收益率曲线变动来看，跟年初相比，年底时1年期国债利率上升184个基点至3.33%，而10年期国债则仅上升20个基点至3.88%，收益率曲线平坦化态势显著。但随着收益率的大幅上升，债券的配置价值也逐渐开始显现。从绝对收益率水平来看，目前各期限的债券收益率均已超过历史平均水平，因此对于商业银行、保险公司等配置型机构来说，债券的投资价值已重新开始得到重视。

从品种来看，信用产品表现要好于利率产品。由于信用产品无论从绝对收益水平，还是相对利差角度，都远高于历史平均水平，具有相对更高的投资价值，2010年初以来信用产品二级市场就走出了强势行情，而且这一行情一直延续到8月末，其间虽有一定反复，但这一阶段信用债券收益率总体下行明显。从背后的驱动因素看，供不应求是2009年底至2010年第三季度信用债市场收益率下行的主要动因之一，在2010年初监管层对信贷进行严格控制后，金融系统的充裕流动性以及市场对经济增长和通胀预期的变动在2010年1月至8月也推动了利率和信用产品收益率的大幅下行，虽然在季节性时点（如第一季度末和第二季度末）由于预期变动及流动性意外收紧等因素，使市场经历了一定波动，但收益率下降趋势未改。

2010年保险保费增长较快，全年行业保费增长高达33.44%。同时，由于2009年债券市场出现较大幅度下跌，而权益市场表现较好，在大类资产配置上，保险机构普遍超配权益资产，固定收益组合则保持较大幅度欠配，根据债券托管量与历史平均水平比较，初步估计保险机构在2010年初全行业债券欠配在1 500亿元以上。

新增保费的快速流入加上保险机构在2009年债券上的大幅欠配需要补仓，使得保险机构在2010年初面临巨大的配置压力，而传统的第一季度都是债券供给相对较少的季节。保险机构克服了以上诸多困难，在2010年上半年采取了相对进取的投资策略。其中，在第一季度通过一、二级市场大幅增持了收益较高、价值较好的中长期信用产品，特别是在保监会放开了无担保债的投资口子后，保险机构在第一季度利用一级市场发行大幅增持了几期中央国有大型企业发行的中长期企业债，有效缩小了固定收益组合的欠配力度。重点券种如下，例如2010年1月22日发行的40亿元5+2年的10南网债01和60亿元7+3年南网债02，发行利率分别为4.37%和4.60%；2010年2月5日发行的200亿元10年期10国网01和100亿元15年期的10国网02，发行利率分别为4.74%和4.80%。

由于2010年上半年信用产品总体上供给远远小于需求，不能满足银行和保险等主流机构的配置需求，而且二级市场收益率节节下行，配置价值也有所降低。进入2010年第二季度以来，保险资金重点加大了投资价值更高的协议存款投资比例。由于协议存款利率更高，而且能满足保险机构量的需求，同时保险机构在二级市场收益率大幅下行后的债券市场投资上则保持了相对中性的策略，严格控制了债券投资上的短投仓位。

进入2010年8月以来，基于债券市场收益率已经接近历史低位，投资价值较低，并且未来经济和通胀增长环比上升的趋势判断，保险机构已经大幅控制了债券投资配置力度，并且在二级市场逐步卖出内含利率风险较大的中长期利率产品和信用产品，在有效锁定组合收益的同时，规避了市场利率风险，特别是2010年第四季度以后，宏观调控措施趋严，货币政策回归常态后债券一、二级市场利率出现大幅上升时期组合的利率风险。

综合来看，在2010年1~7月，保险机构通过在品种上的调节，大幅增持了收益更高的中长期信用债和中长期利率产品，以及较大幅度投资了相对价值更高的协议存款，克服了2010年新增保费大幅流入以及年初债券投资大幅欠配的困难，有效缩小了保险机构固定收益组合的大幅欠配状态，分享了该阶段市场上涨收益，在债券投资上取得了良好的投资业绩；进入2010年8月，保险资产管理机构由于在债券投资上采取相对谨慎的投资策略，有效地规避了市场大幅下跌的风险。总体上看，在2010年波动巨大并且相对较为恶劣的市场环境下，保险资产管理机构在固定收益投资上通过灵活调整投资策略，获得了较好的投资效果，也取得了较好的收益。

案例4－2－2　泰康资产2008年固定收益投资运作硕果

2008年，中国经济也经历了跌宕起伏的变化。在猪肉等多种农副产品价格轮番上涨推动下，推动居民消费价格屡创新高。2008年1月CPI同比上涨7.1%，2月CPI同比涨幅达到8.7%，创下1996年以来的新高，整个上半年居民消费物价同比涨幅均位于7%以上。受国际大宗商品价格大幅上涨影响，生产资料价格显著走高，原材料、燃料、动力购进价格同比涨幅在2008年7月达到15.4%的高点，工业品出厂价格同比涨幅在2008年8月达到10.1%的高点。

在严峻的经济过热形势和通货膨胀压力下，中央经济工作会议对2008年宏观调控政策作出了重要调整和部署，决定实行稳健的财政政策和从紧的货币政策，这也是中国最近十年来货币政策首次由稳健转为从紧。随着2007年央行连续6次加息，债券收益率出现持续大幅回升，至2007年底，中长期国债、金融债、企业债收益率水平均开始进入保险、银行等长期资金的配置区间。

2007年底，泰康固定收益团队将分析的焦点集中在国内市场因素上，并未太多关注次贷危机这一对未来行情发展构成重大转折的因素。他们判断，尽管经济过热和通胀走高的趋势在上半年将会延续，央行货币政策将会持续从紧，但货币政策效果将会在下半年体现，通胀将会得到有效控制，而不是像市场普遍担心的通胀失控的风险。“全年债市可能呈现上半年收益率继续上升、下半年收益率明显下降、降幅高于升幅的走势。随着收益率上升到历史高位，市场中长期存在重大投资机会。在投资上注意风险的同时更多要关注中长期投资机会，尤其要特别关注上半年收益率阶段性高点的战略性建仓机会。”

正是这一开局阶段的准确判断，为抓住2008年历史性大牛市打下了良好开端。从2008年初开始，泰康资产就在投资操作上进行了积极布局，采取小幅超配策略，立足一级市场，加大中长期高收益率债券配置；短投和市值账户开始稳步加仓内含价值较高的中期信用产品和3年央行票据等。

就在泰康资产按计划推进自己的策略时，此时，国际经济环境开始出现重大变化。1月22日，美联储宣布紧急降息75个基点，随后又于1月30日再次降息50个基点，超出了市场预期。

在主管固定收益业务的公司副总经理倪莉主持下，一贯反应迅速的泰康资产固定收益团队迅速召开了紧急会议。会上，负责宏观和策略的投资经理金志刚提出，美联储的行为说明美国经济可能面临超乎想象的严重衰退，负面影响将在未来几个月爆发；通胀见顶回落，中国的经济政策可能需要重新回归保增长；美联储的大幅降息，将会限制中国央行的加息空间和概率，对国内债券市场将构成重大利好。这一观点得到了大家的一致认同。也是从这时开始，泰康资产意识到次贷和美国经济走势将成为左右市场走势的关键因素，坚定了投资团队对债市看好的观点，投资上进一步加大了债券超配力度。结果也正如所料，通胀见顶回落，债券市场走出了一波小幅上涨的行情。

然而市场却风云突变。5月12日，央行突然宣布上调存款准备金率0.5个百分点，6月7日又再次上调准备金率1个百分点。突如其来的政策调整犹如一记闷棍砸在头上，债券市场开始出现大幅调整，收益率大幅上升。次贷危机的进一步蔓延导致国际市场信用利差大幅上升，而国内信用利差也因避险情绪的急剧上升而大幅扩大，许多品种的收益率创出历史新高，市场情绪开始极度悲观。

在会议室里，面对倪莉、金志刚、李国安、苏振华等固定收益团队的核心成员，泰康资产CEO段国圣如连珠炮般发出了一大串问题。“央行为什么采取这么大力度的紧缩？我们对通胀的判断是否过于乐观，通胀有没有失控的风险？我们年初以来对市场的判断是否错了？我们采取的投资策略是否过于激进？我们账户的流动性会不会出问题？”段国圣要求固定收益团队抓紧时间研究，评估一下策略是否需要调整。

很快，倪莉镇定而自信地汇报了整个团队的最新判断：“种种迹象表明，债券市场可能处于黎明前最黑暗的时期，市场将会进入一段非常痛苦的恐慌性下跌阶段，战略性建仓的时机正在来临”。段国圣沉思了良久，然后语气坚定地说，“你们做吧，不过要注意流动性风险。”

机会很快来临。5月底，国开行发行第9期20年期金融债，泰康资产以

40.6亿元的中标量排名第一，这也是泰康首次在国债金融债的投标中获得标王。7月份，在市场继续处于底部徘徊之际，泰康资产再次做出了一个大胆的决策，继续抓住战略性建仓机会，大幅提高超配规模。投委会上，CEO段国圣掷地有声："至少完成超配300亿元。"第三季度，整个固定收益投资团队就像在打一场世纪大战，紧张而忙碌，泰康资产通过一、二级市场持续增加中长期债券配置，在债券市场底部累计超配债券500多亿元，其间杠杆最高规模达到600亿元。

9月，随着美国第四大投资银行雷曼兄弟宣布破产和华盛顿互惠银行被FDIC接管，更加严重的全球性金融危机集中爆发。中国的宏观调控政策也迅速向确保经济平稳增长方向转变，从10月份开始，货币政策开始转为宽松，央行先后降息和下调存款准备金率，债券收益率在第四季度快速下行。

此后，泰康资产固定收益团队另辟蹊径。第四季度，公司迅速将固定收益配置重点转向了银行存款，抢在央行一次性降息108bp之前完成了100亿元的存款计划。

辛勤耕耘得到了硕果。截至2008年12月31日，整个泰康一般账户债券超配规模约250亿元，短投债券规模约240亿元，全年新增固定收益资产YTM超过5%。投连稳健账户累计净值增长高达15.09%，该账户净值增长情况在可比70只债券基金和所有保险同类型投连产品中均名列第一；同时，投连稳健期间账户资产规模近130亿元，在所有保险可比产品和债券基金中规模最大。

[第三章]

权益类投资运作

一、权益市场的环境变化

2004 年以来的保险公司权益资产的投资运营经历了稳健的跨越式发展。随着中国保险市场、A 股市场逐渐成长为全球主要市场之一，中国保险业权益投资规模迅速扩大，在 A 股市场上发挥着越来越大的机构投资者稳定器作用。总体看，中国保险资产管理公司权益资产的投资运营与中国 A 股走势息息相关，可分为四个阶段：2004 年至 2005 年中期，2005 年中期至 2007 年底，2007 年底至 2008 年第四季度，2008 年第四季度至 2010 年。

2004—2005 年中期，中国 A 股市场整体处于熊市中，此时的保险公司资产管理尚处于起步阶段，截至 2004 年底，中国保险业资产规模接近 1.2 万亿元，其中，持有证券投资基金规模 575 亿元，仅有国寿、平安、太保、人保四个公司成立了规模较大的资产管理部门，专业投资人员的数量和经验不足，权益投资主要是基金投资，以及历史遗留的部分非证券化股权投资。此时，保险公司权益投资运营的主要工作在于组织建设和风险控制。基于中国保监会对于起步阶段的保险资产在权益投资方面的严格监管，在此期间的中国保险公司几乎没有发生严重的权益投资违规挪用或者坏账亏损，避免了同期许多证券公司的教训，基本树立了保险资金权益投资稳健发展的基调和市场形象，这是与保险资金的风险偏好特征完全吻合的。

2005 年中期至 2007 年底，由于中国乃至全球经济发展迅速，中国保险市场和股市大幅发展。2006 年 6 月国发 23 号文件《国务院关于保险业改革发展的若干意见》（国十条）提出了保险资金权益投资的具体意见，如：“鼓励保险资金直接或间接投资资本市场，逐步提高投资比例”，“支持保险资金参股商业银行”，“开展保险资金投资不动产试点”，“支持保险资金境外投资”等，极大地鼓舞了保险公司权益投资发展的信心。2007 年，借助股市的上升以及投资型保险的热销，中国保险业的权益投资规模急剧上升，2007 年全行业投资收益率为 12%，大部分由权益投资取得，是名副其实的“保险投资年”。

2007 年底至 2008 年第四季度，随着 2008 年美国金融危机的爆发和中国 A 股的暴跌，部分中小保险公司由于在 2006—2007 年的股票牛市里扩大权益投资比例，遭遇股票浮亏、偿付能力不足的困难。面对危机，中国保监会多次展开自查、督察以求最大限度化解投资风险，特别是在 2008 年下半年最紧要的关头，中国保监会果断要求各保险公司停止一切形式的权益资产净卖出活动，发挥了巨大的指导作用，避免了各保险公司权益资产可能的进一步损失。

2008 年第四季度至 2010 年，A 股在 2008 年第四季度出现止跌企稳迹象。亲历 2008 年全球金融危机、经历 A 股暴涨暴跌的洗礼，2010 年以来，各保险公司的权益资产投资运营的内部制度和决策流程已经日臻成熟，布局权益投资比例仓位更加冷静长远，个股或单个股权投资机会的选择判断更加科学合理，权益投资人员的数量和经验均大幅提高，资产配置从过去以股票型基金投资为主，转变为以股票投资为主，大幅提高了作为机构投资者主力在 A 股市场的话语权。截至 2010 年底，中国保险业总资产达到 5 万亿元，同比 2009 年增长 25%，较 2004 年底增长了 4 倍，复合增速 27%，与其他资产管理模式相比，充分展现了保险资金长期稳健、较快成长的特征。

2005 年以来，中国证券市场在创新方面出现重大突破。2005 年中，实行股权分置改革，同时推出权证投资品种。股权分置改革解决了制约中国股票市场发展的重大问题，也为投资者提供了重大的获利机会。保险公司在此阶段，积极参与上市公司的股改进程，获利不菲。

融资融券、股指期货、创业板的推出，丰富了 A 股市场的投资品种，增加了投资者获利手段，支持了我国经济的转型。虽然保险公司暂时无法参与上述品种的投资，但随着证券市场的成熟和发展，保险公司会间接受益于 A 股市场生态环境的改善。

二、2004—2009 年权益投资操作

2004 年以来的 A 股走势，可谓精彩纷呈，既有彻底绝望后的牛市爆发，也有极度乐观后的全面崩盘；既有传统产业高速发展推动的酣畅淋漓的上涨，也有新兴产业无限憧憬导致的结构性牛市。在贪婪和恐惧充分宣泄之后，A 股市场已经成长为全球总市值最大的几个市场之一，作为“经济晴雨表”的功能充分体现，融资功能也充分发挥。总体看，这期间 A 股走势可以分为四个阶段：2004—2005 年中，熊市寻底；2005 年中至 2007 年底，大牛市；2007 年底至 2008 年第四季度，大熊市；2008 年第四季度至 2010 年，结构性牛市。

2004 年股市的涨跌开始与国民经济运行息息相关。与宏观经济前高后低的运行形态相似，2004 年的股市也呈现出典型的前高后低走势，固定资产投资增长速度及 GDP 一度达到 47.8% 及 9.9% 的增幅，上证综指及深综指也均在 4 月份达到了全年的高点。之后，伴随着宏观调控政策的出台及 GDP 增速的逐级滑落，两市也再度陷入了持续阴跌的不利局面，全年跌幅超过 15%。

2004 年上市公司基本面对股价的影响力得到淋漓尽致的体现。受益于超高的固定资产投资增长速度，钢铁、有色、机械、石化等周期性行业盈利水平纷纷创下几年来最高水平，相关上市公司股价也屡创新高。而汽车类上市公司的股价走势则是另一个例证，由于轿车价格的持续下降及库存量的大量增加，市场担心相关上市公司的盈利能力会受到较大负面影响，为回避风险而纷纷抛售股票，导致汽车股成了 2004 年度跌幅最大的板块之一。这种基本面对股价巨大的影响作用，成为后来几年股市行情的预演。而 2004 年发生的另一个重大变化是估值水平与国际开始接轨，青岛啤酒、海螺水泥、兖州煤业、中兴通讯的 A 股股价接近甚至超过 H 股股价，使得国内投资者不得不感叹中国证券市场国际化进程的速度。

2005 年前 4 个月市场处于对宏观经济的恐惧和对市场制度的怀疑之中；5 月开始的股权分置改革试点由于投资者过分担忧由此造成的定价体系的混乱而出现大幅度抛售；但是，随着股改进程的不断推进，投资者重新调整预期促使市场在 7 月底开始出现了具有反转含义的波段上升。2005 年是 A 股市场转折性的一年，从此，中国资本市场已经进入了一个新的阶段，这种转折的含义至少体现在如下几个方面：

第一，连续五年的深幅调整，使A股消化了历史上由于封闭运行而导致的系统性高估值。第二，股权分置改革不仅降低了流通股的持股成本，同时解决了原先流通股和非流通之间的割裂所形成的事实上的上市公司股权结构双轨制。第三，体现科学发展观的“十一五”计划的颁布意味着中国的经济增长将进入新的阶段。在新的发展观下，经济和企业的增长将更注重效益与内涵，从而有利于股东价值的提升。第四，随着保险公司直接入市、QFII规模的逐步增大、券商历史包袱的清理等，市场投资者结构出现了明显的变化，新的投资主体的加入带来了对不同行业和公司的不同角度的认识，从而丰富了原有相对单一的市场体系。

2005年上半年，保险公司获得直接投资A股市场的资格，“良好的开局是成功的一半”，这句话在之后几年的保险公司投资中也被充分验证。在熊市的尾端，一大批股票已经呈现出明显的投资价值，但市场恐慌情绪非常严重，尤其是股改推出的初期，市场暴跌。在这种氛围下，保险公司秉持价值投资的理念，吸纳了一批优质蓝筹股，为未来几年的良好投资业绩打下坚实的基础。

以2005年启动的股权分置改革为标志，中国股票市场在随后的两年半中出现了根本性的变化，走出了轰轰烈烈的大牛市行情。从证券市场发展史的角度看，2006年的证券市场至少在以下三个方面取得了显著的成就：

第一，资本市场功能的恢复：股权分置改革的完成并不仅仅意味着股改对价和全流通上市。更重要的是，股权分置改革恢复了资本市场的基础功能。尽管融资是资本市场的基本功能，但资本市场的作用远远不局限于融资。资本市场作为现代市场经济的中心之一，不仅仅是一个融资的中心，还是财富的中心、理财的中心、估值的中心、创业的中心和全社会注意力中心。

第二，资本化率的提高：2006年优质公司加速回归国内资本市场大大提高了A股市场对国民经济的代表性，使资本市场和实体经济的关联度得到了大幅度的提高。

第三，居民理财意识的提高：A股市场的繁荣刺激了广大居民的投资欲望，更重要的是大大提高了居民的理财意识。市场的良性发展和居民投资意识的提高之间形成了良性的互动。

2007年中国股市在上市公司业绩超预期、股市财富效应、流动性过剩等因素的推动下继续大幅上涨。在人民币升值以及负利率的环境下，股市财富效应吸引了大量资金入市，过剩的流动性进一步推高股价，在强化财富效应的同时，为上市公司业绩的超预期贡献了大量投资收益。上述多种因素共同作用并相互强化，推动中国股市快速经历价值发现和理性繁荣阶段，到达一个前所未有的高度。尽管必要的调控措施无法从根本上阻止泡沫的产生，甚至客观上延长了股市泡沫持续的时间，但对抑制泡沫进一步膨胀乃至爆裂仍起到了积极的作用。即便如此，市场整体的估值水平还是大幅超越了价值投资和理性投资的上限标准，最终以超级大盘蓝筹股在人声鼎沸中的上市为转折点，上升趋势被终结并开始了反方向的修正。

2007 年大牛市的终结与历史上其他国家大牛市的终结非常类似，极度乐观的情绪配合极高的估值，宏观经济出现反转迹象伴随通胀和利率快速上升，融资规模巨大。大熊市已经扑面而来。

牛市初期的低估值及股权分置改革，为保险公司建仓提供了绝佳的机会。同时 A 股市场扩容加速，大秦铁路、工商银行等一批大型蓝筹股发行，但因融资规模巨大，受到市场冷落，保险公司这时充分发挥了资金优势，既支持了中国股市的发展，也获得了巨大的收益。而到了 2007 年下半年及 2008 年初，从估值角度看，A 股市场处于明显高估状态，同时通胀上升迅速，所以保险公司整体减仓，保存了胜利的果实。

2008 年，中国股市出现持续而深幅的下跌。年初蓝筹上市公司巨量再融资计划的推出动摇了原本脆弱的高估值的基础，为抑制通货膨胀，中国十年来首次实施从紧的货币政策，随着政策效果的显现，2007 年下半年以来由流动性过剩催生的资产泡沫宣告破灭。美国次贷危机引发的全球性金融危机蔓延到实体经济领域，中国经济持续高速增长的势头受到遏制，在 2008 年第四季度经济增速出现急剧下降，大量企业面临订单消失、资金链断裂、高价库存大幅减值的空前困境。估值不断下降和业绩预期不断调低的叠加效应，使股市不断创出新低。与此同时，“大小非”的减持始终制约着股市的反弹空间。

转机就在这种极度悲观中诞生。新一轮结构性牛市开始启动。

为应对严峻的经济下滑形势，国家对宏观调控政策作出重大调整，实施适度宽松的货币政策和积极的财政政策，并出台 4 万亿元投资计划，综合运用降息、减税、刺激出口、政府投资拉动内需等多种手段，力保经济平稳较快发展。受此鼓舞，股市在年底出现止跌企稳迹象。

2009年，中国实施积极的财政政策和适度宽松的货币政策，积极应对国际金融危机。在四万亿元投资计划、十大产业振兴计划、区域发展规划以及汽车家电下乡等一揽子政策的刺激下，投资和消费方面的国内需求有效放大，抵消了外部需求下滑的负面影响，中国经济高速增长的势头得以保持。经济复苏和创纪录的货币投放，驱动股市走出强劲的上涨行情。汽车、家电、有色、煤炭、房地产、新能源、医药、券商等行业以及资产重组类个股表现突出。受创业板推出的影响，中小盘股票受到热钱追捧，大盘蓝筹股表现落后，市场风格分化明显。

2008年底股市再次呈现了绝佳的投资机会，我国政府及时的宏观政策调整为平稳度过金融危机发挥了关键作用。保险公司顺应政策变化的调整，在投资品、地产、金融等政策受益板块加大建仓力度，获利不菲。

案例4－3－1　中国人寿战略投资建行H股

2009年5月12日，金融海啸的阴霾依然笼罩全球金融市场，劫后余生的美国银行以每股4.2港元的价格出售135亿股中国建设银行H股，该笔交易总规模约为567亿港元，诞生了香港股票市场上有史以来最大金额的大宗交易。在这场广受瞩目的收购战中，中国人寿携手新加坡淡马锡、国内最大的私募基金——厚朴投资和中银国际最终联合竞购成功。中国人寿集团公司及其旗下的寿险公司、海外公司联合出手，协同作战，三家公司合计收购了建设银行H股27.68亿股股票，涉及金额15亿美元，完成了对建设银行H股的战略认购。

一、事件背景回顾

2009年初，在金融危机中遭受重创的境外金融机构出于化解自身财务压力及流动性困境的需要，在港股市场掀起了一股减持中资银行股的浪潮。先后有瑞银集团、美国银行、苏格兰皇家银行、德国安联集团和美国运通公司等外资金融机构分别对中国银行、建设银行和工商银行等中资银行股票进行了大规模的抛售，一度引发了港股中资银行股的大幅调整，对有关中资银行股甚至整个中资股在海外市场的形象造成了极大负面影响，引起了我国政府的高度关注。

2009 年 1 月 9 日，国务院应对国际金融危机小组专门针对香港上市中资股遭遇大规模减持事宜召开会议，探讨应对策略。中国保监会对此类事件也极为重视，在第一时间与中国人寿在内的多家公司一同研究制订并向国务院报送了应对相关事件的应急预案。为积极把握重大事件驱动的战略布局机会，中国人寿集团公司投决会于2009 年 4 月 3 日审议通过了《集团公司投资香港上市中资银行股的情况及策略建议》，明确了具体投资标的及策略。为更好地发挥中国人寿整体优势，科学高效地统筹协调系统内各境外投资相关主体，中国人寿集团公司专门成立了下设于集团公司投决会的中国人寿海外投资专业委员会（以下简称中国人寿海专委），并授权中国人寿海专委在集团公司投决会的决策下，全权负责中国人寿对海外上市中资银行股的战略投资。中国人寿资产公司认真落实中国人寿集团公司投决会精神，及时加大境外投资人员投入，就相关潜在投资机会进行了研究并开展了大量的工作。

二、投资策略回顾

由于深受金融危机困扰的境外金融机构对资金需求的迫切，其对在港上市中资银行股的大规模减持往往给予一定的价格折扣并蕴涵了可观的套利机会，使得该类投资机会成为市场投资者争相竞逐的对象。一些具有丰富场外大宗交易经验的外资投行及对冲基金往往事先锁定认购筹码，并在二级市场抛售折价购入的相关股票以赚取差价。

在中国人寿集团公司投决会对海外上市中资银行股的投资策略进行了决策后，中国人寿海专委认真总结前期实践经验，对未来潜在的工商银行 H 股和建设银行 H 股战略投资机会进行了大量的研究分析，并最终决定以建设银行 H 股为主，工商银行 H 股为辅的投资策略。

通过多方努力，中国人寿海专委与具有丰富场外大宗交易经验，并于前期成功参与苏格兰皇家银行配售中国银行 H 股的私募基金——厚朴投资（HOPU）建立了联系并就合作进行建行 H 股的战略投资达成了共识。经过多轮磋商，双方在具体合作的有关细节上达成了一致，签订了合作进行建行 H 股战略投资的谅解备忘录。为加强此次竞购的谈判筹码和议价能力，中国人寿通过厚朴投资，联络并与新加坡淡马锡和中银国际组成了由四家机构投资者组成的联合竞购体。考虑到四家机构投资者中，厚朴投资独具的私募性质，联合竞购体决定由厚朴投资出面，与美国银行进行战略投资的沟通谈判。

与此同时，中国人寿海专委统筹系统内多个境外投资主体对建行 H 股的认购意向，根据长期价值投资理念，确定了具有一定安全边际的收购价格上限4.25港元（对应2009年市净率1.71倍），并参照各投资主体单一个股持股上限的监管要求确认了15亿美元的认购规模。

三、谈判过程

鉴于二级市场对此类场外大宗交易的敏感性，整个谈判的前期准备工作及谈判过程都在高度保密情况下进行。中国人寿海专委经过会议讨论，明确了具体的内部分工、工作流程和保密机制。作为谈判后方团队的主要构成部分，执行小组与4月底赴美国的前方谈判团队厚朴投资一同与美国银行展开了拉锯式谈判。

在境外顶尖投行高盛、瑞银集团和摩根斯坦利纷纷提出更低折扣水平的竞购方案的不利情况下，中国人寿携自身优势和独特的市场地位，在联合竞购体中起到了关键性的作用。执行小组坚持长期价值投资理念，通过理性的市场判断，反复协调系统内各成员报价，及时对谈判策略进行调整。

经过多轮艰苦的谈判，联合竞购体与美国银行于北京时间5月12日凌晨就此项交易达成最终一致，收购价格确定为4.2港元（对应2009年市盈率8.8倍，市净率1.68倍，分红收益率5.2%），优于中国人寿最初设定的价格底线0.05港元，较建设银行H股解禁日5月7日收盘价以及签约前一日5月11日收盘价分别折价15.83%和14.29%。中国人寿认购规模总计15亿美元，约合116.25亿港元（折合建设银行H股约27.68亿股，约占建设银行总股本的1.18%），其中，中国人寿保险（集团）公司认购30亿港元，中国人寿保险股份有限公司认购65.75亿港元，中国人寿保险（海外）股份有限公司认购20.5亿港元。

四、市场反响

5月12日交易完成当天，仅有包括彭博资讯在内的部分主流金融媒体援引有关人士的言论对该交易有未经证实报道，报道透露的买方也仅有厚朴投资、淡马锡及“其他不明机构”。由于整个竞购过程中的保密工作执行得力，美国银行及建设银行直到交易签约完成后，才对联合竞购体的组成及分仓情况有所掌握，并由建设银行对外进行了公告。从市场角度看，市场对该项交易反应积极，港股市场在如此大规模、高折价的场外大宗股权转让后，由于该交易背后的买方特性而走势平稳。建行H股也没有出现前期遭遇减持的其他银行股在交易公布后大幅下挫的走势，并于5月12日交易当天收盘上涨，收报4.98港元。以此收盘价测算，中国人寿在该项交易的第二个交易日即浮盈21.59亿港元，浮盈收益率18.57%。

五、投资成效

从经济效益方面看，中国人寿通过此次战略投资，在经济周期的调整和触底阶段，成功地把握了资本市场难得的布局机遇，获取了资本市场优质的长期配置资源，赢得了丰厚的投资回报，为系统内相关主体完成收益目标作出了贡献。从中国人寿系统总体来看，以建行H股5月12日交易完成当天收盘价4.98港元测算，中国人寿该项交易浮盈21.59亿港元。在之后的十八个月内，建行H股股价一路攀升至最高8.47港元，较中国人寿4.2港元的收购价格涨幅超过100%。该价格对应中国人寿27.68亿股的投资规模来看，盈利超过118亿港元，为中国人寿系统内各成员单位带来了丰厚的投资收益。

除了在经济效益方面收获颇丰外，此次大规模战略投资进一步扩大了中国人寿在境内外资本市场的影响力，有效提升了中国人寿的国际形象和品牌价值。纵观港股市场自中国银行H股遭瑞银集团大手笔减持以来，多宗场外大规模转让均被嗅觉灵敏、经验丰富的欧美或港资金融机构购得。初涉境外投资的中资机构在此类场外交易上往往有心无力，无功而返。此次，作为中资机构优秀代表的中国人寿突破性地在相比规模最大的建行H股场外大宗交易上有所斩获，标志着中资机构有机会也有能力与海外机构在港股市场上竞逐高低。而中国人寿此次在建设银行股权变更公告上，步调空前一致地以集团公司、股份公司和海外公司三家主体同时出现，在获得市场一致认可的同时，也标志着中国人寿海外投资体系的顺利整合，标志着中国人寿海外投资整体框架的成功搭建。

三、2010年权益投资操作

2010年，保监会继续公布了《保险资金投资股权暂行办法》、《保险集团公司管理办法（试行）》、《关于调整保险资金投资政策有关问题的通知》等重要法规，进一步扩大落实了保险公司权益投资的比例和范围，为“十二五”期间乃至更远的未来保险公司权益投资的继续稳健发展打下了良好基础。

2010年A股市场先抑后扬，分化极其显著。权重股震荡回落，但中小板指数已经超越2007年大牛市的高点。受国家经济转型、力推战略性新兴产业影响，新兴产业股票涨幅巨大，而创业板股票的批量上市更是推波助澜。

2010 年虽然两市指数低迷不振，但新股市场却高烧不退，A 股平均每日发行 1.4 只新股，全年合计首发股票共计 349 只，总募资金额达到 10 016.32 亿元，一举超越 2007 年 7 985.82 亿元的历史纪录。IPO、增发及配股融资规模均创出历史新高。在新股高速扩融下，我国证券市场市值超出 26 万亿元，总市值首超日本，位居世界第二。

2010 年保险公司的投资顺应政府经济转型的方向，在战略性新兴产业等成长股方面加大配置，同时坚定持有一批价值明显低估的蓝筹股，仍取得了不错的业绩。

经过二十年的高速发展，"新兴 + 转轨"的中国 A 股市场已经成为全球瞩目的焦点之一。A 股市场伴随中国经济的崛起而崛起，未来仍将是"国运"决定"股运"。

案例 4 - 3 - 2　太平洋资产在封闭式基金上的投资经验和成果

一、严密分析、人弃我取、果断决策、大胆投资

2005 年，长期受累于"股权分置"问题的上证指数在经历长达 4 年的熊市后开始在"千点"位置徘徊。封闭式基金也因其治理结构、市场低迷等因素，年均折价率由 2004 年的 29% 扩大到 2005 年的 40% 以上。

封闭式基金一直是崇尚价值投资的太平洋资产的重点关注对象，2005 年，随着封闭式基金整体折价率的不断扩大，太平洋资产从折价率、分红免税条款及契约规定等各个方面对其投资价值进行充分论证，最终形成如下几大观点：

1. 高折价带来极高的安全边际

封闭式基金的高折价率是寻求安全边际的保险资金很好的投资渠道。一方面，基金的折价可以通过基金封转开、基金分红、利用封闭式基金与股指期货进行无风险套利等方式降低或者消除，由此可获得折价率缩小的收益；另一方面，即便折价率一直存在，由于保险公司资金的长期性，也可以在折

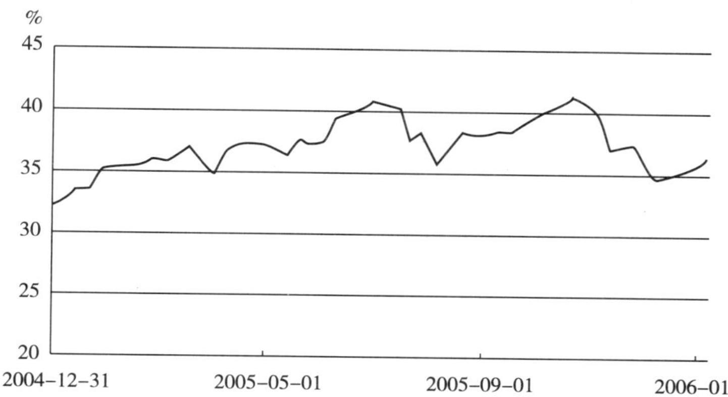

图1 2005年封闭式基金的加权平均折价率

价率不断扩大的时候不断买入，一直持有到期，从而获取折价加上持有期基金净值增长的收益。例如，在2005年10月20日，封闭式基金平均折价率为47%，平均剩余年限9年，隐含了年平均7.49%的内部收益率。内部收益率超过8%以上的基金有10只。

表1 2005年10月20日内部收益率超过8%的封闭式基金

基金简称	贴水率（%）	剩余期限	内部收益率（%）
基金普惠	-50.50	8.22	8.93
基金金泰	-46.69	7.44	8.83
基金裕隆	-50.77	8.65	8.53
基金普丰	-51.10	8.74	8.53
基金裕阳	-46.97	7.77	8.51
基金兴和	-50.88	8.73	8.48
基金开元	-44.88	7.44	8.34
基金同益	-49.14	8.47	8.31
基金同盛	-51.15	9.05	8.24
基金景福	-51.11	9.20	8.09
基金金鑫	-50.29	9.01	8.07

2. 封闭式基金强制分红具有免税效应和套利机会

封闭式基金有强制分红制度，在符合分红条件的年度，封闭式基金必须把年度已实现收益的90%以上分配给投资者。对机构投资者而言，分红免税，价差不免税，最终拿到手的收益因税收制度的安排而存在显著差异。此外，基金的分红是根据净值将资金回到投资者手上，类似于部分赎回的效果，因而通过分红的形式，不需要封闭式基金到期，投资者就可以赚取分红部分的折价收益。

3. 契约上较为灵活的仓位设计进一步强化了封闭式基金“进可攻、退可守”的特征，适合保险资金进行中长期投资

市场上大部分封闭式基金的股票投资范围在0～80%。由于中国证券市场很少出现股债双杀的局面，这样一个仓位设计使得当市场上涨的时候，尽管封闭式基金的净值增长不及同期股票型基金，但由于折价和分红的表现，其市场表现有可能反而超过开放式股票型基金；而当市场下跌的时候，基金经理可以将大部分仓位配置债券市场，所以损失也相对有限。长期来看，封闭式基金业绩好于同类开放式股票型基金，非常适合稳健的投资者如保险机构进行中长期投资。

2005年的证券市场的机会很少，大部分投资者经过4年熊市亏损累累，预期悲观。在这样一个时期，太平洋资产公司的投资团队不断对封闭式基金的投资价值进行反复论证、研究和讨论，最后果断决定大量增资封闭式基金，将几乎所有封闭式基金都买到投资上限。在其后的4年，封闭式基金带来了丰厚的回报，其投资收益打败了市场所有的指数（见图2）。

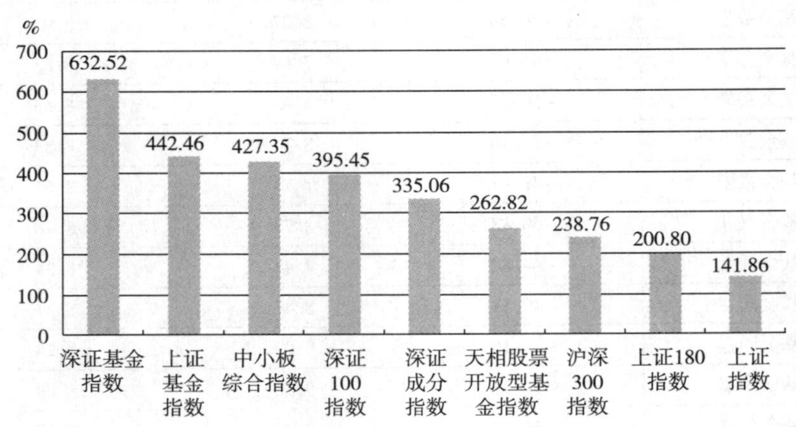

注：深证基金指数样本包括深圳证券交易所上市的证券投资基金，目前均为传统封闭式基金；上证基金指数样本包括上海证券交易所交易上市的证券投资基金，主要为传统封闭式基金和ETF基金。

图2 2006—2010年股票市场各主要指数涨跌幅

二、审时度势、灵活操作、多种策略并重、投资收益最大化

基于对封闭式基金长期投资价值的深刻理解，2005 年之后，其一直都是太平洋资产配置的主要方向之一。而长期以来的研究和投资经验使得他们对于封闭式基金的市场走势的把握日益准确，为获取投资收益的最大化，他们充分利用自身多年的研究成果和操作经验，根据市场环境，运用多种策略对封闭式基金进行积极主动地管理，取得显著成果。其所使用策略主要包括：

1. 买入持有、红利再投资策略

买入处于折价状态的封闭式基金，并将其红利进行再投资，持有到期，就可以获取折价加上红利再投资带来的超额收益。这可通过如下分析得到验证：假设一大盘封闭式基金折价 15%、2017 年到期、基金将所有的投资收益都用于分红，其间市场每年上涨 12.5%，假定封闭式和开放式基金净值增长都为指数的 80%，即每年净值增长 10%；而指数型基金净值增长为指数的 95%，即每年 11.875%，并假设在 2010 年底分别买入封闭式基金、开放式基金和指数基金各一份，期初各基金净值为 1 元，封闭式基金的折价率每年保持在 15% 不变，2017 年封转开，那么各类基金的每年的到期投资收益率如表 2 所示。从表中可以看出，由于折价率的存在，封闭式基金的到期收益率是各类基金中最高的。

表 2　　相同假定下的各类型指数的到期收益率比较　　单位：元、%

基金类型	项目	2010 年度	2011 年度	2012 年度	2013 年度	2014 年度	2015 年度	2016 年度	2017 年度
封闭式基金	期末资金	0.85	0.94	1.03	1.13	1.24	1.37	1.51	1.95
	到期收益率	—	10	21	33	46	61	77	129
开放式基金	期末资金	1.00	1.10	1.21	1.33	1.46	1.61	1.77	1.95
	到期收益率	—	10	21	33	46	61	77	95
指数基金	期末资金	1.00	1.12	1.25	1.40	1.57	1.75	1.96	2.19
	到期收益率	—	12	25	40	57	75	96	119

在实际投资中，太平洋资产公司的投资团队不断利用上面的分析结果来评判封闭式基金的投资价值，一旦认为被市场大幅低估就立即大量买入并长期持有，这个策略从 2005 年贯彻执行至今，太平洋资产公司管理的账户多次出现在多家封闭式基金的前十大持有人名单中，所取得的成果也是众人瞩目：在“股权分置”改革之后的 2005 年 7 月 1 日到 2008 年 12 月 31 日一个完整的

牛熊周期中，股票方向开放式基金净值增长率第一名的是华夏大盘精选基金，净值增长率是470.32%。而3只封闭式基金：基金泰和、基金兴华、基金丰和净值增长率分别为467.59%、467.53%和463.99%（见图3），而封闭式基金中表现最差的基金金鑫，其收益率也达194.8%，可列所有可比的100来只开放式基金第18位。在过去的2010年，26只封闭式基金的收益全部为正，其中4只超过40%，而同期表现最好的开放式基金净值增长为37.77%。

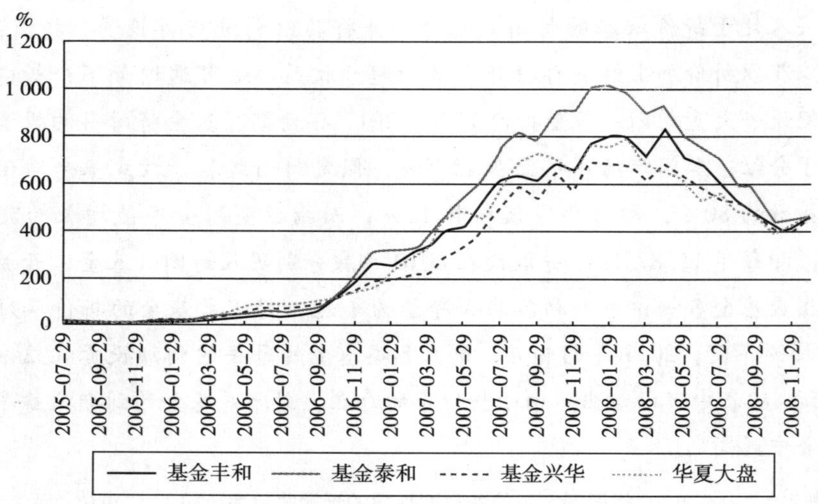

图3 2005年7月1日至2008年12月31日表现最好的四只基金走势

2. 波段操作策略

波段操作策略主要是结合封闭式基金历史平均折价率和到期期限来判断当前折价率是否过高，进而选择合适的介入时点以博取一定的买卖价差。一般来说，随着时间的推移，封闭式基金的年均折价率将逐步缩小。若当前封闭式基金的折价率大于或接近于上年的平均折价率，市场就为投资者提供了一个比较好的买入时点。例如，在2010年7月，封闭式基金折价率重新回到15%以上，就是一个非常好的投资机会。

太平洋资产管理公司的投资团队投资封闭式基金多年，利用封闭式波段投资机会的把握也准确到位。从2005年以来，太平洋保险在封闭式基金进行波段操作的投资收益有几十亿元。图4中A、B、C、D一些折价率比较高的时点就是太平洋资产封闭式基金买入量较大的时候。

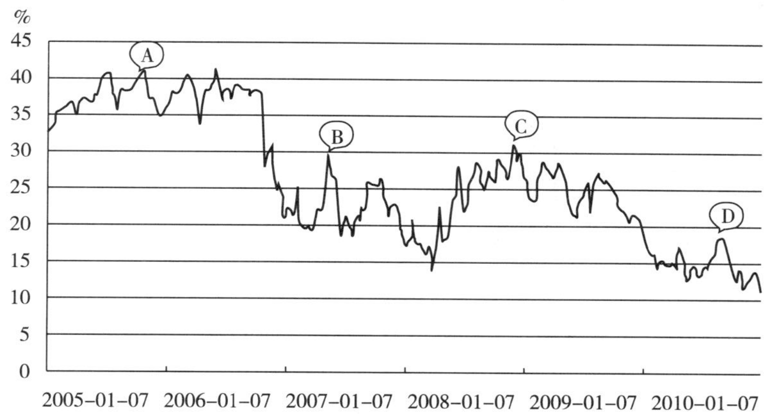

图 4 封闭式基金历史平均折价率

3. 分红套利策略

封闭式基金的强制分红还可以带来一定的套利机会，这可以通过以下两种模式实现：一是折价交易的封闭式基金在分红后，折价率会自然上升；若要恢复到分红前的折价率水平，那么交易价格就必须上升，由此带来了套利的机会。二是若某只封闭式基金存在分红预期，红利收益就会吸引投资者介入，从而使其价格上升，折价率下降；分红后折价率又回归到稳定水平，由此进行套利。

假设一封闭式基金分红前单位净值是 2 元，交易价格是 1.4 元，折价率为 30%。假定单位分红 0.4 元，除息后，单位净值和交易价格分别变为 1.6 元和 1 元，此时的折价率就自然上升到 37.5%。如果折价率要恢复原先水平，那么交易价格需上涨到 1.12 元，即需要上涨 12%。所以，如果我们选择在分红之前买入，那么分红后不仅可以分得红利收益，还可以获取折价交易带来的价格收益。这就是所谓基金大比例分红后有强制上涨要求的机理。封闭式基金的单位分红金额越高，套利的空间也就越大。

分红免税收益一直是太平洋资产管理公司投资封闭式基金的重要的投资目的。每年每个季度，太平洋资产基金投资小组都会根据基金的季报、中报和年报来估算基金的分红收益，然后重点投资分红率比较高的基金。经过多年的努力，太平洋保险在基金分红投资行情方面的成果也是非常成功的：在最近的 5 年中获得的封闭式基金分红收益高达 100 多亿元，同时在 2008 年和 2010 年两个一大一小的熊市中，基金分红相当于自动减仓，在某种限度上帮助我们避免了部分系统性风险。

4. 未来进一步的运用：融资融券

根据深沪交易所发布《融资融券交易试点实施细则》，充抵保证金的有价证券，在计算保证金金额时应当以证券市值按照一定折算率进行折算，其中，上证180指数成分股股票或者深证100指数成分股股票的折算率最高不得超过70%，非主要指数成分股股票的折算率最高不超过65%，而封闭式基金折算率最高不超过80%。显然，封闭式基金的折算率比股票更具明显的优势。在融资融券业务中，作为标的证券的传统封闭式基金不仅享有较股票更高的折算比例，有利于投资者放大杠杆操作要求；而且其历史波动率明显小于股票，有利于在控制风险基础上保持杠杆率的稳定，提升资金的使用效率。目前保险公司在股指期货和融资融券方面业务尚未突破，但未来放开将是趋势。届时，保险机构持有的大量封闭式基金将有另一番作为。

案例4-3-3　泰康资产2007年权益投资硕果累累

一、675：站在崭新的起点上

站在证券市场崭新的起点上，往前我们会看到什么？所有参与者都期盼着未卜先知。

在单边大牛市下，2006年上证综指涨幅高达惊人的130%。于是乎2006年底，各大机构在2007年度投资策略报告中清一色看多中国股市，最最乐观的预测是上证综指达到3 300点，部分机构认为行情将是结构性机会。

新年伊始，股指似乎和机构预测的一样，稳步前行。2月27日，“黑色星期二”突降，上证综指和深证成指跌幅分别达到8.84%和9.29%，双双创下10年来最大单日跌幅。尽管感到压力重重，泰康资产权益投资团队依然坚定地看好市场。2007年年初开始，公司权益投资仓位一直接近《2007年委托资产投资指引》设定的上限：包含新股IPO的全口径权益投资仓位按成本平均保持在10.50%左右，按市值则在22%~24%的水平。

泰康的自信从何而来？答案并非我们洞悉先机，只是对公司已然形成的决策体系成竹于胸。对于泰康资产来说，多年来公司潜心打造的权益投资决策体系正期待着发挥作用。权益投资方面，公司形成了 MVPCT 系统（一级配置）——行业景气分析系统（二级配置）——备选库管理系统（三级配置）这一完整而有效的资产配置与组合分析体系，使得权益投资的投资决策过程更加科学化和精细化。

彼时，相对于机构投资的先行者基金公司较为粗放式的仓位判断依据，即主要依靠自下而上的个股选择、基金经理相对主观的宏观经济判断和技术分析，泰康 MVPCT 系统平台的建立使得公司在大中型机构投资者中领先一步，为 2007 年乃至以后的 2008 年、2009 年重大转折点前后的市场提供了有力的参照系，并使得公司的投资决策进入更加体系化、科学化、客观化的日趋成熟阶段。

二、530：显微镜聚焦市场细节

春暖花开，指数和春的脚步一样，势不可当，轻松越过了 3 000 点，逼近 4 000 点大关。正当市场参与者沉浸在盛宴的喜悦中时，5 月 30 日财政部决定证券（股票）交易印花税税率由之前 1‰ 调整为 3‰，与此同时，证监会宣布拟对广发证券借壳上市所涉及相关违规机构和人员进行行政处罚。双重利空的组合使得沪综指下跌了 281.83 点，跌幅 6.5%，创出了历史最大单日下跌（以点数计算）的记录。两市 B 股几乎全线跌停，两市 A 股有 850 只跌停（不包括 ST），惨烈程度可见一斑。上调印花税税率所传递出的政策信号非常明显。此后股市连续暴跌，上证综指回调到 3 400 点附近。

到底是风险警示还是又一次的机遇来临？挑战又一次摆在泰康资产权益投资者面前。其实，早在 5 月初，市场发展的苗头在 MVPCT 决策体系中的 5 月的宏观经济分析以及政策面研判中就已经有所显示。

线索之一：5 月 11 日，证监会发布《关于进一步加强投资者教育、强化市场监管有关工作的通知》，告诫投资者“没有只涨不跌的市场”，警示股民“理解并始终牢记‘买者自负’的原则”，不要“抵押房产炒股、拿养老钱炒股”。线索之二：CPI 缓步升高，宏观经济存在过热过快风险，5 月 18 日央行同时宣布，上调人民币基准利率、提高人民币存款准备金率、扩大人民币兑美元汇率浮动区间。线索之三：面临市场的巨大变化，新增开户数剧增，5 月中旬，市场出现了疯狂的消灭 3 元股、5 元股甚至是 10 元股的投机风潮，估值风险加大。

在股票市场和宏观经济都出现了由过快转向偏热的苗头后，公司权益投资团队判断股票市场短期风险加大。为了提高组合的安全边际，在不大幅降低权益整体仓位水平的情况下，通过积极参与风险较低的一级市场投资，逐步减低风险较高的二级市场持仓的方式，有效降低了投资风险。

530调整前后，投资经理林佳洁、章敬峰等人又一次提出，面对题材股炒作岿然不动，坚定持有中国经济最有代表性的蓝筹股。在二级市场股票投资方面，投资经理在股票组合中重点配置了成长性突出，国际比较优势明显、消费升级等主题的金融、地产、机械、食品饮料、商业等蓝筹股票。在5月中旬减仓过程中，减持了一些估值偏高，业绩波动性较大的一些风格类资产，从而在6月份的市场调整过程中保持了投资收益的稳定。530宣告当时市场题材股投机行情的终结，同时又吹响了蓝筹股行情的号角，而对于正在茁壮成长的泰康权益投资来讲，不仅规避了市场退潮后裸泳的风险，更重要的是过往坚持行业和上市公司价值投资的理念再一次得到印证并发挥了巨大作用。

三、6124：望远镜穿透中国未来

2007年的股市超越了大部分人的想象力，几乎所有的纪录都被改写。看上去，不断被刷新的是指数的高点和成交的水平。但实际上，正在被刷新的却是整个市场。这是一种有层次的推进，首先是股权分置改革后股本结构的进一步完善，其次是核心品种逐步由一批中国经济和产业代表性的大中型蓝筹公司作为主要构成，再次是随着开户数成十倍的增加使得市场的筹码成本在经历2006年已经有了普遍提高，然后是投资者的结构变成了基金和机构相对主导的市场，最后是市场整体的交易规则以及运行方式进一步向国际化接轨，与国际国内宏观经济的走势更加密切相关。

这一切发生在2006年底到2007年10月16日的全年最高点6 124。未来路在何方？“现在需要我们用望远镜忽略短期经济和市场的波动，前瞻性的看市场，寻找中国未来的战略性资产。”早在2007年年初，面对波澜壮阔、纷繁复杂的大牛市，作为泰康资产的首席执行官段国圣已经敏锐地看到中国资本市场中正在孕育的核心资产的投资机会，并带领公司的权益投资团队提前谋划和实施这一构想。

在这一理念指导下，公司加大了对具有长期战略投资价值的优质股票的投资力度，以期能够提高资产的长期收益率水平。尤其是在获取优质股票战略配售额度上，公司管理层积极推动并整合公司各层面的资源，尽最大可能获取低风险、高收益资产。2007年上半年，公司获取了为数较多的战略配售，并获得了丰厚的投资回报。2007年上半年，在克服研究员资源有限的情况下，公司领先业内大多数机构对香港市场H股上市公司进行了重点研究覆盖，开始了对H股上市公司的研究及持续跟踪工作。自主投资方面，2007年上半年，权益投资部推动并整合公司各层面资源在H股优质公司的IPO项目中极力争取机构配售，并取得了良好业绩。在扎实研究工作的支持下，2007年全年，泰康权益投资部参与首发400余次、增发近40次，累计配售次数400多次，在保险行业中名列第一，成为一级市场中最活跃的机构之一。

这一系列措施使得市场在向泡沫化发展演变后，公司的权益投资能够有从容的时间和资金参与国家战略性行业龙头公司回归A股IPO、定增与战略配售。正是在中国石油、中国神华、建设银行、中国平安、大秦铁路、招商银行、中国远洋、中国船舶、金地集团等项目的巨大超额收益，为权益投资实现“一年赚了前十年的两倍”立下了汗马功劳。

四、尾声

2007年，权益投资全年投资收益率（时间加权）达到250.94%。再次以优异的投资业绩领先保险同业，并超越证券投资基金行业平均收益水平。在资产管理公司内部，权益投资部以公司10%左右的资产，为公司取得了92%的投资收益，为资产管理公司全年取得优异投资业绩作出了重大贡献，也为泰康人寿进一步赶超同业、实现“双超”目标和跨越发展作出了突出而重要的贡献。

［第四章］

另类投资运作

一、另类投资的环境变化

开展另类投资是保险资金投资减少依赖性、降低波动性、增加稳定性、增强持续性的必然选择。近年来，我国保险市场保持快速发展的良好态势，保费收入与保险资产规模连续多年大幅增长，2010 年全国保费收入突破 1 万亿元，保险总资产达到 5 万亿元以上。据专家对未来保险业发展的预测，到 2020 年我国保险市场总体规模将位居世界前列。

在保险资产规模高速增长的市场环境下，保险资金投资规模也迅速提高。相比保险资金高速增长的规模，其运用渠道相对较窄，在 2006 年正式开放保险资金投资基础设施的渠道前，保险资金仅被允许直接投资债券市场、股票市场和进行境外投资。2007 年，保险资金运用总额为 2.67 万亿元，其中，债券、股票及证券投资基础投资比例高达 71.1%，是资本市场重要的大型机构投资者。而基础设施投资额约 400 多亿元，非上市股权投资额约 100 多亿元，总比例不到 3%。推动另类投资业务的专业化发展，实现保险资金投资多元化，有利于弱化资本市场的周期性波动对保险资金投资收益的负面影响。

随着我国金融改革的不断深化，近年来资本市场取得了快速发展，保险机构在分享资本市场发展所带来良好收益的同时，其收益的波动性也表现得日益明显，资本市场的周期性波动与保险资金的投资收益形成了较高的关联度。从 2004 年不到 4% 的收益率到 2007 年超过 10% 的收益率，再到 2008 年上半年 3% 以下的收益率，投资收益水平的大幅且频繁的波动很大程度上源于股票市场的行情表现，这与我国国民经济年均 10% 的 GDP 增长率很不相匹配，同时保险资金投资收益较大的波动性也对保险业务的经营持续性和稳定性产生了不良影响。

相对于债券、股票、基金等证券投资工具，基础设施项目的投资周期偏长，投资收益波动性相对较弱，未来现金流稳定充足，符合保险资金特别是寿险资金运用安全性优先的原则。基础设施建设的施工建设的期限一般为4～8年，产业寿命较长，运行维修费用相对较低，累积的利息较高。非上市股权投资也具有较长的投资周期，一般为3～5年，而其长期平均投资收益要高于债券和股票投资。根据Private Equity Council的统计，美国私募股权投资基金20年期（1987—2007年）的年平均收益率达到12.4%，而同期标普500和纳斯达克指数的年平均收益率仅为8.1%和9.4%。另有数据统计显示，中国不完全统计的股权投资收益水平超过40%，而且股权投资的波动性很小。

因此，基础设施及非上市股权等另类投资符合保险资金追求长期价值投资和稳健投资的要求，可以起到分散保险资金投资风险，平滑整体投资收益曲线，加强对资本市场系统性风险抵御能力的良性作用，有利于保持保险资金运作的稳定性和连续性。

同时，发展基础设施和非上市股权另类投资业务，可以更好地实现保险资金的资产负债匹配性。从保险公司的资金特征来看，保险资金的收益性不仅要求有足够的累计量来满足越来越高的保险成本要求，而且需要未来现金流的长期稳定性，使保险资金的收益现值最大化。特别是对于寿险公司，保险公司的长期负债需要有收益稳定的长期资产来对应，最终实现总量匹配和期限匹配。目前，我国保险资金尤其是寿险资金的平均负债久期在20年以上，而对应的资产中只有部分债券类产品达到此类要求，包括股票、基金、相当部分的债券产品及协议存款的资产久期都难以达到。

再从基础设施、非上市股权等大型产业项目的投资特性来分析，一般具有项目周期长、资金需求大、安全性高、分红收息现金流稳定且充裕的特点，有利于增强保险资产久期与负债之间的匹配性，可较好地满足保险资金的长期配置需求。同时，如前所述，国内股权投资收益水平超过40%，且基础设施与股权投资的收益波动性很小，可以有效地实现分散保险资金投资风险，平滑整体投资收益曲线，加强对资本市场系统性风险抵御能力的良性作用。

近年来，中国保监会从促进中国保险业健康发展的角度出发，与时俱进，屡次放开保险资金的投资范围及比例，不断满足保险公司优化投资资产的内生性需求，使保险资金在运用管理方面取得了重要性突破。

从国际视野来看，为实现对不动产和实业企业股权等产业投资的专业化运作，在管理模式上，国外大型保险机构一般都设配备专业化的投资团队。因为，产业投资是真正的实体投资，与虚拟的证券投资性质完全不同，不仅注重投资前的企业价值评估，更强调投资后的企业经营及项目管理工作。在以债权方式投资时，需要对项目的建设运营情况、企业的整体经营情况进行跟踪调查，也需对企业的偿债能力进行评测分析，以切实防范投资风险。在股权投资方式的操作过程中，被投资主体往往需要的并不仅仅是单纯的资金支持，而是全方位的战略合作，还会要求投资人能够提供相应的增值服务，包括完善企业治理结构，提升管理团队素质，拓展企业业务空间，提高资本运作能力，实现上下游行业资源的整合，改善企业的市场地位，为最终实现股东价值创造有利条件。

2006 年初，经国务院批准，中国保监会颁布实施《保险资金间接投资基础设施项目试点管理办法》，规定保险资金可以通过投资计划的形式间接投资于重点基础设施项目。同年，保监会颁布《关于保险机构投资商业银行股权的通知》，开启了保险机构股权投资的探索，有利于保险资金增加投资渠道，分散投资风险，提高投资收益，并为保险行业筹备后续股权投资业务奠定了人才、组织以及业务的基础。

2007 年，保监会下发《保险资金间接投资基础设施债权投资计划管理指引（试行）》。对《试点管理办法》中的债权投资计划作了进一步细化和明确规定，对于实际业务的开展起到了指导和规范的作用；2008 年年底，国务院常务会议日前确定了金融促进经济发展的九条政策措施。明确提出，要发挥保险的保障和融资功能，引导保险公司以债权等方式投资交通、通信、能源等基础设施和农村基础设施项目。

2009 年 4 月保监会发布了《关于保险资金投资基础设施债权投资计划的通知》和《基础设施债权投资计划产品设立指引》。内容更加细化，更具操作性。保险资金投资基础设施债权投资计划在投资主体、投资比例、投资范围和项目上均有扩大。同时备案制得以正式确立，使得基础设施债权投资业务逐步成为保险投资业务中的一项常规性业务。

2010 年新出台的《保险资金运用管理办法》和《保险资金股权投资管理办法》都对非上市企业股权投资中相关的标的企业公司治理、项目风险控制作出了完善的要求和规范。当年还出台了《保险资金投资不动产管理办法》进一步规范了保险资金的不动产投资行为。

从产业投资市场的总体情况来看，基础设施及直接股权投资领域存在巨大的投资需求，市场空间十分广阔。就基础设施投资领域而言，基础设施投资一直是拉动中国经济的“三驾马车”之一，“十一五”期间我国基础设施仍面临大规模投资热潮，主要基础设施行业投资规模约在6.4万亿元左右。其中，铁路基本建设静态投资规模将达到1.25万亿元，年均达到2 500亿元的水平，到2010年累计投入1.5万亿元；中国环保投资计划达1.4万亿元；可再生能源领域2020年前需要投入2万亿元；民用机场2020年前累计投入4 500亿元。此外，2008年底，为抵御世界金融危机对我国经济的不利影响，国务院研究部署进一步扩大内需促进经济平稳较快增长的措施，提出了到2010年底约4万亿元工程建设投资计划。该项计划的逐步实施以及各地政府的配套工程，使得基础设施投资领域出现了加速发展的局面，客观上形成了保险资金进入的契机，推动了近几年保险资金投资基础设施业务的迅速发展。

就直接股权投资领域而言，经初步估算，未来5年，我国1 000万家企业至少需要新增资本投入1万亿元，且以中小企业需要为主；而未来5～10年，我国在各基础设施行业及新能源、大型机械制造、生物科技等领域将创造巨大的产业投资市场，市场需求旺盛。2010年国家提出发展七大战略性新兴产业，推出新的非公经济36条意见，以及目前正在推进的“十二五”战略规划也特别强调产业升级的战略方向，都对股权投资起到了战略导向的作用。

从国外成熟的金融市场情况来看，世界各大发达国家的保险资金投资范围较宽，基础设施、不动产及直接股权投资均是国外保险业的重要投资领域。据统计，国外保险在不动产等基础设施产业投资方面的投资比例一般在10%～20%，在直接股权投资方面保险资金也是主要参与者，通常占保险总资产的5%～20%。在新兴市场各国开放程度差异较大，新加坡根本不设具体比例限制。而对上述领域的成功投资为发达国家的保险业带来了长期丰厚的收益，根据瑞士再保险公司的估算，在长达20年的一个区间内，发达国家保险资金投资收益率一般都在8%以上，美国保险业甚至达到了14%。如此高额的投资回报，使保险公司在直接承保业务连年出现亏损的情况下，仍然获得了较高的综合经营收益。

借鉴国外保险业的经验，在资金运用上坚持以稳健的固定收益投资为主的基础上，注重产业投资业务的培育与规范，将有利于保险市场的长期健康发展。

可以说，开展另类投资是保险资金投资减少依赖性、降低波动性、增加稳定性、增强持续性的必然选择。借鉴国外保险业的经验，在资金运用上坚持以稳健的固定收益投资为主的基础上，注重产业投资业务的培育与规范，将有利于保险市场的长期健康发展。

二、2004—2009 年另类投资操作

保险监管部门根据宏观经济与金融市场发展需要，按照稳妥有序的原则，稳步拓宽保险投资渠道，增加保险投资品种，调整保险投资政策，既积极开放，又控制风险，促进保险资金运用的投资多元化和风险分散。2004 年以来，保险资金运用渠道放开大体经历了三个阶段：

第一阶段是 2004 年到 2005 年，允许保险资金直接投资股票市场和进行境外投资；第二阶段是 2006 年到 2008 年，允许保险资金间接投资基础设施项目和商业银行股权；第三阶段是 2009 年到 2010 年，新《保险法》实施后允许保险资金投资未上市企业股权和不动产。

目前，保险资金运用渠道已基本全面放开，从公募领域到私募领域、从传统产品到另类工具、从境内市场到境外市场、从实体经济到虚拟经济，保险资金运用空间大为拓展，保险资金管理公司已经成为金融业中投资领域最为广阔的金融机构。

三、2004—2009 年基础设施投资操作

从 2006 年《保险资金间接投资基础设施项目试点管理办法》出台为标志，基础设施投资业务在短短四年多时间里，从无到有，从小到大，经历了专业团队的培养和建立，营销渠道的积累和完善以及业务模式的探索与成型的过程。

2007 年 3 月“泰康—开泰铁路债权计划”正式获得保监会批准，投资规模 100 亿元，用于京沪高铁项目及铁道部机车车辆采购项目；“泰康—开泰铁路债权计划”的成功设立不仅标志着泰康资产迈出了基础设施投资重要一步，

更意味了保险资金投资基础设施业务这一创新性的重大构想正式落地生根，开枝散叶。

在中国债权性资金市场上，银行贷款是绝对的主力，而券商的发债承销以及信托的信托产品或信托贷款是一些比较市场化的补充手段。在2006—2007年保险资金投资基础设施业务试点阶段初期，银行担保成为一种首选模式，依托银行担保可以较好地避免保险资金在这一领域对于信用风险判断的经验的欠缺，但同时也使得该项业务的开展对于银行的依赖性较强。泰康—上海水务债权投资计划、人保华能能源项目债权计划、太平洋—上海世博会债权投资计划、国寿申通债权投资计划、国寿资产—天津城投债权投资计划、华泰国开—沪通支持投资产品等产品均是这一时期的产物，基本都由中国工商银行、中国农业银行、中国建设银行、交通银行等大型国有股份制银行提供保证担保。

直至2007年底，银行担保基本被叫停，大企业集团担保成为一种保险资金被迫必须接受的增信安排。此后，除人保天津滨海交通项目债权投资计划由中国建设银行提供保证担保外，这一时期推出的泰康中电投—北煤南运铁路债权计划，太平洋—上海崇明越江通道工程债权投资计划、太保—乌江水电项目债权投资计划、太平国电债权计划、华能平安债权计划等投资计划均由国内大型企业单位提供担保。金融市场环境的这一变化在客观上推动了保险资金基础设施债权投资业务独立性的增强，以及业务相关的自我风险鉴别与防范体系的迅速建立和完善形成。

此外，2008年5月，平安资产管理有限责任公司与太平洋资产管理有限责任公司、泰康资产管理有限责任公司等多家保险机构作为发起人共同发起“京沪高铁股权投资计划”，总共募集资金160亿元，入股京沪高速铁路股份有限公司，大力支持了国家铁路建设的跨越式发展，是保险资金在基础设施股权投资领域的有力尝试和探讨。

截至2009年底，保险资产管理公司发起的基础设施债权投资计划一共有16只，总规模接近600亿元人民币；基础设施股权6只，投资计划200亿元人民币。

（一）2004—2009年非上市企业股权投资操作

自2006年放开商业银行股权投资以来，各保险公司陆续构建自身的非上市股权投资团队，并积极开拓项目来源，目前已有保险资金投资到杭州银行、深发展等多家商业银行。

保险资金投资银行类金融股权具有典型代表意义的是2008年保险资金参与中国银联的增资扩股。2006年11月，中国银联临时董事会会议通过决议，进行增资扩股。中国银联自2002年成立以来，一直保持国内外业务的高速增长。截至2008年5月底，银联已经发展了超过170家成员机构，受理网络遍布境内外45个国家和地区，并联合中国香港、中国澳门、哈萨克斯坦、新加坡、日本、韩国等6个国家和地区近40家境外机构发行了270多万张银联标准卡。快速的业绩增长，使得资本约束越来越明显。随后的一年半内，银联增资计划经过了成员银行自愿申购、配售比例调节、股东公司审议通过、等待监管审批等多个环节。由于银联对口监管缺位的问题，增资事宜需由配股银行提请中国银监会相关部门审核。

此次增资以银联成员银行为主，其中，中小银行机构申购踊跃。经过持续的密切沟通，以及多轮紧张谈判，泰康人寿、中国人寿等保险资金也成为银联股东。

增资完成后，银联股本将扩张至25亿股左右，募集资金超过20亿元。资本实力提升后的中国银联，将很快加入到国际化竞争中，提高中国金融行业的整体形象。

2006年12月，经国务院同意，中国人寿保险（集团）公司斥资320亿元入股中国南方电网有限责任公司，约占南方电网总股本的32%，成为中国股权投资史上交易金额最大的单笔投资。2008年6月，中国保监会批准了平安资产、太平洋资产、泰康资产和太平资产4家保险资产公司共同发起设立的“京沪高铁股权投资计划”。此举是中国保险企业首单联合投资大型基础设施项目的股权投资计划，总投资额达160亿元。

2010年9月5日，为规范保险资金投资股权行为，防范投资风险，保障资产安全，维护保险人和被保险人合法权益，中国保监会颁布了《保险资金投资股权暂行办法》，规定保险资金可以直接投资于金融、汽车、养老、医疗产业，并可间接投资于股权投资基金，既是对保险资金未上市股权投资的系统性总结与规范，同时也为保险资金股权投资指明了进一步发展的方向。

此外，未上市股权基金间接投资也逐步成为保险资金运用的重要方式，2006年12月，中国人寿保险（集团）公司和中国人寿保险股份有限公司作为发起人之一投资我国首只人民币产业投资基金——渤海产业投资基金。2010 年 12 月中国人寿、中再保险等保险公司分别对我国首只国家级大型人民币母基金——“国创母基金”作出了不低于 10 亿元的投资承诺。该基金是由国开金融有限责任公司与苏州创业投资集团联合宣布成立的。基金总规模为 600 亿元，首期资金规模 150 亿元，分为 PE（私募股权投资）母基金和 VC（风险投资）母基金两大板块。

（二）2004—2009 年不动产投资操作

另类投资中的不动产投资起步最晚，2009 年中国保监会发布新《保险法》，明确保险资金可以投资于不动产项目。2009 年 11 月，泰康资产获准设立“泰康—养老社区股权投资计划”，筹资总规模为 22 亿元，投资于北京昌平养老社区项目。该投资计划是新《保险法》实施后，国内保险资金投资不动产的首个试点项目。

近年来，在北京、上海等大城市的繁华地段，许多保险公司以自建或购置的方式投资高档写字楼，其目的以满足自身办公需求为主，也有部分对外租赁经营。如中国人寿已购买三座北京核心地段的写字楼：中国人寿大厦、鑫茂大厦、国际金融城 A 座作为为自用性不动产。2010 年 12 月，中国人民保险集团股权收购的方式购置了原首都时代广场新的总部办公大楼。

保险公司或其旗下子公司还通过购买房地产项目的股权，或与房地产投资公司合资设立新公司，间接进入房地产领域。平安集团通过旗下的平安信托和平安置业间接投资了国内多个商业地产项目。

四、2010 年另类投资操作

2010 年，保险资金另类投资获得了长足的发展。《保险资金运用管理暂行办法》、《保险资金投资不动产管理办法》以及《保险资金投资股权试点管理办法》相继出台，将不动产、未上市股权等另类投资品种的投资操作进行了进一步的规范。在上述政策的指引下，各保险机构纷纷大力拓展业务，加大另类资产配置力度，在另类投资上取得了不俗的成绩。

就基础设施债权项目这个细分另类投资品种而言，2010 年也是一个丰收年。

首先，由于债券市场和股票市场环境不佳，2010 年保险资金在传统投资品种配置上面临较大压力；而基础设施项目投资由于信用级别高、收益水平高等优势，成为保险机构替代传统投资品种的一种理想选择。其次，2010 年政府仍延续 2009 年对基础设施领域的大规模投资，基础设施领域的资金需求依然较大，保险资金在基础设施领域获得了较大的投资机会。近几年的业务实践，使得保险资金投资基础设施业务已经为不少大企业所熟悉，保险资金基础设施债权投资计划的市场接受程度大幅度提高。

在 2010 年，在监管部门的大力支持和各家保险资产管理公司的积极推动下，陆续推出了泰康—华能伊敏债权投资计划、中国人寿—陕西煤业债权投资计划、太平洋—河北建投新能源风电场项债权投资计划、平安—江苏连徐高速公路项目债权计划、太平洋—武汉天兴洲公铁两用长江大桥债权投资计划、太平资产—南水北调工程债权投资计划、华泰招商地产、平安—润扬大桥债权投资计划、平安—江阴大桥债权投资计划、太平洋—泰州长江大桥债权投资计划等基础设施债权投资计划，大力支持了国家多项重点工程项目的开发建设，覆盖了能源、交通、市政等领域，涉及东北、华东、中西部等多个地区的重点城市。2010 年，全行业发起设立的基础设施债权投资计划 10 个，规模合计达到 243 亿元；截至 2010 年底，全行业累计已发起设立的基础设施债权计划 26 个，总规模正迈向千亿元大关。

表 4－4－1　2004—2010 年保险行业基础设施及不动产投资计划一览　单位：亿元

序号	年份	投资计划名称	类别	规模	期限
1	2007	泰康开泰—铁路债权计划	债权计划	100	3
2	2007	柳州自来水项目股权投资计划	股权计划	1.14	30
3	2007	山西太长、长晋、晋焦高速公路公司股权投资计划	股权计划	22.76	25
4	2007	湖北荆东高速公路股权投资计划	股权计划	6.8	30
5	2007	昆明自来水公司股权投资计划	股权计划	1.78	30
6	2007	安徽亳阜高速公路投资计划	股权计划	8	3.5
7	2007	国寿—申通债权投资计划	债权计划	25	10
8	2007	太平洋—上海世博会债权投资计划	债权计划	30	10
9	2007	泰康—上海水务债权计划	债权计划	20	10
10	2007	人保华能能源债权计划	债权计划	20	2/10
11	2008	平安—京沪高铁股权投资计划	股权计划	160	暂无
12	2008	国寿资产—天津城投债权投资计划	债权计划	100	12

续表

序号	年份	投资计划名称	类别	规模	期限
13	2008	太平资产—国电康平债权投资计划	债权计划	10	7
14	2008	太平资产—国电金堂债权投资计划	债权计划	7	7
15	2008	太保资产—乌江水电债权投资计划	债权计划	27	10
16	2009	太平洋—上海世博会债权投资计划（二期）	债权计划	40	10
17	2009	人保天津滨海新区交通项目债权投资计划（5 年期）	债权计划	50	5
18	2009	人保天津滨海新区交通项目债权投资计划（10 年期）	债权计划	50	10
19	2009	华能—平安债权投资计划	债权计划	20	10
20	2009	泰康中电投—北煤南运铁路债权投资计划	债权计划	20	7
21	2009	太平洋—崇明越江债权投资计划	债权计划	20	10
22	2009	太平京投地铁项目债权投资计划	债权计划	30	7
23	2010	华泰招商供电项目债权投资计划	债权计划	20	7
24	2010	平安—连徐高速公路项目债权投资计划	债权计划	20	10
25	2010	中国人寿—浦东建设项目债权投资计划	债权计划	30	5.16
26	2010	泰康—华能伊敏债权投资计划（伊敏二期工程）	债权计划	10	5
27	2010	太平洋—河北建投新能源风电场项目债权投资计划	债权计划	13	7
28	2010	平安—江阴大桥债权投资计划	债权计划	20	5
29	2010	人寿—陕西煤业债权计划	债权计划	30	7
30	2010	太平洋—武汉天兴洲公铁两用长江大桥债权投资计划	债权计划	20	10
31	2010	太平—南水北调工程债权投资计划	债权计划	50	6～10
32	2010	太平洋—泰州长江大桥债权投资计划备案的通知	债权计划	30	7
33	2011	华泰保利能源项目债权投资计划	债权计划	30	7
34	2011	平安—赣铁债权投资计划	债权计划	19	10
35	2011	中国人寿—山东高速债权投资计划	债权计划	51	7
36	2011	人保—空客 A320 项目债权投资计划	债权计划	20	6

资料来源：中国保监会内部整理。

就 PE 股权投资来说，在监管政策未明朗之前，各家保险机构仍处于漫长的 PE 项目储备阶段，无法立即进入项目上市前准备。目前，保监会更多采取对特殊项目一事一议方式，谨慎地对待保险资金股权投资。2010 年 9 月，《保险资金投资股权暂行办法》出台后，正式规定保险资金直接投资股权，仅限于保险类企业、非保险类金融企业和与保险业务相关的养老、医疗、汽车服务等企业的股权，此外，可以投资股权投资基金，也就是俗称的FOF投资方式。

根据上述《办法》，保险资金直接或间接投资企业股权，即同时获得了有限合伙人（LP）和一般合伙人（GP）的双重资质。以目前形势来看，如果作为GP，保险资金面临管理团队、项目源、激烈竞争等诸多挑战，而作为LP对进行投资则更加符合保险资金的特性，而目前监管层面的态度也倾向于后者。

2010年9月，为规范保险资金投资不动产行为，防范投资风险，保障资产安全，维护保险人和被保险人合法权益，中国保监会制定了《保险资金投资不动产暂行办法》，规定保险资金采用债权、股权或者物权方式投资的不动产，限于商业不动产、办公不动产与保险业务相关的养老、医疗、汽车服务等不动产及自用性不动产。

案例4-4-1　太保资产设立太平洋—上海世博会债权投资计划

一、项目背景

2003年上海成功取得了2010年世博会的举办权，这是继2008年北京奥运会后我国主办又一项国际盛会。世界博览会是一项由主办国政府组织或政府委托有关部门承办的有较大影响和悠久历史的国际性活动，是非贸易性的全球性展览会，被誉为世界经济和科学技术界的“奥林匹克”盛会。举办上海世博会不仅能向世界展示中国在经济、社会、文化和科技等领域的综合实力和发展前景，为世界各国提供展示交流的舞台，而且还将成为21世纪初促进中国改革开放和经济社会发展的重要动力之一，具有较强国际影响力，社会效益显著。

二、积极争取投资机会，践行社会责任，充分发挥保险资金支持国民经济建设作用

太保集团历来重视践行社会责任，发挥保险资金在支持国民经济建设方

面的作用。举办上海世博会具有非常重要的社会意义和经济意义，从世博会项目启动以后，太保集团就意识到这是保险资金参与重大项目建设、回报社会的大好契机，从支持世博会建设的大局出发，抓住2010年上海世博会带来的投资机遇，大胆创新，锐意进取，继2007年成功发起设立太平洋—上海世博会债权投资计划后，2009年再次发起设立太平洋—上海世博会债权投资计划（二期），共向上海世博会的建设提供了70亿元的资金，为上海世博会的顺利举办作出了重要贡献。

在世博会项目推进过程中，得到了保监会领导的极大关注和重视。在2009年5月的陆家嘴论坛上，吴定富主席肯定了太保投资上海世博会园区在服务上海经济建设方面的积极意义；同年，保监会杨明生副主席和资金运用监管部孙建勇主任亲自到世博会现场进行考察，对太平洋—上海世博会债权投资计划给予了高度评价。

三、精选优质项目，打好项目投资“第一枪”

太平洋—上海世博会债权投资计划能够取得成功，获得各方的认可，其中一个重要原因就是项目本身资质过硬，安全性较高。中国2010年上海世博会是经国务院批准实施的重大项目，2004年国家发展和改革委员会以发改经贸［2004］2460号文《印发国家发展改革委关于中国2010年上海世博会项目建设规划方案审核意见的请示的通知》批转上海市发展改革委，该文中明确上海世博会“已经国务院批准”。在保险资金投资基础设施首批试点项目中，世博会项目是唯一的国家级项目。

世博会园区位于上海黄浦江两岸，地处浦东国际机场和虹桥机场连线的中点，环抱黄浦江，毗邻陆家嘴金融中心，结合洋山深水港及外高桥组成的物流中心，在交通、金融、物流等各个方面都具有明显的区位优势。目前，上海浦东的小陆家嘴地区正在向国际金融中心迈进，洋山深水港已经成为上海建设国际航运中心的地标，而世博园区所在地将弥补城市功能在“国际贸易中心”中的缺位，成为支撑上海建设“两个中心”的有机组成部分。世博债权投资计划项目方还款来源主要为世博会结束后园区土地出让收入，园区优越的地理位置、重要的战略定位为园区土地价值提供了重要支撑，本投资计划还款付息的可靠性较高，在市场上发行时受到了各家保险公司的青睐。

太平洋—上海世博会债权投资计划不但是太平洋资产管理公司第一个基础设施投资项目，也是保险资金基础设施投资首批试点项目之一，开创了太平洋资产管理公司进行基础设施投资的先河，为太保在基础设施债权投资领域的长远发展打下了坚实的基础。

四、从无到有，创新交易结构，确保投资安全

太平洋—上海世博会债权是太平洋资产管理公司首个基础设施项目，也是保险行业首批基础设施投资试点项目之一。当时仅有《保险资金间接投资基础设施项目试点管理办法》，尚无操作指引文件，也没有成功案例借鉴。在太平洋资产管理公司领导的带领下，世博项目团队以试点管理办法为依据，借鉴银行、信托的操作经验，搭建了基本交易框架，同时聘请了专门的法律顾问，就法律文件进行了多次探讨，数易其稿，最终形成了以一个说明书和五个合同为主的基础法律文件，实现了从无到有的飞跃，为以后的项目操作打下了良好的基础。

金融产品的生命力在于不断创新。在项目操作过程中，项目团队根据实际情况大胆创新，当时市场上同类产品大多数为固定利率产品且多为一次性划拨资金，这样对保险公司虽然操作简单，但产品的适应性及生命力较弱，世博项目方希望尽量降低融资成本并根据项目建设进度划拨资金，保险机构投资人则希望尽量提高产品收益率并尽快划出资金，世博项目团队兼顾投融资双方的需求，设计了分次划款的操作模式；同时在利率形式上首期采用全浮动方式、在二期上采用保底利率5%、封顶利率7%的浮动方式，利率形式多样，既维护了保险投资机构的利益，又满足了项目方的融资需求，产品生命力和适应性大大提高。

安全性是保险资金运用的第一要素，一方面我们重视投资的投资收益及社会效益，另一方面我们也未放松对投资风险的控制。虽然世博会项目是国家级的重点项目，但我们为了提高产品的安全性，仍然为产品设计了强担保措施，引入中国建设银行作为担保人，提升产品的信用等级，提高了产品的安全性。

五、上下同心，精心实施，以拼搏精神迎接挑战

太保集团上下对这个项目始终给予了极大的重视。在项目初步接洽时，太保集团和太平洋资产管理公司领导就亲自与世博土控高层进行联系，项目小组全力跟进，在诸多竞争者中力拔头筹，为合作成功打下了良好的开端；在交易结构设计及合同谈判过程中，公司领导给予了密切关注，多次组织会议进行研讨，在双方谈判人员遇到重大问题时，公司领导乃至集团领导亲自

上阵，与项目方高层直接对话，大大加快了谈判进程；在监管部门审批过程中，公司领导亲自带队进行答辩，为顺利通过答辩起到了重要作用。

为促成世博债权计划交易尽早成功，使投资资金早日划出、早见效益，从公司分管领导、部门领导一直到项目团队，一切以项目进展为重，在加快速度的同时还要保证申报材料质量，确保债权计划申报一次成功。债权计划材料内容繁多，大大小小的文件有89个，摞在一起有两尺多高，为使申报材料做到尽善尽美，项目团队以拼搏精神、尽最大努力，多次加班到凌晨两三点钟，最辛苦的一次是第一天领导带头、项目组成员全部加班，领导对各项文件逐一审核，项目团队逐项修改，一夜无眠，第二天继续工作，定稿后马上送去装订，装订结束后已是第二天晚上8点，项目经理从装订处带上材料赶末班飞机直飞北京，第三天一早就送至保监会，报送速度及文件质量得到了保监会的认可，为成功获批创造了良好的条件。

六、通过发起设立世博债权投资计划，支持上海世博会的建设，提升太保品牌形象，促进太保业务发展

中国2010年上海世博会得到了党中央、国务院的高度重视，2010年1月15日，胡锦涛总书记在上海世博园区实地考察时指出，举办世博会，不仅是上海的大事，也是全国的大事；办好世博会，不仅是上海的责任，也是全国的责任。我们不仅要举全国之力，而且要集世界智慧，确保上海世博会取得成功。

世博会建设需要大量的资金，资产管理公司发起设立本投资计划使保险资金投资到世博会项目中，有力地支持了世博会的建设，充分发挥保险资金为国民经济发展及地方经济建设服务的作用。开发这两个产品，不仅有利于保险资金获得稳定的合理回报，还可使太保与上海世博会建立更加密切的联系，有利于太保集团保险业务的拓展，将大大提升太保的整体市场形象和社会影响力。

基础设施项目投资期限一般较长，符合保险资金（尤其是寿险资金）期限长的特点，可以和保险资金的久期相匹配，有助于实现保险资金的资产负债匹配管理。基础设施是经济社会发展的必需品，需求比较稳定，价格弹性较低，投资收益率稳定，波动性小，基础设施项目与股票、债券类资产具有不同的属性特征，相关性较小。因此，在投资组合中加入基础设施类资产后，可以提高投资组合的分散化程度，增强资产组合收益的稳定性。

发起设立太平洋—上海世博会债权投资计划及太平洋—上海世博会债权投资计划（二期），并在保险投资机构间发售，可以增加公司的资产管理产品类型，为第三方委托业务拓展打好基础；同时，可借助上海世博会的影响力，创造公司良好的品牌形象，提升太平洋资产管理公司在保险资产管理领域的行业地位。

案例4-4-2 泰康取得中国保险行业第一个养老社区投资试点

一、拉长寿险产业链，创新商业模式

改革开放30余年来，保险在创造巨大社会财富的同时，已逐步成为服务民生、改善民生和保障民生的重要手段，取得了经济效益和社会效益的双丰收。与此同时，投资渠道狭窄却是制约我国保险行业进一步快速健康发展的一大壁垒。吴定富主席多次强调了拓宽保险资金运用渠道的重要性和紧迫性，并对各保险公司为拓展新的投资渠道而加强自身管理和建设提出了更加严格的要求。在保监会的积极推动下，保险资金投资渠道从2004年起逐渐拓宽，但与国际成熟市场相比仍有很大差距。

2006年6月，国务院下发《国务院关于保险业改革发展的若干意见》中提出，“统筹发展城乡商业养老保险和健康保险，完善多层次社会保障体系”。人口老龄化的态势以及日趋严峻的社会养老保障问题也得到了保监会的高度重视。吴定富主席曾多次在公开讲话中表示，如何更好地发挥保险行业在社会保障体系中的作用，为构建社会主义和谐社会服务，是保险业必须深入研究和积极实践的重大课题。

在保监会努力拓宽保险资金投资渠道和改善民生、关注养老精神的指引下，泰康人寿开始意识到，保险资金投资于养老产业将是巨大的商业机会。

二、商业模式的逐步形成

2007年，随着中国的不动产市场从住宅市场向商业不动产和房地产金融转型的趋势日益明显，泰康人寿董事长陈东升敏锐地洞察到，保险资金投资于养老产业将是巨大的商业机会。

秉承泰康“创新就是率先模仿”的理念，2007 年 11 月，泰康人寿董事长陈东升率团首先考察了日本的养老机构。日本作为亚洲近邻，经济发达人口老龄化严重，有很多值得学习借鉴的经验。在京都和大阪，考察团先后参观了松下、Watami 等一批老年养老机构和居家护理服务机构，深深地被日本养老设施的细节和科技化所折服。但同时，大家也看到，住在养老机构中的日本老年人大多是高龄或不能自理的老人，整体氛围大多比较压抑，老年人的精神状态很差。从日本归来后，泰康的决策层认为：日本的养老机构有其学习借鉴之处，但还不是理想的模式。泰康想要开拓的，是全新的商业模式，2008 年 2 月，陈东升董事长率团赴美，考察了宾州柳树谷（Willow Valley）社区、凤凰城的太阳城（sun city）社区、华盛顿艾瑞克森（Erickson）社区等一批一流养老社区。初访美国养老社区的所见所闻给了天堂般的震撼。美国的养老社区是对“传统养老院”的彻底颠覆，老人保有幽默、放松、洒脱、开放的生活状态，享受充满活力、丰富有趣的生活内容，受到人性化、细致入微的呵护，体会着温馨家庭般的社区养老。泰康人寿投资建设养老社区的战略构想就在那时萌芽。

在各种类型、大小各异的养老社区，大家看到了老人们不再为生存而忙碌奔波：在社区中自由漫步、徜徉于游泳池或是尽情享受 Golf 的洒脱，周末还能和孙子们一起共享天伦；看到了老人们开心的做曾经未能做的事：饶有兴致地制作火车模型、发表社区电视演说甚至是参加自治委员会主席竞选；看到了社区对老年人无微不至的呵护以及为了让老人生活得更独立更有尊严所做的努力：前脚可转动的椅子、专为老人设计的室内电动代步车、像过家家游戏的存款机和收款员等等；看到了生活便利而又“家”一般温馨的社区：这里有幽雅宁静的社区别墅水岸长廊、社区内车水马龙的热闹景象、设施完备的文化中心、食物丰盛的餐厅，还有热爱老年事业的年轻服务人员以及积极、热情的社区工作人员……

在考察柳树谷（Willow Valley）社区时，一位老太太说：“我选择 Willow Valley，是给孩子的最好礼物。”这让在场的人莫不触动。

在考察中，泰康考察团一行还了解到，美国的养老社区在发展初期主要是由宗教团体和慈善机构设立并运营，面向低收入群体为主，20 世纪 70 年代商业机构大力发展，出现以 Del Webb 的 Sun City 为代表的服务于高收入老人的营利性社区。

目前，保险公司是美国养老社区发行债券或者REITs的主要投资者之一，也逐步开始直接涉足投资于养老社区产业，比较典型的案例有美国最大的寿险公司Met life与全美最大的养老服务运营公司Sunrise于2005年展开合作。此外，美国从1985年开始出现长期护理险，最近几年的年增长率达到15%～20%，已占到美国人寿保险25%的份额，而大多数美国养老社区都与这种保险有非常紧密的结合。

访问美国养老社区带来的颠覆性的震撼，让泰康人坚定了决心，做中国保险公司投资养老社区的先行者。陈东升当时说了这样一段话：社区是一个伟大的理念，可以颠覆传统的养老院模式；养老社区和人寿保险相结合，可以将寿险产业链拉长20～30年，这是一个世界性的商业创新，能把泰康人寿的品牌提升到“从摇篮到天堂”。

2008年4月，陈东升、任道德（泰康人寿董事兼资产公司副董事长）、段国圣、刘挺军四人出面，就泰康在美国的所见所闻所感，向中国保监会进行了正式的专题汇报，并提出了泰康投资建设养老社区的构想。保监会吴定富主席、杨明生副主席、陈文辉主席助理以及保险资金运用部孙建勇主任等相关领导认真听取了汇报。会议上，大家一致认为，保险机构投资养老社区，能缓解快速老龄化的需求和养老床位供给不匹配问题，充分发挥保险对于养老产业“助推器”和社会“稳定器”的作用；同时，养老社区和人寿保险相结合，可以将寿险产业链拉长20～30年，这是一个重要的商业创新。

对泰康的构想给予高度肯定的同时，与会领导和相关部门还与泰康人寿反复讨论研究市场可行性、商业模式、风险防范机制以及如何促进寿险主业发展，并对泰康人寿提出了进一步的要求：在对美国养老社区和保险资金投资养老社区的情况进行深入研究的基础上，了解其商业模式的本质和成功运营的关键，认真研究如何将美国的成功经验本土化等重要课题。

监管机构的肯定和更高要求，给了泰康人极大的鼓舞，更给了泰康人前进的动力。2008年8月下旬，泰康资产管理公司CEO段国圣、COO刘挺军一行又再次赴美考察了Sunrise、Erickson、Lifecare等国际知名养老社区运营公司，通过实地考察，不仅对国际先进的运营管理有了进一步了解，还带回了大量一手珍贵资料，为泰康养老社区业务的发展提供了借鉴和帮助。

确立了模仿目标，泰康人寿将这项战略重任交给了泰康资产，公司组建了养老社区项目筹备组，随即开展对美国养老社区进行了一系列深入、细致的研究调查。在中国有多少老年人会接受养老社区这种全新的养老模式？我们要打造的中高端养老社区该怎样定价？我们的目标客户到底有怎样的养老需求？公司内部对这些问题的看法各异，大家都觉得有些心里没底。

按照保监会关于“思考美国经验中国化”的指导意见，为了摸清这些市场，2008 年 4 月至 12 月，泰康在北京、上海开展完成了对 3 000 多个样本的市场调研，并针对私营企业主、政府机关局级、高教知识分子、文化艺术工作者等特定群体进行了 50 余人次的深度访谈和座谈会。总结市场供需现状和泰康的优势后，公司内部的认识逐渐统一，泰康养老社区的商业模式蓝图开始渐渐清晰起来：泰康人寿将打造大规模、全功能、高品质服务的现代养老社区，发展包括医疗保健、康疗养生、文化休闲等在内的新型健康养老产业。泰康养老社区将以“全产品线 + 保险产品”的商业模式开创行业先河，弥补市场空白，这也是泰康养老社区的最大特点和竞争优势。

三、政策的重要突破

2008 年 12 月国务院办公厅下发《关于当前金融促进经济发展的若干意见》，明确提出“将推动健康保险发展，支持相关保险机构投资医疗机构和养老社区。”2009 年 1 月，吴定富主席在 2009 年全国保险工作会议上的讲话中提到，将发挥保险资金的融通功能，择机投资与保险业务相关的医疗机构和养老社区。在保监会随后出台的“贯彻落实中央扩大内需十项措施及金融‘国九条’的政策措施”的八项措施中也对支持保险机构进行养老社区投资进行了重申。2009 年 2 月，第十一届全国人大修订通过的新《保险法》明确了“保险资金可以投资不动产”，养老社区投资期限长、收益稳定、社会效益好，属于新《保险法》规定的不动产投资的范畴，是保险资金所需的长期优质不动产资产。由此，保险机构投资养老社区的政策条件已经具备。

在保监会资金运用监管部的指导下，泰康资产基础设施部和养老社区小组对养老社区的市场规模、经济可行性、后续管理方案、风险防范措施等方面进行了反复研究论证。与判断市场相比，寻找泰康养老社区项目资源的过程更加艰难。一开始，大家曾试图复制如家快捷酒店的全国连锁模式，通过收购或托管现有养老机构打造泰康养老社区。但是，在几乎跑遍了北京城区、近郊区乃至远郊区的所有养老机构后，我们发现，通过改建整修现存机构不可能成功打造出泰康的现代养老社区。挫折之后，泰康人并没有气馁，而是选择了从土地入手独立运作养老社区。

养老社区试点方案也几易其稿，最终形成试点方案上报监管机构。经过不懈的努力，泰康养老社区用地也在2009年终于取得了实质性突破，养老社区从规划变为现实迈出了非常关键的一步。2009年，泰康的养老社区业务实现了政策上突破：由泰康资产发起的泰康养老社区股权投资计划政策试点于2009年11月19日得到保监会正式批文，泰康获得了中国保险行业第一个养老社区投资试点资格。项目得到保监会、北京市和各级领导的认可和支持，作为北京市重点项目被列入北京市养老设施专项规划。可以说，这是具有全国性示范意义的创新试点。

2010年，泰康养老社区试点项目正式进入实施阶段，在产品定位、运营筹备、保险产品开发等方面均已取得了实质性进展。为了树立新型养老社区的品牌形象，泰康人寿还进行了大量超前的市场教育和营销工作，培养了一批赞同我们先进理念、向往美好老年生活的养老社区潜在客户，更通过这些客户的口口相传进一步扩大了泰康养老社区的品牌影响力。

2010年3月26日，泰康人寿成立了专业从事养老社区投资与运营的子公司——泰康之家投资有限公司，这标志着试点项目开始进入正式实施阶段。泰康之家已经建立了涵盖投资、产品研发、医疗护理、养老服务、保险产品开发的全产业链养老社区投资与运营团队。团队编制完成了中国第一部企业养老社区建筑标准，并且已经在养老社区的运营筹备、品牌营销、保险产品开发等方面进行了大量的、全方位的筹备工作，为泰康养老社区的后期成功运营打下基础。

四、社会的支持与赞同

将人寿保险和养老社区相结合，打造“从摇篮到天堂”的服务理念和生活方式，这种创新的商业模式得到了社会上很多支持与赞同的声音。

美国老人社区有个华人老太太，听说泰康要建设养老社区后，写信给陈东升董事长说，如果泰康在国内建设美国这样的社区，她的家人一定要去。我们的员工也时常接到北京、上海乃至海外的老年人或是老年人的子女打来的电话，询问泰康养老社区建设的进展，关切自己是否能够在第一时间争取到入住资格。客户的声音无疑是市场前景最好的证明，再次验证了我们投资养老社区是正确的选择！

2010年4月，北京大学经济学院副院长孙祁祥教授在随泰康访美后，发表了一篇名为《让我们快乐、优雅地老去》的文章。文章最后写道：除非发生意外，每个人都会经历“老”的过程——虽然“老”的状态可能因人而异。既然老是无法抗拒的，但生活态度和生活方式是可以选择的，那我们为什么不去选择一种更好的方式？要我选，我就选快乐、优雅地老去！就像国内人们耳熟能详的一首歌所唱到的那样：最美不过夕阳红，温馨又从容……当然，要做到这一点，需要政府、社会、家庭的共同努力，而养老社区应该是最理想的选择之一。

五、美好的前景

2010年，对于保险资金投资养老社区而言，是具有里程碑意义的一年。2010年8月和9月，中国保监会先后出台的《保险资金运用管理暂行办法》和《保险资金投资不动产暂行管理办法》明确规定了保险资金可以投资养老不动产。此外，2010年7月至9月，在保监会人身险部组织的《商业保险应对人口老龄化战略研究》研究课题中，特别将养老社区作为该课题的重要组成部分，形成了重要的子报告《商业保险投资养老社区，应对人口老龄化问题的创新实践》，充分体现了对保险资金投资养老社区的高度重视和期望。

泰康考察团最近的一次赴美参访养老社区是在2010年4月，此行还邀请了一批知名专家、学者和社会人士。在凤凰城的太阳城养老社区，考察团一行看到一位95岁高龄还坚持在跑步机上运动的老先生，他说还要在这里快乐的生活50年。此行还见到一位戴着船形小帽、穿着艳丽、谈吐风趣、慈祥可爱的百岁老太太，她发自内心的喜悦和快乐感染了周围所有人。这也将是未来泰康养老社区的一个写照。

未来，在中央政府和保监会的大力政策支持下，保险公司投资养老社区具有毋庸置疑的广阔前景。泰康人寿将秉承“从摇篮到天堂，泰康呵护您一生”的企业理想，按照国际标准，建设大规模、全功能、高品质的现代养老社区，做到让子女送老人进来安全、放心，老人生活在这儿自在、快乐。

案例4-4-3 合众人寿发展养老社区

一、保险机构发展养老社区意义重大

改革开放三十余年，中国经济发生了巨大变化，人们生活水平大幅提高，在社会财富大幅积累、居民生活大幅提高的同时，中国也和许多发达国家一

样面临社会老龄化问题。中国于1999年步入了国际公认的老龄化社会，2009年全国60岁及以上老年人口达到1.67亿人，占总人口的12.5%，占世界老年人口的1/5。同时，我国老龄化趋势呈加剧态势，老龄化速度快于世界老龄化速度，据联合国预测，1990—2020年世界老龄人口平均年增速度为2.5%，而同期我国老龄人口的递增速度为3.3%，到2020年，我国老年人口将达到2.48亿人，老龄化水平将达到17%。根据民政部预计，2050年我国将进入重度老龄化阶段，届时我国老年人口达到4.37亿人，约占总人口30%以上，我国将成为老龄化程度最严重的国家之一。

养老产业建设具有明确的政府政策支持意向。毋庸讳言，我国目前还处在社会主义初级阶段，未富先老已经成为中国社会必须直面的一个严峻问题，国家的财政支付能力不可能广泛提供条件优越的养老条件，当前和今后较长时期的养老事业应该而且必须由家庭、社会和政府共同分担，因此，老龄事业的发展必然走市场化运作道路，即养老产业投资主体的多元化。2008年12月，国务院在《关于当前金融促进经济发展的若干意见》中首次发出鼓励信号："推动健康保险发展，支持相关保险机构投资医疗养老实体。"中共中央政治局委员、国务院副总理、全国老龄工作委员会主任回良玉2010年1月28日在全国老龄工作委员会全体会议上指出：老龄问题关系国计民生和国家长治久安，是我国改革发展中不容忽视的全局性、战略性问题。要加大对养老服务设施的投入力度、对养老服务业的扶持力度，鼓励、支持社会力量兴办老年服务设施和服务机构。

我国现行的养老方式以居家养老为基础、社会养老为依托、机构养老为补充。但是，人口流动频繁、老龄化加剧、"四二一"的主流家庭结构和抚养系数比持续上升，必将逐步改变现行的家庭养老模式。而与之相对应的社会养老机构却数量少、质量差、增速慢，据不完全统计各地建各级各类养老服务机构床位数仅占老年人总数的1%左右，较之于国际社会通行的5%～7%的比率相差甚远。很显然，不但目前1.67亿60岁以上的老人中很多由于现有养老机构容量有限无法实现机构养老，900多万失能失智老人面临更为严重的困难，加之为国家经济建设和社会发展作出重要贡献的一大批具有较强支付能力的人正在陆续进入老龄阶段，中国养老产业的快速发展值得期待。此外，随着我国人口老龄化的加速，空巢老人、独居老人、失能老人、失智老人的队伍将迅速扩大，养老产业蕴涵的数万亿元的商机亟待开发。

全国政协委员、合众人寿董事长戴皓先生一直在关注老龄化问题，借鉴发达国家应对老龄化问题经验，提出老龄化问题需要保险资金的参与，保险资金的参与既可以有助于解决老龄化问题又为保险资金投资扩宽渠道。对保险法进行修订，拓宽保险资金投资渠道、有效控制风险前提下提高保险资金的投资效益已成为保险业改革的发展趋势。戴皓先生凭借敏锐的市场嗅觉和强烈的社会责任感，组织团队充分对发达国家养老产业发展趋势及国内市场情况进行充分研究，对国内外养老社区进行深入调研，反复论证养老社区的运营模式和发展方案，并在2010年两会提交了《关于进一步加快保险资金投资养老产业进程》议案，建议相关部门应提供政策性支持，加快保险资金投资养老产业进程。

保险资金进行养老产业投资，是具有创意和多赢的资本安排。目前，我国的养老机构主要采取传统的养老院方式。尽管养老院床位远远供不应求，但其环境、管理方式和氛围还是使许多生活尚能自理特别是活动的老人望而却步，以致养老社区这种新的养老机构的商机凸显。但是，养老社区从立项到开发、运营和回收，周期相当长，而且在法规、制度和机制上具有很多不确定性。相比股票、基金、债券、黄金和房地产投资，养老社区投资时间长、见效慢。由于养老社区投资无法在短期获得暴利，很难引起热钱的追逐。另一方面，就养老社区投资的资金来源而言，保险资金的介入具有先决和持续的优势。保险资金的陆续积累和长期持有的特点，与养老社区逐渐开发、陆续交付和稳健回收形成一个对应的闭环，使保险公司可以低风险介入、长期稳健运营和持续平稳获利。保险公司进行养老社区建设，可以借助实体资产的持有，有效抵御通货膨胀的风险和分享资产增值化的收益。保险资金的运用及其效益，直接决定着被保险人的利益。低风险、长期持续平稳获利的投资方式，可以有效保证被保险人的利益，从而保证保险公司健康稳定的发展。

二、合众养老社区项目情况

2010年，《保险资金运用管理暂行办法》、《保险资金投资不动产暂行办法》的相继出台实施为保险资金投资养老社区、医疗服务提供了法律依据。2010年12月18日由保险资金投资的国内首家养老社区——合众武汉养老社区在武汉破土动工，这标志着保险投资投资养老产业已从战略规划进入了实质运作阶段。

合众武汉养老社区位于湖北省武汉市蔡甸区，项目地处楚文化的发祥地之一，“高山流水遇知音”的故乡，自然和人文环境非常优美。首期动工面积约800亩，未来还将逐步扩大规模，湖北蔡甸区政府也为之预留好规划用地。项目实施后，将为当地的养老产业带来划时代的变化，真正把湖北蔡甸变成华中地区首屈一指的核心养老城样板，为创建和谐社会做出一个“典范工程”。

作为合众人寿养老产业基地群中旗舰店的合众武汉养老社区，项目将依托武汉辐射华中的战略优势，项目区域优越的自然和人文环境优势，以养老为核心，以临床医疗、专业健康护理为技术支撑，以原生态自然环境为资源优势，以城市中高端人群为客户资源，打造集养老、康复疗养、医疗服务于一体的现代高端服务产业平台。

合众武汉养老社区通过“持续护理社区 CCRC”、“活跃老人社区”两大主题板块，可满足处于不同生理阶段、不同年龄阶段的老龄人口的养老需求，将为自理老人、辅助生活半自理老人、失能老人、失忆老人提供专业化服务，并辅以良好的配套设施、医疗设施。

三、合众养老社区引入先进理念

从建筑设计到日常运营管理，合众武汉养老社区拟外聘国际知名专业公司，便于充分吸收国际先进的养老社区建设及运营经验，并在国内率先导入现代养老方式的经营理念。

1. 促进民生，解决9 000人的养老问题

合众武汉养老社区着重强调“文化娱乐、精神实现、健康运动、美食享受、全面安全”的生活要素，为9 000名老人提供家的环境，并为老人提供相应的配套服务，组织相关活动，丰富老人的精神生活，使老人“老有所为、老有所乐”，满足老年人的自我实现需求，为老人提供安逸舒适的环境，促进家庭和谐。

项目致力于医疗科研，饮食保健、美容养生与运动健康，提升整体老人生活品质，延缓衰老，节省社会医疗资源。

2. 养老社区是整个养老产业价值链的核心，具有很强的上下游带动效应，并产生良好的国民经济效益

养老社区建设不仅涉及土建、安装、装修等建设投入，还需要物业管理、医疗服务、照护服务等多类型服务，对上下游的拉动效果非常明显。

合众武汉健康谷项目如果入住老人和工作人员比例为3:1，则运营阶段至

少能够解决 3 000 人的就业机会。

3. 养老社区项目能够与寿险业务紧密结合，丰富产品内容

养老社区能够与寿险业务紧密结合，丰富保险产品内容，为客户能够更多的产品选择。寿险行业与养老社区项目都是关注社会人口问题，并且寿险行业一般到 60 岁为集中兑付期，因此可以说关注的年龄段主要在 60 岁以下的人群，而养老社区产业关注的主要是 65 岁以上的人群，因此，从服务人群的年龄角度来说，养老社区项目本身就是寿险行业的天然的延续与补充，两者可以实现紧密结合，有利于形成从摇篮到颐养天年的品牌。

4. 缓解地方政府投资养老、医疗的财政压力

有效改善快速老龄化与当地养老机构资源不足的矛盾，有效缓解单纯依靠公共部门建设养老社区的沉重负担，有效弥补政府在养老服务体系的投入不足，并进一步丰富城市的医疗资源，对缓解城市医疗资源紧张、市民看病难等问题是一项极好的措施。

［第五章］

境外投资运作

一、境外市场的环境变化

（一）国际经济金融环境深刻变化

2004年以来，国际经济和金融市场的发展主要可以分为三个阶段：第一阶段（2004—2007年）全球经济和贸易量高速增长，资产价格攀升。中国加入世界贸易组织后世界经济全球化进程进一步深化，推动国际贸易和全球化分工的快速增长；网络泡沫破裂后由于经济缺乏新的增长点，发达国家央行长期保持宽松的货币环境，将基准利率维持在历史较低水平。与此同时，金融市场的创新活动也不断深化，包括资产支持证券（ABS）和抵押担保债务（CDO）在内的金融衍生品的种类和数量在这一时期都取得了爆发式的增长。2004—2007年，全球经济和贸易的年均增速达到5%和8.7%，远高于过去30年平均的3.2%和5.7%；但低利率和金融市场的过度创新也催生了资产价格的泡沫，同期美国房价、CRB商品指数和标普500指数涨幅分别为28%、20%和60%。第二阶段（2007—2009年）泡沫破裂：2007年底，美国房地产市场的泡沫的破裂引发了次贷危机，而衍生产品带来的杠杆效应则又扩大了危机的影响。金融市场遭受重创，资产价格出现暴跌；大量金融机构破产，仅美国就有超过300家银行倒闭；在金融市场造血功能遭受重创后，实体经济也出现第二次世界大战以来最严重的衰退，美国GDP较危机前的最高水平下降4.2%，失业率也升至10%的高位。第三阶段（2009年至今）复苏阶段。为了避免金融市场和实体经济的全面崩溃，各国纷纷出台强力的救市政策，阻止了形势的进一步恶化。货币政策上，一方面，通过大幅降息、向市场提供充足资金，缓解金融体系流动性危机；另一方面，各国央行通过大规模的债券购买计划，提升资产价格，改变市场通缩预期。财政政策方面，各国政府向问题银行进行注资，甚至国有化商业银行，避免金融体系的系统性危机；与之配合的是大规模的财政刺激计划的推出，用于拉动停滞的最终需求推动经济增长进入良性循环。在强力救市举措的影响下，金融危机逐步平息，实体经济结束衰退，全球 GDP 增长从 2009 年的 -0.6% 升至 2010 年的 4.7%。

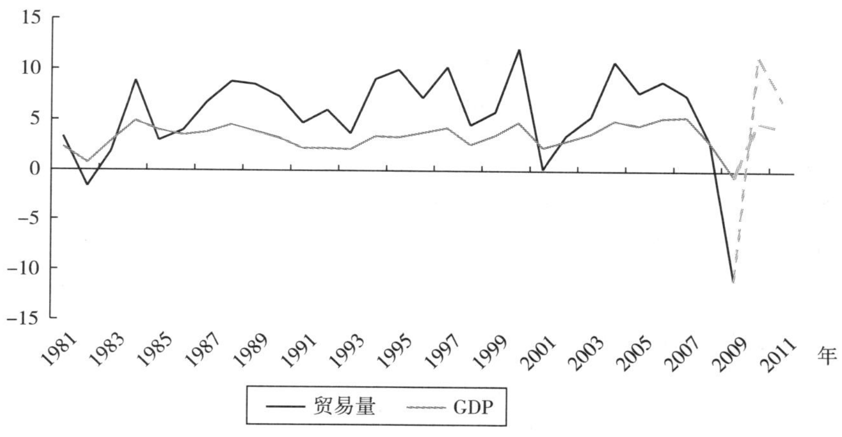

资料来源：彭博资讯。

图 4-5-1 全球贸易和 GDP 增速

（二）金融危机的影响

危机虽然结束了，但其对全球经济、金融市场等各个方面都产生了深刻的影响：

1. 全球经济增速上行空间有限，新兴市场机会要好于发达国家

从发达国家看，第一，货币和财政政策的退出将部分抵消经济自身反弹的动能，而且过快的政策退出将使经济面临二次探底的风险。美国奥巴马政府全面延长布什时期推出的减税计划，美联储及时推出二次量化宽松，使得经济和金融市场第二季度大幅回落的趋势在 2010 年下半年得以逆转，2010 年第四季度经济增速达到 3.2%，远高于第二季度、第三季度的 1.7% 和 2.6%。反观欧洲，受债务危机的影响边缘国家大幅缩减财政赤字，希腊、西班牙和爱尔兰经济仍处于衰退当中；而本来已经走出衰退的英国，在新政府激进减赤方案影响下 2010 年第四季度 GDP 环比近年下滑 2%。第二，发达国家房地

产市场复苏尚需时日。首先，大量房屋库存的存在将延缓营建活动的复苏。目前，美国房屋空置率达到2.4%，高于历史平均水平将近一个百分点。其次，次贷危机后银行惜贷以及证券化市场的消失，使得购房者融资难度加大；而2010年11月至今美国10年期国债收益率从2.4%最高反弹至3.5%，也增加了购房人的负担。最后，次贷危机中大量进入破产程序而被拍卖的房屋将进一步冲击房屋市场的供给，使得房价将进一步下跌。作为次贷危机导火索的房地产市场如果得不到很好的恢复，全球经济很难彻底摆脱危机。第三，受大量影子劳动力存在和结构性失业问题的困扰，发达国家失业率短期内将居高不下。失业问题得不到解决单靠政府刺激拉动的消费增长不可能长期持续。

从新兴市场国家看，首先，他们也面临刺激政策退出问题，经济增速难免回落。其次，基本面的相对健康以及发达国家过量流动性的冲击，使得新兴市场国家面临较大的通胀压力和资产价格泡沫问题，因此，新兴市场货币政策紧缩的时间和速度都将快于发达国家。最后，发达国家经济的二次回落以及本币的升值将打击新兴市场的外部需求。

新兴市场国家在危机后的复苏步伐要快于发达国家；而且，由于次贷危机中受冲击较小，金融体系相对健康，预计这一趋势仍将延续。基本面的相好以及货币的升值，预计新兴国家市场机会要好于发达市场。此外，由于发达国家央行继续实行宽松的货币政策，过量流动性将溢出至新兴市场，从而进一步推高其资产价格。

2. 金融监管加强

金融危机爆发后，各国纷纷强化金融监管，约束金融机构的行为，避免类似危机的再次发生。而其中影响最大的金融改革法案包括《巴塞尔协议Ⅲ》和美国的金融监管法案。《巴塞尔协议Ⅲ》主要通过提高银行资本质量和增加银行资产流动性的方法使银行具有更强的抗风险能力。具体来看，该协议分为两个监管体系：第一个监管体系目标是提高银行资本质量，主要内容包括提高核心一级资本充足率并建立资本留存缓冲与逆周期资本缓冲；第二个监管体系的目标是增强银行资产的流动性，主要通过流动资金覆盖比率和净稳定资金覆盖比率来进行监管，确保危机银行持有的流动性资产在危机发生后仍能维持银行正常经营。一方面，更高的资本和流动性要求会促使银行在协议实施的过渡期内大幅融资。另一方面，协议可能会削减银行可用于向公司放贷的资金规模，这将使相关国家经济增长放缓。美国金融监管法案有两个重心：一是从防范系统性金融风险出发，防止“大而不倒”的超级金融机构经营失败而引发新的系统性危机；二是保护消费者免受金融欺诈、保证充分信息披露。

金融监管的加强将改变金融机构经营模式：首先，应监管要求，杠杆水平将大幅降低；其次，衍生产品和自营交易的受限将使得银行更依赖于传统的商业银行业务，盈利能力将有所下降。最后，由于对高管薪酬的限制以及风险控制的加强，金融机构对追求风险的动力将会减弱而对风险的了解和承受能力将有所加强。短期看，金融监管的加强将不利于金融机构的盈利能力以及金融行业对实体经济的支持作用，但从长期来看这些举措将有利于金融市场的长期发展和稳定。

3. 主权债务危机

全球金融危机以来，世界主要国家联手实施了大力的反危机政策，成功使金融市场恢复稳定，全球经济走出衰退恢复增长。但这一反转的实质，是将私人部门的问题转移至了政府部门。而没有实体经济支撑仅依靠金融和房地产泡沫支撑的国家首先爆发债务危机，2008 年 10 月冰岛政府破产，2009 年 11 月迪拜最大国企迪拜世界宣布拖延支付到期债务。2010 年 4 月以希腊为首的“欧猪五国”则将主权债务危机推至一个高峰，并且有进一步蔓延的趋势。美国、欧洲等发达经济体虽然其自身经济总体实力强，但救助金融业和刺激经济的耗资巨大，造成了政府债务居高不下、财务状况恶化、金融流动性匮乏，加大了主权债务危机进一步恶化的风险。

在当前经济和市场形势看，债务国家面临两难抉择：一方面，经济面临二次放缓的风险，需要政策的持续刺激；另一方面，债务问题已经暴露，必须要采取紧缩举措来安抚市场。因此，在未来较长时间内债务危机将对金融市场和实体经济持续构成影响。

二、2004—2009 年境外投资操作回顾

加入世界贸易组织五年来，中国保险取得了跨越式的大发展，投资收益率却在 21 世纪初期持续下降。从 2001 年到 2004 年期间，保险资金年投资收益率分别为 4.3%、3.14%、2.68% 和 2.87%，普遍低于 4.5% 负债成本线。

造成这种状况的重要原因是保险公司长期投资渠道狭窄，只能投资于国内市场，产品主要是政府债券、企业债券、存款和少量基金，人民币利率市场化进程及债券收益率水平低下，导致回报率偏低。与此同时，保险资金的规模仍在迅速增长。因此，尽可能拓宽保险资金投资渠道，将目光转向国内A股、不动产、境外市场，成为提高保险资金投资收益率的现实选择。

整体而言，保险资金开展境外投资的步骤大致可以分为三步。第一步，有策略有步骤的开放市场，从外汇交易扩大到境外外汇投资、境外投资（可购汇），鼓励资产配置全球化以分散投资渠道风险。第二步，配合国家“走出去”战略，进行保险资金海外资本输出，鼓励有条件的公司自愿出境投资，进行海外收购等。第三步，根据之前积累的境外投资经验、国际金融环境变化，持续建立科学有效的监管制度，变一事一议为符合条件的市场准入制度；在境外市场选择上，以香港资本市场为桥头堡，既为境外又是国内，不仅可以享受人民币增值红利，也便于降低风险。在这个过程中，保险资金境外投资比例不断提高，可投资品种和市场不断扩大，对保险公司投资管理的国际化提出了挑战。

在保险资金境外投资政策的开放过程中，监管层从国内外宏观经济与资本市场形势出发，在开放思路、开放时机、开放步骤上进行了积极稳妥的安排。一是解放思想、坚持推进开放政策，让保险企业能够走出国门，到全球寻找最优质的投资资产，以全球化的资产配置化解投资风险、缓解配置压力。二是顺应国家“走出去”的战略政策，配合国家从资本输入到输出输入共存的形势转变，进行保险资金的海外资本输出，鼓励有条件的公司自愿出境投资。三是制定既可换汇购汇的科学灵活政策，利用香港的地缘优势开展试点，以香港市场作为桥头堡和探头针，再逐步走向世界、布局发达国家和部分新兴经济体市场。四是在投资品种上首先开放了红筹股，让保险企业在境外投资试水初期主要仍集中在人民币资产，让其在当时经济环境中享受到人民币升值收益、避免汇兑损失，又可以支持香港和国内企业发展。此后，再逐步增加债券等其可投资品种。

第一阶段：2004—2007年，保险资金积极试点，为出海准备。

2004年之前，国内保险公司的外汇资金主要为简单的外汇存款。据国家外汇管理局对境内50家保险机构的调查，截至2003年底，50家机构全部外汇资金中，活期存款余额占29.8%，定期存款占70.1%，总体规模较小。

2004 年前后，国内保险公司积累了较多的外汇资金，累计约为 100 亿美元。其中，中国人寿、中国人保、平安保险通过境外上市分别募得 35 亿美元、8 亿美元、18.4 亿美元，贡献了主要来源。此外，还包括外资保险公司的资本金和外汇运营资金、中资保险公司吸收的外资股份以及外币保险业务积累的外汇资产。这些外汇资金的迅速积累和人民币升值背景下的汇兑亏损影响，令保险公司存在强烈投资冲动，为开拓境外投资创造了主观条件，推动监管机构出台相关政策。

2004 年 8 月，经国务院批准，保监会和人民银行联合发布《保险外汇资金境外运用管理暂行办法》，允许外汇资金进入海外债券市场，包括香港政府债券、中国政府在海外发行的债券和其他国家政府债券。2005 年 6 月 17 日，保监会网站上挂出《关于保险外汇资金投资境外股票有关问题的通知》，“经国务院批准，允许保险外汇资金投资境外股票。保险外汇资金投资境外成熟资本市场证券交易所上市的股票，包括参与境外上市配售、定向配售等方式”。2005 年 9 月 11 日，保监会继续颁布《保险外汇资金境外运用管理暂行办法实施细则》，批准保险机构投资全球主要成熟金融市场，构建多种货币投资组合，包括投资中国企业在海外上市的股票等，在分散投资风险的同时，提高了利率风险和汇率风险的管理能力。《实施细则》公布和实施的时点，恰逢前国家副主席曾庆红访港，因此也被视为中央力挺香港国际金融中心地位的举措。2006 年 4 月，国务院批准保险公司使用自有资金购买外汇投资海外的试点方案。

平安保险是首家获准进行海外投资的保险公司。2005 年 1 月 10 日，该公司率先获得境外投资资格，国家外汇管理局给予其 17.5 亿美元的投资额度，主要投资于香港特区政府债券、中央政府在海外发行的债券和其他国家政府债券。截至 2005 年底，保险资金陆续以自有外汇资本参与了交行 H 股、建行 H 股上市发行，累计达 3 亿美元。

2006 年，中国人寿、中国人保、泰康等多家保险公司获得特别批准，购汇投资中行、工行、招行等 H 股，作为重要的机构投资者参与到了大型国有企业的海外上市。同样是在 2006 年，中国人寿、平安保险更是提前搭建起海外投资的“桥头堡”，在香港设立资产管理公司，并先后拿到香港证监会颁发的资产管理牌照。这些保险巨头在香港布下的“棋子”，不仅成为其股东对外投资交流的窗口，还将积极开展第三方资产管理业务，提供各类投资产品。

截至2007年6月底，保险境外投资余额折合人民币达197亿元。

2007年7月26日，中国保监会、人民银行和国家外汇管理局共同制定颁布了《保险资金境外投资管理暂行办法》（以下简称《办法》）。根据《办法》，保险资金境外投资总额不得超过上年底总资产的15%，保险公司可在此范围内自主确定境外投资比例；可“出海”保险资金，除了保险公司的自有外汇资金外，还包括用人民币购买的外汇资金及其在境外投资形成的资产；投资工具类别不再局限于固定收益产品，增加了股票、股权、证券化产品等。与此同时，中国保监会与香港监管部门之间建立了直接沟通机制，就监管协议、法律问题等达成共识，快速地推动了保险资金QDII出海。当年11月，平安集团和华泰财险率先拿到投资香港H股、红筹股的批文，意味着保险QDII正式扬帆起航。泰康、人保等多家保险公司，按照《办法》要求梳理、整合境外投资业务流程、系统和人员设置，提交相关申请并最终成功获批境外投资资格、投资额度。

根据保监会统计数据，2007年12月末保险业境外投资余额634.33亿元，其中，港股投资627.55亿元。

第二阶段：2008—2009年，保险资金正式出海，遭遇金融危机挑战。

2008—2009年，全球金融危机全面爆发，资产价格全面大幅下挫。当时保险资金境外投资并未全面开闸、融入发达资本市场的程度不高，中国保险机构整体而言在本轮危机下受到的冲击有限，但平安收购富通的失利，还是给刚刚迈出海外扩张的中资保险机构在参与国际资本市场留下了深刻启示。

对于保险资金来说，境外投资也意味着国际化进程加速。除了设立海外资产管理分支机构外，致力打造金融集团的中国平安在2006年起便开始大胆尝试，计划通过境外并购投资来加速自己的国际化进程。虽然其后由于金融危机的全面爆发而失利，但同时也为中国保险机构的成长留下了宝贵的财富，教育其以更为谨慎的态度管理投资风险，提高专业能力。事实上，富通事件仅仅是我国保险资金境外投资中的一个特例，在此次空前的金融危机爆发前，中国保险企业也在境外投资中获得了较大成功。2008年3月，中国人寿在美国一级市场参与VISA的首发IPO，斥资2.6亿美元买入了680万股，并取得了非常不错的账面收益。

相比之下，尽管总体收益有限，但境外固定收益投资反而在金融危机期间取得了较好成绩。2008年底，次贷危机的影响逐步消退，市场自低位反弹，数家保险公司准确地把握住了这一有利时机，试水境外债券市场，建仓了一批优质的中国企业在海外发行的外币债券。由于中国企业受本轮次贷危机直接冲击有限，在市场反弹过程中，这些投资均取得了不错的回报。

2008 年 12 月末保险业境外投资余额 291.15 亿元，其中，投资货币市场产品 111.2 亿元，固定收益产品 9.77 亿元，权益类产品 170.11 亿元，以及其他投资 0.07 亿元。2009 年 12 月末保险业境外投资余额 502.08 亿元，其中，投资货币市场产品 63.84 亿元，固定收益产品 13.52 亿元，权益类产品 424.51 亿元，以及其他投资 0.21 亿元。

三、2010 年境外投资操作

2010 年至今，全球经济持续复苏，境外投资政策进一步放开。保监会在 2010 年年中陆续出台《保监会关于增加保险机构债券投资品种通知》、《关于债券投资有关事项的通知》、《保险资金运用管理暂行办法》、《关于调整保险资金投资政策有关问题的通知》等文件，扩大了保险公司投资境外市场的范围，规定保险公司可以投资在香港市场公开发行并在主板上市的股票，债券品种调整为主板市场上市公司以及大型国有企业在港公开发行的债券、把保险资金外币债券的投资范围逐步放宽至中国企业和香港上市企业在海外发行的评级在 BBB 级以上外币债券，可投资品种大幅增加。此外，还允许投资在境外资本市场公开发行的证券投资基金，境外投资的余额不超过该保险公司上季度末总资产的 15%，单项投资比例参照境内同类品种执行。

与此同时，考虑到保险公司的实际需求，保监会还扩大了部分保险公司的海外投资额度。

（一）外币固定收益投资，积极发掘投资机会

2010 年，债券市场大幅波动，主要受美国维持宽松货币政策和欧洲主权债务危机影响。美联储于 3 月份完成 1.75 万亿美元资产购买计划，加之经济数据表现强劲，第一季度美国国债收益率升至 4% 左右的高位，但随之而来的欧债危机带动避险情绪激增，使国债收益率大幅下跌，全年美国国债收益率曲线整体下移，短端下移 54bp，长短下移 50bp。信用市场在欧债危机的影响下大幅波动，反映信用风险溢价的 CDX 指数从年初的 85 一度上升至 129 上

方，之后随着危机缓和逐步回落。

2010 年，面对剧烈波动的境外固定收益市场，保险机构积极发掘投资机会，努力提高外币资产收益水平。利用欧洲主权债务危机造成的市场下跌，大举建仓香港主板市中国名字债券、利丰和和记黄埔价值低估的优质债券资产。随着欧洲主权债务危机影响的逐步消退，以及美联储推出第二轮量化宽松政策，金融市场触底大幅反弹，这些投资积累了大量的浮动盈利。

由于人民币升值预期上升，境内美元存款利率走高，同时鉴于之前持有的可转债品种收益率较低，已失去继续持有的价值，2010 年保险机构逐步减持可转债品种，利用国内市场人民币重启升值的有利时机，开展外币存款业务。按照放宽的投资范围和投资额度，各保险公司根据自身资产负债匹配情况，开始建立投资组合，真正意义上开始进行外币固定收益的资产配置，提升了保险资金整体固定收益资产的收益，并达到了全球化配置资产的目的。

（二）港股投资取得优异业绩

股市方面，标普 500 指数第一季度至第三季度大幅震荡，第四季度稳步上升，全年上涨 12.78%。美元指数全年大幅震荡，从年初 77.5 升至 6 月初 88.4 的高位，年底则回落至 79 附近。由于对经济紧缩的担忧，2010 年 A 股市场的表现不理想，但同样以内地经济为基本面的 H 股却在外来资本流入的推动下表现明显好于 A 股。

相比较 A 股投资，2010 年境外投资、特别是港股投资方面，投资收益较为良好。2010 年，平安在港股市场的投资收益超过 8%，扣除汇兑损失，投资收益也超过 5%。而泰康人寿一般账户港股投资收益率超越 12%，大幅超过国企指数和恒生指数。

2010 年 12 月末保险业境外投资余额 559.16 亿元，其中，投资货币市场产品 95.64 亿元，固定收益产品 11.53 亿元，权益类产品 446.86 亿元，以及其他投资 5.13 亿元。2011 年 3 月末保险业境外投资余额 654.44 亿元，其中，投资货币市场产品 85.73 亿元，固定收益产品 27.56 亿元，权益类产品 498.66 亿元，以及其他投资 42.49 亿元。

案例4-5-1　整合海外投资平台，港股投资取得较好收益

港股投资方面，泰康已筹备多时。2006年，为了响应政府“走出去”号召，泰康陆续参与了中国银行、中国工商银行等中资银行在香港的IPO，获得了不错的回报。2007年7月26日，中国保监会、人民银行和国家外汇管理局共同制定颁布了《保险资金境外投资管理暂行办法》，泰康资产在第一时间选定花旗银行为境外投资托管行，并立即将人员设置、IT系统、风险控制等境外投资相关流程按照《办法》的要求进行重新梳理，并将整合后的情况以书面申请的形式报送保监会。在保监会、外汇局正式批复后，泰康于当年和其他17家保险机构一起拿到了合格境内机构投资者资格（QDII），顺利出海。

2007年11月9日，配合海外投资战略，泰康资产在香港设立全资子公司泰康资产管理（香港）有限公司，注册资本1 500万港元，2008年获香港证监会第九类牌照（资产管理业务），2009年获颁第四类牌照（就证券提供意见）。泰康资产香港公司成立后，成为继中国人寿、平安保险之后，又一家在香港设立的作为资本运作平台的保险机构，成为泰康境外投资的“桥头堡”，主要受托管理泰康人寿、第三方客户的外币投资业务，并计划逐步开拓国际市场理财业务。为了尽快完成港股投资平台的搭建，公司委任拥有丰富权益投资经验的首席投资官邢怡担任了泰康资产香港公司的董事，直接分管港股投资业务。这样做的好处是，尽可能地整合国内投资团队的研究成果支持港股业务，包括协调人力和资源。

2008年，在港股一片腥风血雨中，泰康低调入市。刚开始，主要策略就是战略防御。一方面严格控制风险，不但不加仓，还要减持看不清楚的公司。另一方面，抓紧建立港股仓位策略模型。基于泰康资产所建立的国内A股MVPCT模型框架，加上投资时钟的原理，公司设计了符合港股特点的MVM月度策略模型。该模型从2008年2月开始设计，到10月基本成型。投资人员用模型对2008年以来的行情进行了模拟分析，效果不错。该模型可以说是借助国内投资平台最有效的成果。

2008年11月8日，好消息接踵而至。中国政府宣布将从紧的货币政策改变为适度宽松的货币政策，港股MVM模型发出了明确的买入信号。因为个股

研究还处于起步阶段，香港投资团队主要借助国内金融工程团队的帮助，进行了大量的数量化选股，最后将目光集中在刚刚完成 IPO 的次新股、资产负债表不错的公司以及实体经济规模较大而总市值明显偏小的公司。重仓买入的股票包括远洋地产，估值 0.5PB；中煤能源，0.5PB；长城汽车，0.35PB，还有中国动向。远洋地产和中煤能源沾了央企的光，在之后的 1 个多月时间里一路上涨，接近翻番。此时，由于金融工程强于寻找安全边际，弱于分析公司成长性，投资经理对于这些公司的成长性并没有把握，所以将涨幅较大的股票全部出掉了，只保留了具有很高安全边际的品种。

异常惨淡的 2008 年终于收场，绝大多数股票仍旧浮亏，少数股票持平，2 只股票获利。虽然泰康最终大幅度战胜了指数，毕竟是亏钱；好在投入兵力不多，损失有限。整体看 2008 年相当惨淡，但是为 2009 年的投资打下了良好的基础。

第五篇　风控篇

[第一章]

保险资产管理面临风险

一、制度缺失与机制不畅的经营风险

制度缺失与运行机制不畅是行业或企业发生各类风险的根源所在，而现代金融体系的基本要求就是按照公司治理结构、相关法律法规要求，制定符合行业稳定与企业发展的基本保障制度，建立高效、合理、顺畅的运行机制，保证企业保持理性、规范的经营模式，降低各类风险的侵袭。

保险资金的有效运用，一方面可以提高保险公司的经济实力，降低保险费率，减轻投保人的负担，提高自身在保险市场上的竞争能力；另一方面，巨额保险资金的有效运用能带动整个金融业的发展，进而促进国民经济发展，使之成为一种良好的社会效应。当前，无论是发达国家还是发展中国家的保险组织，都已经把保险资金运用作为必不可少的重要业务之一，其产生的收益已成为保险组织的一项重要收入来源。但与此同时，保险资金的不当运用不仅会给保险公司自身带来损失，也会同时损害投保人的合法权益，进而会影响整个保险市场的稳定发展，这就在一定程度上要求保险资金运用应该保持安全性、流动性和效益性的相互协调。不论是保险资金的有效运用，还是其安全性、流动性和效益性的相互协调，都须由法律对其进行规定，从制度上对其加以完善，也就是说在保险资金运用的整个过程中都对其进行保障，这也正是加强对保险资金运用监管的必要性之所在。

一般而言，影响保险资金运用的监管限制主要体现在允许投资的资产种类、货币匹配、风险分散规则、负债范围、偿付能力限制和风险分担规则等几个方面。在对保险公司资金运用的调整方面，我国的法律法规和政策限制呈逐步放松态势。按照法律效力划分，目前我国保险资金运用监管的法律制度由三个层次构成：第一层次是由全国人大常委会通过并颁布的法律。主要有2009年正式实施的新《保险法》。新《保险法》的实施，为我国保险资金运用的规范与健康发展奠定了基础，并为保险监管机构对保险资金运用监管提供了基本法律依据。第二层次是由国务院公布或由国务院授权颁布的行政法规，如《外资保险公司管理条例》、《中华人民共和国营业税暂行条例》、《中华人民共和国企业所得税暂行条例》等有关保险资金运用的行政法规。第三层次是由中国保监会发布的有关保险资金运用的部门规章，如《保险公司管理规定》、《保险资产管理公司管理暂行规定》、《保险保障基金管理办法》、《保险公司投资境外保险类企业管理办法》、《保险机构投资者债券投资管理暂行办法》、《保险公司投资证券投资基金管理暂行办法》、《保险机构投资者股票投资管理暂行办法》等。近年来，我国保险资金投资的范围和渠道也得到了一定的扩展，各项制度也得到了丰富和完善。但与国外的有关规定相比，我国对保险资金运用方式的规定还是过于严格，许可的保险资金运用渠道仍然有待进一步拓展，相应的组织架构和风险管理方面的规章制度也有待进一步丰富和完善。

健全的制度是资金运用风险管理的保证，顺畅的运行机制则是行业做大做强的重要条件。以前保险公司的资金运用的渠道主要是银行存款，因此，资金运用的职责也基本上由保险公司财务部履行，而由各分支机构直接使用保险资金的情况普遍存在，这种方式带来了较大的管理难度，不利于保险资金的统一管理，且公司无法控制风险，坏账的情况时常发生。保监会近年来针对保险资金规模不断扩大、资金运用渠道逐步放开的情况，吸取过去经验教训，积极推进保险资金运用体制改革，实行保险资金集中管理，在提高投资收益的同时，有效防止了各类风险事件的发生。目前全行业资金集中度已达90%以上，但是由独立的法人机构实行资金集中管理，也带来了资产管理方和负债方信息沟通不畅等问题，资产负债管理机制还需要进一步理顺。

案例 5－1－1　及时处理新华危机，维护行业安全

2007 年 5 月 18 日，中国保监会首次动用保险保障基金收购新华人寿三家股东（隆鑫集团、海南格林岛投资公司、东方集团）所持有的公司股权，合计 2.7 亿股，占新华人寿总股本的 22.53%，动用收购资金超过 16 亿元，在 2006 年底总规模达 80 亿元的保险保障基金中占到两成。

按照中国保监会发布并于 2005 年 1 月 1 日开始实施的《保险保障基金管理办法》，保险保障基金用于在保险公司被撤销、被宣告破产以及在保险业面临重大危机、可能严重危及社会公共利益和金融稳定的情形下，用于向保单持有人或者保单受让公司等提供救济。这次是中国保险业第一例、以收购保险公司股权为形式的危机处理行为。事情还是要从 2006 年说起。

2006 年 9 月 23 日，中国保监会突然对新华人寿展开现场检查，并由此启动了对新华人寿董事长关国亮历年擅用新华人寿资金的调查。自 9 月 23 日至年底的 3 个月内，中国保监会派驻工作组在新华人寿开展了大量谈话、收集资料、外调等深入调查工作，梳理出了新华人寿资金被多种途径挪用的链路。根据初步调查结果，关国亮历年擅用新华人寿资金累计约达 130 亿元，且届时仍有约 27 亿元尚未偿还。资金或被拆借给形形色色的利益伙伴入股及控制新华人寿，或用于大规模违规投资或拆借。与此同时，由于挪用资金来源于新华人寿在银行间市场操作的债券融资回购，因此导致其大量债券处于质押冻结状态，而大量续期回购业务仍在账外运行，并不断产生利息支出。

新华人寿是国内保险业第四大保险公司，拥有 940 亿元总资产、逾千家分支机构和 14 万名员工，公司出现如此巨额资金漏洞，无疑将对大量的保单持有人造成巨大的负面影响。对于新华人寿公司本身来说，针对关国亮在公司形成“内部人控制”的情况，公司 15 家股东已陷入“倒关”、“拥关”之争长达两年，导致公司董事会在 2005 年 12 月届满后迟迟不能依法改选，企业发展也由此失去航向，本次调查的初步结果更让公司股东之战再次升级。面临如此严峻形势，中国保监会作为担负着维护行业稳定重大责任的监管者心急如焚，从保障保单持有人利益、维护行业乃至社会稳定的角度出发，中国保监会积极与国务院进行沟通，迅速果断地作出了决定——尽一切可能尽

快处置风险事件，挽回损失，稳定公司。

从2006年9月至12月的调查期间，保监会已经根据掌握情况与关国亮进行了多次接触，要求其尽快配合偿还挪用资金。2007年1月起，随着账外回购融资资金额度的确认，保监会通过与新华人寿协商沟通，用账内资金先期归还了全部回购融资到期款项，及时结束了长期以来的账外资金循环问题，解除了大量债券资产的质押，也终止了不断产生的融资利息支出带来的账外亏损。

在追讨资金、挽回损失的同时，如何迅速稳住公司也是保监会的一项重要任务。2006年12月27日，也就是检查进行3个月后，保监会及时组织新华人寿召开了全体干部大会。在会上，保监会正式宣布了对关国亮的初步调查结果，依据保监会有关规定，通过新华人寿股东会正式免除了关国亮的董事长职务，并明确由公司总裁孙兵暂时接替公司董事长和总裁的全面工作。在此基础上，保监会与孙兵及新华人寿管理层就如何稳定队伍、维护公司运行等多个问题进行沟通与指导，并确立了基本原则。在这些前提基础上，新华人寿尽管仍要面对复杂困难的局面，但已经可以在2007年初继续投入正常运行了，这对及时稳定公司局面起到了至关重要的作用。

随着调查的逐步深入，保监会调查组基本确认了挪用资金的两大去向，一是通过各种隐蔽形式投向了深航股份、西贸中心、北京宫等多个项目，二是辗转划入关国亮的关联股东作为拟成立控股公司的注资款项。为了迅速将损失资金追回，保监会分头开展行动。一方面，立即派出专门人员，与新华人寿共同成立了专项工作组，开展投资项目的确权工作；另一方面，继续与新华人寿的诸多股东进行接触沟通，向关国亮及其关联股东进行资金追讨；而在此期间，保监会始终与新华人寿的管理层保持着密切的沟通，关注着公司的运营情况和各种不良影响迹象，及时协商解决具体问题。

时间一天天过去，由于关国亮整个资金挪用历时多年、涉及国内大量机构、资金流向及法律问题多重复杂，挪用资金难以短期追回。面对保监会成立以来从未经历过的严峻局面，面对国务院和新华人寿股东上下两方面的压力，保监会积极探讨各种处置方案，并快速推进。2007年1月21日，保监会主席吴定富在保险工作会议上明确指出，新华人寿发生此次重大事件，核心问题是治理结构的问题。2007年4月28日，吴定富主席在中国保险发展论坛2007年国际学术年会上正式对外披露，保监会已决定对新华人寿违规问题的初步处理。20天后，即2007年5月18日，保监会运用保险保障基金收购“关阵营”股东持有的新华人寿股权正式公布于众。收购完成后，按照当初约定，收购资金中依据初步调查结果确认的三家股东欠款金额直接划入了新华人寿账户。资金挪用漏洞得到第一步的解决。

完成股权收购后，作为过渡性持有人，保险保障基金一直在积极寻找转让对象。而基于对新华人寿治理问题根源的认识，保监会对此一直采取审慎的原则和态度。经过较长时间的谈判与沟通，2007年7月，中央汇金投资有限责任公司将入主新华的消息终于公布于众。股权转让后，汇金公司将作为新华人寿持股比例最多的第一大股东，对改善新华人寿的治理迈出了关键性的步伐。

从启动检查到保险保障基金出资收购，整个过程历时仅10个月，对于一个如此案件错综复杂、涉及利益体众多的风险事件来说，保监会在首次遭遇此类事件的情况下，表现出了维护行业稳定、维护保单持有人利益的信念和决心，也表现出了积极果断的事件处理能力。保监会动用保险保障基金收购新华股权是重大创新举措，与保监会的处理方式类似，美国财政部运用央行贷款资金控股危机中的AIG的时间在两年之后。作为身处其中的新华公司，在与保监会合作与交流的整个过程中，深切体会到了监管机构为公司着想、为行业考虑的苦心。新华人寿事件的爆发和处理基本没有对整个保险市场和行业带来大的震动和负面影响，而新华人寿自身也在经历烈火之后得到了重生，整个事件的处理也为保监会积累了丰富的监管经验。

二、变动市场环境下的资产错配风险

融入全球经济后，中国经济进入转型期，金融市场的波动性加大，市场风险增加。在经历了2008—2009年的低利率环境后，目前，保险资产管理行业进入利率水平逐步抬升的新时期，保险资产管理面临的市场风险程度在增加，利率锚移动带来的金融资产定价水平发生重大变化，尤以资产错配的风险为重。

保险业风险具有潜在性、长期性和复杂性的特点，受此影响，保险投资除了面临一般性的市场风险、信用风险之外，投资者必须考虑的最大风险是资产错配风险，也就是资产负债不匹配风险。它是指在某一时点保险公司的资产现金流和负债现金流不匹配而造成保险公司收益损失的可能性。20 世纪 90 年代末在利率连续下调的情况下，我国寿险业曾经出现过严重的利差损，就是资产负债错配风险其中一个方面的集中体现。

（一）相匹配的投资工具问题

保险业务是典型的现金流运作模式，保险公司是资产和负债现金流的集合体；保险资产错配风险，实际上就是某个时点保险资产的净现金流入小于保险负债的净现金流出、保险公司资产负债盈余面临损失的可能性。分析我国保险资金特别是寿险资金来源中，70% 都是中长期资金，这部分中长期资金承担着未来保险给付的任务，其投资收益对保险公司的可持续发展至关重要。目前，全国保险公司的主要资产是债券投资和定期存款，二者相加占到保险投资资金的 80% 左右；截至 2008 年底，银行存款和各类债券占保险资金运用余额的 84. 4%，高于长期负债的比例，但由于我国债券市场以国债为主，公司债和金融债所占比重较小。而我国国债的期限结构以 1 ~ 10 年期的中期国债为主，10 年期以上的长期债券很少，银行存款以 3 ~ 5 年的定期大额协议存款为主。这就意味着，我国保险投资的整体期限结构偏中期，这与寿险负债的偏长期特性并不匹配，这还仅是从简单的期限错配来分析，严格意义的资产负债错配不仅包括期限错配，它涵盖所有导致资产负债现金流不匹配的任何错配因素。长期以来，我国保险投资渠道中缺乏有固定收益的长期投资工具，长期寿险资金难以找到相匹配的投资品种。加上一些主观因素的影响，保险投资盲目追求短期收益，忽视长期效益。这些都加大了我国保险资产错配风险。据统计，我国寿险公司中长期资产与负债的不匹配程度已超过 55%；且期限越长，不匹配程度越高。

（二）产品与投资渠道问题

2004 年以来，中国保监会不断加大保险资金投资渠道放开力度，保险资金运用不限于银行存款、购买债券，还可以投资证券基金，之后又取消了不得进入股市的禁令，2006 年允许保险机构作为持有大额、长期资金的重要机构投资者投资基础设施项目，2007 年开放保险资金境外投资，进一步扩大了保险资金的投资范围，2010 年放开部分未上市股权和不动产投资。然而，风险总是与收益相伴，随着保险资金的快速积聚，保险资产错配的风险不断加大。在我国证券市场不完善的情况下，在转轨过程中许多行业发展不规范的前提下，如果保险业不能在投资经验、专业技术人才和风险控制技术等方面做好准备，投资渠道的不断拓宽，将可能产生更大的潜在资产错配风险。

（三）公司治理问题

当前保险资产的错配风险也与公司治理结构和组织架构不完善有关。保险公司目前都强调保险业务和投资业务的共同发展，相辅相成，共同为企业创造最大化的收益，但在组织机构的搭建上却无法保证两者的协调发展。一是在公司层面，尚未建立专业职能部门和委员会来监控管理公司总体的资产负债风险。即使有相应的职能部门，由于两个市场的不同，真正履行的资产负债匹配管理的职责有效。大多数保险公司的投资和保险业务均由不同的部门或者不同的子公司履行相应职能，各自负责各自市场的研究、开发和运作，彼此之间只是简单的委托方和受托方的关系，没有深入的配合。投资与险种开发相分离，资产负债管理只是资产和负债的期限匹配而非资产和负债现金流的匹配，这都是保险公司内部资金运转不协调、现金流分析和管理薄弱的后果。二是缺乏有效的资产负债横向沟通机制。保险公司未能确保投资专业化运作的同时加强保险投资机构与保险公司精算部和财务部的充分协调和合作。同样，保险公司的资产管理和负债管理部门也必须有效沟通，确保信息畅通，以便按照偿还金额、时间以及利率敏感程度对保险产品进行细化，合理确定投资策略和目标，制定适当的资产配置和投资组合方案，实现资产负债匹配。由于缺乏有效地沟通机制，资产管理方无法及时将资本市场的情况及时反馈给负债方的产品开发部门，因此，保险产品的设计跟市场需求脱节，一方面增加了保险业务承受资产市场大幅波动的风险，另一方面也不利于保险客户及时充分的享受到中国经济和资本市场发展所带来的收益。

（四）资产负债管理技术方法问题

相比国际化的大型保险公司，我国保险公司在资产负债管理方面缺乏经验与技术工具，可用方法较少。久期模型、缺口模型、现金流匹配模型、随机规划模型等先进技术的使用虽已取得了较为显著的成绩，但仍有必要继续引进和培训资产负债管理的技术人才，学习与发展更为先进的资产负债管理技术和方法。

综上所述，资产错配始终是保险资产运用的重要风险。资产错配风险程度不同，风险损失的程度也不一样。资产和负债暂时的流动性不匹配可能只会影响保险公司日常赔付、投资收益和财务稳定性，但严重的资产错配则可能导致保险公司给付危机，最终导致保险公司倒闭。随着市场利率的频繁波动，资本市场风险加大，以及保险产品创新后赋予投保人更多的权益，保险公司的现金流预测更加困难，资产负债匹配风险也更大。

监管机构对保险公司偿付能力监管的不断重视体现出了保险资产错配风险的发展演变。我国保险投资监管要逐渐从主要监管投资行为和资产范围，向着监管认可资产、风险资产和资本金要求转变，从直接限制向间接引导转变，充分考虑不同保险公司的实际情况，保证保险公司的偿付能力。完善偿付能力的关键是强化资产负债匹配管理。对保险公司的预期现金流和偿付能力进行动态监测需要运用现金流监测和动态偿付能力监测等方法。偿付能力监管将推动保险公司加强公司内部治理，优化投资结构，运用先进技术进行资产负债管理，降低资产负债的错配风险，消除长期的偿付能力隐患。

案例 5－1－2　平安风险管理体系分享——前瞻规划稳健实施，科学全面有效执行

平安资产自成立以来一直高度重视风险管理建设，在符合监管规定的前提下，根据公司业务发展和风险管理需要，建立健全覆盖公司各业务环节风险管理体系，积极、有效、科学地开展公司的风险管理工作，使风险管理在公司经营发展中发挥重要作用。同时，公司作为平安集团整体上市的一部分，围绕建设“国际一流的综合金融服务集团”的目标和要求，共同致力于建立、维护一个符合国际标准和监管要求的运作规范、集中有效的风险管控平台。

公司目前已建立了以整合的数据库为基础，以国际领先的统一风险系统平台为工具，以规范的审核评估管理流程和量化风险限额为管控核心的全面有效、一体化风险管理体系。风险管理覆盖合规风险、市场风险、信用风险、操作风险、资产负债匹配风险等各类投资风险领域。

一、管理体系：始终致力于构建全面智能的风险管理体系

公司管理层始终倡导和推动风险管理执行文化，持续通过多渠道多形式的培训和宣导，并借助平安内部强大的执行文化和高效的执行能力，将“守法+1”的风险管理理念和规范运作的实践经验落实于公司日常业务中，从而形成平安独特的风险管理DNA——公司每个层级、每个岗位人员都具有强烈的风险管理意识，时刻以“守法+1”为前提，有效推动公司各项管理制度、业务流程和系统操作的高效落实，为全面提升整体风险管理水平奠定坚实基础，并逐步建立了“自上而下的风险管理文化”。

目前，公司参照国际通行的《巴塞尔新资本协议》银行风控体系标准，结合保险资产管理特色，搭建了一套以强大数据库和系统支持为基础的、全面智能风险管理体系，风险管控机制覆盖市场风险、信用风险和操作风险。

市场风险：采用国际流行的风险价值（VaR)、风险分解等指标，建立市场风险计量系统，分别对利率风险、汇率风险和市价波动风险进行度量，同时设置预警临界值，对各量化指标进行动态跟踪、评估和预警。

信用风险：根据国内金融业的信用风险管理状况和公司自身情况，采用基于公司内部评级基础上的标准化信用评估体系，通过信用评级、风险评估和授信管理，有效控制投资过程中的信用风险。

操作风险：通过建立业务合规及操作风险管理体系，包括根据法律法规、监管规定和投资资金特性，制订合适的风险控制制度、方法和流程；设计和运用科学的风控系统/工具对各项投资业务的风险点进行评估、持续监控、跟进管理，并定期向公司管理层和各相关部门提交风险管理报告；对新渠道/新产品进行前瞻性研究，识别、评估业务合规风险，设计合适的风险管控策略等方式和手段，对操作风险进行全面的防范和管控。

二、管控机制：以灵活高效为核心建立价值型风控机制

公司管理层始终坚持“风控创造价值”的管理理念，在全面系统建立风控体系基础上，根据不同业务特性制定灵活高效的风控策略，寻求业务发展与风险管控的最佳平衡点，主要特色如下。

（一）异常管控机制：提升应急响应度，降低操作风险

公司针对IT系统平台、业务制度流程再造等特点，于2008年开始全面建立异常问题及时上报机制，提升各类业务异常的响应和风险点的及时发现。在此基础上逐步深化，建立异常问题分类管理框架，通过标准化上报模板、

规范高效的响应、跟踪和责任人落实机制，有效推动覆盖业务流程、系统缺陷、外部数据供应商管理等各类异常问题的及时发现、响应和解决，大幅提升投资运营整体管理能力和效率，有效降低操作风险。未来公司还将通过持续完善异常管理机制，前瞻性挖掘异常数据，及时提示风险点，全面支持管理层面采取有效防范措施，进一步提升管理效率，降低风险。

（二）公平独立管理机制：公平对待所有资金，保障委托人利益

为保证公司管理的各资金来源的各组合得到公平对待，确保各组合的投资和交易的公平独立，有效保障资产委托人的利益，公司按照证监会对基金管理公司公平交易的高标准建立了一套完整的公平独立管理机制：

1. 账户与核算的公平独立机制，包括主体资格独立、财产相互独立、资产托管独立以及投资核算独立等；

2. 人员与决策的公平独立机制，包括投资人员职能独立、投资决策流程独立、证券投资备选库独立以及运作和信息的隔离等；

3. 投资交易和风控的公平独立机制，包括投资分配公平独立、投资交易遵循“价格优先、时间优先原则”以及全程风险监控确保投资交易分配独立等；

4. 合规稽核审计的公平独立机制，包括合规稽核的汇报线独立、投资运作档案记录独立、外部审计报告及时独立和信息披露真实准确完整等。

（三）防火墙机制：建立有效隔离机制，树立综合金融行业典范

为高效推进集团综合金融战略，树立合法合规经营典范，公司在深入研究分析国内外监管不同投资业务防火墙构建规定以及高盛等公司构建“中国墙”的实践，逐步建立了信息隔离、权限隔离、岗位隔离、职场隔离等全面有效防火墙机制，同时强化员工行为规范管理，有效防范各类风险。

三、评估体系：针对资金特性实施科学合理的绩效评估和风险度量

平安借助全球领先的绩效和风险评估平台，结合中国市场的特点进行严格的参数调校和验证，并根据不同来源资金的监管环境、期限、流动性和收益要求以及风险承受能力等方面特性，建立了科学合理的绩效考量和风险评估体系，在促进投资资产的风险与收益平衡方面发挥着重要作用。

1. 绩效评估：多年来公司始终遵循独立性、科学性、公正性、合理性的评估原则，采用国际先进的、与业务实践相结合的绩效评估模型，涵盖债券、股票、基金、存款、回购等多个交易品种，以应对不同投资风格的绩效评估

需要；通过投资绩效分析系统、MSCI Barra 系统、投资预算系统等来进行受托资产的绩效评估和投资预算工作。

2. 量化风险：公司在业内较早建立了量化风险管理团队，并始终坚持使用科学严谨的数量分析手段来进行投资风险的评估、监控、预警以及风控措施的提出。基于广受认可的 MSCI Riskmanager 系统平台，以 VaR（Value at Risk）为核心风险测度模型，从组合、资产类型、货币类型、会计分类、久期、行业、个股和券种等多维度进行总体和局部风险评估、敏感性分析、情景分析和压力测试，对利率风险、汇率风险和市价波动风险进行度量，同时设置预警临界值，并根据各个时期市场运行的不同特点，定期（年度、季度、月度、周）和不定期（每日）及时有效对各风险指标进行动态跟踪、评估和预警，确保重大投资风险及时发现、及时预警和及时处置，促使投资资产的风险处于约定范围之内。

四、信用评估：引领行业发展规避风险损失

公司的信用评估部成立于2003 年，是业内第一家成立的独立信用评估部门，并于2009 年率先获得中国保监会的信用风险管理能力备案许可。平安的信用评估工作在行业内起步最早，也一直处于领军者的角色。

公司致力于推动中国信用市场的建设，在保监会出台的一系列的信用风险监管政策中发挥了重要作用，如2007 年2 月保监会出台《保险机构债券投资信用评级指引》；2007 年8 月保监会出台《保险机构投资者交易对手风险管理指引》；2009 年3 月，保监会出台《保险机构信用风险管理能力标准》等均以平安资产管理公司的信用实践为蓝本，作为行业规范；信用评估部曾多次受人民银行之邀为银行承销商提供信用风险评估培训，以及完善国内信用评级市场的专题讨论等。

公司采用的信用分析方法是参照国际通行的 MOODYS 和 S&P 的评级方法，结合中国信用债市场的实际情况和本部门的经验，综合而成的。信用评估部的记录中对包括1 281 家发行主体的1 975 只企业债券进行了评级，全部持仓债券均有内部评级，并且每年进行例行跟踪评级，在出现重大事件时则随时进行跟踪评级。除未符合保监会投资指引标准的债券外，所有企业债和绝大部分短期融资券和中期票据均纳入评级范围，成功为公司规避了信用市场上一次次的信用危机，至今未因此受到损失。

由于公司始终保持信用评估意见的独立性，因此，在评级的结果上稳定

性很强，一直以来评级分布形成了明显的正态分布，反映了对信用市场独立客观的见解。根据2010年企业债的评级结果，平安内部评级团队对持仓债券中涉及39个发行人的82只债券进行了级别调整，其中，31个发行人和34只债券信用级别调降，以反映当年整体经济情况的影响和我们对未来宏观经济的悲观预期。而与此同时，外部评级几乎没有调降的个案。

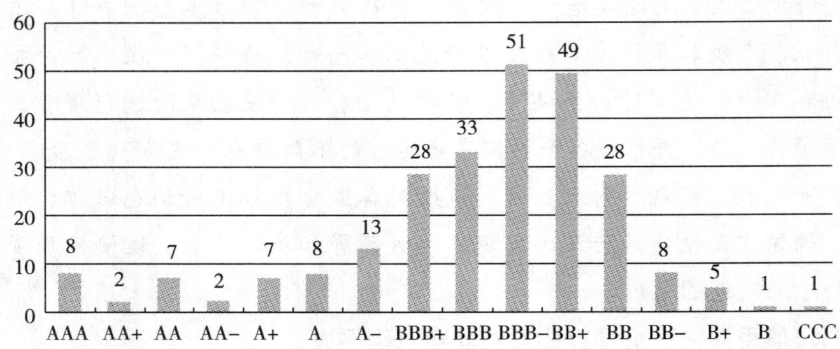

图1　2010年平安资产对企业债市场内部评级分布

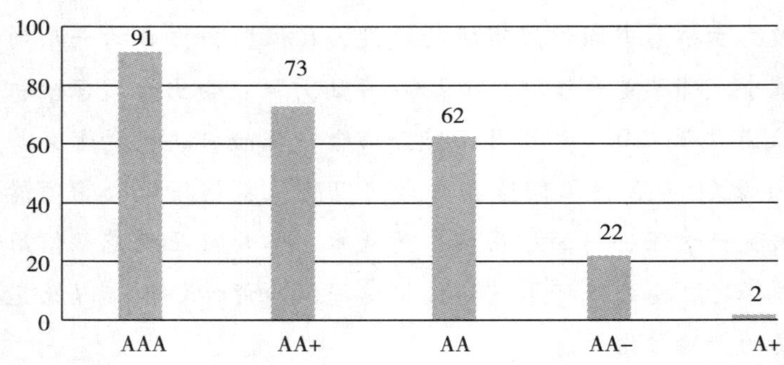

图2　2010年外部机构对企业债市场的评级分布

五、风控团队：持续打造专业尽职的风险管理人才梯队

公司的风险管理团队90%以上具有硕士及以上学历，多名成员具有CFA、FRM等国际认可的专业资格及多年从事风险管理、信用评估和绩效评估的理论和实践工作经验。通过持续加强团队专业能力建设，公司目前已形成可全面支持境内外市场、各项新业务、新产品的专业人才梯队。

三、各类投资工具的市场风险

（一）固定收益产品的风险

保险资金的安全性，决定了保险公司的资产配置必须是以固定收益产品为主；国际经验表明，固定收益产品在保险公司投资组合中占有极高比重。根据中国保监会监管规定，保险公司投资于股票和股票型基金资产的账面余额，合计不高于本公司上季度末总资产的20%。

固定收益产品的市场价格以及实际收益率受许多因素影响，这些因素的变化，都有可能使保险投资资金的实际利益发生变化，从而使投资行为产生各种风险。固定收益产品投资风险的表现形式由以下几种构成：

1. 利率风险

利率风险是指由于市场利率表的波动给投资者带来收益损失的可能性。固定收益产品，例如债券，是一种法定契约，大多数债券的票面利率是固定不变的，当市场利率上升时，会吸引一部分资金流向银行储蓄等其他金融资产，减少对债券的需求，债券价格将下跌；当市场利率下降时，一部分资金流回债券市场，增加对债券的需求，债券价格又将上涨。同时，投资者购买的债券离到期日越长，其价格随利率变动的可能性越大，利率风险也就相对越大。

2. 通货膨胀风险

由于固定收益产品的实际收益率 = 名义收益率 - 通货膨胀率，在通货膨胀下，随着商品价格的上涨，固定收益产品价格也会上涨，投资者的货币收入有所增加，会使他们忽视通货膨胀风险的存在，并产生一种错觉。其实，由于货币贬值、货币购买力水平下降，固定收益产品的实际收益率也会下降；当货币的实际购买能力下降时，就会造成名义上我们的投资收益额度增加了但在市场上能购买的东西却相对减少的现象。当通货膨胀率上升到超过债券利率水平，债券的实际购买力就会下降到低于原来投资金额的购买力。

3. 政策风险

政策风险是指政府有关固定收益产品市场的政策发生重大变化或是有重要的举措法规出台，引起固定收益产品价格的波动，从而给投资者带来的风险。政府对本国固定收益产品市场的发展通常有一定的规划和政策，以指导市场的发展和加强对市场的管理。这些规划和政策应该是长期稳定的，在规划和政策既定的前提条件下，政府应运用法律手段、经济手段和必要的行政管理手段引导债券市场健康、有序地发展。

4. 税收风险

对于投资免税的政府债券的投资者面临着税率下调的风险，税率越高、免税的价值就越大，税率下调、免税的实际价值就会相应减少，则债券的价格就会下降。对于投资于免税债券的投资者面临着所购买的债券被有关税收征管当局取消免税优惠，则也可能造成收益的损失。

（二）权益类产品的风险

保险资产管理公司作为中国资本市场上的机构投资者之一，在投资权益类产品、追求投资收益的同时，也必然同时面对权益产品的市场风险 。权益产品投资的风险则是指实际获得的收益低于预期的收益的可能性。影响收益变动的各种力量构成风险的要素，通常认为：那些不可控的、外部的并且影响广泛的力量是系统风险的来源，而那些可控的、依产业或企业各异的内部因素则是非系统风险的来源。

具体来看，系统风险指的是总收益变动中由影响所有股票价格的因素造成的那一部分，经济的、政治的和社会的变动是系统风险的根源，它们的影响使几乎所有的股票以同样的方式一起运动；非系统因素基本独立于那些影响整个股票市场的因素，非系统风险主要包括经营风险、流动性风险、操作风险等。系统风险主要有以下几种不同的形式：

1. 购买力风险

购买力风险，又称通货膨胀风险，是指由于通货膨胀引起的投资者实际收益率的不确定。证券市场是企业与投资者直接融资的场所，因而社会货币资金的供给总量成为决定证券市场供求状况和影响证券价格水平的重要因素，当货币资金供应量增长过猛，出现通货膨胀时，证券的价格也会随之发生变动。

2. 利率风险

这里所说的利率是指银行信用活动中的存贷款利率。由于利率是经济运行过程中的一个重要经济杠杆，会经常发生变动，从而会给股票市场带来明显的影响。一般来说，银行利率上升，股票价格下跌，反之亦然。其主要原因有两个方面：第一，人们持有金融资产的基本目的，是获取收益，在收益率相同时，他们则乐于选择安全性高的金融工具，在通常情况下，银行储蓄存款的安全性要远远高于股票投资，所以，一旦银行存款利率上升，资金就会从证券市场流出，从而使证券投资需求下降，股票价格下跌，投资收益率因此减少。第二，银行贷款利率上升后，信贷市场银根紧缩，企业资金流动不畅，利息成本提高，生产发展与盈利能力都会随之削弱，企业财务状况恶化，造成股票市场价格下跌。

3. 汇率风险

汇率与证券投资风险的关系主要体现在两个方面：一是本国货币升值有利于以进口原材料为主从事生产经营的企业，不利于产品主要面向出口的企业，因此，投资者看好前者，看淡后者，这就会引发股票价格的涨落。本国货币贬值的效应正好相反。二是对于货币可以自由兑换的国家来说，汇率变动也可能引起资本的输出与输入，从而影响国内货币资金和证券市场供求状况。

4. 宏观经济风险

宏观经济风险主要是由于宏观经济因素的变化、经济政策变化、经济的周期性波动以及国际经济因素的变化给股票投资者可能带来的意外收益或损失。

5. 社会风险

稳定的社会、政治环境是经济正常发展的基本保证，对证券投资者来说也不例外。倘若一国政治局势出现大的变化，如政府更迭、国家首脑健康状况出现问题、国内出现动乱、对外政治关系发生危机时，都会在证券市场上产生反响。

（三）不动产投资的风险

新《保险法》进一步放开了不动产等收益和风险较大的投资渠道。不动产投资虽有优势，但也蕴藏着诸多风险，包括市场风险、流动性风险、法律风险和经营风险等。当前我国不动产投资市场面临的主要投资风险如下：

1. 市场风险

保险公司面临的市场风险主要来自不动产贬值。不动产的波动性相对股市要小一些，但仍然有波动风险，特别是在某些特定情况下，其波动幅度较大，尤其是在形成高价的房地产“泡沫”破裂后或经济危机及经济衰退期时更是如此。考虑到我国正处于楼市转型的敏感时期，宏观调控还未完全发挥作用，住宅市场已出现了较严重的泡沫。保监会有统计显示，全国保险资金运用余额为3.2万亿元。很多国家保险资金投资不动产的比例大概在5%～10%，如以这个比例计算，可投入不动产的险资至少超过1 000亿元，甚至达到2 000亿元。政府控制房价的政策已经出台，一旦大中城市住宅价格大幅下跌，保险公司受到损失。

2. 法律风险

一些情形是房地产项目本身及操作方式不合法，比如“五证”不全、不能办理产权证、项目本身就涉嫌违规、投资模式不合法等；有些是合同条款不合法、合同条款约定不清晰，无法起到保障各方利益的作用；还有些是担保机制不合法，即所提供的担保为无效担保。又比如，规划是行政对某一地区产业、人口、交通等内容的安排或计划，属于法规范畴，具有强制性，如果规划失当，也会造成商铺贬值。

3. 流动性风险

物业一旦购置后就不易变现，这是物业投资的最主要风险。规避该种风险的最好方法就是在选择物业时要对地段及物业本身资质做较高要求，注意选择性价比较高的物业，只有这样才能靠物业（包括地价）本身的增值来弥补将其变现所造成的损失。另外，产权不清也会造成物业再次交易的程序复杂，费用过高，所以在购置时做到产权清晰，也是规避流动性风险的重要一环。

4. 经营风险

保险公司投资房地产，在经营方面，保险公司承担了物业的经营、管理权，而物业租赁及交易成本的波动性远大于管理佣金的波动，由此加大了保险公司经营物业的压力；物业经营从项目选择、价格控制到客户确定，每个环节都有风险，保险公司在这方面的经验缺乏；在专业队伍方面，保险公司缺乏具有实际操作经验的管理团队，一旦经营出现严重偏差和失误，保险公司遭受损失。

（四）股权投资的风险

2010年9月5日，保监会出台了《保险资金投资不动产暂行办法》、《保险资金投资股权暂行办法》等投资大类的管理办法，保险资金投资渠道全面放开，缓解了保险公司的投资压力。但同时，股权投资是一种高风险高收益的投资，回报的基础是风险。大体上股权投资的风险概略为下列几类：

1. 市场风险

市场风险主要指资本市场变化的风险，尤其是 IPO 市场情况的变化。例如 2007 年 11 月之前，中国香港和美国市场对中国内地公司的 IPO 反应基本都很欢迎，但是之后情况发生显著变化，企业高涨的融资预期往往不得不屈服于市场的现实。同时，二级市场股价的变化也影响了一些股权投资人愿意给出的估值，尤其是 Pre IPO 的项目，投资人的回报预期受二级市场的影响较大。因此，严谨的股权投资人即便在股市高涨的时期也不会给出离谱的高价，因为不清楚退市的状况。

2. 法律风险

法律和政策风险主要来自法律体系的不健全和国家的政策变化，比如有些新生事物在国内目前的法律框架下还不明确，有些权利义务的约定并没有明确的法律保障，如可转债、赎回、对赌条款等。政策的变化，尤其是对某些行业、某种投资方式等的具体规定突然改变，也可能会增加投资人意想不到的风险。

3. 执行风险

执行风险的影响主要是在时间方面，指投资过程操作的复杂性，涉及工商登记、税务、外汇管理、部委批文，以及 IPO 的准备工作所处的阶段等等。执行的过程越复杂，越需要更长的时间，从而影响到投资的时间成本和回报率。比如投资于已处于上市筹备期的企业，公司财务、法律方面的准备工作已经做好，历史遗留问题已经清理，上市退出的成功概率较高，风险就较小。这也是一些投资人愿意为 Pre IPO 项目溢价的原因，因为执行风险较小。

4. 信用风险

信用风险具体是指，股权投资者往往只是财务性的投资人，持有少数股权，对企业的经营管理并没有控制权，如果原有的大股东或管理层恶意隐瞒或者欺骗投资人，可能造成争议及损失。这也包括所谓的“代理人问题”，即当股东与管理层存在利益冲突时，管理层如果没有股权激励，采取的行为可能是有损股东利益的。

5. 经营风险

企业经营风险主要是指被投资企业的业务经营风险，发生风险的原因可能是所处行业的市场环境发生变化，比如经济的衰退，可能是经营决策不对，比如盲目扩张、过快多元化，也可能是企业管理者的能力不足，或管理团队不稳定，等等。对这类风险的把握是考验投资者判断的最主要指标。

案例 5－1－3　太平洋资产构建全面风险管理体系

秉承太保集团“诚信天下，稳健一生，追求卓越”的核心价值观，太平洋资产管理有限责任公司建立了“全面风险管理，实现可持续价值增长”的风险管理理念，坚持并实施“分类管理、合理承担、全面控制”的总体风险管理策略。

一、覆盖全公司的风险管理体系

（一）风险管理组织

公司建立了多层次的风险管理组织，专业人员队伍逐步扩充，逐步建立了由董事会负最终责任，管理层直接领导，以风险管理机构为依托，相关职能部门密切配合，覆盖全公司范围的全面风险管理组织。

1. 董事会。董事会是公司全面风险管理的最高决策机构，对全面风险管理工作的有效性负责。

2. 风险管理委员会。2008 年公司在董事会下成立了经营委员会，下设投资决策、风险管理、产品开发和项目评审四个专业委员会，其中，风险管理委员会主要负责审议风险管理重要事项，监督风险管理体系运行的有效性。

3. 首席风险管理执行官。2008 年，公司任命合规与风险管理总监，负责指挥协调公司全面的风险管理活动。2010 年，公司任命了首席风险管理执行官，根据监管要求在公司高级管理人员层面进一步落实了风险管理责任人。

4. 合规与风险管理部和信用评估部。公司成立之初就成立了独立的合规与风险管理部，设立了投资风险管理岗、信用评估岗和合规管理岗。2009 年成立了独立的信用评估部，负责评级和信用风险管理工作。

5. 兼职合规风险管理员。2010年公司发布兼职合规风险管理员制度，建立兼职合规风险管理员队伍。

（二）风险管理框架

公司建立了以风险管理为中心的三道防线的管理框架。按照投资业务前台、中台、后台分离的原则，公司逐步建立前台投资运作部门、中台风险控制部门、后台营运支持部门之间相互独立运作的管控体系。各职能部门和业务单位在风险管理部门的组织、协调和监督下，主动承担风险管理职责，构成风险管理的第一道防线。公司设有风险管理委员会以及独立的合规与风险管理部、信用评估部，构筑了有力的风险管理第二道防线。公司根据集团公司要求，内审职能委托集团审计中心承担，形成风险管理第三道防线，针对公司已经建立的风险管理流程和各项风险的控制程序和活动进行监督。

（三）风险管理制度体系

公司认为，内部制度建设是全面风险管理体系建设的重要组成部分，公司从成立之初就持续致力于内部规章制度建设。几年来，公司风险管理制度流程持续优化与完善，为营造良好的风险管理环境提供了制度保障。几年来，公司不断健全风险管理制度，按照“分工明确、独立制衡”的原则，从投资决策、交易操作等方面入手，规范投资操作流程，不断修订和完善内部规章制度。2008年和2009年，风险管理领域重新修订了投资业务授权管理办法，制定了止盈止损相关制度，制定了重大突发事件应急分预案。信用风险管理方面，针对信用评级方法、跟踪评级与复评、交易对手风险管理、信用风险跟踪与监测、信用评级符号体系等出台了具体的规定。2010年，重点加强了操作风险与道德风险防范，如发布了《员工从业行为规范》等制度。

二、覆盖全过程的风险管理工作

公司设立以来，公司一直高度重视风险管理工作，风险管理技术逐步完善，风险管理能力逐步增强，风险管理渗透到公司各项业务环节，对每一类风险都全面认识、分析与管理。

（一）构建风险偏好体系

风险偏好体系由风险偏好、风险容忍度和风险限额组成。2009年公司建立了资产负债管理主导下的投资决策机制，太保集团成立了资产负债匹配管理委员会（ALCO）。ALCO作为委托方代表，根据发展战略目标、资产负债管理要求和经营目标制定投资指引，明确其资金运用的风险偏好、风险限额、收益要求等风险控制总目标。资产公司遵照执行ALCO审议通过的投资风险相关限额。风险管理部门负责跟踪、监控各委托人投资风险限额的执行情况，并定期向委托人报告。

（二）风险识别和评估

公司建立了一套完善的风险指标体系，在提高风险识别和预警能力的同时，也强化了风险的全过程管理。结合外汇市场、国内外宏观形势及市场情绪，建立了风险预警指标体系。结合委托人风险限额要求，以及风险指标的历史走势，建立了风险监控指标体系。结合多年来的风险评估实践，总结归纳了风险评估指标体系。对于新业务风险，合规与风险管理部积极参与公司内部相关制度与流程的讨论，主导或协助其他部门制定新业务的风险管理政策和制度；积极参与新业务操作模式的讨论，深入分析风险点，并提供全面的风险控制建议。

（三）风险计量

公司较早对各类投资资产风险进行了量化的研究，也是国内较早一批运用风险管理信息系统进行风险计量的保险资产管理公司。经过多年的探索，公司总结出了针对市场风险、信用风险、流动性风险和操作风险的一系列风险计量方法，衡量指标丰富且积累了多年数据。公司风险计量工作还采用敏感性分析、情景分析和压力测试等计量方法作为上述计量方法的补充。目前，公司已将压力测试工作纳入常规的风险管理活动。

（四）风险应对与控制

公司根据委托人的风险偏好，坚持资产负债匹配原则，综合考虑宏观经济环境、金融市场变化等因素，确定细化的风险控制目标与风险管理策略，在风险限额内合理承担市场风险；在满足资产负债匹配要求的前提下适当承担利率风险；尽可能采取措施规避汇率风险，对于固定收益类资产尽可能地避免、转移或消除信用风险；根据资产委托方的流动性需求以及负债产品特性管理流动性风险，确保负债的现金流出需求得到及时的满足。公司主动开展资产负债匹配工作，按照资产委托方的战略配置计划和投资指引制定流动性管理方案，密切跟踪资产和负债方面流动性的异常变化，合理配置变现能力较高的资产。

（五）风险预警

针对投资风险，公司建立了风险预警指标体系。风险管理人员跟踪与预警各类风险，定期监控，进行风险提示，及时发现并化解投资风险。针对信用风险，公司定期跟踪并更新持仓企业债券、债权投资计划受益凭证等固定收益产品和交易对手的评级，出具跟踪评级报告，动态反映信用风险波动。针对合规风险，公司每年针对重点业务领域组织两次深入的专项合规检查，并提出流程控制改进建议，推动部门完善内部管理。在交易系统和风险监控系统均设置了预警阈值和禁止阈值，可以利用系统了解投资业务的合规情况，对于触及阈值的，按情况向业务部门发送提示信息。针对道德风险，合规人员每日检查当日交易，填写风险监控日志，识别异常交易并进行跟踪调查，以便及时发现并修正隐患。针对重点内控环节，不定期抽查，及时发现并预警内控薄弱环节。

（六）风险监督

依赖于公司业已建立的风险管理三道防线，公司定期开展风险监督工作。各职能部门和业务单位对自身风险的监测和风险管理工作的自查；风险管理部门对各职能部门和业务单位风险管理工作的实施情况进行监督检查，每年至少开展两次专项检查；内部审计部门对公司全面风险管理体系与流程的执行情况的健全性、合理性以及有效性进行独立的监督评价。

（七）风险报告与沟通

公司建立了完善的风险报告体系，包括定期与不定期的风险评估报告、合规报告、内控评估报告和关联交易情况报告等报告，保证对公司日常投资运作和市场突发情况的及时评估与处理。

三、风险管理文化

（一）持续宣传与教育

公司重视建设风险管理文化，为推进全面风险管理工作打下良好的基础。一是坚持宣导“诚信天下、稳健一生、追求卓越”的公司经营理念，推动和实现可持续的价值增长。二是大力持续地向全体员工，特别是直接从事投资业务的员工宣传和强化风险管理意识。三是积极组织员工的风险管理培训与讨论。每年至少举办两次全员培训。

（二）风险管理效果与绩效考核挂钩

公司在行业中率先推出风险管理效果与绩效考核制度相结合的管理举措，从 2008 年开始，在年度绩效考核中将合规风险考核纳入各部门绩效考核指标中，对各部门合规风险职责履行情况进行考核和评估，合规风险考核结果直接影响部门绩效成绩，从而影响绩效奖金。

经过多年的努力，公司风险管理组织层次分明、职责清晰，风险管理制度体系健全、执行有效，风险管理技术手段逐渐优化，风险管理能力大大提升，风险管理意识深入人心，全面风险管理体系建设卓有成效。公司将继续坚持“全面风险管理，实现可持续价值增长”的风险管理理念，在保监会和集团的领导下，进一步完善公司全面风险管理体系。

四、金融创新引致的新型风险

随着我国金融业的深化，金融改革也进入深水区，金融创新无论从内涵还是形式上都发生了根本性的转变，金融工具与金融市场风险的隐蔽性与危害性日益增大。

进入21世纪的第二个“十年”和“十二五”开局之年，保险业将站在新起点、进入新阶段，同时需要注意的是，随着金融全球化和金融综合经营的深入发展，资本在世界各国和地区的金融市场中自由流动、相互渗透和扩张，并产生相互制约和竞争之力，保险业将直接面临更多的经济金融环境变化。

从宏观上看，经济全球化下的金融全球化在推动发展中国家经济增长的同时，将会带来不容忽视的金融风险和经济冲击，墨西哥金融危机和东亚金融危机等历次事件均证明了这一点。同时，由于发展中国家经济基础不稳固，经济结构相对脆弱，市场发育不完备，面临资金匮乏、技术比较落后、人才流失严重等问题，很容易受到经济全球化的冲击而产生国内经济波动。此外，经济全球化条件下世界范围内市场力量的加强以及发达国家大跨国公司的不断扩张，有可能冲击发展中国家的国内产业，威胁其国内市场安全，加大了市场的波动。

从微观上看，经济全球化和金融改革必将催生金融创新，金融创新的发展将会进一步使得货币的内涵和外延发生了根本性的变化。不断推出的金融衍生产品在转移风险的同时，也由于其复杂和易变性导致风险的隐蔽，从而完全可以轻而易举地突破传统上防范危机的“马其诺防线”。另外，金融创新推动下各金融机构之间，国内金融与国际金融之间的相互依赖性增加，一旦金融衍生产品中隐藏的风险凸显，则很容易造成金融风险的大范围扩散，进一步在恐慌中加剧，形成负反馈循环，最终极容易形成系统性风险。

在此大背景下，保险业作为金融业的一个组成部分，也将面临更多、更复杂的风险，同时风险的形成和传递更加隐蔽，这也使得保险业风险防范工作的难度更大。具体来看：

一是保险产品风险。一方面，近年来金融市场日益激烈的竞争格局推动了保险产品的创新与发展，为强化产品吸引力，保险公司在其中加入了各类内嵌保证，加大了保险负债资金流的预测难度，也给资产负债管理带来了更大挑战。另一方面，最近一个时期，利率、投资回报率等影响保险产品定价的关键指标波动加大，保险产品的定价比以往更加困难。

二是保险资金运用风险。新的投资渠道和投资产品逐步放开，但保险业缺乏在相关领域的专业技术和人才积累，如何在多元化的投资领域更好地控制投资风险，成为保险业面临的一个重要课题。同时，金融创新增加了货币政策操作的复杂性，导致利率变动频繁和不确定性加大，保险资金运用的市场风险加大。金融创新影响了货币政策的效力，这是因为创新后的金融工具大都增加了支付功能，使得货币的定义变得十分困难，英国等国家在金融创新活跃的时期都多次修改货币的定义，但仍然无法进行准确的计量，容易导致货币当局对货币供应量和相关的资金价格（利率）作出错误判断。同时，金融创新也较大地削弱了中央银行对货币供应量和利率的控制能力与效果，导致货币政策复杂性加大、影响市场风险。

三是我国保险业可能受到的国际冲击和影响不容乐观。近年来我国保险业对外开放不断深化，外资金融保险机构对华投资和在华设立机构不断增加，中资保险公司的对外投资和“走出去”步伐不断加快，保险资金对海外金融产品的投资力度不断加强，我国保险市场与国际金融保险市场的联系更加紧密。在这种情况下，国际金融危机将不可避免地波及我国保险业。目前，这种影响已经逐步显现出来，并且考虑到危机传导的滞后效应和累积效应，下一步保险业发展所受到的影响和冲击还有可能会不断加大。

［第二章］

建立全面风险管理体系

一、指导建立全面风险管理

在风险管理体系建设上，保监会在2004年保险资产管理公司成立之初就颁布了《保险资金运用风险管理控制指引（试行）》，从保险资金运用风险管理原则和目标、运行机制和风险管理的主要内容等几个方面，对保险公司和保险资产管理公司建立全面风控机制和内部控制约束进行了比较明确的指导，为保险公司以及刚成立的保险资产管理公司资金运用的风险管理工作指明了方向，全面提升了行业的风险管理能力。之后，保监会通过调研和组织会议交流优秀工作成果的方式，不断总结各保险公司和保险资产管理公司在风险管理工作中的经验教训，积极贯彻落实《国务院关于保险业改革发展的若干意见》，并结合国外先进的风险管理理念，于2006年10月出台了《关于加强保险资金风险管理的意见》，明确提出保险资金管理是保险业防范风险的生命线，要求保险机构健全制度，完善机制，规范运作，强化披露，采取新的方式，运用新的手段，科学评估保险资金管理风险，逐步构建全面覆盖、全程管理、全员参与的新型风险管理体系。

在监管方式上，保监会通过建立自上而下、垂直管理的行业风险管理模式，推动保险资产管理行业的风控体系与机制的建设，树立全行业的风险管理作风。一方面，保监会通过资金运用部实现对保险资金运用的专业监管，实行对保险资产管理行业的垂直管理，并出台一系列针对保险资金运用的监管制度。为及时准确地掌握保险资金使用的合规性和有效性，目前正在建立保险资金运用监管报表报送系统，以实现准确及时的了解保险资金的使用情况，以便在总体上确保保险资金的安全。另一方面，保监会要求各保险资产管理公司建立自上而下的内控体系与风险管理架构，强化风险防范的问责机制，完善风险信息传递和处理的传导渠道，制定针对公司领导班子、各业务部门和风险管理部门的内控与风险管理量化指标和实施的细则。通过对风险管理工作目标的制订、执行及缺陷整改进行考核评价，检验标准执行质量和效果，推动执行工作的落实到位。对于不能达标的，通过警示、问责和通报等方式促进管理体系的改进。此外，保监会要求针对保险资产投资的各类风险设置专门的风险管理与信用评估部门，在资产管理公司层级设立首席风险管理执行官、合规责任人、审计责任人、财务责任人，对公司的各项业务实施垂直管理，对业务部门提供有效监督，通过风险部门、业务部门的配合，实现风险控制与业务发展的统一。通过对保险资金运用部对行业的垂直监管和各公司内部制度、流程执行情况独立、客观、持续、有效地实施监督检查，并积极进行风险信息反馈和风险事项督促整改，使风险管理体系构成闭环的有效系统，使风险管理执行力得到有力保障。

在制度建设上，保监会陆续出台了《保险资金运用风险控制指引（试行）》、《关于加强保险资金风险管理的意见》、《保险公司风险管理指引（试行）》、《保险公司合规管理指引》等9项专门针对保险资金运用的风险管理制度，对保险公司和保险资产管理公司资金运用风险管理工作作出了直接的指导，并出台了接近30项针对具体投资品种的投资管理办法，对相关机构开展各品种投资业务进行了具体规范。同时，保监会通过定期或不定期的行业风险排查，加大对保险资金运用违规行为的处罚力度，进一步确保了保险资金运用监管规定的落实，有效推动了保险资产管理行为的规范化、有序化，促进行业健康快速发展。2004年以来，中国保监会共对30余家保险机构开展了资金运用检查，对12家保险机构进行了处罚。

在保监会的直接指导下，各保险公司和保险资产管理公司也在纷纷研究提出各公司全面风险管理体系的构建设想和实施方案。通过合规责任人、首席风险管理执行官、财务责任人、审计责任人等高管岗位和风险管理部、监审部、信用评估部等风险管理职责部门的设立，各公司的治理结构进一步完善；通过全面风险管理文化的宣导和风险管理规章制度的制定和实施，公司全面风险管理意识深入人心；通过保监会风险管理监测指标的建立，公司风险管理的方法进一步丰富；通过对市场风险、信用风险、合规风险和运营风险的划分和管理，各公司风险管理体系基本建立，全面风险管理能力有了很大的提升。

专题5－2－1　吴定富：建立长效机制防范保险资金运用风险

2004年9月9日，中国保监会召开全国保险资金运用工作座谈会。中国保监会主席吴定富出席会议，他在讲话中指出，保险资金运用是保险经营活动的重要内容，是实现资金融通功能的基本手段，事关保险业发展的全局。随着保险业的发展壮大和保险功能在现代经济社会中的不断演变，保险资金运用具有越来越重要的意义。当前要牢固树立和落实科学发展观，按照全面、协调、可持续发展的要求，进一步深化保险资金运用体制改革，切实防范风险，不断提高保险资金运用工作水平，促进保险业持续快速协调健康发展。

吴定富指出，要认真总结保险资金运用工作中的经验教训。在资金运用工作中，坚持以风险控制为前提，遵循安全性、流动性、收益性协调统一的基本原则，坚持专业化运作和科学投资决策，坚持资金运用与业务发展有机结合。做好保险资金运用工作要坚持两手抓，一手抓改革和发展，不断提高资金运用管理水平；一手抓监管和防风险，切实保证保险资金运用安全。

吴定富提出，要深化保险资金运用体制改革，从根本上解决保险资金运用存在的问题，不断完善保险资金运用管理体制和运行机制。一是要完善投资管理组织体系。要完善公司治理结构，按照《保险资金运用风险控制指引（试行）》的要求，在董事会下设立专门的投资管理委员会，对公司的资金运用战略和重大投资事项进行决策。要强化资产的战略配置职能，有条件的要设立专门的资金运用战略配置部门。要合理确定投资操作模式，按照公司资产战略配置的要求进行投资操作。二是要健全保险资金集中管理机制，各公司要加强资金的集中管理和统一配置。三是处理好保险公司与保险资产管理公司的关系。保险公司作为委托人，必须以资产负债匹配和流动性管理为重点，抓好保险资产的战略配置工作，并对资产管理公司执行战略配置的情况进行监督，对委托资产的投资绩效进行考核。同时也要充分发挥保险资产管理公司专业运作和贴近市场的优势，尊重其在资产战术配置上的独立性和主动性。保险资产管理公司作为受托人，要以对受托资产高度负责的精神，按照委托人对资产负债战略配置的总体要求，以资产的战术配置和组合管理为重点，在保证资金安全的前提下进行科学高效的投资操作，用好保险资金。

吴定富指出提高保险资金运用管理水平，要提高分析和把握宏观经济金融形势的能力，把握好宏观经济金融形势和国家的各项方针政策，认真分析这些形势对保险资金运用的影响，趋利避害；要制定科学的保险资金运用绩效评估体系，设置全面的考核指标，既有长期收益考核，又有短期收益考核；既有动态收益考核，又有收益稳定性考核；既有效益指标考核，又有风险指标考核。要确定合理的目标收益率，根据投资结构和投资组合确定科学的投资基准。要处理好保险资金运用与业务发展的关系，根据金融市场条件和资金运用收益情况进行产品开发，要高度重视或加强保险资金运用专业方面人才的培养和引进。

吴定富强调，要建立保险资金运用风险防范的长效机制。要建立保险资金运用风险控制的制衡机制，对保险资金运用所涉及的人员、岗位、权限进行有效的约束和监督，做到“三分开”，即前台操作和后台管理分开，投资运作与风险管理分开，投资决策与投资操作分开。要建立保险资金托管机制，逐步在保险资金运用中推行托管制度，目前应当在风险比较集中的几个投资领域尽快实现资金托管。要完善保险资金运用信息披露制度。保监会将制定保险资金运用信息披露办法，对信息披露的内容、时间和频率等做出具体规定。保险公司要对所披露信息的真实性负责，不得有重大遗漏，不得对客户进行欺骗、误导和故意隐瞒。专业中介机构为保险公司公开披露信息出具审计报告、法律意见书等文件的，要对相关内容的真实合法承担相应责任。

吴定富指出，要加强和改进保险资金运用监管。一是要加强资金运用监管信息的基础建设。要建立标准化的数据口径和报表体系，把保险资金全部纳入监测范围；要建立资金运用数据库，并纳入保监会的中央数据系统；要逐步建立保险资金动态监管模式，及时了解资金运用情况；要建立保险资金运用风险预警体系，充分利用现代信息技术设置风险预警的量化指标体系，做到对风险早知道，早化解。二是要实行资金运用的分类监管。对法人治理结构有缺陷、管理薄弱、风险控制能力较差、经常出现违规行为的公司实施重点监控，组织力量进行不定期的专项检查。要把资金运用新渠道的市场准入与保险公司的风险控制能力挂起钩来，风险管控能力差的，不能进入新的投资领域特别是风险较高的领域。对内控制度健全、风险控制较好的公司在投资的比例和范围等方面适当放宽限制。三是要加强对保险资金运用的调控和指引。要针对金融市场的结构特点和发展趋势，按照分散风险的原则，确定保险资产的配置方向和重点。要根据金融市场的变化和宏观调控政策，科学地设定保险投资范围和投资比例。要根据未来发展的需要，研究新的投资品种或工具。

吴定富强调，要加大对重大违规行为的处罚力度，狠抓监管制度的贯彻落实，强化责任追究，加强资金运用的日常监管，同时借助行业协会和社会中介力量，加强对保险资金运用的行业自律和外部监督。

据了解，截至2004年7月末，保险资金运用余额9 839亿元，以多种方式和途径投资于国民经济建设的各个领域，为经济发展提供了长期稳定的资金支持。

二、引入资金托管机制

2006年之前，保险资金多账户管理，资金出口较多，存在一些问题和潜在风险，而且随着宏观经济政策调整和金融改革深化，金融市场秩序发生了很大变化，保险资金管理面临新的市场环境、新的管理体制、新的投资渠道和新的交易对手，出现了资金管理制度不够完善、运作方式不够规范，难以防范投资产品增加、运营方式变化带来的道德风险。为解决这些问题，中国保监会适时提出了建立保险资金托管机制。建立托管制度可实现保险资金投资决策、交易执行、资金清算、会计核算、风险监督等职能的相互独立与隔离，可以防范保险资金运用过程当中的管理风险和道德风险。从2006年起，在保监会的统一部署下，部分保险公司对全托管进行了前瞻性研究，从内控理念、内控制度、内控机制和内控措施等方面，进行了一些探索和尝试，取得了明显成效。经过3年的试点和逐步铺开，初步完成了保险行业资金全过程和全金额的托管机制建设，初步建立保险资金全方位覆盖、全过程监督的制度。从而利用这种新型的动态监管体系，有利于了解保险资金运用的准确真实信息，及时发现风险苗头，提高保险资金的安全度和透明度，有利于提高监管效率，建立保险资金管理持续监管的长效机制。

这项工作进一步深化了保险改革，完善了保险资金管理体制，有效推动了保险资产管理规范运作，提高了保险资金运用的透明度，同时有利于统一管理、确保资金安全完整，有利于加强监督、增加管理透明度，有利于金融行业互动、提高投资运作效率，对促进保险业稳定持续健康快速发展，有着重大的现实意义和深远的战略意义。通过推动保险公司开展全托管试点，进一步明确了保险资金运用的受托、委托、托管的契约关系，引入了外部独立监督主体，初步形成了以托管机制为重点、内部控制与外部监督相结合的风险控制机制。

目前，已有 90 家保险公司建立了托管机制，保险资产托管规模超过 2 万亿元，托管资产种类也由股票扩大到债券、存款、基础设施、股权等资产。

三、加强信用评估体系建设

固定收益产品是保险资金的主要投资品种，而信用类固定收益产品对于提高固定收益投资收益率乃至提高整个保险资金投资收益率一直发挥着重要的作用。因此，保监会对保险公司和保险资产管理公司的信用风险管理能力一直非常重视，要求各保险资金运用管理机构建立完善信用风险管理体系，并在 2007 年分别出台了《保险机构债券投资信用评级指引（试行）》和《保险机构投资者交易对手风险管理指引》，引导保险机构债券投资构建信用评级体系和完善交易对手管理办法，促进行业信用风险识别和化解能力的提高。

2008 年爆发于美国的金融危机席卷全球，对保险行业而言，一方面受避险情绪影响，保费收入大幅增加，2008 年全年保费收入同比增加超过 50%，另一方面受全球金融危机的影响，国内资本市场的急剧变化，保险资金运用主动采取了投资资产的结构性调整，大幅提高固定收益资产配置比例，但受到有限的投资渠道与股票市场深度调整的影响，整体收益率相对较低，投资收益压力大幅增加，保险机构面临着很大的投资困难。在此环境下，保监会审时度势，出台了《关于增加保险机构债券投资品种的通知》，放开了保险资金投资无担保债券的限制，实现投资从利差向信用差的转移，丰富了固定收益投资品种，提高了投资收益。

在丰富投资品种的同时，为有效防范信用风险，保监会改进了监管，改变了传统方式，实行按照能力进行分类监管，保监会制定了《保险机构信用风险管理能力标准》，对投资无担保债券的机构从组织架构上、制度上、人员配备上和系统建设上都提出了严格的要求，并要求保险机构通过自身的制度、能力和基础建设证明自己的能力，并通过现场检查的方式对保险机构信用评估能力评估合格后，逐步放开无担保债的投资，为开放无担保债的投资渠道和控制信用风险，形成制度与机制的多重保障。

同时，保监会要求各保险机构灵活应对市场，针对债券投资从有担保走向无担保的重大转变，要加强信用风险意识，要加强责任感，要在深入了解市场变化的情况下，做出相应的债券投资政策和策略调整。而防范风险的关键在于能力，保监会开放无担保债和提出能力建设标准是要从长远角度培养保险机构无担保债的投资和管理能力，放开投资渠道的前提是能力达标。

通过能力建设，各保险公司的信用风险管理能力得到了很大的加强和提升，制度进一步健全，队伍进一步充实，运行机制进一步完善，信用评估工具进一步丰富，信用风险管理水平进一步提高。

案例 5-2-2　中国人寿资产管理有限公司无担保债投资管理经验

2009 年，监管机构放宽了无担保企业债的投资限制，中国人寿资产管理公司成立了信用评估部，并根据保监会《保险机构信用风险管理能力标准》（以下简称能力标准）的规定，完善了信用评估管理制度流程体系，健全了信用评估评审机制，推进了信用评估信息系统建设，加强了存量资产的跟踪评估和管理，建立了短期信用风险评估模型，完善了信用评估方法，培养了专业的信用评估队伍，提高了信用评估的专业化水平。通过各项能力建设，国寿资产信用风险管理能力建设顺利通过了保监会达标验收，成为第一批获得中期票据等无担保债券品种投资资格的四家保险公司之一。

一、人员建设是根本

根据公司批准的信用评估部职能，内设三个室，分别是评估规划室、评估一室和评估二室。其中，评估规划室负责信用评估制度和流程，信用工具条款评估方法和标准的拟定，信用评估系统建设，债权项目、股权项目投资、境外债券投资信用评估，以及部门综合性事务；评估一室负责非金融地产企业主体的信用评估方法和标准建设，及其信用产品的信用评估；评估二室负责金融房地产行业主体的信用评估方法和标准建设，及其信用产品的信用评估，交易对手的信用评估方法和标准建设，及其信用评估。通过两年的不断努力，国寿资产认真解读和学习了监管规定，形成了完善的信用评估方法体系，积累了丰富的信用评估经验，提高了信用评估的水平。

二、制度建设是保障

根据保监会《能力标准》的规定，按照“高起点，高标准，专业化”的要求，针对业务开展的需要，结合信用评估工作自身特征，公司着重从三个层次构建制度体系，已制定出台了15项制度办法。

第一层次是公司内部信用评级管理办法，对公司信用评级工作的能力标准，决策机制、实施流程进行了规定，主要制度包括《债务工具信用评级管理暂行办法》、《债务工具信用评级操作流程》、《债务工具信用评级议事规则》、《债务工具信用跟踪评级和复评管理细则》、《债务工具信用评级报告准则》、《信用等级符号体系规定（暂行）》、《债务工具信用评级方法细则（工业和商业）》、《债务工具信用评级方法细则（商业银行）》、《债务工具信用评级尽职调查细则》、《信用评级防火墙规定》、《信用评级人员行为规范》等；

第二层次是交易对手风险管理办法，对交易对手风险管理职责和机制做出总括性规范，主要制度包括《交易对手风险管理暂行办法》和《交易对手综合授信管理办法（试行）》；

第三层次是信用风险（包括交易对手风险）的监控和应急管理办法，明确了信用风险日常跟踪、监测以及风险应急处理的职责分工和流程安排，主要制度包括《信用风险跟踪与监测操作细则》和《信用风险应急管理细则》。

通过制度建设，公司初步建立起了多层次的信用风险管理制度框架，对公司信用风险评估和管理等方面工作进行了规范。

三、运行机制是关键

国寿资产始终高度重视信用风险管理，也较早开展了信用风险管理的实践，控制了相关产品的风险，积累了较好的工作经验，也培育了良好的风险文化。比如公司建立了短期融资券评估体系，成功地排除了福禧、力诺太阳和魏桥等风险事件，取得了良好的信用风险管理效果。此外，从截至4月底的2009年新增债券投资情况可以看出，公司的信用评估相对外部评级更加严格和谨慎。

根据《能力标准》的要求，公司今年对原有信用风险管理体系进行了调整和完善，设立了独立的信用评估部，对信用风险管理进行了更加细致化和专业化的分工。公司信用评估管理体系遵循“独立评估，内部共享”的原则，即信用评估部独立完成信用评估和评审工作，实现在部门设置、分管领导和人员构成上与相关投资部门的有效分离，但信用评估工作成果内部共享，评估报告供公司品种投资部门使用。

信用评估部内部根据行业进行分工，负责具体信用评估工作，并在部门内部设立了信用评审小组，由部门负责人和处室相关人员组成，负责信用评审工作。同时，信用评估部内部也明确责任制，规范了评估操作。此外公司还定期开展了跟踪评估工作，及时了解信用风险状况的变化。

四、信息系统是工具

信用评估部在外部咨询商——奥格/惠誉的协助下，利用公开市场数据、公司内部数据，以及联合内部数据，开发了8个分行业的主体信用评估模型，以及2个分期限的债项信用评估模型。

借助模型开发的契机，大力提升部门业务能力，在能力建设和团队建设方面取得了明显成效，开发经验得到有效积累。一是实现了模型开发和能力建设双结合。模型开发以来，部门不断加强交流和学习，积极调动部门积极性和能动性，既注重推动信用评估模型的开发，又强调提升部门信用评估能力。一方面，部门请奥格/惠誉专家针对模型建设中的各种问题开展全方位培训，并将外部专家“请进来”，开展信评相关的交流活动；另一方面，就模型开发中遇到的问题，主动“走出去”，寻求解决思路和办法。二是实现了模型开发和团队建设相结合。不仅成立了模型开发团队，还努力克服信用评估等日常工作任务重的困难，创造条件让更多的人员参与进来，充分调动信用评估人员的积极性，并形成了良好的学习氛围和有效的沟通机制，团队建设取得实效。三是积累了项目管理的经验。项目工作人员在开发过程中，边学习边实践，建立了一套较为完善的工作机制，在组织管理、决策管理、时间管理方面积累了一定的经验，为以后其他项目开展奠定了较好的基础。

通过不断总结经验，公司信用风险管理能力得到进一步加强，公司信用风险管理的组织架构、人员配备、制度体系、信息系统和运作管理水平已得到较大的完善和提高。

第六篇　展望篇

[第一章]

未来五年面临新的形势

一、国际国内经济金融形势

当前，国际经济金融发展已进入后危机时代，金融格局、金融业务、金融监管都将面临新的改革和调整，国内经济增长模式转变和产业技术结构正在升级，银行、证券、保险行业之间的竞争也会不断加强，这将对未来资本市场和保险资产管理产生深远影响。

（一）世界经济金融形势

全球经济不平衡复苏还将持续，世界经济正在从经济复苏的危机后回弹阶段转向今明两年速度放缓的增长。IMF《世界经济展望》预测，2012 年，全球增长率将从 2010 年的 5% 下降至 4% 左右；先进经济体实际 GDP 预计将以缓慢步伐增长，2011 年增长约 1.5%，2012 年增长 2%；产能制约的开始显现以及政策的收紧将使新兴和发展中经济体的增长率在 2012 年下降至 6% 左右，但这仍是一个较为稳健的增长率。

欧债危机加剧了全球经济复苏的曲折性。次贷危机后，欧元区高福利国家的企业和私人去杠杆，政府加杠杆。随着债务危机持续恶化，欧元区内部经济协调成本越来越大，各成员国之间因为利益不一致，政治经济摩擦将不断发生演化，欧债危机将深刻影响欧洲国家的经济形势的发展，欧元区陷入衰退的风险加大。巨额主权债务需要财政紧缩来控制，但持续紧缩却减少了长期增长的动力，没有经济增长保障，财政收入难以达到预期，将导致债务危机解决的长期性和复杂性。

表6－1－1　　全球经济展望一览表　　单位：%

		实际GDP增幅			通货膨胀		
		2010	2011F	2012F	2010	2011F	2012F
美洲	美国	3.0	1.6	2.2	1.6	2.9	1.8
	加拿大	3.2	2.2	2.0	1.8	3.2	2.4
	巴西	7.5	3.1	3.5	5.9	6.7	5.8
亚太地区	日本	4.0	－0.6	2.9	－1.0	－0.3	－0.2
	澳大利亚	2.7	1.9	3.8	2.8	3.3	3.1
	中国	10.3	9.0	8.3	3.3	5.2	3.5
	印度	8.5	7.2	7.8	12.1	7.4	6.8
	亚洲（日本除外）	8.7	6.7	6.5	4.9	5.2	4.0
欧洲	欧元区	1.7	1.8	1.0	1.6	2.5	1.8
	德国	3.5	2.9	1.3	1.1	2.3	2.1
	法国	1.4	1.7	1.1	1.5	2.0	1.4
	意大利	1.2	0.9	0.5	1.6	2.5	1.6
	西班牙	－0.1	0.6	－0.3	1.5	2.9	1.6
	英国	1.4	1.1	1.5	3.3	4.5	2.9
	瑞士	2.7	2.0	1.3	0.7	0.8	1.3
	俄罗斯	4.0	4.8	4.5	6.8	9.6	7.7
全球		4.2	3.2	3.3	2.9	3.7	3.0

数据来源：UBS。

对于大多数新兴经济体来说，高通胀仍是货币决策放松的最大障碍。随着全球经济的复苏和宽松政策持续，大宗商品价格上涨动力增大。原材料成本的上涨，将把收入从发达经济体的消费者，转移到新兴经济体的大宗商品生产者，从而扩大世界增长率的差异，并引发通货膨胀。大宗商品价格波动，尤其是石油价格和食品价格波动，有可能对发展中国家的增长构成风险，局部冲突和地缘政治的发展不能排除出现更严重的问题的可能性。

汇率以及货币政策不断引发争端。美国等发达国家希望人民币升值，以此抑制出口增长和过热的经济，同时增强美国和欧洲的出口竞争力。新兴市场国家因为担心通胀将采取紧缩的货币政策，而美欧日则继续量化宽松。如果各经济体都从自身角度考虑货币汇率政策问题，不同经济体的特点导致的政策差异会加强观点的对立，可能对全球经济发展构成阻力。

展望未来，全球经济复苏仍将继续，但面临的不稳定和不确定性因素增多，如发达经济体高失业和低增长状况短期内难以明显改观，发达经济体加强财政整顿将影响外部需求回升；长期看美元虽仍有贬值压力，但在欧债危机影响以及新兴市场出现经济放缓的情况下，美元反而显示出安全性优势，可能导致资金回流美国从而引起美元升值以及全球流动性走向的巨大改变；欧债危机持续，可能对金融市场造成巨大冲击；新兴市场累积的资产价格泡沫可能破灭；货币、贸易摩擦不断，地缘政治如中东、北非等问题出现恶化，也可能使金融市场产生动荡。

（二）国内经济金融形势

从国内看，我国经济金融发展形势平稳，但短期正面临下滑压力，长期面临增长方式由外向型向内需型转变、由非均衡发展向协调可持续发展转型的历史新阶段，“保增长、扩内需、调结构”的任务还很艰巨，积极的财政政策和消费政策、适度宽松的货币政策将根据形势发展进行相应调整，市场化改革进程逐步加快，资本市场环境出现变化，这都加大了保险资产管理运行的难度。

2010 年，中国经济继续朝宏观调控的预期方向发展，运行态势总体较好。消费平稳较快增长、固定资产投资结构改善、对外贸易复苏较快；农业生产形势较好，工业生产平稳增长，居民收入稳定增加，物价涨幅扩大。

展望 2011—2012 年，预计中国政府将对经济增长速度的容忍底线将进一步降低，政策将是稳健的货币政策和积极的财政政策的组合，不排除针对部分领域采取定向宽松的政策（如针对小企业采取优惠措施），全面放松的概率很小；预计房地产调控力度难以放松；人民币汇率仍将保持小幅升值的态势。

表 6－1－2　中信证券宏观经济预测中国主要经济指标　单位:%

年份	2008	2009	2010	2011F	2012F
GDP	9.6	9.2	10.3	9.6	9.7
CPI	5.9	-0.7	3.3	4.7	3.2
PPI	6.9	-5.4	5.5	6.4	4.1
全社会固定资产投资	25.5	30.1	23.8	24.6	23.5
社会消费品零售	21.6	15.5	18.3	16.2	16.1
出口	17.2	-16.0	31.3	19.7	17.4
进口	18.5	-15.7	38.8	24.6	19.8
利率（1 年期存款）	2.52	2.25	2.75	3.50	3.50
汇率（RMB/USD）	6.83	6.83	6.62	6.22	5.92

数据来源：国家统计局，中信证券。

从国内情况看，保持经济平稳增长存在较多有利条件，中国政府还有一定的政策运用空间，包括准备金率下调，巨额外汇储备和雄厚的中央财政实力及中西部巨大发展潜力，中国应对外围冲击的能力还很强，但短期内将面临资产泡沫、人力成本上升、资金链紧张等方面的重大挑战。2011 年是“十二五”开局之年，各地投资动力较强，前期出台的振兴战略性新兴产业，加快保障房建设，鼓励和引导民间投资等政策措施和各项区域发展战略正在发挥作用，加之国内市场潜力巨大，消费升级和城镇化都在发展过程中，收入分配改革力度加大，转变发展方式和调整经济结构步伐加快。

综合国际国内形势看，保险作为市场经济条件下风险管理的基本手段，将得到更为广泛的运用，特别是发展方式的加快转变，扩大内需战略的实施，经济结构和分配格局的调整，将进一步释放城乡居民消费潜力，为保险业及资产管理带来新的发展空间。随着我国人口老龄化快速发展，社会建设和公共服务体系建设深入推进，保险业可以在满足人民群众养老、医疗保障等方面发挥更大作用，寿险业的广度和深度有望继续增加。目前我国人均 GDP 已经达到 4 000 美元，人们的消费需求开始升级，对养老保健、医疗卫生、汽车住宅、文化教育等改善生活质量的需求将明显提高。这些消费领域都与保险业息息相关，需要保险业和保险资产管理提供更加丰富的产品和服务。总之，随着中国保险业的快速持续发展，“十二五”时期保险资产管理仍然具备快速发展的条件和基础。

二、全球保险资产管理发展趋势

次贷危机后，全球资产管理行业的发展呈现如下趋势：一是随着全球人口的老龄化，资产管理将从侧重资本增益转变到侧重定期的固定回报、本金保护和风险管理。二是将从追求相对回报转向追求绝对回报，更加注重分离 ALPHA 和 BETA。三是养老金的重新调整，包括从固定收益计划向固定缴款计划转变和更加侧重于资产负债的匹配管理。四是零售销售渠道将更加机构化。五是投资表现将不再是唯一的衡量标准，市场销售和客户服务将更加重要。六是传统的资产管理机构将融入更多的另类投资元素，包括对冲、杠杆、业绩表现提成机制等的使用。七是管理资产增长的来源将发生渠道和地域的变化，个人退休账户将是主要的增长来源。八是从地域的角度看，亚洲市场，特别是中国和印度将是重要的增长来源①。

保险资产管理公司是世界上最大的投资者之一，在全球资本市场占据举足轻重的地位。截至 2009 年底，全球保险业资产总额达 22.6 万亿美元，占全球金融资产约 12%。全球保险业总资产与养老金和共同基金的规模大致相当，是主权财富基金的 6 倍以上。

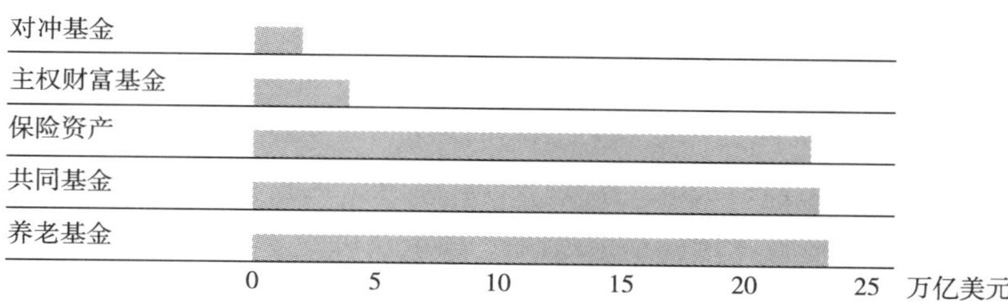

数据来源：瑞士再保险。

图 6-1-1 2009 年底主要机构投资者的资产持有量

保险资产管理以长期投资为主，并对其资产进行保守、审慎的管理，反映了保险公司经营险种及其业务的特性以及所在国家的特定目标和限制因素。借助于下列优势，已经有保险公司成功经营资产管理业务的案例（如德国安联公司，Allianz），这些优势包括：一是利用品牌知名度扩充资产管理的业务实力，二是稳健的市场定位和规模有助于吸引并保留人才，三是可与内部资产管理业务之间产生协同效应。从国际领先的保险集团发展历程来看，保险资产管理行业的发展呈现如下趋势：

第一，国际领先的保险资产管理公司都十分推崇集中专业化的投资管理模式。从国际经验看，随着金融活动的专业化和复杂化，成立独立的资产管理公司管理保险资金和第三方资金是保险业一大发展趋势。在世界 500 强企业中的 34 家股份制保险公司中，有 80% 以上是采取专业化保险资产管理机构的模式对其保险资金进行管理的。在资产管理公司框架下，实行专业分工和共同平台、品牌下的资源共享，这有利于提高资产管理效率和能力。如法国安盛公司 AXA 分为固定收益、权益投资、另类投资和投资方案四大类，每一类又分成若干个业务单元，在各个业务单元组建专业的投研团队或者投资公司；德国安联公司 Allianz 将资产管理业务领域主要划分为两大类：固定收益

① 麦肯锡：The Asset Management Industry in 2010。

与股权投资。旗下 PIMCO 是全球固定收益投资的主要平台，RCM 是股权投资的主要平台，Oppenheimer Capital，Allianz Hedge Fund Partners，NFJ 和 Nicholas - Applegate 进行专业投资。

第二，保险资产管理公司积极开拓外部业务。保险公司从战略和盈利两个方面看待他们的资产管理能力。开发外部资产管理业务已经成为了大部分保险公司金融服务战略的关键组成部分，保险公司寻求利用现有的能力来扩大客户基础。资产管理的目标就是为客户提供好于市场基准收益率的产品和服务。几乎所有的保险公司在管理他们的内部资产时均会同时管理第三方资产。目前保险公司管理的第三方资产的范围也大大扩宽，包括零售、机构、个人和企业退休计划、捐赠、共同基金、固定及可变年金和高净值个人业务。2008 年底，安盛、忠利、安联、苏黎世、英杰华、宏利 6 家保险公司管理的第三方业务占比超过 50%。

表 6－1－3　　部分海外保险公司的第三方资产管理情况

单位：10 亿美元、%

公司	所管理的第三方资产占所管理总资产	所管理的第三方资产	所管理的内部资产	所管理的总资产
Ameriprise	75	264.0	86.9	350.9
Prudential	69	367.4	164.6	532.0
AXA	53	667.8	592.2	126.0
Lincoin	45	77.1	94.7	171.8
Principal	21	41.1	154.1	195.2
Generali	16	67.3	365.7	432.9
Aviva	15	80.8	463.9	544.7

资料来源：2005 财政年度财务报告，所有的数字以美元为单位，按照 2005 年 12 月 31 日汇率计算。

第三，国际保险资产管理普遍涉足公募基金。目前，保险公司主要通过四种方式介入公募基金：（1）保险资产管理公司发行基金产品。其中分为两类：一类直接使用母公司品牌，如 Chubb Capital，State farm 等；另一类则放弃母公司品牌而创建自主品牌，例如 Marsh & MacLennan 保险经纪公司建立了 Putnam 资产管理公司。（2）直接收购基金管理公司。例如，Sun life 和 Met life 分别收购了美国最古老的两家基金公司（马塞诸塞金融服务集团和 State Street Research and Management）。（3）保险公司与非关联基金公司建立合作伙伴关系，使得保险公司能够将保险共同基金外包出去。如 Principal Financial 有自己的基金公司，但同时也把一些基金外包给 Morgan Stanley 和 UBS 等外部机构。（4）个别保险公司不直接管理基金，而是以“基金分销者”的身份存在，如 Jefferson Pilot。

第四，越来越多的保险公司使用第三方资产管理。面对竞争压力、评级机构的审核以及改善风险管理和会计服务的需要，针对保险公司需求的资产管理专业服务逐渐成长起来。2008 年以来的市场动荡迫使很多保险公司重新评估其投资和风险管理能力，特别是在美国和加拿大，2009 年保险公司外包了创纪录的 176 笔托管交易，用于管理 710 亿美元的资产，其中，包括 15 笔金额达 10 亿美元及以上的托管交易。去年普通账户保险资产外包总金额从 7 980亿美元增长至 10 320 亿美元。目前，银行、保险公司和资产管理公司都进入了这一市场，致使收取的管理费降低。

第五，非常注重通过外部收购的增长方式来扩展实力。考察国际顶级保险资产管理公司的发展可以发现，这些公司的初级阶段都是依托于母公司保险集团，为集团提供几种专业化的资产管理服务，然后不断扩大第三方业务的规模和领域，最后通过收购兼并等途径组成资产管理集团，提供各具特色的资产管理服务。保险公司通过结合内部增长和外部收购来加强其资产管理业务的例子已经不在少数。内部增长提供了更多的控制，收购战略可以使他们获得现有的人才储备和更丰富的投资产品。例如，法国安盛公司自从 1999 年以来其在管资产以超过 5% 的年增长率增长，并逐渐增加了其管理的第三方资产的数量。通过一系列的收购，公司增强了其资产管理业务。

第六，投资领域日益多元化，但投资风格趋于保守，回归简单、透明和基本。国际顶级保险公司大都具有强大的全球化资产配置能力，通过资产全球化配置，可以平滑不同金融市场的周期波动，有效分散资产管理的市场风险。如美国国际集团 AIG 在全球 130 多个国家和地区建立了业务网络和资源，同时建立了统一的投资决策和执行平台，实现了资产的全球化配置和集中统一管理，其资产配置范围包括美国、欧洲、亚洲以及新兴市场，投资的类别包括股票、固定收益类、房地产、对冲基金和私募股权等。但是，金融危机后，国际上一些主要的寿险投资趋于保守，主要投资方向都是政府公债、金融债等基本和传统的投资工具，因为简单透明的投资较易评估衡量，比如台湾的国泰人寿其 AAA 信用等级债券占其海外固定收益投资的近七成。

三、国内保险资产管理机遇与挑战

（一）保险资产管理面临的机遇

未来五年，保险资产管理将面临四大机遇：一是行业本身的内在增长机遇，二是投资渠道不断放开的政策机遇，三是市场化发展的外在增长机遇，四是财富管理市场的潜在发展机遇。

从全球看，保险资产增长要快于整体经济的发展。自1995—2009年，五大市场（美国、日本、英国、法国和德国）保险资产的名义价值由6.6万亿美元增至15.6万亿美元，年复合增长率为6.3%。在此期间，这些经济体按美元计算的GDP年增幅为3.6%。五年来我国保险业保费收入年均增长24.2%，保险机构共实现投资收益7 201.2亿元，年均投资收益率超过6%。2010年保费收入是2005年的2.7倍，总资产是3.2倍[①]，我国已经成为全球最重要的新兴保险大国。如果未来5年，保险业总资产保持15%的复合增长率，“十二五”末国内保险业总资产将超过10万亿元，这为保险资产管理提供了内在增长机遇。

过去五年来，监管部门多次拓宽保险资金运用渠道，相继放开境外投资、基础设施、股权和不动产投资，投资范围基本接近成熟保险市场水平。未来5年，随着新的投资政策的深入实施，保险公司大类资产配置进一步增加了品种选择，有助于保险公司改善资产负债管理和风险管理能力，为平衡长期收益创造了更为有利的条件。同时，保险投资资产分布结构将出现分化，相对于传统的证券投资，另类投资和海外投资的比例会逐步上升，这种战略性转变，既符合了保险投资特性，又与国际发展趋势相一致。保险资产管理将由局限于少数几个方向的资产管理转向包含另类投资在内的全资产专业化管理。

产品市场化需要配合新渠道和新体制，未来五年，保险资产管理有望加快市场化发展步伐，加大金融创新力度。根据监管新政策，发起设立资产管理产品将成为资产管理公司创新业务的主要方式。通过发行标准化、规范化的投资产品，有利于提升资产管理的能力和品牌，有利于实现由资产方驱动的负债产品销售，也将加快推动资产管理公司的市场化进程。在管理思路上，

① 数据来源：保险业情况通报会新闻稿。

保监会将强调放松管制、加强监管，让符合条件的资产管理公司在市场中成长。在专业化方面，监管机构将降低保险资产管理公司设立的门槛，做大保险资金运用的投资主体，并推动依据公司的战略定位于某一子类资产的专业资产管理公司发展。

相对于发达国家，中国的资产管理行业仍然处于初级阶段，这为未来保险资产管理走出行业、走向社会提供广阔的发展前景。目前中国资产管理行业的资产管理规模渗透率处于较低水平，根据野村证券的研究，2009—2012年的资产管理业的复合增长率将为35%。2010年12月平安大华基金获得中国证监会批准，这标志着保险公司将直接涉足日益增长的财富管理市场，为客户提供更加多元的产品和服务，将资产管理能力发展成为新的利润来源，更好地实现外部业务和内部业务的均衡发展。

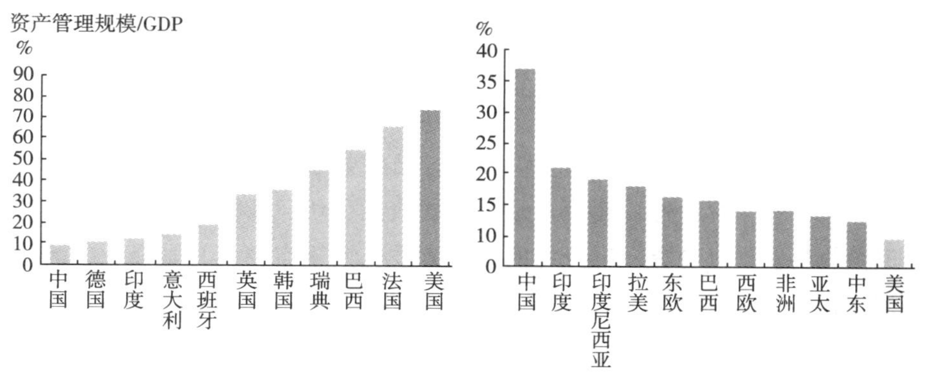

数据来源：野村证券。

图6-1-2 全球资产管理规模渗透率和复合增长率

（二）保险资产管理面临的挑战

目前，保险业发展正处在新的重要关口，面对着新形势、新问题、新目标和新任务，对保险资产管理提出了更高要求。经济全球化、金融一体化、创新国际化的迅猛发展，金融体制、金融市场、金融业务的快速变革，也对保险资产管理提出新的挑战。由于保险资产管理公司普遍成立时间不长、保险资金增长迅速，保险资产管理行业始终处于快速成长和发展期，面临挑战，主要体现在以下几个方面：

第一，资产配置短期性矛盾突出。“十一五”期间，我国保险业取得了突飞猛进的发展，保费收入和保险资产快速增长，保险资产管理面临“保费猛增、工具不足、配置困难”的局面，潜在风险较大。由于风险偏好、监管以及行业的历史原因，资产管理公司的资产配置集中在传统资产类别，虽然资产在全球危机中未受到严重损害，但中国的保险资产管理并非高枕无忧。例如，债券收益自20世纪90年代末以来一直较低，长期（10年期或以上）政府和公司债券的供应有限，而且交易不活跃，符合配置条件的品种非常少，保险负债长期性与保险资产配置短期性矛盾非常突出。所以，中国保险资产管理面临的一个挑战是，国内资本市场中可供资产负债管理的资产类别很少，将投资组合与长期负债相匹配依然非常困难，从而限制了保险公司开发长期产品的能力。

第二，第三方业务拓展难度较大。与全球同业相比，中国保险资产管理公司所管理的第三方资产占总管理资产的比例仍然很小，市场化程度较低。当前政策背景下，保险资产管理还未走向社会公众，海外投资也正处于起步阶段，第三方业务主要限于同业资金和年金市场。其中，企业年金市场由于具有广阔的发展前景和良好的政策环境，已成为金融业争夺发展金融资源的重要领域，除保险业外，其他金融企业如信托公司、基金公司也都参与到年金市场的竞争。保险资产行业外的第三方委托几乎空白，与基金业、信托业等相比有一定差距。

第三，专业化管理能力有待提升。在现阶段，保险公司被普遍认为从事资产管理业务的知识和技能不高，在全球范围内的竞争力较低。从国内的情况看，保险资产管理公司成立时间不长，无论在市场经验、管理机制方面，还是在人才积累和沉淀方面，相比其他主要金融机构都存在较大差距，这是保险资产管理行业可持续发展中急需解决的问题。保险资产管理公司目前普遍存在三方面不足：一是普遍缺乏经验，持续发展的基础有待夯实；二是缺乏优秀人才团队，特别是与投行等顶尖投资机构的差距很大，也未形成相关的体制、机制和文化以吸引和培育优秀人才队伍；三是缺乏产品创新，产品的同质性较大。

第四，保险资金对外放开日益临近。在金融混业经营的趋势下，一方面保险机构在推进保险资金多元化配置的同时，可以寻求以股权投资方式进入公募基金等其他金融行业，但另一方面其他金融机构也在积极谋求进入保险业。保险资产管理行业独家管理保险资金的格局在不久的将来可能会被打破，这一时间将取决于各监管机构的政策博弈和保险业的发展速度。在保险资金社会化委托的背景下，保险资产管理公司的竞争能力将接受市场的检验。

第五，长远来看，保险业还面临中长期利率下降趋势的挑战。在经历了较长一段时期的快速增长后，未来中国经济增速将适当放缓，根据国际经验，增速下降后国债收益率也会下行。从中国的人口结构来看，我国人口红利大概持续到2015年，人口红利即将消失的趋势日益明显。在过去的十年中，我国34～54岁壮劳动力的净增加量是500万人，但这之前的十年这一年龄段的壮劳动力人口增加9 000万人。人口结构老龄化后，有效需求就会下降，中长期看资本收益率会下降，中长期债券的收益率也会随之下降。日本人口总量的高峰期是在1990年，这与日本股票市场的高峰、经济增速的高峰是吻合的，现在日本十年期的国债收益率只有1%左右。我国台湾在20世纪90年代后期人口老龄化、经济放缓以后利率也是不断下跌的，现在我国台湾十年期政府债收益率只有1.7%。因此，保险业应坚持资产负债管理，在根据当前经济与市场周期变化调整资产配置的同时，也要未雨绸缪，做好资产的长期配置，以有效应对未来长期趋势利率下降的挑战。①

① 缪建民：《外看美元　内看通胀》，载《新世纪周刊》，2010。

［第二章］

资产管理新的战略目标

一、支持保险业跨越式发展

保险业跨越式发展是指保险业发展水平的整体跃升，表现为一系列保险业发展指标的迅速提高。中国保监会吴定富主席对保险业的跨越式发展进行了概括：一是保险业保持较快的发展速度，包括保费、资产、投资收益等指标的快速增加；二是保险产品和服务的创新，通过积极有效的产品和服务创新，全面提高行业的竞争力；三是服务经济社会能力的提高，不断满足构建和谐社会的要求。

在中国目前保险业处于初级发展阶段、承保利润较低的情况下，使企业做大做强，保险资金的运用在某种程度上更具有特殊的重要性。前几年，保险资产管理抓住了历史性机遇，不仅解决了保险业承保亏损的历史遗留问题，而且充足了保险公司的偿付能力，为保险行业的未来发展奠定了基础。

保险业是典型的资本密集型行业，大量国家、民间和国际资本等金融资本的进入，壮大了保险业的实力。国际经验表明，当人均 GDP 达到 3 000 美元后，保险业将呈现出加速增长的态势。2008 年中国人均 GDP 达到 3 000 美元，2010 年超过 4 000 美元，客观上为保险业实现跨越式发展提供了合适的外部条件。资产管理不断提升的投资能力、拓宽的投资渠道和长期稳定的投资回报将对保险资金的供给产生正反馈作用，促进保险业的资产规模持续增长。保险资金的有效运用，可以提高公司的盈利水平，保护投资者和投保人的利益，从而增强保险业的核心竞争力。

保险资金投资政策的逐步放开为保险资金投资提供了新的渠道，优质国有企业上市等为保险资金股权投资、债权投资、提高投资收益率提供了新的途径。而不同类型的风险资产投资将推动保险负债方创新不同特性、针对更多层次需求的保险产品，由此增强和扩大在社会中的影响力度和范围，全面提升保险行业在金融行业中的竞争力。

二、提高金融市场影响力

2010 年底，保险行业可运用资金约为 4.6 万亿元，其中，投资额为 3.2 万亿元，银行存款为 1.39 万亿元，保险行业的资产总额达 5.05 万亿元，保险公司已经是资本市场最重要的投资者之一。随着未来保险深度和密度的不断提高，保险资金规模具有很大的增长空间。同时，保险投资从全资产以及全球配置的角度进行资产选择，从传统投资领域扩充到另类创新领域，保险资金的影响力从传统股票债券等虚拟市场延伸至基础设施等实体经济，从境内区域延伸至境外区域，从普通保险客户延伸至银行、证券、信托等行业外客户。

保险资产管理从保险产品的特性匹配出发，创造了对各种不同投资工具的需求，成为金融市场发展的一个重要推动者。通过建立相应的存款保险保障制度，保险机构参与商业银行改革及上市重组，适度承接银行业金融风险，吸收信誉和经营良好的国有大型企业投资保险业，使国有企业在实业之外增加了一层保障；具备条件的保险公司通过重组、并购等方式，发展成为具有国际竞争力的保险控股（集团）公司，进一步增强了抵御风险的能力，并在更大范围内稳定金融体系。保险机构通过投资商业银行、基金公司和证券公司等金融机构，协调各参与主体利益，系统性的参与金融体系发展。

同时，保险资产配置了大量风险资产，而风险型资产的配置要求公司在无风险收益的基础上创造稳定的风险溢价回报，以确保覆盖保险负债成本，风险定价的影响从保险产品端向资产端传导。通过保险资产管理自上而下的配置能力和自下而上的分析能力，配合巨大的投资规模影响，保险资产管理利用投资对资产进行风险定价，通过建立减少高风险行为和缓解风险的激励机制，风险的准确定价提高了经济效率，客观上促进了金融市场风险定价的形成，提高了金融市场效率。

三、增强金融改革话语权

国际金融危机令国际金融体系的诸多弊端暴露无遗，这也给国际金融改革提供了难得契机。我国更要从中吸取教训，探索符合中国国情的金融改革路径。金融改革的目的是防范和化解金融风险，增强金融体系的稳定性，建立健全银行、证券、保险监管机构间以及同宏观调控部门间的协调机制，是金融改革的重点。保险业在金融改革的过程中将体现独特和不可替代的影响。

证券公司由于目前盈利模式的单一性，在金融风险来临时，资本市场的冲击会直接导致证券公司在经纪、自营和投行业务上的连锁反应，是比较容易遭受系统性风险影响的行业。与银行和证券相比，保险业的特点决定了其在金融危机中能较好的经受住考验。

表 6－2－1　　保险和银行之间的区别

问题	保险	银行
流动性风险	大部分资产流动性较强，负债流动性较弱，保险负债一般由保险事件所触发。保险公司很少有短期融资，并要求资产和负债久期匹配。即使退保，因为通常较高的罚金无法很快完成。	大部分负债是短期的，而大部分资产尤其贷款是长期非流动性。这种流动性和久期错配容易导致挤兑风险。
缓冲资本	如果提取的赔付准备金不足，保险公司的权益资本可以作为吸收风险的缓冲资金。	资产权益比一般都高于保险业。权益资本不仅要作为银行资产价值波动的缓冲资金，也要吸收无法通过出售流动资产来管理的融资波动风险。
蔓延风险	保险公司之间不互相借贷，使得不易受到蔓延风险的影响。	银行同业市场是重要的融资渠道，银行之间具有高度相关性，易于受到蔓延风险的影响。
清算过程	由于负债的期限较长，保险业务账目可以由监管机构在负债的整个存续期内有序清算，保险公司按照重建的进度进行赔付而不是在建设开始时就一次性全额赔付。	银行机构的破产可能会立即触发资金危机，从而较难以有序方式对银行进行清算，尤其是在银行结构十分复杂的情况下。由于银行挤兑风险的存在，监管机构必须采取迅速行动接管银行，以免对银行体系和经济造成进一步破坏。

数据来源：sigma。

保险行业从自身稳定性特点出发，应充分利用良好的外部环境和改革创新的有利政策，不断探索新路子，积累新经验，使保险业成为最为活跃的创新型行业。保险监管将利用保险资金特性推动创新，例如发展股权投资，并扩大投资比例上限，迅速凭借规模优势在目前信托、证券、银行和私募等主体垄断的领域占据一席之地。

四、促进社会经济发展

保险业在社会经济发展中扮演了重要角色。“十二五”时期，我国社会经济发展既面临难得的历史机遇，也面对诸多可以预见和难以预见的风险挑战。对于市场经济条件下的风险管理，除了政府提供的社会保险和公共救济之外，商业保险的基础性作用也非常重要。

1. 完善经济保障和增进社会和谐。保险业可以通过构建风险分担机制来应对灾害损失，不仅可以通过对受灾群众进行经济补偿来协调社会矛盾冲突，而且可以通过承担社会道义责任来推动建设负责任的社会。

2006—2010 年底，我国保险业累计赔付与给付超过 1.3 万亿元。

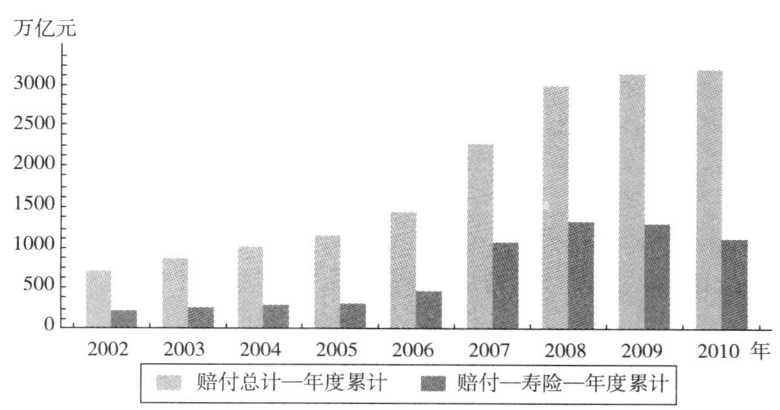

数据来源：Wind 资讯。

图 6-2-1 保险赔付促进社会稳定

2010 年以来，保险业在应对南方严重洪涝灾害、青海玉树地震、黑龙江伊春空难、上海高层住宅火灾等重大灾害事故中，积极履行保险责任，有力支持和配合灾后生产重建和善后工作；在上海世博会、广州亚运会等重大盛事中，保险业也较好地发挥了自身风险管理功能，为这些盛会的顺利举行作出了特有的贡献。保险业在应对灾害事故风险、保障人民生命财产安全和经济稳定运行等方面发挥了不可替代的重要作用。在灾害频发的时期，保险提供的赔付将具有更多的需求及不确定性，这就要求保险资产管理能够提供良好的投资回报作为支持。

保险资金参与保障房和公租房建设，也符合政府改善民生的政策趋势，反映了保险资金服务社会的能力，推动构建和谐社会。

2. 提供资金支持，推进经济结构调整。保险资产管理的创新，是保险业担当资金融通媒介促进经济增长的核心，通过发展金融服务产业推进经济结构调整，而且通过塑造消费者稳定收支预期保证可持续的经济发展。

保险资产管理以债权等方式投资交通、通信、能源等基础设施项目和农村基础设施项目，投资国有大型龙头企业股权，特别是关系国家战略的能源、资源等产业的龙头企业股权，能顺利贯彻国家经济战略思想，推进结构调整方式。

［第三章］

资产管理新的监管思路

“十一五”以来，保险资金运用进入了一个前所未有的时期，投资渠道不断开放，保险资金陆续进入公开、非公开市场等各个领域，在资本市场的影响力也日益扩大。对于监管者来说，在经历过80年代保险资金无控制的进入各个领域并形成大量不良资产的历史教训后，这五年的发展核心是在监管引导、法制先行的条件下，有序开放投资渠道，才有了五年来稳步开放后风险可控、业绩提升的良好局面。

近年来，保险监管层始终在不断思考和探索监管发展的方向，在经历了资本市场的巨幅波动后，也积累了大量的经验与教训。面对日趋复杂的资本市场，以及日益庞大的保险资产规模，如何把握未来的监管定位，如何准确发挥监管者恰当的作用，如何兼顾行业发展与风险控制，需要保险资金运用监管层不断转变监管理念、改进监管方式、规范监管运作、强化监管手段。

一、思想力——转变监管理念

近年来，监管机构为了促进保险资产管理行业的发展，对行业更多地行使了带领与把关的角色，或多或少地参与了行业的工作，为行业的快速健康发展奠定了良好的基础。

随着保险资金运用渠道逐步拓宽到各个领域，传统投资业务监管的框架和体系日臻成熟，不断开放的新业务也在试点成功的基础上逐步走上正轨。在这种新形势下，监管者需要积极转变监管理念，及时调整自身的定位，更多发挥一个引导者和监督者的作用。

一是要进一步厘清监管的定位。监管机构是市场行为的监督者，而非市场主体的参与者。监管部门要明确监管的定位和职责，树立正确的监管理念和思想，固守监管的原则和底线；要把制定规则、监测风险、检查行为、教育市场作为监管的核心内容，既不能越界，也不能缺失，厘清监管与市场的责任边界，各司其职；要坚持依法监管、科学监管和有效监管，监管改革不意味着监管的削弱，不是简单的“市场进一步，监管退一分”，是把本属于市场的交给市场，使监管做好监管的事。同时还要不断创新和发展监管，注重与形势变化和市场发展相适应。

二是要行业发展与风险控制并重。监管机构作为行业政策的制定者、市场主体的监督者，既要服从和服务于国民经济建设及改革发展的大局，为行业的持续快速健康发展创造良好的政策机遇和市场环境，又肩负着行业系统性风险监控、确保保险资产管理业务平稳运行的重任。因此，监管机构要充分发挥政府资源优势，积极评估国内外经济形势、资本市场、行业能力及个体差异等方面，对于条件成熟、适合保险资金投资的领域或方式，要不遗余力地推动，为保险资产管理业务创造良好的环境。同时，新的业务、新的领域都意味着新的风险因素，监管机构自身也有一个消化、吸收及磨合的过程，因此，要始终坚持把强化风险控制放在第一位，不断完善以资本约束为核心的监管体系建设，切实为保险资金保值增值保驾护航。

二、执行力——改进监管方式

强有力的监管执行，是督促被监管者合规经营的有效保障。保证法律法规的执行力，不仅仅是维护法制严肃性，更是充分体现保护守法者、惩治违法者的法制理念。反之，失去执行力，再科学健全的法制体系也不过是一纸空谈，不但起不到管控作用，反而会助长违法违规行为。

从保险资产管理行业来看，市场瞬息万变，制度建设可能跟不上形势的发展，但历史经验表明，正是坚持了最根本的制度规定，严格执行投资渠道以及比例限制等监管规定，才使得行业总体平稳度过金融危机。2008 年 9 月，随着华尔街几大投行纷纷倒闭，全球陷入金融恐慌，国内也立即展开了相关损失调查，由于严格执行了境外及衍生品投资等限制规定，保险资产管理受损极其有限。因此，坚持监管执行力，是对整个行业资产管理风险防控的有力保障。

必须坚持监管执行力，才能使得监管理念得到充分贯彻与落实，才能真正推动整个行业的前行与发展。在监管实施过程中，总是会遇到各种各样的困难或问题，如短期内会影响公司发展，或者是会增加公司运营成本，或者是会造成较大的操作困难等等。如果因为种种个体困难而降低执行力，行业的整体发展、公司的长远健康发展等目标将无法实现。因此，市场主体在平衡阶段性利益和长远目标时，仅靠自觉性是不够的，强大的执行力是监管措施落实的重要基础。

基于此，监管者应重点强调监管方式的转变，从个性化指导转向普遍化管控，并强调执行的严肃性和一致性。一是要在联动监管机制下，落实以偿付能力监管为核心的保险资产管理监管，对于偿付能力不足或不达标的公司，严格限制其开展高风险投资和创新型投资。二是要强化以专业能力资格为核心的监管方式，强调保险资产管理的集中化要求，对管理机构的专业能力状况按既定标准严格审查，对不符合标准的机构应坚决限制其开展高风险创新型业务。三是要加大对违规机构的惩处力度，对于发生超出投资比例限制、违反交易对手管理标准等违规情况的保险机构，应对其采取明确的处罚措施。四是要审慎有序地开展试点工作，对于一些尚处在探索阶段、不适于全面推广的新业务，可以通过试点的方式进行推进，严格把握试点范围，限制试点规模等。

三、运作力——规范监管运作

强化运作力、规范监管运作是落实执行力的必要条件之一。监管机构每一项措施的出台、每一次制度的解释和监管处罚的通知，都会对机构乃至行业产生重大影响，发布者本身如果缺乏严谨规范的操作程序，会大大影响执行力的贯彻效果，甚至影响到监管者自身的声誉。随着行业的发展渐趋成熟，监管者也需要进一步规范监管运作，使工作效果提升到一个新的高度。

一是要保障监管制度的全面覆盖性、准确性和严谨性。近年来，金融市场飞速发展，各类金融创新不断涌现，加上新会计准则的推行，监管制度尽管一直在不断补充和修订，但在把握大原则的同时，较多细节难以全面顾及，由此也给制度的严格执行带来了困难。因此，制度解释就显得尤为重要，如果口径不统一则更会引起执行上的混淆，进而还会给监管者的形象造成负面影响。规范运作首先应在制度规范上入手，一方面要清晰标准，特别是强制性合规要点，应能够为机构的执行和监管的监督提供明确的依据；另一方面也应充分考虑前瞻性，为市场进一步变化预留空间。同时，建立统一的制度解释机制，推进监管解释书面化、规范化，加强行业制度宣导与讲解，促进各机构对制度的统一理解与掌握。

二是要细化关键事项的执行标准，保证监管者的工作有据可依。在总体监管思路下，监管机构承担着大量对机构有重大影响的具体事项的处置职责，无论是专业能力资格审查，还是债权计划备案合规性审核，抑或是根据监管检查结果出具监管措施等，都需要将相关行为标准化。标准的建立有利于机构对要求的理解与掌握，有利于保证监管者自身把握标准的一致性，更有利于提升监管者行使职责的效率与效果，减少争议。

三是要根据制度细化各类监管处理事项的规范与流程，为自我约束、自我监督提供明确的依据。针对制度中明确规定的或职责范围内的监管处理事项，大到资产公司的设立审批，小到合规疑问的回复，其处理的速度与准确性都会对机构经营产生重要影响。因此，监管机构应特别针对全部责任内处理事项逐一梳理，制定内部分工协作流程，细化时间要求与处理标准，并建立起相互间的监督机制，从而保证事项处理的及时性、顺畅性和适当性。

四是要强化对监管人员执业操守的要求，落实国务院关于反内幕交易、反商业贿赂等文件精神，把自我管理作为监管他人的前提条件和有力保证。保险资产管理是金融领域的敏感性行业，作为行业的监管者，担负着制定政策、监督行为的重要责任，在掌握大量信息和资源的同时，必须严格坚守执业道德与纪律，不利用职权谋取不正当利益。

四、控制力——强化监管手段

强大的监管手段是落实执行力的重要工具。一方面，要大力提升监管手段的信息化程度。在当前的信息化社会，监管者应充分利用信息技术条件加大监督力度，提升监督效率与效果。2010 年，监管机构已经推出了能够与保险机构直接对接的监管信息系统，可以接收大量信息报表，大大提升了非现场监管的效果。监管者还可直接通过数据检查及时监督投资渠道、比例限制的遵守情况，并及时对违规行为进行处置；同时，也可密切跟踪行业资产管理运作状况，及时掌握行业风险情况，从而能够适时有效地开展窗口指导，在整合行业数据的基础上，进一步提升监督的力度。

另一方面，要进一步强化信息披露的规范和要求。当前，监管机构积极推动保险资产管理创新，创新的载体——保险资产管理产品将逐步进入保险资金配置的视野。这种类似于业内公募的产品，能够提升保险资产管理公司的投资能力，推进保险资产管理行业的市场化。资产管理产品业务的发展，需要良好的信息披露机制，帮助投资者理解产品的收益与风险，做出理性的投资决策。一是要明确和细化每一类保险资产管理产品的信息披露内容及相关要求；二是要采取现场检查、督促保险资产管理公司定期报告等手段强化执行的力度；三是要建立保险资产管理产品上市交易平台，通过开发交易所、托管行、登记结算公司等众多市场参与方，强化对信息披露的监控和要求。

[第四章]

加强资产管理改革创新

一、建立新的管理体制

当前保险业的发展已经进入了新起点、新阶段，保险资金运用面临的机遇和挑战都前所未有。为促进保险业的科学发展，防范化解系统性风险，保险资金运用需要建立与之相适应的管理体制，促进专业化、规范化、市场化和国际化。

一是要规范现有保险资产管理公司管理体制，按照现代企业制度要求，支持保险资产管理公司优化股权结构，改进经营模式，完善公司治理，提升服务水平，增强竞争能力和发展能力。现有 9 家保险资产管理公司管理着行业 80% 以上的资产，这些资产公司多为保险公司全资或控股子公司，管理资金也绝大部分来自于母公司，本质上并非完全独立、市场化的资产管理机构，而是附属于集团的子公司。随着保险资产规模的迅速膨胀，这种模式已越来越难以满足保险资金运用需要，也制约了保险资产管理公司投资能力的提升。因此，有必要优化现有保险资产管理公司的股权结构，适当引入股权多元化，完善治理结构，建立规范的现代企业制度，逐步引入市场化的竞争机制，提高管理能力和服务水平。

二是要引导和规范保险公司与保险资产管理公司的委托受托关系，理顺利益分配机制。当前大多数保险公司与保险资产管理公司既是母子关系，又是委托和受托的关系，由于保险资产管理公司的客户相对单一，实际管理过程中，往往会导致这两种关系的混乱和错位，如资产管理费率，本应该由委托人和受托人根据市场化水平确定，但往往受到母子关系的控制或干扰，可能会采取总量控制、以支定收等措施来限制资产管理公司的收入水平，这种非市场化的分配机制会挫伤资产管理公司的积极性，不利于管理和服务水平的提升。因此，需要引入市场化的竞争机制，逐步摆脱双方在委托和受托上的路径依赖，从而弱化股权关系对客户关系的影响，达到引导和规范委托和受托关系，理顺利益分配机制的目的。

三是要支持符合条件的中小保险公司设立公司治理完善、股权结构合理、市场化运作的保险资产管理公司，推进保险资产管理专业化建设。五年来，保险公司由“十一五”初期的93家增加到146家，年保费收入由4 931亿元增加到1.47万亿元，总资产由1.5万亿元增加到5万亿元，呈现出原保险、再保险、保险中介、保险资产管理相互协调，中外资保险公司共同发展的市场格局，我国已经成为全球最重要的新兴保险大国。目前，超过70%的保险公司设立了独立的资产管理部门，其中有10多家公司采取资产管理中心模式，专业化管理水平明显提高。因此，有必要支持符合条件的保险公司设立公司治理完善、股权结构合理、市场化运作的资产管理公司，培育专业的保险资金运用主体和合格的机构投资者。

四是要研究探索设立专业化的保险资产管理机构，提高投资效率，满足创新业务和另类投资的需要。目前，保险资金运用渠道已基本全面放开，除了传统的公开市场，还涵盖了基础设施、股权、不动产及境外投资等各个领域，保险资产管理公司已经成为我国金融业中投资领域最为广阔的金融机构之一。近年来，保险资产管理公司充分利用投资渠道多的政策优势和专业团队强的业务优势，不断加大资产管理创新力度，发行了多项基础设施债权投资计划、股权投资计划及资产管理产品，累计募集资金近千亿元，为保险资金另类投资进行了有益尝试。基于不同类别资产的风险收益特征大不相同，保监会也在积极探索设立专业化的保险资产管理机构，以资产管理产品为主要载体，针对不同业务类别设立专业事业部、另类投资中心或者子公司，以促进资金运用的专业化，提高投资效率，满足各类新业务的投资需要。

二、构建新的运行机制

防范资金运用风险、保障保险资产安全，是保险资金运用必须始终坚持的生命线，任何一个环节出现问题，都可能造成无法估量的损失。为此，有必要构建新的运行机制，实现投研、风控的全面覆盖、全员参与、全程监控。

一是要完善投资决策机制。保险资金运用渠道逐步放开，几乎涵盖了所有大类配置资产，基础设施、股权及不动产投资的风险收益特征不同于传统二级市场的投资品种，需要专业化的队伍负责管理，并建立相应的决策机制。一方面，要强化内部专业化分工，按业务类别分设不同的决策机制，最大限度地发挥不同领域专业人员的业务专长；另一方面，也要充分利用外部专家等资源，逐步建立规范的外部专家顾问委员会等制度，完善外部专家库，提高决策的专业性、科学性。

二是要健全风险控制机制。要健全风险管理制度，按照“分工明确、独立制衡”的原则，从投资决策、交易操作等方面入手，规范投资操作流程，全面修订和完善内部规章制度；要强化制度执行力，定期检查、评估内控制度执行情况，并注重发挥内部稽核和外部审计的监督作用；要提高风险管理信息化水平，加强总体规划，推进信息系统的标准化建设，建立全面风险管理数据库，实现对资金运用风险的动态监控和自动预警，及时消除风险隐患；要明确风险责任。董事会、经营层及相关部门，要建立完整的问责制度和责任追究机制，严格执行资金运用高管人员、重要岗位人员离任审计制度。

三是要强化运营保障体系。加快推进落实资产托管制度，各保险机构要逐步完成资产托管，新设立的保险公司开业前必须建立资产托管制度，提高保险资产运作透明度；要健全登记、托管、交易、清算等各环节的制度和流程体系，明确界定前、中、后台的工作职责，强调流程规范和过程控制，杜绝操作风险、道德风险等事件发生；要高标准推进信息系统建设，建立完善前、中、后台一体化的资产管理信息系统，强化数据管理和服务。要突出对保险资金运用人员、岗位、权限的约束和监督，实现投资决策、交易、风控的相互分离。

三、实现新的增长模式

资产负债管理既是保险经营的重要内容，也是防范风险的重要手段和基本要求。传统的保险产品定价机制主要由负债主导，随着保险业的快速发展，这种方式一方面已满足不了一些高端客户的个性化需求，另一方面也难以与国内资本市场的投资品种相匹配。因此，有必要引导保险产品的定价机制由负债主导型向资产主导型转变，改善资产负债匹配，优化保险业务结构，实现可持续的增长模式。

负债主导型的基本设计思路是“先定负债承诺，再定投资回报”。在产品开发过程中，产品的设计、定价完全以市场客户为主导，产品开发部门先确定负债的期限、久期、承诺收益率等基本属性，然后由投资部门按照产品设计的收益率要求做好保险资金的运用工作，选择合适的资产组合与之相匹配。这种模式更多关注了客户需求和市场竞争，往往受到消费者的欢迎，但承诺收益率是根据客户意愿和承保业务竞争需要制定的，可能会与外部投资环境的现实条件存在脱节，增加了投资风险；另外，产品的预计功能完全由多样化的客户需求组合而成，增加了产品负债的复杂性。为了满足未来现金流出在时间、金额、内含期权变化等方面的要求，对新产品的负债进行资产匹配，必须要有健全的资本市场，目前国内市场还达不到这一要求，因此，也迫切需要改变增长方式。

资产主导型的设计思路是“先定投资回报，再定负债承诺”。产品开发过程中，充分考虑资本市场上有效金融资产的特点，根据保险公司的投资能力来进行投资型产品的设计。先由投资部门分析目前的资本市场，确定可以实现的收益率水平，建议较好的投资渠道和方式，然后由产品开发部门和精算部门结合客户需求设计产品，制定产品价格。这种保险产品创新模式的优势在于，投资管理人员参与了保险产品的设计、定价、销售策划工作，产品开发过程优先考虑了资产约束，提高了保险产品的可投资性及承诺收益率的可实现性，降低了公司经营风险，有效防范了利差损等市场风险的出现。

通过负债主导型向资产主导型的转变，建立资产管理和负债管理的联动协调机制，能够实现资产和负债的动态相互反馈。发展负债业务结合资产配置，能够向市场提供更多适销对路的产品；资产管理支持负债业务发展，能够尽可能减少资产负债不匹配对公司稳健经营造成的不利影响，从而引导保险资金的合理增长，实现新的增长方式。

四、确立新的监管体系

随着我国保险市场的快速发展，保险资金不断积聚，日益成为影响金融保险市场安全的重要因素。防范化解系统性风险，促进保险业科学发展，都要求进一步加强保险资金运用监管。

一是要强化监管基础建设，不断提高监管能力和水平。要继续加强制度建设，根据监管和市场需要，制定发布保险资金运用相关监管办法，并通过政策培训、市场沟通等方式，引导保险机构正确理解、全面落实保险资金运用监管规章制度。要完善监管机制，健全以投资能力标准、偿付能力约束、投资比例制约、托管机制规范及资产认可标准为主要内容的联动监管机制，对公司投资行为实施全程监督管理和全面风险监测。要提高监管信息化水平，以在线监管和实时监管为目标，加快开发资产管理监管信息系统，提升监管的专业性和技术性，推动监管方式由事后被动监管向事前、事中的主动持续监管转变，并根据新会计准则和监管需要，进一步完善资金运用监管指标体系。

二是要强化对新业务的监管。目前，我国保险资金配置的空间已基本接近国际成熟保险市场的水平。新的投资渠道也意味着新的风险因素，无担保债券、不动产、非上市股权等新的保险资产投资渠道都是风险相对较高的领域，流动性风险、市场风险和管理风险相对突出，并且具有一定的顺周期特性，对风险管理的要求很高。保险业在相关的投资领域缺乏经验和人才，对涉足这些领域的潜在风险更应该高度警惕。投资渠道的拓宽，客观上对保险资金运用监管提出了更高的要求，需深刻分析保险资金运用监管面临的严峻挑战，增强保险资金运用监管的忧患意识和风险意识，消除监管真空，达到既要促进创新，也要防范创新风险的目的。

三是建立协同监管机制。保险资金大类配置资产涵盖了债券、股票、基金、基础设施债权、不动产、未上市股权以及海外投资等各领域，这些领域的投资除了接受保监会的直接监管外，还要受到相关业务主管部门的管理和约束。为了切实保障保险资金的安全，有必要联合相关监管机构，如人民银行、证监会、银监会、外汇局等等，建立协同监管机制，强化对从事保险资金运用相关业务的监管协调，共同防范系统性金融风险。长期来看，随着保险资金运用渠道的不断拓宽，这一趋势会更加明显。因此，监管者应在全球性、全局性的理念下，联合其他监管机构，从资格审查、业务管控、运作监督、问题处理等各方面逐步建立切实可行的监管机制，形成互补的信息资源库和风险数据库，推进整个金融行业健康有序的发展。

五、全面加强资产管理

2009 年 10 月 1 日，新修订的《保险法》正式实施。根据新《保险法》精神，保监会进一步加强保险资产管理政策法规建设，出台了一系列配套文件。2010 年 8 月，保监会发布了《保险资金运用管理暂行办法》，作为保险资产管理的基础性法规，该办法将成为未来一个时期指导保险资产管理业务发展的纲领性文件，对规范市场行为，防范金融风险，保障资产安全，维护广大投保人权益，具有重要意义。随后，保监会还下发了《关于调整保险资金投资政策有关问题的通知》、《保险资金投资股权暂行办法》、《保险资金投资不动产暂行办法》等配套文件，将对改善保险资产负债匹配，优化保险资产配置，缓解投资压力，分散投资风险，保障资产安全，维护投保人切身利益，发挥积极和重要的作用。

这些法规的出台，将进一步丰富保险资产管理的政策体系，保险资产管理改革发展进入了新的阶段。保监会也在积极转变监管理念，改进监管手段，健全监管体系，提高监管效能，全面加强保险资产管理工作，开拓保险资金运用新局面。

一是全行业要统一思想提高认识。全行业要以科学发展观为统领，与时俱进，统一思想，充分认识保险行业所处的新阶段、新任务和新要求，推动保险资产管理实现科学、健康、可持续发展。要从思想上真正重视和正确认识保险资产管理业务，注重承保与投资的有机结合，资产和负债的相互匹配，成本与收益的统筹协调；要树立正确的经营意识，克服重规模、轻质量，重速度、轻效益，重短期、轻长远的倾向，投资考核方法要科学，投资目标确定要客观，不可盲目冲动，不要目光短视，不能贪大求全；要保持高度的风险意识，要明确自身的市场定位和发展战略，要清楚自身的投资能力和风控水平，要把安全性、收益性和流动性有机结合，坚持风控至上，安全第一。

二是要努力加强资产管理能力建设。近几年，保监会拓展保险资金投资渠道的力度较大，但投资能力不足、不全面、不平衡的现象较为普遍，是制约政策效应发挥的瓶颈，提高投资能力将是当前和今后一个时期的工作重点。为此，要加强能力建设，增加资源投入，加大人才储备、引进、培养和使用的力度，建立一支门类齐全、素质过硬、经验丰富、优势互补、文化认同的保险资产管理专业团队，不仅要有传统领域投资团队，还要有另类投资团队、市场营销团队和客户服务团队；要建立公平、公正、市场化，且与绩效挂钩的薪酬机制、激励机制和考核机制，资产管理业务不同于承保业务，要多借鉴银行、证券业的经验和做法，要能够吸引人、留住人。

三是要继续加大资产管理创新力度。保监会持续推动保险资产管理创新，在专业平台、投资渠道、产品创新、制度机制、监管手段等都有新的进展。今后一段时期，还要继续加大资产管理产品创新力度，发挥投资渠道广、专业技术长和客户群体多的优势，利用股权投资、不动产投资、基础设施投资等新渠道，拓展受托资产来源，支持保险产品创新；要加快资产管理业务创新，大力发展投资顾问、投资咨询等中间业务，拓展服务范围，加快盈利模式多元化，提高盈利能力和服务能力；要加快资产管理模式创新，引入国际先进的管理技术、模式和手段，注重资产持续管理、价值管理和精细化管理，不断提高保险资产价值增值能力和发展空间。

四是要加快发展保险资产监管体系。当前，国际金融监管出现更加强调宏观审慎监管、更加强调逆周期监管、更加强调金融产品监管、更加强调风险持续监测的新趋势。这对保险资产管理监管提出更高要求。转变监管理念，改变监管方式，优化监管手段，提高监管效能，成为当前和今后保险资产管理监管的核心任务。根据当前国内外形势、保险资产管理发展实际和未来发展需要，深入研究、积极探索，逐步建立全新的资产管理监管体系。

第七篇　公司篇

[第一章]

国寿资产

一、2004—2010年公司基本发展情况

（一）受托资产规模状况

2010年底，中国人寿资产管理公司受托管理资产规模15 799.01亿元，是2004年底4 679.87亿元的3.38倍，年均增长率22.48%。其中，2010年底受托第三方资产规模303.45亿元，是2007年底（受托第三方资产管理首年）20.84亿元的14.56倍，年均增长率144.19%，见表7-1-1。

表7-1-1　2004—2010年中国人寿资产管理公司受托管理资产规模 单位：亿元

系统内受托资产	2004年	4 679.87
	2005年	6 016.78
	2006年	7 760.42
	2007年	10 306.92
	2008年	11 293.07
	2009年	13 564.92
	2010年	15 495.56
第三方资产（包括中小保险和企业年金）	2007年	20.84
	2008年	69.97
	2009年	168.53
	2010年	303.45
受托资产总计	2004年	4 679.87
	2005年	6 016.78
	2006年	7 760.42
	2007年	10 327.76
	2008年	11 363.04
	2009年	13 733.45
	2010年	15 799.01

注：2010年数据为12月的月报数据，未经审计。

（二）资产配置结构

2004—2005年，由于政策对权益投资尚未完全放开，固定收益的配置比重在90%左右；2006—2007年，随着政策对股票投资的放开以及权益类市场的大幅上涨，公司逐渐加大了权益类投资的力度，权益类投资规模迅速扩张，权益类资产的比重也快速上升。截至2007年底，公司权益类资产占比由2004年底的6.47%提高到23.25%；2008年权益类市场大幅下跌，公司顺应市场趋势，降低权益类资产配置比例，截至2008年底，权益类资产占比为8.14%，较年初下降了15.11个百分点。2009—2010年权益类资产的比重保持在14%~15%较为均衡的水平。从固定收益的配置情况看，除2007年之外，2004—2010年系统内资金固定收益的配置比重都在80%以上，固定收益投资起到了较好的收益防护垫作用。

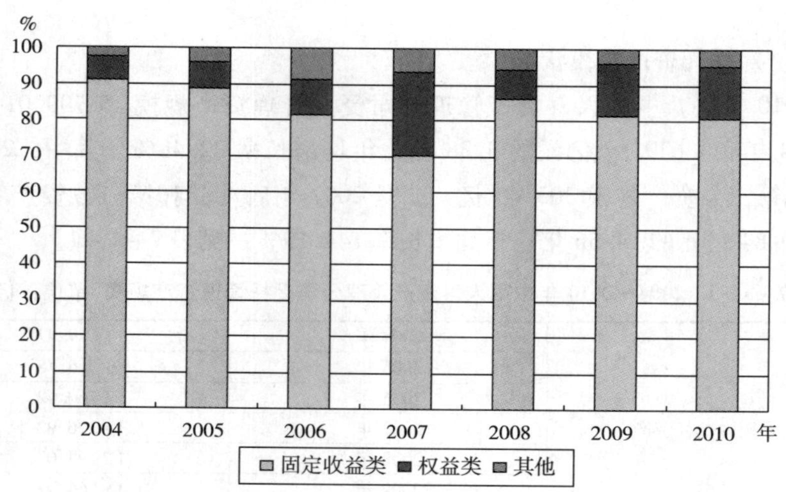

图7-1-1 2004—2010年系统内委托资金的配置结构

（三）投资收益情况总结

1. 受托系统内资金投资收益情况

2004年以来，主要受权益类市场波动的影响，受托系统内资金投资收益也呈现一定的波动性。2004—2005年，由于资金投资渠道有限，权益类市场表现低迷，投资收益率连续两年低于4.0%；2006—2007年，随着股票投资渠道的放开和权益类市场的大幅上涨，公司加大了权益类投资力度，权益类投资获得较好的收益水平，系统内资金投资收益率分别达到6.0%和12.5%。

表 7-1-2　　2004—2010 年中国人寿资产受托系统内资金的投资收益情况　　单位：亿元、%

项目	2010		2009		2008		2007		2006		2005		2004	
	收益	贡献度	收益	贡献度	收益	贡献度	收益	贡献度	收益	贡献度	收益	贡献度	收益	贡献度
银行存款	172. 62	21. 4	112. 69	14. 3	114. 93	23. 2	84. 04	8. 0	86. 23	21. 1	86. 56	41. 7	79. 00	52. 1
国债	71. 34	8. 8	83. 50	10. 6	89. 42	18. 0	64. 62	6. 2	74. 59	18. 2	63. 73	30. 7	32. 30	21. 3
金融债	173. 29	21. 5	179. 38	22. 8	157. 48	31. 7	85. 13	8. 1	67. 13	16. 4	41. 06	19. 8	17. 90	11. 8
企业债	74. 42	9. 2	54. 90	7. 0	42. 89	8. 6	18. 26	1. 7	16. 41	4. 0	7. 36	3. 5	2. 65	1. 7
基金	150. 33	18. 6	127. 18	16. 1	101. 71	20. 5	441. 99	42. 2	119. 3	29. 2	5. 05	2. 4	14. 51	9. 6
股票	149. 77	18. 6	216. 51	27. 5	-12. 4	-2. 5	349. 68	33. 4	42. 81	10. 5	2. 06	1. 0	0. 05	0. 0
基础设施债权计划	8. 42	1. 0	7. 69	1. 0	2. 21	0. 0	0. 27	0. 0	—	—	—	—	—	—
基础设施股权计划	—	—	—	—	—	—	—	—	—	—	—	—	—	—
非上市股权	—	—	—	—	—	—	—	—	—	—	—	—	—	—
不动产	—	—	—	—	—	—	—	—	—	—	—	—	—	—
其他	6. 44	0. 8	5. 90	0. 7	-0. 17	0. 0	3. 39	0. 3	2. 42	0. 6	1. 66	0. 8	5. 30	3. 5
收益合计	806. 63	100. 0	787. 75	100. 0	496. 07	100. 0	1 047. 38	100. 0	408. 89	100. 0	207. 48	100. 0	151. 71	100. 0
收益率	5. 87		6. 73		5. 00		12. 4		6. 01		3. 99		3. 78	

2008 年，尽管全球金融危机的出现导致资本市场大幅波动，但系统内委托资金的投资收益率仍达到 5.0%，超越市场基准。2009—2010 年，历经权益类市场大幅波动，固定收益投资收益率节节下降的复杂局面，公司仍然实现了系统内资金投资收益率 6.7% 和 5.9% （2010 年为税费前收益率）的骄人业绩，投资收益的稳定性也进一步增强。

从大类品种收益结构看，各品种投资收益贡献度波动较大，主要由配置结构变化和市场波动影响所致。在 2004—2005 年，由于政策对权益类投资的限制，投资收益主要由固定收益品种贡献，权益类品种贡献度（基金和股票）较低，在 2005 年最低达到 3.5%。而随着政策对股票投资的放开，权益类投资比重在资产配置比例中的提高，权益类对收益的贡献度也在不断提升，在 2007 年最高达到 75%，即使在权益类市场大幅下挫的 2008 年，权益类也贡献了近 20% 的投资收益。

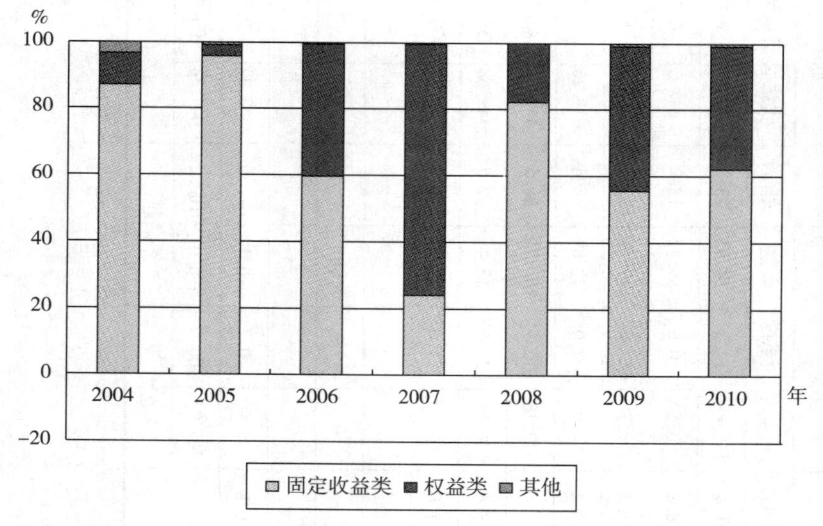

图 7-1-2　2004—2010 年系统内委托资金投资品种的收益贡献度

同时随着信用品种投资限制的放开，高收益企业债投资收益占比稳步提高，国债投资收益占比呈现出下降态势，从而提高了固定收益整体收益水平。银行存款投资收益规模在 2004—2007 年保持稳定，占比随着总收益规模迅速增长而快速下降；2008 年以来经历了规模增长、占比提高的过程。

2. 受托企业年金的投资收益情况

公司受托企业年金 2007—2010 年分别取得 3.25 亿元、-1.77 亿元、

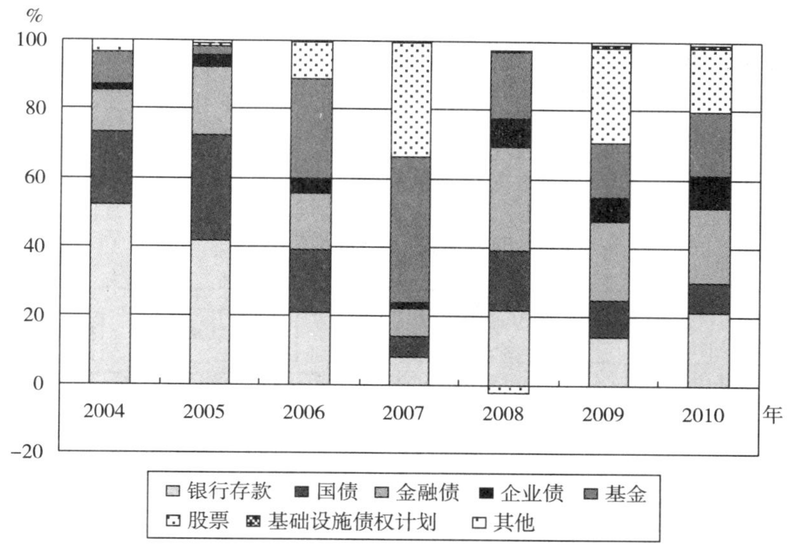

图 7－1－3　2004—2010 年系统内委托资金投资品种的收益贡献度

8.61 亿元和 6.15 亿元的投资收益，收益受权益类市场波动的影响较大。

二、公司经营管理状况总结

（一）公司运营体系和组织架构情况

公司根据战略目标和监管要求，构建规范高效、科学合理的组织架构和运营体系，形成职责明确、分级授权、内控严密、制约监督的运行机制，确保决策、执行和监督等环节的高效、有序运转。

1. 公司组织架构

公司自成立以来，严格按照《保险法》、《公司法》等法律法规和保监会政策要求，紧密结合自身实际，建立了董事会、监事会和经营管理层之间相对独立、权责分明、相互制衡的法人治理结构。董事会下设投资决策委员会、风险控制委员会、审计委员会和提名薪酬委员会，其中审计委员会和提名薪酬委员会的主任都由独立董事担任。投资决策委员会下设第三方投资专业委员会、固定收益投资专业委员会、权益类投资专业委员会和外汇投资专业委员会。公司高级管理层目前由 10 人组成。公司监事会由专职监事长、股东代表和职工代表组成。公司内设 17 个部门，建立了投资决策、交易执行、清算核算、风险管理、监督考核、服务保障之间权责分明、相对独立、协调运转的组织体系，实现了前、中、后台的相互分离。具体组织架构如图7-1-4所示：

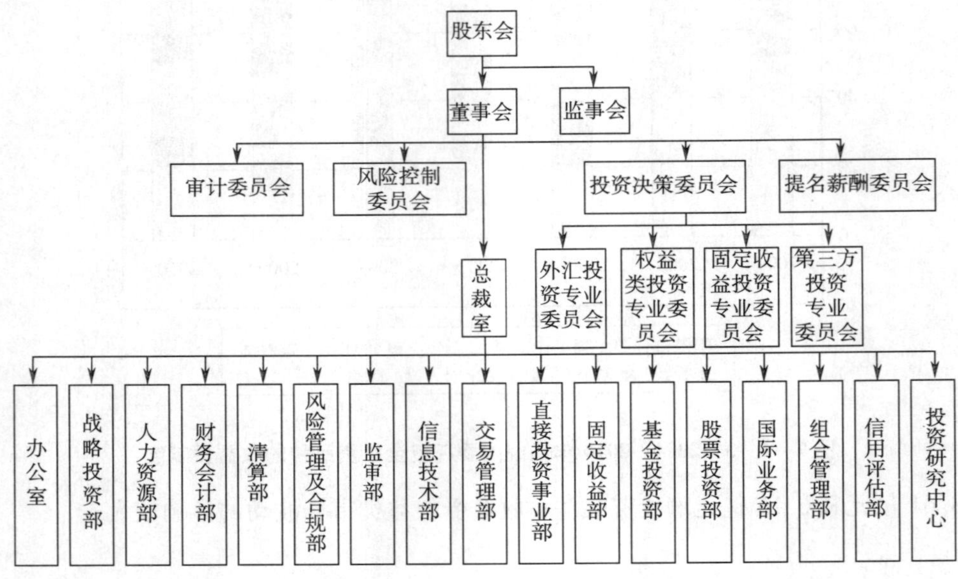

图7-1-4　中国人寿资产组织架构图

2. 公司运营体系

公司结合业务发展和内部实际，着力建设包括投资决策、投资研究、风险控制、海外投资平台等运营体系建设。

（1）稳健有效的三级投资决策体系

公司投资决策体系体现科学决策、民主决策原则，有效降低决策风险，奠定投资决策、执行及风险监控相互制衡、紧密结合的体制基础。公司投资决策体系包括三级：第一级是投资决策委员会。投决会负责对未来一定时期国内外宏观经济形势进行研究，把握未来经济政策特别是货币政策趋势，决定各账户的大类资产配置策略。第二级是各专业投资委员会。固定收益投资专业委员会、权益类投资专业委员会、外汇投资专业委员会分别负责拟订固定收益类、权益类及外汇投资策略。第三级是各投资部门。各投资部门根据投决会和各投资专业委员会的决议，拟定年度、季度、月度投资策略，实施具体投资操作。账户经理和各品种投资经理每日、每周召开投资碰头会，落实具体投资计划和方案，对战术性投资和流动性管理进行统一管控。

（2）三位一体的研究体系

公司采用体系化研究方法，各环节既自成体系，又互相衔接，突出体现在体系化、实效性、规范化三个方面。体系化表现为：建立了由宏观研究、行业研究、公司研究、市场研究及策略研究组成的完整研究体系，各研究环节均采用制度化、流程化控制措施，与此同时，在研究方法上采用体系化研究方法，在研究过程中强调多方法验证。实效性表现为：强调研究对投资的支持，讲求研究的实效性。研究体系的建立和研究方法的选择，都遵循“实效性”第一的原则，只有经过实战验证并取得成功的方法、体系才能够成为决策工具，同时具有一定的动态反馈检验机制，以保证其实效性。规范化表现为：在各研究环节中建立较为完善的风险管理制度，通过制度流程控制、定期或不定期稽核等手段提高研究的质量。公司实行投研一体化，即投资人员同时也是研究人员，负责对所投资领域进行研究。在统一的研究平台上，由公司投资研究中心负责宏观经济研究，投资部门的行业研究员负责行业研究，同时投资经理负责对所投资领域进行研究。在投资与研究的配合方面，为保证投资人员与研究人员充分沟通交流，公司建立了跨部门会研、联合调研、投资研究联席会议、权益投资研究晨会等制度，为投资和研究人员创造和搭建交流的平台，同时也经常通过举办专家座谈会等方式和外部专业人员积极交流。

（3）符合国际监管标准的内部控制和风险管理体系

公司根据美国上市监管标准《萨班斯—奥克斯利法案》404 条款和美国证监会规定，建立符合国际标准的内部控制体系和全面风险管理体系的金融机构。全面风险管理体系的核心理念是“全员参与、全面覆盖、全程管理”，通过先进的风险管理系统和技术手段对各类风险进行有效的管理和控制。同时，公司成立以来每年接受国务院派驻监事会、监管部门和普华永道会计师事务所的三重严格检查和审计。在公司受托管理的万亿元资产中，没有出现过一笔不良资产，也没有发生过投资经理道德风险事件，在业内树立了规范经营、稳健操作的典范。

（4）国际化的资产管理平台

公司与国际著名投资机构 Franklin Templeton 及中国人寿保险（海外）股份有限公司共同出资设立一家境外专业投资机构——“中国人寿富兰克林资产管理有限公司”，公司为持股 50% 的控股股东。中国人寿富兰克林资产管理公司的目标定位是成为中国人寿集团外汇资金集中化、专业化管理的全球配置平台，同时也积极拓展第三方机构客户，为其提供专业化的资产管理及投资相关服务。目前，富兰克林资产具备香港证监会颁发的第九类牌照和第四类牌照，获准从事机构客户的委托资产管理业务和投资顾问、投资咨询业务。凭借强大的股东资源、品牌影响以及专业的投资能力，中国人寿富兰克林资产管理公司在竞争激烈的香港市场取得了良好的投资业绩，并获得了包括中投在内的重要机构客户的青睐。

（二）公司的人才队伍建设情况

公司始终将人才资源作为企业发展的第一资源，建立和完善“机制引才、制度用才、培训育才、环境留才”的人才工作机制，坚持外部引进与自主培养相结合的原则，不断优化人才队伍结构，逐步形成了一支专业背景深厚、投资经验丰富、职业操守良好、政治素质过硬、梯次搭配合理、高学历、年轻化的员工队伍，保障了公司各项业务发展。员工队伍基本情况如下：

1. 总体规模

截至2010年底，公司共有员工299人（含养老金及机构业务部26人）。自2004年以来，员工队伍以年均23.7%的增速不断得以充实。

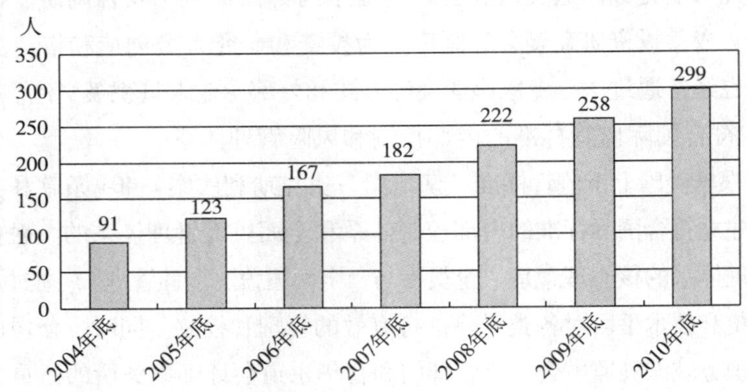

图7－1－5　公司成立六年来员工队伍增长情况

2. 学历结构

公司全体员工均为本科以上学历，截至2010年底，共有本科学历67人，硕士学历199人，博士学历33人，本科、硕士、博士学历员工之比为2:6:1，形成了一支以研究生为主，本硕博学历梯次结构合理的专业化员工队伍。64人具有海外学习经历，占员工总人数的21.4%。

3. 投资人员情况

截至2010年底，公司有直接投资人员166人、非直接投资人员133人，

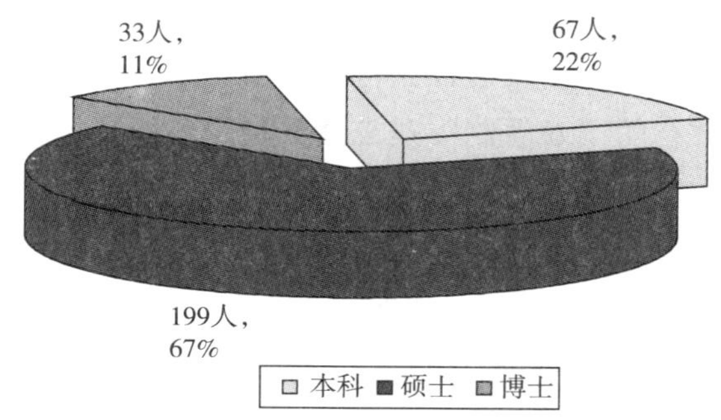

图7－1－6 公司员工学历结构

分别占员工总数的55.5%和44.5%。目前公司实行投资研究一体化，专业投研人员主要来自证券、银行、基金等专业投资机构，其中84%以上拥有硕士及以上学历，专业包括金融、经济、统计、财务等，投资经理及以上人员平均从业时间超过10年，总体呈现出学历素质较高、专业背景深厚、从业经验丰富的特点。其中，从事项目投资的团队人员有23名，项目管理和运作的经验较为丰富。

4. 专业技术资格

公司十分注重培养和引进具有国际通用专业技术资格和职（执）业资格的人员，不断提高员工的专业技术水平和能力。截至2010年底，拥有各类专业技术职称者79人，占员工总人数的26.4%，拥有各类职（执）业资格者149人，占员工总人数的49.8%，其中：证券从业资格者66人，CFA资格者10人，CFA考试通过者39人（Ⅰ级通过者19人、Ⅱ级通过者15人、Ⅲ级通过者5人），拥有香港证监会REP和RO持牌人资格、北美精算师（SOA）、基金业高级管理人员资格、保险从业资格、美国注册会计师资格、中国注册会计师资格、注册资产评估师资格、高（中）级人力资源管理师等其他专业资格者35人。

5. 人才队伍建设的主要举措

为了提升队伍的核心竞争力，公司在人才队伍建设方面采取了一系列措施：一是广辟渠道众揽英才。公司打破只在体制内或行业内选任干部的传统方式，放眼体制内外、行业内外，开发国际国内两个市场，积极主动地招贤纳士、众揽英才。二是创新干部选任机制。公司引入人才选拔竞争机制，规定经营管理职务（除个别部门外）一律采用竞聘上岗的方式，严格履行竞聘上岗一系列流程，增强选拔任用透明度。三是推行职级晋升“双轨制”。结合公司人才队伍现状和资产管理的行业特征，建立起了经营管理职务序列与专业技术职务序列并行的“双轨制”员工晋升通道。四是加大绩效奖励与绩效考核挂钩力度。以市场化为导向，兼顾内外公平，建立了以岗位价值为基础的固定工资分配机制和以绩效考核为基础的绩效薪酬分配机制。五是加强员工培训。公司以能力建设为核心，以服务公司发展和业务需要为出发点，积极推进教育培训工作的系统化、规范化、制度化建设，不断提高员工的职业素养和专业技能。

三、公司资产管理能力状况及投资操作回顾

（一）2004—2009 年公司投资操作的概要情况回顾

2004—2009 年对于公司是机遇和挑战并存的 6 年，A 股市场和债券市场的发展壮大以及保险资金投资渠道的逐步拓宽为公司投资操作拓展了空间，但全球资本市场的动荡也带来了更大的挑战和困难。在这复杂多变的 6 年里，在保监会和集团公司的正确领导下，基于准确的判断和科学的决策，公司成功地经受了压力、战胜了挑战，提交了骄人的投资业绩，提高了投资团队的专业能力，也提升了中国人寿品牌在资本市场的影响力。

2004—2009 年，公司受托系统内资产规模由 4 680 亿元增至 13 565 亿元，增长 189.86%，累计实现投资收益 3 834 亿元，年投资收益率连续多年跑赢行业基准。

1. 固定收益投资

回顾过去 6 年多来固定收益市场的变化，期间市场的大涨大跌堪比股市。从利率周期来看，2004—2009 年，我国基准利率经历了从加息到降息的周期变化。2004—2008 年处于加息周期，期间国内经济逐渐过热，物价水平不断攀升，最高时 CPI 达到 8.7%，1 年期存款基准利率从 1.98% 提高到 4.14%。2008 年 9 月 5 日，雷曼兄弟宣告破产，美国次贷危机爆发。为了应对外部金融环境对国内经济的不利冲击，人民银行三个月内四次下调利率，一年期存款利率从 4.14% 降至 2.25%，宣告我国进入降息周期。2009 年全球经济缓慢复苏，人民银行继续维持 2.25% 的低利率不变。

利率周期的变化与债券价格息息相关，但并非是简单的一一对应关系。

债券价格的变化过程远远比基准利率的周期变化复杂，甚至存在着放大效应。以2003年4月17日发行的第三期国债“03国债03”为例，该债券期限20年，票面利率3.4%，发行价100元。上市之后，“03国债03”市场价格一路暴跌，2004年4月30日跌到最低价73元，一年之内资本利得损失高达27%。之后价格触底反弹，到2006年1月18日达到高点100.88元。随后，出现了第二轮下跌，2007年10月26日暴跌至82.61元。之后价格缓慢走高，2008年12月19日达到高点103.12元。之后，又经历了第三轮下跌，2009年8月4日创下91.95元低点，2010年7月16日价格恢复到99.70元。而后，又开始第四轮下跌，截至2010年12月31日，该债券价格为93.53元。

面对频繁变化的利率周期以及大起大落的债券价格变化，过去6年来，中国人寿资产管理有限公司固定收益投资体现了机构投资者在长期价值投资上的战略眼光，不仅经受住了利率上升周期的考验，也承受住了利率下降周期的压力。在定位上，公司决策层明确固定收益投资在公司业绩中的地位和作用，以固定收益匹配保险公司的负债，以权益投资匹配保险公司的权益资本。其次，确定投资的基本理念。坚持以资产负债匹配为基本原则，收益率匹配为优先原则，战略配置和主动性管理相结合，统筹存量和新增资产，兼顾短期和长期收益，最终目标是实现投资业绩平稳增长和长期收益最大化。

2004年，是保险资产管理公司成立运作的元年，同时也是固定收益投资最为艰难的一年。根据统计，2004年底我国债券市场规模仅有4.2万亿元，与当年GDP之比为26.2%。长期债券存量6 884亿元，仅占债券市场规模的13.4%。债券市场的欠发达，加上寿险资金青睐的长期债券品种稀缺，导致寿险资金投资严重依赖于银行存款，而当时一年期银行定期存款利率处于1.98%的历史低位。大量资金沉淀于低利率的银行存款，制约了投资收益率的提高，更为严重的是潜在的资产错配风险较大，化解利差损的压力加大。此外，当年债券市场也经受着加息的考验，债券价格不断下跌，浮亏不断增加。一边是不尽如人意的资本市场，另一边是保险业投资管理模式的大变革。作为保险业最大的一家资产管理公司，中国人寿资产管理公司能不能交出一份亮丽的业绩单不仅关系到股东的利益，更是关系到保险业改革的成败。在其他投资者对长期债券碰都不敢碰的情况下，国寿资产公司领导果断决策，要求加大对中长期债券的投资力度，大举认购2004年发行的唯一一只10年期国债90亿元，占发行规模的40%左右，票面利率4.86%。事实证明，之后没有同品种的债券利率超过该期国债。同时公司采取了创新的手段提高资产收益率，例如借助商业银行发行次级债补充资本金的契机，采取置换的方式将部分低利率协议存款转换为高收益率的次级债，与上海证券中央登记结算公司签订战略合作意向书，通过拍卖购入券商的抵押国债。

进入2005年，债券市场出现了积极的变化，增加了新的债券品种——短期融资券。此外，我国保险业资金运用结构出现了战略性的转变，从以银行存款为主的投资模式进入了以债券投资为主的阶段，保险资金的债券投资比例首次超过银行存款。债券市场的发展以及监管机构的态度都表明，未来信用品种将会成为保险资金提高收益的重要渠道之一。国寿资产敏锐地观察到这一点变化，组建专门的信用评估团队。该团队通过自行研究开发的信用评估模型，成功地将福禧短期融资券列入禁选名单，有效地回避了该券的投资信用风险。正是由于从长远考虑，把防范风险放在首位，国寿资产才能够远离风险事件的侵害。

2006年的债券市场也不轻松，市场收益率从2005年的高位回落，10年期国债收益率平均不到3.2%。此外，委托资产规模迅速增加，资金运用压力加大。一方面，需要防范基准利率上升的风险，另一方面需要为大量的资金找到投资的出路。该怎么办？除了在品种选择上进行科学安排，加大高收益企业债和金融债的投资力度。投资经理还主动出击，与国家开发银行进行协商，采取发行定向债券的方式，解决市场供给规模不足的难题。最终，由国寿资产担任主承销商，国开行发行200亿元20年期定向金融债，票面利率4.18%，该期定向债的发行为解决当年的配置起到了很大作用。

2007年，是近年来出台调控政策最为密集的年份，人民银行先后六次提高存贷款利率，十次提高准备金率，基本上每月均有调控政策出台。同时，也是近年来债券市场跌幅最大的年份，中债净价指数跌幅5.0%。同2006年一样，固定收益投资主要是防风险。采取的投资策略是上半年以配置协议存款为主，下半年随着基准利率的不断走高，开始逐渐加大长期债券的配置力度。全年配置收益率高达4.80%，为未来几年账户收益率的提高奠定了良好基础。

2008年，是债券市场的大牛市，中债净价指数涨幅10.63%。这一年，国寿资产固定收益资产规模近万亿元。前三个季度，美国次贷危机尚未爆发，国内还存在普遍的加息预期，10年期国债收益率达到4%以上。国寿资产公司认为这是长期债券配置的良好时机，从第一季度开始，就提前超额配置长债。9月份之后，雷曼兄弟宣告破产，国内经济形势急转直下，央行三次下调基准利率，债券收益率也随之大幅走低，当年债券资产浮盈超过两百亿元。

经历2008年的牛市之后，2009年债市踏上了漫长的熊市之路。针对次贷危机出台的量化宽松货币政策引发的中长期的通胀风险，在年度工作会议上，国寿资产公司领导提出2009年处于经济周期和利率周期发生交替的关键年份，配置工作着眼于防范未来经济复苏带来的利率上升风险，在配置中以资产负债匹配为基本原则，缩短配置久期，不符合收益率要求的长期债券坚决不予以配置，对不具备长期配置价值的债券积极进行结构调整。

2. 权益投资

2004—2009年是国内资本市场不断发展壮大的六年，境内A股上市公司由2004年初的1 285家发展到2009年底的1 700家，总市值从2004年初的4.25万亿元增加到2009年底的24.40万亿元，流通市值从2004年初的1.32万亿元增加到2009年底的15.13万亿元。但同时，受国内外经济环境变化的冲击，2004—2009年也是中国资本市场跌宕起伏的六年。2004—2005年A股市场受制于严厉的宏观调控，周期性行业产能过剩严重，而股权分置改革也在相当程度上抑制了市场情绪，上证指数创出了998点的新低。2006—2007年进入新一轮的经济高速增长阶段。中国经济开始享受到加入世界贸易组织的红利，而房地产市场的蓬勃发展也为经济增长作出了较大贡献，A股市场受惠于经济发展，从底部上涨将近500%。但连续两年的经济过热导致了2008年初严厉的宏观调控，而愈演愈烈的次贷危机、风雨飘摇的国际金融市场以及美元、石油、黄金等大宗商品的暴涨暴跌也共同促成了2008年资本市场的大幅下挫。到2009年，中国经济受益于4万亿元投资以及9万亿元新增信贷的刺激，提前开始复苏，A股市场才逐步走出底部。

在这风云变幻的六年里，公司权益类投资始终坚持价值投资理念，在严格防范风险的前提下，积极灵活操作，成功地应对了市场周期的冲击，投资收益连续六年大幅超越基准。

（1）基金投资

2005—2009年，基金投资累计实现收益近800亿元，平均年度投资收益率超越上证指数15.5%，超越基金平均水平9%。而同时，基金投资的规模也大幅度增加，2005年底投资规模只有360亿元，至2009年底投资规模已达到954亿元，增长幅度达到1.65倍。

表7-1-3　　2004—2009年投资收益情况表　　单位:%

年份	2004	2005	2006	2007	2008	2009
投资收益率	2.7	10.5	126.8	127.6	-32.2	75.3
基准指数	-4.6	1.1	119.8	116.5	-45.6	69.5
上证指数	-15.4	-8.3	130.4	96.7	-65.4	80.0
超越基准	7.3	9.4	7.0	11.1	13.4	5.8

2004—2005年，基金投资在有效回避了系统性风险的情况下，加大了波段操作，有效地降低了持仓成本。尤其是在市场底部，根据风险溢价判断，市场已经进入中长期投资价值区域并积极加仓，为后续多年的投资操作打下了非常好的基础。

2006—2007年，在A股市场大幅上行的过程中，公司基金投资一直保持较高的投资规模，基本完成了公司投决会长期配置计划，充分享受到了市场大幅上涨带来的收益，基金投资业绩大幅提高。在稳步提高收益的同时，相对收益率也有不错表现。2006年全年，公司开放式基金投资收益率为95%，封闭式基金为110%，均高于天相基金基准表现。2007年全年，基金投资收益率为109.36%，再次超过天相基金复合指数2.91个百分点。

2008年，市场变化剧烈，崩盘后的惨烈和投资者的壮烈可能许多人终其一生都不会有机会再次目睹。但公司基金投资有针对性地对市场进行了认真研判，取得了相对较好的投资效果。在整体市场单边、上证指数下跌超过60%的情况下，基金投资还实现了超过百亿元的收益，浮动亏损在可控范围内，配置比例处于中性偏下水平，牢牢地掌控了投资的主动。

2009年，面对市场复苏，基金投资在公司“抓布局、防风险、稳收益、保增长”方针的指导下，认真贯彻执行公司工作会议和公司中期形势分析会议、各次投资决策委员会和权益投资专业委员会的会议决议，努力完成配置和实现收益，积极进行结构调整，基本完成了各项工作任务。在实现收益的同时保证了资产配置的稳定，为来年的收益打下了基础。

基金投资能够取得如此优秀的投资业绩一方面归功于公司投决会和权投委对历年形势的正确判断，另一方面也来源于基金投资业绩的另一重要保障——投研和风范防范工作的基础建设。六年来，投资研究和风险防范一直是基金投资工作的重点。公司制定了基金公司定期评估制度、基金基础池、核心池和禁选池制度，开展了基金研究员模拟组合研究，成立了宏观、行业、估值、资金、技术等研究小组，建立了适合不同账户收益特征的基金候选池，形成了重大事项应急反应机制，各项研究方法和评估制度的建立和不断完善，都为基金投资工作提供了物质准备和风险防范条件，使部门各项投资业务有章可循，规范、高效、严谨、安全。

（2）股票投资

自 2005 年公司股票投资业务开展以来，股票投资规模迅速扩大，委托方托管投资股票部分，从 2005 年底的 55.6 亿元市值增长至 2009 年底的 918.5 亿元，股票投资规模增加了近 17 倍。

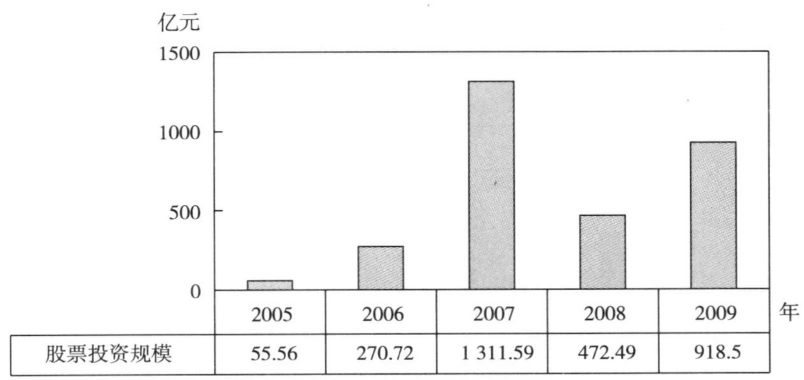

	2005	2006	2007	2008	2009
股票投资规模	55.56	270.72	1 311.59	472.49	918.5

图 7－1－7　2005—2009 年股票投资规模

在股票投资规模不断扩大的同时，基于对宏观周期和市场趋势的正确判断，公司股票投资在 2005—2009 年成功地把握了几次市场的波段行情，为账户实现绝对收益和战胜市场打下坚实基础，为委托方带来丰厚的回报。

绝对收益方面，2005—2009 年公司股票投资累计实现了 483 亿元的投资收益，而在完成绝对收益任务的同时，股票投资也取得了优异的相对收益。2006 年集团、传统、分红三大账户加权收益率战胜沪深 300 指数 1.74%；2007 年不考虑一级市场收益率，集团、传统、分红三大账户加权收益率战胜沪深 300 指数 5.68%；2008 年不考虑一级市场收益率，配置账户加权含仓位收益率战胜沪深 300 指数 21.51%；2009 年不考虑一级市场收益率，配置账户加权含仓位收益率战胜沪深 300 指数 6.77%。

自 2008 年股票分拆配置和灵活交易账户以来，2008 年灵活账户加权收益率战胜股票型基金指数 12.69%，2009 年灵活账户加权收益率战胜股票型基

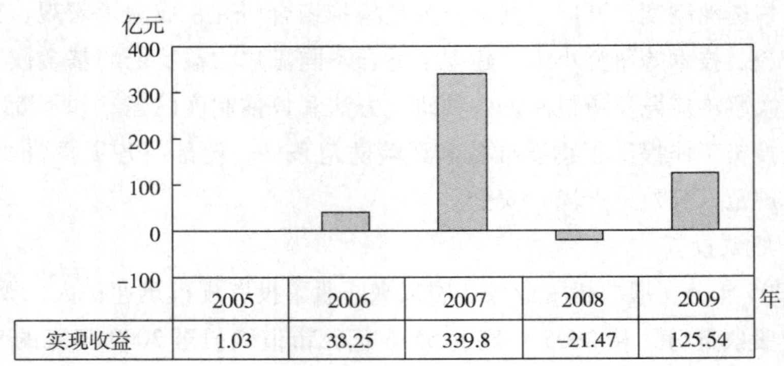

	2005	2006	2007	2008	2009
实现收益	1.03	38.25	339.8	-21.47	125.54

图 7－1－8　2005—2009 年股票投资实现收益

金指数 2.15%。

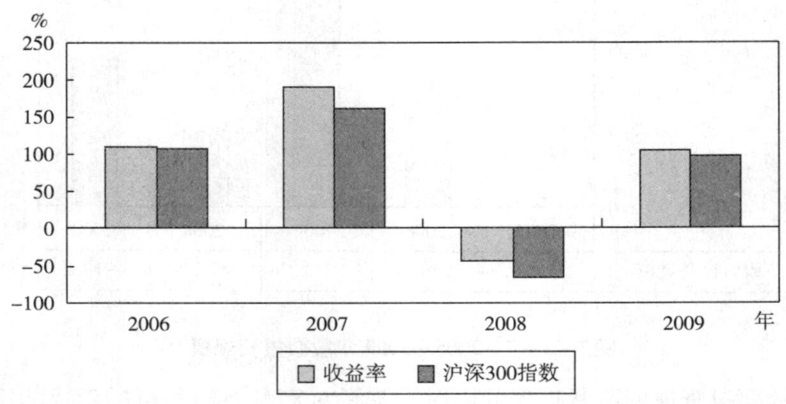

图 7－1－9　2006—2009 年股票投资收益情况

在投资操作上，2005 年采取主动投资和指数化被动投资相结合的投资方式。集团公司账户确定的考核期限是三年，因此，股票投资在制定投资策略的时候，首要考虑的是价值投资，获取稳定的长期投资回报，优先大量买入了业绩稳定、市场形象良好、未来业绩稳定增长的大盘蓝筹股。股票分红账户采取的是完全的主动投资，坚持价值投资和长期投资的理念，重视精选个股，加上较好地把握了 2005 年 3 月以来的一些投资机会，使得整个账户股票投资在市场大跌的情况下还略有盈余。而自 2005 年 3 月传统普保账户开始股票投资以来，大致可以分为三个阶段：第一个阶段，3 月 7 日至 4 月 7 日期间，在上证 50 指数成分股以内选择股票进行投资，属于增强型的指数化投资；第二个阶段，4 月 7 日至 6 月 8 日期间，在基础股票池内精选个股进行主动投资；第三个阶段，7 月 21 日至年底，根据委托方的指示进行完全被动的指数化投资。

2006 年是公司股票投资规模大幅增加的一年。2005 年 3 月 8 日股份公司入市时，规模只有 1 亿元。随着市场的好转，两个委托方和监管部门也逐步提高了投资规模。在 2005 年 8 月上证指数 1 180 点左右时，委托方将股票配置比例增加到 1%，到 2006 年 5 月上证指数 1 600 点左右时，股票配置比例再次放宽到 3%。2006 年底，保监会进一步提高公司的股票配置比例到 5%。

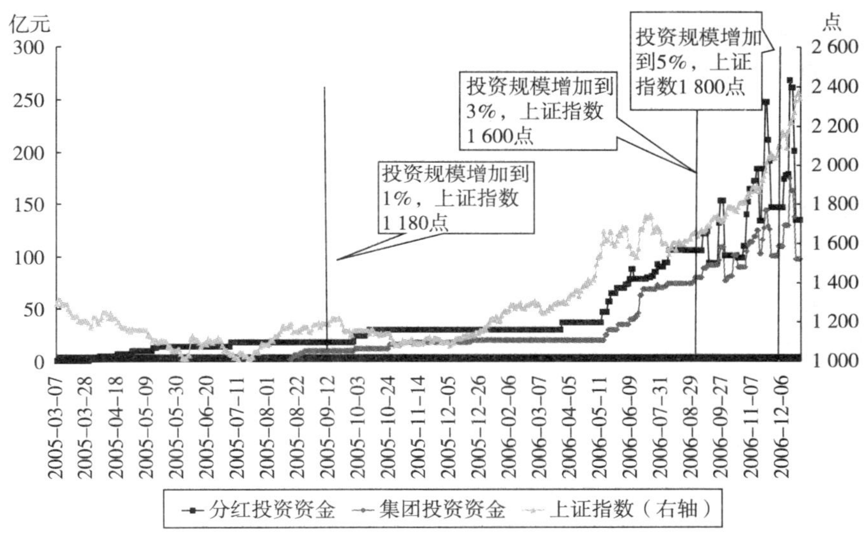

图 7-1-10 2006 年股票投资规模变化图

2007 年公司正确判断了市场趋势，把握住了市场的两次大的行情，一次是在“5·30”股市大跌之前，集中大幅减仓 42 亿元左右，并在市场出现恐慌时，从 6 月 4 日当天加仓 20 亿元，随后几天中累计加仓 42 亿元，成功把握了这次调整的巨大机遇；另一次是上证指数达到 5 500 点以上时，主动账户陆续减仓达 79 亿元，10 月中下旬进行集中减仓，成功减小了 11 月市场大跌的冲击。

2008 年，股票投资通过及时有效降低仓位，规避了市场系统性下跌的风险。2008 年股票投资在二级市场上进行了三次大规模的减持：2 月 27 日上证指数下跌至 4 300 点附近，至 3 月 20 日，共计净减持 57 亿元；4 月底，上证指数反弹至 3 700 点附近，至 5 月 12 日，共计净减持 30 亿元；6 月底，上证指数反弹至 2 700 点附近，至 8 月 8 日，共计净减持 84 亿元。经过三次大规模的减持，股票配置比例大幅下降。

2009年，按照“抓布局、保增长、稳收益、防风险”思路开展股票投资。上半年股份账户（传统、分红）加仓146亿元，股份账户平均净买入点位为2 504点。截至6月30日，按投资指引股票可投资规模测算，股份账户的加权仓位为83%，上半年集团账户保持接近合规比例上限的高仓位（96%）。下半年账户重在结构调整，账户总体保持高仓位，呈现小幅净卖出。

几年来，股票投资正确处理当期收益和长期总期收益的关系，在资产配置中发挥了重要作用。2005年以来，股票投资通过参与IPO和增发等项目，加强重点个股的挖掘，以低于市场价格20%～30%的情况下为账户选择长期配置的优质标的。据不完全统计，2005年以来，公司参与了280只股票的新股发行，累计参与金额460亿元；公司参与了25只股票的定向增发，累计参与金额近60亿元。

（3）另类投资

2004—2009年国寿资产的另类投资业务经历了从无到有、从单一到多元的不平凡的发展历程。这既是保险业资金运用渠道不断放宽的结果，更是国寿人不断努力、开拓创新的结果。

2004年国寿资产项目投资部成立。作为业内最早成立从事另类投资业务的专业部门，自成立以来至2006年，项目投资部积极探索保险资金另类投资模式，并按要求积极支持和参与保险资金另类投资政策的研究和实践。

2006年6月，经批准，国寿资产参加兴业银行股权竞拍，以5.6元/股的价格投得国华能源转让的7 000万股股权，中国人寿成功入股兴业银行。2007年2月5日，兴业银行以15.98元/股的发行价在上海证券交易所实现A股上市，当日兴业银行收盘价22.18元/股，投资收益可观。

2006年12月，中国第一只产业基金渤海产业基金成立，经批准，中国人寿成为该基金的创始投资人之一和基金管理公司股东。作为国内资本市场的一项创新，产业基金面对众多的发展难题需要在实践中予以解决，投资人在其中需要发挥特别的积极管理功能。为此，国寿资产与中国银行、全国社保、国开行一道，发挥各自的资源和经验优势，推荐项目，协助建立流程，推进渤海基金的专业化、市场化建设，为境内产业基金业的发展积累了宝贵经验。作为保险业内唯一一单私募股权基金投资，国寿资产还注重借此拓展业务能力，深入研究积累，与境内外私募股权行业建立了良好的沟通，为保险业介入该领域投资夯实了基础。

2006 年，中国保监会出台了《保险资金间接投资基础设施项目试点管理办法》，拉开了保险资金基础设施投资的帷幕。

2007 年 7 月，经批准，国寿—申通债权投资计划设立，成为保险业基础设施债权投资计划试点阶段项目之一。2008 年 9 月，国寿资产—天津城投债权投资计划获准设立，此项目在取得良好收益同时，体现了保险资金参与国家基础设施建设的积极作用。

2009 年，国寿资产根据保监会有关要求及业务开展的现实需要，将原来的项目投资部门改建为直接投资事业部，并于 2010 年 3 月 11 日正式通过保监会债权投资计划产品创新能力备案，成为首批获取这一资格的资产管理机构之一。

国寿资产还积极开拓另类投资第三方业务。2007 年 7 月，国寿资产与澳洲最大寿险集团、澳洲最主要的不动产投资人 AMPCI 及美国一家海外房地产基金 AETOS 分别签订投资顾问协议，担任 AMPCI“亚洲巨人”基础设施投资基金和 AETOSII 房地产基金的中国投资顾问。在另类投资领域接受境外著名机构的顾问聘请，为在保险资产的另类投资管理领域建立国际标准积累了经验。

（4）境外投资

2004—2009 年，面临国际金融市场动荡不安的挑战，公司境外投资积极把握市场机遇，取得了较好的投资收益。

2005 年，公司为积极稳妥地开展境外投资研究和操作成立了专职部门（外汇投资部后改名为国际业务部），公司为开展海外投资业务向保监会递交了合格境外投资者（QDII）资格的申请（于 2006 年获批）。在 2005 年，公司没有开展实质性的境外市场投资，而是积极研究规划境外投资的公司内部组织架构与决策机制，研究及操作流程和相关风险管控制度，并逐步理清了境外投资中公司内部各部门和岗位的衔接渠道以及完成了委托资金交接，为来年积极稳妥地开展境外投资打下了坚实基础。除负责境外投资的专属职能部门外，公司还成立了外汇投资专业委员会负责境外投资的决策、计划制定和监督执行。

2006 年是公司境外投资的开局之年，同时也是保监会境外投资开拓性的一年，公司响应“国十条”中国际化和积极参与银行股投资的大战略，采用人民币换汇的方式完成了多项重要的股权投资和权益类投资，包括一级和二级市场的操作，圆满执行了集团参股银行股权的大战略，缓解了中国人寿保险（集团）公司人民币资金运用的压力并在实际上大幅度提高了集团公司股权投资的比例。2006 年内，成功参与战略性股权类投资 2 家（中国银行一级、工商银行一级），在集团授权下自主参与权益类投资 4 家（招商银行、中煤能源、中交股份、中国银行二级），并取得了优异成绩。同时，也为受托集团公司资产进行港股投资打下了良好基础。

2007 年宏观经济保持了持续快速发展的形势，而港股的安全边际进一步提高，投资价值进一步凸显。公司坚持贯彻“将政策用足、用好”的原则，在 2006 年香港一级市场投资的经验基础上，加强了对港股市场分析研究，通过二级市场加大了对港股的投资力度。5 月 11 日，银监会放开商业银行境外股票投资的限制，公司迅速作出反应，加大了集团公司账户港股投资力度。在集团公司的授权下，公司将所获 15 亿美元境外投资额度剩余部分的 42 亿港元全部进行港股投资，并在 6 月用 5 个交易日完成集中建仓，约占总建仓计划的 93. 39%。在 8 月份及 11 月份，港股市场经历次债危机出现大幅调整时，坚持以估值为基础的价值投资理念，采取了坚决守仓策略，并用剩余资金大胆加仓。有针对性地对部分电信、地产和航空股进行了果断加仓，成功地把握了市场的阶段性低点。9 月份，美国次债危机愈演愈烈，公司减仓受负面影响较大的中国银行 H 股，并成功抓住了中行反弹的机会完成了调仓计划。同时，加强波段操作。经过稳健的结构调整和波段操作，不仅优化了港股投资组合的行业和个股结构，增加并实现部分投资收益，而且还进一步锻炼了投资团队，积累了港股实战经验。公司在 2007 年还首次尝试国际配售业务，参与了安踏、SOHO、阿里巴巴等股票的配售，取得了一定的投资收益。

2008 年以来，次债危机逐渐演化成全球范围的金融危机，国际主要资本市场经历了历史罕见的大幅调整和剧烈震荡。受国际市场和 A 股市场的双重打压，港股市场的跌幅和振幅均为历年来罕见，为港股投资操作造成了极大的困难。面对港股市场的剧烈波动和不确定性，公司大力加强了投资研究，在市场剧烈震荡的情况下，加大了主动投资的力度，抓住了主要的投资机会。1 月份，公司境外投资共进行了四次较大规模的波段操作，全年波段操作贡献收益超过 3 700 万港元。

2009 年，集团公司成立了在中国人寿投资决策委员会领导和授权下，对整个中国人寿系统海外投资业务进行决策和统筹的中国人寿海外投资专业委员会（以下简称海专委），并将海专委秘书处设在公司国际业务部。在海专委的统一领导下，公司海外投资加大了对海外战略投资机遇的研究工作，秉承价值投资理念，准确作出估值判断，在获得了可观的投资收益的同时，也有效规避了港股新股破发潮。2009 年的港股二级市场操作可以分为 3 个阶段：第一阶段（1 月至 3 月）：前期集中减仓，其间，公司调整了操作思路，适当放慢了减仓速度，在后期改为结构性减仓与波段操作相结合；第二阶段（4 月至 7 月）：逐步加仓港股至满仓（合规上限）；第三阶段（8 月中旬至年底）：保持较高仓位（85% 以上），进行波段操作。

（二）2010 年公司投资操作情况

在 2009 年底和 2010 年初，公司提出："2010 年将是阶段性机遇与系统性风险并存的一年，金融市场的焦点可能将存在于刺激政策的退出方式和时机、通胀形势的演变、美元汇率的变化以及国家主权债务风险"。公司在年初就提出贯彻"防风险、优结构、抓管理、促发展"的工作思路，将防风险放在首位，抓住市场阶段性机会，调整优化资产结构，公司投资在 2010 年再次经受住了重大考验，取得了骄人的成绩。截至 2010 年 12 月 31 日，公司受托资产 15 495 亿元，实现收益 807 亿元，投资浮盈 84 亿元，实现收益率 5. 87%。在受托资产规模超过行业 1/3 的情况下，仍然大幅战胜了行业平均水平。

1. 固定收益投资操作情况

2010 年初，固定收益配置面临的压力较大，一方面债券市场收益率下降较快，10 年期国债收益率水平从年初的 3. 66% 下降至 5 月中旬的 3. 19%，符合配置收益率要求的债券品种越来越少，另一方面由于当时基准利率处于利率周期的底部区域，从中长期来看，面临着利率上升的风险。

针对这种情况，固定收益投资的整体思路是：密切关注货币政策操作、通胀预期上升和供求因素对债券市场的影响，把握好固定收益配置的节奏和力度；在市场通胀预期不断加剧的情况下，新增配置立足于防范中长期利率上升的风险，在操作上积极配置大量的浮息协议存款，缩短组合久期，最大限度享受了年内加息对投资收益带来的垫高效应，并且充分抓住市场上涨时机对存量资产进行结构调整。

从 2009 年 12 月开始，公司便抓住市场收益率较高的机会进行了大量的提前超额配置。事后证明，此举有效锁定了较高的收益率，减轻了2010年市场收益率下降时带来的配置压力。前三个季度，配置工作的重点主要放在了“防风险”上，对利率品种采取低配和缓配的策略，对符合配置要求的信用产品适当进行配置，并加大配置浮动利率协议存款的力度。通过投资经理积极走访商业银行、创新存款利率招标式的谈判方式等手段，利用年初市场对加息的强烈预期，成功地做到了对同一客户的利率水平高于同行业的目标。在第四季度利率水平上升之后，逐渐增加了利率产品的配置规模。

经过2009年大规模的结构调整，2010年三大账户可供调整的债券规模已经不多。尽管如此，还是抓住市场上涨机会继续进行结构调整。一方面调整卖出存量短期债券，另一方面，在长期债券收益率处于低位时，卖出2010年新增配置的长期债券，及时实现收益。2010年初，市场对加息的预期强烈，多数机构采取了“防御型”的投资策略，抓住市场机构追捧短债时机，将短期债券全部清仓。第二季度，当长债收益率较年初有了较大幅度下降时，又开始对账户中的长债进行了减持。第三季度，收益率曲线中长端在市场机构配置压力带动下创出年内新低，这时，又抓住机遇对账户中的长债加大了减持力度。10月初，美国推出第二轮量化宽松政策，市场通胀预期加剧。10月20日，人民银行将基准利率从2.25%提高到2.50%，债券市场大幅下跌，中债指数由涨变跌。此时，我们已经早早地将收益实现，避免了浮盈付诸东流。

总的来说，2010年中国人寿在固定收益投资上，正确地选择了投资品种，准确地把握住了投资时机，取得了大幅领先同业的投资业绩。

2. 权益类投资操作情况

2010年年初，公司提出“权益类投资方面，要从全球视野和周期变化加强对经济形势和市场变化的研究，抢抓市场阶段性机会，防范可能出现的系统性风险”。

按照公司权益类投资策略，公司在年初市场高点减仓，坚持控制成本，在判断市场处于底部区域时低成本补仓。2010年，权益类投资实现收益300亿元，浮盈117亿元，同时加大了前景明确、稳定增长、估值优势明显品种的配置，优化了资产结构。

（1）股票投资

在2010年初，股票投资抓住市场在3 100点以上的机会，大幅降低了账户的仓位，实现了收益。集团账户净卖出21亿元，分红账户净卖出44亿元，传统账户净卖出 10 亿元，合计净卖出 75 亿元，加权净卖出点位 3 133 点。3 月底，按可投资规模测算，集团账户仓位比例为 70%，分红账户仓位比例 73%，传统账户仓位比例 80%，低于基金业平均水平。

进入第二季度以来，受地产政策调控以及海外债务危机影响，市场大幅回落，银行股等权重行业领跌市场。在市场已经进入可接受投资价值区域后，公司果断开始逐步加仓。2 900 点以下集团账户净买入 7 亿元，分红账户净买入 65 亿元，传统账户净买入 29 亿元，合计净买入 101 亿元，加权买入点位2 681点。

在 7 月以后，大账户以结构调整为主，股票投资成功把握了 7 月周期股跑赢非周期股和 8 月市场风格重新转向非周期股和小盘股的行情。“十一”长假过后，A 股突破上攻，各个账户抓住市场阶段性高点实现收益，同时买入部分前景明确、稳定增长、估值优势明显的股票，为将来布局。

2010 年股票投资审慎对待了一级市场的投资机会，2010 年新股发行 349 只，由于新股发行市盈率普遍较高，股票投资部研究员审慎对待了一级市场机会，参与了 11 只新股申购，取得较好收益。股票投资参与了工行、中行可转债申购，参与新和成和大唐发电的增发，全部取得了正收益。

2010 年股票投资全年实现收益 137. 55 亿元；相对收益方面，各账户相对基准都取得了超额收益。

（2）基金投资

2010 年基金投资按照公司总体思路要求，于年初进行了果断操作，抓住了市场机会大幅减仓，为全年收益目标的实现打下了基础。在 9 月底，基金投资准确判断市场走势，加大了结构性调整力度，将 100 亿元主动性基金转换成指数基金，效果显著。

全年大账户基金配置盘平均账户收益率为 7. 63%，超越上证指数 21%，超越基金平均水平 9. 5%，位于全部股票型、混合型基金排名的前 1/3。波段盘平均账户收益率为 0. 64%，超越上证指数 13. 5%，超越基金平均水平 5. 13%。所有账户平均投资收益率 4. 72%，超越上证指数 18. 1%，超越基金平均水平 6. 4%。

（3）另类投资操作情况

a. 宏观形势及基础设施投资情况

2010 年，国际国内经济形势错综复杂。中国人民银行连续出台加息、提高存款准备金率等紧缩政策，固定收益市场也因此面临压力，市场上短债收益率上升、长债收益率下降，收益率曲线平坦化。这为期限较长的债权投资计划提供了一定的机会，一方面紧缩政策使企业的资金需求加大，另一方面长债收益率下降使债权计划有一定的配置优势。

2010年保险资金投资基础设施取得了重大进展。上半年，保监会陆续通过了对7家保险资产管理公司的基础设施债权计划投资能力建设的验收，债权计划的设立由试点扩展到常规发行；7月31日，保监会发布《关于调整保险资金投资政策有关问题的通知》，保险资金投资于基础设施债权计划的比例上调至10%。政策调整拓展了债权计划的发展空间。

从中国人寿投资基础设施的实践来看，有如下经验与措施：一是加大项目开拓力度，公司根据债权投资计划产品的特性、宏观经济形势、产业政策与市场周期，以不同行业策略进行项目拓展。二是公司内部紧密合作，加快项目决策和报批程序，抢抓市场机会，2010年成功发起设立了业内首个基础设施上市公司为主体的债权计划——中国人寿—浦东建设债权投资计划、业内首个资源行业债权计划——中国人寿—陕西煤业债权投资计划。同时，我们从市政、能源、交通等多个方面加快了新项目的开拓和推动工作。借鉴申通地铁债权计划的成功经验，国寿资产与北京市基础设施投资有限公司启动了轨道交通建设投资，还与多家能源、新能源、交通类企业达成了投资合作意向。三是强化风险管理及定价研究，确保了业务发展不以公司及委托方承担过多风险为代价。

b. 不动产市场情况

2010年对中国房地产行业而言，可以说是一个政策调控年，调控政策持续高压、贯穿全年。全年调控主题是“扩大供给、抑制需求”，国家出台了大量涵盖面广、针对性强、打击力度大的严厉措施。

2010年4月17日，国务院发布“国十条”，不仅重申了建立考核问责机制、增加住房有效供给、加快安居工程建设等问题，更进一步紧缩政策，明确规定“二套房贷首付不低于50%”、“限制外地人购房”、“推进房产税试点”等，“国十条”也因此被称为史上最严厉的房地产调控措施。

2010年10月20日起上调金融机构人民币贷款基准利率，揭开了自2007年12月之后的又一轮加息周期序幕。接下来的12月25日再次加息，使金融机构一年期贷款基准利率由之前的5.31%提高到5.81%。

扩大住房供给方面，主要从保障性住房建设与加强开发商监管两方面来控制。一方面通过加大保障性住房的供给力度，同时对保障性住房建设给予财政支持，从而达到平抑房价的目的。另一方面则通过税收、行政等多种手段紧缩开发商资金链，迫使其加快开发，增加供给。

2010 年全国商品住宅销售数据创出历史新高。销售额达到 4.4 万亿元，同比增长 14.4%，商品住宅销售面积达到 9.3 亿平方米，同比增长 8%，销售均价为 4 850 元/平方米，同比增长 9.54%。2010 年，全国房地产开发投资 48 267亿元，比上年增长 33.2%。

2011 年通胀和房价上涨预期仍然强烈，为抑制房地产泡沫，政府绝不会允许 2010 年楼市“大繁荣”的再次出现。市场因此普遍预期将会有较为严厉的调控政策陆续出台，房地产调控将成为常态。

从国际经验看，不动产投资是保险资金另类资产配置的重要组成部分，也是国际各顶尖保险资产管理公司扩大资产管理规模、创造超额收益率的投资板块。国寿资产一方面持续关注不动产市场的政策变化以及行业运行规律；另一方面也与频繁前来拜访的国际国内优秀不动产投资及咨询机构进行接触，学习先进经验，为国内即将开放的不动产投资积累方方面面的能量。

2010 年 7 月 31 日，保监会正式下发了《保险资金投资不动产暂行办法》（以下简称《暂行办法》），该《暂行办法》是《保险法》明确保险资金可投资不动产后的最完整、最具约束力和操作指导性的行业投资规范。9 月 27 日，保监会召开保险资金运用监管工作会议，吴定富主席发表讲话，为保险资产管理公司在另类投资领域的改革发展明确了方向。国寿资产第一时间组织人员学习《暂行办法》，并结合市场情况、自身发展状况以及对监管精神的理解，制定了人才队伍建设、组织机构和支持系统组建、制度流程完善和项目资源的储备等阶段性任务。

2010 年，对于国寿资产的不动产投资领域来说，是“储备年”。在战略上，明确了以发行不动产金融产品为主营；在项目储备上，确立了与一线城市、一线城市运营商合作的类土储项目和优质商业地产项目并举的初期布局；在队伍建设上，按行业分工、从业经验划分了小组运作模式；在人才培养上，与国际顶级地产机构建立联系，互通有无，尝试建立国际化并符合国内实际需求的产品开发、风险控制、价值评估的项目投资及决策体系。

c. 股权投资市场情况

2010 年，中国私募股权投资市场非常火热，人民币募集基金的数量从

2009 年 21 只增加到 2010 年的 71 只，募集资金金额从约 87 亿美元，增长至约 107 亿美元。其中，私募股权投资案例创历史新高，由 2009 年 117 件增长至 363 件，投资金额从约 87 亿美元，增加至约 104 亿美元。而当年上市的公司数量（包括境内外），从 2009 年 176 家增加至 476 家，其中，国内创业板市场的放开对私募股权投资有巨大的促进作用。

国寿资产一直高度重视和关注私募股权市场，不仅积极参与监管部门的政策推进，还持续加强对已投资股权投资项目和股权投资基金的管理和研究，做好外资机构安保的基础设施股权投资顾问业务。9 月，保监会颁布《保险资金投资股权暂行办法》，放开了保险资金在保险相关领域的直接股权投资和通过股权投资基金的间接股权投资行为。国寿资产一方面组织人员，加强学习，同时也根据新的政策，调整公司股权投资基金的评估系统。

（4）境外投资

在全球主要经济体发展前景复杂多变的环境下，按照公司在年度工作会议上提出了“抓布局、防风险、稳收益、保增长”的思路，境外投资坚持价值投资理念，在研究分析的基础上对 2010 年市场走势进行了较为准确的研判，加强了对主板市场和公司研究，比较准确地把握了市场机会，进行了较好的波段操作，很好地完成收益目标并为 2011 年投资做好了布局。截至 2010 年 12 月 31 日，境外投资实现了 9.35 亿元的投资收益，投资浮盈 6.38 亿元。

2010 年，受全球经济强劲复苏、国内突然提高存款准备金的多重影响，恒生指数在上半年呈现出宽幅震荡的走势。股指在 1 月 11 日上攻 22 671 点后开始调整，至 2 月 8 日调整至 19 423 点，调整幅度达到 17%。2 月上旬至 5 月下旬，在大陆宏观数据表现较好的背景下，股指于 4 月 13 日反弹至 22 388 点，随后由于欧洲主权债务危机的爆发、美国高盛公司欺诈门等突发事件引起的恐慌引发调整，5 月 25 日出现年内低点 18 971 点，调整幅度达到 15%。在第三季度大部分时间，伴随着欧洲债务危机救助机制成功达成协议，市场恐慌情绪逐渐消退，港股市场自年内低点出现了两轮恢复性震荡上行的走势，每次震荡的箱体在 3 000 点左右，震荡持续的时间在 1 个半月左右。自 8 月 31 日港股市场展开了年内最为猛烈的一次上攻行情。在美国第二轮量化宽松政策即将推出的预期下，资金大规模涌入新兴市场和大宗商品市场，指数自 8 月 31 日的 20 536 点持续上攻至 11 月 8 日的 24 988 的年内高点，涨幅达到 22%。由于涨幅过快，港股指数在此后出现了调整。12 月 31 日，港股回调至

23 035 点的水平。

早在 2009 年，公司便认为单边市场上涨是对 2008 年市场暴跌的一种修正，是由于流动性推动以及投资者对经济复苏强烈预期所造成的一种恢复性上涨。这一年市场估值已经全面反映了对明年基本面的良好预期，而 2010 年流动性收紧可能性较大，如要取得超额回报，经济复苏需要超预期。由此判断 2010 年市场将回归到关注基本面的思维方式上，单边牛市将转为震荡市场。因此，公司境外投资操作在二级市场方面，主动调整投资操作思路，积极对集团账户港股投资进行波段操作，高抛低吸；在一级市场方面，利用了一级市场和大宗交易的低成本建仓机会进行布局。

2010 年公司在对宏观经济、港股市场、行业和个股深入研究的基础上，准确研判了港股市场 2010 年度五个阶段的走势，并很好地把握住了市场机会。

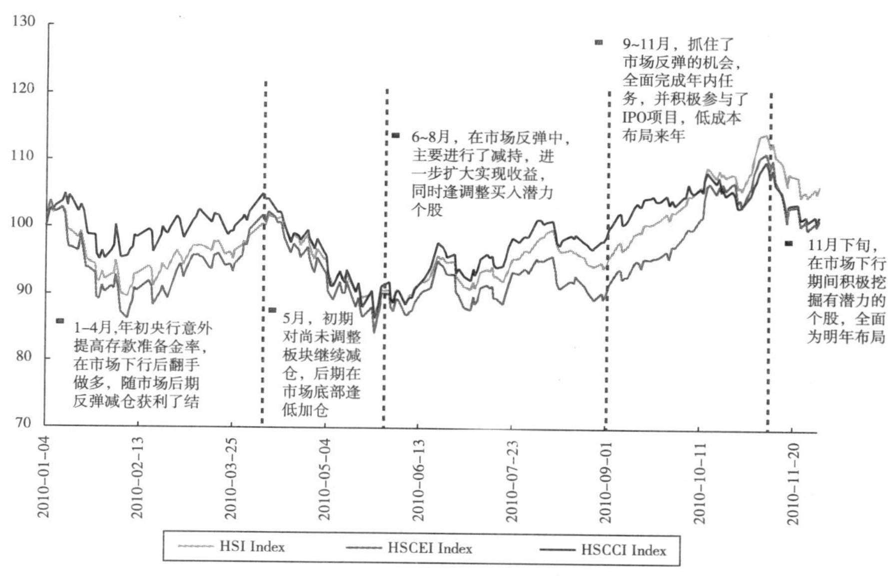

图 7－1－11　2010 年港股投资情况

面对监管部门有关港股投资范围的政策变动，公司较好地把握了监管规定放开至整个主板投资的机会，提前开展研究，在第一时间顺利将香港主板股票纳入股票池开展投资操作，获取了可喜的成绩。

此外，海外投资继续发挥了公司在一级市场的品牌优势和研判能力，有效地加强了同各大券商投行队伍的沟通与交流，积极参与了港股一级市场与大宗交易的机会，取得了良好的投资收益，并通过认真翔实的研究，成功回避了永辉焦煤、长甲地产、理氏国际等多只上市后持续表现低迷的股票，再次维护了中国人寿在一级市场的品牌，体现了投资队伍的专业性。

四、公司资产管理的亮点

过去的五年，公司走过了不平凡的发展历程，战胜了各种困难，取得了不平凡的成绩，增强了市场竞争力，实现了又好又快发展，主要亮点如下。

（一）建立了民主科学决策基础上的资产配置体系

研究表明，资产配置决定投资组合90%的风险和收益来源。如何建立一套有效的资产配置决策体系，确保形成科学的投资决策判断，满足保险资产对安全性、长期稳定收益和资产负债管理的要求，对保险资产管理公司来说至关重要。同时，由于国寿资产管理的大账户资产规模庞大，而且涉及存款、债券、股票、基金、股权、基础设施等多种大类资产，每个大类资产又均涉及多个投资品种，单个投资人员很难对所有类别的资产精准把握，传统以基金公司为主流的基金经理制投资管理模式难以适应公司的需要。

经过不断的探索和实践，公司逐步搭建起一套适合保险资金运用、适合公司实际情况的科学民主的资产配置体系。

首先，公司确立了民主科学决策体系。一方面，发挥投资决策委员会在投资决策中的决定性作用，行政办公会在行政管理方面的重要决策作用，风险控制委员会在风险控制中的决策指导作用，在投资决策委员会、投资专业委员会和品种投资部门之间初步形成了分层决策、分级授权的投资决策机制。另一方面，坚持走群众路线，每年都召开多种形式的研讨会、座谈会和分析会，广泛听取群众意见，集思广益，群策群力。广大员工充分发挥贴近市场、贴近一线、贴近实际的优势，积极为公司献计献策，其中有许多员工的研究报告和策略建议直接或间接被投资决策委员会、专业委员会吸收，或为投资决策提供了基础材料。通过广泛的民主科学决策，提高了公司在复杂市场形势下的决策能力，确保了对市场形势的趋势性判断不出现方向性错误，民主科学决策机制也成为公司能够经受住市场大起大落考验、在百年一遇金融危机的复杂市场环境中仍然取得优良业绩的一大法宝。

其次，资产配置决策过程民主科学，传导机制顺畅高效。通过不断健全决策和传导机制，确保各个层级委员会在决策中能充分了解决策中所需信息，确保做出符合实际情况的决策，保证各投资品种配置策略的专业性和时效性；同时，通过强化决策决议的传导下达，确保各执行层面充分获悉投资决策精神，防止执行偏差。

最后，资产配置决策方法科学有效。各专业委员会的形势分析判断和策略建议都有一套全面、科学的方法体系。在这个体系中，既有公司多年来专业化研究方法的积淀，又广泛借鉴外来经验；既有基于经济、政策、行业、企业等基本面的分析，又有数量化的投资分析和决策的模型；既充分利用数学模型反映出来的动态信息，又对模型中的参数进行动态调整，以适应账户资产和市场的实际变化需求。比如，公司从过去单一强调资产负债匹配转向积极的资产负债管理，建立了以风险溢价为评估基础的动态调整方案，定期对权益类配置比例进行动态调整，取得了较好的效果。

（二）探索了以账户为主线的矩阵式管理模式

国寿资产管理的大账户数量多、资产规模庞大，各自有不尽相同的特性，对账户投资管理提出了不同的收益率、负债配置期限和流动性等方面的要求。在这种情况下，需要建立一种科学有效的账户管理模式，从各账户面临的不同要求和问题出发，加强对各账户特性的传导，有针对性地提出战略配置策略和各投资品种的投资计划。

公司提出的解决之道是以账户为主线的矩阵式投资管理模式。这一账户管理模式强调账户之间的差异性特征，针对账户差异商讨不同的投资策略，将负责负债管理的组合管理部门以及负责品种专业化投资的各部门紧密联系起来，通过会商会研、组团汇报、联席会议、联合调研等多种方式让品种部门充分了解了委托方的产品特性、规模及投资诉求，让组合管理部门及时了解了货币市场、固定收益投资市场、股票市场、基金市场等各投资市场的最新动态和策略，让负债方同步了解资本市场发展的战略性方向，从而为保险产品更好更新更快地推出奠定了良好的精算基础，可谓一举三赢。为强化矩阵式管理中横向部门（品种投资部门）和纵向部门（组合管理部门）之间信息的有效沟通传导，公司还探索形成了账户定期会研制度、账户定期拜访交流制度、账户重大事项联席会签制度、账户联合调研制度等做法。

从矩阵式管理实施的效果看，组合管理部门从账户配置策略、委托方信息传导、账户情况分析、市场趋势分析等方面，每年都有明显的进步。通过矩阵式管理，组合管理部门能够通过品种投资部门的不同投资策略、存量分析来进行多重情景分析，增加了投资的前瞻性。组合分析有了更多维度，能看到投资策略对组合的影响，更及时地看到组合的变化。对委托方各账户的分析层次、分析质量有了质的突破。

通过矩阵式的管理，每个账户都有各专业部门针对账户的操作策略，而每个投资品种都根据不同账户的特点进行操作，这就保证了投资实践是真正在账户分析基础上有针对性的专业化管理，保证了各账户的需求能够及时迅速地反映在业务品种的投资策略中。通过矩阵式的管理，公司实现了专业化的账户管理和专业化的品种投资的有机结合，各投资账户的资产负债要求和各品种投资部门的投资策略有机结合，各投资账户的投资策略同各投资品种的特性的有机结合。

（三）形成了全面风险管理和内部控制体系

保险资金运用关系广大被保险人根本利益和金融稳定大局，风险防范任重道远。公司始终把风险管理视为资产管理工作的生命线，在业内率先提出建立全面风险管理体系，有效防范了百年一遇的金融危机下可能发生的系统性风险，实现了防范风险与提高收益的统筹。

全面风险管理体系，首当其冲，是一个“全”字——全面覆盖、全员参与、全程管理，也就是全面覆盖公司各个部门和各项业务，全体员工人人都参与风险管理，对各项业务实施全过程的风险管理——通过大力宣传和倡导，这一全面风险管理文化已深入人心。公司注重加强员工法律素质教育和风险管理技能教育，持续进行员工合规教育、测评与承诺，建立重要岗位、关键风险控制点等相关人员的岗前风险控制培训制度，提升员工的风险管理能力。同时，公司将风险管理与业绩考核制度相结合，实施风险调整收益考核，建立风险问责追究机制，防止片面追求业绩而忽视风险等行为的发生。通过这些措施，整体性地形成了公司的风险管理文化理念和环境氛围。

全面风险管理体系，包括风险管理的组织体系、制度体系、执行体系等。公司建立了由董事会负最终责任、管理层直接领导，风险管理及合规部为主导，相关部门具体负责、密切配合，覆盖所有业务单位，全员参与的组织体系，为加强风险管理提供了有效的组织保障；坚持制度先行，建立了全面有效覆盖各个方面的较为完善的内部规章制度体系，截至2010年底，公司现行制度约229项，业务流程70多个，各部门还制定了相关的岗位操作手册；建立了事前、事中、事后防范风险的三道防线，形成了立体、网状的风险管理工作执行体系，以及“权责分明、相互制衡、相对独立”的全面风险管理运行机制。此外，公司还创造性地实行风险督导制度，向主要投资部门派驻风险督导员，将风险防范从中后台移至前台，从非现场移到现场。通过上述完善的架构设计以及确保其履行职责的制度安排，全面风险管理体系的有效运行得到保证。

从日常风险管理来看，资产管理工作主要涉及四大类风险——市场风险、运营风险、信用风险和道德风险。公司运用先进的风险管理技术，对风险进行系统的识别、评估与控制，针对各类风险研究制定相应的管理策略，防范市场风险，规避运营风险，控制信用风险，杜绝道德风险，有效实行分类风险管理，取得了明显成效。例如，针对信用类产品增多带来的新业务风险，2009年公司成立了专门的信用评估部，培养了专业的信用评估队伍，建立了一套较为完善的信用风险和交易对手风险管理的制度，构建了信用评估和评审两级信用管理机制，研发了内部信用评估方法和模型，较好地防范了公司信用类资产的信用风险。2010年，公司的信用风险评估能力建设顺利通过了保监会达标验收。

没有规矩不成方圆，但有规矩而不执行依然不成方圆。公司构建了严格的风险管理监督反馈体系，主要包括风险监测、业务抽查、内部审计、信息报告等方面的内容，并通过风险管理专业部门对制度、流程的执行情况，独立、客观、持续、有效地实施监督检查、风险信息反馈和风险事项督促整改，使风险管理体系构成闭环的有效系统，使风险管理执行力得到有力保障。例如，在交易系统中根据风险管理的要求设置完整成套的控制指标（包括预警指标和禁止指标），以便在第一时间发现各项操作风险，并在最短的时间内进行预警或处置，截至2010年底，公司交易系统中的控制指标多达500多个。

有了全面风险管理体系的保驾护航，公司在实现又好又快发展的同时，各项业务符合监管要求和委托方指引，国务院派驻集团公司监事会及保监会在历次检查工作中都对公司的风险管理工作给予了充分肯定和好评，风险管理已成为公司核心竞争力之一。

（四）学习型组织建设成效显著

资产管理行业是知识密集型、智慧密集型行业，资产管理工作是专业性和业务性很强的工作，要求从业者勤于学习、精于研究、与时俱进。国寿资产自成立以来，紧紧围绕提升企业核心竞争力这一战略目标和重大任务，立足自身实际，不断探索建设学习型组织的新思路，建立了全员学习、全员研究的学习型组织，营造了昂扬向上、勤奋好学的良好氛围，投资研究报告数量大幅增加、质量大幅提高，投决会、专业委员会议质量明显提升，党建、廉政、文化建设等方面研究论文纷纷在系统内外获奖，学习研究能力显著提高，专业化水平得到大幅提升。

面对瞬息万变的资本市场，公司着力加强对宏观经济和市场形势的分析研究及判断。开展各种形势分析会、专题会议、座谈会，加强对形势的研究判断，以全球眼光和视野，及时了解和掌握资产管理的新形势、新趋势。每年召开投资决策委员会、专业委员会会议、形势分析会、业务协调会和座谈会达300次。举办国际论坛，邀请国际和国内知名专家学者作专题演讲，加强同国际先进同行的交流，为加强学习提供了良好的平台。从2007年至2010年底共举办了以“国际资本市场与财富管理”、“全球化下经济周期与资本市场”、“后危机时代的全球经济与金融市场”、“全球盛衰周期中的经济增长与金融稳定”为主题的四届国际论坛。宏观经济与市场策略研究为公司的资产配置决策提供了有力支持。

针对经济金融形势和公司发展面临的重大问题，公司大力开展专题调研。特别是在全球金融危机和复杂多变的国际国内经济金融形势下，公司以加强管理、防范风险、科学发展为主题，深入实际开展专题调研。领导带头参加，组织带领有关部门人员，在深圳、上海、北京等地，走访了银行、基金公司和大型国企等机构，相继开展了多项专题调研，提出了富有针对性和建设性的工作措施及建议，形成了一批质量很高、很有价值的调研报告，为推动公司科学发展提供了有力支持，其中获得保监会系统优秀调研报告二等奖1篇。公司还通过出国调研的形式，学习借鉴国内外知名优秀企业的经验，完成涉及欧美日本等主要经济体及关于金融危机的一批优秀考察报告，并紧密联系工作实际，有机地运用到实际工作中去。通过对国内外先进经验的学习借鉴，公司改革发展的思路得到拓宽，进一步推动公司发展的方向更加清晰。

为调动广大员工开展投资研究工作的积极性，公司开发了投资研究报告管理系统，鼓励员工积极撰稿，提出合理化建议，年终组织评比表彰并将优秀报告汇编成册。这一系统已经成为员工为公司经营管理、改革发展献计献策的良好平台，成为员工展现自己才华的多彩舞台，有效地激发了员工的学习热情，在员工中形成“比学习、比专业”的良好风气。几年来员工利用业余时间撰写投资研究报告 8 000 余篇。通过在学习研究上的重视和坚持，公司建立了一支素质过硬、经验丰富的资金运用人才队伍，专业化水平得到不断提升。

[第二章]

人保资产

中国人保资产管理股份有限公司（以下简称人保资产）成立于2003年7月，是国务院批准成立的国内第一家保险资产管理公司。自成立以来，在中国保监会和人保集团的正确领导下，人保资产克服了没有国内先例可循和缺乏管理经验等困难，在保险资金专业运作领域进行了大量探索和实践，成为国内资本市场中重要的机构投资者。

一、2004—2010年公司基本发展情况

（一）受托资产规模状况

自2004年以来，人保资产受托资产的总规模逐年大幅增加，受托资产结构发生可喜变化；公司近年资产管理规模稳居保险业前列。

截至2010年底，人保资产受托资产规模总额约为2 703.91亿元，较2004年底增加2 388.75亿元，是2004年年底的7.58倍，6年来受托资产总额年平均增速高达44.57%。特别是2007年以来，受托资产规模年平均增速更是达到55.71%。

从受托资产结构来看，2004年以来，受托资产来源呈现出多样化的趋势，从最初仅有集团内一家委托人，逐步发展到集团内多家委托人、集团外第三方保险公司，同时还独立发行资产管理产品和债权计划产品，管理企业年金专户和企业年金集合计划产品。2010年底，公司保险系统内专户管理客户已达17家，证券产品1只，债权计划产品2只；非保险客户1家，企业年金专户9家，年金集合计划产品1只，客户群不断壮大。2010年底，人保资产受托系统内资产2 629.39亿元，受托第三方资产6.36亿元，资产管理产品

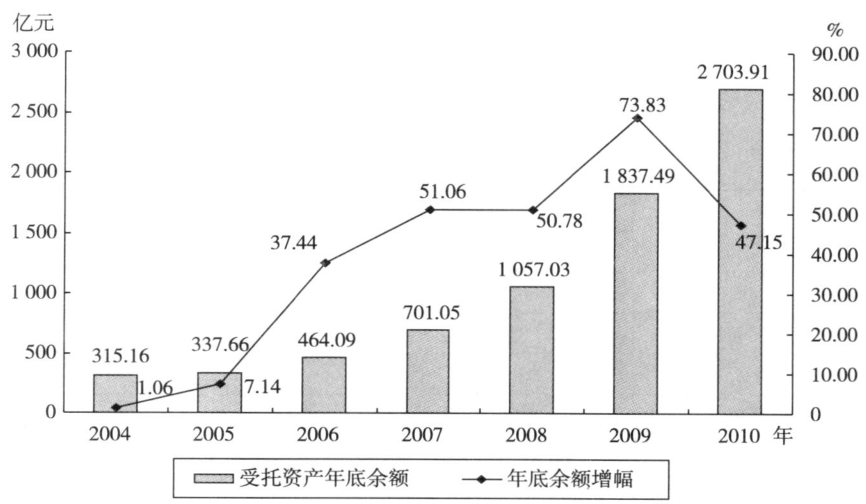

图 7－2－1　人保资产 2004—2010 年受托资产余额变动情况

68.16 亿元，分别占同期受托资产总规模的 97.24%、0.24% 和 2.52%。

（二）资产配置结构总结

根据委托人投资指引要求，人保资产结合对市场的研判和交易配置需求，2010 年底，受托系统内资产基本形成了如下的资产配置结构：权益类投资，包括股票型基金、股票投资和可转债投资，投资余额 399.66 亿元，占受托资产比重 14.47%；债券类投资，包括政府债、金融债和企业债，投资余额 2 062.68亿元，占受托资产比重 74.69%；定期存款投资，包括协议存款、定期存款和结构性存款，投资余额 232.03 亿元，占受托资产比重 8.40%；流动性管理，包括债券型基金、货币型基金、融券回购和货币资金，投资余额 89.39 亿元，占受托资产比重 3.24%；债权计划、股权计划和未上市股权合计投资余额 66.90 亿元，占受托资产比重 2.43%，其他资产合计余额 57.16 亿元，约占 2.07%；融资回购余额 146.12 亿元，占比约 －5.29%。

综合来看，2004—2010 年，人保资产权益类投资、债券类投资、定期存款、流动性管理、债权股权、其他资产和融资回购的平均配置比例分别为 13.97%、71.47%、9.06%、6.70%、2.15%、1.81% 和 －5.19%。其中，权益类投资配置比例最高的年份为 2007 年，配置比例最低的年份为 2008 年；债券类投资配置比例与权益类投资相反，2008 年底配置比例最高，2007 年底配置比例最低；定期存款占比从2004—2009年呈现逐年下降趋势，2010年占比又出现回升。2007年以来，债权计划、股权计划和未上市股权投资渠道放开，成为保险资产的新增配置渠道，投资余额和占比逐步提高。

表7-2-1　　人保资产受托资产分类比例　　单位：亿元、%

类别	2010年底		7年平均	
	余额	比例	余额	比例
权益投资	399.66	14.47	171.93	13.97
债券投资	2 062.68	74.69	879.66	71.47
定期存款	232.03	8.40	111.50	9.06
流动管理	89.39	3.24	82.46	6.70
债权股权	66.90	2.42	26.52	2.15
其他资产	57.16	2.07	22.68	1.84
融资回购	-146.12	-5.29	-63.88	-5.19

（三）投资收益情况

整体看，2004—2010年，人保资产累计为受托系统内资金实现投资收益380.96亿元，平均投资收益率6.01%。2007年，在国内股票市场大幅上涨背景下，当年实现15.22%的历史最高投资收益率水平；此后的几年间，尽管国内股市、债市经历了宽幅震荡过程，但由于行业投资渠道的不断拓宽、公司投资能力的不断增强，整体投资收益水平波动率较小，近三年来投资收益率

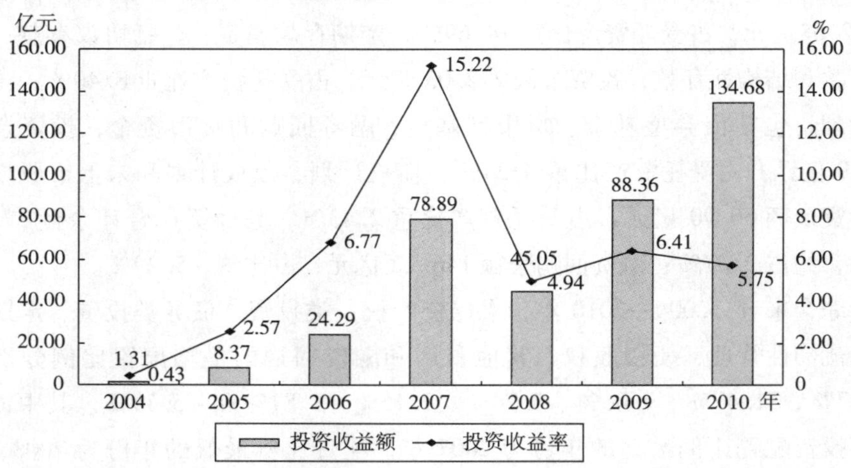

图7-2-2　人保资产2004—2010年受托资产投资收益情况

基本稳定在5% ~6%。

从具体品种来看，2004—2010 年，人保资产受托系统内资金中，银行存款、政府债、金融债、企业债、基金投资、股票投资、债权股权投资和其他投资累计实现收益额分别为33.06 亿元、34.59 亿元、85.11 亿元、56.48 亿元、61.12 亿元、108.34 亿元、5.67 亿元和 -3.40 亿元，平均投资收益率分别为3.43%、3.29%、4.20%、4.88%、10.92%、19.49%、4.33%和1.35%，投资收益率最高的品种依次为股票、基金和企业债。

从各品种对整体投资收益的贡献度来看，2004—2010 年，投资收益贡献度最高的品种依次为股票、金融债和基金，收益贡献比分别为28.44%、22.34%和16.04%。从不同年份中各类投资品种收益贡献度变化来看，人保资产管理的保险资产投资收益品种贡献度和证券市场的走势高度相关，人保资产能够根据市场的变化及时调整投资策略和资产结构，充分把握各类市场上涨的带来的资产增值机会。

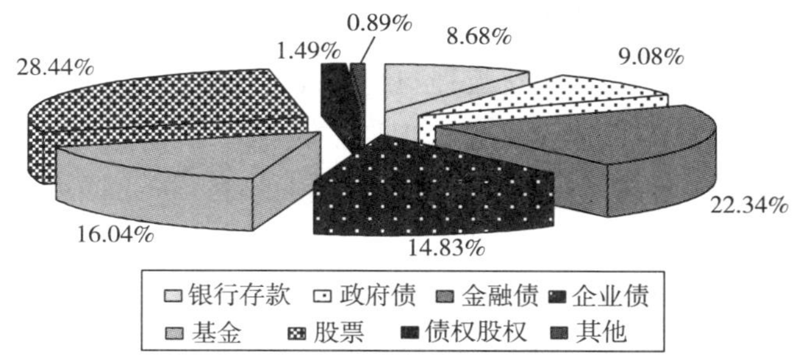

图7-2-3 人保资产2004—2010 年各类投资品种收益贡献比例

二、公司经营管理状况全面总结

伴随着资产管理业务的快速发展，人保资产始终高度重视完善治理结构、加强内部管理，不断完善运营体系和组织体系，大力推进企业文化发展，着力加强专业人才队伍建设，构建了符合公司业务发展需要的运营体系和完整的组织架构，打造了专业化、高水平的保险资产投资管理人才队伍。组织体系的完善与人力资源队伍的建设进一步推动了人保资产业务的快速发展。

（一）公司运营体系和组织架构情况

经过短短几年的建设与优化，人保资产已经形成了流程完善的价值链、结构合理的组织体系以及和谐积极的企业文化。

1. 坚持科学发展，推进企业文化建设

人保资产始终树立人本意识，着力推进内外和谐，在继承和发扬中国人保厚重的企业文化传统的基础上，贯彻落实科学发展观，开拓进取、积极创新，逐步构建起资产管理公司特色的企业文化。

经过不断地探索及公司领导层的研究推动，人保资产形成“诚信铸就品牌、专业创造价值”的经营理念，塑造“忠人之事、超越基准”的企业精神，培育“以人为本，敬事而信”的核心价值观，恪守“诚信透明，遵法守规”的行为规范，履行“服务客户、贡献社会、回报股东、成就团队，做一个负责任企业公民”的承诺，实现“国内领先、国际一流的综合性投资理财公司”的愿景。公司通过良好企业文化的培育和传播，打造了有凝聚力的团队，提升了公司形象，为促进公司竞争力提升奠定了坚实的基础。

2. 紧扣发展战略，不断优化流程与组织设计

为适应各项业务的快速发展，人保资产按照“结构追随战略”的原则，重视对总体运营构架的研究与搭建，加强组织设计，逐步调整组织结构，不断优化组织职能。

人保资产的前身是中国人民保险公司投资管理部。经过前三年的建设，到2006年底，公司共有8个部门和1个处室，前、中、后台的组织体系初步建成。在随后几年的发展中，人保资产始终致力于加强流程的优化与组织体系的完善。

2007年，人保资产相继成立了研究部、年金与养老金业务部、创新业务部，拓展了公司业务范围，同时人力资源部、信息技术部从综合管理部独立出来，成为专业化运作的部门。

2008年，公司花大力气研究制定了《组织说明书》与《岗位职责说明书》，细化明确各个部门的定位、具体职责和相互关系，初步明确了各岗位职责、工作关系和任职资格，理清了部门、岗位关系和业务价值链，为公司人力资源管理以及企业管理各项工作打下了坚实的基础。

2009年，公司撤销监察室、审计室，成立监察审计部；撤销北京办事处，相关职能并入办公室，优化了相关部门流程；信用评估职能从风险管理与合

规部分出，成立了信用评估部，加强了信用评估的投入与信用评估能力建设；市场开发部更名为机构业务部，更好地促进了公司相关业务发展。

2010 年，公司成立基金投资部，权益投资部更名为股票投资部，同时修订了《组织说明书》，进一步优化了相关投资部门流程、完善了部门职责。

经过不断地优化与调整，目前人保资产已经形成了比较完善的价值链体系与组织架构，发展成为流程完善、结构合理的专业化资产管理公司。公司价值链体系包括风险管理、研究、产品开发、委托管理、前台与后台等流程，其中风险管理职能贯穿于价值链的始终。投资管理价值链包括资产战略配置建议、资产战术配置、资产交易配置、投资交易、会计清算和投资业绩评价等6 个环节。人保资产高层组织包括：股东大会、董事会、管理委员会，实行层层负责制；专业的委员会包括：审计委员会、提名薪酬委员会、投资决策委员会、风险控制委员会、项目评审委员会。中层组织共有 17 个部门，包括前台部门9 个（投研部门、项目管理等部门）、中台部门 4 个（交易、风控、信息技术等部门）、后台部门4 个（包括财务、人力资源、监察审计、办公室等部门）。上述每一个组织都有明确的组织说明书，各个部门共同构成了

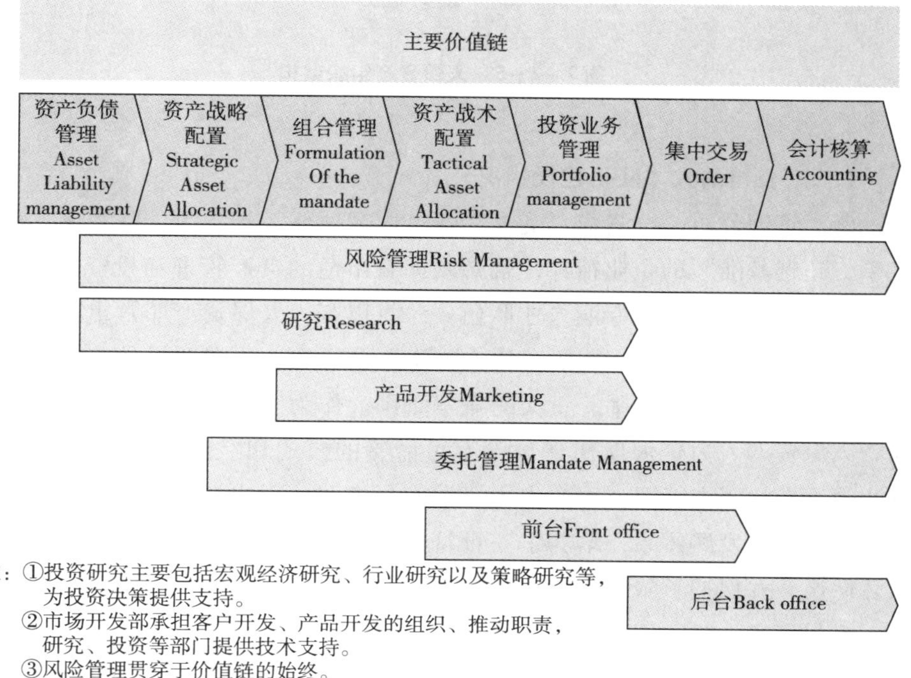

图 7-2-4　人保资产主要价值链

高效、健全的组织体系。

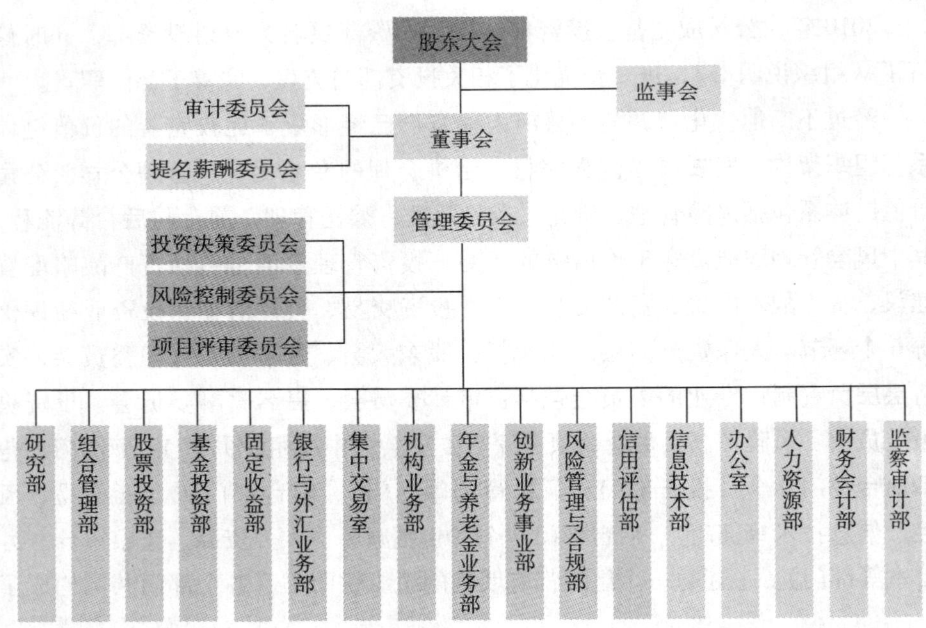

图7－2－5　人保资产组织架构

（二）公司的人才队伍建设情况

资产管理公司，扮演着“受人之托，代客理财”的角色，要实现“忠人之事，超越基准”的企业精神，就必须拥有出色的资产管理和投资能力，而出色的投资能力取决于专业人才队伍。一直以来，人保资产非常重视专业人才队伍建设与培养工作，按照“以人为本”的原则，采取积极的人力资源政策，努力营造客观、公平、正义的竞争氛围。作为国内首家保险资产管理公司，人保资产人力资源队伍建设没有可借鉴的模式和经验，经过不断摸索，逐步找到专业资产管理公司的人力资源发展道路，形成具有一定吸引力的人才队伍培养与发展体系，培养了一批符合公司业务发展的专业化、高水平的人才队伍，并保持了队伍的总体稳定。

人保资产人才队伍建设方式采取内部培养与外部引进相结合的方式，一方面公司大力培养长期在公司工作的骨干员工，每年通过内部晋升为员工提供成长通道，老员工也对公司形成了较高忠诚度。目前，大部分老员工都在公司关键岗位上承担关键职务。另一方面，公司大力引进外部优秀人才，每年通过校园招聘、社会招聘和猎头推荐等多种渠道，从市场上发掘优秀人才，补充到公司人员队伍中，为公司业务发展补充重要力量。近年来，公司每年获得职务晋升与职级提升的人员占当年平均人员的50%以上，从外部引进的人数占当年平均人数的30%左右。

经过不断建设，人保资产人员规模不断扩大，人才队伍的数量和质量不断提升，人员专业化水平不断提高，投研人员队伍不断成熟。2004 年底，公司在职员工仅有 50 人。短短 6 年间，公司员工人数增长 2.9 倍，2010 年底在职员工达到 145 人，前台、中台、后台人员的比例约为 62%、22% 和 16%；其中，博士和硕士研究生的人数从 34 人增长为 109 人，增长 3.2 倍。核心员工平均司龄 5.8 年，离职率远低于行业平均离职率。

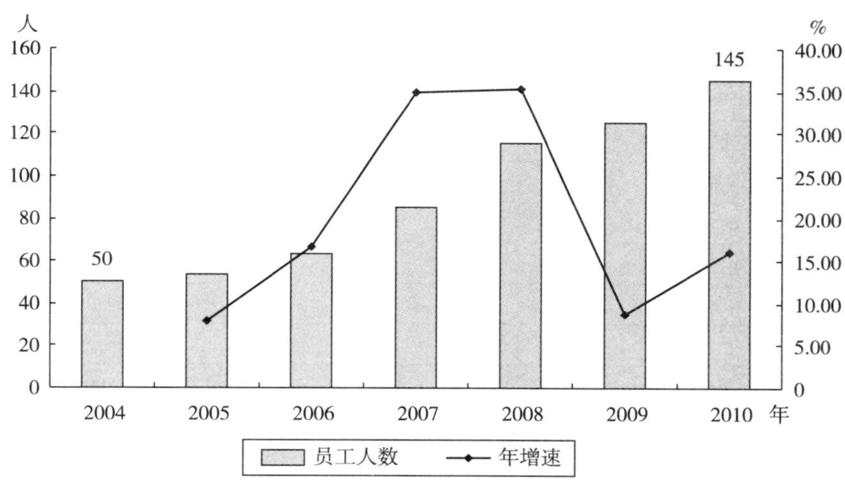

图 7-2-6　人保资产近年人员规模发展

通过出台相关奖励政策，人保资产员工职业能力不断提升，公司内部持有执业水平与职业能力认证以及职业准入资格的员工人数不断提高。到 2010 年底，公司已有 19 人拥有执业水平与职业能力认证，有 74 人获得职业准入资格，有 25 人拥有中高级职称证书。

表7-2-2　　人保资产职业水平及能力认证人数及占比　　单位:%

职业水平及能力认证		人数	占比
职业水平/职业能力认证	CFA	8	5.52
	FRM	5	3.45
	注册会计师	6	4.14
职业准入资格	证券、基金、期货等	74	51.03
职称	中级	17	11.72
	高级	8	5.52

经过不断探索积累，人保资产投研人员队伍不断成熟。到2010年底，公司投研人员共有70人，平均从业年限超过10年。其中，拥有5年以上从业经历的专业人员47人，拥有10年以上从业经历的专业人员30人，拥有20年以上从业经历的专业人员13人。

表7-2-3　　人保资产投研人员工作年限情况　　单位:%

工作年限	人数	占比
1年以下	6	8.57
1年至3年	6	8.57
3年至5年	11	15.71
5年至10年	17	24.29
10年至20年	17	24.29
20年至35年	13	18.57
合计	70	100

总体上看，人保资产已经建立了一支素质优良、业务专业、经验丰富、在业内颇具影响力的团队，这支队伍既年轻富有活力，又具有丰富的从业经验。

(三) 经营管理的其他方面

人保资产始终立足全球视野、引领行业潮流，致力于发展成为“国内领先、国际一流的综合性投资理财公司”，在国内资本市场上占据重要地位。目前，人保资产具备资产管理领域最齐全的投资渠道与投资资格，是中债收益率曲线与债权估值特聘成员、中国银行间市场交易商协会常务理事、中国国债协会常务理事单位，并连年成为全国银行间市场优秀交易成员，交易量前100强，交易活跃前100强，连年获得国债承销团成员资格。除此之外，人保资产还是境内受托人中最早获得港股投资资格的机构，是保险业首批基础设施项目投资的试点单位、保险业首批获得利率互换交易资格的试点单位、保险业首批获得短期融资券承销资格单位、首批获得上交所固定收益证券综合电子平台一级交易商资格的保险机构、首批获得第三方外汇资金委托和首批获投资无担保债券资格的保险资产管理公司之一。

（四）公司改革创新总结

近年来，人保资产深化了对保险资金运用规律的认识，建立了适合保险资金特点的专业运作管理模式，培育了一支经验较为丰富的专业人才队伍，积累了宝贵的保险资金投资管理经验，构筑了一个专业化的保险资金集中运作平台，较好地支持了委托人保险业务发展。

1. 以投资能力建设为核心，大力提高把握市场水平

投资是资产管理公司的立业之本。8 年来，人保资产坚持长期投资、价值投资理念，在市场分析和专业意见的基础上，不断深化对资本市场和保险资金管理内在需求的认识，并结合保险资金特点加强研究、决策、执行及投资体系建设。特别是近两年，人保资产借鉴慕尼黑再保险资产管理公司经验，进一步梳理投资价值链，理清不同层次关系，明确了投资决策委员会、研究部门、投资部门、投资经理以及风险控制部门的职责和权限，建立了以 TAA 小组为核心的资产战术配置决策机制，确定了以市场估值中枢判断为基础、围绕均衡配置适度调整仓位的投资决策机制。经过努力，公司投资队伍不断成熟，投资能力不断加强，在科学分析市场的基础上灵活调整投资策略和节奏，把握住了股票、债券、外汇市场上较大的投资机会，创造了良好的投资业绩。

2. 以内控合规建设为基础，不断加强风险管控能力

风险管理是资产管理公司的生命线。人保资产在成立初期，由于对行业风险传递的认识不够深刻，经验不够丰富，曾在风险管理方面有过沉痛的教训。痛定思痛，人保资产以内控合规建设为基础，在提升风险管理能力方面付出了比同行更为艰辛的努力，将“制度完善、明确责任、重在执行”作为风险管理的落脚点，致力于将合规经营的信念和风险防范的理念融入企业文化之中。一是借鉴国际经验，全面指导和控制。风险控制委员会对风险管理工作予以全面指导，慕尼黑再保险资产管理公司向公司派驻了风险管理专家，

为公司提供高品质、专业化的风险管理服务。二是完善制度和管理体系。我们对公司各项业务流程进行全面梳理和标准化，明确了各部门、各岗位的风险管理职责，加强了信息技术建设和专业人员培训。三是量身定做相关措施。针对各委托人和账户的特点，公司通过年度风险管理政策和配套的风险预算等措施，明确市场风险、信用风险、操作风险的管理目标、控制额度和管理措施，并严格遵照执行。四是加大信用风险管理建设力度，建设了国内领先的信用评估系统。五是明确风险责任，实现了风险管理制度严格执行，建立了责任追究机制，做到有违必究。

3. 以科学合理的委托受托模式为依托，不断提高客户服务质量

与其他的保险资产管理公司一样，人保资产在与委托方的关系界定、职能划分等方面曾产生过一些分歧。长期的探索使人保资产充分认识到科学合理的受托、委托关系模式的重要性，高度重视与委托人之间的关系。人保资产强调“以客户为中心”理念，在投资指引制定前提供建议，投资指引下达后严格遵循执行，对于新投资品种和投资指引以外事项，事先征求委托人意见。同时，公司全面提高了客户服务的主动性、及时性和针对性，与委托人保持密切联系，定期和不定期地与委托人举行联席会议，并专门在北京设立了机构业务部。几年来，人保资产建立了与委托人的联席会议制度，积极与委托方坦诚交流，谋求共识，推动了相关问题的最终解决。

4. 以国际化为契机，夯实面对更广阔和更复杂市场的基础

2006 年，人保资产成功引入德国慕尼黑再保险资产管理公司作为战略投资者之后，两家公司从产品开发到业务合作、从流程设计到人才引进都开展了深度的战略合作，人保资产的相关能力在合作中得到了较大提升：一是慕尼黑再保险资产管理公司直接派驻专家参与日常经营管理和项目运作，双方在风险管理、组合管理等方面进行了充分的交流与合作。二是公司借鉴国外同行的先进经验，对组织架构进行了全面诊断，重新梳理了包括研究、组合、投资、清算、交易、财务、风险管理和绩效评估等环节在内的工作流程，进一步规范了业务操作，强化了内部控制。三是参考慕尼黑再保险资产保险公司的信息技术架构，着手改造升级公司的信息技术系统，在业界率先取得突破，建立了核心业务统一数据平台系统；参考慕尼黑再保险资产管理公司的绩效评估方法，建立了更为科学、市场化的绩效评估体系。四是开展包括双方主要业务人员在内的技术交流与培训，通过海外培训项目，拓宽了关键业

务人员的视野。经过双方的共同努力，人保资产的技术能力、管理水平大幅提升，与国际先进资产管理公司的差距正在缩小，未来发展的基础得以夯实。

5. 以企业文化建设为重点，凝聚和打造专业化的投资管理团队

专业人才是保险资产管理公司的重要资产。要凝聚专业人才，将资产管理公司打造成为一支有战斗力、有特色的专业化团队，不仅要有科学、合理的激励约束，更要有良好的企业文化。经过4年多的探索，人保资产确定了具有特色的企业文化，即履行“服务客户、贡献社会、回报股东、成就团队，做一个有责任的企业”的承诺，塑造“忠人之事、超越基准”的企业精神，培育“以人为本，敬事而信”的核心价值观，坚持“专业创造价值、诚信铸就品牌”的经营理念，遵循“重信践诺、令行禁止”的行为规范。通过企业文化建设，客户和社会对人保的认可度进一步提高，人保资产员工有了更大的自豪感，工作上的主动性、积极性和规范性更好地体现了出来。

通过上述工作和实践，人保资产对保险资金专业化运作的认识不断深化，较好地发挥专业机构、专业模式、专业团队、专业技术的优势，在专业化建设的道路上成功迈出了重要一步，完成了大量的基础性工作，实现了保监会主导的保险资金运用与承保业务分离、进行专业化运作的初衷，为承保业务和委托人竞争能力的提高提供了有力支撑。

三、公司资产管理能力状况及投资操作回顾

作为国内最先实现保险资产专业化、市场化运作的保险资产管理公司，人保资产目前拥有国内资产管理领域最齐全的投资渠道与投资资格，业务涉及境内外固定收益类投资、权益类投资、企业年金投资管理、基础设施投资、债权股权投资计划、私募股权投资、保险与投资研究咨询等领域。同时，人保资产始终按照安全性、流动性和收益性相统一的要求，实行专业化、规范化、市场化的科学运作，为委托方创造了持续、稳定和丰厚的投资回报，在保险资金支持国民经济建设中发挥了重要作用。

（一）2004—2009年人保资产投资操作简要回顾

2004年，公司受托管理资产基本没有增量资金，形成存量资产结构调整为主线的投资局面。公司在低迷的市场环境下，为提高投资收益做了大量努

力。一是加强与委托方的沟通和协调，探索资产组合管理的策略和方法，逐步形成适应财产保险资金特点的投资理念。二是充分体现外汇资产均衡配置的特点，成功把握了市场机会，超额完成了任务。三是债券资产规避了市场波动带来的风险，成功地进行了低收益品种向高收益品种的切换操作。

2005 年，公司在准确把握宏观经济走势的基础上，合理调整资产配置，优化资产风险收益特征。一是根据财产保险资金追求稳定收益的特性，公司下决心调整大类资产配置，2005 年较好地把握了资本市场波动，相机减持基金 31.02 亿元，把权益类投资占总资产的比重从 17.58% 压缩到 8.49%，基本消化了权益类资产占比过高的历史包袱，有效降低了整体收益的波动性；同时调整了权益类资产结构，保留了大部分封闭式基金，减持了大部分开放式基金，增加了一部分股票。二是优化债券资产结构，加大中短期国债的投资力度，债券整体组合平均修正久期 3.4 年，浮动利率品种占 26%，流动性较好，抵御利率风险的能力较强。三是合理配置外汇资产，控制好结构性存款和现券投资的比例，并顺利完成了 5 000 万美元的结汇任务。四是将公司的人民币资本金投资从权益类投资调整为以固定收益投资为主的配置，确保资本金保值增值。

2006 年，公司在权益类、固定收益类、外汇类投资方面的判断准确，尤其是在权益类市场大幅上涨的情况下，保持较高的权益类投资比例，分享了股市上涨带来的收益。同时，公司积极参与了境内市场和香港市场 IPO，把握市场时机及时处置了收益率低的长期国债，并在业内率先建立了信用产品分析模型。此外，固定收益投资与银行业务密切配合，协议存款和短期融资券搭配操作，有效提高了投资收益。

2007 年，公司采用的投资策略得当，较好地把握了市场机会。人民币权益投资方面，公司积极捕捉市场机会，主动调整品种结构；同时，主动研究可转债、股权投资和股指期货等新的投资渠道，以及时应对政策变化。2007 年 5 月底，A 股市场预期分化，人保资产始终坚持价值投资策略，权益类配置仍保持较高比例。自 2007 年下半年开始，公司坚持以新股为权益投资主战场，第四季度及时降低仓位，维护了投资成果。人民币固定收益投资方面，在 2007 年债券市场收益率不断走高的不利形势下，公司坚持研究先行的投资理念，控制债券久期，把握市场进度，利用市场短期波动机会，采用利率掉期、波段操作、低风险套利操作等手段，努力提高资产收益率。外汇类投资方面，公司较准确地判断了美元利率走势，压缩期权类操作规模，增加现券和股票投资在投资组合中的比例，加大投资品种和期限的切换力度。2007 年下半年，公司积极参与一级市场和基础投资人的申购，启动港股二级市场投资。

2008 年，在 2007 年底得出的“A 股市场估值偏高、风险较大，CPI 有望前高后低”的研判基础上，公司密切关注市场和政策变化，加大研究力度，坚持“降低权益类比重，增加固定收益配置”的投资策略。人民币权益投资方面，在股指仍处于相对高位的第一季度，压缩权益类资产配置，特别是着力降低战略配售股票和金融股比重；在股指经历较大幅度下挫后的第二季度、第三季度，公司保持冷静，没有轻易加仓；在国家连续出台刺激经济措施的第四季度，逢低适度买入，获得一定波段收益。人民币固定收益投资方面，公司准确把握了利率下调趋势，从年初到 9 月底降息前大幅增加固定收益品种配置，较好地分享了债券市场走强的良好收益。同时，投资部门通过精心选择品种、适当延长久期，在市场收益率不断下降的背景下，固定收益类受托资产内部收益率提高约 30BP。境外投资方面，在境外市场剧烈波动情况下，外币固定收益业务把握了利率下降和利差收窄的投资机会，港股投资收益率强于可比市场指数和同期 QDII 基金。

2009 年，公司积极把握市场机会，努力提高投资收益。人民币权益投资方面，年初针对委托资产风险容忍度极低状况，配置比例较为审慎，1～5 月委托资产权益配置保持在 8% 左右。年中时，为预防股市回调并确保全年绝对收益目标实现，择机在上证指数 2 700 点左右陆续卖出部分权益资产。下半年，在基本锁定绝对收益目标基础上，为赶超相对收益目标，开始逐步增加权益配置比例，并择机调整基金和股票结构。人民币固定收益投资方面，公司总体实施低配债券策略，严格控制组合久期，适度减少利率产品配置，加大信用产品比例。在年初市场收益率较低时大幅减持较长期限利率品种，推迟部分新增资金配置安排，成功规避了市场收益率大幅上升风险。境外权益投资方面，从年初开始，公司积极引导委托人，建议在战略配置层面增加港股投资，从实际效果看，确实获得了境外证券市场反弹带来的收益。境外固定收益投资方面，以“灵活操作 + 短久期策略”规避了长期收益率上升风险。流动性管理方面，在满足业务需求同时，把握融资成本和存款收益间的利差，灵活运用回购手段，收益率超越 1 年期定期存款 34 个基点。

总体来说，人保资产在2004—2009年6年间对各大类市场波动节奏把握到位，取得了优良的投资收益。从行业平均投资收益看，2004—2009年，保险行业平均年度投资收益率为5.46%。人保资产年均收益率为6.06%，超过同期行业年均收益率60BP，超越幅度达到10.89%。

表7-2-4　　人保资产及行业投资收益率对比　　单位：%

年份	2004	2005	2006	2007	2008	2009	平均
人保资产	0.43	2.57	6.77	15.22	4.94	6.41	6.06
保险行业	2.87	3.60	5.82	12.17	1.91	6.41	5.46

（二）2010年公司投资操作情况与经验

2010年，国内外经济金融形势极为复杂，人保资产在优化资产配置、回避系统性风险、实现受托资金预期收益目标变得十分困难。在此背景下，公司全体人员勤勉尽责，兢兢业业，积极稳妥应对不利局面。公司上下精诚团结，坚定信心，不畏艰难，科学分析市场变化，研判和抓住波动机会，控风险，增收益，围绕关键环节扎实工作，2010年受托资产实现投资收益率5.75%，超越了战略配置基准和行业平均水平。

资产战略配置环节：公司深化资产战略配置研究，及时提出相关建议，与委托人提前沟通，提早明确战略配置比例、风险预算等负债要素，并定期提供偿付能力压力测试、现金流预测等重要信息。公司主动加强委托人服务，就市场重大变化和重大操作提前沟通。

资产战术配置环节：公司充分调动各领域专业人员积极性，在复杂的市场环境下坚持科学判断和理性决策，关键时候敢于坚持，能够出手。特别在上证指数下跌到2 600点以下，低于公司研判的估值中枢时，公司不断提高权益资产配置比例，并在后期市场上涨中兑现了利润。事实证明，正是这些举措为年度投资收益的实现发挥了积极作用。

人民币权益投资方面：公司对调结构、房地产新政、防通胀等重大经济政策进行深入探讨，并分析其对宏观经济以及各个行业的影响，在价值投资的基础上努力把握市场阶段性、结构性、主题性机会，还在专业部门内部鼓励投研人员挖掘“金股”。回头看，不仅全年分享了大消费和电子信息等行业股票上涨成果，而且基本抓住了周期类公司短期大幅上涨机会，受托资产人民币权益投资收益率超过沪深300指数16个百分点。

人民币固定收益投资方面：公司准确判断到收益率前期下行和后期上涨走势，努力克服了债市交易不活跃、高收益债券配置受制于委托人偿付能力约束、受托资金流入与市场债券供给时间不匹配等因素带来的困难。公司结合委托人现金流预测，对交易类账户坚持低久期策略，对财险、寿险等债券规模迅速扩大的账户加大持有到期类品种配置，在确保利息收入的同时尽量减轻市值波动对委托人会计利润目标的冲击。

外汇投资方面：公司加大国际经济和港股市场研究力度，密切追踪香港市场动态，较为准确判断港股波动区间，采用主动灵活交易策略，港股投资累计表现远远跑赢 QDII 基金。同时，把握境内美元存款利率波动机会，将当期收益率偏低的国债切换为 1～3 年期定期存款，保证未来几年投资组合的稳定收益。

流动性管理方面：公司提前规划资金安排，提高资金使用效率，灵活运用债券型基金、货币型基金、正回购与逆回购等手段，流动性管理投资收益率达到 3.74%，大幅超越市场水平。

此外，2010 年，公司在追求较高收益的同时，进一步强化风险管控。公司坚持完善制度和流程，重点提高市场风险、信用风险管理能力，采取各种措施杜绝操作风险，明确风险管理职责，认真对待和处理违规事故，强化投资部门和投资经理责任意识，实现对所有持仓信用债券内部评级全覆盖，控制防范了信用风险，起到了为投资业绩保驾护航的重要作用。

四、公司资产管理的亮点

自成立起，人保资产始终坚持专业化、市场化、规范化的发展道路。人保资产率先引进海外战略投资者，成为国内首家外资参股的保险资产管理公司。通过借鉴外资股东慕尼黑再保险资产管理公司的国际先进投资理念和体系，建立了以研究为起点、以客户为中心的科学合理的投资决策架构和工作流程。致力于体制机制、组织架构和管理模式的转变，积极探索保险资金运用新途径，公司率先在保险资金管理中采取委托、受托、托管的模式和分账户管理体系，拥有安全高效的投资管理运作模式。

（一）强有力的股东背景

人保资产的股东为中国人民保险集团股份有限公司（中国人保集团）和

德国慕尼黑再保险资产管理公司（MEAG），两者分别持股81%和19%。其间接股东为国务院（由财政部代表）和世界第一大再保险公司德国慕尼黑再保险公司。

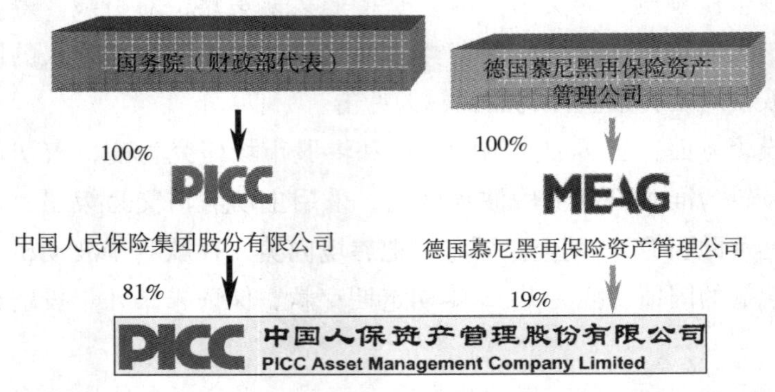

图7-2-7 人保资产股本结构

中国人保集团（PICC）是国有独资大型金融保险集团，注册资本306亿元，其前身是1949年10月20日由中华人民共和国政务院批准成立的中国人民保险公司。经过61年的发展，中国人保集团已经发展为包括财产保险、人寿保险、健康保险、资产管理、证券、基金、信托、期货等金融业务的现代金融保险集团，拥有12 000个遍布全国的分支机构、员工20多万人。截至2010年12月31日，中国人保集团总资产约4 800亿元，管理的总资产约1万亿元。

中国人保集团是中国民族保险业的品牌，是2008年奥运会、2010年世博会和2010年亚运会的合作伙伴，在2010年世界企业500强最新排名中位列第371，在2010年中国企业500强最新排名中位列第35。中国人保集团拥有的雄厚资源，可以在投资渠道、投资机会、投资服务等方面强有力地支持中国人保资产的投资管理业务。

MEAG是德国慕尼黑再保险公司旗下专业的投资管理机构。德国慕尼黑再保险公司创立于1880年，是全球最大的再保险机构。公司在全世界150多个国家从事经营财产保险和人寿保险两类再保险业务，拥有遍及世界各地的60多家附属机构和分支机构，管理资产总额约3 000亿欧元。MEAG具有国际一流的资产配置、投资管理、风险控制、客户关系管理和产品研发等技术经验，向中国人保资产提供了大量的技术交流和培训。MEAG还派出了风险管理专家、信息技术专家和项目管理专家，为中国人保资产提供风险控制、信息技术和项目管理方面的技术支持。

（二）业内领先的研究能力

本着“研究发现价值、研究驱动投资”的理念，人保资产高度重视研究体系和研究团队建设。借鉴外方股东 MEAG 的经验，人保资产打破研究与投资完全隔离或研究与投资完全合一的传统模式，建立了研究部门独立研究与品种投资部门自身研究相结合的立体化、多层次的新型研究体系。

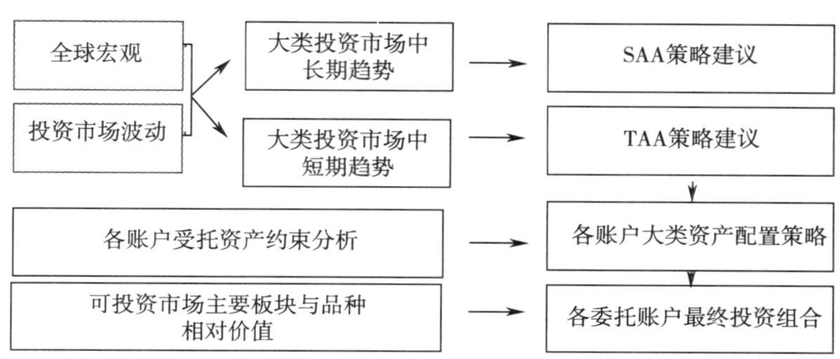

图 7－2－8　研究在投资决策中发挥作用的途径

新型投资研究体系的建立为人保资产的投资决策和客户服务提供了强有力的智力支持。目前公司研究体系对国内外经济金融形势的预判保持了较强的前瞻性，达到了较高的准确性，在宏观经济和大类市场中长期趋势方面的研究能力领先于基金、券商等国内各类资产管理机构。人保资产研究体系具有以下四点优势：

1. 研究部门独立研究与品种投资部门自身研究相结合使得研究部和品种投资研究部门能够分别专注于自己的优势研究领域，在宏观研究与中微观研究、跨市场研究与单一市场研究、中长期研究与中短期研究等维度中可以“分”中有“合”，充分保障整体研究效能。

2. 利用外资股东强有力的研究资源和研究技术的支持，结合自身丰富的投资经验，人保资产的投资研究能够立足于全球视野和实体经济，与其他公司比较具有跨经济周期的长期投资、价值投资、趋势投资等研究特点。

3. 依靠中国人保在业内具有举足轻重的行业地位，人保资产同宏观经济决策部门和监管部门建立了密切的联系，能够深刻理解并及时准确把握宏观经济运行动态和趋势。

4. 人保资产的研究特别重视数据的分析和模型的应用，公司研究部开发了"全球宏观经济与投资市场跟踪系统"与"A股在大级别波动中所处位置研判系统"，品种投资部门的研究人员开发了市场估值模型等系统，以这些模型为基础建立的投资组合在实际应用中均实现了大幅超越市场基准。

（三）科学严谨的投资决策流程

人保资产借鉴外资股东MEAG的先进投资理念和体系，建立了以研究为起点的科学合理的投资决策架构和工作流程，公司采取"集体决策战略和战术资产配置、有限授权下进行灵活交易配置"的投资决策流程，有效综合公司投资决策委员会各委员和各品种投资部门的智慧和经验进行重大决策，充分发挥各专业部门的市场判断进行资产的灵活调整。

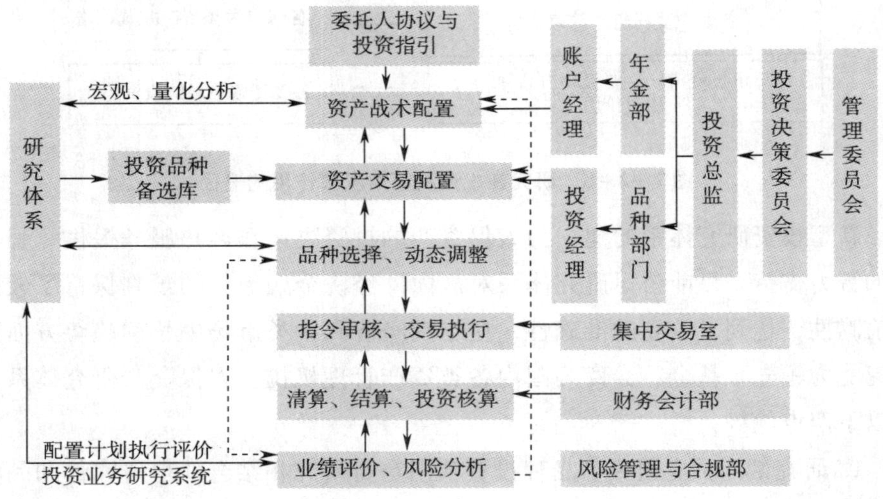

图7－2－9 人保资产投资决策流程

公司形成了以客户为中心的投资管理价值链，包括资产战略配置建议、资产战术配置、资产交易配置、投资交易、会计清算和投资业绩评价等6个环节。实践证明这个流程是行之有效和适应中国市场特点的，可以促进客户资产稳健增值。

公司建立了严密科学的各品种投资流程体系，并定期进行梳理和更新。公司采取多委托人、多账户的投资交易管理，通过先进的信息系统实现全自动的股票池限制、额度限制和各种阈值限制，实现实时风险控制。投资业务

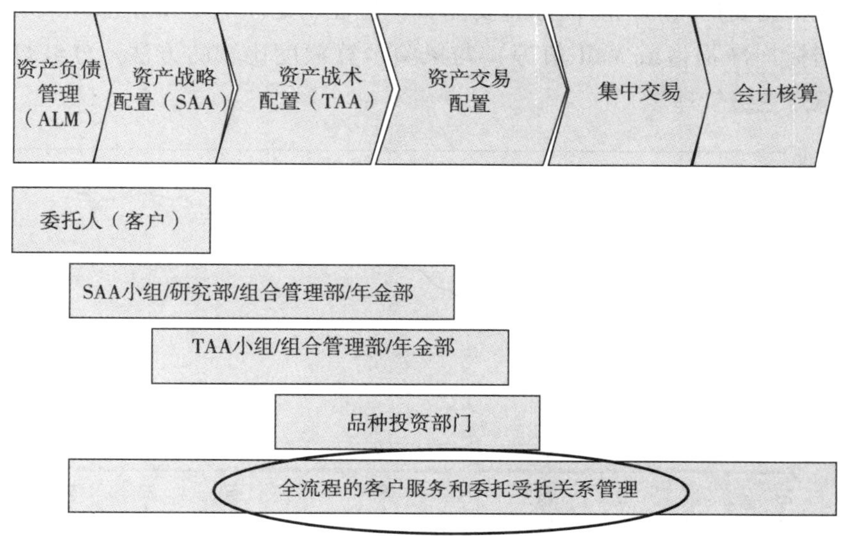

图7－2－10　人保资产投资管理价值链

与公司其他投资业务在资金、人员、流程、数据访问上的完全隔离。

（四）国内领先、国际一流的风险管理理念

人保资产是国有控股企业，具有完善的内部监察审计和风险控制体系，具有审慎决策、稳健操作的企业文化特点和政治优势。

外资股东MEAG为人保资产提供强有力的风险管理技术支持。在借鉴外资股东MEAG国际领先的风险管理技术和总结、吸取国内券商、基金公司风险管理经验的基础上，形成了保险资产管理行业国内领先、国际一流的风险管理理念：

一是风险管理第一、合规第一、制度第一的理念。

二是风险管理创造价值、风险管理创造卓越的理念。

三是以全业务、全流程、全环节和全员参加为特征的全面风险管理理念。目前，公司分管风险控制的副总裁、风险管理与合规部总经理和信息技术部总经理都是MEAG派驻公司的德籍员工，独立于公司的人力资源和薪酬福利体系，能够有效地保证风险控制的独立性，真正做到风险管理从高层做起，风险管理人人有责。

四是风险预算、风险预警、风险止损和风险注册表管理的理念。风险预

算管理根据委托人的风险偏好和委托资产特性制定。风险预算管理采用风险监控指标（净损值或 VaR 值等）与风险预算额度比较的方法，分红灯、黄灯、绿灯三级管理。

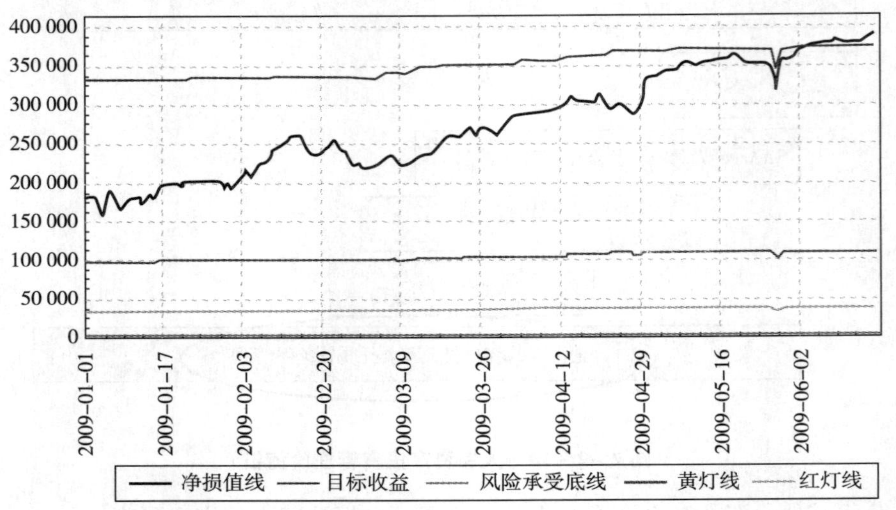

图 7－2－11　风险预算管理示例

五是风险零容忍、风险管理纳入绩效考核的理念。

六是利用信息技术、数据分析和模型管理控制风险的理念，建立健全了风险管理系统、信用评估系统和统一数据平台。值得一提的是 2010 年人保资产对外发布了自主开发的信用评级系统，人保资产信用评级系统是国内第一个独立的信用评级系统，与外部信用评级相比，人保资产信用评级系统只为人保资产投资使用，一方面不会受到外部因素的影响，另一方面比外部信用评级更加严格，有利于公司信用风险管理，为委托资产投资提供了有效的风险保护伞。

（五）优异的投资业绩

人保资产的投资能力突出，追求受托资产的长期稳健增值，并实现风险控制下的收益最大化；在投资中坚持长期投资和价值投资；注重资产负债匹配管理、资产配置和组合管理，保持资产多元化和分散化，追求稳定的超越客户基准的投资回报。

人保资产的投资业绩始终居于行业领先水平，稳定地超越市场基准和客户期望。在2007—2010年的4年间，中国人保资产的投资收益率均稳定地超越行业内三家上市公司，投资收益率大幅超越行业基准。

（六）职业化的投资团队、市场化的人力资源机制

目前，人保资产已经建立了一支素质优良、业务专业、经验丰富、在业内颇具影响力的团队：公司高管稳定，8人中有7人拥有博士学历，平均从业年限达20年，业内罕见；部门负责人硕士以上学历达到90%以上，平均从业年限16年，具有丰富的证券从业经验；公司投研人员占公司总人数的50%，硕士以上学历达到92%，平均从业年限10年，并且63%的人拥有CFA、FRM、精算师等资格证书，拥有丰富的资本市场经验；在风控人员方面，所有风控人员都拥有硕士以上学历，平均从业年限11年，公司分管风险控制的副总裁、风险管理与合规部总经理和信息技术部总经理都是MEAG派驻公司的德籍员工，拥有丰富的风险管理经验。

人保资产还聘请了世界知名的人力资源咨询顾问公司，参考借鉴市场同业机构中成熟有效的模式，建立了一套完善的具有市场竞争力的薪酬福利制度和长期激励机制，在业内具有较高的竞争力。同时公司还建立了与账户管理业绩挂钩的绩效管理体系和业绩考核机制，注重业绩导向，强调绩效管理与委托人基准相结合，强调与行业水平、市场基准、同业排名挂钩。绩效考核与浮动薪酬、奖金、长期激励挂钩，能有效地调动投资团队的积极性和主观能动性。

在保障人员稳定方面，公司从企业文化、员工培训、薪酬福利和业绩考核四方面入手，为员工发展创造良好平台，提升员工归属感，促使员工形成明确的职业发展预期，帮助员工实现个人成长，从而形成优秀人才“招得进、用得好、留得住”的良性格局，有效地留住人才，保障核心团队的稳定性。

[第三章]

平安资产

一、2004—2010 年公司基本发展情况

（一）受托资产规模状况

平安资产管理有限责任公司于 2005 年 5 月 27 日在上海注册成立，2005 年 9 月 1 日开始受托集团资产管理，管理的资产规模保持稳定增长的态势，截至 2010 年 12 月 31 日，平安资产管理投资管理资产规模达到 7 035 亿元，投资资产规模的增长，主要是由于委托方保费收益和投资收益形成的投资持续快速增长。

表 7－3－1　　平安资产管理公司受托保险资产　　单位：亿元

年份	受托保险资产规模
2005	2 446
2006	3 294
2007	4 705
2008	4 521
2009	5 703
2010	7 035

数据来源：2007 年招股说明书及 2007 年、2008 年、2009 年、2010 年年报。

作为保险系资产管理公司中建立第三方业务团队的先行者之一，平安资产 2005 年成立伊始即将第三方业务作为重要战略发展方向，投入资源加大团队及业务平台建设。首先，随着诸多资产管理行业经验丰富的管理、销售、

产品、营销专才的加入，从产品研发、销售开拓、市场营销到客户服务，平安资产已逐步搭建起架构完善，与公司投研、运营平台高度契合的销售服务平台，在中小保险公司保险资金受托管理，以及与资金管理相关的咨询业务等方面全力开拓第三方业务。其次，平安年金业务也开展得风生水起，2007年平安养老险管理的企业年金基金投资资产规模504 950.60万元，占发布总数的63.3%，市场排名第一位；2008年平安养老险管理的企业年金基金投资资产规模为1 461 311.90万元，占发布总数的38.7%（当年新增长江养老险过渡计划数据），市场排名第一位；2009年平安养老险管理的企业年金基金投资资产规模为2 610 695.27万元，占发布总数的53.7%，市场排名第一位；2010年平安养老险管理的企业年金基金投资资产规模为3 844 788.20万元，占发布总数的54.2%，市场排名第一位。最后，资产管理产品（包括基础设施债权计划和基础设施股权计划产品）也是平安长期耕耘的领域。为了拓宽保险资金投资渠道，丰富公司的产品配置，探索保险资金保值增值的长效机制，在中国保监会的大力支持下，公司在保险资金债权投资计划产品创新上进行了积极的探索，2007—2010年底，公司累计投资债权计划55.12亿元，实现投资收益3.42亿元。

表7-3-2　　债权计划每年投资规模　　单位：亿元

年份	当年新增投资规模	当年到期投资规模	当年期末投资余额
2007	5	0	5
2008	0	0	5
2009	28.27	1	32.27
2010	21.85	0	54.12
合计	55.12	—	—

数据来源：平安资产管理公司。

（二）资产配置结构总结

2006年以来，平安保险集团投资组合配置80%左右配置在固定收益投资，根据权益市场的变动，权益配置大致在8%~25%区间波动。

表 7-3-3　　平安保险集团投资组合配置表　　单位：百万元人民币、%

类别	2009 年 12 月 31 日		2008 年 12 月 31 日		2007 年 12 月 31 日		2006 年 12 月 31 日	
资产项目	账面值	占比	账面值	占比	账面值	占比	账面值	占比
定期存款	91 599	15.5	84 412	18.2	33 188	7	59 107	17.8
债券投资	351 432	59.6	286 791	61.7	191 023	40.2	187 334	56.4
其他固定收益投资	5 434	0.9	3 725	0.8	2 411	0.5	1 381	0.4
固定收益投资合计	448 465	76	374 928	80.7	226 622	47.7	247 822	74.6
股权投资	44 380	7.5	22 929	4.9	101 487	21.4	31 951	9.6
证券投资基金	19 196	3.3	13 443	2.9	15 792	3.3	12 820	3.9
权益投资合计	63 576	10.8	36 372	7.8	117 279	24.7	44 771	13.5
基建投资	8 932	1.5	5 509	1.2	3 812	0.8	1 421	0.4
现金及等价	68 740	11.7	47 856	10.3	12 174	26.8	38 150	115
合计	589 713	100	464 665	100	359 887	100	332 164	100

数据来源：2007 年、2008 年、2009 年年报。

（三）投资收益情况总结

1. 受托系统内资金收益情况总结

近年来公司投资收益持续增长，2009 年、2008 年、2007 年、2006 年、2005 年和 2004 年投资资产投资收益分别达到 307.28 亿元、-79.35 亿元、514.45 亿元、218.54 亿元、92.32 亿元和 63.56 亿元，于各相关期间的总投资收益率分别为 6.4%、-1.7%、14.1%、7.7%、4.2%和 3.6%。

表 7-3-4　　投资收益表　　单位：亿元、%

年份	投资收益	投资收益率
2004	63.56	3.6
2005	92.32	4.2
2006	218.54	7.7
2007	514.45	14.1
2008	-79.35	-1.7
2009	307.28	6.4

数据来源：2007 年招股说明书及 2007 年、2008 年、2009 年年报。

2. 受托企业年金的投资收益情况总结

表 7-3-5 平安养老投资收益情况 单位:%

年份	货币类收益率	固定收益类总收益率	权益类收益率
2007	-0.16	2.56	67.32
2008	4.32	10.12	-32.43
2009	0.99	4.58	57.34
2010	1.31	2.59	16.29

数据来源：平安养老；所有数据均采用财务口径，未排除现金流的影响。

根据路透公布的2009年数据，对平安受托管理的投资管理人权益类组合业绩进行排名，从整体来看平安投资管理组合81%排名在前75%。受托管理的企业年金能够准确把握市场趋势，适时调仓，无论是在2008年的下跌行情中，在2009年的上涨行情中，在2010年的震荡行情中，均以较小的波动性，实现了企业年金投资的安全保值、稳健增值。路透公布的2008年数据显示，平安投资管理的组合在2008年市场大幅下跌的情况下依然保持了良好风险控制。路透数据显示，其统计的所有投资组合平均波动率为5.23%，而平安养老管理的所有组合的平均波动率仅为4.52%，充分展现了平安养老作为保险型投资管理人的稳健投资风格。

表 7-3-6 平安年金年化风险波动性指标比较 单位:%

年化风险波动性指标	平安年金	上证指数	路透 RCPI-1
2008年	4.52	38.18	7.65
2009年	4.95	32.94	8.03
2010年	6.46	37.78	7.94

二、公司经营管理状况全面总结

（一）公司运营体系和组织架构情况

平安资产管理有限责任公司从2005年成立至今，公司锐意进取，改革创新，管理资产规模迅速翻番，成为中国资本市场管理资金规模超5 000亿元的机构投资者之一。同时，伴随业务规模的发展，公司运营管理能力迅速提升，业务处理能力业内首屈一指，最高日交易处理量可达十余万笔，管理数千个

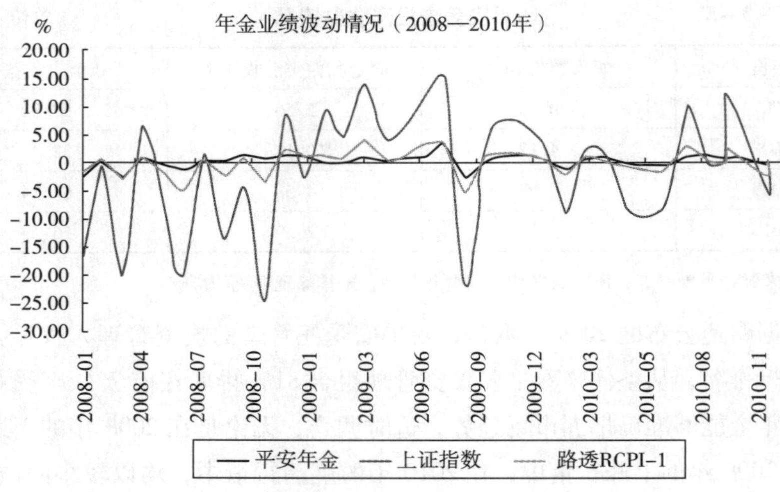

图 7-3-1　平安养老年金业绩波动情况

投资账户和组合。公司在运营体系和组织架构等方面取得了一系列突破，目前，公司分为投资、研究、配置、销售、运营和共同资源六大平台，并在香港成立了中国平安资产管理（香港）有限公司，为实现投资管理的全球资产配置迈出了关键的一步。

1. 投资创造辉煌

投资能力是公司发展的根本，公司成立之初，就坚持“高起点、本土化”的原则，将国际领先的投资体系和国内资本市场具体情况有机融合，建立起架构完善、可扩充性极强的投资研究平台，秉承“投资从研究开始”的管理原则，打造了优秀的研究团队，最大限度地支持投资决策，同时以研究为基础，投资管理部门负责大类资产配置，固定收益、股票、基金等品种部门负责具体投资。

基于所管理的资金特性决定，平安资产在资产负债匹配研究与大类资产配置管理方面，与国内其他机构投资者相比，更具优势。在平安长达20余年专注于国内资本市场的投资实践中，公司以资产负债分析为基础，进行了大量深入的研究，凭借专业的投资判断，积极把握国内权益市场的投资机会，优化资产配置，总结了许多实战中得来的经验与教训，形成了在资产配置管理上的独到见解，并取得了卓越成效。

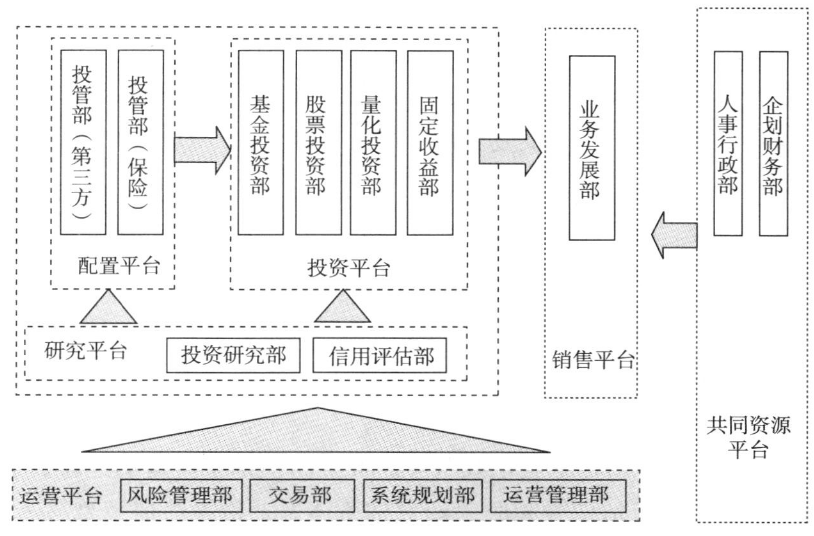

图7-3-2　平安资产专业分工的组织体系

近年来，公司的投资研究平台在很多方面都进行了有益的探索，发挥了很好作用。公司的固定收益投资体系在业内最早建立了信用评估系统，该系统通过对债券信用做出合理评级，能够对不符合投资要求的企业债券及时提示投资风险，引导投资避开"雷区"。公司还建立了业内独树一帜的股票量化投资策略，量化投资团队通过持续跟踪模拟大量数据，最终选择了数十个影响股票投资价值的因子，建立了自有的量化投资模型，为投资决策过程提供精确的科学依据，并已成功应用在组合投资领域。

2006年，中国平安资产管理（香港）有限公司在香港成立，上海平安资产专注于国内资本市场的投资，而香港平安资产则专职于海外资本市场投资，这样"双剑合璧"的投资架构，可在更广阔的市场领域为客户寻找与其投资需求相匹配的投资标的，为客户实现更好的收益。

2. 科技引领投资

客户的需求要转化为投资目标，并顺利实现，这个过程对资产管理机构业务平台有着极高的要求。平安资产一直将不断提升平台建设，形成公司的核心竞争力作为最首要的工作之一。目前，公司建立了完善的信息技术平台和数量化研究平台，使投资决策建立在科学规范的基础之上。伴随着投资研究平台的完善，平安资产投入大量资源注重在运营平台支持投资能力的持续提升，公司已投入巨资引进国际一流的前后台投资管理系统，为实现高效准确的投资管理、风险管理、集中交易、交割清算、估值管理、账户管理、绩效评估等提供支持。

公司核心业务系统包括负债和资产精算系统、投资管理系统、投资核算系统、投资审批系统、恒生交易系统、投资报表系统、ORACLE 财务系统以及 MIS 系统等。这些系统能够从各个环节上支持公司企业年金基金投资管理完成精算、报表、账户管理、指令审批、交易、财务核算等功能。

公司拥有全方位的分析操作系统、信息化研究分析平台等，为投资决策的定量定性研究分析提供支持。分析操作系统包括天相投资系统、中信数量化平台、北方之星债券分析系统、钱龙证券报价系统等保证了公司能够对各类资产进行深入的研究分析。

公司在债券、存款、基金、股票等投资方面积累了丰富的经验，通过研究和积累，建立了包括债券和股票相对估值体系，债券估值模型——AM 指数，基金综合评价体系，股票资产配置模型——FPM 模型、行业和公司选择模型——ASAC 模型，银行和企业信用评级体系等定量决策支持系统。

公司目前拥有彭博交易和信息终端，路透终端，Thomson Financial 公司的 TOA 系统，公司自行建立的平安研究报告平台可以覆盖中金、中银、中信、申银万国、国泰君安、光大、国信、海通等国内知名证券研究机构、国内基金公司的研究报告以及主要国外投资银行的研究报告，引进的外部研究及内部研究报告实现第一时间自动上传并供实时查询。

3. 风控确保安全

平安资产的管理层始终强调应当将风险控制贯穿于投资流程中，在他们的领导下，平安资产建立了全面完整、控制严密、运行高效的内部控制体系，并制定科学完善的内部控制制度。公司董事会对公司建立内部控制系统和维持其有效性承担最终责任，公司经营层对内部控制制度的有效执行承担责任。同时，公司设立了合规稽核部门，成员由董事会聘任，对董事会负责，负责对公司各项业务的合法合规性及公司内部控制制度的健全有效性进行监察稽核工作；合规稽核部门有权对公司所有工作部门、工作环节及员工遵守法律法规和公司规章的情况进行稽核监察，并提出改进建议。

公司目前已经形成了贯穿事前（合规审查）、事中（风险管理、信用评估）、事后（内部稽核、外部审计）三个阶段，以全面完善、合理有效、独立分离、相互制衡、成本效益五大内控原则为指导的风控体系，覆盖投资决策、集中交易、清算交割、业绩评估、内控稽核等的每一个操作环节，确保投资交易的公平独立。技术上，通过自主研发与引进国际先进的系统平台和计量模型，对每项投资实施全程监控，并对所有投资品种和不同风格的投资组合进行绩效评估和归因分析。

4. 服务促进销售

公司的目标是向最广泛的客户提供最全面的资产管理服务，强大的客户服务能力为公司业务持续的发展提供了源源不断的动力。2006 年底，公司开始发展第三方资产管理业务。在陈德贤董事长等公司领导的带领下，业务发展团队围绕着第三方资产管理的需要，进行了大规模的制度重设与流程再造，在执行集团国际领先战略，进行跨公司跨系统的第三方资产管理业务合作上，作出了突出的贡献。

秉承着“客户至上，服务至上”的平安理念，前、中、后台各部门迅速调整，精诚合作，很快形成了“以客户为中心，以市场为导向”的外向型企业文化。第三方资产管理业务平台搭建了起来，团队逐步壮大，营销与客服体系初显雏形，平安资产的公司品牌也开始在集团内外推广开来。

（二）公司的人才队伍建设情况

与平安多年来的用人理念一脉相承，平安资产始终视优秀人才为“核心资产”，围绕“全球性视野，本土化经营”的理念，广募精英。公司成立近六年来，从当初不足 50 人发展到现在已超过 200 人，人才队伍不断发展壮大。截至目前，公司共有员工 229 人，其中：前台员工占 56%，中台员工占 34%，后台员工占 10%。人员学历也有了明显的优化，本科以上学历占全员的 98.3%，硕士以上学历占全员的 65.6%。公司的投资管理团队中西合璧，聚集了数位来自摩根、高盛的国际投资专才，核心投资团队近 50% 员工拥有 CFA、FRM 等专业资格证书，从事项目投资的团队人员达到了 48 名，投资人员平均从业年限达到 10 年以上。平安资产已经建立起一支业务能力强、富有凝聚力的团队，汇集了国内外多位具有丰富金融管理和证券投资经验的专家，高效、务实、合作的工作风格充分体现了本土优势和国际理念的融汇。

（三）公司所取得的荣誉

截至 2010 年中，平安资产管理资产总规模近 6 200 亿元人民币，是国内资本市场最具规模及影响力的机构投资者之一。投资领域涉及股票、债券、基金、货币市场、外汇市场以及基础建设投资、股权投资等各个领域，各项投资资格完备，均系首批获得。

公司拥有长期成功的大额资产管理经验，在债券、货币市场投资领域，平安资产连续十余年业绩优异；在股票与基金投资领域，依托强大的研究能力与风险控制体系，公司也取得了持续优异的投资回报。凭借这些，平安资产为中国平安在“2007 年中国最佳保险公司”、“The Asset Magazine”举办的“3A 投资大奖”评选中分别摘得“最佳投资管理”和“年度投资者—保险公司”大奖。2009 年、2010 年，平安资产两度入选国际著名金融杂志《机构投资者》评选的“亚洲百强资产管理机构”，与中投公司、全国社保基金等共同位列中国区 4 强。

（四）公司改革创新总结

作为中国平安集团的战略发展重点，平安资产管理公司的业务范围包括投资研究、股票投资、债券投资、基金投资、外汇投资、货币市场投资、基础建设投资、私人股权投资等多个领域。至 2010 年 12 月末，平安资产管理公司资产管理规模近八千亿元人民币，拥有长期的大额资产投资管理经验。凭着稳健的投资风格和专业的研究体系，几年来，平安资产管理公司取得了持续稳健的投资回报，今后，平安资产管理公司的目标是向更加广泛的客户提供全面的资产管理服务，成为中国资本市场上广受尊敬和信赖的大型资产管理公司，以及具有国际影响力的机构投资者。

这个时期，平安资产管理公司取得了许多难能可贵的经营和投资成就。在保险资金全球配置方面，2005 年中国平安集团获批自有外汇投资，通过平安资产管理公司开始境外投资，境外投资能力也日益提高。2006 年，在香港成立的中国平安资产管理（香港）有限公司获得了保监会的批准，这意味着，平安的全球性投资平台完成了正式的搭建，为实现投资管理的全球资产配置迈出了关键的一步。站在中国平安集团长期打造并夯实的业务基础上，平安资产管理公司享有强大的后援支持，如品牌支持、技术支持、管理支持、风险控制支持、人才储备支持、客户资源支持、销售拓展支持、财务支持等等。这些支持为平安资产管理公司提供巨大优势。

与此同时，平安资产管理公司通过自身不断创新，在短短几年时间成为国内具有广泛影响力的机构投资者。通过引进国际先进投资理念与技术，根据中国市场的现状进行调整或再造，并使之与中国市场的实践相结合，平安资产管理公司始终坚持国际化与本土经验结合。平安资产管理公司也深知，资产管理业务核心竞争力的打造，“人”的因素起到至关重要的作用，所以其投研与服务团队，在国际顶尖投资专家的带领下，由深谙中国资本市场的精英人士组成，紧密依托平安投资的力量，充分发挥团队协作的高度凝聚力，由此而生的创新企业文化成为了公司长期发展的强大推动力。平安资产管理公司的长期稳健投资，也为股东平安集团稳定快速发展作出了巨大贡献，作为上市公司，平安集团的综合收益率连续几年稳定增长，在资本市场极为复杂的2009年获得了6.4%的好成绩。

三、公司资产管理能力情况及投资操作回顾

（一）公司资产管理能力建设

1. IT系统建设

平安资产自成立以来，一直致力于打造一流的能够适应多账户、多品种、多投资经理的全球投资运营管理平台。功夫不负有心人，经过近五年的论证、立项、选型、开发、调试，终于在2010年9月13日正式上线了GAMA1.0系统，实现了支持多个投资团队的境内外投资及一个中后台团队的集中运营管理，形成与国际资产管理行业系统接轨的系统平台，走在了国内资产管理同行前列。

目前，平安资产已经实现前台系统多维度、多层次投资决策支持，后台系统和数据仓库大幅提升投资核算效率和数据质量。前后台核心业务系统，已完全具备支持国际、国内的多品种投资能力，真正实现了“科技引领投资”的宏伟蓝图。

2. 风控体系建设

平安资产始终将资金安全性放在保险资金运用的首要位置，经过5年多的经验积累和建设，目前已经形成了智能化体系，一体化平台，全流程监控的保险资金风险管控系统。

智能化体系，是指摆脱了先前通过Excel表格，人工计算和检测风险指标的劳动密集型时代，目前只需手工调整风险监控参数，通过系统自动运行，

即可快速做出风险判断。一体化平台，是指前台的交易指令系统，中台的风险控制系统和后台的精算交割系统，全部实现了无缝对接。全流程监控，是指事前风险识别、审核，事中风险控制、执行，事后风险评估、分析。

3. 研究体系建设

为了实现保险资金的“矩阵式”集约化管理，平安逐步由“投研一体化”过渡到了研究平台与投资平台的相对独立。

经过两年多来的建设，研究团队不断强化研究的专业化、规范化，系统总结了宏观策略、债券以及20个主要行业的研究体系和框架，尤其是对各项研究的驱动因素、估值方法、选股方法、投资适中等均进行了系统的总结，为投资平台和配置平台提供了强大的研究支持。

平安在国内资产管理业率先推出了信用评估研究，有效规避固定收益品种的信用风险，平安信用评估团队蜚声同业。最为经典的案例有：2006年“福禧短融债事件”，国内公共评级机构给予A级评级，多家基金公司与投资机构身陷信用陷阱，平安没有受丝毫影响，因为平安的信用评估体系将其评级为“C”级，不够投资级别；2008年雷曼兄弟倒闭案，平安在2008年5月就根据信用监测报告，将雷曼公司的货币基金予以了全部赎回，有效避免了其9月倒闭带来损失。

4. 配置能力建设

配置平台在“矩阵式”管理模式下起着至关重要的作用，经过近10年的实战经验积累，目前已经形成了完整的保险资产配置框架，包括稳健的理念，成熟的体系和先进的方法。

稳健的理念是指保险资金配置始终要坚持资产负债匹配，坚持长期价值投资，坚持前瞻性和安全性。成熟的体系是指平安已经建立起了一套行之有效的战略资产配置（SAA）、战术资产配置（TAA）流程；战术资产配置重在确定投资目标、投资品种、投资基准、风险限额等等；战术资产配置重在根据市场环境变化，确定超配、低配品种及其幅度等。先进的方法是指平安在进行战略和战术资产配置中，不仅会根据定性的研究判断，还会用到大量量化模型结论，定性和定量相结合，市场研究和组合管理相结合，使得平安资产的配置能力得到了极大的提升和巩固。

5. 品种投资能力建设

平安在固定收益资产投资上具有长期投资经验、庞大投资规模和卓越投资团队三大特征。平安固定收益投资已有20年历史，固定收益资产作为保险资金的主要投资品种，投资经验极其丰富；截至2010年底，平安的固定收益资产投资总额超过5 000亿元，具有较强的市场话语权；平安拥有卓越的固定收益投资团队，曾为基金业输送多名著名债券投资基金经理。

平安在股票投资上具有中西合璧的精英投资团队、基本面分析为核心和强大量化投资研究能力三大特征。平安上海和香港投资团队一体化管理，中西精英从多视角审视全球经济、金融体系，对中国资本市场以及实体经济的各个领域有着深刻的理解。“自下而上”选股为主，结合“自上而下”的行业研究，平安资产已形成了财务分析与“草根”研究并重的投资选股风格。平安资产经过长时间的探索与不断修正，自行研发的量化投资模型可有效筛选出具备获取超额收益的潜力个股，量化模型PA80组合在2009年取得了超越沪深300指数近4 000个基点的卓越收益。

平安基金投资具有十余年丰富投资经验，与各大基金公司建立了长期战略合作关系，拥有一套对国内数百只基金及基金经理的持续跟踪、评估与筛选系统，对基金的业绩，以及基金经理的投资能力有科学而系统地考察与评估，取得了长期超越基准的优异投资业绩。

（二）投资操作回顾

1. 2004—2009年公司投资操作的概要情况回顾

2004年，最具波动之年。年初10年期国债收益率3.55%，年底上升至5.05%，收益率上升150bp。不仅固定收益市场波动大，股市也是如此，年初的一波行情，上证综指最高上涨至1 783点，下半年则一路下跌，最低时跌至1 264点。从操作上看，主要是抓住债券收益率上升的机会，将债券资产占比提升了11个百分点左右，其中绝大部分为国债。协议存款占比有较大幅度下降，证券投资基金占比基本上维持在3%左右的较低水平。

2005年，最具突破之年。保监会于3月份允许具备条件的保险公司或保险资产管理公司直接投资股票，是保险资金运用的重大突破。尽管2005年国内股市表现并不理想，全年上证综合指数下跌了8.33%，但当年上证综合指数创下的998点成为此后几年波澜壮阔大牛市行情的起点，为保险资金入市抄底提供了绝佳机会，充分体现了监管层对保险资金直接入市时机的精准把握。从操作上看，借直接入市之东风，加大了权益资产投资力度，其配置比例较年初几近翻番，提升至6%左右。固定收益资产配置比例则有所下降，主要是降低了协议存款占比。尽管当年权益市场表现欠佳，但债券价格上升较多，所以全年的投资收益率仍较2004年有所提升。

2006年，最具希望之年。随着股权分置改革的推进，中国股市于2006年结束了长达五年的漫漫熊市，当年A股市场呈现单边上扬之势，全年上证综合指数上涨130.4%，保险资金充分享受到了直接投资股票市场带来的巨大好处。为了更好地抓住股票市场的投资机会，平安大幅提升权益资产配置比例至14%以上，基本上接近了监管机构规定的上限水平。固定收益资产比例则相应下降。得益于股票市场的大幅上涨，全年保险资金的投资收益率大幅攀升至8%以上，创下了1999年以来的新高。

2007年，最具收获之年。股市在2006年大涨之后，2007年上证综合指数继续大幅上涨96.6%，远远超出预期。2006年底较高的权益配置比例，给保险资金带来了极其丰厚的回报，全年不含未实现可供出售类浮盈的财务收益率就高达16%以上，而未实现的浮盈高达数百亿元，用“盆满钵满”形容整个保险行业的收益最为恰如其分。从配置上看，哪怕只是维持2006年底的权益头寸，也会因为指数的上涨而导致权益比例大幅提升至20%以上，固定收益资产配置比例继续受到挤压，大幅下降。

2008年，最具压力之年。经过两年连续大幅上涨，2008年1月上证综合指数再也无力创出反弹新高，疲态尽现。即使没有美国的金融危机，2008年国内股市也不会有好的表现，再加上叠加金融危机，整个2008年股市呈现自由落体式下跌，上证综指年内最大跌幅达69.9%，收盘跌幅为65.39%。保险资金因权益比例仓位普遍较高，受到了前所未有的压力。为了防范风险，一方面加大降低权益资产配置比例，从20%多的高位降至8%左右水平，另一方面，抓住八九月债券市场收益率处于高位、协议存款和5年期定期存款也均处于高位的有利时机，快速大幅提升固定收益资产配置比例，回到保险资金应追求“资产负债匹配”的本原上来。尽管2007年储备了较多的可供出售类未实现浮盈，但2008年整体投资收益率仍旧非常不理想，市场给保险资金运用着实上了非常生动的一堂风险课。

2009年，最具惊喜之年。在全球百年一遇的金融危机阴影笼罩之下，对2009年的股票市场不敢奢望。但在中国政府4万亿元投资和9.6万亿元的贷款拉动下，2009年的股票绝地反击，上证综合指数年内最大涨幅超过90%，年底涨幅达 79.98%，给保险资金运用带来了惊喜。从资产配置上看，吸取了前几年的教训，始终坚持保险资金的“资产负债匹配”管理原则，在维持较高比例固定收益资产的前提下，适当提升了权益配置比例，较好地把握住了 2009 年的反弹行情。

2. 2010 年投资操作回顾

2010 年国际经济在宽松的财政政策和货币政策刺激下，总体复苏势头良好。美国实施了第二轮量化宽松货币政策，有力支撑了美国经济进一步复苏和股市走强。欧盟达成的 7 500 亿欧元救助计划，有效遏制了希腊、西班牙、爱尔兰等“欧猪四国”主权债务危机的蔓延和扩散，避免了欧洲再次陷入二次危机。虽然经济稳步复苏，但美国的失业率仍居高不下，欧洲的主权债务问题也未彻底根除，因此宽松货币政策还将持续。

2010 年，中国经济在积极财政政策和适度宽松货币政策支持下，全年 GDP 增速 10.3%，CPI 平均涨幅 3.3%，宏观经济呈现出了高增长、低通胀的良好态势。

但国内资本市场走势并不理想，全年上证综合指数下跌 14.3%，主要原因是：国家出台了一系列遏制房价过快上涨的调控政策，房地产板块股票全年呈现单边下跌；央行 6 次上调存款准备金率，两次提升存贷款基准利率，市场流动性并不充裕，尤其是年底，银行间 7 天回购利率上升至 8% 以上。再加上 IPO、增发、配股等融资规模突破了 1 万亿元，创出历史新纪录。

固定收益资产，全年债券市场收益率呈现两头高，中间低态势。操作上，年初和年底债券收益率处于相对高位时，采取稳步增持策略，当 9 月份债券市场收益率处于低点时，则进行较大幅度减持，非常精准地把握住了减持时机。在减持债券的同时，充分利用商业银行季度末存款需求较大的机会，加大协议存款配置力度，不但优化了固定收益资产结构，避免了债券市场波动带来的风险，而且还确保利息收入不减少。

权益资产全年的投资机会并不多，1 月至 4 月上旬，上证综合指数在 2 900点至 3 180 点区域盘整，4 月中旬，受房地产调控政策影响，指数快速跌破 2 900 点，退守 2 600 点一带盘整，到 6 月末 7 月初，上证综合指数跌穿 2 500点心理支持位，并探底 2 319 点。企稳回升后，又在 2 600 点一带盘整近 3 个月。10 月份，受美国、日本等继续采取量化宽松货币政策带动，上证综合指数在大盘蓝筹股的带领下，出现了一波快速反弹行情，再次放量突破

3 000点，正当市场强烈预期中国政府不会紧缩时，央行突然宣布将一年期存款基准利率由2.25%提升2.50%，受此影响，全年唯独一次具有可操作的行情宣告终结，上证综合指数再次回到2 800点一带整理。

为了应对股指以下跌为主的市场环境，我们在年初就提出了股票投资重在获取绝对收益，因此增加了以绝对收益为目标的组合数量和规模。同时，在年初央行首次提高商业银行准备金率时，就主动进行了较大幅度降低权益仓位。4月份，房地产调控政策出台后，又再次大幅较低了仓位。五六月份当上证综合指数在2 600点一带盘整时，试探性地回补了部分头寸，真正大规模持续增持是在7月市场探底企稳之后，从而很好地把握住了10月份反弹行情，为达成全年投资收益率目标奠定了基础。

境外投资上，考虑到2010年港股表现明显好于国内股票市场，平安在进行整体权益资产配置时，适当向港股予以了倾斜，港股的配置基本占到整个权益资产的1/3，起到了较好地分散风险作用。

四、公司资产管理的亮点

（一）国际领先的全球资产管理架构平台

平安资产管理公司深知，在竞争激烈的资产管理行业，要成为行业的佼佼者，建设行业领先的业务平台，提高核心竞争力是关键。因此，自从2005年公司成立伊始，“立足上海、面向世界”的资产管理平台建设就被列为平安资产的首要工作，经过数年的持续建设完善，领先的业务平台正日渐发挥出更大的效用。其中，最为核心的全球投资管理系统平台整合了国际一流水准的海外投资系统、国内投资系统以及自建开发系统、覆盖前后台业务流程和完整的数据仓库、证券主数据库等，是目前国内投资领域耗资最大，最领先的业务平台。随着2009年多个子系统相继上线，资产管理能力大幅提升。在即将到来的新发展时期，平台建设将继续推进，全面建成后将成为平安从上海辐射全球投资的核心竞争力。

全球资产管理架构平台（以下简称GAMA平台），包括了支持平安资产全球投资业务前中后台多个先进系统。它能够有效提高平安资产的投资管理能力，降低投资交易中的操作风险，大幅提升后台运营管理能力，是平安资产进行全球化投资的基础系统平台。GAMA平台规模庞大，建设难度极高，整个项目群包括5个子项目，9个相关系统，24个系统接口，13个业务部门，200多名工作人员；其中包含了3个国际一流海外系统的引进和应用，在国内并无经验可供复制，只能依靠自己探索、开拓。在集团和公司各部门的大力配合下，平安资产克服重重困难，取得了优异的阶段性成果，组合资金管理系统、后台系统、数据仓库以及公共数据管理系统已成功上线。期间，平台建设完成了整体架构规划和主体系统实施，最近几年，GAMA平台建设将继续分阶段分步骤稳步推进，全面完成和优化。

GAMA平台大幅度提高了平安资产各核心业务的系统化程度和效率，通过引进整合多个海外的先进系统，并同步对投资流程、运营流程进行了优化，将持续不断地为公司的投资决策与实施、风险控制、运营及绩效评估等提供强大的平台支持。

（二）“以客户为导向”的投资理念

保险资产管理公司初期发展的几年，国内外资本市场跌宕起伏，经历了罕见的巨幅波动，也经历着全球金融危机，这对资产管理机构极具挑战性，但挑战同时也是机遇，基于对宏观趋势的审慎把握，平安资产管理公司专注于国内资本市场的投资，而平安资产管理（香港）公司则专职于海外资本市场投资。“双剑合璧”的投资架构，可在更广阔的市场领域中为客户寻找与其投资需求相匹配的投资标的。此外，值得关注的是，平安资产目前负责投资管理的资金来自于内外部众多客户，每个客户资金的资产负债匹配、收益风险要求都迥然不同。公司始终坚持“以客户为导向”的服务理念，首要一点就是要以客户为中心，深入了解客户需求，深刻理解客户需求。投资覆盖股票、债券、基金、货币市场、外汇市场以及基建投资、股权投资等资本市场与非资本市场的各个领域，这使得平安资产管理公司能够在广大空间为客户捕捉有利的投资机会。作为专业机构投资者，时刻秉承对企业价值的把握、与客户资金投资目标结合的投资理念，是保险资产管理业务的核心追求。

（三）完备的风险管理

完备的风险管理体系，是公司稳健经营和快速发展的必要保证。公司重点加强了风险管理的工作，设立了独立的风险管理部门，负责实施包括对公司各类规章制度及内部风险控制制度的完备性、合理性、有效性进行检查并提出相应意见和建议，根据投资风险的不同类别，分别建立风险分析和评估体系，科学、有效地识别、计量和控制各类风险，建立、运作风险计量分析系统，对重大突发事件、市场异常情况及时提供交易情况和风险评估报告等项目在内的各项内部风险管理职能。

与此同时，公司根据中国保监会等监管机构的具体要求，建立了覆盖所有投资业务和投资流程的风险管理规章制度和风控指引，严格认真贯彻各项风控制度的执行，确保各项业务行为的合法合规和符合风险防范要求。设立了诸如《内部风险控制制度》、《风险限额及止损管理办法》、《投资授权审批管理制度》、《投资分散比例规则》、《流动性与集中性投资风险管理办法》、《交易对手授信管理办法》、《投资系统用户权限管理制度》、《公平交易管理指引》、《信用政策指引》等风险管理制度和指引制度，为公司投资的规范运作提供了制度保障。

最后，公司针对市场风险、信用风险、流动性风险、操作风险和合规风险等各类投资风险建立了一系列科学有效的风险指标和分析方法，包括：建立市场风险计量系统，分别对利率风险、汇率风险和市价波动风险进行度量，同时设置预警值，对各量化指标进行动态跟踪、评估和预警；根据国内金融业的信用风险管理状况和公司自身情况，采用基于公司内部评级基础上的标准化信用评估体系，通过信用评级、风险评估和授信管理，有效控制投资过程中的信用风险；采用定期制定风险预算限额的方法，定期检讨公司风险状况；以资产负债预算为核心对流动性风险进行管理，同时结合变现价值管理、持仓集中度风险管理等多种技术手段，在投资和交易过程中，严格执行流动性的比例限制和禁止行为，实现了对资产组合流动性风险暴露程度的动态监控和自动预警。

（四）领先的投资管理模式

和先进的投资理念、完备的风险管理相得益彰的，是独树一帜的投资管理体系。客户需求要转化为投资目标，并顺利实现，这个过程对资产管理机构的业务平台有极高的要求。作为国内优秀的机构投资者，平安资产管理公司清醒地认识到，要成为资产管理行业的佼佼者，建设领先行业的业务平台，提高核心竞争力是关键。公司对资产管理行业核心竞争力的理解是：投资能力 + 运营能力，投资能力是公司发展的根本，运营能力则是投资能力得以实现的保障。以投资管理为例，平安资产目前管理资金规模超过五千亿元，如此庞大资金规模的高效运作，顺利实现投资目标，得益于平安资产的“矩阵式投资管理”体系。一般来说，在很多中小投资机构，投资经理既要管资产配置，也要管个股、个券的具体投资，还要考虑账户的风险控制。而这些，平安资产是依靠严密的专业化投资体系来完成的，就像一台精密的机器，各部件相互独立又紧密咬合，协同运作。具体来说，投资经理们只负责大类资产的配置管理，集中精力分析思考，确定权益、债券、现金等各类资产占比，并设定具体的细项投资指标。指令下达到各品种投资部门——股票部、固定收益部、基金部、量化投资部严格遵照投资经理设定的各项指标，精选个股、个券与基金品种等等。与此同时，风险管理、信用评估等部门也随时保持着对每个组合、账户的跟踪，及时提出风险警示，为投资保驾护航。

（五）不动产投资成绩斐然

平安通过多年的不动产投资实践，总结了一套相对完备的投资理念和流程，主要的亮点包括：第一，资产持续保值增值，所持有资产持续保持价值的稳定增长，即便在2008年金融危机时，各物业的资产均无贬值；资产的出租均保持高出租率，租金收益稳定。第二，自建项目获得“建筑工程鲁班奖”，投资建设的上海张江后援中心，设计别具特色建筑质量优秀，获得了建筑专业的最高奖项“建筑工程鲁班奖”，并接待了大量的政府及业界内外各专业人士的参观考察。第三，投资项目为当地新地标，已经建成正在进行内部装修的上海平安国际金融中心已经成为上海浦东的新地标；正在建设中的深圳平安国际金融中心也将成为深圳的地标建筑。此两项目的建设，将成为平安保险资产管理的新里程碑。

五、投资是一场长跑，稳健才能胜出——访平安资产董事长兼CEO陈德贤

（一）资产配置——保险资金投资的重中之重

“与基金投资和理财投资不同，保险资金投资对安全性、收益性与流动性的要求极高。”面对记者的疑问，陈德贤开门见山，“对数以千亿计的保险资金而言，要在稳健的前提下实现稳定可持续投资收益，仅仅依靠选择个别强

势股或者几只优质基金是无法满足的。”

陈德贤告诉我们，对于资产负债匹配有严格要求并且规模庞大的保险资金，只有通过测算各类资产的收益率、标准差和相关性，并运用这些变量进行优化从而选择不同风险收益率的资产组合匹配才是最佳办法。

陈德贤介绍说，平安资产的资产配置经验和成绩是国内佼佼者之一，在长达20余年专注于国内资本市场的投资实践中，公司以资产负债分析为基础，进行了大量深入的研究，总结了许多实战中得来的经验与教训，形成了在资产配置管理上的独到见解，与基金公司、券商等机构投资者相比，更具优势。

2010年国内资本市场走势复杂多变，上半年受房地产调控等政策出台以及市场持续融资资金面趋紧、企业盈利增长预期回落等众多因素影响，沪深两市大幅下挫，沪深300指数下跌28.32%，但债券市场却迎来一波小牛市，中债全债指数上扬3.42%。平安资产果断将权益投资比例下降至8.11%、债券投资比例则提升至79.30%；而在第三季度判断股市风险充分释放后，果断提升权益仓位，分享了下半年的市场反弹机会，同时在加息前债券市场高点减持债券，规避了债券市场的回调风险，待收益率大幅回升后又适当进行回补。在波动剧烈的2010年市场，适时调整资产配置，成为保证投资收益稳定的秘诀。

（二）投研互动——为业绩增加“稳定器”

俗话说，兵马未动、粮草先行。作为有着20余年资产管理行业经验的陈德贤，深知构建领先研究体系的重要性。因此，与行业内普遍侧重培养“明星投资经理”不同，平安资产自成立伊始就致力于建设融合国际先进经验与国内资本市场特点的投资研究平台，长期坚持研究与投资并重的思想，已形成了独具特色、国际视野和本土实际兼备的研究风格。

陈德贤告诉记者，平安资产的研究体系特别注重与投资全过程紧密吻合，对应于资产配置、股票投资、固定收益投资等投资团队，组建了宏观策略、股票行业、固定收益、信用评估等研究团队，形成了完备的研究体系，充分发挥投资研究的综合优势与协同效应。

2010年，面对股票市场下跌、市场风格难以捉摸的不利形势，平安资产研究团队与投资团队携手加强了对个股的重点挖掘和投资，建立了精选股票推荐制度，根据推荐股票涨幅、投资收益及投资经理评分对研究员进行考评和奖励。公司多位优秀研究员推荐的股票大幅超越同期沪深300指数，为股票投资取得超额收益作出了直接贡献。

此外，作为固定收益及股票市场主要投资者之一，平安资产对宏观经济也有着深刻认识，为了能够准确把握宏观经济和政策变化，公司分别建立了股票市场和债券市场吸引力评分的完整模型，对六大类指标的超过80个细分指标进行持续跟踪。

同时，针对新兴市场基金过往业绩历史短，基金经理变动频繁，市场波动较大的特点，陈德贤领导平安资产自主创新，开发了AMAS基金综合评价体系，对国内数百只基金及基金经理持续跟踪、评估与筛选，对基金的过往业绩、基金经理投资能力有科学而系统的考察与分析。

2010年股市、债市均大幅波动，公募基金也难以准确把握投资方向，天相开放式基金指数整体下跌0.67%，其中股票型基金首尾业绩更相差超过60%。“截至目前，市场上共有858只基金产品，投资业绩良莠不齐。”陈德贤说，“但通过平安资产AMAS基金综合评价体系筛选出的四五星基金2010年整体上涨5.70%。”公开数据显示，晨星中国市场四五星基金组合同期收益率3.11%，平安资产强大的投研能力再度得以体现。

陈德贤告诉记者，为了保持持久的竞争优势，平安资产还大力建设知识型投研团队，2010年相继通过组织“读书会”等系列分享活动，投研团队分享了“稳定的交易系统”、“彼得·林奇投资方法”、“机构投资者创新之路”、“大师的命门”等主题，带动越来越多的员工利用业余时间学习，提高投资技能，创造了良好的学习氛围。

（三）平安资产长期不懈的努力获得了业内权威机构的广泛赞誉

2010年9月，国际著名金融杂志《机构投资者》“亚洲百强资产管理机构”揭晓，平安资产再度蝉联中国区四强之列，并位居国内非国有资产管理机构第一名。

同年10月，亚太地区最受瞩目的投资管理类奖项之一，《The Asset（财资）》杂志“3A投资大奖”揭晓，平安集团凭借在投资模式、投资业绩及研究质量等多方面的优异表现勇夺“年度投资者——保险公司”大奖。

面对荣誉，陈德贤显得格外冷静，他说“投资是一场长跑，稳健才能最终胜出。平安资产作为平安集团综合金融战略中的重要一环，肩负着助力集团未来打造综合金融平台的艰巨使命，只有继续坚持资产配置及研究驱动投资的理念，打造研究驱动的资产配置型投资机构，平安资产才能在未来激烈的行业竞争中始终立于不败之地，做最值得投资者信赖的投资管理人！”

[第四章]

太平洋资产

太平洋资产管理股份有限责任公司（以下简称太平洋资产）自2006年成立以来，秉承中国太平洋保险集团“诚信天下，稳健一生，追求卓越”的核心价值观，同时不断探索、寻求保险资产管理的改革、创新之路。五年荏苒，横亘了多个事件和人物，勠力同心，数年之功，铺就了太平洋资产的转型发展和创新驱动的战略前景。

一、公司基本情况

（一）保险资金集中管理，太平洋资产管理公司应运而生

20世纪90年代初期，《保险法》出台前后，中国保险市场尚处于稚嫩期。保险行业资金运作权力分散在各地分公司，分公司截留保费、坐支保费、盲目投资等行业弊病普遍存在。到1998年时，太保也由此形成了不少不良资产。

太保新一届管理层履新后，在公司上下强力推行“三集中”：业务集中、财务集中、资金集中。总公司加强对分公司的管控，总公司计财部门对全公司进行了全面的清产核资工作，迅速遏制了风险，形成了相对有序的管理局面。现任太保资产董事长汤大生时任太保总公司分管财务的副总裁。为加强全系统资金的集中统一管理，太保成立总公司资金调度中心，负责全司资金的监控、调拨、结算等管理工作，并制定《中国太平洋保险公司资金管理办法》，实行“产寿分开、分业控制、统一上划、集中管理”的管理原则。“三集中”的举措成果显著，太保资金上缴率行业领先，形成了有别于其他保险公司、更为集中的资金管理机制，为此后资产管理公司的成立奠定了资金和

机制基础。

2006年6月9日，太平洋资产管理公司在保险资金“集约化、专业化、市场化”运作的大背景下在上海正式成立。10月，经中国保监会核准，霍联宏担任太平洋资产管理公司董事长，汤大生担任公司总经理。秉承太平洋保险集团“诚信天下，稳健一生，追求卓越”的核心价值观，太平洋资产管理公司从资金运用管理部门起步，迅速蜕变成法人治理结构健全的保险资产管理机构。

截至2010年底，公司受托管理系统内资产规模达到4 205亿元，比成立之时翻了2.5倍，投资收益率和净值增长率稳居行业前三甲。公司人员从筹建之初的40名发展至2010年底的124名，人员规模年均增长33%。

（二）坚持资产负债管理，体现保险资产管理特色

太平洋资产从成立之初，始终贯彻执行“资产负债管理”理念。公司率先在行业中把资产负债管理能力建设作为公司发展的核心要素，公司董事长霍联宏早在2007年初就明确了“资产负债匹配合理、经营能力行业领先、风险控制安全有效、服务水平客户满意”的发展定位。2008年10月，保监会杨明生副主席在上海调研时指出：“保险行业的资产负债管理比银行业落后，落实到科学发展观要统筹兼顾解决好资产负债有效匹配。”

在架构和制度层面，太保2009年在“资产负债管理”理念指引下，在集团层面成立了资产负债管理委员会（ALCO），强化资产负债管理对投资决策的指导作用，明确以超越负债成本为首要投资目标。顺应资产负债管理的要求，太平洋资产成立了战术资产配置（TAA）策略小组，建立了从SAA到TAA到投资交易的投资决策流程和执行机制。

2010年，公司深入研究了国际领先的保险集团德国安联的先进经验，进一步明确资产负债管理（ALM）是保险资产管理公司未来的发展方向，也是平衡保险资产管理多目标要求的最佳实践。

适合的才是最好的。不同于其他保险公司，太平洋资产的资金管理更为集中，因此资产配置和资产管理功能均统一在资产管理公司。公司确立了“保险资金功能性委托人”的定位，为不同负债特性和不同投资目标的保险资金提供投资解决方案，一方面为集团ALCO提供投资战略决策的支持，另一方面根据投资解决方案，选择、评估和监督内外部资产管理人。同时，资产

管理公司还承担了各类资产管理人的角色，负责投资的执行和收益的实现。

基于以上定位，公司明确了资产负债管理的落脚点是在保险产品。资产和负债是保险产品两个内生性的组成部分，在统一的产品设计理念和价值创造导向下，科学划分保险产品的保险端与投资端之间合理的价值分界线，并以此分界线作为各自对产品价值贡献的评价基准。

以此为指引，公司积极完善资产与负债的良性互动机制，参与保险产品的设计和定价，将资产管理与保险业务有机结合；建立起以价值增加（IVC）为核心的投资决策流程，理清投资价值链中投资方案提供者及资产管理人的角色定位及相应的价值贡献，组建多元化风格的资产组合方案；通过建立内外部可比的市场化业绩评价标准，强化作为内部资产管理人的市场竞争意识，走产品化道路，提升专业投资能力。

公司于2010年7月承接中国保监会“保险资金运用风险管理的技术、监管与治理”课题的研究，从技术、监管和治理三方面对中国保险业资产负债管理进行深入分析和研究，以IAIS资产负债管理标准为标杆，借鉴国内外先进经验，探索建立符合中国保险业特色的资产负债管理体系。

（三）响应监管政策开放，培育基建投资先发优势

2006年，太平洋资产管理公司在成立之时，恰逢保监会推出保险资金可间接投资国家级重点基础设施项目的相关规定。面对另类投资的新领域，公司积极将基础设施投资纳入战略规划视野，在组织架构、决策流程、规章制度、人员储备等多方面不断探索，充分利用太平洋保险集团的系统资源，积极培育公司在基础设施债权投资方面的先发优势，并充分带动了此后其他另类投资业务的发展。

保监会资金运用监管部孙建勇主任指出：“从2008年开始，保险资产管理进入一个转换的阶段、布局的阶段和创新发展的阶段，要更多地考虑经济周期的风险，考虑未来发展的可持续性和竞争力。战略重点是在权益投资和固定收益投资的基础上转向产权投资，扩大基础设施项目投资，尝试对企业股权的投资。”

迄今为止，太平洋资产在基础设施等另类投资领域实现了五个“第一”：

1. 第一批保险资金间接投资基础设施项目试点单位。2007年9月，公司成功发起设立“太平洋—上海世博会债权投资计划”，该项目是保监会《保险

资金间接投资基础设施项目试点管理办法》颁布后首批5个试点项目中投资规模最大、资质最高的项目。

2. 第一批取得债权投资计划产品创新能力备案资格。公司大力夯实基础，完善组织架构和运行机制，组建专业团队，项目投资能力、投资成效居行业前列。2010年3月，公司成为保监会首批获得基础设施债权投资计划产品创新能力备案的保险资产管理公司之一。

3. 项目数量和规模位居保险资产管理行业第一位。截至2010年底，公司成功发起设立了7个债权项目，约占目前保险资金债权投资计划市场份额的29%，项目数量位居保险资产管理行业第一位。

4. 累计发起设立另类投资金额占受托资产比例居全行业第一位。截至2010年底，公司发起设立7单债权投资计划、进行3项股权投资，累计发起设立另类投资金额占受托资产比例居行业之首。

5. 全行业第一家成立项目投资事业部。2009年，公司在原项目投资部基础上组建项目投资事业部，成为业内首家成立该部门的保险资产管理公司。

在这些投资项目中，从上海世博会馆建设到长江隧桥工程，从节能减排的水力发电项目到低碳环保的风力发电项目，既符合国家产业政策，又支持了地方经济建设；既抓住经济发达地区这一重点投资区域，又做到投资地域的相对分散；既投资了国家级重点工程、中央企业所属的国家项目，又支持了地方优质企业的优质项目；既有大型市政建设项目，也覆盖了能源、交通项目。

（四）充分利用区域经济，推进投资管理业务延伸

发源于黄浦江畔，立足于长江三角洲地区，太平洋资产在积极发掘、充分利用区域经济优势上成果颇丰。

在公司成立前期，恰逢国家提出长江三角洲地区经济一体化发展战略。长三角地区在中国经济发展中处于龙头和引擎地位，经济一体化基础上形成的对金融服务需求的多元化将会带来对保险服务和资产管理服务的巨大需求。太平洋资产积极解读长三角一体化带来的机遇与挑战，确定在战略上以资产管理公司与产、寿险公司联动和协调发展为基础，通过品牌、信息、渠道和资源共享，以项目和产品为“抓手”，统筹资产管理和保险业务，实现优势互补，发挥协同效应；在产品上，重点开拓新的理财产品和市场、不动产项目、重大基础设施与产业投资项目等在长三角一体化过程中具有巨大需求的领域和方向。

2009年3月，国务院常务会议审议并原则通过关于推进上海加快发展现代服务业和先进制造业、建设国际金融中心和国际航运中心的意见。至此，上海的两个中心建设上升到国家发展战略层面，正式起航。在此大背景下，太平洋资产积极参与上海的金融中心建设和金融行业的创新与发展，努力寻求资产管理业务发展的机遇和契机。

1. 参股长江养老，探索综合经营。2006年，太保集团新一任管理层履新，明确了“建立以保险为主业、兼营其他金融业务、面向国际的金融控股集团”的发展战略。在“兼营其他金融业务”方面，太平洋资产作为集团的投资操作平台，参股了2007年5月于上海成立的长江养老保险公司。2009年太保集团成为其控股股东。

长江养老保险公司是由包括上海国际集团、上海世博集团、上海汽车工业总公司、宝钢集团等11家中央及上海国有大企业共同发起设立的养老保险金融机构，在2007年一次性获得人力资源和社会保障部颁发的企业年金基金受托人、投资管理人和账户管理人资格，整体承接了当时上海约150亿元的企业年金存量。

作为11家股东中唯一的一家保险类企业，太平洋资产管理公司通过参股长江养老保险，实现了保险资产管理机构直接参与股权投资的重要突破，也是公司积极参与综合经营竞争的有益探索。对于太保集团来说，通过控股子公司——太平洋资产参股养老保险公司，也间接开创了商业保险参与社会保险的新路径，为保险年金管理提供了合作竞争的发展新思路。

2. 发掘区域项目资源，促进另类投资业务发展。2007年9月和2009年5月，太平洋资产分别成功发起设立了“太平洋—上海世博会债权投资计划”一、二期，投资规模分别为30亿元和40亿元，期限均为10年。2009年7月，成功发起设立“太平洋—上海崇明越江通道工程债权投资计划”，投资规模为20亿元，投资期限10年。11月，成功投资杭州银行1亿股股份，占杭州银行该次增资扩股后总股本的5.98%，成为其增发后的第五大股东，实现了投资非上市商业银行股权“零的突破”。2011年初，太平洋资产支持上海公租房建设的“太平洋—上海公共租赁房项目债权投资计划”期待收官。

3. 承办“上海资金与资产管理中心建设论坛”，积极参与上海金融业发展规划。上海在建设国际金融中心过程中，从争取金融机构的设立转向资金与资产管理中心的建设，进入了新的阶段。为加快推进上海金融中心建设，促进资金和资产管理机构交流合作，由上海市金融服务办公室等单位主办、太平洋资产管理公司承办的“2008 上海资金与资产管理中心建设论坛”在沪举行，为上海资金与资产管理业的建设发展建言献策。

4. 发起成立上海股权投资协会，积极开拓另类投资项目来源。太平洋资产管理公司作为创设单位之一，联合上海同华投资、上海国际集团、海通开元投资、华宝投资等，共同发起成立上海股权投资协会。2009 年 8 月协会由上海市副市长屠光绍亲自揭牌成立，现共有会员单位 109 家。太平洋资产作为理事单位，在积极促进和参与上海股权投资行业发展的同时，也为自身的另类投资业务发展开辟了广泛的项目渠道来源。

（五）始终坚持稳健创新，严格把握风控尺度

风险管理是资产管理的核心。从成立之初，太平洋资产即立足长期稳健可持续发展，始终把风险控制放在首位。

公司成立之时，即逢上海社保基金事件，2006 年 7 月，福禧投资曾违规拆借 32 亿元上海社保基金，用于购买沪杭高速上海段 30 年的收费经营权的丑闻被披露。福禧投资的主要财产遭法院冻结，10 亿元短融券投资者直面偿付风险，整个中国债券市场被有史以来第一次信用危机所震动。2006 年 8 月 21 日，福禧融资债短期信用评级被上海远东资信评估公司降为 C 级，成为中国首只垃圾债券。由于公司严格遵守低风险偏好的授信政策，未投资福禧公司的短期融资券，也因此未受到福禧社保事件的不利影响，有效规避了债券投资的信用风险。

进入 2008 年，资本市场冰火两重天，全球范围爆发金融危机。股市跌幅之大、下跌之快，大大超出市场预期。保监会资金运用监管部孙建勇主任在太保资产指导工作时指出：“如果我们在涨潮时想到退潮，就能控制好风险”。

2008 年 1 月，法国第二大银行法国兴业银行遭遇了法国历史上最大的金融欺诈案，该行一名期货交易员在未经授权的情况下，大量购买欧洲股指期货，最终给银行造成了 49 亿欧元（约合 71.4 亿美元）的损失。法国兴业银行素来以“内控程序复杂，投资策略谨慎，管理层级森严”著称，也曾是《风险》（RISK）杂志 2007 年最佳风险管理奖的获得者。此次重大欺诈事件发生在该行，令人震惊，更引起公司的关注。2008 年 3 月，以法国兴业银行欺诈事件为案例，公司对内控体系全面审视并分析存在的不足，组织召开了公司专题会议，对全体员工进行培训，警示教育。太平洋资产坚持长期投资、价值投资理念，以稳健而不乏进取的投资风格，经受住了金融危机的严峻考验。

公司历时数年，逐步建成了以风险管理委员会和首席风险官为核心的全面覆盖的风险管理组织体系、“三道防线”的风险管理框架、全程管理的风险管理制度和全员参与的风险管理文化；并正在进行公司内控优化项目，梳理并优化业务流程及内控风险点，逐步建立高效、完整、协调运转的内控体系。

（六）借鉴国际先进经验，优化专业平台建设

在传统保险业中，资产管理处于从属地位。但经过数年发展，资产管理在保险业发展中的作用越来越重要，已逐步成长为驱动保险业发展的双轮之一。同时，与其他资产管理机构相比，保险资产管理的品种范围更广泛，约束条件更多，投资能力要求更高。因此，建立与之相适应的、高效灵活的组织架构、管理机制、平台支持等对于投资业务的发展、策略的执行和收益的实现至关重要。

太平洋资产提出了“基础 + X”的组织架构蓝图，谋划了开拓境内与境外“两个市场”、打造“五统一”专业化平台的战略布局。第一个“X”太保香港投资管理公司注册成立，蓄势待发开拓境外投资市场；股权债权投资事业部、不动产投资事业部已完成架构的论证和设计，做好了政策放开后率先入场的相关准备。

1.“基础 + X”组织架构改革。为响应保监会关于资产管理能力专业化建设的要求和集团资产负债匹配委员会（ALCO）架构改革的需要，太平洋资产在 2009 年初策划了“基础 + X”的架构改革方案。公司与国际著名咨询公司麦肯锡合作，搭建“基础 + X”组织架构，针对基础性职能进行集约化管理，建立了规划管理、投资研究、资产配置、风险控制、营运支持“五统一”的专业化基础平台，提升管控水平和业务能力，为“X”提供共享资源和服务；在五大“基础平台”上成立专业投资平台“X”，包括传统类投资专业部门和另类投资专业部门，采用事业部制的业务模式，作为利润中心进行市场化考核。同时，承接了集团资产负债管理委员会机制，有效梳理了资产管理公司在多元目标约束下的投资决策流程，建立了自上而下的资产负债管理和绩效评估体系。

2. 香港公司海外投资平台建设。随着全球化背景下资本市场的飞速发展，国际资产管理行业也日趋国际化、区域化、多样化，适时抓住机遇、培育全球资产配置能力，是国内保险资产管理的必然趋势。同时，太保集团 2009 年 H 股上市后，募集了较大规模的外汇资金，需要在更广泛的市场、更丰富的投资工具条件下进行投资管理。

2010 年 2 月，中国太保投资管理（香港）有限公司正式在香港注册成立，已获得香港证监会的第九类牌照，可以正式开展香港证监会批准的各项资产管理业务。香港公司作为太平洋资产境外资产管理业务的延伸，在太保集团整体的资产负债管理体系下，在保持相对独立的法律地位的同时，纳入了太平洋资产管理“基础 + X”架构，共享基础平台。

3. 信息系统建设规划项目。2008 年 10 月，太平洋资产管理公司信息建设规划项目经过反复论证，正式启动。该项目参照国内外资产管理行业的先进实践，结合公司业务现状，全方位诊断分析，理清业务功能需求，制定了未来 2 ~ 3 年目标信息系统架构，建立一体化平台，实现资产管理全过程信息化，大幅提升公司整体营运管理水平，成为公司核心竞争力构建的主要内容之一。其中，新估值和投资核算系统的开发实施已经完成，系统顺利上线，平稳切换。另类投资系统的开发也已正式启动。

太平洋资产五年发展，以资产负债管理和投资能力建设为纽带，打造了具有行业竞争优势、健康和谐的保险资产管理公司，并逐步成长为太保集团创新发展的“双轮驱动”之一和核心竞争力的重要组成部分。

站在国家“十二五”规划的新起点，太平洋资产将全面贯彻全国保险工作会议精神，在公司新一届管理层的领导下，持续服务于太保集团整体价值的稳定增长，遵循现代资产管理的发展规律，深入实践保险资产的管理特色，坚持公司稳健经营上的不断创新。

二、2006—2010 年公司基本投资情况

1. 受托资产规模

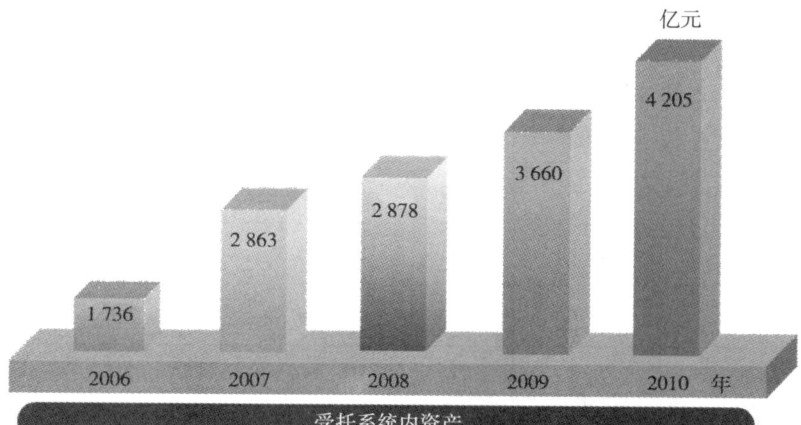

图 7－4－1 受托系统内资产

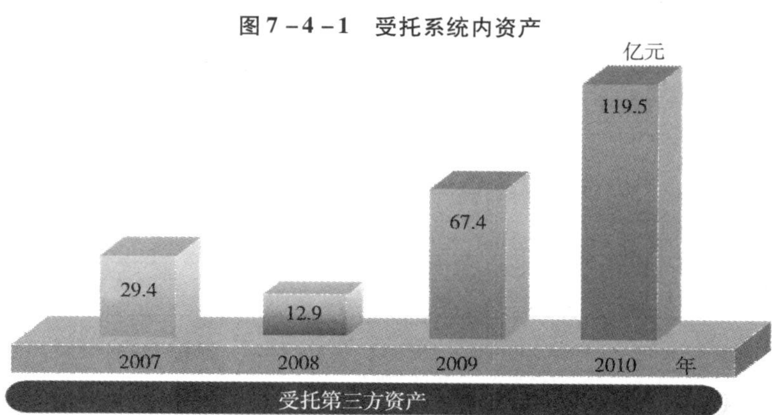

图 7－4－2 受托第三方资产

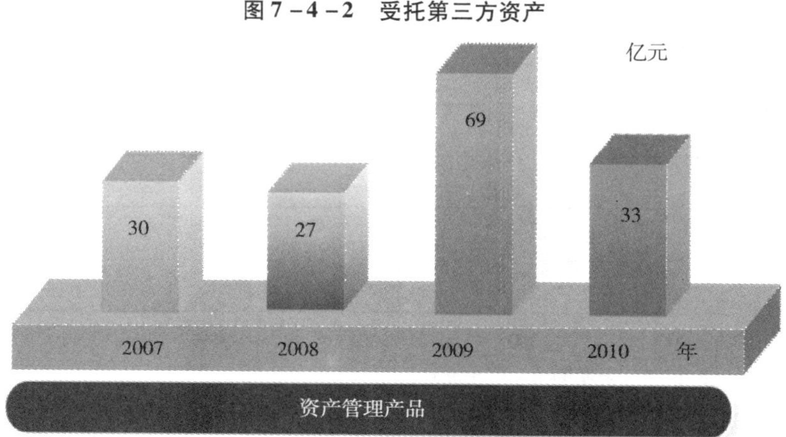

图 7－4－3 资产管理产品

2. 资产配置结构

表7－4－1　　　　太平洋资产配置结构　　　　单位：%

资产配置结构	2006年	2007年	2008年	2009年	2010年
银行存款	35.6	29.0	33.4	26.6	26.3
国债	10.9	6.8	6.3	5.8	8.7
金融债	18.0	10.2	10.7	8.2	9.1
企业债	16.1	20.2	26.9	26.6	26.0
次级债	8.3	12.0	15.7	14.3	10.7
基金	6.9	11.0	2.5	5.4	5.8
股票	3.8	12.8	1.9	7.3	5.9
其他	0.5	－1.9	0.3	2.1	2.0
债权计划			1.7	4.4	3.8
股权计划			0.6	1.6	1.2

3. 投资收益情况

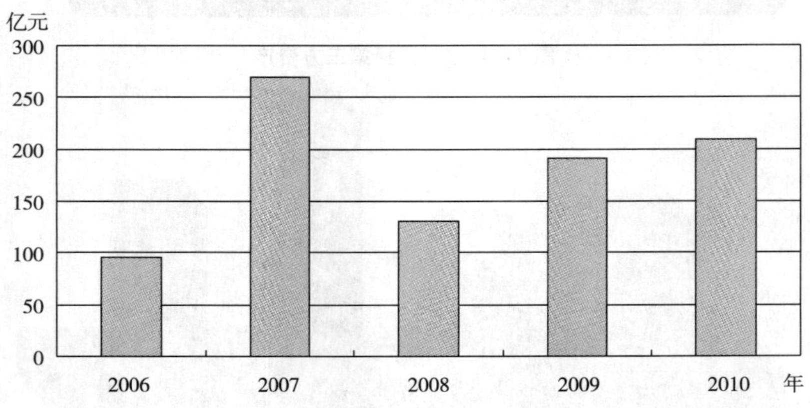

图7－4－4　2006—2010年太保投资收益额

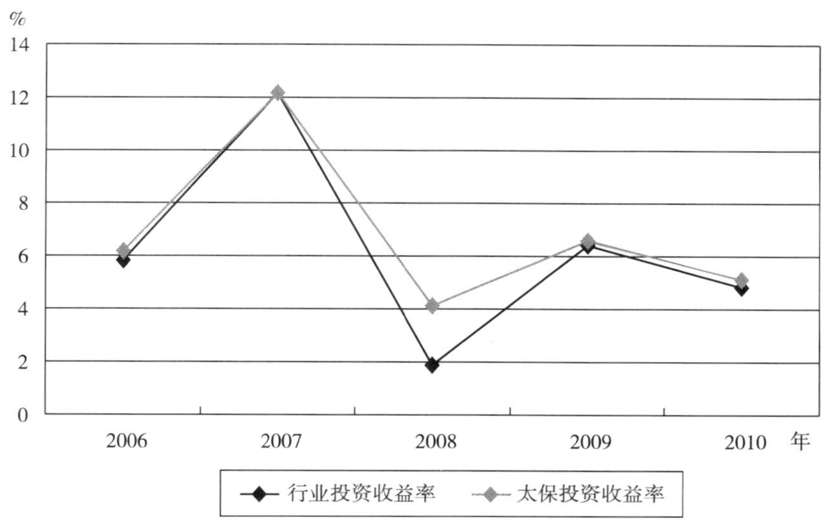

图 7－4－5　2006—2010 年太保与行业投资收益率比较

三、公司经营管理状况总结

（一）公司运营体系和组织架构情况

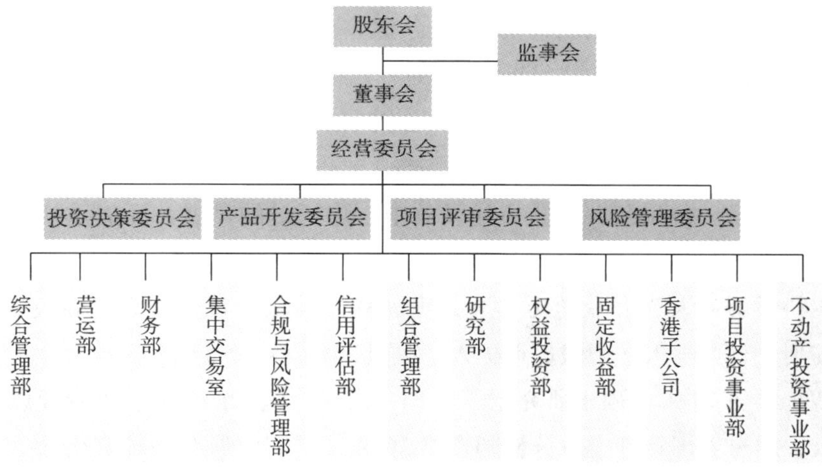

图 7－4－6　太平洋资产组织架构

（二）公司人才队伍建设

通过几年的探索和发展，公司建立和培育了市场化的人力资源管理机制、绩效管理机制和投资文化，人才队伍的数量、质量和结构均发生了比较显著的变化和提升，专业化的人才队伍已经成为公司竞争力的重要体现。

人才引进。公司自成立以来，一直把人才队伍建设作为发展战略的重要方面，把引进人才作为紧迫任务积极推进。通过制定招聘管理办法，从缺口分析、制订计划、实施招聘、资质审批、职衔匹配等各个环节规范人才招聘的工作流程，确保通过各种渠道引进符合公司发展要求的人才。近年来公司将权益投资、行业研究、PE/不动产投资、风险管理、信用评估等专业领域作为人才引进的关键。

人才培养。公司根据业务发展需要制定了全方位的培训计划，从集中授课、专业资质提升、实践性培训到企业文化培育等各个方面建立了系统的培训管理办法。充分利用各方资源，引进具有国际水准和前瞻性的课程，积极创新培训手段，通过新业务培训、前沿技术培训和经营管理培训，大力培养资产管理的骨干人才和后备人才。通过与国际著名投资公司、咨询公司建立合作关系，建立外部培训基地。2010 年，公司启动了员工职业生涯管理项目，充分考虑公司和个人需求，通过绩效管理、薪酬激励、竞聘上岗和晋升培训促进员工职业发展。

人员数量。公司筹建之初的 2006 年底，只有 40 名员工。经过四年多的努力，员工队伍逐步壮大，目前已形成一支具有一定投资专业能力和分工合理、基本满足公司现阶段发展要求的人才队伍。截至 2010 年 12 月底，公司在编员工 124 人，人员规模年均增长 33%。

人员质量。公司在人才队伍建设的中，除了量的发展，更加重视人才队伍质的提升。2006 年底，公司员工中具有博士学历 9 人、硕士研究生学历 24 人、本科学历 4 人、大专学历 3 人；美国特许金融分析师 4 人、高级职称 4 人、注册会计师 1 人、中级职称 7 人。截至 2010 年 12 月底，公司在编员工中具有博士学历 14 人、硕士研究生学历 81 人、本科学历 26 人、大专及以下学历 3 人；具有美国特许金融分析师资格 16 人，具有注册会计师资格 5 人，高级职称如经济师、会计师、经营师职称 9 人，具有各类中级职称及其他从业资格 20 余人。

人员构成。经过几年的摸索和发展，目前公司前中后台人员结构日趋合理。2006年底，公司前台投资总人数仅23人，其中项目投资团队人员仅4人。截至2010年底，前台投资人员达到70人，其中项目投资团队扩大到21人。从事项目投资的21人团队大多具有多年投资相关从业经验（平均从业年限约9年），这为公司另类投资能力市场领先奠定了良好基础。

表7-4-2　　公司人员结构表

<table>
<tr><th rowspan="2">时间＼类别</th><th rowspan="2">总经理室</th><th colspan="2">前台</th><th rowspan="2">中台</th><th rowspan="2">后台</th></tr>
<tr><th>证券投研</th><th>项目投资</th></tr>
<tr><td>2006年底</td><td>3</td><td>19</td><td>4</td><td colspan="2">14</td></tr>
<tr><td>2010年底</td><td>9</td><td>49</td><td>21</td><td>34</td><td>11</td></tr>
</table>

职业生涯管理。2010年，公司启动了员工职业生涯管理项目，充分考虑公司和个人需求，通过制度建设来规范和引导员工职业生涯发展。根据资产管理公司特性，划分了符合投资决策流程和专业投资能力需求的职涯方向和职位族群，重点通过绩效管理、薪酬激励、职位管理和学习培训等措施来形成员工发展内在驱动力，明确员工职业发展方向，帮助和促进员工实现职业生涯目标。

四、公司资产管理能力状况及投资操作回顾

（一）2006—2009年公司投资操作概要情况回顾

太平洋资产管理公司于2006年6月成立。公司权益投资把握“牛市求进、熊市求稳”的投资策略，在2007年资本市场牛市行情中加大权益资产投资比重，抓住时机配置封闭式基金，其分红为投资收益的持续稳定奠定了基础。

1. 2008年

（1）综合运用融资超配手段实现新增固定收益资产收益率超越基准。2008年人民银行5次降息，降息幅度达到162个基点，在成功预测市场和利率政策趋势的基础上，抓住短暂的利率上升期，综合运用了融资超配等手段，抢配银行存款和高品质企业债，其中9月降息前投资债券与存款526.7亿元，加权收益率5.72%，占全年新增投资比重的65.3%。在品种上配置了十年及以上的长期债，优化了资产负债匹配，改善了收益结构。全年新增定息资产配置量886亿元，新增固定收益资产收益率5.39%，超越基准（4.88%）51

个基点。

（2）控制仓位的前提下实现权益投资净值增长率高于基准。在主动适应市场形势变化、控制权益类资产仓位的同时，在战术上谨慎有序，以前瞻性的眼光选择投资标的，精选重仓股，为权益类资产净值增长率战胜大盘作出了重要贡献，实现的权益类资产整体净值增长率显著高于基准回报。

2. 2009 年

（1）证券投资业务坚持审慎灵活的投资策略，在控制风险的前提下提高收益。面对年初严峻的市场形势，公司坚持科学研判，兼顾净值增长与会计收益，灵活操作。固定收益投资业务保持了稳定的定息资产结构，加大长期限资产的配置力度，提高净投资收益率，NII 由年初的 3. 7% 提高到年底的 4. 02%（含权重），寿险传统险账户资产久期较年初上升 0. 62 年。权益类投资为各投资账户贡献超额收益，扩大了权益资产配置，分享了行业轮动和指数上涨所带来的收益；新股及战略定向增发资产收益稳定，港股投资表现突出，持续超越恒生国企指数。

（2）另类投资拓展保持行业领先地位。全年完成另类投资业务金额和另类投资在投资资产中的占比居于行业前列。发起设立债权投资计划 2 个，投资总额 60 亿元，向第三方保险机构投资者销售 12 亿元；全年另类投资业务资金投入超过 130 亿元，其中新增债权计划超过 95 亿元，期末另类投资累计投资余额 197 亿元，在委托投资资产中占比接近 6%；京沪高铁股权计划完成资金投入 23 亿元；成功入股杭州银行，完成投资 13 亿元。非上市股权投资总额超过 50 亿元，为未来稳定持续的投资收益奠定了初步的基础。

（二）2010 年投资环境总结和公司投资操作情况

2010 年全球经济和金融环境均非常复杂，欧洲财政危机、美国数量宽松和新兴市场通胀加剧互相交织。各国政策取向由此出现很大差异，以美国为代表的发达国家经济复苏力度较弱，继续加大货币宽松的力度，进而推升全球流动性；而中国等新兴市场则加大货币收缩力度，应对不断加大的通胀和升值压力。

面对外部冷、内部热的复杂格局，2010 年中国政府加强宏观调控的针对性和灵活性，对国内经济的控制力度加大。年初就房地产过热、地方融资平台清理等问题出台一系列调控政策；年中随经济下滑政策有所趋稳；年底又针对通胀压力问题加大政策紧缩力度，连续升息两次。2010 年中国 GDP 增长 10.3%，CPI 增长 3.3%，保持了较快的平稳增长。

2010 年资本市场受到外部动荡和内部政策的双向影响，整体呈现震荡的波动格局。上半年的政策紧缩和欧债危机，推动股票市场震荡下跌；年中随着政策趋稳，股票市场回升，但第四季度后通胀压力加大政策紧缩加强，股票市场转入震荡格局。A 股市场整体震荡，但内部的股票结构分化非常显著。结构转型政策推动下的消费和新兴产业表现良好，而银行地产等受到政策调控影响较大的周期型行业表现低迷。从风格角度，中小盘股指数表现明显优于大盘股指数。相对 A 股市场，H 股市场受到外部资金流入的影响更大，故整体表现好于 A 股市场，A－H 溢价下降到历史低位。

债券市场收益率先下后上，上半年预期政策紧缩对经济产生抑制，国债收益率下行；但下半年随着通胀预期上升，以及政府采取升息等价格调控手段，国债收益率出现明显上升。收益率曲线波动较大，但短端利率上行幅度超过长端，期限利差下降。企业债收益率上行幅度小于国债收益率，信用利差下降。在政策不断收缩流动性的背景下，货币市场的资金价格逐级攀升到较高水平，银行间的资金紧张格局推升了协议存款市场的利率水平。

太平洋资产在提高市场研判能力、投资决策能力和品种选择能力的基础上，坚持稳健的投资策略：

1. TAA 策略的制定和执行更具针对性。第一季度以实现权益资产分红为主要目标；第二季度在市场下跌过程中，基于基本面没有改变的判断，增加权益配置，有效降低了权益资产的盈亏平衡点；第三季度提出“风险估够、弹药备足”，有针对性地增加分红资产组合、转债及具有长期投资价值资产的配置；第四季度抓住市场上行的机会，重点关注年度关键业绩指标的完成，逐步锁定全年会计收益。

2. 投资业务明确了 NII 的战略性基础地位。超过 80% 的定息资产所产生的利息收入和基金股票的分红在中国波动剧烈的市场条件下，对稳定保险资金投资收益关系重大。保持 NII 的稳定并力求逐步改善，对于集团公司的稳健经营至关重要。2010 年，通过提前配置封闭式基金及有分红潜力的品种，获得了较高的分红收益；定息资产投资和另类投资也在不稳定的利率环境下对提升 NII 作出了贡献。公司整体资产的 NII 为 4.74%。

3. 权益投资方面，投资与交易并重，既考虑价值投资又兼顾市场趋势。

面对结构性牛市的运行特点，积极进行各类主题投资，通过累积实现收益确保完成年度目标；逐步构建红利资产组合，以未来股息的可重复和可增长来满足整体资产对会计收益的要求；密切关注市场，在折价率日渐缩小的过程中，继续投资封闭式基金，期待最终锁定历时五年“套利”的胜局；在港股投资上，实现投资收益1.7亿港元，净值表现超越恒生中国企业指数。特别重要的是，在2010年A股市场整体下跌约14%的情况下，资产管理公司权益资产净值表现为0.68%，实现权益资产正回报。

4. 定息资产投资方面，踏准利率波动节奏，主动把握配置时机，制定超长期国债与协议存款搭配投资的策略，超长期国债投资取得同业中最多的份额；定息资产久期拉长，从年初的5.15年增长到年底的6.10年；尝试运行债券交易盘，采取谨慎的防御性策略，把握时点，选择品种，试点运作顺利。

5. 另类投资方面，第一批通过基础设施债权计划产品创新能力备案，基本完成股权和不动产投资能力自评申报的准备工作。基于和客户长期战略合作的目标，充分调动太保系统的资源，开发央企和重点地方企业的潜在项目，项目储备和投资工作取得实质性进展。全年基础设施债权计划已通过备案63亿元，完成对上海农商行的2亿股非上市银行股权投资，金额为12.96亿元，不动产债权计划投资已申请备案40亿元。

领导访谈 7-4-1

【编者按】初春的上海，乍暖还寒。我们对太平洋资产管理公司的创办人、现已升任公司董事长的汤大生同志进行了访谈。走进汤董办公室，首先映入眼帘的是栩栩如生的几块石头，于是，话题就从石头说起。

记　者：汤董，您好！据说您收集的石头背后都有公司业务发展的故事，石头是否记录了您这几年的心路历程？

汤大生：也可以这么说吧，公司投资业务如有突破性的进展，我便会习惯性地挑块石头做个象征性的纪念。“世博石”就是对上海世博会债权投资计划项目的纪念。

上海世博会是中华民族的百年企盼，当世博会成功闭幕的那个瞬间，我的思绪回到了4年前，资金运用部孙建勇主任陪同保监会杨明生副主席实地考察世博会债权投资项目的情景。时值盛夏，赤热炎炎，杨明生副主席到世博园区实地考察，听取世博会规划蓝图介绍，随即主持召开世博项目专题座谈会，听取“太平洋—上海世博会债权投资计划”项目的汇报。我们拟发起设立世博一期、二期项目，累计为世博会建设提供70亿元资金，主要用于世博园区的基础设施建设。

当时，保险资金间接投资基础设施的办法出台不久，从虚拟经济到实体经济的投资探索刚刚起步。杨明生副主席在上海召开保险资产管理公司负责人座谈会，研究拓宽保险资金运用渠道的问题。他分析了实体经济与虚拟经济之间的辩证关系，高屋建瓴地指出，保险资金从战略上看，首先要做好的是实体经济的投资，只有实体经济这条腿站稳了，虚拟经济才能迈出去、才能迈得远。杨副主席的论断有力地支持了世博会债权计划项目的成功发起设立。回过头来看这几年的投资业务实践，也验证了“杨氏观点”的前瞻性和正确性。

记　者：今年保监会出台了保险资金投资股权和不动产的相关政策，公司有什么新的尝试吗？哪一枚石头能够代表您的心愿呢？

汤大生：保险资金投资股权和投资不动产的办法颁布前后，我们一直在探讨另类投资业务的发展方向问题，讨论如何提高反周期的能力，也就是俗话所说的“熨平”周期。

说到新的尝试，应该是我们最近在发起设立之中的“上海公共租赁住房债权投资计划项目”。保险资金投资建设上海公租房项目，是贯彻国务院“先行先试”创新试点项目之一，去年，我代表集团高国富董事长参加了上海市市长韩正主持召开的专题会议，讨论上海公共租赁住房建设的融资问题。

这个项目酝酿之初，恰逢杨明生副主席、孙建勇主任在沪组织召开专题会议，研究保险资金投资股权和不动产的实施细则，杨明生副主席在上海就公租房项目与市政府领导进行了沟通和磋商，对项目的发起设立提出了原则性的指导意见，他指出，保险资金如果以债权计划的形式参与公租房项目，其收益要覆盖保险负债成本，如果以股权的方式参与，重点要考虑退出机制。按照杨副主席的指示，我们发起设立的“上海公共租赁住房债权投资计划项目”设有稳定的保底收益，并可根据人民银行的贷款基准利率上浮调整，既减缓了资金配置压力，又拉长了资产久期。这是一个多赢项目，也是一个为民造福的项目。所以，这块“紫气东来”的石头最能表达这个项目的寓意。

记　者：众所周知，京沪高铁今年将建成通车，作为该项目的重要参与者，您有何感想？

汤大生：是啊，通车以后我们到北京坐高铁只要4个小时。我有幸作为京沪高铁的董事，对这个项目还是很关注的。

记得还是在2009年上半年，由平安资产牵头，我们参与，发起了保险机构160亿元投资京沪高速铁路股权投资计划项目，对于这个国家级的重大项目，保监会举行业之力，大力协调和推进。这也是我们首次参与非上市企业股权投资的第一单，是一个重大的突破。

记　者：您们的资产管理团队经历了百年不遇的金融危机，有什么切身感受吗？

汤大生：全球金融危机爆发以后，在乱花渐欲迷人眼的资本市场中，我们曾数次面临“to be or not to be”的两难选择。记得2008年第三季度，当时由于国内外经济金融形势的恶化，资本市场风险空前加大，几十亿元的权益类资产浮亏成为公司经营中的大型“堰塞湖”。但从实现太保集团公司价值持续增长的目标出发，权益类资产浮亏的“堰塞湖”必须解除。我当时在上海市委党校学习，趁着中午的时间回到公司和总监们商讨投资策略，后来抓住了极为有限的机会，取得了投资策略上的主动权。通过930和1231的成功操作，把权益类资产浮亏控制在设定的目标以内。后据推算，如不采取有效的措施，年底总体浮亏将超过百亿元，利差损的历史悲剧就有可能重演，后果不堪设想。我们的总监事后意味深长地说“要保住偿付能力的底线不被击穿，就在那生死一线间”。的确是这样，市场机会稍纵即逝，我们一直在收益和风险中寻找平衡，提炼我们的投资哲学。

记　者：汤董您认为做保险资产管理核心的是要做好什么？

汤大生：我认为是资产负债匹配管理。在这几年的管理探索中，我们曾经历过产品定价、财务盈利、风险控制、公司战略、同业对比等多目标的困扰，经过一段时间的实践，我们确定了业务的主攻方向以及推动公司价值可持续增长的目标体系。去年有幸承接了中国保监会下达的资产负债研究课题。我们将以《IAIS13号资产负债管理准则》为理论依据，以国际先进的管理模式为标杆，从技术、治理和监管三个方面，对中国保险业资产负债管理做出前瞻性的研究和探索。

记　者：最后一个问题，贵公司从一个部门起步，健康发展到今天，作为公司的掌门人您有什么制胜的秘籍？

汤大生：记得美国管理学家柯林斯和波拉斯在《基业长青》一书中指出，公司成功法则包括要保存核心价值观、要有教派般的文化等等。其实，成功的法则都大同小异，我的体会是“以投资能力制胜，以企业文化致远。”

首先这些年，我们以全面提升专业化投资能力建设为着力点，以资产负债管理为业务发展的主攻方向，追求投资收益超越负债成本，建立了清晰的投资决策运作机制。

同时这些年，我们秉承“诚信天下，稳健一生，追求卓越”的核心价值观，不遗余力地探讨保险资产管理的发展规律，建立起我们独有的投资文化、风控文化和合规文化。

展望未来三年，我们将落实太保集团“以客户需求为导向”的战略转型，针对金融市场与业务的不断创新，探索以产品化推动市场化，以市场化带动专业化的可行路径，一步一个脚印地走向百年老店的目标。

2011 年是国家“十二五”规划实施的第一年，我用这块“金色年轮”的石头，祝愿我们保险资产管理行业蒸蒸日上、繁华似锦。

［第五章］

泰康资产

一、公司基本发展情况

泰康资产的前身是泰康人寿资产管理中心，最初为泰康人寿投资部。2006 年 3 月 23 日，泰康资产管理有限责任公司（以下简称泰康资产）正式挂牌营业。作为泰康人寿业务发展的两翼之一，泰康资产长期专注于以寿险资金、养老金等长期资金为主的受托资产管理业务，持续以优良的投资业绩回报客户、回馈股东，致力于把公司打造成为“国内一流、具有国际水准”的优秀资产管理机构。

自 2006 年获准升级为专业资产管理公司后，泰康资产迈入快速发展轨道，发展势头尤其迅猛，在资产管理规模、资产管理能力、受托客户数量等方面均实现较大突破。截至 2010 年 12 月 31 日，泰康资产管理资产净规模达 2 726.1亿元（如含债券回购，资产规模 3 101.25 亿元），是国内资本市场最大的机构投资者之一。

（一）受托资产规模增长迅猛，第三方资产管理业务稳步提升

借助中国加入世界贸易组织以来金融业快速崛起的东风，依托主要资产委托人泰康人寿保费大幅攀升的利好，泰康资产受托资产管理规模六年来实现跨越式发展，从 2004 年底的 328 亿元大幅增长到 2010 年底的 2 726.1 亿元，增长超过 8 倍，一跃成为国内资本市场上首屈一指的机构投资者。

2007 年开始，泰康资产将发展企业年金业务列入重点战略部署，大力推动第三方资产管理。同年 10 月，公司在劳动和社会保障部组织的第二次企业

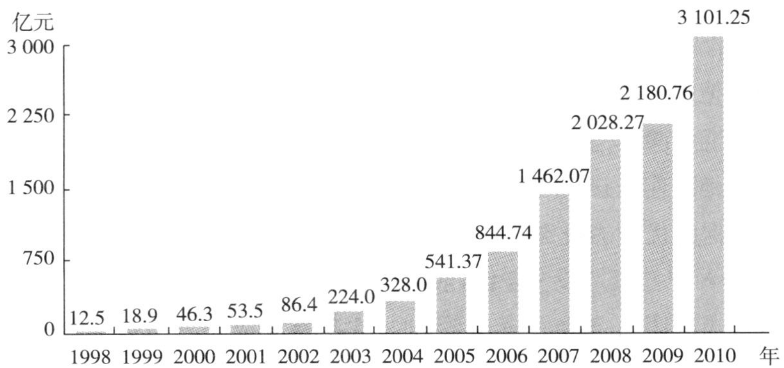

图 7-5-1 泰康资产受托管理资产规模（1998—2010 年）

年金投资管理人遴选工作中取得企业年金投资管理人资格，为泰康系进军企业年金市场赢得了战略机遇。经过三年的努力，公司在企业年金投资管理体系、公平交易制度、会计核算方法、资产托管、风险控制、集中交易室建设、信息系统建设等方面取得了重要成果，打造出业内一流的企业年金投资平台。截至 2010 年 12 月 31 日，公司管理年金账户数量共 90 个，其中单一账户 70 个，集合计划 20 个，账户资产规模总计 98.41 亿元，在同批次取得企业年金投资管理人资格的公司中保持领先地位。

同时，泰康资产大力发展中小保险公司受托理财业务，着重从销售能力、产品研发能力、客户服务能力等三个方面打造核心竞争力。得益于出色的投资业绩和全方位客户服务，公司第三方受托理财规模快速增长，截至 2010 年底，第三方受托理财规模达到 88.2 亿元，当年年化总投资收益率达 6.99%。2007 年 10 月，公司发行“泰康—开泰稳健增值”理财产品，是业内唯一一只投资二级股票市场的保险资产管理产品。截至 2010 年 12 月 31 日，开泰稳健增值理财产品净值规模达 52.9 亿元，客户累计达到 46 个，单位净值达到 1.4925 元，为客户带来了持续稳健的收益，受到广大中小保险公司的追捧。

2007 年，泰康资产积极参与基础设施投资试点，成功完成业内首单“泰康—开泰铁路”债权计划产品，以产品形式成功受托保险资产的基础设施债权投资。截至 2010 年 12 月 31 日，泰康资产独立发起 4 只设立基础设施债权投资计划、1 只不动产股权投资计划，总投资规模 51.40 亿元（扣除已到期清算计划）；与其他保险机构共同发起设立基础设施股权投资计划 1 只，总投资规模 160 亿元。

（二）投资业绩持续优异

泰康资产始终秉承“稳健进取、规范运作”的理念，审时度势，在深入分析、透彻把握宏观经济形势和资本市场变化的基础上，耐受了资本市场跌宕起伏的长期考验，向全部委托人交出满意的答卷。无论是母公司泰康人寿一般账户还是投连账户，无论是企业年金账户还是第三方受托理财业务，泰康资产始终保持优异的投资业绩。

1. 母公司委托资产投资业绩连续多年稳居同业前茅

在母公司泰康人寿委托资产管理中，泰康资产充分把握保险资金特性，总体策略上贯彻“防范风险、稳健投资”的思想，投资收益始终表现优异，历年来均远高于行业平均水平，连续多年稳居行业前茅。

目前，泰康人寿的一般账户投资分为固定收益投资、权益投资和另类投资三大类别。固定收益类投资占比大体在80%～90%，而权益投资占比大体在5%～15%，而另类投资则大体在2%～5%。

从年度投资业绩来源看，泰康人寿固定收益类资产可提供4.5%以上的利息收益，若全年固定收益市场存在一定的趋势性行情机会，还可能通过赚取差价收益提高固定投资收益能力，使固定收益的投资收益率提高20～150个基点。从过去各年看，泰康人寿一般账户固定收益投资在2007—2010年分别取得了5.67%、6.22%、5.35%、4.86%的收益率。

权益投资回报率因市场情况的不同差异较大，泰康人寿一般账户权益投资收益率正常情况下都有超越资本市场10～20个百分点的回报，使公司投资收益向上提升2～3个百分点。2007年，遇到中国资本市场大牛市期间，权益综合投资收益达到250.94%（时间加权），超越市场指数逾90个百分点；在全年市场下跌的2008年和2010年，权益综合投资收益均超越沪深300指数20个百分点以上。

另类投资主要是指监管近期批准的不动产、股权等投资，其特点是回报期较晚，流动性偏弱，但收益能力较好，可为长期负债为主的保险公司提供稳健的长期回报。这部分投资还处在培养期，但依照国际经验看，可望未来提供6%～10%的年回报水平。

2004年，泰康人寿委托资产投资收益率4.29%，在行业内实现权益投资无亏损。2005年，泰康人寿委托资产投资收益率达到5.36%。2006年，泰康人寿委托资产实现投资收益率9.19%，超过行业平均水平。2007年大牛市行情中，泰康人寿委托资产以22.97%的投资收益率再攀高峰，超越行业平均水平10个百分点以上。2008年，面对金融危机下资本市场的持续下跌，泰康资产积极稳健的投资策略带来了更加突出的投资业绩，全年泰康人寿一般账户实现投资收益率8%以上，高出行业平均水平6个百分点。2009年泰康资产审时度势，把握宏观经济V形反转带来的投资机遇，一般账户年化总投资收益率9.65%（不含投连账户，如含投连则更高），超出行业平均水平3个百分点，投资业绩在行业内继续名列前茅。2010年，面对风云突变的资本市场，泰康人寿委托资产投资收益率5.95%，投资业绩在行业内继续名列前茅。

在保险业内多数承保利润微薄甚至亏损下，泰康资产投资收益对泰康整个集团的利润实现意义重大。高额的投资收益水平不仅帮助泰康人寿提高了账面资产和利润，帮助泰康人寿客户和股东获得超额分红，也带动泰康人寿保险产品销售，促使集团保费规模连年大幅攀升，整体受托资产和管理费收入提升，继而形成良性互动。

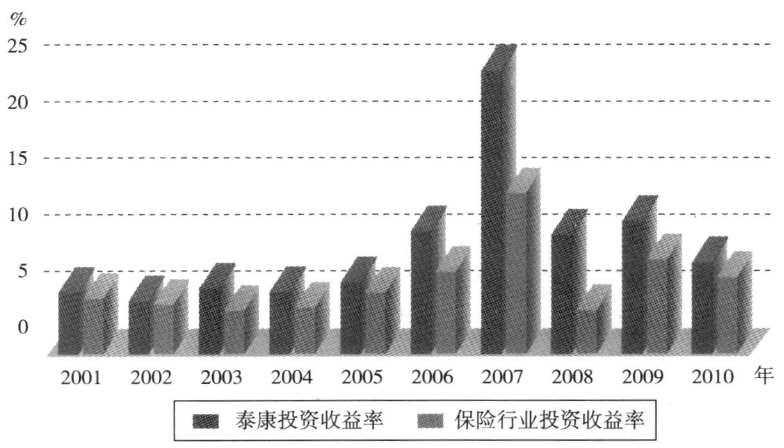

数据来源：泰康资产、保监会。

图7-5-2　泰康人寿委托资产投资业绩（2001—2010年）

2. 母公司独立账户投资业绩优异

截至2010年底，泰康资产管理的母公司独立账户资产主要包括泰康人寿设立的7个投资连结险账户，整体投资业绩表现十分突出，为泰康人寿业务开展提供了强有力的支持。

截至2010年12月31日，泰康人寿进取型、五年保证、积极成长、平衡配置、稳健收益、基金精选、货币避险账户的单位净值分别为13.2614元、

1. 9039 元、1. 4374 元、1. 5147 元、1. 3584 元、1. 2992 元、1. 03667 元。2010 年各账户的净值增长率分别为 23. 82%、5. 89%、-0. 64%、2. 67%、5. 46%、4. 96%、3. 23%。其中，进取账户的投资业绩排名在同类可比投连产品中位居第一，货币避险账户排名第二，其他各账户也均在同类投连产品中排名前列。在与同类基金的比较中，泰康进取型账户在 180 只股票型基金中分别排名第五，货币避险型账户在货币型基金中排名第一。

表 7-5-1　　投连账户净值收益率与业绩排名

年份	产品名称	产品类型	收益率	同类排名
2010	泰康投连进取	股票型投连账户	23. 82%	1/51
	泰康投连保证	债券型投连账户	5. 89%	5/32
	泰康投连积极	股票型投连账户	-0. 64%	24/51
	泰康投连平衡	平衡型投连账户	2. 67%	13/36
	泰康投连稳健	债券型投连账户	5. 46%	7/32
	泰康投连精选	股票型投连账户	4. 96%	8/51
	泰康投连货币	货币型投连账户	3. 23%	2/24
2009	泰康投连进取	股票型投连账户	143. 32%	1/51
	泰康投连保证	债券型投连账户	8. 41%	2/31
	泰康投连积极	股票型投连账户	65. 17%	6/51
	泰康投连平衡	平衡型投连账户	44. 33%	4/36
	泰康投连稳健	债券型投连账户	0. 66%	22/31
	泰康投连精选	平衡型投连账户	33. 82%	16/36
2008	泰康投连进取	股票型投连账户	-25. 77%	1/14
	泰康投连积极	股票型投连账户	-32. 21%	2/14
	泰康投连平衡	平衡型投连账户	-12. 86	1/13
	泰康投连稳健	债券型投连账户	15. 11%	1/27
2007	泰康投连进取	股票型投连账户	128. 56%	1/12
	泰康五年保证	债券型投连账户	27. 63%	1/11
2006	泰康投连进取	股票型投连账户	109. 55%	1/9
	泰康五年保证	债券型投连账户	13. 48	3/8
2005	泰康投连进取	股票型投连账户	8. 08%	1/6
	泰康五年保证	债券型投连账户	5. 14%	3/8
2004	泰康投连进取	股票型投连账户	-0. 40%	2/3
	泰康五年保证	债券型投连账户	4. 12%	1/3

注：该统计结果为泰康资产内部数据。

在公司强大的投资管理能力和投资经理优秀的表现下，泰康的投连账户每年都至少有一只在保险行业内排名第一，而绝大多数情况下投资业绩排名都在前1/4，保持了可持续的优秀投资业绩。值得一提的是，泰康人寿进取型账户，8 年净值增长率超过 12 倍，充分显示出泰康资产管理公司超凡的资产管理能力。

3. 企业年金投资取得突出成绩

三年来，泰康资产企业年金管理业务取得了优异成绩，得到了广泛认可。截至2010 年 12 月 31 日，泰康资产参与的42 个具有可比性的多投资管理人年金计划中，35 个账户投资业绩排名第一，2 个账户排名第二，3 个账户排名第三。全部账户资产规模加权年平均收益率 15. 03%。

表 7－5－2　　年金账户净值增长率及业绩排名　　单位：万元

年金账户	投管人家数	2010 年资产净值	年度净值增长率	累计增长率	2009 年资产净值	年度净值增长率	累计增长率	2010 年排名	2009 年排名	累计排名
某自动化股份有限公司	2	4 834. 21	7. 75%	28. 88%	3 812. 37	14. 22%	20. 68%	1	1	1
某矿业集团	8	28 769. 83	14. 65%	36. 22%	15 124. 75	15. 67%	18. 81%	1	1	1
某焦煤集团有限责任公司	7	35 023. 35	11. 37%	24. 04%	15 605. 59	11. 43%	11. 37%	1	1	1
某农商行	2	17 697. 46	15. 34%	26. 03%	12 430. 22	9. 28%	9. 27%	1	1	1
某银行	10	139 680. 57	11. 22	18. 40%	77 159. 11	6. 79%	6. 79%	1	1	1
某勘测设计院	2	2 250. 58	8. 42%	11. 18%	1 316. 66	2. 62%	2. 62%	1	2	1
某港口集团公司	3	2 762. 68	7. 70%	16. 06%	2 795. 41	7. 76%	7. 76%	1	1	1
某集团	2	6 042. 36	3. 24%	4. 56%	4 031. 86	1. 17%	1. 27%	1	1	1
某央企	3	4 053. 31	9. 82%	12. 71%	2 095. 27	2. 63%	2. 63%	1	3	1
某实业集团	3	5 850. 05	7. 03%	8. 27%	5 446. 95	1. 16%	1. 16%	1	2	1

（三）灵活控制资产配置节奏，把握多种超额回报机会

泰康资产建立了以资产负债匹配管理为核心的资产配置体系，在透彻分析受托资金性质（收益要求、流动性要求、久期匹配要求）的基础上，跟踪分析受托资金账户特性及变化，结合对资本市场和大类资产风险收益特征的准确把握，运用定量和定性分析相结合的方法，制定战略配置方案和战术策略，构建并优化投资组合，通过灵活主动的资产配置节奏，积极寻找市场机会，及时调整资产配置结构，把握多种超额回报机会。

表7-5-3　　2005—2010年大类资产配置　　单位：亿元

	2005年	2006年	2007年	2008年	2009年	2010年
货币及准货币	20.82	132.17	99.73	91.77	69.83	46.90
存款	89.32	164.68	159.51	208.53	193.10	554.81
债券投资	387.96	442.63	542.99	1 012.15	1 084.05	1 570.43
国债	144.53	141.25	189.36	177.26	174.67	314.35
金融债	67.35	47.09	52.04	218.11	249.07	285.69
企业债	140.18	195.02	254.12	383.73	559.06	766.68
次级债	30.59	32.53	32.68	43.21	95.20	177.37
其他	5.30	26.74	14.78	189.84	6.05	26.33
权益投资	26.55	66.03	305.77	75.62	206.40	305.15
基金	17.57	25.16	72.37	32.02	73.12	104.03
可转债	1.47	1.30	1.69	0.40	0.05	17.74
股票	3.53	39.57	230.91	42.97	133.22	183.37
其他	3.99	0.00	0.80	0.24	—	—
基础设施债权	—	—	97.20	97.20	115.20	46.60
非上市股权	—	—	—	2.10	2.10	2.10
基础设施股权	—	—	—	11.58	28.89	31.00
其他	—	—	35.81	49.33	57.40	73.31
资产合计	524.65	805.51	1 241.02	1 548.29	1 756.96	2 630.30
融入资金	70.07	211.32	198.80	393.54	111.75	355.64
委托净资产	454.58	594.19	1 042.22	1 154.75	1 645.21	2 274.66

二、公司经营管理状况全面总结

(一) 规范运作的组织架构体系

自成立之初，泰康资产坚持规范运作、审慎高效的理念，致力于建立完善的治理结构、科学的组织架构和高效的运营架构。公司以股东会、董事会、监事会、高级经营管理层及内设机构等为基础，建立健全了决策权、执行权和监督权相互分离、有效制衡的公司治理结构；成立投资管理委员会和风险控制委员会，作为投资决策和风险控制的核心机构，负责制定投资策略和风险管理策略。

2008年，泰康资产聘请国际著名人力资源咨询集团，梳理、优化公司组织结构。公司设立固定收益投资部、权益投资部、非上市股权投资部、国际投资部、基础设施及不动产投资部、委托资产投资部、资产负债管理部、风险控制部、交易支持部、投资财务部、公司财务部、信息管理部、人事行政部、市场营销团队、产品客服团队、集中交易室。

随着业务发展需要，泰康资产不断优化公司组织架构。先后成立年金投资部（由原委托资产投资部更名）、运营管理部、信用评估部、合规法律部、基金投资部、市场部、渠道及年金业务部等，进一步完善组织架构、健全机构功能。

（二）不断建设发展的运营架构体系

1. 投资决策与研究体系

在投资管理方面，公司构建了统一的投资分析平台，涵盖宏观经济、财政政策、货币政策、市场运行、行业研究、公司研究、信用评级、估值体系及金融工程技术等关键领域，用于指导债券、股票、基金等投资决策。

泰康资产的投资决策体系是公司核心竞争力要素之一。在过去 10 年中，公司通过确立科学的决策指标体系、搭建全面高效的决策信息评估系统、应用多种量化分析工具及模型、设立公司投资决策的核心机构，最终建立起分级授权、分层决策、控制严密、灵活高效的投资决策机制，在实战中发挥了巨大正效应。在超过 14 年的投资运作中，形成了专业、规范的投资风格，为客户提供了风险可控下的长期稳定的高水平资产收益能力。

对泰康资产来说，建立成功而有效的投资决策体系必须考虑到几个方面因素：考虑中国资本市场特点，结合自身业务需要及监管层的风险管理要求，明确投资决策体系中各个层级的权责利。通过在中国市场多年实践，泰康资产建立了成熟而科学的投资决策流程，兼顾“自上而下”与“自下而上”相结合的方式，既从宏观整体上进行投资决策的把握，也充分发挥投资经理、研究员层面作为专业力量的主动性和决策能力。

2. 资产配置

公司通过战略资产配置的分解、设定基准配置等方式，对大类资产和账户超欠配进行密切地监控和跟踪分析，确保公司资产配置决策的有效执行。同时，针对公司受托管理的保险资金以及企业年金和第三方理财等客户的资金性质与要求，设置账户经理加强账户管理和负债研究，实现精巧的准矩阵式管理，为客户提供良好的资产配置服务。

3. 风险控制

泰康资产专业性的风险管理主要包括了资产风险的管理、合规风险管理、法律风险管理、操作风险管理、投资绩效管理。

在资产风险管理方面，按照客户的风险偏好及风险承受能力，通过合理安排资产配置结构和证券持有类别，控制价格风险、利率风险、信用风险及流动性风险等。信用风险方面，公司建立了从信用评估、授信管理、组合信用风险评估、风险额度管理、信用风险策略等一套完整的信用风险管理体系。

在合规管理方面，严格遵守相关法规和监管规定、严格遵守客户要求和内部管理规章。从决策、投资、交易、盘后等环节对合规进行控制，保证投资的各项指标合规。

法律方面，从合同文本、合同谈判、合同执行、公司法律关系、信息披露、反洗钱等多方面多环节控制法律风险，公司建立了包括合同管理、内部法律事务管理、法律纠纷管理的一套全面的法律风险管理体系。

内控方面，按照标准化、规范化的要求，通过管理制度、操作流程文档等形式建立了一套完整的内控控制文档；按 COSO 及五部委发布的《企业内部控制基本规范》的要求，从控制环境、风险评估、控制措施、信息与沟通、监督检查几方面建立了完整的内控机制；公司内控机制还包括内部权限管理、责任追究等。

绩效管理方面，对投资业绩进行日常跟踪，对行业的投资情况进行跟踪分析，对投资业绩的形成进行分析，根据市场的变化预测投资业绩的变化，为投资决策提供有力的依据。

建立包括各个层面的业绩考核体系，设定绩效目标，并对投资绩效进行考核。泰康资产管理公司一直以来取得了骄人的投资业绩，在风险方面，公司内部运行顺畅，投资资产保持了良好的质量和流动性，各项指标结构合理。从未出现坏账和支付性问题，在行业内保持了良好的专业形象。

4. 后台运营

泰康资产秉承“专业化、规范化、国际化”运营管理理念，以“风险可控，效率优先”为运营服务宗旨，建立了专业、规范的运营支持体系，将前台交易与后台运营、受托业务和自营业务严格分离，实现了前台与后台业务相互独立、相互牵制又协调配合的完整业务流程，运营管理谨慎高效、专业规范，为公司投资业务顺利开展提供了有力保障。以业务运营集中为核心，打造集约化的运营管理平台，为公司业务跨越式发展提供坚实的运营支持。

5. 海外投资平台建设

2007 年 7 月，泰康资产管理（香港）公司获中国保监会批准筹建。同月，国家外汇管理局批复泰康资产经营外汇业务，核准公司外汇业务范围涉及：受托管理保险外汇资金、外汇投资咨询、买卖境内外币债券等。同年 11 月，泰康资产管理（香港）有限公司在香港注册成立。

2008 年 8 月，泰康资产香港子公司—泰康资产管理（香港）有限公司经香港证监会批准获得资产管理业务牌照，掀开了公司在国际舞台的运作帷幕，公司向国际化迈出了坚实的一步。近年来，泰康资产海外投资平台不断建设发展，投资渠道、客户数量、投资规模稳步推进增长，成为泰康资产国际化的先头兵!

（三）公司目前人力资源概况

1. 公司人员概况

泰康资产拥有一支优秀的员工队伍和雄厚的投研力量。截至 2010 年底，公司员工总人数为 229 人，其中前、中、后台部门人员占比分别为：47%、12% 和 41%；硕士和博士以上学历占比 77%，本科学历占比 20%，本科以下学历占比 3%；从年龄来看，30 岁以下员工占比为 45%，30～40 岁员工占比 50%，40 岁以上占比 5%，员工较年轻化；男、女性别比例分别为 55%、45%。公司拥有一大批海外留学人才，多人获得注册金融分析师 CFA 资格（15 人）、国际金融风险管理师 FRM 资格（4 人），投资人员平均从业年限 8 年，公司人才规模和素质在同行业中处于领先水平。

2. 2004—2010 年公司人力增长情况

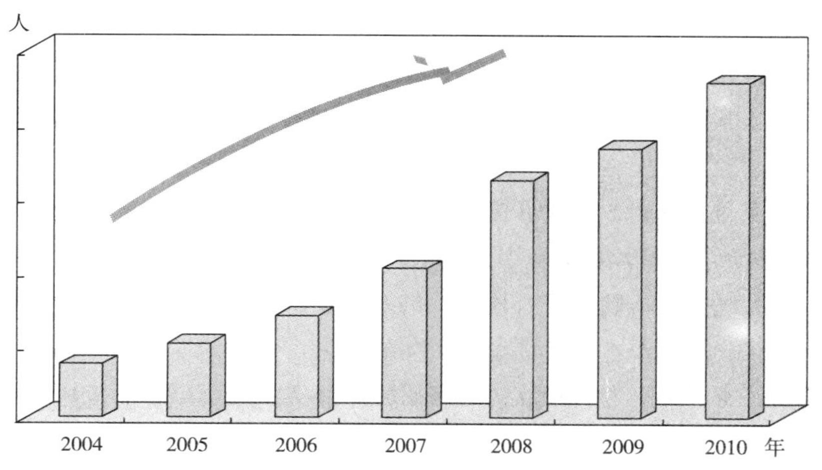

图 7－5－3　泰康资产人力增长（2004—2010 年）

3. 公司人才队伍建设情况

（1）建立公司人力资源规划，加强前瞻性思考

近年来泰康资产不断加强人力资源规划工作，重点对公司未来1～3年甚至更长时间的人力资源进行统筹规划和整体考虑。在对公司人员现况认真分析的基础上，明确人力资源的总量、结构分布、流动情况，全面了解公司各部门、各岗位的人才需求，人才补给的数量与渠道等，建立公司人才队伍建设规划和招聘工作计划。

（2）加大外部招聘力度，不断提升人才招聘质量

➢ **校园招聘：瞄准一流高校，储备人才，提升品牌**

2008—2010年，公司连续三年实施大规模校园宣讲和集中招聘工作，在清华大学、北京大学等国内一流院校及海外知名院校进行重点招聘，每年招聘人数均在15人以上。此举不仅为公司批量引进了优秀人才，充实了现有人才队伍，并显著提升了公司知名度和影响力，为公司今后校园招聘优秀人才打下了牢固基础。

➢ **社会招聘：定位精英，重点引进投研核心人才**

在遵循“严格选拔标准、提升人才质量”的原则上，泰康资产建立了规范的招聘管理制度和招聘体系，精心设计公司人才招聘选拔的考察方式、工具和流程，严格选拔标准，提升招聘要求，并积极拓展专业招聘网站、媒体、金融人才网、猎头公司、内部资源等不同招聘渠道，引进行业精英人才。

在人才引进上，公司重点引进权益投资、固定收益投资领域中的优秀投资经理、研究员、交易员等人才，并注重不断优化加强项目投资、中后台核心岗位人才素质，持续提升公司的投研水平和运营综合实力，以打造精英团队。

➢ **实习生招聘：完善招聘体系化，加强人才储备培养**

泰康资产于2010年启动实习生储备培养计划，并制定了相应制度和培养体系，拟大幅提高基础岗位人才供给的及时性、缩短到岗周期，全面优化人才供应模式，提高人才供应的持续性和质量。

公司将实习生分为3大类（定向招聘储备实习生、已录用应届毕业实习生、海外知名高校实习生）进行储备培养，通过制定实习计划、部门定岗及轮岗实习、实习过程沟通、实习工作表现评估、择优录用等流程，从实习生队伍里选拔储备人才，提前选拔优秀潜质的学生，并有效降低公司人才招聘

成本。

➢ **高端职位招聘：引进金融业优秀管理人才**

公司通过猎头招聘、自主猎寻等形式，从国内外金融机构和著名企业引进了一批具有优秀背景、成熟经验、开阔视野的中高层管理人才，有效提升了公司运作和管理水平。

（3）完善内部人才通道，优化人员结构，建立合理梯队

➢ **内部招聘：发掘内部优秀人才，提升公司凝聚力**

在尊重员工和部门意见的前提下，泰康资产采用自荐、推荐、应聘、竞聘等形式，鼓励内部员工应聘内部空缺岗位，为员工提供公平竞争机会和平台，以改善公司人力资源的结构和配置，同时提高员工的凝聚力和忠诚度。

➢ **内部晋升：激励人才成长，优化人才结构和配置**

泰康资产建立了规范的内部晋升制度和培训培养体系，通过竞聘、答辩、评估等形式，提供员工内部晋升机会和职业发展空间；实施岗位价值和绩效为核心，坚持能力导向、绩效导向；建立员工职业发展通道，加强公司员工培训；选拔培养一批有潜质、有能力、综合素质良好的人才队伍，合理调整公司人才结构，建立公司不同层次的人才梯队，保持公司人才队伍的层次合理性和人才衔接性。

（4）创新人才发展机制，倡导专业

通过学习和借鉴同业标杆企业的先进管理经验和方法，泰康资产积极创新公司人力资源管理制度、工具和方法。不仅建立了系统化的“选才、育才、留才”机制，培育“专业、规范”的业务发展和人才培养理念和文化，在重视公司业务发展的同时给予员工充分的关怀，实现“感情留人、制度留人、平台留人”，提升员工的团队归属感。自2006年成立以来，公司核心岗位员工流失率每年均在4%以下，为业务发展建立了稳定的人才基础。

作为第二批获准成立、第二批取得年金投资管理人牌照的保险系资产管理公司，泰康资产发展势头异常迅猛，快速跻身国内资产管理行业的TOP 1行列。公司长期保持在传统投资领域的核心竞争力，投资业绩大幅超越市场平均水平。公司首批取得第三方资产管理业务资格和人民币利率互换业务资格，并首批受聘成为中债收益率曲线与债券估值特聘成员，首批获得业内无担保债券投资资格。公司是保险业内第一批基础设施项目投资试点单位，成功发行第一个正式签约运作的保险资金间接投资基础设施项目“泰康—开泰

铁路债权计划”，也是最早参与并联合发起保险资金入股京沪高铁项目的资产管理公司之一。

迄今为止，泰康资产已经发展成为行业内投资业绩突出、资产规模居前、人才队伍精良、内部管理规范的一家高成长性保险资产管理机构。正是凭借上述卓越业绩和专业表现，2008—2009 年公司连续两年被评为 21 世纪金贝奖“年度最佳资产管理团队”。

- 公司荣誉

➢ 2010 年度全国银行间本币市场交易量 100 强

➢ 21 世纪经济报道金贝奖—2008 年度最佳资产管理团队

➢ 21 世纪经济报道金贝奖—2009 年度最佳资产管理团队

➢ 2009—2011 年“纳税信用 A 级企业”

➢ 第二次全国经济普查先进集体

- 相关荣誉

➢ 21 世纪经济报道金贝奖—2007 年度最佳收益保险产品—赢家理财投连险

➢ 21 世纪亚洲金融年会—2007 年度经营收益奖

➢ 21 世纪亚洲金融年会—2008 年度最佳盈利能力奖

➢ 21 世纪亚洲金融年会—2009 年度最佳盈利能力奖

➢ 2009—2010 年度银行间债券市场保险类机构结算成员前 10 名

➢ 2003—2007、2010 年度全国银行间债券市场自营业务优秀结算成员

➢ 2002—2005、2007—2009 年度全国银行间市场优秀交易成员交易量 100 强

➢ 2004—2010 年连续七年作为国开行政策性金融债承销团成员

➢ 2004—2010 年连续七年作为中国人民银行的公开市场一级交易商

三、公司资产管理能力状况及投资操作回顾

公司资产管理能力情况发展分为三个阶段。

第一阶段，2005 年以前。作为泰康人寿资产管理中心（泰康资产前身）管理泰康人寿保险资金，当时保险资金投资渠道较少，投资品种只有银行存款、债券和基金等。此阶段公司投资管理体系注重打牢基础，稳步发展。固

定收益投资构建了宏观经济分析、信用产品定价、长期配置、短期套利等统一的研究平台，形成完整的投研体系，并不断强化专业分工，细化投资分析。在权益投资方面，公司非常重视权益投资能力建设，不断探索权益投资管理模式并付诸实践，建立了绝对收益目标下的投资模式和组合构建系统，为权益组合构建提供了清晰的思路和方法，并配套建立了基金评分系统与评级体系。依靠扎实的投研体系，2004 年在市场大跌下，公司权益投资也没有出现亏损。

第二阶段，2005—2007 年，公司受托资产管理规模大幅增加。保险公司获准投资 A 股，保险资金投资渠道逐步拓宽。权益投资方面，公司在宏观经济研究、个股和行业研究、中期趋势判断能力方面有了大幅提高，构建了权益投资 MVPCT 系统和三级配置体系，同时构建了行业景气研究和动态跟踪系统，建立了高效稳健的权益投资管理体系。固定收益方面，债券市场稳步扩大，可投资的信用债品种逐步增加，对公司投资管理也提出更高要求。在此期间，公司进一步加大了对宏观经济、货币政策、利率市场、信用定价、创新品种研究及品种配置能力的建设，构建了固定收益投资因素分析模型，搭建了投资、研究、交易各岗位之间分工明确、良性互动的投资体系。公司投资管理能力迈上了新台阶。

第三阶段，2008 年至今，公司受托管理的资产类型不断增多，管理的账户大幅度增加。除母公司泰康人寿委托资产外（主要分为一般账户和投连账户），新增第三方保险机构委托资产、理财产品（如开泰稳健）、债权计划和股权计划、企业年金（单一年金账户和集合年金账户）等，保险资金投资渠道扩展至基础设施、非上市股权、不动产及境外投资。为保持在传统投资领域的核心竞争力，公司与时俱进，不断完善权益、固定收益投研体系，同时建立了另类投资及境外投资投研团队和投研体系，打造出国内一流的投资管理架构，为了更好地进行多账户的标准化管理，不断提升投资管理水平，公司加强了对投资全过程的风险管控，强化账户投资经理负责制和投资经理绩效管理，提升后台服务支持能力，构建了高效的标准化多账户投资管理体系。公司的投资管理能力建设朝着标准化、国际化的方向迈出了坚实的步伐。

（一）固定收益配置

2004 年，债券市场在宏观调控和货币紧缩的双重夹击之下，展开了大幅下跌行情。上半年公司判断通货膨胀将持续走高，宏观调控压力逐步加大，在债券投资上采取欠配策略，停止了债券资产的配置，保持较高的欠配状态。从第四季度开始，公司基于对宏观经济和通货膨胀在2005年将持续回落的前瞻性判断，在资产配置上大胆实行超配策略，把握了市场先机。

2005年，债券市场经历了大幅上升行情。上半年公司预期通货膨胀将持续回落，加上中长期债券呈现供给不足的紧张状况，债券市场将会走出持续上涨行情，公司采取果断措施，坚决做多，提前加大中长期债券配置，尤其是加大了被市场低估的高信用等级长期企业债的建仓力度，较好地把握住了债券市场强劲上升行情。下半年，债券市场出现了高位震荡走势，债券收益率处于较低水平，公司采取了较为稳妥的投资策略，配置力度上基本维持超配一个月左右现金流的规模。

2006年，债券市场整体保持高位小幅震荡走势。上半年公司判断债券市场收益率水平处于历史低位，利率风险较大，债券投资价值较低。因此，采取了相对谨慎的操作思路，在品种选择上大幅度降低债券投资力度，加大存款的配置力度。下半年，宏观调控压力有所减弱，基本面保持相对平稳，在市场收益率水平总体较低的情况下，公司将配置重点转向具有更高收益率的企业债一级市场和创新类固定收益产品等，有效地提升了组合YTM水平。

2007年，债券市场受宏观经济及货币政策等因素的冲击不断，上半年公司判断宏观经济存在过热风险，货币政策紧缩压力较大。在投资策略上采取了相对谨慎的操作思路，缩短配置久期，调整资产结构，保持欠配策略，有效规避利率风险。下半年公司判断宏观经济仍会在高位保持快速增长，CPI涨幅有望继续上升或保持高位，央行可能再度出台上调存款准备金率和加息等紧缩措施，中长期品种绝对收益率投资价值逐步显现，在投资策略上开始逐步加大配置力度，配置高票息长期国债、优质企业债和公司债，提高配置组合YTM。

2008年，债券市场经历了快速上涨、快速下跌和再度大幅上涨三个阶段，公司从年初开始制定并坚决执行大幅超配的投资策略，前三个季度抓住市场收益率较高的机会，加大中长期高收益债券的配置力度。第四季度，在宏观经济加速下行和央行连续降息的刺激下，债券市场收益率快速下降，公司将配置重点转向收益率还在高位的银行存款，在较短的时间内新增存款超过100亿元，并持续加大超配力度，投资杠杆规模在较长时间内维持在400亿元以上，最高时超过500亿元，抓住了债券牛市行情。

2009年，债券市场呈现大幅下跌走势，公司上半年坚决减仓保住成果，下半年收益率回升时大幅缩小欠配。年初，公司对2008年底大幅超配的仓位进行了坚决减仓，仓位由2008年年底的大幅超配转变为欠配。下半年，宏观经济复苏态势确立，公司及时调整投资策略，逐步加大配置力度，降低欠配规模。同时，根据各品种、期限投资价值以及保险资金配置需求的把握，精选投资品种，使公司固定收益资产的YTM得到稳步提升。

2010年，债券市场呈现出先震荡上涨后快速回调的走势，公司敏锐把握配置节奏，适时调整配置策略。上半年选择合适时机加大配置力度，第三季度基于市场已处于高位的审慎判断逐步减持部分债券，第四季度由于通胀大幅超预期和央行连续上调存款准备金率市场快速回调，公司进一步放缓了配置节奏，固定收益配置转为欠配。11月中旬开始，央行加息等紧缩措施带动债券中长端收益率快速上行，债券配置价值逐渐开始显现，公司开始逐步加大配置力度，提高仓位。

（二）权益投资

2004年，上证综指全年下跌15.2%。面对不利的市场环境，公司及时调整权益资产结构，加大开放式基金的配置比例，减持封闭式基金，全年保持投资收益持续增长，在权益投资上没有出现亏损。

2005年，股票市场经历了自2001年下跌以来最为严峻的考验，上证综指跌破1 000点，创出五年来的新低，公司准确判断市场走势，4月底5月初股权分置改革启动，公司采取非常谨慎的策略，控制建仓规模，规避了市场风险。下半年市场逐步企稳并有所反弹。公司判断许多品种已经进入战略建仓区域，开始逐步加大建仓力度，在年底的上升行情中取得了良好的投资收益。

2006年，股票市场在国内宏观经济向好和境外市场的影响下一路上扬，走出大牛市行情。公司判断市场反转趋势确立，大幅提高权益投资仓位，低位战略性建仓，全年公司一直将权益投资仓位维持在较高水平，从而为取得良好的投资收益奠定了基础。与此同时，进行类别资产优化配置及投资品种的优化选择。

2007年，股票市场继续延续2006年以来的牛市行情，但震荡幅度明显加大。年初，公司判断牛市格局将继续，将权益投资仓位保持在上限。5月中旬，市场泡沫化趋势加重，宏观经济出现了由过快转向偏热的苗头，公司判断市场风险加大，为提高安全边际，积极参与风险较低的一级市场投资，逐步减少二级市场持仓，有效降低投资风险。九月份以后，市场风险进一步加大，权益投资仓位逐步下调，规避了市场第四季度调整的风险。

2008年，在外部环境恶化及国内经济放缓的背景下，市场由牛转熊，开始大幅调整，全年上证综指比年初下跌65.39%。面对股市的深幅下跌，公司果断决策，迅速大幅度地降低仓位，权益投资由年初的较高仓位降至年底的6.64%，较大程度上规避了市场下跌引发的系统性风险。与此同时，在市场超跌时及时回补仓位，在利好政策带动的反弹行情中快速售出，成功进行波段操作。

2009年，由于宏观经济快速反转，信贷投放迅猛，市场流动性非常充裕，股票市场出现了快速、大幅度的上涨，公司迅速调整投资策略，将仓位提升至行业平均水平，权益仓位快速提升至14%左右，加仓幅度在保险同业中最大，充分分享了股票市场大幅上涨带来的收益。下半年，股票市场大幅波动，公司适时调整策略，及时在3 000点之上兑现了部分收益，并将投资组合适度调向防御，提前布局消费行业，从而在市场下跌中保住了胜利果实。

2010年，公司对市场的整体判断为中性，从年初即开始大幅减仓以应对可能出现的调整，在四月份地产调控政策出台前后，面对严峻的形势，公司再度快速减仓，以较轻的仓位面对随后的大跌。随着第二季度市场快速下跌，市场系统性风险较大程度得到释放，公司在市场回落至2 500点之后开始大幅度加仓，在低风险区域回补了仓位。第三季度末第四季度初，公司再度大幅加仓，并在随后的上涨行情中获得了超额收益。

案例7-5-1　留得青山在，不怕没柴烧，泰康2004年权益投资无亏损

投资是门遗憾的艺术，成功的路上总是充满了坎坷。关键在于我们能否在坎坷中学到经验，从而正确地前行，离成功的方式更近一些。

宏观、政策、资金，集体在2004年进行了一场酣畅而极端的表演。站在

1 497点的起点，有著名机构预测上证指数站上3 000点，复苏乃至沸腾的经济燃起了牛市的希望之火，让人憧憬无限。同在这一年，为遏制经济过热而突然启动的宏观调控让股票市场的上涨戛然而止，股票市场从上涨18.74%逆行下跌18.95%，回复到熊市的狰狞。

这一年，作为资本市场的重要机构投资者的保险公司（多数保险资产管理公司还未成立），和广大投资人一样，随市场的跌宕起伏经历着悲喜，以欢喜开场，以遗憾结束。对泰康投资团队来说，那一年同样经历了喜悲。

一、第一阶段：顺风顺水，天时地利

2004年开年，股市弥漫着春天的气息。宏观经济快速运行在2003年以来的经济复苏轨道上。上市公司业绩同比增长29.3%，部分上游投资品行业的上市公司利润更是出现爆发式增长。经济基本面的强劲让股票市场从2003年10月起一反历史上年底行情弱的规律，在钢铁、水泥等“五朵金花”的带动下开始持续反弹。进入2004年，市场上涨势头不减。2月1日，国务院发布《关于推进资本市场改革开放和稳定发展的若干意见》（简称“国九条”），将证券市场的发展提高到前所未有的高度，对股票市场呵护之意明显，无疑给不断升温的股市又添了一把干柴。长达一年半的熊市气息在市场中彻底消散，投资者信心满满，牛市在召唤。

由于在2003年下半年泰康人寿坚定采用“金字塔式”加仓策略，成功在底部加仓并拥有了足够的低成本仓位，因此，2003年10月底之后的快速反弹让泰康的权益投资处于非常有利的地位，盈利状况非常好。

仓位有利，结构更有利。2003年底泰康权益投资团队做出了一个具有决定意义的策略选择。年度策略中他们写道，“封闭式基金折价率不断扩大，由于流动性缺失、净值增长能力相对开放式基金差，折价率存在继续扩大的风险。因此，2004年基金投资继续保持开放式基金为主、封闭式基金为辅的资产结构。封闭式基金中重点选择到期时间短，且净值增长能力相对较好、折价率相对较高的品种进行重点投资。”正是由于非常准确地判断到了开放式基金相对于封闭式基金的比较优势，从2003年下半年一直到2004年，泰康资产的基金投资始终保持了开放式基金70%、封闭式基金30%的资产结构。这样的资产结构在当时近乎全部以封闭式基金为主的保险行业中是非常另类的。正是这与众不同让泰康资产在2004年市场转入下跌之后有了相对更多的生存空间。

开局对于泰康人寿来说，顺风顺水。对于这家正以每年100%以上的速度超速增长的公司来说，一边是源源不断的保费，另一边是不断增值的投资收益，可谓天时地利。公司的利润预算不断向上修正，超额完成利润目标几乎是板上钉钉的事情。

二、第二阶段：风云突变，错失良机

在所有人眼皮底下，2004年初市场节节创新高，股市的“财富效应”和通货膨胀导致的银行存款实际“负利率”状况，让资金源源不断地“搬家”进入股市。几天前，海富通基金管理公司发行的一只名为“海富通收益”的新基金，发行募集规模破天荒地突破100亿元大关，达到130.73亿元。受市场做多的热情感染，泰康投资团队召开月度投资计划会议，大家一致对股票市场看好，集体做出加仓的决定。

但是，3月中旬公布的1～2月的宏观经济数据却让泰康人寿的权益投资团队嗅到了些许危险的味道。1～2月固定资产投资增速达到47.8%，城镇固定资产投资增速更是达到53.5%，投资增速创历史新高。经济明显过热，这让主管权益投资的泰康人寿资产管理中心副总经理的邢怡忧心忡忡。得知数据的当天，她立即召集团队紧急开会。紧急会议上大家的意见分歧严重，但当时没能做出即刻减仓的决定。这让泰康权益投资团队后来遗憾许久。

很快，政府开始对过热的经济实施“急刹车”。密集而严厉的宏观调控措施陆续出台，让整个市场始料未及，股票市场开始急坠直下。从4月7日起，上证综指从最高1 768点开始连续下跌，至9月13日最低1 259点，跌幅近30%，为近年来最大的波段下跌。

下跌开始不久，邢怡就意识到，一向谨慎的自己这次却过于乐观，导致投资错过了最佳减仓时机。邢怡打电话去向当时身在瑞士丰泰学习的资产管理中心总经理段国圣汇报，告知投资状况及所处的不利局面。

电话那头，段国圣神情严峻，但并未多言，只是在电话的最后指示邢怡把后面的投资充分考虑并安排好。依照多年的合作经验，段国圣知道，此时的支持和鼓励比责备更重要也更有效。随后，投资团队召开了投资决策会议。会议重新讨论了宏观调控对市场的影响，确认市场转势，做出了快速减仓的决定。会后，邢怡再次打电话向段国圣做了请示和汇报，段国圣批准了减仓的决策。

三、第三阶段：稳扎稳打，绝地反击

减仓决策被批准后，泰康人寿开始快速且大幅度减仓，平均减仓成本1 600点，有效控制了此后公司在权益投资上的风险暴露。随后市场继续快速下挫，8月份之后，市场跌破1 400点，泰康人寿改变了投资策略。由于持续快速的下跌，市场估值水平迅速下降，同时，市场跌幅达到20%，做空的能量也得到了较充分的宣泄，因此，泰康人寿转而开始小幅加仓，不跌不加，越跌越加，并在市场跌破1 300点之后加快了减仓节奏和力度。

机会总是留给有准备的人。很快，监管部门再度政策救市。9月14日，在政府"抓紧落实《国九条》"的政策刺激之下，市场快速反弹，之后9个交易日从最低1 260点反弹至近1 500点。"9·14"行情的来临，让泰康人寿成功反击，完成了下跌以来一次重要而漂亮的波段操作。抓住这次反弹，泰康人寿在1 400点之上开始再度减仓近20%，将前期加仓的低成本筹码悉数抛出，实现了收益，摊低了持仓成本。此后，市场再度下挫，口号式的救市救得了一时，救不了市场的根本颓势，市场一路下跌到年底，以全年最低点收盘，并创出历史新低。在2004年最后的三个月，泰康人寿都按兵不动，直至年底市场再度跌穿1 300点之后，才又再度开始加仓。

2004年最终以下跌18.95%收盘，从最高点算，年度最大跌幅达到30%。在2003年底，在市场上涨的凯歌中，许多人猜到了开始，但完全没有预见最终的结局。

2004年，对于泰康权益投资团队来说充满着遗憾，尽管在当时的资产规模下基金投资的盈利一度较高，最终由于没有及时出货，这些收益又尽数退回。但是由于前期布局合理，后期应对得当，在市场上许多机构投资者身陷大幅亏损之时，泰康人寿的权益投资最终得以全身而退，避免了当年权益投资出现亏损。

这个业绩在当时已属非常突出和不易。为了避免重蹈覆辙，2004年下半年，泰康开始开发MVPCT系统，力图从更加全面和客观的角度评价和看待市场。这个系统此后不断修改和完善，并在泰康后续的权益投资中发挥了越来越大的作用。2007年底，当市场又一次站在历史高点上时，依赖MVPCT系统对市场的客观评判，泰康资产快速果断减仓，让牛市的成果落袋为安。福祸相依，2004年的遗憾在一定程度上成就了泰康在迄今最大的牛市中赚得盆满钵满。

2004 年，对于泰康权益投资团队来说同样充满挑战。错失最佳建仓时机后的压力，所有的当事人都记忆犹新。压力曾让邢怡这位身经百战的投资人发起高烧，并在高烧中碰翻暖瓶，严重烫伤了脚，后来的很多决策都是在脚伤未愈、一瘸一拐的状况下做出的；压力曾让段国圣这位泰康资产管理的领军人物，在市场不断创出新低时心急如焚，对下属却又必须不动声色，这煎熬只有段国圣自己心里才明白。事后，他经常开玩笑地说“市场创出最低点时，我正在丽江开保监会的会议。心情难以言表。”

2004 年对于泰康人寿权益投资团队来说，留下了许多经验。事后总结，2004 年之所以在陷入被动之后，尚能得以保全本金，关键之处有二：

一是正确的战略布局。一方面，2003 年底权益建仓早、建仓快，建仓成本控制良好，另一方面，大类资产的战略配置方向正确，以开放式基金为主、封闭式基金为辅的资产结构让资产的抗风险能力明显增强（2004 年，封闭式基金平均下跌 16.04%，开放式基金平均下跌 1.68%，结构分化显著）。这些奠定了 2004 年泰康投资业绩相对表现优秀的根本，也是后期能够沉着应对的重要基础。

二是在陷入被动之后，稳健沉着。一方面及时纠正错误，快速减仓，控制风险，另一方面，积极应对，通过积极而稳健的波段操作减少了投资损失，摊低成本；同时在品种选择上不断优化，当年净值增长优异的品种，如嘉实增长、易方达平稳、易方达策略等都是泰康持仓的主力品种，即便是平均跌幅较大的封闭式基金，由于泰康重点投资有封转开题材的小型封闭式基金，也获得了明显优于市场平均水平的投资表现。

段国圣事后表示，“1 783 点泰康没有抛，但 1 600 点我们抛了，不是我看到指数会跌到 1 300 点，当时我看不到，以为到 1 500 点就是底部。为什么我在1 600点敢抛呢，因为我们知道我们的成本，在 1 600 点还有赚头。虽然少赚一点，但还是得到了绝对正收益。留得青山在，不怕没柴烧。”

在理性的投资逻辑下，泰康在 2004 年下半年市场哀鸿一片中终究成功脱险。正是由于保存了实力，才使得泰康投资团队能够在市场继续下挫之后，能够轻装上阵，再度从容建仓。较低的建仓成本为 2005 年的投资操作赢得了主动。

四、公司创新

创新就是率先模仿，这是整个泰康15年发展的重要经验。我们要率先找最好的葫芦画瓢，国际上被证明是成功的商业思想、商业模式同样也能在中国落地，这是商业规律所决定的。在现阶段的中国，借鉴国际先进经验加以本土化的过程就是创新，这一经验同样适用于我们的泰康资产的业务发展。

自成立以来，泰康资产在以下多个方面取得创新：

（一）传统投资创新

2009年11月，公司获得中国保监会信用风险管理能力备案，成为首批获此资质的四家保险资产管理机构之一，也是首批获得保险业内无担保债投资资格的公司。

（二）另类投资创新

1. “泰康—开泰铁路债权计划”

泰康资产作为第一批基础设施间接股权投资4家试点单位之一，2007年3月，公司获批设立100亿元规模的“泰康—开泰铁路债权计划”，在数十家保险机构的踊跃认购下成功完成发行工作，并已于2010年4月底到期清算。“泰康—开泰铁路债权计划”是保监会颁布《保险资金间接投资基础设施项目试点管理办法》后，第一个正式签约运作的保险资金间接投资基础设施项目，也是目前业内唯一一单走完全部存续期的基础设施投资计划，意义重大。

各家均积极向保监会提交债权计划项目，意欲争得债权试点头筹。泰康的铁路债权计划与保监会力推的沪深高铁计划有相关联点。该项目也是泰康资产首次尝试以路演形式向各保险机构进行推介。路演在上海、北京、杭州分别进行。同时，该产品是泰康资产首个以“开泰”命名产品，之后的产品继承了该传统。

2009年，公司也在行业内首批通过了中国保监会“债权投资计划产品创新能力”验收。

2. “京沪高铁股权投资计划”

泰康资产CEO段国圣作为初期项目负责人，牵头十几家保险公司与铁道部进行谈判，最终确立以平安资产为委托管理人、8 家保险机构联合出资 160 亿元、作为京沪高铁公司第二大股东的投资方案。2008 年 6 月 20 日，中国保监会批复泰康资产等 4 家保险机构共同发起设立的“京沪高铁股权投资计划”，总共募集资金 160 亿元人民币，入股京沪高速铁路股份有限公司，其中，泰康资产受泰康人寿委托投资 30 亿元，占保险团队出资总额的 18.7%，充分体现了泰康雄厚的投资实力、多元化的投资策略，并对公司的未来发展具有深远意义。

京沪高铁股权投资计划不仅是中国保险业界首次以大规模高层次合作的全新方式一致对外展开投资，更是中国保险财团在全球金融危机的大背景下，响应国家和社会号召，充分发挥其资金和管理优势，推动经济复苏的重要平台。

3. “泰康之家养老社区投资”

泰康资产发起的养老社区投资，借鉴了美国宾州柳树谷（Willow Valley）社区、凤凰城的太阳城（Sun city）社区、华盛顿艾瑞克森（Erickson）社区等一批一流养老社区的投资经验。保险公司是美国养老社区发行债券或者 REITs 的主要投资者之一，比较典型的案例有美国最大的寿险公司 Met life 与全美最大的养老服务运营公司 Sunrise 于 2005 年展开合作。

2009 年，泰康的养老社区业务实现了突破：由泰康资产发起的泰康养老社区股权投资计划政策试点于 2009 年 11 月 19 日得到保监会正式批文，取得了中国保险行业第一个养老社区投资试点资格。项目得到保监会、北京市和各级领导的认可和支持，作为北京市重点项目被列入北京市养老设施专项规划。可以说，这是具有全国性示范意义的创新试点。今后泰康的发展模式将视做全国连锁的养老社区，让泰康养老社区像泰康的保险产品一样，惠及更多的国人，为更多的家庭带来幸福快乐。

4. 不动产投资

正是由于提前看到不动产投资在平滑利润的作用，具备物业升值、租赁、折旧等隐性利润，2006 年 11 月，泰康资产积极推进以办公自用形式购买北京泰康国际大厦、泰康金融大厦的项目，合理配置集团资产，与国寿同时点在金融街购入不动产。目前，正积极准备向保监会申请不动产投资能力备案。

5. 理财产品创新

2007 年，中国保监会为了拓宽中小保险公司资金运用渠道，提高投资收益水平，允许保险资产管理公司开发面向业内机构销售的开放式投资产品。

泰康资产根据自身在权益、固定收益资产间具有的较强配置优势，开发了“开泰—稳健增值投资产品”，本产品权益配置比例类似于保险资金配置比例，也是业内唯一一只投资二级股票市场的保险资产管理产品。产品自2007年10月26日经中国保监会批准正式设立运行至今，已服务于业内30余家保险公司，为客户创造了良好收益，也收获了极佳的品牌效应。

五、公司资产管理的亮点

（一）传统投资领域收益率水平领先行业

泰康资产始终秉承“稳健进取、规范运作”的理念，审时度势，在深入分析、透彻把握宏观经济形势和资本市场变化的基础上，耐受了资本市场跌宕起伏的长期考验，向全部委托人交出满意的答卷。无论是母公司泰康人寿一般账户还是投连账户，无论是企业年金账户还是第三方受托理财业务，泰康资产始终保持优异的投资业绩。

2004年，泰康人寿委托资产投资收益率4.29%，成为行业内权益投资没有亏损的公司。2005年，泰康人寿委托资产投资收益率达到5.36%。2006年，泰康人寿委托资产实现投资收益率9.19%，超过行业平均水平。2007年大牛市行情中，泰康人寿委托资产以22.97%的投资收益率再攀高峰，超越行业平均水平10个百分点以上。2008年，面对金融危机下资本市场的持续下跌，泰康资产积极稳健的投资策略带来了更加突出的投资业绩，全年泰康人寿一般账户实现投资收益率8.63%，高出行业平均水平6个百分点。2009年泰康资产审时度势，把握宏观经济V形反转带来的投资机遇，年化总投资收益率9.65%（不含投连，如含投连则更高），超出行业平均水平3个百分点，投资业绩在行业内继续名列前茅。2010年，面对风云突变的资本市场，泰康人寿委托资产投资收益率5.95%，投资业绩在行业内继续名列前茅。

表7-5-4　　2003—2010年泰康人寿一般账户总收益率　　单位:%

年份	2003	2004	2005	2006	2007	2008	2009	2010
总投资收益率	4.57	4.29	5.36	9.19	22.97	8.63	9.65	5.95

（二）企业年金专题

在陈东升董事长高瞻远瞩和精心谋划下，泰康资产前身——资产管理中心得以较早地介入了养老金性质的受托资金管理业务，积累了丰富的养老金管理经验，为泰康资产今后进军企业年金市场奠定基础。

2006 年 2 月，泰康资产管理有限责任公司正式挂牌成立。很快，2007 年 8 月 22 日，企业年金管理机构扩容工作终于启动。在陈东升董事长的亲自领导下，泰康系此次意图取得第二批企业年金基金投资管理人、法人受托机构、账户管理人 3 项资格（原泰康人寿资格转给泰康养老），实现在保险行业内企业年金全牌照的业务发展架构。

但是这一次，泰康要想从强手如林的竞争对手中突围，难度非比寻常。与公众和媒体熟知的基金和券商相比，泰康资产品牌知名度稍逊一筹。2007 年 8 月，公司刚刚挂牌成立 1 年多，优秀的投资业绩仅在保险业内有一定知名度，在更广泛的金融行业及社会上并未获得足够的被重视和认可程度。再者，资源稀缺造成本次竞争格外激烈。劳动和社会保障部事前通告指出，第二批年金管理资格认定将从严控制数量，四类机构资格总计发放 20 个名额。而本次年金“选秀”中，共有 95 个申请机构提出了 134 个资格申请，最为夸张的是投资管理人资格申请中，超过 56 家机构投资者参与角逐 6 个名额。

泰康资产不得不背水一战。由于泰康养老在法人受托资格上获得政策性鼓励支持，转受泰康人寿账户管理人资格也事先取得监管认可，此番可谓胸有成竹。一旦泰康资产无法顺利取得投资管理人资格，将影响泰康系三位一体的年金业务战略布局。这个局面是整个泰康上上下下，谁都不想看到的。

在极为被动的情况下，泰康兵分二路，冲刺三张牌照。一方面以董事长陈东升为首，泰康资产 CEO 段国圣、时任泰康养老董事长马云等人组成项目领导小组，全力主攻外部沟通；另一方面，泰康资产首席分析师张敬国带头，抽调公司投资、运管、IT、客服等相关 19 名业务骨干，组建年金专项工作组，按照劳动和社会保障部的要求完成年金专岗人员配备、信息系统流程、投资风险控制等前期技术准备，并起草申报材料。

与劳动部官员并无特殊深交的泰康高管们，频频地跑动保监会、劳动和社会保障部基金监督司，各种渠道、各种场合充分展示泰康资产优秀的投资业绩，恨不得身上长了无数嘴。泰康资产 CEO 段国圣至今犹记得，在一个周末，打听到劳动和社会保障部主要领导正在香山附近开内部会议，陈东升和几位泰康高管不请自去，在会场外苦等了若干小时，直到深夜。泰康的诚意和敬业追求，最终打动了劳动和社会保障部相关领导，项目小组得到一个面对面的沟通机会，向领导们翔实汇报了泰康的历年投资业绩和已开展养老保险的运作情况。

精诚所至，金石为开。最终，劳动部公告批准了6家投资管理人。其中，5个中选者，与市场预估一致；泰康资产则是黑马跃出，凭借自身实力击败其他50家机构，如愿以偿地争取到了1张通行证。

三年来，在公司上下齐心协力下，泰康资产始终坚持投资为本，为客户创造长期持续价值的理念，企业年金基金管理规模取得了快速发展，为金融、电力、能源、铁路等行业的众多企业提供了投资管理服务。截至2010年12月31日，泰康资产企业年金中标规模超过120亿元，服务单一客户超过90家，业务新增规模2009年、2010年位列市场前三位，在第二批6家取得企业年金投资管理资格的机构中名列第一位。尽管经历了2008年、2009年和2010年上半年资本市场大幅震荡，期间内仍为委托人实现了优异的投资业绩。截至2010年12月31日，泰康资产管理的单一企业年金计划有70个，规模为93.77亿元。2008年、2009年、2010年公司所管理年金基金按资产加权年平均收益率15.03%。

2011年1月11日下午，山西某矿业集团企业年金理事会理事长访问泰康资产，对公司在该企业年金计划投资运作期间一贯的优异表现表示感谢，并向陈东升董事长赠送一座奖杯，称赞泰康资产是“可信赖的资产管理公司”。作为公司重要单一年金项目之一，截至2010年12月31日，泰康资产所管理的该矿业集团企业年金资产规模近3亿元，累计收益率达到34.96%，连续三年在八家投资管理人中名列第一。

出于对泰康资产卓越的投资业绩和专业客服能力的欣赏，潞安矿业向区域内一家大型焦煤上市公司主动地推荐了泰康资产。经过一段时间投资运作，泰康资产所管理的该焦煤企业年金基金同样取得了不俗的业绩。为此，2011年1月，该焦煤客户也特意向泰康资产赠送一座红牛木雕以示鼓励。

（三）理财产品专题——开泰稳健增值

2007年，中国保监会为了拓宽中小保险公司资金运用渠道，提高投资收益水平，允许保险资产管理公司开发面向业内机构销售的开放式投资产品。

泰康资产根据自身在权益、固定收益资产间具有的较强配置优势，开发了“开泰—稳健增值投资产品”，本产品权益配置比例类似于保险资金配置比例，也是业内唯一一只投资二级股票市场的保险资产管理产品。产品自2007年10月26日经中国保监会批准正式设立运行至今，客户数累计已达到46个，为客户创造了良好收益，也收获了极佳的品牌效应。

（四）产品业绩表现

开泰—稳健增值投资产品自运作后，净值信息每日公布于公司网站上。

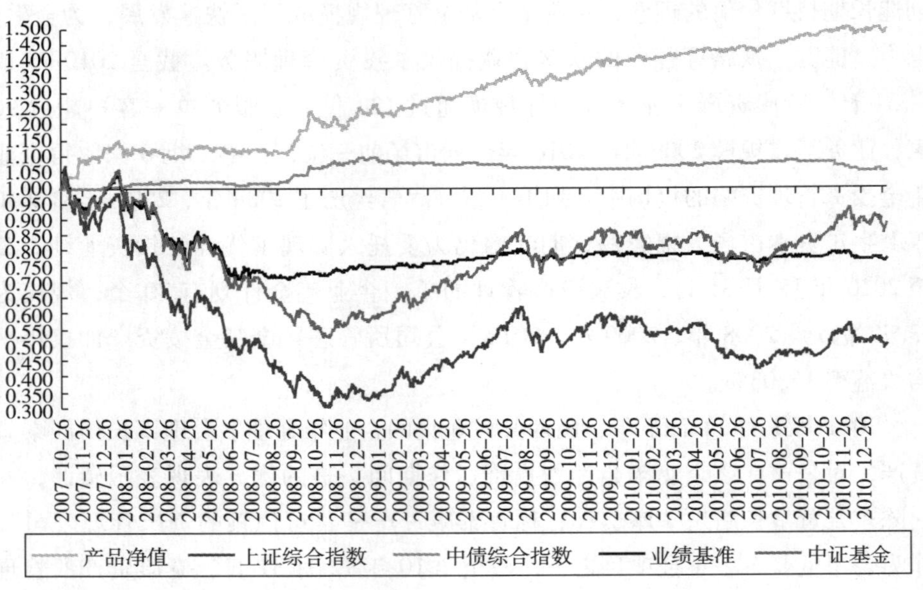

注：①目前本产品业绩比较基准为：15% ×沪深300指数收益率+85% ×中债综合指数收益率；

②上证基金指数：样本是所有在上海证券交易所上市的证券投资基金；

③中证基金指数：指中证开放式基金指数，其样本由当前市场上的所有开放式基金（不包括货币型和保本型）组成。

资料来源：Wind资讯，泰康资产公司网站。

图7－5－4　开泰—稳健增值投资产品累计份额净值增长率与同期业绩比较基准收益率的历史走势图（2007年10月26日至2010年12月31日）

从图7－5－4中可以看出，自开泰—稳健产品设立日至2010年12月31日，产品净值累计增长49.25%，对比之下，同期业绩比较基准下跌23.06%，上证指数下跌 49.76%，上证基金指数下跌 2.15%，中证基金指数下跌 11.65%。公司切实做到了为客户资产保值增值，坚持了保险投资稳健高效的风格，充分体现了泰康资产的领先投资实力。

产品成立以来每年均实现了正收益，且每年均取得了超过业绩比较基准的超额收益，产品各年度净值增长率数据见表 7-5-5。在取得稳健收益的目标下，产品同时通过严格的风险控制抵御市场波动。产品 2010 年净值年化波动率仅为 2.98%，远低于市场同期业绩比较基准年化波动率 3.82%，较好地印证了产品中低风险、中高收益的产品特征。

表 7-5-5　产品份额净值增长率与同期业绩比较基准收益率的比较　　单位：%

阶段	份额净值增长率①	业绩比较基准收益率②	超额收益率①—②
2007-10-26 至 2007-12-31	12.50	-0.20	12.70
2008-01-01 至 2008-12-31	9.49	-28.91	38.40
2009-01-01 至 2009-12-31	13.62	11.91	1.71
2010-01-01 至 2010-12-31	6.63	-2.32	8.95

1. 产品为客户创造的价值

（1）产品规模与客户情况简述

从产品设立至 2010 年 12 月 31 日，有 30 家左右保险公司客户开立了本产品的交易账户并进行了交易业务。产品从设立以来，客户数量和产品规模稳步增长。随着泰康资产产品品牌的逐步建立，进入 2010 年以后产品规模开始

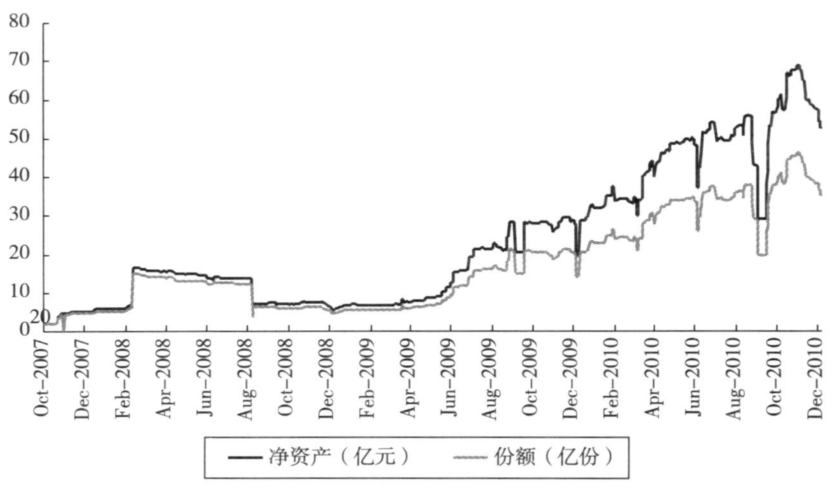

图 7-5-5　开泰—稳健增值投资产品份额和净资产规模走势图

（2007 年 10 月 26 日至 2010 年 12 月 31 日）

直线上升，截至2010年12月31日，本产品净资产规模已达到52.92亿元。

（2）产品为客户创造的价值

本产品自成立以来业绩优异，每年产品净值均实现了稳定正增长，较好地满足了保险公司客户低风险偏好的投资需求。行业内30家左右中小保险公司通过投资于本产品，累计均取得了较高的正收益，尤其是几家从产品设立以来就一直持有本产品的保险公司客户更是在三年的时间内就实现了近50%的投资收益率水平，远远超过了同期业绩比较基准收益率水平，并超过了同期保险行业平均收益率水平。

在与保险公司客户长期合作过程中，通过定期与不定期地与客户通过电话、邮件、会议、培训等形式沟通产品投资策略和资本市场看法，促进了泰康资产与保险同业更多地沟通资金运用以及投资方面的专业知识和工作方法，加深了与众多中小保险公司的相互了解，不仅为保险行业兄弟公司传递了很多泰康资产的投资理念和投资方法，也使得泰康资产肩负了更大的责任与压力，对自身的投资水平提出更高的要求。泰康资产将尽最大努力提高投资业绩，确保实现客户资产的稳健增值。

领导访谈7-5-1

下一个十年是资产管理行业的黄金十年
保持一颗追求卓越的心

——专访泰康资产首席执行官段国圣

段国圣：博士。曾先后在美国林肯国民、特拉华基金公司及瑞士丰泰接受系统培训，先后在江汉石油学院、平安保险公司任职。2003年1月加盟泰康，现任泰康人寿保险股份有限公司首席投资官、副总裁，泰康资产管理有限责任公司首席执行官，京沪高铁股份有限公司监事会副主席。首批获得证券分析、证券承销、证券交易等证券从业资格，持有香港第四类和第九类证券从业牌照，具有10年以上保险投资管理经验，在系统规划、投资策略、组织管理及财务分析等方面有丰富的经验，是中国保险业偿付能力监管标准委员会第一届、第二届委员。曾任平安博士后工作站指导专家。在平安投资管理中心及泰康资产工作期间均取得优异的投资业绩。

泰康资产的办公场所坐落在复兴门内大街上。从首席执行官段国圣的办公室窗口望出去，楼下是西长安街上的车水马龙，正对面恰好是央行金色大楼，风景极妙，风水极佳。

作为泰康资产CEO，他有着很欢乐的一面。一方面，他喜爱红色，因为红色象征欢乐、激情和胜利，更是股市上涨的代名词。所以，段国圣常年穿着红色袜子。另一方面，他充满活力，讲话时手势千变万化，每逢兴奋时刻，他总会提高音量、睁大眼睛、摊开两手作争辩状，而后笑得十分亲切灿烂。

与爽快的个性一致，他是一个形式感淡泊的领导，甚至让人讶然于如此亲和朴素。无须前呼后拥，无须繁文缛节，不要歌功颂德，不要被简单屈从。平时，只要不做空中飞人，他每天准时7点半进入办公室，和普通员工一样通过人脸识别机打卡，精神抖擞地旁听业务晨会、月度报告分析会，经常很可能在某个会议上和普通研究员辩论得十分激烈。重大决策时刻，他经常亲自上阵，曾经每天连续工作十多个小时，通宵召集核心团队开会，并亲自前往上海企业年金过渡计划招标现场述标。

他坦承，对自己一生影响最大的人不是什么巴菲特一样的投资大师，而是一起每天共事的团队。在泰康资产，他认识全部的200多名员工。这里的每一个人，包括前台、司机和刚刚毕业的校园新鲜人，都是他亲自面试录用的。因为随和有趣，段国圣在公司里也拥有众多粉丝。工作之外，大家喜欢跟他聊天交流，“跟领导聊天特别容易解压、得到鼓舞”，甚至感情上、生活上的难题也会拿出来分享。

一、保持一颗追求卓越的心

“本质上，我是一个争强好胜的人，喜欢折腾。”段国圣的开场白让人吓了一跳。他快活地摸摸脑门：“嗯，不是好斗逞强，准确点说，是在工作上追求卓越，不甘于平庸。”

在江汉石油学院教了8年数学后，1995年段国圣投身保险行业，在平安从事精算工作。“学数学的，做精算很对口。如果不做投资，现在的我也应该是个精算师了吧。”命运从来不会轻易按照人的意愿行驶。平安很快撤销了精算部，于是段国圣随原部门领导动迁去了电脑部，然后再到财务部、董办、发展改革中心，最后去了投资管理中心，经历了很多个部门。除了财务部，每一步都是服从公司战略安排的需要。

在平安董办期间，段国圣担任董事长马明哲的业务秘书之一，主要对口财务和投资部门，逐渐熟悉了具体投资业务。顺其自然地，1997—1999年他出任了平安发展改革中心核心项目人员，担纲投资业务麦肯锡变革。伴随着麦肯锡项目取得成功，他的能力得到了集团高层普遍认同，并被公司送往美国林肯国民公司学习投资，而后受命组建平安投资管理中心，担任副总经理、助理首席投资官，主持日常管理工作。

回忆起这段经历，段国圣非常感谢当年平安投资团队的同事。“他们是非常专业的投资人，坚持的是科学决策、规范运作的路线，套利而不是投机，不走野路子。”这一点让初涉投资管理的他受益良多，在投资路线上一直坚持稳健规范的投资管理，坚守投资活动的道德底线，也因此没有昙花一现，终于成为今天的首席执行官。

在平安期间，段国圣与同事们相处融洽，并率先建立起业内领先的投资管理机制，简要归纳为“三个层面”和“五个特点”。三个层面是指战略性资产分配（SAA）、战术性资产分配（TAA）和证券选择（SS），五个特点是资金优势、集团资金的统一运用、先进的资产负债匹配管理、严密的风险管控、较强的专业人才队伍。在他主持投资管理中心工作期间，平安不仅在业内首家开展协议存款、率先将集团资金集中运用管理，其领先的债券投资管理及优异的基金投资业绩也在业内取得良好口碑。

不可否认，段国圣对于优秀投研人才录用标准，基本上在平安期间初步形成了理论。2002年，平安投资管理中心已建立了40余人的专业投资队伍，绝大部分为硕士以上学历，从业经验丰富，并且培育了良好的国际交流合作网络。

总结个人在职业发展上的经验，段国圣有几点心得。一是洞察力强，善于发现问题；二是心胸开放，善于学习他人优点；三是善于发现优秀人才；四是与最大的领导者沟通顺畅，比如平安董事长马明哲和泰康董事长陈东升；五是敢于为自己的团队争取利益；六是与监管机构、合作机构的沟通效果良好。其实，他还有一个最大的优点，就是财智，这才是一个成功的投资家必备的基本素质。当然，运气也很重要，他在金融业大发展之初进入了资产管理这个朝阳行业，参与平安麦肯锡项目相当于提前进入了高级决策者角色，极大地提高了自身战略思考能力。

二、开拓创新，拼命三郎

2003年1月，经过一番深思熟虑，段国圣去职平安，出任泰康人寿助理总裁兼资产管理中心CEO。对于这次转换跑道，他胸有成竹，数学家的缜密思维再一次显示威力。应该说，平安和泰康不仅在股权结构、运作模式上最为相似，董事长马明哲和陈东升也有着相同的话语权和影响力；在同等的企业文化中，个人能力和才干可以带来正面积极回报。当然，泰康的优点还在于，规模尚小，大有可为。在就任前，他与今后关系纠葛可能最深的泰康人寿董事长陈东升、时任泰康资产管理中心CEO任道德、COO刘挺军分别做了一次深入谈话，由此判断泰康这个团队可以合作，于是欣然接受了委任状，并从平安投资团队中带来了得力助手邢怡，负责权益投资。

2003年，接手任道德建立的良好管理基础，段国圣对泰康资产管理中心从组织架构、作业流程、人力资源配置、IT系统建设等方面进行了一系列大刀阔斧的改革和调整，其中最显著的就是完善了投资决策模式和组织结构，将研究人员充实到投资部门，实现"投资研究一体化"，从而强化了集体决策，充分发挥团队投资能力和保持理性。这一年，泰康也开始为股票投资做部署准备，每一位基金研究员都兼任股票研究员，按照行业进行分工，致力于积累行业和股票研究经验。

市场的校验总是来得特别快。2004年，资本市场从上涨18.74%转为下跌18.95%，恢复到熊市的狰狞，全保险行业的权益投资几乎尽数亏损，在泰康投资团队科学决策和正确判断下，公司大类资产配置正确，以开放式基金为主、封闭式基金为辅的资产结构让抗风险能力明显增强，泰康当年权益投资没有出现亏损。事后看，不投机、不贪婪的投资理念是胜利果实的关键。

初战告捷，扬眉吐气。2005年，保险业迎来A股开闸。3月8日，泰康资产管理中心顺利完成直接投资国内A股市场的第一单，包括中兴通讯、盐田港、长江电力在内的5只股票成为泰康人寿进军国内A股市场的首批交易对象。10月，泰康人寿获保监会批准筹备资产管理公司。2006年1月24日，保监会正式批准泰康资产开业。3月23日，泰康资产正式挂牌营业，成为第二批保监会批准成立的专业保险资产管理公司中，第一家正式挂牌开业、首家引入独立董事的资产管理公司，也是泰康人寿的第一家完全控股的子公司。

至此，段国圣完成了自己在职业生涯上的一次重大提升，就任泰康资产首席执行官。此后，他依然马不停蹄，热衷于取得各类保险投资资格和牌照，并积极参与保险业重大创新业务。

迄今为止，泰康资产首批取得第三方资产管理业务资格和人民币利率互换业务资格，首批开展专户资产管理业务，并首批受聘成为中债收益率曲线与债券估值特聘成员，首批获得业内无担保债券投资资格。公司是保险业内第一批基础设施项目投资试点单位，成功发行第一个正式签约运作的保险资金间接投资基础设施项目“泰康—开泰铁路债权计划”，取得中国保监会批准的第一个养老社区投资资格。

2006 年是保险业另类投资的起点，基础设施债权投资计划和京沪高铁股权投资在这一年并驾试点筹备。8 月，段国圣被保监会委任为保险业京沪高铁股权投资工作小组负责人，牵头十几家保险公司与铁道部进行可行性阶段谈判。这个项目最终成为保险业界首次以大规模高层次合作的全新资金运作案例。也正是由于与铁道部门的良好互动，2007 年，泰康资产铁路债权计划在 4 家试点单位中率先落地，镌刻在行业发展创新的里程碑上。

由于错失了第一次企业年金基金管理人选秀，2007 年在泰康人寿董事长陈东升的大力支持下，段国圣率领团队从超过 56 家机构投资者的激烈竞争中争取到了投资管理人资格。截至 2010 年 12 月 31 日，泰康资产企业年金中标规模超过 120 亿元，业务新增规模 2009 年、2010 年位列市场前三位，在第二批 6 家取得企业年金投资管理资格的机构中名列第一位。

作为一个不断追求卓越、始终开拓创新的人，段国圣身上体现了刻苦的工作作风和强悍的管理意志，首先是对自己的高标准要求，其次才是对投资团队的严格要求。一位曾经担任其京沪高铁项目助手的同事回忆时说，“段总简直不知道疲倦，白天在公司忙投资和管理，晚上到京沪高铁项目组来开会，还要协调铁道部和其他同业公司，每天工作十几个小时以上。当年我才毕业 3 年，跟着他干活压力很大，但是事后发现特别有收获。”

拼命三郎也不是没有遗憾。2007—2008 年，泰康人寿委托泰康资产开展入股联想控股的相关调研及谈判。项目整整为期两年，期间经历 4 轮谈判，获得财政部豁免股权挂牌；两次续签合作协议，获得联想分红回报和回购保障条款；受到保监会大力支持，获得国务院原则性同意保险资金直接开展国有大中型企业股权投资。随着2008年底金融危机加深，出于对保险资金投资的谨慎，泰康与联想最终友好分手，双方中止了此项交易。段国圣事后回顾时，仍觉得十分惋惜，不过作为经验启发，泰康资产随后立即扩充了专业团队来筹备PE股权投资。

对于事业上的力争上游、不知疲倦，段国圣自有一番评价。"我是一个偏执于要做出一番业绩的人，努力工作、取得成绩、获得认可是最好的方式。"泰康人寿和陈东升为他创造了一个良好的平台，能够做想做的事情。

如今，段国圣脑子里还酝酿计划着好几件大事。比如惦记着即将放行的保险资金不动产和PE投资资格、保险系基金公司牌照，筹谋着泰康资产香港公司的发展、如何更好借鉴国内外同业公司经验，也更渴望在资金募集、产品发售中与基金公司一较长短。他的确是个不知疲倦、永不懈怠的投资人。

三、力争上游，业绩卓越

财经媒体给了段国圣一个外号"保险业的王亚伟"。褒奖的理由基于泰康资产旗下的一款投连险，8年业绩涨了12倍，媲美王亚伟所执掌的华夏大盘基金。

严格来说，这个类比不太准确，段国圣本人并不是基金经理，他是管理基金经理和基金公司（资产管理公司）的人。他之所以被资产管理业界推崇，更主要的是在他的领导下，泰康资产耐受了资本市场跌宕起伏的长期考验，无论是母公司泰康人寿一般账户还是投连账户，无论是企业年金账户还是第三方受托理财业务，始终保持优异的投资业绩。

以母公司受托资产管理为例。2004年，泰康人寿委托资产投资收益率4.29%，当年权益投资无亏损。2005年，泰康人寿委托资产投资收益率达到5.36%。2006年，泰康人寿委托资产实现投资收益率9.19%，超过行业平均水平。2007年大牛市行情中，泰康人寿委托资产以22.97%的投资收益率再攀高峰，超越行业平均水平10个百分点以上。2008年，面对金融危机下资本市场的持续下跌，泰康资产积极稳健的投资策略带来了更加突出的投资业绩，全年泰康人寿一般账户实现投资收益率8.63%。2009年泰康资

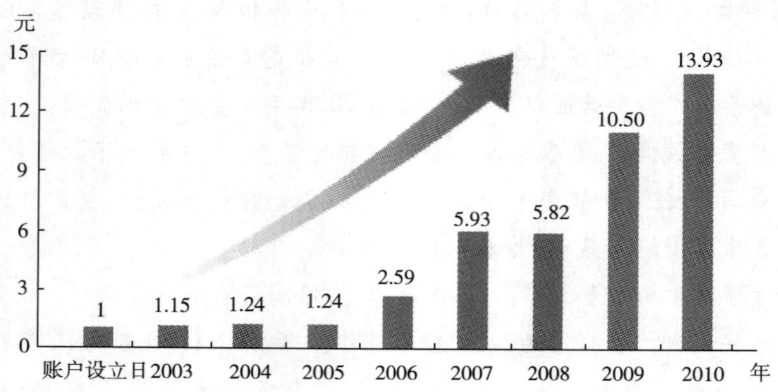

图1 泰康进取型账户历史最高净值

产审时度势，把握宏观经济V形反转带来的投资机遇，年化总投资收益率9.65%（不含投连，如含投连则更高），超出行业平均水平3个百分点。2010年，面对风云突变的资本市场，泰康人寿委托资产投资收益率5.95%，投资业绩在行业内继续名列前茅。

在公司强大的投资管理能力下，泰康资产管理的投连账户每年都至少有一只在保险行业内排名第一，而绝大多数情况下投资业绩排名都在TOP 25%，保持了可持续的优秀投资业绩。截至2010年12月31日，泰康资产参与的42个具有可比性的多投资管理人年金计划中，35个账户投资业绩排名第一，2个账户排名第二，3个账户排名第三。

追求卓越之心，突出地显现在段国圣对投资业务的持续进取上。即便取得了如此优异的成绩，他并不简单地满足于过去。段国圣在公司大大小小的会议上反复灌输一个理论，"泰康资产要坚持做市场上业绩最好、最稳健的公司，要做创新能力最强的公司。"为此，他要求公司中高层必须紧紧跟随公司的发展步伐，不断适应新业务新战略的发展；不惜重金聘请国际著名的咨询公司来为公司把脉，猎挖市场上最优秀人才加盟。

换句话来说，段国圣的立志远大，比较容易忘记过去的辉煌成绩，而惦记着当前和未来的发展。他的目光不止于保险业内，很在意泰康资产在更广阔的金融行业内是否具备竞争力，要和基金比，要和券商比，要和国内外的投资同行比。

比如，进取型账户2010年投资业绩虽然在保险业继续领先，但没有能够超越公募基金最好成绩，他在意；泰康资产企业年金管理得好，但市场份额还无法与平安养老等抗衡，他在意；在混业经营的金融趋势下，泰康资产怎么发展、怎么管理，怎么走出去，他在意；香港子公司能不能和高盛、摩根斯坦利一样，他在意；在中国人均GDP从3 000美元提高到7 000美元的过程中，泰康资产能否更深入地参与到国民财富爆发性增长的黄金十年，分享财富盛宴，他着着实实地很在意。

正是由于一贯的进取表现，段国圣被推荐为中国保险业偿付能力监管标准委员会第一届、第二届委员。

四、取法乎上，可得其上

段国圣一度很想写本书，写写自己琢磨的一套投资哲学。后来放弃了，因为市面上类似的东西太多。不过，他对自己管理保险资产管理公司的经验始终非常自信。

投资是追求真理，市场永远是正确的。泰康资产别无选择。面对不断变化的市场和环境，泰康必须以稳健、谨慎，又要兼顾积极进取的投资策略出现在市场。

就泰康资产而言，段国圣把公司的核心竞争力归结为五个要素：理念、投研体系、人才、业绩考核和激励，这是公司取得良好收益的重要保证。

“保险资产管理公司和基金、券商、信托等不同的是，当市场大幅下跌的时候，仅仅战胜市场是不够的，我们必须考虑保底收益和相对收益的两项要求。”他认为，泰康资产取得优秀投资业绩的关键，在于良好地解决了保险资产管理公司对绝对收益和相对收益的价值参照标准。别的公司没有解决的重大困惑，段国圣和他的团队想明白了。

执掌泰康资产以来，他倡导“以公司价值最大化为核心、以受托资产业绩为最重要目标”的管理理念，通过确立科学的决策指标体系、搭建全面高效的决策信息评估系统、应用多种量化分析工具及模型、设立公司投资决策的核心机构，最终建立起分级授权、分层决策、控制严密、灵活高效的投资决策机制，在实战中发挥了巨大正效应。

人才是泰康资产最宝贵的财富。他始终坚持聘用最优秀的人才，特别是投研团队，注重招聘行业内明星投资经理、成熟投研人员，并将视野从国内扩展到海外。举例来说，2005年，段国圣从央行货币政策司挖来了北大经济博士张敬国，担任首席分析师。2008年，又从华安基金挖来了老部下、明星基金经理袁蓓，负责企业年金基金的投资管理。从实际使用效果来说，张敬国的加入让泰康资产对宏观经济研究能力大幅提升，而袁蓓执掌的年金投资部门，在单一年金账户的多个投资管理人中长期排名领先。

他对优秀人才的看法是，前中后岗位适合不同的性格类型，或偏执、或活跃、或严谨，但希望其尽可能地与公司文化契合，在工作上必须不断追求卓越、作风踏实。某种意义上，他倾向于选用名校毕业生和高考成绩优异者，在公司内部不断打造“追求卓越、尊重专业、透明高效、不断学习、平等交流”的人才价值观。截至2010年底，泰康投资人员平均从业年限7.3年，在基金、资产管理公司行业中仅次于华夏基金。泰康资产吸引优秀人才机制，最近几年也在影响整个泰康系统。

业绩是立身之本。对段国圣来说，泰康资产只有华山一条路，必须向前。“股东和客户看的是公司的未来，不会停留在过去的成绩上。”业绩不好，泰康资产不仅在市场上不能生存，也会拖累整个泰康体系的发展步伐。为了长期保持领先的业绩优势，泰康资产每年都对基金经理和研究员区分出绩效优秀、良好、合格、待改进等层级，合理拉开差距，给予队伍适当压力和动力。公司绩效管理体系通过多年运行，已经积累丰富的经验。2009年年度工作总结会议上，他当着全体员工的面直言不讳，公司的绩效文化一定是以市场最大价值为基础，谁的业绩好，谁就是英雄。

考核之后必然是激励，留住优秀人才。多数的保险系资产管理公司，薪酬与基金、券商、银行存在差异，这也变相导致了优秀投资人员的流失，进而导致业绩的日趋平庸。作为一个始终追求卓越的管理者，段国圣清醒地看到了这一点，也看到了基金公司在人才领域对泰康资产的激烈竞争。

为了保有最优秀的人才，他自觉地养成了一个习惯，从平安时期一直延续至今：那就是不遗余力地为泰康资产整个团队争取利益，不遗余力地为投资团队争取利益。这种关怀，可以看做“爱惜下属”，可以看做是身为CEO的管理责任，更加可以看做是他对公司利益最大化的维护，“一定是多方参与者都有利益，公司发展才能长久。”

在他的争取下，泰康资产的薪酬在整个保险资产管理行业处于较高水平。如果与基金公司比较，核心岗位薪酬排名有一定竞争力，一般岗位排名不低于TOP 50%水平。公司对于基金经理和研究员，严格将薪资水平和年终奖金与业绩紧密挂钩，体现结果导向，并在医疗、教育培训等方面，为优秀基金经理和研究员，提供适当的福利倾斜。

令段国圣十分感激的是，他的努力得到了泰康人寿董事长陈东升的大力支持。在超过八年的亲密合作中，陈东升不仅认同了段国圣的投资理念和管理举措，也充分理解了保留优秀人才对投资业绩的重要意义，更在多次的公开演讲中表示："自2003年以来，泰康资产已经成为泰康人寿的核心竞争能力中最重要的一部分。这个优秀集体的优秀文化，实际上也在持续影响着整个泰康人寿的文化体系。"成立至今，泰康资产每年都被评为泰康人寿全系统优秀部门，员工多人次获得董事长嘉奖。

［第六章］

新华资产

新华资产管理股份有限公司2006年4月由新华人寿发起成立，并于2006年5月获保监会批准开业，2006年7月获北京市工商行政管理局颁发营业执照正式成立。公司的前身是新华人寿保险公司投资管理中心。

新华资产管理公司成立之初即遭遇母公司新华人寿的治理结构风波。2009年底汇金入股新华人寿，2010年初具有丰富资产管理行业经验的新经营管理班子进入新华资产管理公司，公司的经营管理翻开了崭新的一页。

一、2010年之前新华资产管理公司的基本情况

（一）受托资产规模状况

在新华人寿的不懈努力下，2004—2009年新华资产管理公司受托资产呈快速增长态势，期末受托资产管理资产规模增速分别为53.0%、47.1%、44.4%、19.0%和31.6%。5年间受托资产规模增长了5.1倍，年平均增速达到38.5%。

表7-6-1　　2004—2009年新华资产受托资产情况　　单位：亿元

年份	期末受托资产余额	平均资金运用规模
2004	337.25	270.67
2005	516.15	419.27
2006	759.4	606.3
2007	1 096.4	812.3
2008	1 304.7	1 253.6
2009	1 717.3	1 515.1

（二）资产配置结构

新华资产管理公司在资产配置方面总体上遵循寿险行业“资产负债匹配”的原则，将大部分的受托资金配置在固定收益类资产上。

2006—2009 年，固定收益率资产（包括定期存款、国债、金融债和企业债）的配置比例分别为 95.3%、67.9%、111.2% 和 91.4%，除了 2007 年略低之外，其余均在 90% 以上。将大部分资产配置在固定收益率类资产上，可以从总体上保证受托资产投资收益率的相对稳定。

在固定收益类资产内部，定期存款、国债、金融债和企业债的配置相对稳定，变化不大。其中，定期存款大致在 15% 上下，国债配置 20% ~30%，金融债在 15% ~35%，企业债在 20% ~30%。最近几年，我国债券市场结构变化明显，企业债、公司债的上市数量逐渐增大。由于企业债、公司债的收益率水平较高，公司在风险评估的基础上加大了对企业债和公司债的配置。

2006—2009 年这 4 年间，基于市场状况和投资策略的不同，权益类资产占比在 4% ~15% 波动，比例分别为 16.3%、35.5%、3.8% 和 13.2%。2007 年权益类资产配置比例较高，主要原因是股票市场大幅上涨（上证指数年上涨 96.66%），权益类资产配置被动大幅提高。

表 7－6－2　2006—2009 年新华资产公司资产配置情况　单位：万元

资产分布	2006 年	2007 年	2008 年	2009 年
活期存款	790 346	131 311	95 943	97 744
买入返售	0	200 063	0	41 105
固定收益	7 233 707	7 447 076	14 510 095	15 696 937
权益投资	1 234 986	3 894 092	490 578	2 271 317
其他	23 741	25 946	17 969	291 130
回购	－1 688 497	－734 578	－2 067 572	－1 224 984

（三）投资业绩

新华资产管理公司正式成立之前，由于投资渠道和入市比例受到限制（2005 年之前保险资金不能直接进入股市，2005 年 3 月新华资产获得入市资格但是入市资金比例很小），加上股票市场处于熊市、市场投资机会不多，造成投资收益率相对不高。2004 年公司投资收益率为 2.7%，2005 年为 4.47%。

2006年新华资产管理公司正式成立后，各项投资制度逐步建立和完善，投资经验逐渐丰富，投资渠道也逐步放宽，投资收益水平也相应提高。2006—2009年，新华资产年平均投资收益率达到8.09%，较2006年以前有较大幅度提高。

尤为突出的是，新华人寿“创世之约”投连产品的投资绩效处于较高水平。新华人寿“创世之约”投连产品2000年6月30日成立时单位净值为1元，到2009年年底时净值达到8.17元，净值累计增长7.17倍。而同期上证指数收益率为69.97%，第一只开放式基金华安创新累计净值增长率为258%，同期封闭式基金净值增长率平均为161%，“创世之约”投资收益大幅超越市场基准，在2007年和2008年在同业相类似的20只可比产品中投资收益率连续2年排名第一。

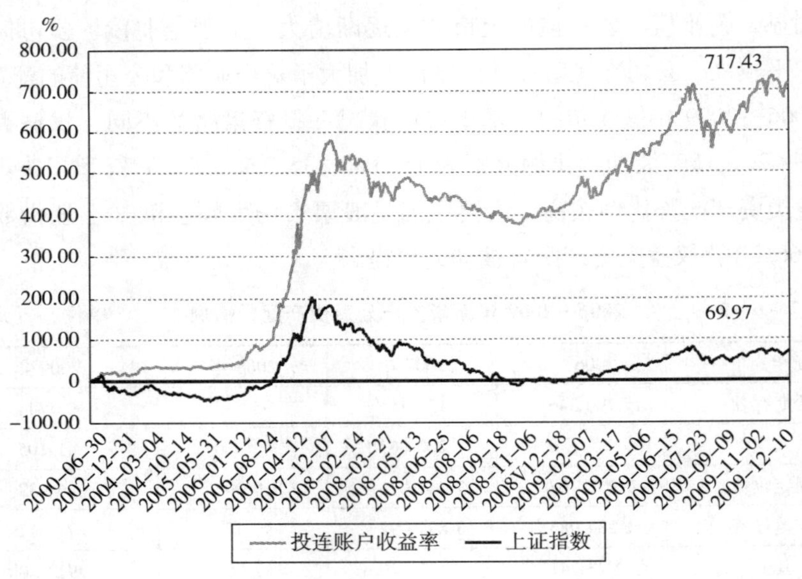

图7-6-1 投连产品世纪之约净值变动情况

二、2010年以来新华资产管理公司的新变化

（一）新经营班子带来的新变化

2010年新华资产管理公司的领导班子进行了重大调整，原景顺长城基金管理公司董事长徐英、博时基金管理公司副总经理李全空降到新华资产公司

分别任副董事长和总裁。2010 年在新班子的领导下，公司重新理顺了投资思路，变革了原有的管理机制，经营面貌焕然一新，投资业绩迅速提升。

1. 新班子确立了新的工作思路

新管理层上任之后，确定新华资产的第一要务是发展，围绕发展要旨，由此形成 2010 年指导思想：围绕董事会确定的战略方向和经营要求，摒弃一切观望、保守求稳和消极等待的心态，按照“顺机制、破瓶颈、打基础、谋发展”的工作思路，进一步完善公司治理结构，建立专业化的投资管理体系，加大创新业务推进力度，提升中后台能力建设，防范各类风险，提升资产配置的效率，全力保障委托人投资目标的实现，不断提升公司核心竞争力，在控制风险的前提下，管理好委托人新华人寿的资产。

在确定指导思想的同时，公司将提升投研水平和完善投资管理体系作为重中之重的工作。一方面优化投资管理架构、加强投研队伍建设，充分尊重和有效发挥投资一线专业人员在投资管理中的重要作用，摒弃行政管理对投资的干扰。与此同时，积极引进具有较高市场价值的投资专业人才。另一方面逐步对存量资产结构进行调整和优化。经过近一年的不懈努力，公司取得了较好的经营成果。

2. 2010 年新班子主要的工作举措

第一，围绕投资能力提升，加强队伍建设和管理创新。

顺应经营管理要求，完善组织架构体系。为充分体现投资文化，进一步梳理与整合了组织架构体系。细分投研部门的设置，以实现专业化分工的目的；中后台相对集中化管理，以降低管理成本和沟通成本，整合资源，以提高服务于投资的效率和能力。

加强团队能力建设，从人才与机制上保障投资能力提升。通过引进外脑与加强内部人才培训相结合的方式，使公司初步形成了一支具有潜力的互补型的人才队伍。建立能者上、庸者下、平者让的人才管理理念，引进股票投资部、信息管理部的部门总经理；内部提拔研究部总经理；同时，针对部门管理需要，对部门所设副职进行了梳理。在组织架构体系明确的基础上，进一步明确部门职能及岗位设置，突出投资文化的基础上，为强化中后台的支持能力建设奠定了基础。

实行管理方法创新，从管理上保障投资能力提升。在公司实行研究人员实盘操作机制，定期考核，成效显著，是将研究成果直接转化为投资成果的有效试验田，同时，为公司培养投资人才的提供机制保障。

优化投资决策流程，从机制上保障投资能力提升。成立新的投资决策委员会和风险管理委员会，基本完成投资决策委员会议事规则、完成风险管理委员会工作规则。为进一步完善决策体系奠定基础。

第二，以董事会精神为指导，配合完善公司治理机制。

配合加强组织建设，为公司治理结构完善提供了组织保障。根据完善治理机制的要求，以最快的速度组建了公司高管团队，形成管理、专业能力兼备的互补的、复合型的高管人才队伍。除10月份董事会审议通过的财务负责人、审计责任人之外，其他所有高管职位均获得了保监会的批复同意，进入正常履职阶段，为公司合规经营奠定了基础性保障。

配合规范治理环境，配合完善基础性制度建设。完成董事会、监事会、三个专业委员会（董事会战略投资委员会、提名薪酬委员会和审计与风险委员会）议事规则；完成公司薪酬管理原则、高管薪酬管理办法、高管绩效考核管理办法、董事监事报酬及绩效考核管理办法、董监事报酬标准，完成员工薪酬管理办法、员工绩效考核管理办法等基本管理制度。

注重董事会的沟通，基本形成积极的沟通与协调机制，为公司良性发展奠定基础。形成定期向董事会及董事长办公会报告的工作机制，形成与董事会专业委员会共同探讨公司发展模式的良性工作机制，为公司统一思想、明确方向奠定了基础，确保公司经营决策和管理的合规化和科学化。

加强与监管机构的沟通，及时掌握行业发展动态，为公司确立发展目标、确定发展步伐提供有益的信息支持。根据监管规定及时向保监会提出资格类的请示及报备；按照保监会的要求，全年所有信息均能按时按质完成；积极主动与监管机构就行业发展方向方面进行探讨。一年以来，经过努力，改善了监管机构的互动模式，逐步进入正常的沟通阶段。

第三，围绕风险管控，加强风险能力提升。

制度更加完善，风险管理体系建设得到加强。制定公司问责制度、信用风险预案、股票账户备案及行为管理制度，梳理公司基本制度目录，建立一级合规考试题库。

引进关键人才，团队建设加强。从外部引进首席风控官及市场风险评估关键人才，进一步增强风控专业性、科学性和权威性。

管控更加全面，风控更加严密。进一步强化操作风险和内审工作；继续加强市场风险管理，逐步完善和实施对投资业务的支持作用；制定系列信用评级管理相关制度，初步搭建信用评级方法体系和框架，开始增强信用风险管理。

第四，围绕基础能力提升，加强中后台管理。

加强信息系统建设。推进 IA 系统、OA 系统和信用评估系统建设，成效显著。

加强集中交易管理。实行跨部门头寸管理，在风险控制基础上，交易降低成本；探索新交易模式，提升交易技能；尝试对市场趋势研究，增强研究对投资决策的参考作用。

加强运营集中管理。进一步强化账户、银行间后台操作、交易系统账户设置、证券管理等职能的管理，进一步提升运营保障能力。

加强提升公司执行力。加强动态经营跟踪与业绩评估力度，完善以业绩为导向的绩效考核机制；加大督办工作力度，逐步提高公司各层级的执行力度，积极倡导与强化执行力文化。

（二）2010 年投资的主脉络

2010 年年初，公司作出了“2010 年发达经济体复苏乏力，国内经济增速前高后低，下半年通胀上升，宏观紧缩压力加大”的判断，并作出了 2010 年组合配置结构总体偏谨慎的基本配置思路。这一配置思路，基本符合市场变化特点，也为 2010 年取得相对乐观的总体投资业绩提供了基本保障。

在权益类投资中，始终基于前瞻性市场判断动态调整配置策略的思路，是在市场结构发生很大变化情况下，仍持续获取超额收益的关键。而在债券策略上，通过把握好资产分类，持续以点配置方式优先配置高收益品种，抓住市场高点果断出售可供出售类债券，积极把握转债投资机会，保障了 2010 年以来的投资节奏，能够跟上市场变化的步伐。

权益类资产投资策略。年初时，判断股票市场将承受宏观经济增速逐季放缓、同时流动性不断收紧的双重压力而处于弱势，因此权益类投资采取了中性偏低的配置，在结构上提高了消费类、防御类以及战略新兴类行业的配置，降低了周期性行业的配置。特别是 4 月份国家出台房地产调控新政后，果断大幅降低了房地产、金融行业的配置，避免了进一步的损失。

下半年，随着经济增速阶段性企稳，以及上半年跌幅较深的周期类股票估值优势凸显，特别是美国实施的 QE2 带来全球流动性充裕，股票市场有望出现阶段性上涨。因此在操作上采取了中性偏上的仓位，并始终坚持与国家扩大内需和经济转型政策相合适的新兴产业、消费、医药的投资方向。同时增加了煤炭、有色等资源类行业的配置，取得了较好的收益。

这种基于前瞻性的市场判断和动态调整配置策略思路，贯穿了 2010 年的整个操作过程。

固定收益类投资策略。基于年初判断通胀压力下半年开始显现，紧缩预期下半年上升，对固定收益类资产的配置在策略上坚持三个原则：

一是把握好资产分类，尽量避免未来加息之后市值下跌带来较大损失。上半年主要将新增保费资金配置在长期持有类别中，低配或欠配可供出售类债券，第三季度之前可供出售类始终保持在较低水平。

二是坚持优先配置收益率高品种。实际操作中，首先是配置收益率明显超出当期债券的银行协议存款和高收益率的企业债，其次是金融债，最后才考虑国债。截至 12 月末定期存款从年初的 183 亿元大幅增加到 558 亿元，而且协议存款中有很大一部分是浮息存款，以此有效应对未来加息压力。

三是抓住卖点，对于浮盈率较高且到期收益率已经缺乏配置吸引力的存量可供出售债，择机逐步卖出。6～8 月债券市场持续创出新高，我司持续卖出可供出售类债券，降低可供出售类配置比例，获取了较好收益。第三季度后随着债券到期收益率水平上升，我司又开始在市场低吸，在控制久期的前提下，逐渐增持可供出售的配置比例，以达到投资指引的要求。对于可供出售类债券的配置原则是尽量选择收益率较高的品种，以提高安全边际，规避市场波动的风险。

另外，2010 年下半年，随着股票市场强劲上涨，我们抓住了与之相关联的转债投资机会，积极参与中行和工行两只银行转债的申购并在二级市场逢低买入，取得了较好的投资收益。

（三）2010 年公司投资亮点

1. 投资操作灵活有效

权益类资产投资操作。2010 年 1～4 月，股票市场处于高位窄幅震荡阶段。我司将仓位从年初的 12.85% 的中性仓位降低到 11.67% 的中性偏低仓位。在行业配置上，开始有步骤地卖出钢铁、化工、有色等强周期类股票，增加医药、机械、商贸等防御类股票。这种降仓位、减周期、加防御的总量和结构调整，使得我司在日后的市场调整中处于主动地位。4～6月份市场单边下跌阶段，我司继续小幅降低仓位，权益类资产的配置比例从3月底的11.67%降低到6月底的10.24%。在行业配置上，继续贯彻第一季度的策略，降低金融、有色等周期类行业的配置，增加医药、机械和商贸等防御性行业的比例。上述配置策略使得我司在市场剧烈调整中获得了较好的收益。7～11月份市场震荡反弹阶段，提高权益类资产的配置比例，从10.24%提高到13.59%。在行业选择上，适当提高了有色、采掘等资源类行业的配置比例，对于医药、商贸等防御类股票进行了适当减持，取得了较好的效果。

固定收益类资产投资操作。2010年将“协议存款”作为突破口进行重点配置，一方面在年初资金泛滥，债券市场整体内在收益率下压的不利环境下，配置“协议存款”，可获得高息的绝对回报；另一方面，协议存款5年期限，属于久期较短品种，在配置战略布局上是很好的防御态势。截至12月末，公司年内新增协议存款共381亿元。公司针对可供出售债，运用了符合市场发展规律的投资策略，在债券“筑顶”阶段大量抛售长久期的品种并利用市场下跌在市场中逐步吸纳短久期的品种，达到寿险“下限标准”的同时，有效规避了市场风险。短期投资方面也体现出较高水平，在获得较高绝对收益率的同时，大幅度超越业绩基准。

2. 选股能力和个券操作把握精准

权益类投资中，行业配置与选股能力突出，重仓股的命中率比较高。2010年行业配置的准确率高达65%，在20只大股票中只有4只出现亏损，准确率达到80%；进入上市公司前十大股东的股票共有55只，共盈利17亿元，亏损股票为13只，正确率为76%。

固定收益率投资中，短期投资和个券操作能力突出。2010年中债综合全价指数为108.64点，较年初下跌0.53%；新华资产公司的短期投资组合相对收益率为16.51%（单位净值法），超额收益率为17.03%。2010年我司在中行转债和工行转债操作时点的把握上，表现尤为突出。

3. 各项经营目标圆满完成

2010年，围绕董事会确定的战略方向和经营要求，公司不断建立和完善专业化的投资管理体系，提升资产配置的效率，全年投资业绩表现优异：

截至2010年底，按投资指引确定的MD方式可用资金规模为2 146.32亿元，全口径收益达到100.56亿元，全口径投资收益率为4.69%。

受托资产非投连账户损益项下收益率大幅度超越公司经营目标，损益口径收益达到97.08亿元，损益口径投资收益率为4.52%，超越业绩基准4%达0.52个百分点。

各类资产配置增加。权益类方面，股票和基金分别净买入120.97亿元和33.33亿元。固定收益类方面，定期存款增加配置402.4亿元、债券净买入283.67亿元。

品种选择方面也卓有成效，固定收益类坚持把握定期存款和优质长债的配置机会，以锁定收益，同时根据市场形势变化积极把握短期投资机会；权益类也根据市场形势变化，不断优化品种结构，其中股票组合结构调整成效尤为显著，二级市场股票组合超额收益率达到15.85个百分点。

投连账户则有效把握了市场机会，业绩稳步提升，第四季度以来一直稳居前列。

表7－6－3　　2010年非投连账户投资收益情况　　单位：万元

项目		累计				
		已实现收益	计入损益	损益口径	计入权益	全口径
权益类	基金	80 220	－13 398	66 822	5 233	72 055
	股票	62 859	－29 415	33 443	106 777	140 220
	权益类小计	143 078	－42 813	100 265	112 010	212 275
固定收益	债券类	735 003	5 472	740 475	－70 493	669 982
	存款类	177 950	0	177 950	0	177 950
	固定类小计	912 954	5 472	918 425	－70 493	847 932
其他投资		9 533	0	9 533	－6 657	2 876
税费成本		－57 460	0	－57 460	0	－57 459.87
总计		1 008 105	－37 341	970 764	34 860	1 005 623

注：其他投资损益包括汇兑损益、买入返售证券收益、减值损失、手续费返还、违约金收入以及可供出售转持有到期留下的资本公积摊销等。

4. 未来更美好

2010年新领导班子上任后，新华资产公司在制度建设、运行管理、风险控制等诸多方面进行了大刀阔斧的改革，投研力量得到加强，投资收益也大幅提高。但是新华资产的努力并不止于此，新华资产已将未来的目标愿景定位为“中国最优秀的资产管理公司之一”。

为了这一美好愿景，我们一方面将打造核心竞争力。即通过专业化、市场化手段，打造人才、流程两方面核心竞争力，实现风险调整后净投资收益的最大化。为此，我们将建立国际先进的资产负债和投资管理流程，优化资产管理与保险权责，使之成为国际最佳实践在中国同业中的标杆。通过吸引、培养、保留最优秀的人才来构筑专业的投资能力。另一方面，我们将建立差异化市场定位。即通过与保险渠道的合作，抢占先进的、创新的零售资产管理产品领域，建立资产管理中差异化的市场定位。为此，我们将提升服务水平，丰富服务种类，为委托客户提供最高质量的服务。前期以机构客户为主，拓展第三方业务，建立优秀的业绩。后期逐步有机地结合保险的渠道优势和资产的产品优势，抢占创新的零售资产管理产品领域，建立资产管理中差异化的市场定位。

在具体实施步骤上，我们将在2011—2013年，以夯实核心业务基础为主要目标，开拓新业务，通过在市场发行以有价证券组合为主的投资理财产品，适度引入第三方资产业务以提升自身专业能力，为保险公司提供更为优秀的资产管理服务。同时，将利用股东与海外优势，伺机引入国际性合作伙伴，提高业务水平服务新华人寿。将建立内部基建投资团队，开展以债权投资计划为主的基建投资。将建立内部团队，开展不动产及相关金融产品投资业务，并适度进行联合投资。将建立内部团队，开展以LP为主的方式投资PE；将与GP建立关系，适度进行联合直投。

在2013—2015年，在具备优秀的投资能力、多元的投资渠道和坚实的后台支持的基础上，积极在市场上与同业展开竞争，拓展第三方资产管理业务，真正将资产管理建成新华的“第二个轮子”，建成“中国最优秀的资产管理平台”。在此期间，我们将着力引入国内其他资产公司和主权基金、社保基金等国内机构投资者资产，拓展第三方海外投资业务、打造清晰的海外品牌。伴随着监管的进一步开放，逐步从债权投资向更广泛的投资产品拓展。伴随着监管的进一步明晰和开放，逐步向更广泛的不动产相关金融产品拓展。将建立更为均衡的直接投资与间接投资组合，打造市场化团队，并伺机寻求机会。

总体来看，新华资产将拓展业务结构，改变目前完全以传统业务为主（主要为固定收益类和权益投资类）、基本没有海外投资业务的投资业务结构，使海外、基础设施、不动产、私募股权等业务资产进入投资组合，为公司投资业务贡献更多的收益。

三、新华资产管理公司2010年经营管理变革纪实

2006年春季末，新华人寿正式向中国保险监督管理委员会（以下简称保监会）申请将其旗下的投资管理中心成立为全国首批独立保险资产管理公司之一。5月18日正式获得批复。

当年下半年，新华人寿账外资产问题暴露（关国亮事件），保监会检查组进驻新华资产进行调查。此时，公司里人心惶惶，7个部门的32位员工的个人发展都陷入了泥沼中。就这样，新华资产的高管不确定，仅能非正规地运行着，也就是在如此逆境中，经历了2007年的股市泡沫，2008年的“百年一遇”的全球金融危机，2009年股市领跑全球经济恢复，硬着头皮往前进，虽然实现了投连险三年来两年全行业第一的佳绩，但公司的问题也日积月累，越积越多，尤其是受“关国亮事件”影响，公司业务发展受到严重干扰，也因此，才会有如今“空降”的新班子。经历了那么多，每位员工自然会对他们寄予积淀已久的厚重期望。

新班子陆续到位后，就马上开始了解公司的经营管理状况，通过各种渠道，深入地了解并掌握现存的诸多历史问题，经过一番挖掘，大体上可概要为四个方面：（1）公司治理不规范，专业机构角色未能有效发挥；（2）作为公司核心的整体投资管理机制不科学，相应人才队伍建设和管理也有明显漏洞；（3）在保险资产管理行业中占重要地位的风险管理系统不完善，机制不到位，信用风险能力严重落后于同业；（4）公司文化、信息技术、运营保障体系、薪酬体系、绩效体系及风控体系等基础能力严重不足，无法支持公司持续发展，还缺乏明确的战略定位。因此，才会造成投资业绩连续几年落后于行业平均水平。

摸清了情况，新班子就立即展开行动，为上任以来的首次董事会、监事会及多个专业委员会上将讨论的各项重大议题进行准备。员工们也怀着对公司未来的憧憬，一遍遍地细心检查会议材料，只求三天大会能顺利进行。可是，或许是由于仍处于观察期，尽管新班子表达了将在下半年以“顺机制、破瓶颈、打基础、谋发展”工作思路针对四大块问题“对症下药”，董事们似乎仍然无法完全放下心来。其实，领导们的动机都是一致的，都是希望新华资产尽快从困境中走出，“空降兵”们也非常清楚，而且知道只有通过切实行

动做出更好的业绩才是根本，才能有尊严。

首先，新班子决定要稳住军心，整装队伍，于是在董事会结束的周末就带领公司员工来到北京郊区参加室外拓展培训，一方面让员工们在大自然中放松，另一方面则增强团队的凝聚力。接着，在6月初的司庆上，四月才到的总经理李全首次面向全公司发言，代表新班子指明新方向之余，还通过分享自己22年来在金融行业第一线打拼的成长经历来介绍新的工作思路，希望能够带领大家一起用心、用力地为公司作贡献，号召大家一起相信未来，一起创造未来。

尽管新班子在塑造公司文化的工作上还算顺利，但在总体经营上，由于公司财务预算一直未能通过董事会，迟迟未能觅到合适的投资总监。可是，“金钱无眠”，业务不会停，这时曾经管理过前中后台的李全，毅然挑起这份担子，开始日夜熟悉各投资业务部门的运作情况及风格。然而，股市是如此残酷地动荡着，似乎是希望刻意给新班子一个“下马威”似的，就在投资队伍还在适应新的领导风格时，公司的全口径收益出现负收益水平，情况可谓异常严峻。不过，新班子深知要想将这条大船引领回正规航线上，就得要心态好，沉得住气，一方面平和又灵活地应对市场形势，另一方面积极实施各项改革。

首先，以董事会精神指引大方向，解决公司治理机构不规范，专业机构角色未能有效发挥的问题：（1）正式申请并获得保监会对高管团队的批复；（2）公司各个层面的人员，包括董事会、监事会、三个专业委员会、高管及员工的各项运作及考核激励机制都着实落地；（3）配合市场化的企业文化，建立起更具时效性的多层面沟通机制，公司内部添加董事长办公会与总裁办公会，并定期召开会议商议重要经营管理事项，公司外部则更积极地改善与监管机构间的互动模式，形成“内外呼应，上下一条心”的高效经营管理机制。

其次，一切围绕提升投资能力与机制为核心，加强人才队伍建设和管理创新：（1）从整体投资决策流程上，成立投资决策委员会和风险管理委员会，反对“官本位”及各种呆板的、固有的教条主义，倡导以“务实，不贴标签”的投资理念为中心的市场化的企业文化，编制相关议事规则，为建立起一套市场化的完善决策体系奠定一定基础；（2）通过对外招贤纳士和加强内部人才培训相结合的模式，倡导“能者上、庸者下、平者让”的人才管理理念的模式（中层管理中共四人上、三人下、一人让），逐步建立起一支具有潜力的互补型人才队伍；（3）组织架构上，细分投研部门，集中化管理中后台，以更低的管理成本来服务支持更加专业化分工的投研部门；（4）投研管理机制上，创新实行研究人员实盘操作机制，定期考核，促进研究员与股票投资经理之间的良性竞争，直接将研究成果转化为投资成果，并同时为公司培养投资人才提供机制保障；（5）薪酬考核上，在肯定中后台的基础上向前台大幅倾斜，对于前台人员的激励更是大胆采取“上不封顶”。

最后，针对风险管理的各种问题，外籍引进首席风控官及市场风险评估人才，从根本上去贯彻新引进的国际化风险管理理念：（1）制定公司问责制度、信用风险预案、股票账户备案及行为管理制度，梳理公司基本制度目录，建立一级合规考试题库等各项措施，完善与加强制度与体系；（2）进一步强化操作风险和内审工作、市场风险管理，逐步完善和实施对投资业务的支持作用；（3）制定一系列信用评级管理相关制度，初步搭建信用评级方法体系和框架，开始增强信用风险管理，“恶补”之前的短板之一。

为了中长期能够在资产管理行业中竖起“新华资产”这面大旗，新班子下苦功也要打扎实“基本功”：（1）从在基金业信息化工作颇有建树的博时基金引进高级技术人才作为管理人员，加快步伐地向高标准信息系统迈进；（2）增强集中交易部的职能，实行跨部门头寸管理，在有效风控的基础上，交易降低成本；探索新交易模式，提升交易技能；新开展市场趋势研究，以技术分析来与投资研究中的基础面分析相呼应；（3）运营集中管理上，进一步强化账户、银行间后台操作、交易系统账户设置、证券管理等职能的管理，提升运营保障能力；（4）加强提升公司执行力。加强动态经营跟踪与业绩评估力度，完善以业绩为导向的绩效考核机制；加大督办工作力度，逐步提高公司各层级的执行力度，积极倡导与强化执行力文化；（5）与国际咨询机构合作，制定公司的战略规划方案。

于是，6 月高管任职资格申请，7 月正式发布改进后的内控制度，召开董事会和各项专业委员会，8 月贯彻董事会下达的工作，9 月明确各个专业委员会制度与机制，10 月修订股票投资管理办法。最后两个月，正式梳理组织架构，整合中层管理团队，落实公司各层面人员的薪酬与考核机制，并终于基本获得所有高管的任职资格批复。

然而，单单改进制度和练基本功是不够的，关键还是要增强核心业务才行。在投研水平和完善投资管理体系上，自李全兼任投资总监职务起，便通过将投委会成员更换为第一线的投研专家来把握投资大决策；组织并亲身参加所有投资部门的晨会与定期总结会，鼓励投研人员积极发言和写下每日投资交易思路，尤其是交易额需要他审批时，从而全面提高投研人员的积极性，尽可能地挖掘各自的潜能，逐渐做到对每个投资决策都思路清晰。这样不但业务人员的业务能力得到直接提升，公司业绩也得到改善，尤其是权益类，不断根据市场形势变化，果断调节仓位的同时，不断优化品种结构，虽然择时上可以把握得更好，但整体判断正确，个股选择上可圈可点，二级市场股票组合超额收益率高达 15.85 个百分点。

在固定收益上，也有正面影响：总体上，坚持把握定期存款和优质长债的配置机会，以锁定收益，同时根据市场形势变化积极把握短期投资机会。交易性债券投资组合收益率达 16.51%，超越业绩基准 17.03 个百分点。另外，基金投资收益率为 3.39%，超越基准 6.52%。受托资产投连账户表现卓越，以 11.50% 的回报率高居业内第一，公司成立四年多以来，第三次居首。

“空降”的新希望，顺利着陆了。

[第七章]

中再资产

一、2004—2010年公司基本发展情况

中再资产管理股份有限公司成立于2005年2月，注册资本2亿元人民币，是由中国再保险（集团）公司作为主发起人，联合中国财产再保险股份有限公司、中国人寿再保险股份有限公司、中国大地财产保险股份有限公司、瑞士再保资产管理（亚洲）有限公司等共同出资组建的专业保险资产管理公司，公司是我国第一家有外资参股的股份制保险资产管理公司，也是继人保资产、人寿资产、华泰资产后成立的第四家资产管理公司。公司拥有沪深两个证券交易所的交易席位，可直接从事股票、基金和债券交易；也是全国银行间债券市场的乙类成员，可直接从事银行间市场债券交易；拥有中国外汇交易中心的业务资格，可直接从事外汇拆借与买卖业务。业务范围：管理运用自有资金及保险资金，受托资金管理业务，与资金管理业务相关的咨询业务以及国家法律、法规允许的其他资产管理业务。

公司控股股东为中再集团，自成立之初，中再集团即开始履行国家再保险公司职能，成为国内唯一一家专业从事再保险业务的保险公司，2007年，中央汇金公司对中再集团注资40亿美元，进一步充实了中再集团资本金，2010年6月，中再集团完成了对中再资产少数股权的收购，收购完成后，中再资产全部股权均由集团内部公司持有，公司的未来发展更加清晰。

表 7-7-1　　中再资产股权结构　　单位：%

股东名称	股权比例
中国再保险（集团）公司	70
中国人寿再保险股份有限公司	10
中国财产再保险股份有限公司	10
中国大地财产保险股份有限公司	10

作为集团旗下专业的保险资产管理公司，中再资产的命运与中再集团的发展息息相关，公司担负着管理集团及下属企业保险资金，实现保险资金的保值与增值的重要任务，是集团重要的利润来源。成立以来，在监管部门的指引下，在集团公司相关部门和委托人大力支持下，公司秉承“诚信、稳健、专业”的经营宗旨，始终以提升资产管理水平，改善投资收益为核心，坚持价值投资理念，坚持在风险可控的前提下追求投资收益，目前各项工作均取得了显著的成绩。

（一）受托资产情况

中再资产主要通过与委托人签订资产委托管理协议，并根据资产委托管理协议、委托人的投资指引等要求，确定委托资产的配置方案以获得投资收益。2005 年以来，中再资产受托管理的资产规模伴随中再集团资产规模的增长而不断增加。中再资产受托资产规模从最初的 100 亿元左右，上升至目前的 700 亿元以上，已成为国内重要的保险机构投资者之一。

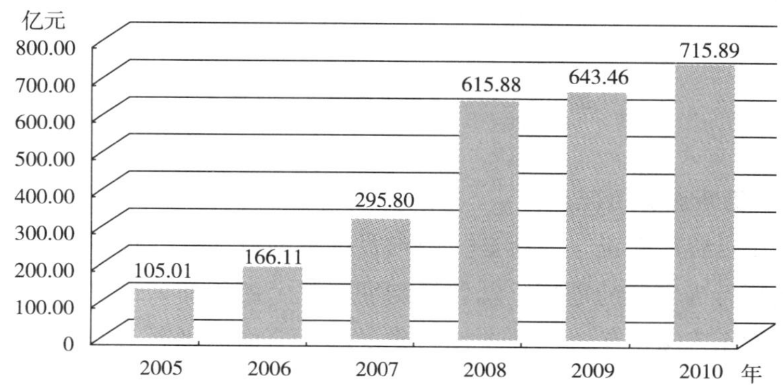

图 7-7-1　中再资产受托资产规模

表 7－7－2　　受托资产配置情况　　单位：亿元

集团（合并）	2005 年	2006 年	2007 年	2008 年	2009 年	2010 年
权益投资	29.21	47.32	141.05	127.50	156.56	126.90
债券投资	67.39	99.54	146.46	280.13	272.91	352.94
长期股权投资	0.00	0.00	0.00	1.16	2.89	3.00
定期存款	0.00	0.00	0.00	190.14	187.18	216.47
其他	8.41	19.25	8.28	16.95	23.92	16.58
合计	105.01	166.11	295.80	615.88	643.46	715.89

（二）投资收益情况

自成立以来，中再资产努力开展各项工作，取得了突出的投资业绩。通过积极配置资产类别，灵活配置债券久期，挖掘个股投资机会等一系列措施，在相对风险有限的情况下取得了较好的投资回报。

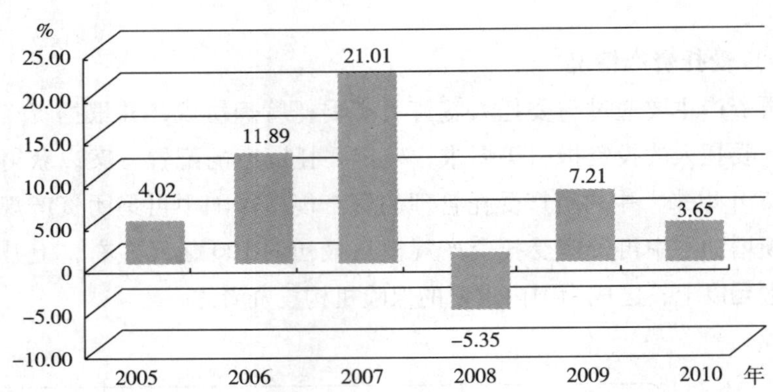

图 7－7－2　中再资产投资收益情况

（三）创新业务情况

对于中再资产来说，创新是一个内容丰富的概念，既包括思想理念的创新，也包括行为方式的创新；既包括制度文化上的创新，也包括经营业务上的创新。近年来除了渗透到各项能力建设环节里面的创新活动以外，公司还重点为经营业务、投资产品的创新做了大量的调研和准备工作。积极同委托人密切配合，加强同监管部门的沟通，为获得开展股权投资、基础设施债权投资计划等创新投资业务资格进行了大量工作，并做了充分的准备，以利于进一步拓宽资金运用渠道，提高投资回报率。

公司积极协助集团进行京沪高铁股权计划的投资，目前已累计完成京沪高铁股权投资3亿元。京沪高铁项目中，共有7家保险机构集体出资的160亿元，占京沪高速铁路股份有限公司总股本的13.93%，成为该公司第二大股东，保险资金的加入为京沪高铁项目资金顺利到位作出了较大贡献。

公司还积极参与中再集团投资光大银行股权相关事宜，全程跟踪光大银行投资项目，并完成了项目的可行性分析，通过积极协调与股东单位、监管部门关系，制定光大银行股权项目投资方案，努力促成集团公司成功投资光大银行股权项目。最后集团公司以33亿元投资了光大银行4.89%的股权即15亿股，成为光大银行第四大股东。光大银行上市后，公司实现了超过20亿元的账面收益。

二、经营管理状况全面总结

（一）公司运营体系和组织架构情况

中再资产经历了从投资部到投资管理中心再到资产管理公司的发展过程，经过多次尝试，目前公司已建立了较为科学的管理体系，各项管理制度已较为完善。经过分析总结其他资产管理公司的成功经验，形成了研究、投资、决策一体化的投研体系；覆盖事前、事中、事后的风险控制体系，实现了前台与后台的有机结合，确保在风险可控的前提下追求投资收益。

首先，中再资产作为我国首家中外合资的股份制保险资产管理公司，在发展之初即按照现代企业制度，建立了较为完善的法人治理结构。公司董事会引进了独立董事制度，并专门设立了投资决策、风控与审计、薪酬等多个专业委员会，形成完善的激励约束机制。规范的治理结构提高了公司的决策效率，为公司提供了良好的经营基础。

其次，中再资产按照国际化资产管理机构的要求，建立了覆盖研究分析、投资决策、风险管理、投资交易、会计核算等整个业务流程的内部控制体系，为公司投资业务的开展提供了有力保障。

运营模式方面，中再资产每年年初与各委托人签订委托协议，委托人同时下达投资指引，作为中再资产当年进行资产管理的重要依据。在严格按照委托协议和投资指引的要求下，中再资产进行相应的资产配置和投资管理，

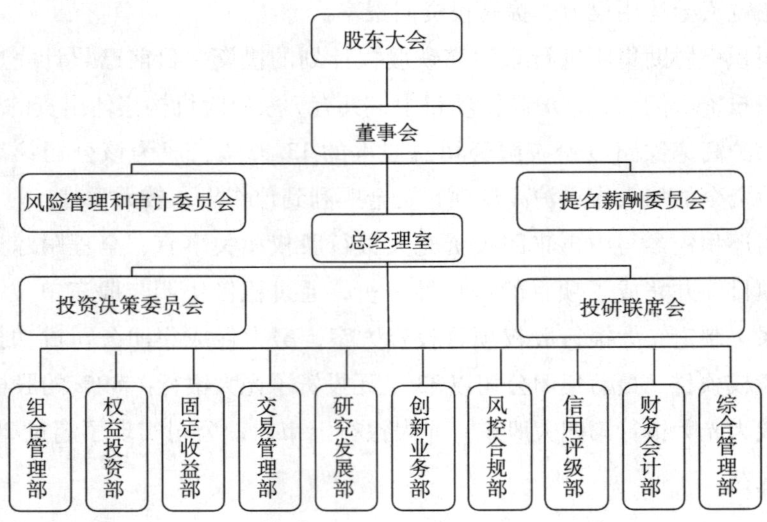

图7－7－3　中再资产组织架构

并为委托人提供完善的客户服务。

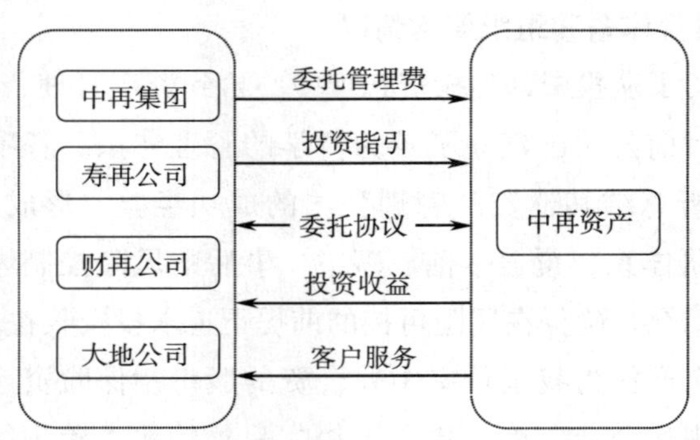

图7－7－4　中再资产组织架构

（二）交易管理体系情况

在证券交易方面，公司实现了证券交易的集中管理，建立了一系列的管理办法，为公司的证券交易提供了较为完备的制度保障，配备的硬件设备、信息系统、交易系统确保了日常工作的正常运转。通过交易人员定期对市场交易情况与市场动态进行整理与分析，定期发布报告，向投资团队及时反馈市场信息并提供投资建议等措施，实现了投资研究与交易的协同发展，有利于公司投资能力和交易能力的不断提升。

风控是公司发展的生命线，近年公司进一步完善了风控合规管理体系、推进风控合规文化建设，确保风险控制与合规管理的及时性、有效性，防止出现重大缺陷和漏洞，主要措施：一是改善了风控合规制度体系和运行机制，完善风控合规管理体系，形成了系列风控合规制度，初步建立了较为完善的风险控制制度体系。二是积极落实各监管机构和集团公司合规管理及检查工作要求，完成各项合规工作报告及反洗钱工作报告，并且定期或不定期进行有针对性的专项业务稽核检查，结合日常合规监测工作，促进公司加强合规管理，规范投资行为，合法合规经营。三是根据本年度监管重点和公司风险管理方面较为突出的问题确立合规检查方向，防范违规风险。四是建立机构和员工风控合规考核与问责制度。五是培育公司风控合规文化。通过风控合规文化建设逐步形成公司特有的风控合规管理理念、价值标准、道德规范和行为方式，不断提升全方位、多角度、综合化的风险管理效果，真正为公司开展业务起到保驾护航的作用。

在信用评级方面，目前已在人员、制度、系统、模型等方面开展了大量工作，各项工作顺利开展，形成了包括 8 项风险管理制度和 11 项评级基础制度在内的信用评级制度体系。通过引进了信用评级系统和数据提供商，实现了基础数据的准确性和完整性，并通过建立数十个信用评级模型，基本实现了信用评级的量化管理。目前公司已开展了对信用债的评级工作，购买信用债需先经过内部评级，将公司的债权投资风险降到了最小。

（三）人才队伍建设情况

投资能力建设的核心是队伍建设。公司当前投研团队中，年轻人较多，以老带新的压力较大。为了实现公司的可持续发展，提高公司的核心竞争力，公司必须要在吸引人才、留住人才、用好人才三个环节上面下足工夫。

为此，公司设计了一套相对完善的人力资源管理体系，主要包括四个方面：一是建立绩效考核制度，通过制定科学合理的绩效考核制度，将董事会下达的经营目标层层分解落实到每个部门和每个员工。对全体员工实行全过程、全方位考核。二是完善职级晋升机制，绩效考核的结果将直接用于晋级。三是紧紧围绕公司经营目标，进一步加大培训力度，系统地进行员工在职培训，有计划、有重点地培养适应需求的专门人才，加快新员工成长为业务骨干的进程。四是坚持在薪酬等资源配置上向投资研究等前台部门和关键岗位适当倾斜。通过这样一套机制，公司的投资团队建设日趋完善。

目前，公司已组建了一支优秀的管理人才和专业技术人才团队，当前共有员工80余人，平均年龄不足40岁，大部分员工具有证券从业资格和3年以上金融证券从业经历，多人具有CFA资格，良好的人力资源状况使得公司投资管理能力大大增强。

三、公司改革创新总结

（一）优化投资决策体系

投资决策体系效率的高低是影响投资能力强弱的重要因素，近年来中再资产通过不断地摸索与尝试，逐步建立了较为科学的投资决策体系。公司总经理室根据公司董事会和股东大会的授权，组织实施股东大会和董事会的决议，负责日常投资管理的决策工作。公司投资决策委员会和投研联席会接受总经理室领导，其中投资决策委员会负责审议决策受托资产的整体资产配置，研究确定当年及近期各类资产的配置比重，制定总体投资策略，投研联席会负责审议股票池、基金池、债券池的入池品种，从源头把住投资品种的价值关，组合管理部则负责拟定战术资产配置方案及各账户头寸管理等，权益投资部与固定收益部则分别负责权益与固定收益的品种选择和投资时机把握。

通过投资责任的层层分解，使得中再资产投资流程的责任清晰，各个投资环节的目标明确，形成了“分得开，说得清”的投资管理体系。

（二）强化资产配置

中再资产根据再保险资金的特性，大力优化资产配置管理，通过完善资产配置结构，提高投资收益稳定性。一是在完善组织结构，理顺投资管理体系的基础上，继续加强“自上而下”的资产配置功能，提高战术资产配置的有效性，发挥资产配置的积极作用。二是深入了解委托人的资金特性，建立和完善资产负债匹配的模型、方法，强化负债特性、偿付能力等因素在投资管理过程中的约束力，并根据不同委托人资金特点采取不同投资策略的差异化投资模式。

（三）稳定投研团队

投资能力的提升，根本上取决于高水平的、稳定的投研团队的建设，因此，中再资产加强了以绩效为导向的薪酬体系建设，改革不适应专业化、市场化的人才管理体制和用人机制，吸引优秀人才，打造相对稳定的投研团队。通过推进人力资源体系建设项目，切实提升公司人力资源管理水平；通过加快人才引进和人才培养力度，将市场化引进人才与人才内部培养相结合，建设了一支高素质的投研团队；通过加强岗位体系建设，拓展员工职业发展通道，鼓励员工在专业技能方面的发展和突破；通过构建公司教育培训体系，逐步实现教育培训“适用性、有效性、系统性”的工作目标；通过推动建立中长期激励机制，实现对员工合理、平稳、有序激励，增强公司凝聚力和综合竞争力，促进企业快速稳健发展。

（四）夯实投资基础

中再资产还大力加强投研一体化建设，不断完善投研体系，提高研究对投资的支持作用。首先是加强宏观经济、资本市场、投资策略以及行业与投资品种研究，在研究部下设宏观研究小组、策略小组、行业公司研究小组，推动研究服务投资和投研一体化，形成投研之间相互支持和良好互动的格局。其次是进一步完善投资决策委员会议事规则，强化投资决策委员会的投资决策功能及其对投资业务的指导和约束作用。

为提升公司的投资管理能力，中再资产不断推进投资信息化建设，加强信息化对公司业务的支持作用。一是不断加强公司信息技术力量，提高公司信息化实施能力。二是推进投资业务系统前中后台一体化建设，提高投资业务运作效率，逐步实现业务系统资源整合。三是推动流程信息化，通过信息化手段将公司业务和管理流程固化到系统中，加强流程环节控制，提高运转效率。四是推进风险控制信息化，建立相对自动化和集成化的投资业务风险控制体系，对风险进行实时、高效地监控和管理。五是建设数据中心平台，推动各个应用系统的数据整合及数据共享，实现企业数据的一致性和完整性。六是建立并实施企业级的信息与网络系统安全体系，提高公司信息系统的安全性。

四、公司资产管理能力状况及投资操作回顾

（一）2005—2009 年操作回顾

2005 年：2005 年是中再资产成立的第一年，在遭遇宏观经济下滑以及股

权分置改革的考验下，公司积极迎接挑战，取得了较好的收益。权益资产方面，年初公司在市场的相对高位时进行了有一定力度的减持，有效规避了市场风险，随着股权分置改革的推出，宏观经济形势的日趋明朗以及保险资金入市比重的提高，公司在第三季度逐步加大了权益资产的投资比例，取得了较好的效果。债券资产方面，则在收益率曲线逐步提高过程中适度加大了组合久期，加大了债券的配置力度，提升了投资收益率水平。

2006 年：权益资产方面，受多年熊市阴影的笼罩，年初各家机构都有举步维艰的感觉，各类市场主体意见也呈现较大的分歧，鲜有专家学者能够作出完全正确的研判，投资形势相当严峻。经充分讨论后，公司决定大力调整股票持仓结构，减持了原来权重超过八成的电力股，开始对有色金属、食品饮料、商业零售、工程机械、通讯软件、石化化工、金融服务、房地产等进行了有侧重的配置，为公司当年业绩贡献较大。另外，公司还重点关注人民币升值、消费服务业、自主创新制造业、周期性复苏产业、整体上市、资产注入、并购重组等方面的投资机会。债券资产方面，始终将风险控制放在第一位，通过将组合久期降低到 2 左右，提高资金的安全性，降低了投资风险。

2007 年：权益资产方面，2007 年中国股市延续了前一年的上涨趋势，进一步确立了牛市环境。无论是宏观经济、上市公司业绩还是股价表现都大幅超越了年初市场的普遍预期。中再资产在风险可控的前提下，采取了适度进取的投资策略，取得了超越预期的较为满意的投资业绩。年初在充分研究和精选品种的基础上，重点增加了股票持仓，并部分调整了开放式基金品种，下半年的操作策略则以波段操作和结构调整为特征，同时根据新的行业配置策略，调整了品种结构，获得了较为良好的效果。债券资产方面，全年采取“中性久期控制策略”，严格控制交易类债券的组合久期，降低了利率上升造成的价格下跌风险；通过重点投资短期与长期品种的“哑铃形”资产配置策略，提高总体收益水平；加大银行间市场的投资力度，银行间债券市场配置比例达到公司债券资产的 90% 以上，提高了银行间市场对投资收益的贡献度，也提高了组合资产的流动性。

2008 年：权益资产方面，中国股市遭遇了几乎是全年的单边下跌行情，由于年初整体账户的股票持仓比重较大，导致当年权益投资出现损失。债券资产方面，通过对宏观经济和债券市场的深入研究，形成了 2008 年债券市场可能出现上涨趋势性行情的基本判断，并据此确立了各账户债券投资“中性偏积极”的稳健策略。上半年提高了中期金融债和央票的比重，以高收益短融替换到期限较短短融，在有效控制利率风险的前提下，提高账户组合的持有期收益，下半年适度提高了组合久期，在获得较好收益的同时，为2009年的债券投资操作建立了相对较好的仓位基础。

2009年：权益资产方面，年初由于国家政策刺激及信贷的大规模投放，为股票市场带来了投资机会，公司进行了主动增仓，并在第一季度末市场回调时又及时地进行了大力度减仓，获得了丰厚收益。第二季度，公司在市场震荡中寻找机会稳步加仓，一直保持了中性偏乐观的仓位，第三季度利用市场回调进行了品种结构调整，第四季度则抓住行业轮动机会优化持仓结构。债券资产方面，在2009年债券市场单边下跌的情况下，公司前瞻性地缩短组合久期，规避了市场利率风险，减少了净价减值损失，增加了固定收益和综合收益，同时深入挖掘市场机会，取得了较为理想的投资业绩。

（二）2010年操作回顾

2010年是非常复杂多变的一年，从国际经济形势看，全球经济增长更加不平衡，西方经济体复苏缓慢，欧洲主权债务危机一再引发市场恐慌；美国第二轮量化宽松政策则引起全球货币体系的紊乱；新兴市场国家经济增长较为强劲，但通胀压力不断上升，经济增长的不确定性增加。

从国内经济形势看，2010年我国经济保持了平稳较快增长的态势，但宏观调控的力度明显增强，央行共六次上调存款准备金率，两次提高存贷款利率，房地产调控不断加码，宽松的货币政策开始退出。受国内外复杂因素的影响，国内股票市场、债券市场指数均有所回落，其中上证指数跌幅达14.31%，成为全球表现最差的市场之一，中债全价总指数下跌幅度为0.87%，股票与债券的双双下跌使得资产管理工作经受了严峻的考验。

为应对极其复杂的市场情况，公司及时调整了投资策略，在追求稳健的同时，加强了对投资机会的把握，并围绕年度预算目标，不断动态调整持仓结构，充分把握了市场震荡中的波段操作机会。

权益投资方面，我们的权益仓位调整更加灵活，品种的选择更加稳健，在控制投资风险的同时取得了较好的投资收益。上半年各账户在市场回落过程中加大了结构调整力度，通过主动降低股票仓位，卖出地产股等措施，规避了一定的市场风险。

下半年，各账户则充分抓住市场反弹的有利时机，更加积极地寻找低风险高收益品种，较好地把握了市场机会。一是在市场的底部加大了权益投资的仓位，重仓的多只品种在其后的反弹中表现良好；二是优化了基金投资结构，目前，基金占权益资产的比重明显上升，通过在市场低点加仓基金，增强了波段操作的灵活性，并获得了超额收益。另外，结合市场反弹已进入风险区域的判断，我们在第四季度及时兑现了投资收益，在合理释放部分账面浮盈的同时降低了权益投资仓位，取得了较好的投资效果。

债券投资方面，根据对债券市场中性偏乐观的判断，上半年我们随着债市上扬而适度拉长了组合久期，并选择市场上流动性较好的品种开展波段操作。下半年则适度降低了组合久期，使得我们规避了加息引发的债券市场大跌，获取了较好的收益，并且通过在第四季度重点增持部分资信较高、收益较好的信用债，为2011年的投资打下了较好的基础。

在其他投资方面，主要是加大了五年期定期协议存款配置比例，从而有利于增加各账户收益的稳定性。

五、公司资产管理的亮点

（一）强调投研一体化

中再资产赖以发展的核心是专业化的投资能力，为提高公司专业化投资能力，公司同时在企业文化、公司制度、团队建设和信息系统建设等领域大力推进改革，为投资能力的提高创造良好的环境和条件。

首先是调整了投资决策体系，提升效率。投资决策是资产公司最核心的决策，通过加强研究员的考核与评价等方式，实质性推进了投研一体化，通过设置投研联席会，加强与委托人交流等措施，增强了决策的有效性，实现了与委托人的充分沟通，促进了各受托账户的利益最大化。

其次是按照国际化资产管理机构的要求，建立了较为完善的管理体系。公司目前已建立了覆盖研究分析、投资决策、风险管理、投资交易、会计核算等整个业务流程的内部控制体系；实现了研究、投资、决策一体化；通过前台与后台的有机结合，实现了覆盖事前、事中、事后的风险控制，确保公司在风险可控的前提下追求稳健投资回报。

最后是加强团队建设，提升投研专业能力。投资能力建设的核心是队伍建设，对于专注投资的金融企业，人才是最核心的竞争力。为保证公司的可持续发展，公司设计了一套相对完善的人力资源管理体系，并招聘了多名具有丰富工作经验的专业投资人才，极大地充实了我们员工队伍。考虑到公司目前的员工队伍比较年轻，公司通过组织开展各种培训、研讨、外部交流等活动来提高员工的能力水平，目前已基本完成了团队建设的近期目标。

公司还认真分析和总结了过往的投资经验，从再保险的资金性质和投资要求出发，确立了符合中再资产实际的投资理念，到现在，价值投资理念已经深入人心，为公司获得稳健回报奠定了基础。

另外，中再资产还致力于建设一个简单、公平、有效、和谐的公司文化环境，推行简洁高效的管理方式。号召全体员工树立勇于承担责任、积极向上、团结进取、互相协作的精神，提高团队的纪律性和战斗力；在公司内倡导诚信、稳健、专业、创新的风尚，树立“老老实实做人，勤勤恳恳做事”的良好风气，使全体员工将精力集中到提高业务质量上来，逐步形成具有中再资产特色的企业文化。

（二）着重加强信息系统建设

近年在集团全面信息化管理规划的框架内，中再资产加强了公司的 IT 系统建设，加大了投入，为投资、信用评级、创新、研究、风控、交易、财务、绩效考评、办公提供信息技术支持，提高工作效率，通过信息化建设，同时还促进了制度的执行。公司目前正在进行前中后台一体化管理系统的建设，该系统完成后，将可完全覆盖公司目前涉足的各个投资领域，前中后台的一体化管理也将实现交易数据的集中统一管理，从而有利于提高投资效率，防范风险，将使得公司的投资管理能力再上一个台阶。

（三）完善制度建设与风险管理

为控制投资风险，公司从制定、维护、执行，完善业务流程、岗位责任等三方面入手，加强公司制度建设。一是修订完善了公司各项制度，加强制度的执行力，中再资产按照制度体系完善健全，制度结构简洁明了、制度流程清晰高效的要求，根据公司战略规划、经营目标和新的管理模式，对公司制度进行了全面的修订。同时将制度的执行与信息化建设结合起来，将制度建设成果固化到信息系统中，确保相关制度得到有效贯彻执行。二是全面梳理业务流程。公司不定期对现有业务流程进行全面梳理，发现并消除现有业务的风险点，并对现有流程中不合理、效率不高、内控不严的部分进行整改、简化和完善，做到业务流程合法合规、内控严密，合理高效。

为有效预防、及时发现和妥善处置重大突发事件，保障公司健康、稳定、有序发展，保护公司及委托人的合法权益，公司制定《突发事件应急预案》等制度，形成了涉及事故灾害、现金流支付危机和偿付能力恶化、信息系统、高级管理人员等重大突发事件的预案，预案内容包括组织指挥体系及职责、预警机制、突发事件等级划分、应急响应、后期处置、应急保障、奖励和处罚和预案管理等几方面。同时，通过交易系统对各受托及自有账户投资组合承受的各类风险进行实时监测、识别、评估、管理和控制，并就重大突发事件、市场异常情况等及时提供风险提示报告或重大事项报告，将股票池、债券池、基金池、交易对手池纳入交易系统，跟踪监控各受托及自有账户投资组合市场风险、流动性风险、信用风险等，以加强对投资组合的风险控制。

在巩固和夯实已有成果的同时，中再资产将进一步优化公司管理体系和制度流程，力争将中再资产打造成一流的专业资产管理公司。

[第八章]

华泰资产

一、2004—2010年公司基本发展情况

（一）创业阶段

华泰资产管理有限公司起源于华泰财产保险股份有限公司投资部。华泰财险公司投资部于1996年8月成立，以优异的投资收益成为华泰财险公司最重要的利润来源，强力支持了公司保险业务发展，也为公司股东提供了满意的分红回报。仅在华泰财险公司成立的前十年间，华泰投资团队就为华泰财险公司贡献投资收益13.75亿元，创造了年均8.19%的收益率，其中，固定收益类收益率年均8.35%，权益类收益率年均6.31%。

经中国保监会批准，华泰财险公司投资部于2001年迁至上海，并正式组建华泰投资管理中心，按照专业化资产管理公司的模式运作，取得了可喜成果。2003年，由国务院有关部委组成的“保险资金运用发展研究课题组”在华泰公司进行专题调研，并对华泰公司保险资金运用专业化管理方面所取得的成果给予了充分肯定，认为华泰公司的理论研究与实践探索对我国保险资产管理专业化发展起到了积极的推动作用。

随着中国保险业改革的深入和国有保险公司改制上市，保险资产管理公司终于破茧而出。华泰公司经过积极准备，在保险资产管理公司管理暂行办法公布后，向中国保监会提出申请并获批筹建。2005年1月，经中国保监会批准正式成立华泰资产管理有限公司。这既是华泰人近10年来积极奋斗和勇于探索的结果，又是华泰公司未来发展的新起点。

（二）发展阶段

2006年初，华泰公司董事会通过了公司发展的第一个五年规划，提出华泰资产公司要首先解决生存问题，通过发展壮大，最终要成为“管理规范、技术领先、特色鲜明、品牌优秀”的专业资产管理机构，资本回报率超过20%的总体目标。领导班子发动公司全体员工深入进行讨论，最终目标一致：创新和市场。只有通过创新发展开拓市场，才能圆满完成公司第一个五年规划。

华泰资产立足于保险资金需求，在稳健和审慎的基础上，开发设计了多款投资产品，为保险机构提供差异化的投资工具，捕捉市场投资机遇，满足保险资金的配置与投资需要，为保险资金的保值增值作出努力和贡献。同时，公司积极开拓基础设施、股权和海外投资等业务，成为保险资金和优质投资资源之间的桥梁，更为保险机构等客户提供个性化定制的投资管理服务。

1. 创新历程

2005年2月，华泰资产在上海证券交易所直接进行股票投资，投下了保险资金直接入市第一单；

2005年3月，华泰资产获准IPO询价对象资格，成为首家保险机构IPO询价对象；

2005年8月，华泰资产荣获人力资源和社会保障部核准的首批企业年金基金投资管理人资格，成为首批15家企业年金基金投资管理人之一；

2005年，华泰公司接受保监会委托，就保险资金的全过程、全金额托管进行专题研究，为保险业保险资金全托管的试行和推广提供了有益探讨和实践；

2006年6月，华泰资产成为首家资产管理产品试点单位，成功开发和销售了华泰增值投资产品；

2006年7月，华泰资产与华泰财险共同开发了华泰理财一号人身意外保险，通过工商银行发售，获得踊跃认购，年底规模达到43亿元；

2007年2月，华泰资产与华泰财险共同开发了华泰理财二号人身交通意外保险，通过工商银行发售，年底规模达到6.5亿元；

2007年4月，华泰资产取得香港H股和红筹股投资资格；

2007年4月，华泰资产开发的华泰策略投资产品开始发售，得到16家保险公司的认购，年底规模达到58亿元；

2007 年 5 月，华泰资产与华泰财险共同开发了华泰理财三号人身意外保险，通过工商银行发售，年底规模达到 1.83 亿元；

2007 年 7 月，华泰资产首家推出资产证券化产品—华泰国开沪通支持投资产品；

2007 年 12 月，华泰资产取得 QDII 资格，并于 12 月 14 日进行首笔交易，开展港股战略配售及二级市场投资等业务；

2008 年 7 月，华泰资产受托管理长江养老的企业债增强组合；

2008 年 12 月，华泰资产首次为 ACE 的 QFII 提供投资顾问服务；

2009 年 3 月，华泰资产首次为第三方保险公司提供全委托投资服务；

2009 年 11 月，华泰资产首次为第三方保险公司提供后台业务服务；

2009 年 12 月，华泰资产成为长江养老仅有的一家同时管理两只集合计划投资组合的投资管理人；

2009 年 12 月，华泰资产成为美国安达集团 QFII 账户投资顾问；

2010 年 1 月，华泰资产通过了保监会信用风险管理能力备案；

2010 年 3 月，华泰资产通过了保监会债权投资计划产品创新能力备案；

2010 年 8 月，华泰资产博士后工作站正式获得国家人社部批准成立；

2010 年 10 月，经公司董事会批准，华泰资产成立项目投资管理中心。

华泰资产自成立以来取得了优异的投资业绩，受托管理华泰财险资金 13 年来综合投资收益率为 13.26%；自华泰人寿成立以来，受托管理寿险资金 4 年来的综合投资收益率为 8% ~9%；同时，华泰资产所管理的投资型保险产品和投连险等产品业绩在同业、基金等排名居前，推动了华泰体系内业务的增长与发展，为华泰保险集团化重组战略铺垫坚实的经济基础。

华泰资产自成立以来为保险机构实现近百亿元投资收益，同时通过后台管理、技术支持、交易单元的资源共享方式，为保险机构客户间接创造价值，得到客户的广泛认可，在保险业内形成了较强竞争力和较高知名度。目前，华泰资产受托管理资产规模超过 75% 来自华泰公司外客户委托，分别与 55 家保险公司建立第三方委托合作业务，保险市场覆盖率达 50% 以上。同时，华泰资产公司签约企业年金 17 家，成为多家银行和 QFII 的投资顾问。经过多年不懈努力，华泰资产公司已成为第三方保险客户数量最多、市场覆盖面最广、市场化意识最强、产品创新最活的保险资产管理公司之一。

表7-8-1　　2005—2010年受托资产规模表　　单位：亿元

受托资产来源	2005年初	2005年	2006年	2007年	2008年	2009年	2010年
系统内	38.11	52.48	97.41	183.55	256.33	188.97	199.79
系统外	—	8.17	12.30	16.99	25.45	158.29	257.50
其中：年金	—	—	—	0.01	9.58	9.90	10.77
资产管理产品	—	—	29.30	160.56	80.58	102.18	344.99
其中：基础设施债权计划	—	—	—	—	—	—	20.71
合计	38.11	60.65	139.01	361.10	362.36	449.44	802.28

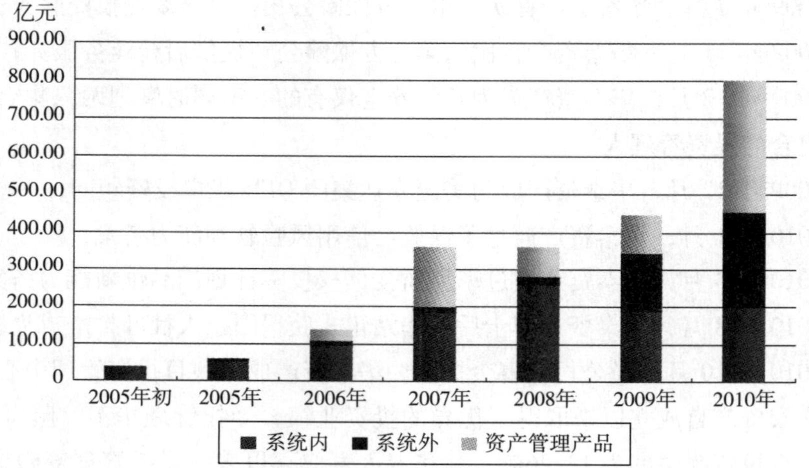

注：受托系统内资产为华泰财险和华泰人寿的资产，受托第三方资产为除受托系统内资产外的保险资产和年金资产，资产管理产品为公司发行的所有产品，包括基础设施债权投资计划。

图7-8-1　华泰资产管理有限公司2005—2010年受托资产规模状况图

2. 资产配置结构

表7-8-2　　2005—2010年受托系统内资产配置情况表　　单位：%

年份	银行存款	国债	金融债	企业债	基金	股票	债权计划	其他
2005	13.35	17.66	42.55	16.01	2.52	0.43	0.00	7.49
2006	19.18	13.28	28.44	18.81	2.87	3.25	0.00	14.17
2007	19.49	7.69	47.40	4.86	3.52	9.52	0.00	7.53
2008	14.23	1.05	56.50	7.98	1.85	4.67	0.00	13.71
2009	15.95	1.80	56.80	10.02	4.10	7.01	0.58	3.73
2010	10.19	0.89	42.81	21.91	3.74	7.88	3.65	8.92

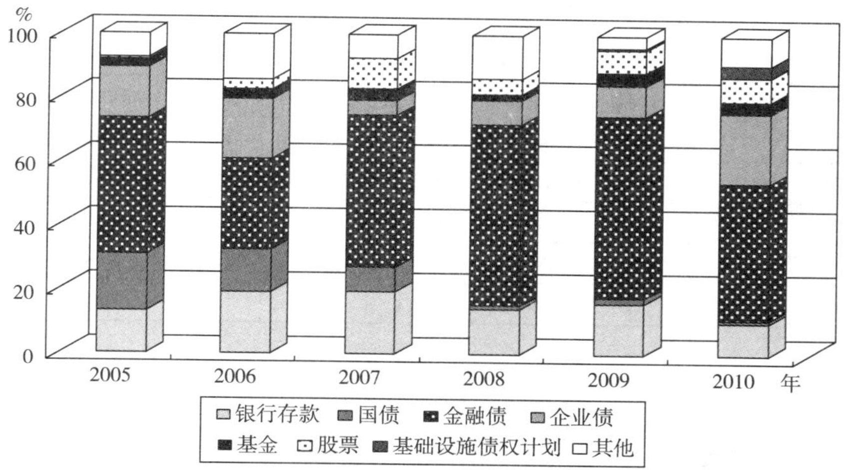

图 7-8-2 华泰资产管理有限公司 2005—2010 年受托系统内资产配置结构图

3. 投资收益情况

(1) 受托系统内资金投资收益情况

表 7-8-3 2005—2010 年受托系统内资产净值增长情况表 单位:%

年份	银行存款	国债	金融债	企业债	基金	股票	债权计划	其他	合计
2005	3.94	7.38	5.22	10.86	6.71	2.65	0.00	6.40	6.45
2006	2.38	1.97	2.36	4.98	146.92	126.41	0.00	6.19	11.52
2007	1.99	2.56	0.12	30.64	97.50	174.13	0.00	31.09	24.48
2008	1.54	10.68	8.58	7.37	-14.55	-37.93	0.00	0.66	3.82
2009	1.31	-1.74	2.69	2.29	11.62	70.55	3.59	8.82	7.71
2010	1.07	2.49	4.63	5.03	3.54	8.26	4.81	2.18	4.37

注：上表包含华泰财险及华泰人寿各账户，其中包括自有账户、非寿险投资型保险产品账户及寿险投资连结险等账户。因资金性质不同，资产配置比例和风险收益要求均有所差异，账户相对规模也会对影响各类资产及合计收益率数据。因此，收益情况仅供参考，并不能完全充分反映各账户的真实投资业绩情况。

表 7-8-4 华泰普保 2005—2010 年度投资业绩表现 单位:%

年份	固定收益	权益投资	账户收益率	基准收益率	超越基准
2005	8.93	4.07	8.66	12.79	-4.13
2006	5.08	140.8	24.12	7.75	16.37
2007	38.76	153.26	53.76	14.86	38.9
2008	11.8	-38.33	3.28	-1.3	4.58
2009	2.72	65.29	7.74	2.74	5
2010	3.49	9.71	3.35	-3.23	6.58

表7－8－5　　2005—2010年受托系统内资产收益贡献情况表　　单位：%

年份	银行存款	国债	金融债	企业债	基金	股票	债权计划	其他
2005	11.92	17.45	38.87	22.14	－1.32	0.09	0.00	10.85
2006	6.81	7.61	4.80	11.71	17.42	39.74	0.00	11.91
2007	1.67	1.34	2.26	8.60	19.40	64.57	0.00	2.17
2008	5.72	0.26	88.95	11.26	4.04	－12.70	0.00	2.47
2009	2.43	0.54	34.34	4.15	3.38	52.49	0.24	2.43
2010	2.15	0.64	44.57	23.27	6.38	18.33	3.45	1.21

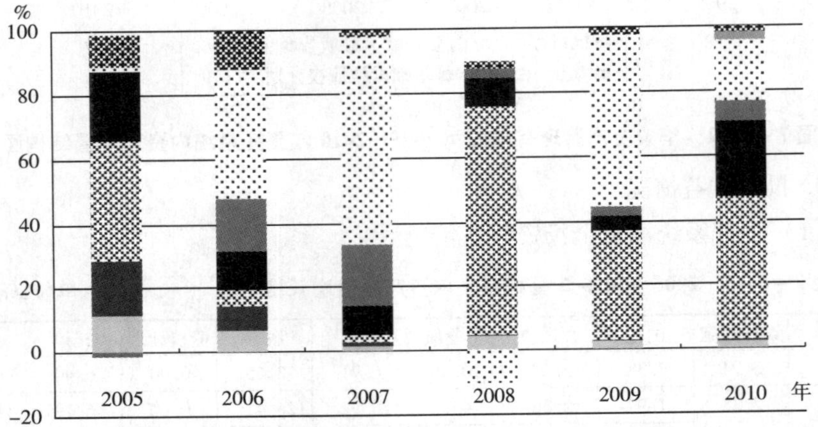

图7－8－3　华泰资产管理有限公司2005—2010年受托系统内资产收益贡献图

（2）主要外部受托产品账户投资收益情况

表7－8－6　　2006—2010年主要受托产品账户投资收益情况表　　单位：%

年份	华泰增值	华泰中短债	华泰理财一号	华泰稳健
2006	5.91		2.39	
2007	22.00	16.73	4.61	34.69
2008	13.08	12.76	3.93	－36.69
2009	1.30	5.06	3.91	64.42
2010	3.28	3.99	5.23	－5.16

注：①上述投资收益率均已年化；

②华泰理财一号投资收益率为当年7日年化收益率的算术平均值。

（3）受托企业年金投资收益情况

表 7-8-7　　2007—2010 年受托企业年金投资收益情况表　　单位:%

年份	2007	2008	2009	2010
投资收益率	21.99	18.66	3.60	4.33

华泰资产 2005 年 8 月第一批获得劳动部颁发的企业年金投资管理人资格，公司坚持“精品”战略、“精品”服务和效益化管理原则，重点开拓大型客户，以点带面，形成了具有自身特点的企业年金业务模式。截至 2011 年 1 月 31 日，已中标的企业年金基金投资管理规模达到 28.6 亿元，管理组合 17 个。

经过 5 年实践运作，华泰资产在企业年金管理业务上积累了自己的工作经验，开创了华泰资产特色，主要体现在以下四个方面：

一是丰富的保险资产管理经验契合企业年金的长期投资需求。企业年金作为长期保险类投资，债券类投资占据 70% 的投资比例。华泰资产对该类低风险承受能力的保险资金投资具有丰富的管理经验和天然的投资优势，在资产配置、久期管理、债券定价、利率预测等技术方面居国内领先地位。

二是稳健优异的投资业绩支持企业年金的长期保值增值。华泰公司 15 年来保险账户（权益比例不足 20%）年平均投资收益率 13.26%，为同期市场基准的 180.08%。与此同时，华泰资产还凭借在长江养老过渡计划中的出色表现，成为长江养老金色交响、金色晚晴两个标准集合年金计划的投资管理人，也成为企业年金业内唯一获此殊荣的投资管理人。

三是科学的投资平台保证了客户投资的公平性和收益稳定性。华泰资产由于超前的第三方客户服务意识，使年金客户能共享公司统一专业研究平台和投资团队，通过资产配置、组合分配等机制保证了不同资金规模的相同性质客户采取统一配置和投资决策，从而确保收益的一致性和公平性。

四是广阔的投资领域为企业年金的个性化定制服务奠定基础。在企业年金管理方面，华泰资产依托其广阔的投资平台和丰富的产品设计经验将基础设施投资、万能型保险、债权投资等投资领域与企业年金产品有机结合，针对大型客户提供个性化的投资产品定制服务。

二、公司经营管理状况

（一）公司运营体系和组织架构情况

华泰资产自2005年成立以来，在保监会的引导和大力支持下，公司上下齐心协力，把握战略机遇，开拓市场，稳健投资，规范经营，创新发展，圆满地完成了公司第一个五年发展规划。取得客户收益与股东权益的共赢，完成“既站稳又发展”的创业目标。实现员工数量增长3倍（从不足30人到超百人），公司资产增长6倍（从1亿元到7亿元），管理资产规模增长超过20倍（从调整后不到50亿元到超过800亿元），机构客户增至近百家。

2005年，华泰资产为保障企业年金基金财产的安全，实现企业年金投资管理的市场化运作和专业化管理，公司决定成立企业年金部，将自身优势与企业年金要求相结合，搭建具有华泰特色的企业年金投资运营管理平台。企业年金部负责企业年金客户开拓、业务营销和销售、产品设计和渠道拓展、后续客户服务。随着业务范围逐渐扩大，企业年金部于2010年更名为养老金及机构业务部。2009年，华泰资产在总结五年来资产管理实践经验的基础上，制定了“基础+X”的战略部署。“基础”指公司各项业务的基础性与共享性平台，主要由投研、风险和运营三部分构成，并以上海为中心；“X”指公司的扩充性业务平台，主要由传统的保险资金受托管理、养老金业务，另类投资（包括股权、债权及不动产投资等）构成，并以北京为重点。围绕“基础+X”战略部署，公司一方面加强基础建设，另一方面积极拓展各项业务。基础方面，公司在投研上推行“配置+组合”管理，原投资管理部与研究部重组为宏观研究与资产配置部、权益组合管理部和固定收益组合管理部，分别侧重于资产配置层面的重大决策和投资组合层面的具体决策，从而实现专业化分工、产品化管理的目标。“X”方面，公司将项目投资作为扩大第三方管理资产来源，提高资产管理收入，丰富资产配置的重要手段。为适应市场变化、满足监管需求、促进业务发展，鉴于项目投资的管理体制和运行机制与传统投资业务有很大不同，公司决定于2010年11月在原项目投资事业部的基础上组建项目投资管理中心。中心下设基础设施投资（事业）部、不动产投资（事业）部和项目评审部，相对独立运作、模拟公司体制运行。

随着保险资金投资渠道的不断拓展，保监会对无担保债、基础设施债权计划和中小保险公司直接投资股票等投资业务出台了相应的投资政策。为建立债券内部评级，控制投资风险和防范交易对手信用风险，公司设立信用评级部，并于2010年通过了保监会的信用风险管理能力备案。

目前公司设有项目投资管理中心和11个职能部门。在公司治理层面，明确了股东会、董事会、监事会和经营管理层的职责与议事规程，按照权责分明、相对独立、相互制衡的原则建立了前后台分离的组织架构体系，引入了外部审计监督机制，形成了决策、执行和监督相互制约的内控机制。

在公司经营层面，按照市场线、投资线、保障线的布局设立业务条线。其中，由创新发展部和养老金及机构业务部构成的市场业务条线直接面向保险公司、企业年金等机构客户，负责市场拓展、产品创新等业务；由国际业务部、宏观研究与资产配置部、权益组合管理部、固定收益组合管理部及项目投资管理中心等构成的投资业务条线具体负责受托、产品等投资组合的投资；由财务管理部、信用评级部、风险合规部、综合管理部、交易室等构成的保障业务条线，主要负责受托资产的投资交易、估值核算、风险控制等运营保障和业务支持。

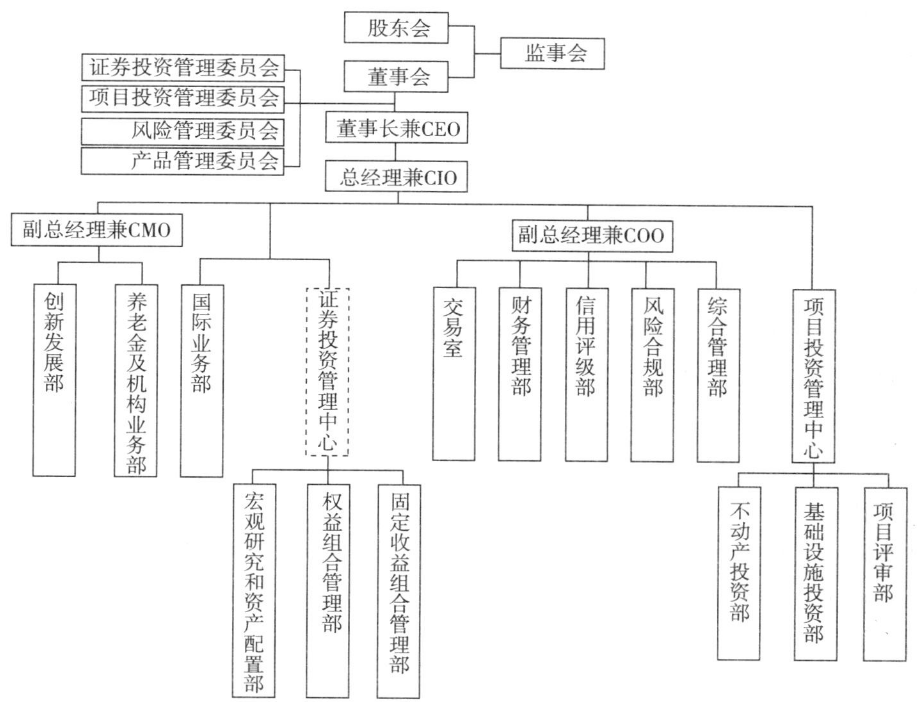

图7-8-4 华泰资产管理公司组织架构图（2010年）

专题7-8-1 项目投资管理中心：新业务，新平台，新机制

一、大势所趋

2010年是中国保险业翻开保险资金运用历史新篇章的一年。在这一年的8月和9月，中国保监会先后印发了《保险资金运用管理暂行办法》、《保险资金投资股权暂行办法》和《保险资金投资不动产暂行办法》三份文件。至此，《保险资金运用管理暂行办法》和相关一系列配套政策的出台大大拓宽了保险资金运用渠道，保险资金不仅可以从事债券、股票和基金等证券投资，更进入了另类投资领域的基础设施债权、未上市公司股权和不动产投资。我国保险资金配置的空间基本接近国际成熟保险市场的水平，政策的出台，更为整个中国的资产管理产业写下了浓墨重彩的一笔。

一方面，随着保险资金投资渠道的稳步拓宽，保险投资品种逐步增加，保险投资运用的投资多元化和风险分散为保险业务的发展提供了有力的支撑和风险管理手段，负债指引资产，资产促进负债，形成了相互支撑和相互促进的良性循环。另一方面，“目前，保险资金运用渠道已基本全面放开，保险资产管理公司已经成为金融业中投资领域最为广阔的金融机构”（引自吴定富主席在2010年9月27日保险资金运用监管工作会议上的讲话）。

继2000年以来成为证券市场上的重要力量之后，保险资金更进入了实体经济领域，为国民经济增长发挥了重要的推动作用。早在2006年3月，经国务院批准，保险资金允许投资基础设施项目，中国保监会发布了《保险资金间接投资基础实施项目试点管理办法》等一系列相关政策。各保险资产管理公司在监管部门的正确领导下建制度、抓能力、搭平台、搞试点、严监管，积极推进保险资金间接投资基础设施项目。截至2010年年底，设立多只基础设施债权投资计划，累计完成基础设施项目债权投资近千亿元。保险资金在另类投资领域显示出了勃勃的生机和良好的发展势头。

根据《保险资金运用管理暂行办法》的政策规定，保险资金投资于未上市企业股权的账面余额，不高于本公司上季度末总资产的5%；投资于不动产的账面余额，不高于本公司上季度末总资产的10%；投资于基础设施等债权投资计划的账面余额不高于本公司上季度末总资产的10%；全部另类投资占

到总体保险总资产的25%。如果按照2010年底我国保险总资产达到5万亿元测算，将有近1万亿元的保险资产配置在另类投资领域。但是截至目前，我国的另类投资整体也还处在刚刚起步的阶段。面对如此重要的业务发展机遇和复杂的竞争环境，深化保险资金运用体制改革，采用恰当的管理体制和组织模式开展另类投资成为整个保险资产管理行业一个重要的课题。

作为保险资金运用的重要主体，保险资产管理公司近年来发挥了十分重要的作用。目前我国的保险资金运用另类投资业务大部分都是采取保险资产管理公司内设事业部的组织管理模式。这种组织形式与现代另类投资机构的组织管理模式相差甚远。为保证保险资金运用另类投资能够规范健康发展，必须遵照另类投资的基本规律和特点，设立专门的保险资金运用另类投资管理机构，将另类投资业务与传统证券投资业务严格分离，实施专业化的经营管理，建立清晰的内部分工和良好的内控制度，并建立更加完善的防火墙机制。

二、应势而生

组织管理模式的话题历来是和公司战略分不开的，组织模式就是为了有效达成和实施公司战略而设计并应运而生的。说起华泰资产管理公司的项目投资中心，就必须要先谈谈华泰资产管理公司的“基础+X”战略。

2010年，是华泰资产管理公司的第二个五年计划的第一年。公司在总结过去五年来资产管理实践经验的基础上，在专业的咨询机构麦肯锡的协助下，为公司制定了“基础+X”的战略部署。“基础”指公司各项业务的基础性与共享性平台，主要由投研、风险和运营三部分构成，并以上海为中心；“X”指公司的扩展性业务平台，主要由传统的保险资金受托管理、养老金业务，另类投资（包括股权、债权及不动产投资等以及未来可拓展的境外投资和公募产品）构成，主要以北京为重点。

其实，华泰资产管理公司的另类投资最早可以追溯到2006年的保险资产管理产品创新试点开始。2007年华泰—国开沪通资产支持产品已经具备了基础设施债权投资计划的雏形，也成为当时众多保险公司青睐的保险资产管理产品之一。后来，华泰资产管理公司又于2010年3月推出了华泰招商供电项目债权投资计划，成为当时债权投资计划市场上收益率最高的产品，并在15天之内完成募集和资金投放，创造了募集和投放时间最短的纪录，为保险资金提高投资收益，降低投资风险做出了扎实的工作。

虽然保险资金另类投资的业务是稳步开展的，但是管理体制和机制创新是自始至终进行的。华泰先是在资产管理公司设立了项目投资事业部，专门开展基础设施债权投资计划业务，并在2010年初获得了监管部门的能力验收。而后，随着保险资金基础设施债权投资计划业务的逐步开展，以及不动产投资和股权投资的政策出台，资产管理公司下设的项目投资事业部已经不能满足保险资金另类投资业务发展和公司战略实施的需要。与此同时，保险资金另类投资专业队伍的不断壮大，保险资金运用另类投资管理经验的不断提高以及保险监管能力和措施的不断强化，都为专业保险资金运用另类投资管理机构的设立及运作奠定了良好基础，因此目前已基本具备有能力实现保险资金运用组织架构专业化的顺利转变。

于是，在2010年11月，为了更好推动华泰资产管理公司的另类投资业务，进一步实施公司“基础 + X”的战略部署，经公司董事会批准成立了华泰资产管理公司项目投资管理中心，作为公司集中化、专业化、规范化的另类投资管理机构。

三、强势运营

（一）专业化体制

机构独立。鉴于另类投资业务的管理体制和运行机制与传统投资有很大不同，2010年11月，经董事会审议，公司决定对项目投资业务的组织架构进行调整，以原项目投资事业部为基础，设立项目投资管理中心。中心独立运作，下设基础设施投资部、不动产投资部和项目评审部。

业务独立。在业务管理方面，中心根据公司董事会的授权，独立开展项目投资业务。其中，基础设施投资部负责开展基础设施债权投资计划业务；不动产投资部负责不动产相关金融产品的发起设立业务；项目评审部负责项目的投资评估、风险管理和后续管理等工作。

决策独立。项目投资业务和传统的证券投资业务在业务性质、评估方式、风险特征与决策体系上存在较大差异。为确保项目投资决策的相对独立，公司将原投资管理委员会分拆为项目投资管理委员会与证券投资管理委员会。项目投资管理委员会作为公司项目投资管理的决策机构，根据董事会授权，在公司管理层领导下相对独立进行项目投资业务的管理、决策与审批工作。

（二）公司化运作

提升级别。在部门级别和人员配置方面，公司给予特别政策。中心总经理由公司总经理兼任，中心的副总经理任命为业务线的投资总监，级别为公司副总级，基本形成公司化管理的雏形。

独立财务。经公司总经理办公会研究决定，中心在财务核算上进行独立核算。

独立预算。经公司总经理办公会研究决定，中心进行独立预算。

（三）市场化机制

对项目团队实行市场化的考核机制，有利于吸引和留住人才，充实团队，推动项目投资业务的发展。为此，公司参照信托、投行等机构的考核机制，聘请外部专业机构设计了与公司项目投资业务相适应的激励机制方案。对项目业务人员，激励理念是鼓励做大，强调的是价值贡献分享，在业务政策上，主要采用固定工资加业绩提成的方式；对项目中后台支持人员，激励理念是提供稳定和高效的业务支持和保障，在业务政策上，主要采用固定工资加绩效奖金的方式。

目前，项目投资管理中心在运作上相对独立，在管理上模拟公司模式运行。待政策允许和拓展保险业外管理资产条件成熟时，公司将以项目投资管理中心为基础，过渡为独立的项目投资管理公司。

通过借鉴另类投资领域的成功经验，设立专业化的保险资金运用另类投资管理机构，对于培育专业化的投资管理队伍，提高保险资金运用的规范化管理水平，加强保险资金运用的监管水平十分必要。此举对于我国加入世贸组织后将要面临的国际保险业的激烈竞争，确保我国保险业的长远发展更是十分有意义的。

（二）公司人才队伍建设情况

华泰资产现有员工102人，平均年龄32岁，平均从业年限7年，海外背景人员21人，博士3人，硕士66人，专业人员95人，包括：

1. 投研人员。公司现有证券投资及研究人员24人，平均年龄31岁，硕士以上学历20人，博士1人，具有海外教育背景和工作经历的2人，平均从业年限为7年，在公司工作时间平均4年。

2. 项目投资人员。公司项目投资团队共计23人，平均年龄34岁。其中硕士以上学历22人，具有海外教育背景和工作经历的9人，平均从业年限为9年，核心骨干在公司工作时间平均5年以上。

3. 交易人员。公司现有交易人员5人，平均年龄30岁，全部为学士以上学历，平均从业年限9年，在公司工作时间4年。

4. 风险管理人员。公司风险管理团队共计13人，平均年龄31岁。全部为硕士以上学历，具有海外教育背景和工作经历的6人，平均从业年限5年。

5. 市场人员。公司销售团队共计8人，平均年龄32岁。其中硕士以上学历7人，具有海外教育背景和工作经历的2人，平均从业年限6年。

6. 运营及保障人员。运营及后勤保障团队共计29人，平均年龄32岁。其中硕士以上学历8人，具有海外教育背景和工作经历的5人，平均从业年限6年。

在持续快速发展的同时，公司管理层清楚地认识到留住人才是公司发展的根本。华泰资产坚持“以企业文化凝聚人、以公司发展激励人、以业务拓展锻炼人”，打造“专业、稳定、开放、活力”的专业团队。公司自成立以来，一方面着力坚持培养自己的专业队伍，另一方面注重引入外部机构的专业人员。近年来，华泰资产加大人才引进力度，在投研、项目投资和风险管理上不断引进优秀人才，满足公司业务发展的需要。同时，公司也认识到，“引进”的确可以在短期内解决人才短缺的问题，但从长远发展来看，引进人才与华泰文化和团队的融合，需要做出更细致深入的工作，最终才能形成华泰的核心专业团队。因此，公司注重人才梯队建设，选拔认同企业价值取向、素质高、有潜力的后备人员给予重点培养，逐步形成关键队伍的阶梯式结构，从而保证持续有效地支持公司战略目标的实现。

如何合理使用人才，充分发挥每个人的潜能？如何留住人才，实现企业长久稳定的发展？这是企业面临的难题。多年以来，华泰投资团队的稳定性是最高的。即便经过大起大落的2007年和2008年，华泰员工队伍却没有受到大的影响，5年间平均离职率仅7%。

表7－8－8　　2005—2010年公司离职率

年份	年底人数	入职人数	离职率
2005	32	—	—
2006	41	13	13%
2007	59	19	2%
2008	67	14	10%
2009	81	19	7%
2010	102	24	4%

华泰资产对员工的招聘、培训、使用、考核、评价、激励、调整等一系

列管理制定了详尽的人力资源制度，调动员工积极性，发挥员工潜能，为企业创造价值，确保企业战略目标的实现。公司注重以培训留人、绩效留人和企业文化留人，通过培训提高员工实现目标的能力，增强员工的职业生涯方向感、工作岗位责任感与事业发展满足感，打造适应市场化要求的员工队伍；凭借公开、公平、公正的考核、激励、奖惩机制，使各条线、各部门和各岗位聚焦绩效和能力，使公司良性运转，增强动力与共识，减少非议与分歧，使员工有效流动，做到有绩效有能力的进得来、上得去，无绩效无能力的下得来、出得去；建立团结向上、创新进取的企业文化，激发员工的热情，齐心协力为实现企业战略目标而努力。

公司留住人才的另一个法宝是创新。一个有创新意识的企业，很容易得到员工的认同，也能为员工提供更为广阔的专业成长空间，资历较浅的员工也可以在不断创新的企业中提升自己的职业发展能力。十几年来，华泰资产从一个保险公司的内设部门发展到管理着包括保险资产、企业年金等各类资产的专业化资产管理公司。从简单投资国债、金融债券到如今的固定收益投资、权益投资、海外投资、债权及股权项目投资等，华泰员工得到了和公司一同成长的机会。

三、公司改革创新

伴随中国保监会资金运用政策放开及资产管理公司专业化、规范化和市场化发展的六年，华泰资产走过了六年的创新发展之路。

（一）创新能力：重视专业分工的投资体制

作为一家专业的资产管理机构，华泰资产一直重视专业化投资能力的培育和提升，并通过专业化的投资体制和机制，不断强化投资能力建设，在专业化能力与资质上获得了中国保监会、保险同业及社会的广泛认同。

华泰资产于 2005 年 2 月在上海证券交易所直接进行股票投资，投下了保险资金直接入市第一单，并于同年 3 月获准 IPO 询价对象资格，成为首家保险机构 IPO 询价对象；2005 年 8 月荣获劳动和社会保障部核准的首批企业年金基金投资管理人资格；2006 年 6 月成为首家资产管理产品试点单位，成功开发和销售了华泰增值、华泰中短债、华泰策略和华泰国开沪通等投资产品；

2007 年先后取得香港 H 股、红筹股投资资格及 QDII 资格；2010 年，先后获准监管部门的信用风险管理能力备案及基础设施债权投资计划能力备案。这些资质和能力的认可是与华泰资产长期重视专业分工的投资体制与机制分不开的。

1. 专业机构发展

1996 年华泰保险就率先设立投资部，专门管理保险资金的投资运作；2001 年，在上海设立投管中心，模拟资产管理公司，实行独立化运作；2005 年，成立华泰资产管理公司，成为首批设立资产管理公司的保险机构之一。

2. 专业资金治理

华泰保险在 1996 年就实现了资金运用集中；2000 年，实现资金划拨集中；2005 年，承担保险资金托管课题，首家实现资金运用全托管；2005 年，实现体系内资产管理全委托模式运行，实现委托人、投资管理人、托管人三位一体的资金治理框架。

3. 创新管理体制

在投资专业化体制机制的建设中，华泰资产是勇于尝试和勇于创新的公司。在公司的投资决策上，实行董事会授权、管理层领导下的相对独立投资决策机制。依据投资类别分别设立证券投资管理委员会和项目投资管理委员会。委员由董事会任命；委员会由专家组成。实行集体讨论、集中决策，形成投资决议。

（1）证券管理模式创新：巩固传统投资能力

华泰资产在总结过去几年运作经验的基础上，在证券投资上实行“配置+组合”的管理模式，同时建立实施投研人员考核与激励机制。

在内部运作机制上，将投资过程划分资产配置与投资组合环节，发挥资产配置优势，设立标准投资组合，从而形成组合扩展线、资产管理线和产品创新线，提高专业化管理效率，推进资产管理体制创新。

在投研架构上，公司保证决策人员的专业和独立，注重投研的互动与合作，发挥配置与组合的优势，以投研一体化的形式提升管理效率。这样的管理模式提高了专业化分工管理的效率，有利于建立在组合管理和配置决策上的独特优势，注重发挥公司在配制和组合上的比较优势，形成产品或市场竞争力，清晰投研人员的提升空间，并形成适度竞争格局，促进人员的优胜劣汰。

从实施效果看，作为一项组织创新，极大提高了工作效率；作为上中下游的一种切割尝试，极大清晰了职责与流程；作为专业化分工的一个举措，极大明确了员工发展路径；从潜在风险看，有可能导致决策的进一步集中，风险的进一步上移，压力的进一步上交。

公司组合管理业绩情况

	组合净值增长率（%）	基准增长率（%）	超越基准（%）
金融地产	-24.96%	-18.34%	-6.62%
消费医药	35.89%	16.19%	19.70%
周期类	37.52%	11.60%	25.92%
信息与先进制造	30.87%	-1.71%	32.58%
其他组合	24.28%	-11.00%	35.28%
平均	20.72%	-0.65%	21.37%

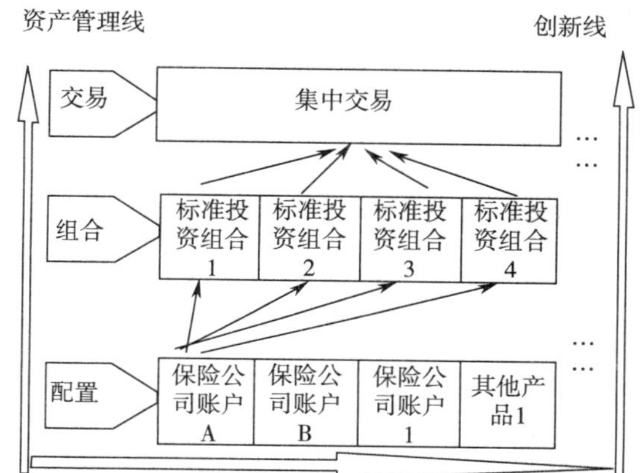

图 7-8-5 公司组合管理业绩情况

（2）项目投资管理中心：打造另类投资实力

鉴于项目投资业务的管理体制和运行机制与传统投资有很大不同，华泰资产为适应项目投资业务发展的需要，推动项目投资运作能力和市场化发展的能力，于 2010 年 11 月，经董事会审议后决定对项目投资业务的组织架构进行调整，以原项目投资事业部为基础，设立项目投资管理中心。中心独立运作，下设基础设施投资部、不动产投资部和项目评审部。

在业务管理方面，中心根据公司董事会的授权，独立开展项目投资业务。其中，基础设施投资部负责开展基础设施债权投资计划业务；不动产投资部负责不动产相关金融产品的发起设立业务；项目评审部负责项目的投资评估、风险管理和后续管理等工作。

在投资决策方面，项目投资业务和传统的证券投资业务在业务性质、评估方式、风险特征与决策体系上存在较大差异。为确保项目投资决策的相对独立，公司将原投资管理委员会分为项目投资管理委员会与证券投资管理委员会。项目投资管理委员会作为公司项目投资管理的决策机构，根据董事会授权，在公司管理层领导下相对独立进行项目投资业务的管理、决策与审批工作。

在管理运作方面，一是提升级别。在部门级别和人员配置方面，公司给予特别政策。中心总经理由公司总经理兼任，中心的副总经理任命为业务线的投资总监，基本形成公司化管理的雏形。二是独立财务。经公司总经理办公会研究决定，中心在财务核算上进行独立核算。三是独立预算。经公司总经理办公会研究决定，中心进行独立预算。

在市场化机制方面，对项目团队实行市场化的考核机制，有利于吸引和留住人才，充实团队，推动项目投资业务的发展。为此，公司参照信托、投行等机构的考核机制，聘请外部专业机构设计了与公司项目投资业务相适应的激励机制方案。对项目业务人员，激励理念强调的是价值贡献分享，在业务政策上，主要采用固定工资加业绩提成的方式；对项目中后台支持人员，激励理念是提供稳定和高效的业务支持和保障，在业务政策上，主要采用固定工资加绩效奖金的方式。

（3）博士后工作站：建立专业人才储备

经过认真准备和组织，华泰资产的博士后工作站于2010年8月正式获得国家人社部批准；目前公司是九家资产管理公司中唯一建立博士后工作站的机构。通过博士后工作站引进高素质投研人才，充实团队，建立公司发展的长期核心竞争力。

（4）香港公司：形成境外运作机制

根据《保险外汇资金境外运用管理暂行办法》和《保险外汇资金境外运用管理暂行办法实施细则》有关规定，2006年5月18日，中国银行股份有限公司在香港公开发售股份，华泰财产做好通过委托华泰资产参与中资银行在香港发行的H股申购，参与香港股票市场的一级市场投资。2007年10月获中国保监会批准进行香港市场红筹股及H股QDII投资，批准投资额度10亿港元，华泰保险开始委托华泰资产进行香港股票的二级市场运作。

2007年4月，华泰资产的“华泰策略投资产品”境外证券投资付汇额度得到国家外汇管理局批复，自此，华泰资产开始以自身产品名义参与香港股票市场投资运作，批准额度10亿港元。

2007年，华泰资产开始筹备成立华泰资产管理（香港）有限公司。2010年11月12日，华泰资产管理（香港）有限公司获得香港证监会颁发的就证券提供意见（4类）和资产管理（9类）牌照，标志着华泰资产（香港）可以正式开展资产管理业务。

（二）创新方向：满足市场需要的创新服务

华泰资产成立以来，始终本着公平对待、服务取胜的原则，一方面认真做好系统内受托资产的管理工作，为华泰保险集团化重组战略铺垫坚实的经济基础。另一方面，公司更以客户需求为导向，以专业化、市场化发展战略确定组织架构，梳理业务管理体系和制度流程，在严格控制风险的情况下提高受托业务效率，在第三方资产受托、企业年金、QFII 投资顾问、保险公司后台业务受托等诸多系统外受托资产管理方面取得了长足的发展。

在市场化拓展方面，以公司资源满足客户个性化的需要，提供包括投资、交易、后台、风险管理、产品开发等个性化服务需求。截至 2010 年底，公司受托管理资产规模为 802 亿元，时点规模创历史新高；从规模构成看，第三方占比为 75. 10% 。

截至 2010 年，公司的专业机构客户近百家，管理账户 54 个；其中：合作的保险机构客户 55 家，签约的企业年金客户 17 家，银行客户 3 家，信托客户 2 家，QFII 投资顾问客户 1 家，洽谈债权计划项目客户上百家。

公司管理规模及客户情况

	管理规模（亿元）	客户家数	受托账户个数
2005 年 1 月	38	1	1
2005 年	52	2	5
2006 年	139	18	8
2007 年	361	43	31
2008 年	362	47	38
2009 年	449	63	49
2010 年	802	78	54

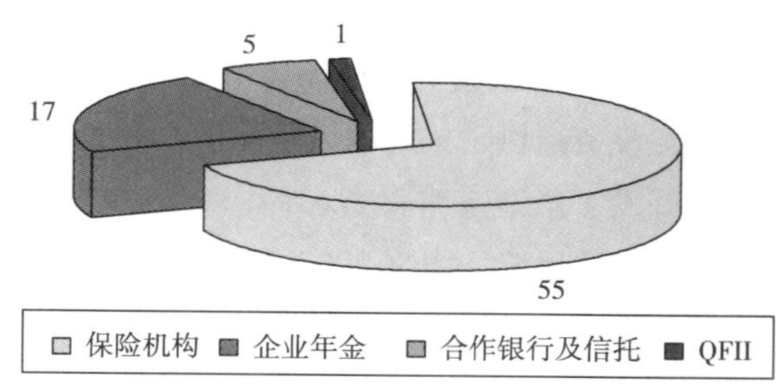

图 7 -8 -6 公司客户情况

凭借对专业化投资、市场化服务的执著追求，华泰资产已经初步在保险业内，特别是中小保险公司客户间建立起一定的品牌美誉度与核心竞争力。

1. 定位市场需求

华泰体系内：以受托为模式，发挥集约优势，提高体系内资金收益水平，支持集团公司发展；

华泰体系外：以产品为核心，发挥比较优势，坚持项目计划的份额化和证券投资的组合化，提供保险公司可选择的金融工具，支持保险发展；

保险行业外：以创新为手段，发挥独特优势（特别是在配置能力、投资领域跨业整合等方面），研究探索行业外资产管理机会，分享社会化财富管理机遇。

2. 确定业务策略

（1）管好系统内资产

华泰资产坚持以勤勉尽责的态度管理好系统内资产，在过去五年里管理的华泰财险和华泰人寿账户获得了良好的投资回报，同时，公司所管理的投资型保险产品和投连险等产品业绩在同业、基金等排名居前，推动了华泰体系内业务的增长与发展。

（2）服务好业内机构

华泰资产成立以来，以专业化和市场化为导向，以产品和专户为依托，以投资回报和定制服务为手段，全面服务于保险机构客户。

（3）抓住投资机遇

2006 年，根据的资本市场情况，新股申购具有风险低、收益稳定的特征，符合保险资金的风险偏好和投资需求，据此，公司开发了华泰增值、华泰中短债和华泰中意投资产品，分享资本市场收益。

2007 年，根据资本市场处于历史高位的情况，定向增发具有较高的折价，为权益投资提供了较好的风险保护，有利于降低权益资金的配置风险，据此，公司开发了华泰策略投资产品，重点参与定向增发，分享资本市场收益，降低权益配置风险。根据 2007 年银行资产证券化业务试点的投资机遇，公司开发了华泰国开沪通支持投资产品，以银行基础设施信贷资产证券化和银行担保信用增级的方式，为保险资金提供较好的配置工具，提高并稳定投资收益。

2010 年，在保监会基础设施建设项目债权投资管理办法出台后，经过几年的实践和磨合，公司成功设立发行了“华泰招商供电项目债权投资计划”，为保险资金提供较好的另类投资产品。

（4）全面提供管理服务

华泰资产为保险机构提供了包括全委托、固定收益组合管理、权益投资组合管理、交易服务、后台服务等全方位的标准化服务模式，获得了保险机构的普遍好评。公司把握 QFII 和银行理财的投资需要，以投资顾问的形式积极开拓业外投资服务机会，以市场化的方式为专业机构提供资产管理服务，更严格地参与市场竞争，打造公司的核心竞争能力。

（三）创新保障：不断巩固提高的基础能力

在制度建设上，2004年，华泰资产在筹备期内搭建制度雏形；2009年，专门聘请翰威特咨询公司，进行制度体系重构以适应业务发展；2010年，借助普华内控审查，全面完善风控体系，全面为创新业务保驾护航。

在业务流程上，2008年，华泰资产启动翰威特人力资源提升项目，通过"立目标、找问题、寻答案"的过程，确证业务战略，梳理组织架构，优化管理流程。

在风控体系上，为符合监管要求，服从战略统筹，满足业务需求，公司于2010年重新规划公司的风险管理体系，借助普华风险管控项目的实施，以分类监管为指引，风控工作做到制度化、系统化、定量化和日常化，为公司的战略布局保驾护航，对公司的业务发展制衡促进。

在运营保障上，运营保障线紧紧围绕公司"夯实基础，搭建平台"的工作目标，以注重沟通、提升管理、强化服务为重点，发挥沟通上下、协调左右、联系各方、照应内外的枢纽作用，切实履行各项职能，保障公司各项业务正常进行。

（四）创新精神：制度责任绩效的企业文化

1. 制度文化建设

在华泰资产成立初期，公司致力于企业制度建设，参照基金管理公司等成熟资产管理公司的经验，搭建了完善的制度雏形。在公司市场拓展和业务发展的初期，注重业务经验和流程的积累。2009年，公司专门聘请翰威特咨询公司，针对华泰资产的业务专门进行制度体系的重构。公司着力建立"制度文化"，强调以人为本，在制度面前人人平等，强调制度可以培养人，制度可以选择人，制度也可以淘汰人。

2. 责任文化建设

当制度不断健全，并且趋于完善的时候，华泰资产开始强调"责任文化"。责任文化强调企业的执行力。公司邀请翰威特咨询公司对华泰每个岗位责任都进行了评估、确认与描述。明确岗位职责，确立各级之间的汇报关系。责任文化不是民主集中制，而是建立明确的个人负责制。责任文化要求每个人要做到“在其位、谋其政、行其职、观其效”。

3. 绩效文化建设

随着制度文化、责任文化的确立，公司的经营管理逐步完善，“绩效文化”又逐步提上了议事日程，只有当企业的绩效管理完全融入公司的制度当中，绩效文化才开始发挥作用。为此，华泰资产建立起了一整套的绩效考核体系。在公司层面：达成公正的绩效考评体系要求，各条线各部门各岗位聚焦绩效和能力，使公司良性运转，增强动力与共识，减少非议与分歧；在员工层面：促进透明的绩效考核机制，使员工有效流动，做到有绩效有能力的进得来、上得去；无绩效无能力的下得来、出得去。在责任追究中强调“问责机制”，权责利要理清，失职要问责，尽职要免责，不断推动绩效与责任文化建设。

（五）创新成果：企业价值持续增长

通过创新，华泰资产的市场化发展优势得以形成。公司以专业化和市场化为导向，以产品和专户为依托，以投资回报和定制服务为手段，全面服务于保险机构客户。目前公司合作的保险机构55家，签约的企业年金客户17家，银行及QFII等投资顾问客户5家，受托管理账户54个，成为保险行业市场化程度最高，规模增长最快，投资业绩优良，经营业绩突出的保险资产管理机构。管理规模中75%来自于华泰集团之外，是保险业内第三方管理委托数量最多的专业保险资产管理公司。

四、公司资产管理能力状况及投资操作回顾

2005—2010年，是保险行业资金运用飞速发展的时期。随着行业保费规模不断增长，保险资金保值增值需求日益强烈，原先只依靠固定收益类资产等低风险投资渠道已经难以满足保险资金增值需求。在保监会统筹安排下，保险资金投资渠道不断拓展，从固定收益类到权益类，从证券投资到另类投资，投资领域从原先只覆盖低风险低收益资产扩展到涵盖部分高风险高收益资产。同时，高风险投资领域放开也要求投资人有相匹配的资产管理能力来控制风险，使得中小保险公司对于保险资产管理服务产生了大量需求。

在这六年里，华泰资产管理公司抓住历史机遇，坚持走市场化道路，以资产管理能力为核心竞争力，全力搭建投资业务平台，充实人力资源，完善风控体系，投资绩效排名靠前，管理规模跨越式发展，客户资源不断攀升，以出色的投资管理能力构成了华泰资产的核心竞争力。

（一）公司资产管理能力建设

1. 资产管理平台逐步搭建

随着公司的战略重心从管理母公司资产、到管理第三方资产，再到走产品化的规模扩张道路的演变，公司的资产管理平台模式也随之不断完善，以适应公司战略发展要求。

□ 期间	1996—2004年	2005—2009年	2009年至今
□ 投研主流程	投委会：配置 投资部：组合 交易室：交易	研究部门：建议 投资经理：负责	资产配置部：配置 权益/固定收益组合部：组合
□ 风控着力点	财务预算合规 市场风险可控	研究支持 合规	标准化流程管理 公平交易体系
□ 制度	部门化 制度形成	公司化 制度完善	产品化 制度重构
□ 人力资源	内部培养	内部培养为主 社会招聘为辅	市场引进为主 兼顾内部培养

图7-8-7 资产管理平台模式演变

2005年之前，华泰资产前身为华泰财险内设投资部门，资产管理仅限于母公司委托资产，投资目标是完成母公司下达的财务预算目标。保险公司开始只能投资国债、协议存款，后来允许投资金融债、企业债，紧接着增加了封闭式基金、开放式基金，2004年前后才放开可转债投资。作为母公司内设投资部门，由于投资渠道狭窄，组织架构相对简单，投研工作一肩挑、粗活细活一身揽。投资制度形成框架，但仍然不够细化。

2005年公司成立，华泰资产成为市场化运作的独立主体，不仅管理母公司资产，还管理第三方委托资产。如何公平对待不同性质的委托资产，成为当时思考的重点。2005 年股票投资渠道放开，要求搭建与之相适应的投资业务平台。公司先后考察多家不同类型的资产管理机构，最后参照基金公司模式，重构组织架构，将原有的投资部门分立为投资部和研究部，强调研究的独立性和客观性。随着 2009 年债权投资计划的放开、公司又增设了项目投资部等职能部门。

2009 年，随着公司受托管理资产规模不断扩大，受托账户日益增多，且账户规模各异、性质不同。如果为每个账户配置不同的投资经理，既降低管理效率又不利于控制各账户业绩差异。经过充分思考与论证，公司投研业务推行“配置 + 组合”的管理模式，将原投资部与研究部，重组为宏观研究与资产配置部、权益组合管理部、固定收益组合管理部，将研究工作融入三个投资职能部门中。配置经理管理账户并根据账户资金性质，申购组合经理管理的不同产品组合。从而达到提高管理效率、控制业绩差异的目的。

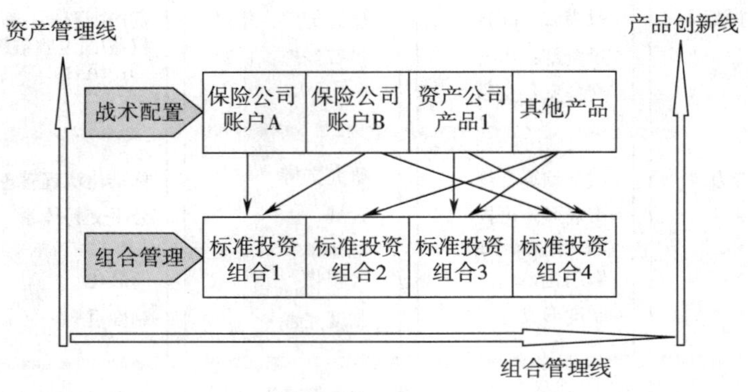

图 7－8－8　组合申购示意图

2. 投资团队人力资源建设

近年来，随着市场形势的变化，华泰资产业务不断扩展、受托规模逐步增加，资金管理难度和要求不断提升，公司在人力资源管理上积极应对，灵活调整人力资源政策，员工队伍不断扩大。

2005 年前，华泰资产因是华泰财险内设投资部门，人员招聘仅以满足华泰体系内资产管理为目的，人力资源建设主要依靠内部培养。

2005 年资产公司成立后，作为一个独立公司，部门设置增多。同时公司管理的外部资产不断增加，公司调整人力资源政策，实行“内部培养为主、社会招聘为辅”的政策，人员队伍得到快速扩充。

2009 年，公司按照产品化战略的要求，对原有业务流程进行重构，对内部竞争提出了更高的要求，人才队伍的市场化要求再次提升。公司再次调整人力资源政策，实行“市场引进和内部培养并重”的招聘政策。实现员工绩效与业绩挂钩，“岗位能上能下、公司能进能出”。2010 年，公司加大了对市场优秀人才引进力度，队伍实力得到再次增强。

表 7－8－9　　主要业务岗位人员构成

<table>
<tr><th>时间</th><th>投资研究</th><th>投资交易</th><th>风险管理</th><th>运营保障</th><th>市场营销</th><th>项目投资</th></tr>
<tr><td>2005 年初</td><td>6</td><td>2</td><td colspan="2">12</td><td>2</td><td>0</td></tr>
<tr><td>2008 年底</td><td>28</td><td>4</td><td>6</td><td>16</td><td>3</td><td>—</td></tr>
<tr><td>2010 年底</td><td>21</td><td>5</td><td>11</td><td>28</td><td>8</td><td>23</td></tr>
</table>

注：①2005 年初，风险管理与运营保障人员未做明显区分；

②2008 年投资研究还包括项目投资相关人员。

3. 投资风控体系逐步完善

华泰资产公司资产管理业务能够实现快速发展，与风控体系不断完善密不可分。通过完善制度、升级硬件、充实风控人员队伍等措施，公司的风控能力为资产管理业务发展提供了强有力的支持。

2005 年前，投资品种少、管理资产单一，系统建设相对滞后，风控指标体系框架初步形成，但风控指标的计算大部分依靠人工，效率较低。2005 年公司成立后，随着管理资产规模增加、投资渠道逐步放开，对风控体系的要求进一步提升。公司加大对后台系统的投入，购置硬件，添加软件，升级模块，招聘风险管控人员和运营保障人员。同时，要求各部门按照业务流程，对制度进行梳理完善，查缺补漏，风控缺陷明显减少。2009 年后，公司按照产品化战略的要求，对业务流程再次重构，并进行了相应的组织结构调整。风控着力点落在标准化流程管理和公平交易监控上。为此，公司聘请专业公司对系统模块再次升级，并且按照产品化的要求，再次对制度流程进行了重新梳理。公司在风险管控领域的努力，成就了公司未被监管部门处罚的“零”记录。

4. 投资绩效持续保持卓越

2005—2010 年，华泰资产在投资业务平台、人力资源和风控体系上的不断投入，取得可喜成效，使公司市场竞争力不断加强，队伍战斗力不断提升，投资业绩始终能排名同行前列。自 1996 年开始运作的华泰保险普保账户资金，至2010年具有15年的投资历史，累计投资收益率501%，平均每年12.70%，为同期市场基准的2.91倍。公司管理公开账户的投资业绩，在基金同类产品中累计排名靠前。

表7－8－10　　华泰普保历年投资业绩表现　　单位：%

年份	固定收益	权益投资	账户收益率	基准收益率	超越基准
1996	14.56	—	14.56	9.17	5.39
1997	27.8	—	27.8	7.13	20.67
1998	15.79	—	15.79	5.03	10.76
1999	9.97	11.53	9.98	2.92	7.06
2000	6.8	27.85	11.41	5.22	6.19
2001	6.71	18.34	8.03	5.83	2.2
2002	10	－14.22	7.71	3.09	4.62
2003	3.71	5.18	3.85	0.22	3.63
2004	1.31	－11.06	0.39	－4.79	5.18
2005	8.93	4.07	8.66	12.79	－4.13
2006	5.08	140.8	24.12	7.75	16.37
2007	38.76	153.26	53.76	14.86	38.9
2008	11.8	－38.33	3.28	－1.3	4.58
2009	2.72	65.29	7.74	2.74	5
2010	3.49	9.71	3.35	－3.23	6.58

（二）2004—2009年投资操作回顾

2005—2009年的五年间，国内经济经历了回落、复苏、繁荣、衰退、再复苏五个不同的发展阶段，走过了一轮完整的经济周期。回顾我们的投资策略，基本上做到了对国内宏观经济形势准确判断，并结合股市和债市估值水平及市场流动性情况，针对交易型和配置型账户特性，提出了合理资产配置方案。从策略实际实施效果来看，在一轮完整经济周期中，在股票市场和债券市场我们把握住了牛市大机会，规避了熊市大风险，为委托人和客户创造了显著投资收益。

表 7－8－11　　2005—2009 年度投资策略

年份	投资策略
2005	加大组合久期，规避权益市场风险
2006—2007	保持短久期策略，把握 A 股市场投资机会
2008	买债卖股
2009	买股卖债

2005 年：加大组合久期，规避权益市场风险

2004 年，我国出现了多年未有的煤电油运全面紧张状况，部分瓶颈产业跟不上需求扩张，经济出现局部过热。国家通过加息、行政命令等手段进行调控，公司判断 2005 年经济可能面临收缩风险。

对于股票市场，公司认为受政策紧缩影响，企业盈利能力恶化。同时股权分置改革正在实施，“全流通”靴子尚未落地，股票市场面临较大风险。对于债券市场，经过 2004 年加息，债券市场收益率处于高位，具有较高配置价值，并且紧缩的宏观环境为债券带来交易性机会。因此，2005 年公司的操作是加大债券久期，降低股票市场仓位。截至当年底，股市收跌 8.33%，债券市场出现 14.07% 的涨幅。

2006—2007 年：保持短久期策略，把握 A 股市场投资机会

2005 年底，通缩风险逐步远去，国内经济走向复苏。一方面，行政调控消灭了部分过剩产能，另一方面，欧美经济正处上升阶段，强劲的外需也消纳了部分过剩产能。公司认为国内经济产能利用率逐步上升，进入复苏阶段。

对于股票市场，公司认为经过 2004 年、2005 年下跌，市场处于历史低位，估值水平具有优势，并且企业盈利正在改善，加上“全流通”靴子基本落地，股票市场具有明显投资价值。对于债券市场，公司认为 2005 年债券市场大涨，透支未来几年行情，债券收益率处于历史低位，不具有配置价值。因此，2006—2007 年，公司的操作是加大股票市场投资力度，股票仓位升至接近上限，同时，债券投资维持低久期。总的来看，这两年股票市场大幅上涨，债券市场有涨有跌。2006 年股票市场迎来了 130.43% 的涨幅，债券市场仅上涨 2.14%，2007 年，股票市场上涨 96%。债券市场下跌 0.47%。

2008 年：买债卖股

2007 年国内经济实现高速增长，企业 ROE 处于历史较高水平。国际大宗商品都出现大幅上涨，国内输入型通胀风险加大，年底 CPI 达到 6.5%，存在继续上涨的可能。经过若干次密集加息，国内1年期贷款利率达到7.47%历史高位，企业成本负担压力不断加大。在这样的背景下，公司判断政策紧缩可能持续存在，并且经济下行风险加大。只要某个环节出点问题，经济可能快速回落。

对于股票市场，经过2006—2007年大涨，市场指数超过5 000点，估值吸引力不高，企业ROE下行风险较大。在通胀高企、政策紧缩的背景下，公司认为股票市场难有大行情。对于债券市场，2007年连续加息，债券收益率大幅提升，具有较高配置价值。同时紧缩的政策环境也为债券提供交易性机会。因此，2008年的投资策略确定为买债卖股，降低股票市场仓位，加大债券配置力度。截至当年底，股市出现65%的跌幅，债券市场出现9.41%的涨幅。

2009年：买股卖债

经过2008年次贷危机影响，国内经济直接跌入冰点，通胀风险变成通缩压力，在政策上降息取代加息，向市场投放流动性成为世界各国应对危机的共同选择。国内在降息的同时，还出台4万亿元经济刺激计划、并通过刺激房地产市场，力保经济快速走出困境。公司认为经济将在政策刺激下走上复苏之路。

对于股票市场，经过2008年大跌，市场估值处于较低水平，企业的ROE较低，但在经济复苏的背景下，企业盈利能快速修复。公司认为股票市场具有明显投资机会。对于债券市场，2008年债市大涨，债券收益率下降到较低水平，不具备配置价值。同时在经济复苏的背景下，债券也面临一定下跌风险。因此，2009年公司的投资策略确定为买股卖债。截至当年底，A股市场出现79.98%的涨幅，债券市场基本收平，微涨0.87%。

（三）2010年市场环境与投资操作

1.2010年国内外宏观经济环境

（1）国内经济

2010年初公司认为，2009年的4万亿元投资计划有助于国内经济实现快速增长，同时，也制造了不少冗余产能。近几年的产能不断叠加，过剩问题较为严重，经济结构性矛盾相当突出，经济发展形势较为复杂。刺激政策退出、经济结构转型在所难免。

2010年4月以来，政府针对房地产行业，出台新一轮密集调控政策，市场陷入对经济“二次探底”的担忧，下半年，随着房地产政策影响弱化，经济企稳回升，同时也带来通胀水平超常上升，控制信贷投放、货币政策转向成为市场共同的话题。2010年，国内经济整体实现平稳较快增长，第三季度末GDP增速达10.6%，预计全年超过2009年9.1%的水平。

（2）国际经济

2010年，全球经济整体向好，特别是新兴经济体基本上已经复苏并逐渐恢复到危机前的水平。在新兴经济体的带动下，全球GDP增长3.9%，其中，发达国家GDP增长2.8%，发展中国家GDP增长7%。2010年上半年，欧债危机逐步爆发，带来国际市场动荡；下半年，对欧债危机的担忧有所缓解，同时，美国实行新一轮量化宽松货币政策，大量流动性推动全球大宗商品大幅上涨，给新兴经济体带来较大通胀压力。

2. 资本市场环境

总的来说，2010年，股市和债市的投资者预期调整节奏不断加快，当年资金运用面临如下特点：

（1）趋势不明，波动较大

相对于2008年经济从高点下滑，2009年经济从低点复苏而言，2010年是经济复苏和政策退出纠结在一起的年份。市场很难从当前经济形势清晰地判断未来经济走势，整体经济前景不确定性较大，市场对经济的预期既难以达成一致，又容易受到短期因素的影响而大幅波动。因此，股市和债市全年都没有明确趋势，而是呈现了大幅震荡走势。

（2）结构分化，配置困难

虽然2010年股市和债市没有系统性机会，但是结构分化却非常明显。从股市来看，以消费医药类和科技类为代表的小盘个股大幅跑赢指数，实现了较高的收益，而金融地产等权重股仍然处于亏损，板块分化现象很严重。但小盘股估值较高且流动性较差，很难满足保险资金的配置需求。从债市来看，今年第一季度企业债的收益率水平有一定配置价值，但债券市场上企业债发行数量不多，满足不了保险资产的配置需求。

3. 固定收益类资产投资操作情况

2010年上半年，固定收益资产操作主要以流动性管理为主，增持了部分中长期信用债券，并适当参与了中期利率债券的波段操作以及精选了部分债券基金。

利率债品种方面，2010 年第一季度，主要配置了 5～10 年政策性金融债和大行次级债，由于 2 月末利率产品收益率大幅快速下行，利率风险有所上升，因此第二季度各账户适度增加央票的持仓，以提升组合资产的流动性。

信用债品种方面，信用利差较高，公司年初就看好 5 年期信用品种，上半年配置类资金积极参与了资质较高的信用债投标。

2010 年下半年，对交易型账户缩短久期、逢高减仓；对配置型账户维持久期缺口、择机配置。

对交易型账户，在收益率曲线处于偏低收益率水平时，努力做好防御工作，逢高减仓。包括两部分，第一，提高配置资产的流动性；第二，利用选择权的债券，来进行防御配置，保证进可攻，退可守。

对配置型账户，精选品种进行配置，除了能够满足配置需求的信用产品，还参与了协议存款、债权计划在内的其他可以配置的品种，维持久期缺口稳定。

另外，各账户关注可转债可能带来的收益，适当参与可转债品种的投资操作，特别是参与了银行类转债的投资操作。

4. 权益资产投资操作情况

2010 年 3 月以来，权益投资推行“配置＋组合”管理模式，配置和组合管理相互促进，实现共同进步。

（1）配置管理方面

二级市场投资上，年初政府宏观调控政策趋紧，公司适当降低了权益仓位。4 月中下旬至 6 月初，公司逐步将权益仓位降至下限，减持周期性行业，仓位倾斜到消费医药、生产服务、科技及先进制造等行业。公司相信，中国经济新的驱动力将会在这些行业中产生。7 月初，调控政策依然存在，但市场预期已极度悲观，公司认为市场出现超跌，8 月初之前，公司果断加仓至基准附近。9 月底，美国宣布购买国债，引发流动性更加充裕的猜想。经过研究分析，公司及时加大周期类行业配置，并将仓位提至上限附近，取得不错效果。11 月初至年底，通胀进一步上升，政策紧缩预期更加强烈，公司及时对前期加仓的周期股票进行获利了结。

2010 年，二级股票市场跌幅明显，但一级市场股票投资仍然获得正收益，有效对冲了二级市场下跌风险。公司在控制风险的前提下，有选择地参与网下新股申购，中签新股在三个月锁定期内，平均涨幅达30%左右，获得了较好的投资回报。

（2）组合管理方面

在进行具体行业组合管理时，公司根据政策规划、行业现状、估值优势等因素，选择低估值的金融作为防守的盾，利用消费医药以及新兴产业作为进攻的矛，通过周期类的波段操作，不断增强收益。3月初权益投资组合构建以来，至2010年底，各组合净值表现情况如下：

表7-8-12　　组合净值情况　　单位：%

组合名称	净值增长率	基准增长率	与基准差额
消费医药	35.89	16.19	19.70
信息及先进制造	30.87	-1.71	32.58
周期类	37.52	11.60	25.92
金融地产	-24.96	-18.34	-6.62

5. 境外市场投资

随着保监会扩大保险资金香港市场投资的标的范围，可投资股票从300只不到扩展到1 200多只香港主板上市股票，更多优秀企业进入视野。公司加大了自下而上的研究力度，挖掘了一批类似腾讯控股的优质股票，为整体海外投资业绩的提升作出了贡献。

用自上而下的全球宏观研究指导海外投资是公司团队的特长。由于香港是全球资金可以自由进出的市场，因此公司除了运用国内传统股票研究方法外，还动态跟踪全球资金流向趋势（包括地域和投资品种）。自2010年6月底到11月初，公司跟踪到全球资金从发达国家流向包括香港在内的新兴市场、从债券基金流向股票基金。基于此，公司准确判断了下半年香港权益市场的牛市行情（香港恒生指数从19 000点涨到近25 000点），积极做多，下半年海外投资取得了超额收益。

6. 另类资产投资

2010年是基础设施债权投资全面展开的第二年，公司在几年积累的基础上大力推进市场，虽然面临流动性宽松的整体环境，仍然大有斩获，连续设立和发行了华泰招商供电项目债权投资计划、华泰保利能源项目债权投资计划，基本完成预定目标。对于刚刚放开股权投资和不动产投资的投资品种也积极地进行了有效探索与研究。与此同时，公司还针对能源、交通类基础设施项目进行了全方位的项目储备，为下一步的业务发展奠定了项目基础。更可贵的是，在公司另类投资业务不断拓展的同时制度建设更加完善，运作机制基本成型，人员大幅扩充，组织模式创新迈出可喜一步，在2010年年底成立了华泰资产管理公司项目投资管理中心。

五、公司资产管理的亮点

（一）改组力度大

从1996年的保险公司内设投资部、2001年的资产管理中心到2005年的资产管理公司，华泰资产走过了一条专业化、市场化的发展之路。

为适应业务发展和投资专业化程度的提高，公司从组织形式内部架构，进行了多次改组。

1996年华泰保险成立之初，就设立了投资部，负责公司自有资金的投资。当时的业务非常有限，一方面对华泰保险的资金负责，目标明确，获取安全基础上的投资收益，另一方面可投资领域也仅限于银行存款、国债等最基础的固定收益类品种。

2000年，投资范围已经扩展到基金，股票市场、债券市场也在蓬勃发展，保险资金的投资领域继续拓宽是必然之路。华泰提出走专业化发展之路，并在2001年将投资部升级为资产管理中心，迁址上海，实现了人员、办公场所、财务预算的相对独立。

2005年1月18日，华泰资产管理公司正式成立，标志着专业化、市场化的资产管理平台正式运行。一方面投资范围逐步扩大，另一方面也开始准备向第三方保险机构及其他资金开拓业务。

华泰资产管理公司成立之后，内部架构和管理体系也进行了多次改组，以适应业务发展、市场拓展以及投资领域不断扩张、专业化程度逐步提升的需要。组织架构图几乎每年都在变动。

2005年，设立企业年金部，并取得了企业年金投资管理人资格。2006年，业务部门开始准备迁回北京。2007年在北京设立创新发展部，负责市场拓展和产品开发。2009年设立机构服务部，负责所有客户的服务。2010年企业年金部更名为养老金及机构业务部，业务范围进一步扩大。同时在国际业务部的基础上，香港子公司也取得了业务牌照，正式成立。华泰走出了海外业务的第一步。

投资领域方面，最初仅有投资管理部和交易室，2005 年研究部设立，2008 年研究部迁至北京，投资管理部也分为权益投资和固定收益投资两部分相对独立运行，同时设立项目投资部。2009 年按照公司“基础 + X”架构，新设国际业务部和信用评级部，项目投资部升级为项目投资事业部。2010 年 11 月，正式设立项目投资管理中心，专门负责项目投资。而证券投资方面也开始施行“配置 + 组合”两级投资管理体制，专业化分工得到了进一步提升，也为产品创新提供了基础模块。原投资管理部和研究部调整为新设的证券投资管理中心，下设宏观研究与资产配置部、权益组合管理部、固定收益组合管理部三个部门，分别负责宏观和策略研究与资产配置、权益投资组合的构建与维护、固定收益投资组合的构建与维护。项目投资管理中心下设基础设施事业部、不动产事业部、项目评审部，分别负责项目推进、项目评审、风险控制、后续管理等职能。

以投资管理委员会为核心的决策机制进行了两次重大改组。第一次发生在 2007 年，明确投管会负责各类客户资产（包括股东委托资产）的投资决策，与资产管理公司自有资产的管理以及委托人自身的资产负债管理相互隔离，委员会委员也打破原有“公司领导为主”的格局，真正实现了“专家投资”的安排，首席投资官担任主任委员，权益、固定收益、研究等相关人员共同组成投资管理委员会。第二次发生在 2010 年设立项目投资管理中心后，将投资管理委员会分设为证券投资管理委员会和项目投资管理委员会，分别由相关业务的核心人员参与，并负责各自领域中的投资决策，从而更专业、更有效、更科学地进行投资决策。

（二）创新实践多

作为资产管理公司，华泰资产的业务创新围绕着资金来源和资金运用两条主线，通过产品的纽带，持续不断进行创新实践，也因此成为公司管理规模大幅增长、市场化程度不断提高的前提条件。在服务好股东的基础上进行全方位的业务创新，既是公司做大做强的现实要求，也是公司力争成为专业化、市场化的资产管理机构的主动选择。

产品创新方面，华泰资产协助华泰保险发行了一系列非寿险投资型保险产品，从最初的居安、居易，到非预定收益型的华泰理财一号、华泰理财三号、华泰稳健等产品，不仅扩大了投资规模，还将销售渠道拓展到总行级的个人金融产品销售部门，实现了基金系统销售保险产品的突破。同时，2006年6月，华泰资产成为首家资产管理产品试点单位，顺应市场环境推出货币类产品“华泰增值”、2007年中短期固定收益产品“华泰中短债”和以定向增发等为主的“华泰策略”系列产品，以及资产证券化试点“华泰沪通资产支持投资产品”。2010年华泰招商供电项目债权投资计划的顺利设立发行，标志着另类投资业务取得了新的突破。

业务创新方面，华泰资产最早在业内开展第三方受托业务，并在2009年成功实现了三个业内第一，即英大财险的第一单体系外全委托业务，信诚人寿的第一单后台运营及风控外包服务项目，以及美国安达保险的第一单QFII投资咨询业务。企业年金方面，公司不仅在2005年一举获得劳动和社会保障部的首批企业年金投资管理人资格，还在2010年初成为长江养老十几个合作伙伴中，唯一一家同时管理两个集合年金计划的投资管理人。

业务上的突破需要对现有模式的突破和对思维桎梏的突破，从另一个角度来说，创新多也意味着给监管部门带来的麻烦也更多。时至今日，华泰资产依然保持着旺盛的创新势头，需要公司强大的动力和不满足于现状的追求，更有赖于监管部门给予的理解和大力支持。

（三）机制建设实

资产管理业务的创新，需要成为体系自发的结果，不断推陈出新，具有可重复性，而不是单纯依赖某个人或某个部门，更不能只是昙花一现的偶然结果。创新的实践，则更需要公司在机制建设、风控建设、人才建设方面做好坚实保障，确保创新而不是冒险。

机制建设方面，公司自成立以来，每两年对制度体系进行一次全面梳理，在保持基本制度和体系稳定的前提下，根据业务发展情况，不断新增内容、细化流程、强化风控。尤其是在基础设施、不动产等另类投资业务领域，项目投资管理中心按照监管部门的要求、公司制度以及业务实践，建立了完善的制度、规范和流程，并编写《基础设施债权投资计划业务手册》，不仅在能力验收时获得了监管部门的好评，更是在随后的业务开拓过程中，成为业务人员最重要的支持手段。

风控建设方面，华泰2005年就成为行业内第一家保险资金全托管的试点，以严格的资金托管机制作为所有业务拓展的风控基石。公司设专门的风险管理部，在风险管理委员会和首席风险官的领导下开展工作，建制度、设系统、招人员、抓实施，确保投资管理和业务拓展的风险管理能够真正落到实处。不仅如此，公司为进一步提升风险管理能力，于 2010 年第一次花重金聘请普华永道为公司进行了全面的内控检查。项目历时八周完成后，公司总办会召开了连续三天的专题会议，逐个部门、逐个问题，明确整改任务，落实整改责任，并在随后近半年的时间中逐一落实，使公司的风控建设上了一个新台阶。人才建设方面，公司一贯重视人才的外部引进和内部培养，通过有效的制度和机制，招人、用人、留人。2009 年，公司聘请翰威特咨询公司对公司组织架构和岗位职责及相应考评机制进行重新梳理，并在此基础上对关键岗位采取特殊政策，吸收证券公司和基金公司的资深投资人员加入投研团队。2010 年公司还建立了保险资产管理行业内的第一家博士后工作站，进一步增加了公司储备高素质人才的渠道。公司内部通过职业培训、团队合作培训、专业技能培训和高级管理人员培训，包括选送核心骨干参加中欧国际商学院 EMBA 项目等方式，对团队进行多层次的培训，提升人力资源。

（四）投资业绩优

无论是在投资部、投资管理中心期间，还是在华泰资产管理有限公司正式成立之后，良好的投资业绩都是资产管理公司的安身立命之本。公司通过严格的制度，控制整体投资风险。机构投资者与散户最大的区别，在于投资的纪律性和对风险控制的高度重视。华泰资产最初的投资制度充分参考了国内基金管理公司的操作实践和国外资产管理公司的经验，又在随后的业务发展过程中根据实际情况进行了不断细化和完善，确保投资的市场风险、操作风险、运营风险甚至道德风险都能得到有效控制。

公司通过创造宽松的氛围，充分发挥投资经理的主观能动性。投资既是科学，也是艺术。既然是艺术，对投资经理的管理与考核，就需要综合考虑定性和定量的结合，激励和约束的作用。投资前的充分沟通，畅所欲言，投资时的严格执行，以及投资后的反思与交流，华泰投资团队一直能够保持一个较好的工作氛围，这也成为华泰吸引基金公司和证券公司资深同业人员加盟的一项考量因素。

在这两方面的共同作用下，华泰资产在受托账户、产品账户和企业年金方面都取得了良好的投资业绩，为客户累计创造收益近百亿元。长期、持续、稳定的投资业绩也成为公司业务开拓、产品创新的坚实基础。

（五）股东价值大

2005 年公司成立时，华泰资产经调整后的管理规模仅有 38.11 亿元。什么时候能够实现第一个 100 亿元，这是摆在管理层面前的第一个问题。随后，2005 年管理规模超过 50 亿元，2006 年管理规模超过 100 亿元，2007 年管理规模超过 300 亿元，2008 年的脚步受市场调整的影响略停滞了一下，但 2009 年又重拾升势，超过 450 亿元，2010 年则更是达到了创纪录的 802 亿元。6 年间，华泰资产的管理规模增长超过 20 倍，公司的净资产也从注册时的 1 亿元增长到 7 亿元以上，净资产收益率每年均保持在 15% 以上，公司人数从不足 30 人增长至过百人，华泰资产成为行业内名副其实的发展快、市场化程度高、公司价值增长最多的公司。

华泰资产管理公司实现了最初的市场化、专业化发展目标，成为业内市场化程度最高、覆盖面最广、市场意识最强的公司。公司机构客户近百家，6 年累计为保险行业创造投资收益近百亿元。截至目前，华泰资产受托管理的超过 800 亿元管理规模中，75% 来自于华泰体系以外的其他保险公司和第三方客户，其中包括 55 家保险公司、17 家企业年金客户，以及多家银行和 QFII 的投资顾问。

2009 年 9 月 20 日，拟议中的华泰集团在香山饭店召开战略发展研讨会，同期麦肯锡完成了华泰资产管理发展战略的咨询报告。会上，公司正式提出“成为国内领先的资产管理机构”战略目标，通过五到八年的时间，使资产管理公司价值过百亿元。目标背后，是产品化、市场化、专业化的坚定目标，是不放过每一个潜在机会的工作作风，是对任何成功永不满足的积极心态，是制度文化、绩效文化、责任文化的充分体现。华泰人希望与保险资产管理行业一起，一路同行，共赢未来！

领导访谈 7－8－1

问：华泰资产是伴随着中国保监会投资政策开放的过程而同步成立、

成长起来的，在这一过程中，与其他资产管理公司相比，华泰资产是如何定位自身发展的？

答：公司管理的800多亿元资产中，近80%来自于华泰体系外。这得益于华泰所坚持的差异化竞争策略，这一策略还将继续坚持下去，成为华泰资产的核心竞争优势。

华泰资产在2005年1月成立之初，调整后的管理规模仅38亿元，一成立就面临着系统内受托资产规模偏小导致的生存问题。生存与发展的压力，使华泰资产从一出生就具有市场化的内在冲动，并且定位明确。公司坚持以市场化为导向，以“想全局、干本行，干好本行、服务全局”为指导思想，始终秉承“诚信、创新、审慎、高效”的经营理念，立足服务于中小保险机构，在有效控制风险的前提下，为客户获取持续、稳定、良好的投资收益。

为了拓展市场，公司以积极进取的态度，以创新服务为手段，以投资能力为优势，以风险管理为屏障，想尽一切办法开拓市场，服务客户。可以说，创新文化、投资能力及风控建设构筑起了华泰资产市场化定位的三大基石。

问：华泰资产是从哪些方面进行创新和能力建设的？

答：华泰资产成立6年来，创新与发展是相生相伴，不可分离的。在监管部门的政策引导及大力支持下，公司从投资渠道、产品及服务、机构及机制等多个方面进行了持之以恒的创新与探索，也为整个行业的发展起到了抛砖引玉的作用。

在投资渠道上，只要中国保监会政策允许和逐步开放的投资领域，华泰资产就积极跟进。从2005年的股票投资，2007年的境外投资、基础设施等另类投资等，华泰资产一直作为首批机构参与其中。

在产品及服务上，华泰资产一直坚持两条腿走路，一是受托投资管理，二是投资产品管理。通过受托管理中小保险公司账户资金，公司逐渐培养起了一批核心客户。但同时，受制于中小保险公司规模小、发展不稳定的特点，受托管理的业务模式存在投入产出效率低下的弊端。通过产品管理的模式，则可以相对稳定投资组合的资产规模、提高投入产出比，同时扩大服务客户的覆盖面，使得行业内更多中小保险客户受惠于资产管理公司的平台优势及特有的资源优势。华泰资产在2006年获得保监会的首批产品创新试点资格后，结合市场时机迅速推出了华泰增值、华泰中短债、华泰国开沪通、华泰策略等一系列风格各异、收益增强、风险较低的投资产品，帮助业内中小保险公司分享市场收益。

在体制与机制上，伴随着2005年以来保监会逐步放开投资渠道及对各投资标的投资能力的要求日益严格，华泰资产也在逐步摸索新形势下如何将已有的平台及资源进行整合。先是针对监管部门对信用风险管理能力和债权投资计划产品创新能力的要求，专项设立了信用评级部及项目投资事业部，接着又以不动产投资政策及股权投资政策的推出为契机，将项目投资事业部提升为项目投资管理中心，下设基础设施投资事业部、不动产投资事业部及项目评审部三个部门，着力打造项目运作的能力和实力。在证券投资上，将之前的四个投研部门整合为证券投资管理中心，加强传统投资业务的能力。同时，产品中心的设立也已提上议事日程，以强化产品设计及运作能力。为配合境外投资业务，公司成立了香港公司，作为沟通海外市场与内地市场的桥梁。

投资决策机制上，鉴于项目投资和证券投资在业务性质、评估方式、风险特征与决策体系上存在较大差异，为确保投资决策的相对独立，公司将原投资管理委员会分为项目投资管理委员会与证券投资管理委员会。其中，项目委员会根据董事会授权，在公司管理层领导下相对独立进行项目投资业务的管理、决策与审批工作。在人才激励机制上，公司参照信托、投行等机构的考核机制设计了与项目投资业务相适应的激励机制方案，业务人员鼓励做大，强调的是价值贡献分享，项目中支持人员，则重点考虑提供稳定和高效的业务支持和保障。

问：华泰资产在建设投资渠道方面做了哪些工作？

答：在保监会大力拓宽投资渠道的过程中，业内保险公司、特别是保险资产管理公司均积极参与到相应投资能力标准的建设与备案当中。与业内同仁一样，华泰资产也率先通过了监管部门关于基础建设、债券投资、外汇投资、股票投资、信用风险控制、基础设施投资等多项投资能力的验收、备案工作。

在进行渠道建设的同时，公司结合自身实际，着眼于风险可控的情况下用好用足已有渠道政策，并将已有的渠道优势转化为与行业内中小保险公司共享的资源。在传统投资领域，通过受托、产品等模式，积极为客户提供二级市场投资、IPO申购、战略配售、定向增发、无担保债投资及后台综合管理等诸多服务，截至2010年年底，受托管理账户54个，合作的保险机构客户已达55家。在另类投资领域，先后成功设立发行华泰招商供电项目信用评级优、预期收益高的基础设施债权投资计划，且70%以上的份额均面向系统外保险公司发售，使得中小保险公司能充分享受到监管部门推行另类投资新政所带来的高收益、低风险。

问：华泰资产公司管理的资产中，近80%的资产规模来自于华泰集团以外，请问公司在产品和市场拓展上有何经验体会？

答：在产品和市场拓展上，我们与市场上大部分金融机构的经验体会类似，总体来看：

产品设计上，必须时刻牢记：金融市场的过去表现不能作为精算分析的全部基础；

业务销售上，必须不断宣扬：投资有获得回报的可能，也有产生亏损的后果；

市场拓展上，必须永远铭记：公司品牌高于一切，合规经营重于一切。若对业务选择与客户服务存有疑虑，请谨记前款。

问：华泰资产又是如何进行风控能力建设的？

答：优秀的风险控制能力是华泰资产作为一家领先资产管理公司在专业能力方面的内在要求，更是整个公司市场化定位、取信于客户的必然选择。华泰资产成立以来，一直力求探索风控与投资的良性互动，通过全人员、全流程、全方面的风险管理理念，支持业务发展。

总结多年资产管理的工作经验，公司以“不越红线、警惕黄线、关注蓝线”为风险管理执行纲领，将公司运营中的各项风险按照红线、黄线、蓝线三类进行分类评估，据此采取风险合规禁止、风险预警、风险分析等相关风险管理的具体措施。

“红线”指公司按照监管法律法规、委托合同投资指引和公司内部控制制度严格禁止的内容，公司风险合规部作为红线的监督部门，不仅在制度、流程上予以保障，同时在业务环节中以信息技术系统为核心、人工复核为辅助的方式进行严格把关。

“黄线”则是根据公司内部风险管理需要，在不越红线的前提下，对所有账户的系统性风险及单个委托账户的风险偏好而建立风险预警机制；主要包括系统性风险预警、单账户风险波动预警、多账户/单资产止损预警机制、集中度风险预警、交易对手评级及额度预警等。

“蓝线”为各类风险衡量及分析内容，其为投资决策、黄线预警、风险控制措施等提供分析依据；主要建立合规风险、市场风险、信用风险、流动性风险、资产负债错配风险、操作风险的定量、定性评估指标体系，定期发布各类风险评估报告、风险调整后收益评估、绩效归因分析、评级及额度使用情况及其他定性风险评估等。

下一阶段，公司将风险控制的任务定位于进一步明确“红黄蓝”三线框架，做到“红线”守住，“黄线”预警，“蓝线”推动，提高技能，增强风管可行性；完善体系，增强风管客观性；强化流程，增强风管自觉性；落实检查，增强风管严肃性。

问：华泰资产公司经过6年的发展，已经上了一个台阶，请问华泰资产今后五年有什么发展规划？

答：公司经过6年的努力和发展，得益于国民经济发展和监管政策推动，公司实现了“立足”目标。展望未来，公司必须强化资产管理的定位，力推“产品化”，研究“社会化”。明确战略规划，落实框架部署，确保实现“立世”目标。

前几年公司创业解决了生存问题，后面要解决发展的问题。依据华泰保险（集团）的总体战略安排，结合金融保险业未来变化趋势，公司发展战略目标为：成为具有创新力、竞争力、凝聚力的领先资产管理机构。

2011年作为未来五年战略布局的重要年份。在战略布局上，公司将重点建立“基础+X”的管理架构。“基础”指公司业务核心的、基础性的职能，通常在不同的业务平台间具有共通性，“X”指专业化的业务平台，包括资产管理公司内部，甚至集团旗下的资产管理相关事业部或专业子公司。在基础框架方面，投研、风控和运营是重点，在X框架方面，股权、不动产和香港公司是核心，再配之以保险市场和年金市场的深挖。公司力求通过“基础+X”战略布局，一方面确保提高公司的资产管理能力，另一方面为未来第三方业务的发展建立坚实基础。

总体上讲，公司珍惜积累，不折腾，聚精会神巩固传统业务；公司看重发展，不守旧，不遗余力扩张另类市场。在企业文化上，注重绩效责任；在职业生涯上，注重培育规划；在经营管理上，注重持续价值。

问：华泰资产是伴随着中国保监会投资政策开放的过程而同步成立、成长起来的，可以说，华泰资产全程见证并参与了我国保险资产管理发展的所有重要事项，在这段历程中，是什么让您印象最为深刻？

答：作为保险业发展的“双轮”之一，将保险资产投资管理做实、做好、做强，一直是中国保监会乃至整个保险行业都在思考、探索的战略性问题。特别是十六大以来，保监会坚持按照科学发展观的基本要求，针对发展不同阶段不同重点和特征，根据国家宏观政策和总体发展战略，及时调整开放思路，渐进、有序地引领保险资金的管理模式由全面负责转向相互制衡，管理方式由松散运作转向集中管理，管理架构由内部部门到专业机构，营运风险由长期忽视转向有序控制，管理效益由低效徘徊转向高效稳健，有力促进了保险业的整体协调发展。

在此过程中，监管部门借鉴国际经验，结合国内实际，有策略、有步骤地放宽投资渠道，是让华泰资产最为兴奋、最为欣喜的事情，整个行业受益匪浅，同时也有力支持了国民经济的持续快速发展。长期以来，由于我国金融市场正处于发展阶段，投资工具少，制度不健全，收益率不高，保监会始终将突破渠道政策，拓宽投资领域，提高投资收益作为重要工作之一。近年来，随着市场逐步完善及国民经济建设需要，经国务院批准，保监会先后出台保险外汇资金投资政策、股票直接投资政策、债券投资管理政策、基础设施建设项目投资政策及不动产投资政策等，对于优化资产结构，分散投资风险，提高投资收益，改善资产负债匹配状况发挥了重要作用，也引起热烈反响和社会关注，提高了保险业的金融市场地位和社会影响力。

问：除了放宽投资渠道，您认为这6年整个行业在保险资产管理方面还有什么重大的举措？

答：大力拓展投资渠道的同时，保监会也将风险控制工作放在了更加突出的位置，对可能引起系统性、行业性的风险高度重视、积极防范，并从两个方面进行战术布置，真正做到了投资渠道放得开，投资风险管得住。

一是在行业内逐步推行专业化运营及机构建设。目前，全行业共有9家资产管理公司，另有1家资产管理公司已经获批，绝大部分保险公司也都设立了专门的投资管理部或投资管理中心。通过专业化运营及专业资产管理机构的设立，不仅培育了专业化的投资管理队伍，提高了保险资金运用的规范化管理水平，也加强了保险资金运用的监管水平。

二是大力提升全行业各项投资能力资质。通过设定股票投资、外汇投资、无担保债券投资、基础设施债权投资等各专项投资标的的投资能力标准及信用风险管理能力标准，实施严格的验收、备案制度，积极引导各保险公司、保险资产管理公司结合自身实际，取长补短，从资本、机制、体制、系统、人员、风控等各方面有的放矢地发展特定投资标的的投资能力。

问：您认为下一个五年整个保险资产管理的发展会是一种什么样的状况？

答：下一个五年，随着国民经济持续稳定增长、金融市场日趋完善及整个社会对保险保障及财富管理的重视日益增强，保险行业将实现跨越式的发展，此过程中保险资产管理的规模、作用与地位也将进一步增强，并能强力提升保险行业对金融市场的影响力及对金融改革的话语权。同时，伴随着过去6年保险行业投资渠道的多样化、投资机构的专业化、投资能力的规范化，下一阶段，借鉴国际监管经验及监管趋势，监管部门会在保险资产管理的监管理念、方式、手段上不断提升、改进与强化。而作为行业主体的保险公司、保险资产管理公司，也会在监管政策的指引下，结合自身实际，进一步完善专业化、规范化、市场化的发展理念，并且继续国际化的尝试与探索。

[第九章]

太平资产

太平资产管理有限公司（以下简称太平资产）成立于2006年9月，是中国目前9家保险资产管理公司之一。成立四年多来，太平资产始终坚持“管理稳定”与“业绩稳定”的“双稳”方针，合规经营，稳健发展，在人寿保险、财产保险、养老年金、再保险资产管理，投资型保险和非投资型保险账户等方面积累了丰富的投资与管理经验，截至2010年底，管理的各类资产规模达到1 192亿元，其中保险资金近1 000亿元，年金组合188亿元。四年多来，保险资金账户和年金组合投资业绩稳定，整体投资收益高于行业平均水平，逐步树立了在牛市中追求趋势回报、在熊市中回避下跌风险、在震荡市中排名行业前列的稳健进取的投资风格。

太平资产除了在传统投资业务上取得优异成绩外，还在创新投资、风险管理和信用评级等方面具备较强实力。债权投资计划的开发能力在行业内名列前茅，其中2010年发行的南水北调债权投资计划是目前保险资产管理公司发行规模最大的单一基础设施投资金融产品，也是国内最高信用等级和保障层级的金融产品，达到保险行业同类产品的最高水平。长期以来，太平资产的风险管理体系和信用评估能力建设方面获得了监管部门和客户的一致认可，风险管理工作曾分别于2007年和2009年在监管部门组织召开的全国保险公司和资产管理公司大会上进行介绍。公司于2009年底通过了监管部门关于信用风险管理能力标准的验收，可以自主投资和接受客户委托投资信用债券。

从创业、成长，到发展、壮大，太平资产在保监会的监督指导下，秉承“用心经营，诚信服务”的经营理念和“诚信、专业、价值”的核心价值观，坚持长期价值投资理念，发挥自身优势，努力创新，追求卓越，致力打造“世界金融服务杰出的中国品牌”，充分见证并演绎了中国保险资产管理行业的茁壮发展历程。

一、公司发展历程

（一）公司基本情况

2004年三四月间，中国保监会连续发布《保险公司管理规定》、《保险资产管理公司管理暂行规定》，明确保险公司可以设立保险资产管理公司，可以委托保险资产管理公司运用保险资金；并从资格认定、经营范围、股东、资本金、总资产规模等方面对设立资产管理公司进行了规定，保险资产管理公司成立进入实质性阶段。

随之，位于香港的中国保险（控股）有限公司（现名中国太平保险集团公司）开始了筹建保险资产管理公司的历程。经过一年多的精心筹备，2006年9月1日，太平资产管理有限公司正式成立。集团公司副总经理谢一群出任董事长，太平人寿保险有限公司副总经理杨新民出任总经理；股东有中国保险（控股）有限公司、太平人寿保险有限公司、太平保险有限公司、中保集团资产管理有限公司和富通保险国际股份有限公司，注册资本1亿元人民币，总部设在上海。

2010年12月31日，在香港上市的中国太平保险控股有限公司（HK0966）董事会发布公告，宣布将优化太平资产股权结构，由上市公司收购太平人寿和太平财险的股权，荷兰富杰保险国际股份有限公司（前称富通保险国际股份有限公司）收购香港资产公司的股权，简化后，中国太平保险集团公司、中国太平保险控股有限公司、荷兰富杰保险国际股份有限公司将分别持有太平资产管理有限公司20%、60%、20%的股权。

公司的实际控股股东中国太平保险集团公司（以下简称中国太平）是隶属于国务院的国有金融保险集团，原名中国保险（控股）有限公司，是中国第一家金融保险控股集团公司，2009年6月启用中国太平新名。截至2009年年底，中国太平共有各级营业机构1 188家。其中，子公司20家，省级分公司和子公司直属分公司125家，其他各级分支机构1 043家；经营区域遍及中国内地、中国港澳、欧洲、大洋洲、东亚及东南亚等地区。截至2009年年底，中国太平全集团总资产逾1 300亿元，客户近1 000万。中国太平以保险业务为中心，资产管理为保障，为客户提供多元化金融服务，集团所辖产业链兼容产险、寿险、养老保险及再保险；统筹保险顾问、经纪、代理、直营业务和资产管理等。太平资产的业务范围则主要包括自有资金及保险资金的管理运用、受托资金管理业务、与资金管理业务相关的咨询业务及国家法律法规允许的其他资产管理业务。

（二）组织架构与团队建设

随着公司业务范围和资产管理规模的不断扩大，根据监管政策的要求，公司自成立以来组织架构得到不断的优化调整，组织效率不断提高，推动了公司资产管理业务的快速发展。从2006年公司成立时的6个部门，发展成为目前的13个部门（其中人事行政部/董办/党委组织部/党办合署办公）。在部门层级之下，根据工作序列和团队大小，建立了室模块；在部门层级之上，设立总经理室和投资管理委员会、风险管理委员会、提名薪酬委员会和审计委员会等决策及监督机构，完善公司治理和决策管理。目前公司组织架构如下：

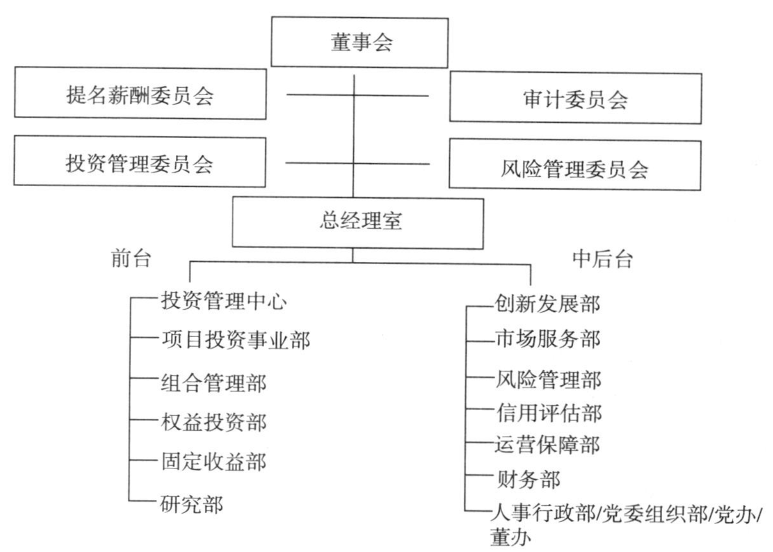

图7-9-1　太平资产组织架构图

随着资产管理业务的快速发展，金融投资人才尤其是中高级人才日益匮乏，太平资产坚持“诚信、专业、价值”的核心价值观，实施“机制引才、制度用才、环境留才、培训育才”的人才方针，团队建设呈现欣欣向荣的局面，核心证券投资研究团队保持较低流失率和较高稳定性，项目投资团队从无到有，成为业内口碑较好和实力较强的领先团队。

经过五年的建设，公司人员从2006年底的30多人发展为2010年底的近150人，公司的人员规模不断扩大，知识能力结构不断优化，素质不断提升，投资研究团队中，拥有硕士以上学位者达到90%以上，80%拥有3年以上专业工作经验者，核心团队保持稳健，建设了一支熟悉保险资产管理特点、精通投资管理业务、风格成熟稳健的队伍，有力地支持了公司资产管理业务的快速发展。

（三）研究体系

价值投资的理念是朴素的，但具体的投资实践却是丰富多彩的。要将朴素的价值投资理念应用到丰富多彩的投资实践中，则需要深厚的研究功底。一个公司的投资水平高低很大程度上取决于其研究体系是否完善和研究力量是否强大。太平资产的投资业绩之所以一直保持持续稳定并处于行业领先水平，主要得益于公司形成了一套成熟的、符合保险资金投资风格的投研体系。秉承着“研究创造价值”、“专业让财富稳健增长”的长期价值投资理念，公司成立五年多来始终坚持不懈地加强投研体系建设，从投资理念、人员配备、股票池管理、IT系统建设、考核体系、内外互动等多方面对投研体系进行了系统性的梳理和强化。经过多年的市场磨砺和不断完善，已经形成了一套独到的投资研究体系，在公司内建立起了研究主导的投资文化和投资研究的良性互动，为保险资产管理奠定了坚实基础。

1. 打造专业化的研究团队

公司组建了独立的研究部门。一方面，引进了一批具有基金、券商投研经验的优秀研究人员；另一方面，对内部的研究力量进行了科学分工，研究领域涵盖宏观、策略、金融工程、银行、地产、医药、机械等20多个行业，基本实现了对市场的全面覆盖。专业化分工构建了新的研究体系和投研互动流程，使得投资研究更加科学化、更加贴近市场、更加系统性全面性，也更加有利于对投资风险的控制。

2. 树立价值研究理念

强化投研互动，坚持研究以投资服务为核心。研究方法上将“自上而下”和“自下而上”的研究方式充分结合：（1）在大类资产配置和市场未来趋势的判断上，公司采取“自上而下”的研究策略。(2) 在权益投资的个股、基金选择方面，注重“自下而上”的策略，以研究公司基本面为重点，精选个股。(3) 在具体投资品种的研究上，坚持财务模型分析与实地调研相结合。(4) 根据行业上下游关联度，建立多重验证的研究方法。

3. 加强研究的 IT 系统建设

为了使投研部门人员工作进一步标准化、规范化，实现对研究员工作结果的量化指标考核，公司构建了投研管理系统，主要提供内外部研究报告的数据库管理、研究品种入库调库流程控制、股票池管理、模拟组合业绩统计等模块以及针对以上业务的量化考核功能，从而保障研究工作更加系统化、专业化。

4. 强化内外部研究互动

为了实现内外部研究力量的充分交流和配合，公司与外部研究机构采取了“请进来、走出去、动态联系”等多种交流合作方式。安排专职人员负责和各大研究机构进行联系，统一安排公司路演。同时，要求研究员经常参加外部研究机构组织的研讨会、上市公司交流会、策略会、联合调研等各种活动，以充分地了解外部研究机构的最新观点。对于一些重大专题研究，公司经常在提出研究思路和方向后请外部研究机构协助提供深度研究和相关路演沟通。

（四）信用评级体系

太平资产自开业以来，高度重视信用评级体系的建设和运作，借鉴国际国内金融机构信用风险管理的经验和技术，积极构建信用风险管理体系，并严格防范、控制和管理投资运作中的信用风险。

经过多年的努力，太平资产在信用风险管理的组织框架构建、专业队伍建设、管理规则设定、系统建设和管理运作等方面都取得了较大的进步和提高，基本形成了较好的信用风险管理体系和信用风险管理文化，为完善公司整体信用风险管理体系，提升信用风险管理能力奠定了良好的基础，为公司投资业务的信用风险敞口的有效管理提供了保证。

1. 组织架构和管理制度

太平资产严格按照“分工明确，相互制衡”的原则，建设信用风险管理组织架构，在公司的组织架构中单独成立信用评估部，与固定收益部、项目投资事业部及其他投资人员完全相互独立，并且由不同的公司分管领导负责管理。在信用评估部内设立独立的信用分析员岗位，配备专职信用分析员，负责信用风险评估管理工作。

在信用评估部之上，设立信用等级评审委员会，作为公司在内部信用等级评估方面的最高权威机构。其职责主要是审议信用评级报告、跟踪评级报告，讨论最新信用方面的市场信息、新发行信用产品情况及相关重大信用事件等并形成会议纪要，归档备查。

太平资产建立了比较完善的信用风险管理制度，并在实际管理运作中切实执行。这些制度包括但不限于信用风险管理架构、信用风险管理流程、信用评级、信用风险监控、交易对手管理以及应急预案等方面，具体制度包括《信用风险管理制度》、《交易对手风险管理办法》、《信用评级方法准则》、《信用风险跟踪和监测制度》、《重大信用事件应急预案》、《信用评级工作流程规范》等等。

2. 信用评级信息系统

太平资产着力打造了功能强大的信用评级信息系统，通过该系统，首先，将日常内部信用评级标准化、指标化，提高了内部评级过程的规范性和结果的客观性；其次，显著提高了内部信用评级的工作效率；再次，完善了内部信用评级的工作流程，我们将“分析员对信用材料进行分析，初步提交评级报告—评级报告专人审核—信用等级评审委员会审议通过最终级别—内部评级的定期和不定期跟踪”等基本流程纳入评级系统，并严格保证日常的信用评级工作遵循上述流程规范进行；最后，有助于信用数据的积累乃至整个信用风险管理工作的深入推进。

除基本的信用评级功能之外，我们还充分地运用信用评级信息系统进行信用风险管理。首先，我们充分利用系统的指标预警功能，通过在系统中设置合理有效的监控指标，更加及时地对组合中各信用主体的财务状况进行预警。其次，我们把系统作为信用数据的归集平台，对信用数据进行整合，并实现对违约率、违约回收率等数据的积累。最后，通过对信用数据积累，我们将分行业对信用数据进行对比分析，并且运用系统的模型检验功能，进一步完善现有的各行业评级指标体系，继续增强信用评级的科学性。

（五）风险管理体系

太平资产从成立之日起，一直强调风险先行的观念，并逐步形成了合规、独立制衡、全面控制、适时适用、责任追究的风险管理理念。公司围绕这一风险管理理念在制度流程设计、组织架构和岗位设置、风险管理方法和手段、团队建设和系统构建等各方面进行了全面的建设和提升，为风险管理职能的有效落实和投资资产的稳健发展奠定了良好的基础。

1. 制度先行、流程规范

公司在管理上一直强调制度先行。首先，在制度层面建立能够规避各类金融风险和非金融风险及合理且相互制衡的管理制度。其次，积极有效地落实公司制度，公司制度的有效执行是防范风险的前提。最后，通过实践和制度完善逐步健全和规范公司各项业务的流程。公司上下在公司成立初期对此投入大量的人力和精力，在投资管理、风险管理、创新业务、财务管理、人事管理、运营保障、市场服务等各方面建立了比较完善和齐备的制度体系，为公司后续良好的运作流程和风险管控奠定了基础。

2. 架构合理、职责明确

太平资产从成立之日起，就在董事会下设了专门的风险管理委员会，定期召开会议，全面负责公司风险管控。同时，设置独立的风险管理部门，负责公司投资运作的具体风险控制工作；该部门保持与业务部门的相互独立，并由独立于投资业务的分管领导进行负责，在架构设置和职能划分上保证了管理职能的独立。

除信用风险管理外，风险管理还特别注重合规管理和组合风险管理，其中合规管理主要负责法务、合规和内控方面的管理工作；组合风险管理主要负责市场风险、流动性风险及金融工程分析方面的工作，对于各类风险的管理职责进行了明确，为专业化风险管理创造了条件。

3. 优化风险管理方法和手段

伴随着公司的发展，风险管理部在各个风险管理模块上的风险管理方法和手段也得到了极大的提高和优化。首先，在合规管理上，公司完善了和委托人定期沟通和确定投资指引的机制，使委托人的自身业务状况和投资管理得到了较好融合，确保了委托人的利益。并通过流程建设和系统建设很好地对法规要求和投资指引要求进行了事前防范、事中控制、事后监控。其次，在组合风险管理方面，通过数据平台的建设和信息系统的完善，有效地评估和管理各个组合市场风险和流动性风险。经过这几年的努力和建设，良好且有效的风险管理方法和手段为控制好各个投资组合的风险提供了有力保障。

4. 强化团队和系统建设

随着公司业务发展壮大、业务品种的丰富，风险管理人员也逐步进行了专业化分工，风险管理团队也逐步壮大，这有力地推动了风险管理的专业化发展并且大大提高了风险管理的管理效率。

系统建设对风险管理方法和手段的落实至关重要，同时良好的系统是风险管理的基础保障。经过这几年的系统建设和完善，使得合规管理的各项手段得以通过交易平台系统得到有效的管控，并且大大节省了人力、防范了操作性风险、提升了管理效率。另外，通过数据平台的建设和信息系统的建设，风险管理部可以对市场风险、流动性风险等金融风险进行合理的评估和有效的跟踪管理。再者，通过系统建设和运行，风险管理部可以对相应的金融风险进行数据积累，课题研究进而最终形成投资建议，为投资决策提供了重要的科学依据。

（六）运营保障体系

运营保障部也是太平资产从成立之初就设立的部门，2009 年，运营保障部进行了结构调整，部门职能明确为集中交易、系统管理和网络管理，集中交易指进行各项委托投资交易，确保准确、公平与高效；系统管理指为投资、研究、财务、风险管理等业务部门搭建专业化平台；网络管理指为各项业务顺利开展提供网络保障；三块职能分工协作，共同为公司各项主营业务的顺利开展提供强大支持与保障。

1. 集中交易统一高效

自公司成立以来，集中交易一直严格按照集中交易管理制度和公正、公开、公平、权责分明、灵活高效的原则，力求使各项投资指令及时、准确、完整地得到执行。在集中交易管理的原则下，交易执行流程按照投资决策—合规检查—交易执行—财务划款的业务程序来执行，针对每一个品种分别制定执行流程，细化操作管理要求，明确岗位职责。

在交易人员职业化和专业化素养不断提升的同时，公司还通过系统建设，以达到减少交易员的部分简单重复劳动，减少差错，提高交易质量的目的。

2. 系统管理稳步推进

目前，公司业务应用系统主要包括：投资交易管理系统、投资信息分析系统、财务估值核算系统、研究报告管理平台、产品支持登记结算系统和风险控制系统等。这些业务应用系统涵盖了公司的投资管理、财务估值核算、投资研究、产品发售登记、风险控制、绩效评估等方面，支持和保障着公司的主要投资交易业务。

随着各个系统的逐步建设完成，公司建立了金融数据中心将各系统的数据进行整合，将投前、投中和投后的各系统的数据贯穿起来，并通过报表系统进行数据展示和分析。另外，为保障公司核心业务系统在发生故障甚至是重大灾难时能够继续进行，公司自2009年起着手建设灾备系统。目前，已经初步完成了两地三中心的灾备系统构建。核心业务系统数据通过实时数据同步实现热备，确保在故障发生时交易数据零丢失。

3. 网络管理规范有序

公司对于信息化基础建设和安全管理不遗余力。公司的中心机房是公司核心业务系统和办公系统的强大依托，完全根据一类机房的标准进行建设，采用UPS双路供电设计，部署精密空调系统保证机房的恒温恒湿，无管网灭火系统符合国家消防标准，防静电、防水、防盗等其他设施一应俱全，较好地保证了机房环境的物理安全。

在系统的硬件设备方面，公司主要选择和使用了市场上的主流品牌，以提高设备稳定性和可靠性。

二、公司经营管理状况

（一）受托资产规模

太平资产成立后，迅速展开了一系列开创性工作，完善组织架构，健全制度流程，强化合规管理和风险管控，从受托管理太平集团境内寿险公司的投资资产入手，逐步接手了太平集团境内财险、养老金、再保险等各家公司的投资资产，一步一个脚印地稳步成长，目前已成为太平集团在中国境内投资的平台。太平资产在管理好集团内各家公司的委托资产同时，也为集团内太平养老保险有限公司提供企业年金投资业务支持，还积极拓展行业内第三方保险公司的委托资产投资管理及另类投资业务。公司受托资产规模以每年平均近40%的速度稳步攀升。其中，2007年较2006年资产规模增加更是达到66%。截至2010年底，公司管理行业内资产规模超过980亿元，受托进行投资管理的保险客户为8家。

2006 年，中国保监会出台《保险资金间接投资基础设施项目试点管理办法》，保险资金投资开启了新的投资领域。太平资产迅速组建项目投资事业部，积极参与基础设施债权计划和基础设施股权计划的投资。2008 年公司成功发售第一单基础设施债权计划 17 亿元，创出当年债权投资计划发行最高收益率。截至 2010 年底，公司已发售债权投资计划达 62 亿元，其中，对行业外发售 11.28 亿元。2010 年太平资产独家发起设立的南水北调债权投资计划更是成为保险资金支持国家重点民生工程的范例，开创了中央财政与金融业尤其是与保险业合作的新局面。太平资产的项目投资以高品质、高收益、在业内树立了自己的品牌。

表 7-9-1　　太平资产管理有限公司受托资产规模　　单位：亿元

	2006 年	2007 年	2008 年	2009 年	2010 年
受托管理保险资产	261	434	535	707	980
管理年金资产	6	29	95	137	188
发行资产管理产品	0	0	17	27	57

2009 年，公司成立了针对第三方资金的业务拓展和服务的市场服务部，负责公司在保险客户受托业务拓展，受托业务流程和客户服务，并负责对外销售公司设计开发的理财产品和另类投资品种的产品。随着委托业务规模的稳步发展，以及行业内外客户、渠道和业务的开拓，公司与行业内 90% 以上的保险客户建立了业务合作联系，公司内外部委托客户包括了寿险、财险、再保险和健康险公司；债权投资计划的保险客户已达 33 家。

（二）资产配置结构

公司受托资产规模之所以能稳步快速发展，一方面得益于经济快速增长、人们收入提高、保费规模迅速提升；另一方面则源于公司具备良好的投资研究实力和风险管控优势，在公司的专业化运作下，把握住了 2006—2007 年、2009—2010 年资本市场的机会，分享到了权益和固定收益品种上涨的盛宴。

固定收益类资产一直是保险资金投资，特别是寿险资金投资的主要组成部分。最初，中长期限的固定收益类资产一度占投资资产比重达 99%；随着保险资金投资渠道的逐步拓宽，银行存款的投资比重首先下降，伴随资本市场活跃，债券投资的比重也呈下降趋势，权益投资和另类投资占比呈现逐年稳步上升之势。

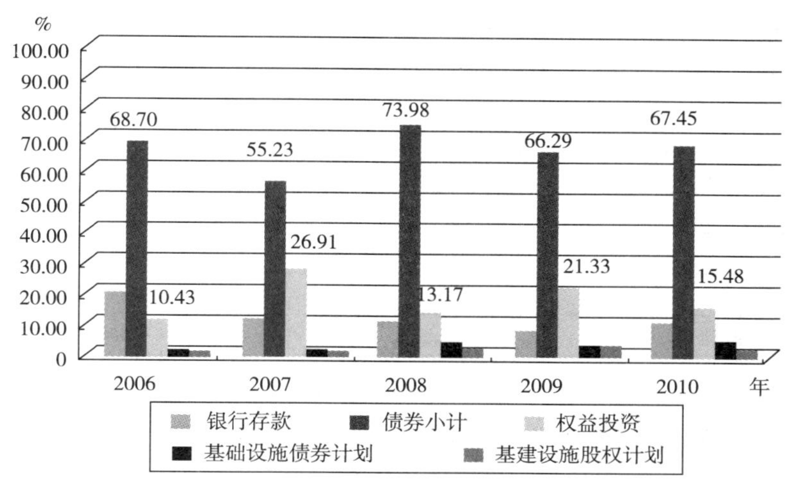

图 7－9－2　各类投资资产配置占比（2006—2010 年）

（三）投资收益

公司始终坚持"价值投资理念"，坚守稳健进取的投资风格，用确定的投资理念应对不确定的市场风险，无论牛熊市还是震荡市，均能较好地把握投资机会。在 2007 年、2009 年，通过分享股票市场投资机遇，大幅提高了委托资产的整体收益水平；2008 年，及时调整大类投资品种结构，优化受托资产配置，使公司受托资产账户大幅战胜基准，保住了前期的投资收益。特别是 2010 年，在沪深 300 全收益指数全年下跌 11. 58% 的情况下，权益投资紧跟市场波动，灵活调整仓位，固定收益投资灵活配置，拓宽盈利渠道，保险账户的整体资金加权收益率为 5. 38%、时间加权收益率接近 6%；同时投连账户也均战胜基准，外部排名靠前，在激进型和混合型两档以权益为主的各公司投连产品排名中，多个账户排名前三。

表 7－9－2　　2006—2010 年保险账户整体资金加权收益率　　单位:%

项目	2006 年	2007 年	2008 年	2009 年	2010 年
	收益率	收益率	收益率	收益率	收益率
银行存款	3. 58	4. 08	4. 55	3. 64	3. 79
国债			6. 09	4. 49	3. 81
金融债			4. 84	4. 04	4. 57

续表

项目	2006年	2007年	2008年	2009年	2010年
	收益率	收益率	收益率	收益率	收益率
企业债			5.01	1.99	5.07
债券小计	4.15	4.70	5.45	3.54	4.50
基金	32.57	70.58	-9.56	31.17	11.79
股票	38.45	89.73	-3.04	38.80	16.02
权益小计	34.90	79.61	-7.17	33.84	35.12
基础设施债权计划			5.81	5.99	5.62
合计	6.17	16.56	1.93	7.05	5.38

公司成立以来，投资业绩优良，整体投资收益高于行业平均水平，即使在市场行情很差的2008年，也保持了投资收益为正。从投资收益构成来看，权益资产和固定收益资产约各占一半。权益资产的投资收益受市场影响，波动较大；债券的投资收益则比较稳定，最近三年来公司积极参与基础设施建设投资，购买的债权投资计划产品，投资收益稳定，且收益率较高，投资收益贡献率开始逐步显现。

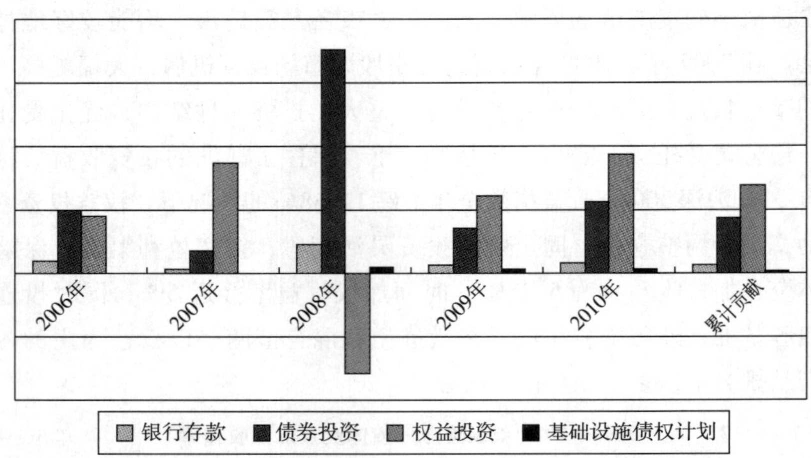

图7-9-3　各类资产收益贡献度（2006—2010年）

（四）年金管理

太平集团旗下的太平养老保险有限公司是中国首批企业年金基金管理机构。作为太平集团下的境内投资平台，太平资产为太平养老投资管理中心企业年金投资提供了强有力的投资业务支持。企业年金投资自成立以来无论在数量上还是规模上都实现了高速增长。

太平资产从2009年开始接手集团内部的企业年金投资业务。2009年初太平资产管理的企业年金计划账户数量为82个，2009年底达140个，2010年底达181个，两年来账户数量增长120%；2009年初，管理的企业年金投资资产规模为98.7亿元，2009年底达136.7亿元，2010年底达188.3亿元，两年来规模增长90.8%。

在年金投资管理过程中，太平资产一直奉行绝对收益的投资理念，无论是固定收益投资还是权益投资，都按照价值投资的方式操作。在资产配置和投资时机选择方面，太平资产坚持低风险基础上的收益最大化原则。

2009年、2010年连续两年，太平资产管理的年金账户80%达到或者超过了合同规定的业绩比较基准，取得正收益的账户比例超过97%。2010年，在有同业排名数据的竞争性企业年金计划（指除太平资产外，还有其他基金公司、保险公司参与管理的企业年金计划）中，当年业绩排名第一的计划比例达到52%，当年排名在前1/2的计划比例达到78.3%。

上述收益的取得体现了太平资产在企业年金投资上稳健持续的投资能力，以及较好的风险管控水平。

（五）所获荣誉

经过近五年的努力，太平资产管理有限公司凭借创新的意识、专业的能力、稳健的管理取得了骄人的成绩，投资收益率稳居行业前列，并取得众多荣誉：

2007年，太平资产管理有限公司荣获集团卓越管理单位奖。

2008年，太平资产管理有限公司再获集团卓越管理单位奖。

2008年，太平资产管理有限公司获2007年度全国银行间同业拆借中心“优秀交易员”。

2008年3月，在第三届中国创新保险产品评选中，“财富投资连结保险C款”获“最具投资价值保险产品”奖。

2008年6月，“太平智胜投资连结保险”获“金贝奖2007年度最佳收益保险产品”奖。

2008年12月，在2008年第一财经金融价值榜评选中，“财富投资连结保险B款”获“年度金融服务产品——年度保险产品”奖。

2009年4月，在第二届“金贝奖2008年度金融理财评选”中，获“年度优秀保险理财团队”。

2009年，太平资产管理有限公司荣获集团创新贡献奖。

2010年，太平资产管理有限公司荣获集团优秀管理奖、资源整合奖和创新贡献特等奖。

2011年1月，“太平资产·南水北调工程债权投资计划”荣获首届“上海金融创新成果奖”。

（六）未来五年的发展目标

“十二五”期间，作为太平保险集团境内投资平台，太平资产将以受托集团内委托人资金和开发创新产品为主，在确保保险主业、投资收益稳健、风险可控的前提下，努力提高第三方受托资产管理能力，提升公司的盈利水平。经过5年的努力，把公司建设成为专业能力强、创新动力足、市场形象优、产品线完善、组织完善、内控严密、具备一流资产管理能力和市场影响力，具有持续发展能力、独特的品牌形象和行业内优势竞争能力、盈利能力的保险资产管理公司。

太平资产的“十二五”规划目标是：到2015年，公司受托资产规模超过3 500亿元（其中，债权、股权、不动产和集合理财等创新业务投资产品达到400亿元，年金受托规模达到500亿元）；公司员工人数超过200人，公司年管理费收入中来自外部客户和产品的比例力争达到50%。

三、公司投资操作回顾

（一）公司投资理念和操作思路

公司的投资决策是在投资管理委员会体系下，通过分层授权决策机制、相互制衡决策过程和总体授权决策安排落实的，投资决策的权力集中于投资管理委员会。实际运作时，投资管理委员会将对不同层级的岗位进行授权，从而形成投资管理委员会的集中决策和投资过程中相关岗位的过程决策相结合。

公司倡导“坚持长期价值投资”的投资理念。我们认为，成熟的保险资产管理机构应该抛开市场短期的日间价格波动，以长期的视角和理性的眼光深入分析并深刻把握资本市场财富增值的规律，在投资管理过程中留足安全边际是为客户取得长期稳定投资回报的根本保证。

不同性质的账户，在投资品种和收益上有不同的要求：配置类账户要求的是资产负债匹配，在关注匹配的前提下努力提高收益；投连及交易类账户要求的是相对收益，体现在同基准的比较上；资本金账户要求的则是绝对回报。因此，公司对不同性质的账户，确定了不同的操作思路。

1. 配置类账户

根据市场的实际情况，在债券上涨之前，提前开始布局，以大量买进长期的国债为主，包括15年期、20年期以及30年的长期国债；同时，加大企业债的配置。在完成资金充分配置的同时，对未来的保费进行提前配置。这些举措，保证了在债券收益率下跌的时候占据主动位置。长期国债的提前配置，不仅使账户收益率有了保证，对加长资产的久期也有益处，改善了账户的总体资产质量。在传统配置类账户的企业债占比接近法规规定的上限时，加大国债以及政策性金融债的占比，从而为高收益的企业债在未来留出足够的投资空间。

2. 投资连结保险账户

投连账户以追求相对回报为主，强调的是同业内的同行竞争排名。根据《理财观察》等杂志的连续评价，太平资产管理的各类投连账户中，绝大部分表现良好，部分账户一直名列前茅。

3. 资本金账户

资本金账户要求的是绝对回报。无论市场如何震荡，太平资产管理的各类资本金账户在上涨时收益可观，在投资环境不好的情况下，能有效地面对资本市场的震荡，取得绝对正回报。

（二）固定收益资产操作实践

2006年是央行出台紧缩性货币政策频率最高的一年，全年经历了三次存款准备金率调整、一次提高存款利率和二次提高贷款利率，但是在宽松的资金面推动下，债市整体仍然上涨，波动范围收窄，2006年中国债券总指数上涨2.62%。2006年太平资产的债券投资，在资金运用倾向于权益类资产的同时，进行了择机操作，主要以国债和企业债的投资为主。同时，由于债券具有可质押融资的特性，为新股申购提供了强大的资金支持，为整体资产收益率的提高作出了贡献。

2007 年，太平资产遵循资产负债管理的原则，将债券的配置节奏放缓。直到特别国债发行后，才开始加大债券的投资力度，全年的资产质量继续提高。同样，由债券质押提供资金支持的新股申购投资收益在 2007 年也大大提高了资产收益率。

2008 年美国次贷危机引发的金融危机，迅速蔓延，演变成席卷全球的金融海啸，众多资金进入债市避险，以博取相对稳定的投资收益，稳健的债市开始狂飙突进，疯狂演绎了长达数月的牛市行情。太平资产的交易类和绝对收益类账户，及时抓住了这波行情，个别账户的债券投资收益在短短的三个月内收益达到了 12%，弥补了 2008 年权益投资的亏损，为全年的正收益作出了决定性的贡献。

2009 年，包括修订后的《保险法》在内，保险业出台与投资有关的监管法规达 11 项之多，其中涉及债券投资的规章最多。太平资产顺应形势的需要，增加了债券投资品种，提高企业债投资上限，及时调整资金在权益类资产和固定收益类资产的配置比例，在债市不断下跌的过程中放慢配置节奏，提高到期收益率的水平。

2010 年，固定收益市场，从年初的加息预期强烈，到预期的逐步淡化，到第四季度的突然加息，债券市场绝大部分时间的收益率是震荡走低的，在短期通胀压力上升以及资金充裕背景下，债市则维持了高位震荡。公司根据债券收益率水平变化，及时调整债券交易策略：在高收益率区间积极配置债券，收益率降低后则以高息存款为主；同时根据品种的利差关系，在具体债券品种之间进行结构优化；信用类债券、新股网下申购则帮助债券组合提高了收益，全年新增资金的配置收益率全面战胜考核基准。

（三）权益资产操作实践

2006 年，本着稳健投资的原则，在减少固定收益投资、控制风险的前提下，适度加大了权益投资的规模，权益投资取得了较好的投资业绩，显著提高了整体资产收益率。股票投资方面，人民币升值、主题概念、并购潜质、行业景气趋势、供求关系、成本变化、制度变革成为评判行业的关键因素，在公司选择方面则增加股改承诺和公司治理两个要素，循着消费者价值承载企业价值、企业核心技术、独特壁垒创造核心竞争力的线索，寻找具备长期投资价值的股票。基金投资方面，在对封闭式基金投资价值深入分析的基础上，我们大规模地增持了封闭式基金，并在全年坚决持有，始终保持高于基准的配置，为整个组合贡献了较大收益。

2007 年，国内经济继续高速增长，贸易顺差、CPI、人民币汇率不断走高，企业盈利增长明显，市场资金相对充裕，融资规模大增，A 股市场与海外市场联动性加强。股票市场整体呈现牛市格局，估值偏高，下半年以来，市场震荡加大。在股票投资上，坚持价值投资的理念，结合市场风险加大、整体以震荡为主的情况，各账户严格控制仓位，在精选个股、结构调整上下工夫。基金操作紧跟市场变化，调整持仓结构，精选开放式基金、超配封闭式基金，分散持仓集中度。秉承了稳健进取的投资理念，在为持有人创造绝对财富增长的同时，控制住风险。在大盘上升、震荡及下跌的时候，账户业绩均大幅跑赢基准。

2008 年，A 股市场的上证指数从年初 5 500 点高位一路跌到了最低 1 600 点，年底也仅收在 1 820 点，股票和基金投资都出现了亏损。但公司的权益投资审时度势，在第一季度进行了大幅度的减仓，最大限度地保住以前两年的牛市成果。同时，还进行了结构调整，向风险较低的品种进行转移，增持了收益相对稳定的债券型基金。在新股投资方面，由于考虑到市场风险在加大，减少了新股套利交易，最大限度地规避了风险。各账户均大幅战胜了市场基准。

2009 年年初在 2008 年低仓位的基础上，提高了股票、偏股型基金等权益类资产的配置比例，且配置比例持续维持在高于基准的水平；同时降低了债券、定期存款等固定收益类资产的配置比例。股票投资：抓住行业主题性投资机会，把握市场热点的切换，进行波段操作，并在市场震荡调整过程中优化持仓结构，降低投资风险。基金投资：优化基金持仓结构，一方面对部分业绩表现一般的开放式基金作了赎回或转换，并集中增持了投资管理能力较强的开放式基金；另一方面提高了折价率较高的封闭式基金配置比例。

2010 年，公司积极把握结构性行情，准确选时，获取较好收益。权益类资产在年初将仓位控制在一个相对较低的水平上；在 7 月中旬，试探性增仓，9 ~ 10 月，大幅增加权益类资产；年底，在市场波动较大的情况下，坚持优选品种，优化持仓结构，较好地抵御了市场震荡。在沪深 300 全收益指数全年下跌 11.58%的情况下，各账户的权益类投资收益率基本都高达百分之十几。同时投连账户也均战胜基准，外部排名靠前，在激进型和混合型两档以权益为主的各公司投连产品排名中，多个账户排名前五。

（四）项目投资操作实践

太平资产项目投资业务起步于2008 年，经过 3 年多的锐意进取，已独家发起设立中国国电集团康平及金堂电源项目、北京京投地铁项目、南水北调工程项目等四个债权投资计划，联合发起设立京沪高铁一个股权投资计划及入股中国银联，在行业中处于领先地位。

太平资产于2008 年 7 月开始筹建项目投资事业部（以下简称事业部），专业开展项目投资业务，目前已组建了一支精干的投资团队，拥有专业化的人才队伍、卓越的投资能力及丰富的管理经验。

2009 年 7 月，为评估各资产管理公司创新业务投资能力，保监会对各资产管理公司在创新业务架构设置、人员团队、制度流程等方面进行综合检查评定，太平资产是保险业内首家通过保监会创新业务投资能力与资格验收的公司。2010 年 3 月，公司首批获得保监会正式颁发的创新能力资格证书。

公司根据项目投资业务特点设立了严谨科学的内部管理体系，对从项目储备至立项、评估预审、项目评审至投资决策各环节均有相关制度进行规范，制定了包括项目储备与立项、尽职调查、信用评级、产品设计、评估预审、项目评审、投资决策、产品发售、项目后续管理、产品后续管理、风险控制、风险处置、内部稽核监控、责任追究、员工行为及内部管理等一系列项目投资管理制度，对各投资环节的内容和程序、各相关主体的责任均作了明确全面的规定。公司还对项目投资制定了详尽的风险控制制度，对风险控制岗位设置及职责、投资前风险控制、投资决策风险控制、投资后风险控制等作了详尽规定，通过系统性的风险控制措施，防范投资风险，保障投资计划的平稳运行。

2010 年 9 月，中国保监会发布了《保险资金运用管理暂行办法》和《保险资金投资不动产暂行办法》、《保险资金投资股权暂行办法》等多个配套文件，进一步拓宽了保险资金运用渠道，扩大了保险资产配置空间。至此，项目投资业务领域已涵盖：（1）基础设施项目的债权、股权和物权投资；（2）不动产的股权、债权、物权和金融产品投资；（3）金融及与保险主业相关的养老、医疗、汽车服务行业的股权直接投资，以及私募股权基金（PE）的投资等。

面对逐步放开的投资渠道，公司进一步加大了项目投资的开拓力度，在金融股权投资，私募股权投资基金、不动产投资方面已经储备了一批项目，为创新投资的可持续发展奠定了坚实的基础。展望未来，项目投资的格局将更宏大、前景将更广阔、竞争也将更为激烈。公司将从发展战略、投资策略、运作模式和管理方法等方面进行全方位布局，全面提升项目投资方面的能力和水平。

四、打造一流的资产管理能力

太平资产从成立至今，在投资、研究、风险控制等方面深耕细作，精益求精，稳健经营，不断锻炼队伍，积累经验，逐步从集团内走向行业内，进而向行业外发展。无论资产规模，管理的保险资金类别与数量，还是投资业绩，均取得很大的成绩。公司着重从以下几个方面打造优良的资产管理能力：

第一，坚持长期价值投资的理念和稳健进取的投资风格

公司投资秉承“分级管理、明确授权、规范操作”和“前中后台岗位分离、职能相互制衡”的原则，规范的资产管理流程，实行投研一体化。成立以来投资业绩稳定，整体投资收益均高于行业平均水平，逐步树立了在牛市中追求趋势回报、在熊市中回避下跌风险、在震荡市中排名行业前列的稳健进取的投资风格。

第二，始终重视人才、系统等能力建设

公司成立以来，致力于夯实基础，扎实做好能力建设：人员稳步增长，架构逐步完善，系统有序实施，制度不断完备。公司坚持招聘具有丰富行业经验的相关人才，重视对人才的培养和梯队建设，保持核心投资团队的稳定；大力引进成熟的投前、投中、投后投资、风控、信评、财务、管理等系统，并根据公司的实际情况加以改造和优化。

第三，合规经营，风险管理和信用评级具备较强实力

公司风险管理体系严密、流程严谨、执行力强，建立了多层次、全流程的风险管理架构体系；公司的信用风险管理能力通过了监管部门的验收。公司成立以来未受过监管部门的任何处罚，公司的风险控制体系及信用评估能

力得到了监管部门、客户及同行的一致认可。

第四，加大投入力度，塑造优秀的创新业务能力

公司率先通过保监会的创新业务能力验收，债权计划开发能力在行业内处于领先水平。深入领会监管政策和意图，提前研究，适度超前；所上报的项目均顺利获批、成功发行。目前，项目管理费收入和第三方委托收入已占公司总收入的30%，提升了公司的价值。

第五，宽松和谐的公司氛围和明确合理的考核体系

公司着力塑造“诚信、专业、价值”的企业文化，形成积极进取而又宽松和谐的企业氛围，前中后台密切协作，共同努力，为客户提供高质量的专业化投资管理服务。公司的考核体系明确合理，使得投研团队处处以业绩为先，风险合规团队职责目标明确，后台保障支持团队服务意识强。

（一）顺势而为，传统投资业绩优良

太平资产在9家保险资产管理公司中成立较晚，管理的资产规模也不算大，但自成立以来，在传统投资和年金投资方面业绩优良，整体投资收益高于行业平均水平，树立了在牛市中追求趋势回报、在熊市中回避下跌风险、在震荡市中排名行业前列的稳健进取的投资风格。

在权益投资方面，充分考虑国内经济运行的主要趋势及主导产业的发展脉络，结合各项政策及资金环境因素，贯彻低波动、低风险、稳健进取的投资策略，坚持以价值为主导，把握不同经济环境下长期稳定高增长的价值选股策略，适时把握价值低估品种的投资机会，从而保证在历年来的权益投资过程中，连续获取超越市场的业绩回报。

就固定收益投资而言，将顺应市场内在主导逻辑为主导思路，坚持长期价值投资的理念和稳健的投资风格，在牛市中追求债券的价差回报，在熊市中以稳收高息为主，在震荡市中则注重机会的把握，固定收益成立以来一直保持业绩稳定、合规经营，整体投资收益高于行业平均水平，未发生任何信用事件和重大违规违法事件。

1. 从受托管理的保险账户来看，2006 年9 月到2010 年年底，公司受托管理寿险、财险公司的保费账户股票收益率跑赢沪深300 全收益指数达一倍以上，固定收益的投资收益率也持续高于市场及行业平均水平。资产管理收益已经成为太平保险集团承保利润之外的另一重要利润来源；“投资”和“保

险”一样，已经成为支撑集团发展的两大支柱之一。

2. 从投连账户来看，根据历年的《理财观察》、国金证券、华宝证券等外部投连险排名报告统计，公司负责的各投连账户表现优异，排名持续靠前。特别是2010年，根据华宝证券的投连险报告，在全部114个以权益为主的激进型、混合型投连账户中，公司有5个账户收益率排在前10名！这5个账户，收益率最高的为20.9%，最低的也有9.24%，而同期沪深300全收益指数下跌了11.58%，显示了公司优秀的组合管理和投资能力。

3. 从年金账户来看，自2009年接手投资运作以来，公司出色的投资管理能力赢得了广大客户的普遍赞誉。2010年，公司管理的竞争性企业年金组合中，排名第一的组合占比为52%，其他组合也排名居前：在所管理的十家铁路局企业年金中，三家排名第一，六家排名第二，一家第三；在国家电网系统十家投资管理人2010年综合实力排名中，太平资产名列第一。特别是在全年股票和债券指数都是下跌的情况下，年金账户总体收益率在年内从未出现负值，体现了公司良好的风险控制能力。

承保利润和投资收益是保险机构利润的两个主要来源，随着承保业务竞争的日益激烈，承保利润正在日益缩小，投资收益对保险机构盈利水平的影响越来越大。太平资产良好的资产管理能力和优秀的投资业绩，不但帮助集团公司、外部客户获取了大量的超额投资收益，还有力地支持了保险公司各类业务（传统、分红、万能、投连、年金）的开展，扩大了其资产规模和市场占有率，增强了保险主业的资本实力和抗风险能力。

（二）项目投资硕果累累

太平资产项目投资从2008年起步，回顾三年多来所走过的路，公司项目投资业务从无到有、由小到大、由精到强，在行业中树立了良好的品牌和声誉，表现出优秀的素质和能力。目前，从产品管理规模、创新能力、业务价值、社会评价等方面来衡量，公司的项目投资业务已居于行业前列。

1. 规模，接近三成

2008年至今，公司独家发起设立太平资产—国电集团（康平）电源项目、太平资产—国电集团（金堂）电源项目、太平资产—北京京投地铁项目、太平资产—南水北调工程等四个债权投资计划产品，联合发起设立京沪高铁项目一个股权投资计划。上述五个产品的备案投资规模接近保险资产管理产品总额的30%。

2. 能力，名列前茅

公司项目投资业务能力先行，高度重视制度、流程和团队建设。不但积极参与保监会债权计划设立指引、股权投资管理办法、资产管理产品管理办法、不动产投资产品管理细则、证券组合产品管理细则等相关规章制度的草拟，而且根据监管部门的思路，尽早制定相关制度办法、细化流程、招聘人员。我们在制度设计、流程规划和团队建设上的工作，得到了保监会和集团上下的一致认可。

2009年7月，公司首家接受了保监会组织的对保险资产管理公司创新能力的验收，在16个大项验收内容中，公司获得了6项符合、10项基本符合（总共53小项指标中49项"√"4项注）的优异成绩。并成为首批获得保监会创新能力资格证书的四家公司之一。客观来说，在9家资产管理公司中，公司管理的资产规模较小，创新业务起步较晚，在这么短的时间内，能得到监管部门的认可，非常不容易。

3. 价值，效益显著

公司项目投资业务始终坚持质量取胜理念，耐心筛选投资机会，树立高端精品意识，在行业内形成了独树一帜的风格。

首先，项目投资为保险资金开辟了崭新的投资渠道，实现了保险资金的有效配置，为委托人创造了可观的经济效益，起到了平滑投资收益的作用。

其次，项目投资产品的成功开发，特别是南水北调工程项目债权投资计划的成功，提高了行业和集团的社会知名度和美誉度，各委托人在创新产品基础上开发保险产品，提升了保险产品的内涵价值，有力地推动了承保业务的发展。

最后，项目投资产品管理费收入逐年递增，目前已经占到太平资产管理费收入的30%，2015年有望达到公司管理费收入的50%。

取得上述成果的原因在于：

第一，优秀的投资团队。

对于投资行业来说，人才是成功的关键。拥有一支优秀的投资团队是每个资产管理公司梦寐以求的，而是否拥有专业的投资能力和敬业尽责的态度则是衡量投资团队的基本标准。

太平资产项目投资团队是拥有专业化的人才队伍、卓越的投资能力及丰富的管理经验。团队成员均毕业于国内外名牌大学、多数成员拥有 CFA/CPA/法律执业资格等多项资格认证，熟悉经济、财务、法律等专业知识，具备优秀的宏观分析与项目选择和判断能力；核心团队成员均有多年从事项目投资及管理的经验、对资本市场和产业发展具备深刻的认识和独到的见解。投资团队成员来自于不同的背景：包括政府、学校、业内知名的投资银行、保险公司、信托公司、私募投资基金、会计师事务所等。多元化的成员背景为团队带来了不同的经验和视野。

项目投资团队具备高度的责任感与敬业精神。公司于 2008 年发起设立了太平资产—国电集团（康平/金堂）债权投资计划，其间正值“5·12”汶川大地震。地震发生时，项目组人员正在四川震区对项目方成都金堂电厂进行尽职调查，震后第一时间，项目组人员仍然按原计划到达厂区，并冒着余震的危险认真完成了尽职调查任务。回到公司后项目组又加班加点，抓紧时间，在监管部门的支持下，完成了灾后第一笔投资于受灾地区基础设施的保险债权计划，有力地推动了灾区恢复重建工作。2009 年，公司与中国国电集团公司达成偏债型股权计划合作意向，拟投向国电新疆、东北公司。项目组成员于 8 月份赴国电新疆公司尽职调查期间，正值当时新疆“7·5 事件”之后维稳期间内，而尽职调查对象发电企业一般都地处偏僻，交通十分不便，项目组历时 1 个多月，行程辗转数万公里，在当地进入戒严状态、网络通信中断等不利条件下克服了诸多困难，最终如期完成对国电新疆和东北 15 家子公司的尽职调查，确认新疆公司的资质高于东北公司，为集团和委托人做出决策提供了重要的依据，充分显示了团队不畏困难、高度尽责敬业的精神。

第二，专业稳健的投资目标与理念。

在投资实践中，公司项目投资逐渐形成了以下投资目标与理念：

团队目标：为投资者创造稳健增长的财富。

团队价值观与投资理念：确定投资项目的过程，是价值发现的过程。

为此，公司秉承这些准则：

开拓创新的投资思路——善于创新而不逾规

开放进取的学习态度——不断从投资实践中取得进步

精益求精的工作要求——细节决定成败

专业细致的投资服务——信守对投资人的承诺

领导与执行力——良好的工作默契和沟通机制，高效优质地完成各项

工作

在投资目标的指引下，公司坚持以上投资理念与准则，以专业的能力、敬业的态度不断为委托人创造财富。

第三，敏锐的市场应变与把握能力。

投资团队拥有深厚的理论功底和丰富的金融、投资、管理经验，并深谙政治、经济和文化环境，具备独到的投资视角及敏锐的洞察力，对宏观经济和资本市场有较为深刻的理解和认识，面对复杂多变的市场，投资团队始终保持清醒的认识和预判，能够对市场做出及时、准确的判断对敏锐把握市场发展趋势，为保险资金创造更多更为稳定的收益。

2008 年，在利率高企的时候设计了固定利率的机制，并于央行降息前及时将资金划入项目方账户，为保险资金锁定了较高的收益。

2009 年，正值金融危机后为刺激经济发展，央行大幅降低利率之时，公司设计了有保底的浮动利率机制，利率按天浮动的债权计划，使受益人及时充分享受一年后利率上升的好处。

第四，不断进取，勇于开拓的创新思维与能力。

项目投资业务虽然在国外已经是成熟的业务，有比较规范的运行与操作体系。但在国内，尤其是对于保险资金来说，还是创新类业务。投资团队一贯坚持开拓性的思维，不囿于现状，善于总结，不断创新。

例如 2009 年公司发起设立的太平资产—北京京投地铁项目债权投资计划，设置了有下限无上限浮动利率、引入发行费机制，同时实现了对外销售取得重大突破；2010 年公司发起设立的太平资产—南水北调工程项目债权投资计划，引入保险资金投资南水北调工程这一国家重大公益性民生基础工程，这一项目在参与国家民生工程建设、参与中央财政融资的过程中实现了融资主体、还款来源、有选择的期限结构、资金保障措施等多项创新。

第五，严格的业务操作流程与规范。

公司项目投资业务一开始就着力于制度建设，坚持风控先行、2008 年项目投资事业部根据保监会多次下发的债权、股权投资征求意见稿，认真研读、积极反馈，提早着手、反复修改，出台了项目储备与立项、尽职调查、信用评级、产品设计、评估预审、项目评审、投资决策、产品发售、项目后续管理、产品后续管理、风险控制、风险处置、内部稽核监控、责任追究、员工行为及内部管理等 15 项关于债权投资计划的制度，并拟订与股权投资相关的

17 项制度。对各投资环节的内容和程序、各相关主体的责任均作了明确全面的规定。

公司项目投资业务至少需项目立项、预审、评审、投资决策四个环节，层层把关，严格控制，只有当前一环节通过后，才能进入下一环节。公司还对项目投资制定了详尽的风险控制制度，对风险控制岗位设置及职责、投资前风险控制、投资决策风险控制、投资后风险控制等作了详尽规定，通过系统性的风险控制措施，防范投资风险，保障投资计划的平稳运行和委托人的利益。公司设风险经理，与项目经理同步参与尽职调查，独立撰写合规性及风险评估报告；风险经理可以直接向项目评审委员会汇报；公司风险管理部负责人担任公司项目评审委员会风险委员，对上会项目拥有一票否决权。严格的投资流程与制度，为公司项目业务健康发展提供了切实的支持与保障。

三年来的实践为公司项目投资业务的成功运作打下了坚实的基础，积累了宝贵的经验。面临日益放开的投资渠道但同时也更为复杂多变的市场，项目投资业务机遇与挑战并存。太平资产将站在新的起点上，以保险资金专业稳健投资为己任，坚持目标与理想，信守理念与准则，厉兵秣马，整装待发，朝着成为中国保险资产项目投资的标杆与旗帜的目标不断迈进。

（三）风险管理，技术和艺术的结合

任何金融机构的盈利基本都来源于提供金融服务，同时管理与之匹配的风险。特别是对于资产管理的业务，例如保险资金运用，信贷业务等，更加是以经营和管理风险为主，获取对应或者超额收益为最终目标。因此讲究收益和风险的平衡，识别准风险、评估好风险、管理好风险就显得极其重要了。

太平资产的风险管理从一开始，就将风险管理团队和投资管理团队的关系定位在伙伴关系。这种定位在实际操作过程中，确实存在一些困难。但是为了实现委托人和公司收益稳健增长的目标，通过相互充分的沟通和理解，并通过联谊活动，增进风险管理人员和投资人员之间的相互需求的了解，并建立和保持长期友好关系。人们常常会认为风险管理是投资管理的对立面，但是在太平资产内部，风险管理和投资管理是可以相互支持和融合，这主要依赖于公司管理层的智慧和管理艺术。相互之间良好的伙伴关系的建立和保持不但对于解决和平衡收益和风险的矛盾和争议起到了积极的作用，同时有助于信息的全面沟通和风险揭示、再者也有利于防范操作和道德风险以维护

委托人、公司甚至是个人自身的利益。

作为保险资产管理公司，太平资产也正积极努力协助和推动委托人朝着这个方向努力。太平资产对于风险管理理念的落实和风险管理体系的建设非常重视，这是投资和资产管理风险管理的基础。良好的风险管理理念和完善的风险管理体系是管理投资风险的重要保障也是公司风险管理的长期目标。

1. 风险管理理念

合规	• 投资范围和比例严格遵守国家相关法律法规、行业规章和有关监管规定
独立制衡	• 相关机构、部门和岗位的设置权责分明、相对独立、相互制衡
全面控制	• 风险控制过程涵盖资金运用的各项业务、各个部门及相关的各个环节和岗位
适时使用	• 风险控制体系同环境相适应，以合理的成本实现内控目标，并适时更新、补充、调整和完善
责任追究	• 风险控制的每一环节都要有明确的责任人，并对直接责任人及负有领导责任的高级管理人员进行问责

图 7－9－4　风险管理理念

2. 风险管理体系

太平资产通过宣导、内部培训以及系统配套建设积极推动和落实上述风险管理理念和风险管理体系。更为重要的是，在公司人事行政部门也将风险管理理念纳入到全体员工的考核体系中，很好地保障了风险管理理念和风险管理体系在全公司层面的落实。

3. 全面风险管理

（1）合规风险管理

太平资产一贯强调合规管理是投资和资产管理的首要前提，也是业务运作的经营底线，合规管理对于事前防范、事中控制和事后监控的要求特别高，控制越完善，管理越频繁，触碰合规风险的概率就越小，太平资产在合规管理方面特别强调以下流程的建设和完善。

（a）将合规要求纳入投资政策，运作流程及交易系统中；

（b）将合规指标嵌入投资交易系统，各项交易只有通过流程中的合规审核环节和系统中的阈值控制才能完成；

（c）对合规执行情况进行监测和评估；

（d）调整，完善投资政策，制度流程及系统功能，提升合规管理水平。

太平资产的合规管理是一个循环往复的过程，我们认为只有通过这个建设和纠错过程，进行长期的积累和完善，合规管理工作才会越来越细，合规风险才会越来越小。从公司成立初期，太平资产就秉承这种观念，不知疲倦地进行合规管理的建设和完善。

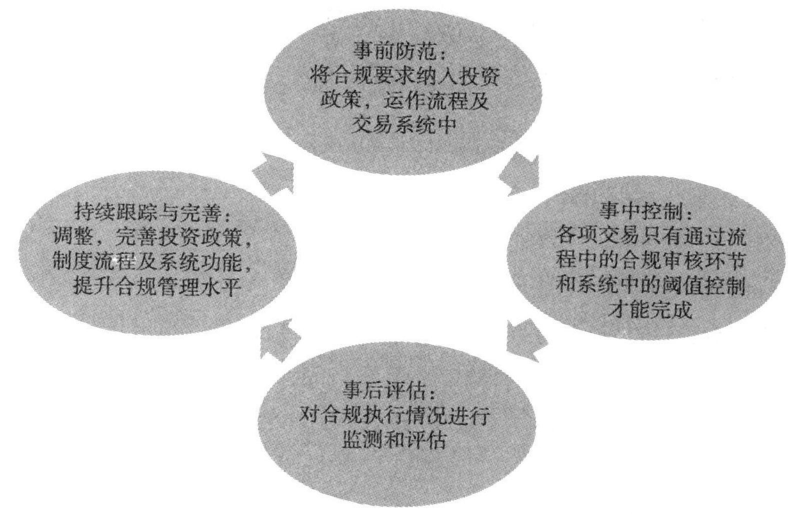

图7－9－5 太平资产合规管理

（2）信用风险管理

由于保险投资资产中，主要是固定收益方面的投资，固定收益资产面临的最大风险就是信用风险。信用风险管理是科学和艺术的结合，信用风险在绝对意义上是无法完全规避的，信用风险指标体系的建设和完善是需要历史验证的，信用风险的量化是需要长期数据积累的，国内评级公司的评级结果公信力是有待商榷的。由于整个国内市场，这些客观条件的相对缺乏，信用风险管理必须建立在完善的体系、专业的分析和经验的判断等基础上，采用组合管理理念方能进行良好的信用风险管理。在目前国内关于组合信用风险管理技术相对缺乏的情况下，太平资产在信用风险管理方面特别强调三点：第一，内部评级方法参照更为谨慎和科学的国际评级标准和评级方法；第二，加强信用风险管理流程的建设和完善；第三，强调投资组合信用敞口的监控和评估。

太平资产通过评级方法优化，评级流程的完善，各投资组合的信用敞口的监控，较好地把握和管理各个投资组合的信用风险状况。到目前为止未发生一起违约事件，同时也使得委托人及时了解其投资资产的信用风险敞口的情况，大大提高了委托人的投资资产的安全性。

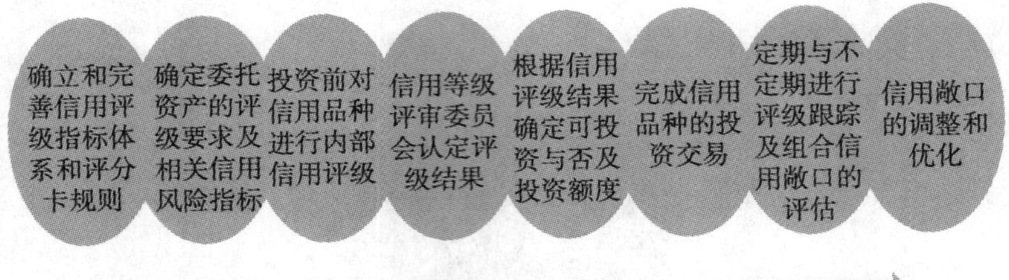

图7－9－6　太平资产评级方法

（3）市场风险和流动性风险管理

市场风险管理技术相对成熟，但是不同类别的资产的市场风险计量难易程度各不相同，债券市场和股票市场还不是完全有效市场，因此，模型风险不可避免。另外，权益市场的价格波动数据比较完整，但是债券市场的收益率曲线不完整且不准确；再者，主动进行市场风险管理和对冲的衍生工具相对有限。基于上述客观情况，太平资产在管理市场风险方面，特别强调委托人和资产管理公司应该共同确立市场风险管理指标，根据市场风险状况、委托人收益目标、委托人负责情况确定大类配置目标、比例区间，目标久期，分类资产的各项市场风险指标等；将市场风险管理指标纳入到投资指引中，并定期对管理资产的市场风险状况进行事后评估；然后根据市场情况及市场风险评估情况定期进行投资政策中的相关市场风险指标进行调整，以使得投资和资产管理符合委托人的情况和要求。

在流动性风险管理方面，保险公司在流动性管理上存在明显的困难，未来现金流相对不确定；流动性管理工具比较有限，同业拆借额度，承诺性借款额度比较缺乏。因此太平资产在流动性管理上要求委托人和资产管理公司共同确立流动性管理指标，根据委托人的现金流预测，确定资产的未来现金流目标；根据委托人的现金流情况和预测，对资产的流动性情况进行分类，确定高流动性和低流动性资产的比例要求；通过集中度管理，保证和提高分类资产的变现能力；并定期对管理资产的流动性风险状况进行事后评估，根据市场情况及流动性风险评估情况定期对投资政策中的相关流动性风险指标进行调整。

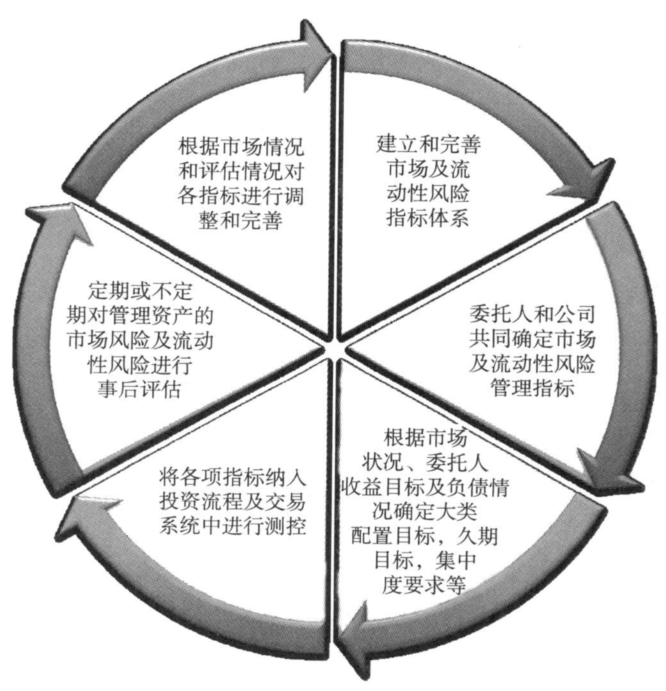

图 7－9－7　市场风险和流动性风险管理流程

通过这几年和委托人的相互合作和实际投资资产的运作，各个委托人的投资资产的市场风险和流动性风险得到较好的控制和管理。这几年来各个投资组合相对稳健的收益和持续保持高比例的高流动性资产就是很好的佐证。

（4）操作风险管理

操作风险管理对于所有金融机构来讲都是最为棘手和困难的风险管理领域。其涉及的业务环节太多且复杂，操作风险相关数据积累比较困难，并且难以归纳分类形成数据库；另外，操作风险种类界定较难且数据的维度设计比较困难，操作风险计量模型缺乏，同时，建模比较困难且定量计算准确度有问题等等。由于种种客观条件和技术的缺乏，计量和管理操作风险在当前是非常困难的。

太平资产认为尽管技术上存在一定的困难，但是可以通过加强内控管理，有效管理操作风险。例如，建设和完善各个职能部门的制度和流程；评估制度和流程的风险点并根据实际情况进行不断完善；通过内部检查和审计保证制度和流程的有效执行；进行投资交易权限管理、集中交易、前台交易与后台清算隔离、交易清算部门与财务部进行每天对账，落实考核和问责机制等措施；评估操作失误的实际损失和潜在损失，并累计相关数据库；逐步开发和建立操作风险模型，对操作风险进行计量。通过制度流程建设、管理制衡机制、数据积累和分析等手段和方法的落实和完善，太平资产有效降低了业务各个环节的操作失误，控制了操作风险的发生。

4. 风险管理建设的初步成绩

保监会现场检查小组于2009年对太平资产进行了全面的现场检查，并就公司运作、治理结构、投资管理、风险管理等方面进行了客观和良好的评价。另外，太平资产于2009年顺利通过了保监会关于公司信用风险管理能力的验收，验收内容包括信用风险管理的制度设计、组织架构安排、人员配备和团队建设、运作情况、系统建设情况等方面。各项都顺利通过监管机构的审核，并最终获得了投资无担保债券认证资格。上述事项都证明了公司这几年经过不懈的努力，风险管理水平取得了长足的进步。虽然公司风险管理能力和水平随着行业和公司的发展得到了相当程度的提升和发展，但是还存在诸多有待继续完善和提升的地方。这需要我们在日后继续努力，发奋图强，勇于挑战，以继续提升风险管理能力和水平从而更好地支持公司资产管理业务的发展。

5. 风险管理的努力方向

风险管理的目的是为了保证委托人和公司能够长期并持续在风险可承受的范围内进行业务运作，然而委托人的风险容忍度是由其资本状况决定的。因此，风险管理最终是围绕委托人的资本管理来进行的。资本应该在压力情况下，能够覆盖信用风险、市场风险、流动性风险、操作风险等在险价值，而且资本不应该过于富裕，这样影响资本的有效利用，平衡资本、风险、业务是委托人和公司经营层的重要管理职能。因此对于太平资产来讲，风险管理是一种技术同时更是一种艺术。

（1）侧重资产负债统筹管理

投资和资产管理业务应该和委托人的负债情况进行统筹考虑，因为委托人的资产和负债情况构成了委托人整体资产负债情况，委托人的资本状况，决定了委托人整体负债业务和资产摆布。无论是资产驱动型还是负债驱动型，资产管理和负债管理的统筹安排和协调一致对于委托人的风险管理和资本管理至关重要。

（2）强化风险量化管理

虽然各类风险量化可能不精确，短期内具有一定不合理性，量化结果准确性的提高是一个持续往复且非常艰难的工作，但是风险量化结果是业务决策的重要依据，是决策科学性的有力保障。委托人和公司本身就是追求风险和收益的平衡。如果风险量化的不到位，收益和风险的匹配及资本和风险的匹配就无从谈起，也就无法保障委托人和公司的长期稳定和持续发展。

（3）夯实风险管理的保障基础

随着风险管理的细化，风险管理的量化要求越高，专业的人才团队和强大的系统及数据平台是必不可少的。然而人才队伍的培养，数据平台的搭建，系统的开发是一个长期且持续的工作，需要公司兄弟部门的配合和协调。因此为了将风险管理工作进一步提升，公司一定要加大投入，提升保障措施的水平，为风险管理的细化和深入奠定基础。

（4）主动管理金融风险

以往人们对于风险管理总是保持一种防守的姿态。其实风险管理可以主动为之。随着金融衍生产品的开发和市场的形成，通过参与衍生产品的交易进行风险对冲，收益锁定，以主动进行金融风险的管理。金融衍生品较之常规投资工具，是一种相对复杂的金融工具。其本身既可以被利用以放大杠杆进行投机，也可以被运用进行风险对冲。关键在于是运用金融衍生工具的态度和对于该工具的理解程度。不管怎样，未来风险的主动性管理将会是一种趋势。

总而言之，风险管理是一个技术和艺术相结合的工作，是一项持续而长期的工程。风险管理的目的不是规避风险而是帮助金融机构在承担合理风险的前提下，追求收益最大化。因此我们要加深对于风险管理的理解，强化对于风险管理的支持，加大对于风险管理的投入，加快风险管理的建设，提高整体风险管理的水平。对于保险资产管理业务的风险管理来讲，还要进一步强调资产和负债的统筹管理，只有这样，投资业务才能符合委托人的风险偏好，匹配委托人的风险承受情况，进而为委托人实现财富稳健增长的长期目标。

［附录］

中国保险资产管理大事记

第一部分：概览

第一阶段：1980—1986 年，保险公司的资金以银行存款为主，基本上处于无投资阶段。1985 年 3 月，国务院颁布《保险企业管理暂行条例》，从法规角度明确了保险企业可以自主运用保险资金。

第二阶段：1987—1995 年，由于经济增长过热，同时又无法可循，导致盲目投资，保险资金进入房地产、有价证券、信托，甚至借贷市场从而形成大量不良资产，保险资金经历无序投资阶段。

第三阶段：1995—2002 年，1995 年《中华人民共和国保险法》等一系列法规颁布实施之后，随着金融行业分业经营、分业管理，形成了各金融子市场分割的严格分业模式。2002 年修订《中华人民共和国保险法》保险资金运用进入逐步规范阶段。

第四阶段：2003 年至今，初步构建了符合我国实际和行业特点的现代保险资金运用监管框架，系统地推进了保险资金运用的集中化、专业化、规范化运作，较好地促进了保险资金运用的安全性、流动性、收益性的统一，有力地支撑了行业又好又快发展。

第二部分：纪年

（一）1995 年“自由时代”终结

该年颁布的《中华人民共和国保险法》对保险资金运用的范围和形式等

都作了严格的规定。规定资金运用的形式限于银行存款、买卖政府债券、金融债券和国务院规定的其他资金运用模式。保险企业的资金不得用于设立证券经营机构和向企业投资。保险资金陆续退出证券市场。

（二）1996年政策强化

中国人民银行发布《保险管理暂行规定》。该《规定》明确指出对于保险资金的运用，仅限于银行存款、买卖政府债券、买卖金融债券，以及国务院规定的其他资金运用方式。

（三）1997—1998年举步维艰

保险资金运用仅限于政府债券、金融债券和银行存款，国家在两年零两个月的时间里连续五次下调金融机构存贷款利率，保险资金运用举步维艰。

（四）1999年

1. 1999年5月债券比例调整

《保险公司购买中央企业债券管理办法》颁布，规定保险公司购买的企业债券余额按成本价格计算不得超过公司上月末总资产的10%。

2. 1999年8月债券回购

中国人民银行发布《关于批准保险公司在全国银行间同业市场办理债券回购业务的通知》，批准保险公司在银行间同业市场办理债券回购业务。

3. 1999年10月间接入市

《保险公司投资证券投资基金管理暂行办法》颁布，批准保险资金间接入市。保险公司投资基金占总资产的比例不得超过中国保监会核定的比例。根据当时证券投资基金市场的规模，确定保险资金间接进入证券市场的规模为保险公司资产的5%。以后视具体情况适当增加。

（五）2000年

1. 2000年增持比例

中国保险监督管理委员会先后批复泰康人寿、华泰财产保险等多家保险公司投资于证券投资基金的比例提高至不超过上年末总资产的10%。

2. 2000年8月基金管理公司

证监会某负责人在公开场合明确表示，条件成熟时将允许保险公司设立保险基金管理公司，将筹集到的资金，投资于证券市场。

（六）2001 年

1. 2001 年 3 月投连比例再增

中国保监会将平安、新华、中宏三家保险公司的投资连结保险在证券投资基金上的投资比例从 30% 放宽至 100%。

2. 2001 年 5 月政策调研

保监会分赴全国各地对保险公司的资金运用情况进行检查。此举意在规范保险公司资金运用行为，对保险公司资产质量、资金运用管理水平、收益情况、存在的风险进行分析、评价。

3. 2001 年 6 月银行间市场

平安、太平洋、华泰三家保险公司被全国银行间同业拆借中心评为 2000 年度优秀交易员，这标志着国内保险公司已开始积极参与银行间同业拆借业务。

4. 2001 年 8 月谨慎试水

有关保险公司发起设立债券投资基金和基金管理公司的报告递交政府有关部门，这将是偏好“低风险、中收益、高流动性”的保险资金的一种新的尝试。

5. 2001—2002 年资金运用中心建立

中国人寿、中国人保、中国再保险、平安、太平洋、华泰等国内大型保险公司都建立了人、财、物相对独立的保险投资管理机构，人才招募工作相继展开。

（七）2002 年

1. 2002 年 2 月加强监管

全国金融工作会议对保险资金运用提出了明确要求：强化保险资金集中管理，防范资金运用风险，提高资金运用效率。有关部门考虑对我国保险资金运用体制做出调整。

2. 2002 年 6 月考虑直接入市

中国保监会有关官员在第二届中国证券市场国际研讨会上表示，在现有的投资范围内，积极推动保险公司作为机构投资者将资金直接投入证券市场，将对保险业、证券业的发展有着重要意义。

3. 2002 年 8 月专家呼声

在全国人大常委会二审《保险法修正案（草案）》时，周正庆、厉以宁等委员呼吁拓宽保险资金运用渠道。

4. 2002 年 10 月修法明典

《保险法》修正案获得通过。原法第一百零四条第三款“保险公司的资金不得用于设立证券经营机构和向企业投资”，修改为第一百零五条第三款“保险公司的资金不得用于设立证券经营机构，不得用于设立保险公司以外的企业”。

5. 2002 年 12 月取消“比例核定”

保监会宣布取消包括“保险公司投资基金比例核定”在内的 58 项行政审批项目，引起市场广泛关注。监管部门将及时跟进，制定统一标准，使符合运营条件的保险公司具备统一的投资资格并在此要求下进行资金运作。

（八）2003 年

1. 2003 年 1 月指明方向

中国保监会主席吴定富在全国保险工作会议上提出，要把保险资金运用与保险业务发展放到同等重要的地位，加以高度重视，而成立保险资产管理公司则成为保险资金管理体制与运作机制新的突围方向。

2. 2003 年 1 月明确投资基金比例

中国保监会重新修订了《保险公司投资证券投资基金管理暂行办法》，进一步明确了保险公司资金运用于各类基金的比例，资金运用监管进一步细化。保险公司投资基金的余额按成本价格计算不得超过本公司上月末总资产的 15%。

3. 2003 年 6 月放宽企业债券投资

《保险公司投资企业债券管理暂行规定》颁布，保险公司可投资于信用评级在 AA 级以上的所有企业债券；同时，保险公司投资企业债券的比例限制也由原来的 10% 提高到 20%。

4. 2003 年 6 月外汇资金投资开闸

中国保监会与央行联合发布《关于保险外汇资金投资境外股票有关问题

的通知》，明确保险外汇资金投资境外成熟资本市场证券交易所上市的股票，但仅限于中国企业在境外发行的股票。

5. 2003 年 7 月投资央行票据

中国保监会发布了《关于保险公司投资中央银行票据的通知》，允许保险公司在银行间债券市场投资中央银行票据。

6. 2003 年 7 月保险资产管理公司成立

经国务院同意、中国保监会批准，第一家保险资产管理公司——中国人保资产管理公司成立，开创了我国保险资金专业化运作的先例。

（九）2004 年

1. 2004 年 2 月政策导向

《国务院关于推进资本市场改革开放和稳定发展的若干意见》出台，提出要鼓励合规资金入市，支持保险资金以多种方式直接投资资本市场，逐步提高社会保障基金、企业补充养老基金、商业保险资金等投入资本市场的资金比例。要培养一批诚信、守法、专业的机构投资者，使基金管理公司和保险公司为主的机构投资者成为资本市场的主导力量。这标志着保险资金直接入市的政策坚冰开始融化。

2. 2004 年 3 月投资银行次级债

中国保监会下发《关于保险公司投资银行次级定期债务有关事项的通知》，允许保险公司投资银行次级债。

3. 2004 年 4 月规范保险资产管理公司

中国保监会公布《保险资产管理公司管理暂行规定》，确定了保险资产管理公司与保险公司之间的权利义务关系以及受托管理保险资金应遵循的基本规则，标志着保险资金的运用将进一步专业化、规范化。

4. 2004 年 8 月境外运用保险外汇资金

中国保监会、中国人民银行联合颁布《保险外汇资金境外运用管理暂行办法》，首次允许保险公司在接受严格监管的前提下在境外运用外汇资金。

5. 2004 年 9 月全国保险资金运用工作座谈会

首次全国保险资金运用工作座谈会在北京召开，保监会主席吴定富在讲话中要求进一步深化保险资金运用体制改革，切实防范风险，不断提高保险资金运用工作水平，促进保险业持续快速协调健康发展。

6. 2004 年 10 月直接入市

中国保监会和中国证监会联合发布《保险机构投资者股票投资管理暂行办法》，保险资金直接入市获准。

（十）2005 年

1. 2005 年 1 月境外投资获批

平安保险获批运用自有外汇资金进行境外投资，额度 17.5 亿美元。随后中国人寿、中国人保也陆续获得境外投资额度。

2. 2005 年 2 月外资参股的保险资产管理公司成立

经中国保监会批准，中再资产管理公司成为中国第一家有外资参股的股份制保险资产管理公司。

3. 2005 年 2 月出台股票直投细则

中国保监会同中国证监会联合下发《关于保险机构投资者股票投资交易有关问题的通知》及《保险机构投资者股票投资登记结算业务指南》，明确了保险资金直接投资股票市场涉及的证券账户、交易席位、资金结算等问题。

4. 2005 年 2 月资产托管

中国保监会联合中国银监会下发《保险公司股票资产托管指引（试行）》和《关于保险资金股票投资有关问题的通知》，明确了保险资金直接投资股市涉及的资产托管、投资比例、风险监控等问题，规定保险机构股票投资的余额，不超过上年底总资产扣除投资连结保险产品资产和万能保险产品资产后的 5%。

5. 2005 年 5 月风险控制体系

中国保监会出台《保险资金运用风险控制指引（试行）》，对保险公司和保险资产管理公司建立运营规范、管理高效的保险资金运用风险控制体系，制定完善的保险资金运用风险控制制度提出了具体要求。

6. 2005 年 7 月可转债投资

中国保监会发布通知，允许保险公司投资可转债，可转债投资规模计入企业债券投资余额内，合计不得超过保险公司上月总资产的 20%。

7. 2005 年 8 月债券投资进入新阶段

中国保监会发布《保险机构投资者债券投资管理暂行办法》，整合了现行保险债券投资政策，增加了企业短期融资券等新的投资品种，明确了债券及其发行人资质条件，实行了债券投资比例差别控制，标志着保险机构的债券投资即将进入新的发展阶段。

8. 2005 年 9 月保险外汇运用细则出台

中国保监会发布《保险外汇资金境外运用管理暂行办法实施细则》，保险外汇资金境外运用渠道包括结构性存款、住房抵押贷款证券、货币市场基金，以及内地企业在境外发行的股票，为保险资金在国际金融市场配置资产提供了操作平台。

9. 2005 年 9 月保险资金全托管工作座谈会召开

保险资金全托管工作座谈会在吉林召开，旨在推动保险资金全托管工作，建立风险防范的长效机制。此次会议初步统一了业内外的思想，使各方认识到托管机制对防范风险具有积极和有效的作用。

10. 2005 年 10 月保险资金运用风险管理座谈会召开

全国保险资金风险管理工作座谈会在湖南长沙召开，会议提出深化改革完善机制，加快保险资金风险管理体系建设，保险资金风险管理取得阶段性成果。

11. 2005 年 11 月境外机构设立

中国人寿资产管理（香港）有限公司在香港成立，为开展海外资本市场投资搭建了平台，之后平安资产、泰康资产香港公司先后成立。

12. 2005 年 12 月规范股票投资条件

中国保监会发布《保险机构投资者股票投资资格条件》，规范了直接或者委托保险资产管理公司从事股票投资的资格条件。

（十一）2006 年

1. 2006 年 1 月保险资产管理联席会议召开

保险资产管理联席会议在北京召开，会议旨在加强与各保险资产管理公司的交流，保监会将制定一系列政策，从投资战略、风险控制、投资程序等方面做出制度性安排。

2. 2006 年 3 月基础设施投资办法出台

中国保监会颁布了《保险资金间接投资基础设施项目试点管理办法》，允许保险资金采取债权、股权、物权及其他可行方式，投资交通、通信、能源、市政、环境保护等国家级重点基础设施项目。

3. 2006 年 3 月承销债券

经中国人民银行批准，中国人保、中国人寿两家资产管理公司成为首批获得企业短期融资券承销资格的保险资产管理公司。

4. 2006 年 4 月购汇投资获准

经国务院批准，中国人民银行发布第 5 号公告，允许符合条件的保险机构购汇投资于境外固定收益类产品及货币市场工具。

5. 2006 年 5 月开展人民币利率互换

中国人保资产管理公司获准开展人民币利率互换业务试点，并于 8 月 29 日达成了我国保险业第 1 笔人民币互换交易。

6. 2006 年 6 月保险“国十条”发布

《国务院关于保险业改革发展的若干意见》正式发布，具体提出了十条意见，被称为保险“国十条”。该意见提出要在风险可控的前提下，鼓励保险资金直接或间接投资资本市场，逐步提高投资比例，稳步扩大保险资金投资资产证券化产品的规模和品种，开展保险资金投资不动产和创业投资企业试点；支持保险资金参股商业银行；支持保险资金境外投资；支持相关保险机构投资医疗机构；允许符合条件的保险资产管理公司逐步扩大资产管理范围。

7. 2006 年 8 月保险资产管理公司首次担任债券主承销商

中国人寿资产管理公司与国家开发银行签订了“2006 年第十九期金融债券主承销商协议”，成为首家担任债券发行主承销商的保险资产管理公司。

8. 2006 年 9 月“9 + 1”格局形成

经中国保监会批复同意，太平资产管理公司成立，“9 + 1”（即 9 家保险资产管理公司和 1 家外资保险资产管理中心）的保险资产管理机构格局已经形成，上述机构管理着中国保险业 90% 的保险资产。这标志着从 2003 年人保成立资产管理公司开始，保监会制定的建设中国保险业资产管理军团的任务已经初步成型。

9. 2006 年 10 月投资银行股权开闸

中国保监会发布《关于保险机构投资商业银行股权的通知》，允许保险机构投资未上市商业银行的股权。

10. 2006 年 11 月风险管理工作新发展

中国保监会发布《关于加强保险资金风险管理的意见》，标志着保险资金风险管理工作进入了新的阶段。

11. 2006 年 11 月全国保险资产管理工作座谈会

全国保险资产管理工作座谈会在云南召开，会议要求处理好五个关系：政府监管和公司经营关系、扩大投资和规范建设关系、积极开放和稳步推进关系、管理能力和投资限制关系、改革创新和综合经营关系。

12. 2006 年 12 月投资产业基金

中国人寿保险（集团）公司和中国人寿保险股份有限公司作为发起人之一投资我国首只人民币产业投资基金——渤海产业投资基金。

（十二）2007 年

1. 2007 年 2 月信用风险管理新阶段

中国保监会发布《保险机构债券投资信用评级指引（试行)》，要求保险机构建立内部信用评级系统，评估债券投资信用风险。这是保险业全面落实《关于加强保险资金风险管理的意见》的重要举措，标志着保险资金债券投资开始步入信用风险管理阶段。

2. 2007 年 7 月入市比例调整

中国保监会将保险资金直接投资股市比例由原来的不超过上年底总资产的 5% 提高到 10%，购买基金间接入市的比例则由原来的 15% 降为 10%，权益类投资上限合计为 20% 不变。

3. 2007 年 7 月规范同业拆借业务

中国人民银行发布《同业拆借业务管理办法》、《保险公司等六类非银行金融机构进入全国银行间同业拆借市场审核规则》，允许保险公司、保险资产管理公司进入银行间同业拆借市场，并对保险公司申请同业拆借业务资格程序做出了规定。

4. 2007 年 7 月保险资金境外投资办法出台

中国保监会会同中国人民银行、国家外汇管理局正式发布《保险资金境外投资管理暂行办法》，允许保险机构运用自有外汇或购汇进行境外投资，投资范围包括股票、股票型基金、股权、股权型产品等权益类产品。

5. 2007 年 7 月基础设施债权投资办法出台

中国保监会发布《保险资金间接投资基础设施债权投资计划管理指引（试行)》，以推动和规范保险资金在基础设施领域内的债权投资。

（十三）2008 年

1. 2008 年 1 月银保深层次合作

银监会与保监会签署《中国银监会与中国保监会关于加强银保深层次合作和跨业监管合作谅解备忘录》，在商业银行和保险公司相互投资所涉及的准入条件、审批程序、机构数量、监管主体、风险处置与市场退出程序及信息交换六个方面达成一致意见。

2. 2008 年 1 月第一季度保险资产管理联席会议召开

第一季度保险资产管理联席会议在南宁召开，研究全年投资政策和策略。

3. 2008 年 3 月中港监管合作

保监会与香港证券及期货事务监察委员会签署监管合作协议。这是第一个关于内地保险资金境外运用的监管合作协议，包括效力范围、信息共享、信息使用、沟通机制等主要内容，明确了双方在监管合作中的权利与义务。

4. 2008 年 4 月第二季度保险投资策略座谈会召开

第一季度股市大幅下跌，波动频繁，为引导保险机构投资者稳定情绪、稳住阵脚，第二季度保险投资策略座谈会在福建召开。会后有关保险机构稳健投资，适实调整组合，收益有所改善。

5. 2008 年 6 月投资高铁股权计划

中国保监会批准了平安资产、太平洋资产、泰康资产和太平资产 4 家保险资产公司共同发起设立的“京沪高铁股权投资计划”。此举是中国保险企业首单联合投资大型基础设施项目的股权投资计划，总投资额达 160 亿元。

6. 2008 年 6 月金融市场形势分析会

金融市场形势分析会在天津召开，会议要求保险机构坚持长期投资和价值投资，规避不利因素，充分运用有利因素，加强资产配置管理，稳健投资运作，努力提高投资收益。

7. 2008 年 7 月保险资产风险管理及基础设施投资政策座谈会

保险资产风险管理及基础设施投资政策座谈会在宁夏召开，会议深入探讨和研究设立和投资债权计划的能力要求、运作规范、风控措施和监管手段等，为管理办法出台做准备。

（十四）2009 年

1. 2009 年 3 月规范股票投资业务

保监会发布《关于规范保险机构股票投资业务的通知》，要求保险公司及保险资产管理公司改进股票资产配置管理，强化股票池制度管理，建立公平交易制度，依规运作控制总体风险，加强市场风险动态监测，并落实岗位风险责任。

2. 2009 年 3 月管理能力标准出台

保监会发布《关于加强资产管理能力建设的通知》，该通知包括《保险公司股票投资管理能力标准》和《保险机构信用风险管理能力标准》，这两个标准是监管机构评估保险机构有关管理能力的主要依据。

3. 2009 年 3 月基础设施债权投资计划管理办法发布

保监会发布《关于保险资金投资基础设施债权投资计划的通知》和《基础设施债权投资计划产品设立指引》。保险资金投资基础设施债权投资计划在投资主体、投资比例、投资范围和项目上均有所放宽。

4. 2009 年 3 月增加债券投资品种

保监会发布《关于增加保险机构债券投资品种的通知》，增加了部分债券投资品种，明确了保险机构投资有关债券的资产比例，允许保险机构投资境内市场发行的无担保债券。

5. 2009 年 3 月保险资产管理政策培训班召开

保险资产管理政策培训班在成都召开，对全国各保险公司及保险资产管理公司资金运用相关负责人进行政策法规培训。

6. 2009 年 6 月 QDII 投资

经中国保监会批准，太平保险获得 QDII 投资资格。12 月 30 日，国家外汇管理局批准太平保险 0. 79 亿美元的 QDII 投资付汇额度。太平保险成为 2009 年国内唯一一家同时获批 QDII 投资资格和付汇额度的保险公司。

7. 2009 年 8 月加强债券回购业务管理

保监会发布《关于加强保险机构债券回购业务管理的通知》，要求保险机构加强回购融入资金管理，包括加强账户管理、强化成本控制、明确资金用途、控制融资规模、严格比例管理等。

8. 2009 年 9 月调整债券投资政策

保监会发布《关于债券投资有关事项的通知》，对保险机构债券投资的有关政策进行调整。保险机构投资企业（公司）债券的比例，由不超过该保险机构上季末总资产的 30%，调整为不超过该保险机构上季末总资产的 40%。

9. 2009 年 11 月两岸监管合作

保监会与台湾金融监督管理机构签署了《海峡两岸保险业监督管理合作谅解备忘录》。根据该备忘录，两岸保险监督管理机构将在信息交换、机构设立、人员培训和交流等方面开展合作，标志着两岸保险监管机构将据此建立监管合作机制。

10. 2009 年 11 月首次批准养老社区试点

保监会批准泰康人寿养老社区投资试点方案，这是中国保险行业第一个养老社区投资试点资格，泰康人寿将建设现代活力养老社区，发展健康保险、护理保险等相关产业。

11. 2009 年 11 月首批保险资产管理公司获准投资无担保债券

中国保监会通过了中国人寿资产管理公司、平安资产管理公司、人保资产管理公司、泰康资产管理公司的“信用风险管理能力”备案。4 家保险资产管理公司成为业内第一批获得无担保债券投资资格的保险系资产管理公司。

12. 2009 年 11 月首个保险资金不动产投资项目获批

泰康资产获准设立“泰康—养老社区股权投资计划”，筹资总规模为 22 亿元，投资于北京昌平养老社区项目。该投资计划是新保险法实施后，国内保险资金投资不动产的首个试点项目。

13. 2009 年 12 月规范无担保债券投资

为加强无担保债券投资管理，规范投资行为，防范投资风险，《关于保险机构投资无担保企业债券有关事宜的通知》出台。

14. 2009 年 12 月保险资产管理政策培训会

保险资产管理政策培训会在深圳召开，会议总结全年运行态势，部署明年政策目标，介绍调整投资结构、加强管理改革、严控运作风险等三方面政策措施，表示将加快实行监管方式转变。

（十五）2010 年

1. 2010 年 8 月《保险资金运用管理暂行办法》出台

保监会发布《保险资金运用管理暂行办法》，该《办法》是《保险法》修订实施后，中国保监会发布的关于保险资金运用的重要基础性规章，对规范保险资金运用，保障保险资金运用安全，维护广大投保人和被保险人权益，防范保险业风险，具有重要的意义。

2. 2010 年 8 月投资政策调整办法出台

为加强负债管理，优化资产结构，分散投资风险，保监会出台《关于调整保险资金投资政策有关问题的通知》。

3. 2010 年 9 月不动产和股权投资办法出台

保监会发布《保险资金投资不动产暂行办法》和《保险资金投资股权暂行办法》，宣告了保险资金投资不动产由此进入实质运作阶段。

4. 2010 年 9 月保险资金运用监管工作会召开

保险资金运用监管工作会在北京召开，会议指出保险资金运用工作要坚持“安全、稳健、效益”的方针，着力完善风险防范机制，加强改进保险资金运用监管，健全保险资金运用体系，加大资金运用能力建设，促进保险资金运用又好又快发展，为保险业全面协调可持续发展服务。

后 记

2006—2007 年，中国保监会资金运用监管部已在酝酿保险资产管理发展报告，其时孙建勇主任、曾于瑾和高艳副主任，曾就编写方式进行深入的探讨，计划按年编发一部纪实性、权威性、可读性和参考性较强的行业发展报告。

在中国保险资产管理发展初期，由于繁忙的监管制度建设工作，这份报告一直停留在基本设计上，等全行业经历牛市和熊市的洗礼，大家才意识到初生阶段的弥足和珍贵。2011 年早春，九家保险资产管理公司的老总和编辑组的成员们，本着对历史负责的态度，共同审视保险资产管理发展的点滴片段和长串记忆，努力挖掘其固有的理论和实践价值，期望记录这段成长的历史痕迹，期望总结行业发展的经验教训，更期望为保险资产管理的未来发展提供有益的思考和规划。

2011 年深秋，这份报告最终付梓，对保险行业承载的历史来说，报告所汇集的案例、经验与教训还难以完全得到诠释。保险资产管理正在经受欧债危机及国内经济景气下行的煎熬，保险投资的股市与债市经历大幅调整，投资浮亏问题再现。保费增长戛然而止，业务增长大幅放缓，保险与资产管理两个轮子同时减速，有宏观经济方面的问题，也有行业发展的瓶颈因素。这份报告还难以提出明确的解决方案。循着中国崛起的过程，循着保险资产管理兴起的道路，我们应当对中国保险和保险资产管理的发展充满信心！我们相信，有经济持续发展的源头活水，有保险资产管理成熟的制度机制，有市场化的人力资源支持，中国保险资产管理必将趁着长风，实现又好又快发展。

本报告由保监会资金运用监管部与保险资产管理公司共同编撰，编委会成员通过自身真切的经历，回顾了保险资产管理发展的过程，在此对他们的贡献表示衷心的感谢！本报告得到了保险资产管理机构和保险公司的大力支持，本书“改革篇”由太平洋资产管理公司提供；“创新篇”由人保资产管理公司提供；“发展篇”由平安资产管理公司提供；“运作篇”由泰康资产管理公司提供；“风控篇”由人寿资产管理公司提供；“展望篇”由华泰资产管理公司和新华资产管理公司联合提供；“公司篇”由有关公司提供；有关案例与专题由保监会资金运用监管部和各保险资产管理机构提供。资金运用监管部的雷明国，中国人保资产的翟金林，太平洋资产的廖发达、范媛媛，中国人寿资产的许博，泰康资产的李斯，华泰资产的巩建岭，太平资产的胡学勤，为此付出了辛勤劳动，作出了重大贡献。

中国保险资产管理的首份报告，可谓全行业发展的回顾与集锦！我们争取把最真实的历史和最深刻的感悟呈现给大家，但挂一漏万，遗憾甚多。由于编辑者的知识能力以及对行业发展的认识不足，相关不当之处还请见谅！如果本报告能让读者产生新的认知，并对保险资产管理有所了解，我们就要把这项工作坚持下去，以承续历史、展望未来。

感谢所有支持中国保险资产管理发展的监管者、从业者、专家、学者和媒体，我们共同开创了中国保险资产管理的繁荣时代！衷心祝愿中国保险资产管理行业砥砺奋进，再谱新篇！

《中国保险资产管理发展报告（2011）》编写组

2011 年 11 月 17 日